C. Faulhaber

V 72

SCRIPTORVM CLASSICORVM

BIBLIOTHECA OXONIENSIS

OXONII

E TYPOGRAPHEO CLARENDONIANO

T. MACCI PLAVTI

COMOEDIAE

RECOGNOVIT
BREVIQVE ADNOTATIONE CRITICA INSTRVXIT

W. M. LINDSAY

IN VNIVERSITATE ANDREANA LITTERARVM HVMANIORVM PROFESSOR

TOMVS I

AMPHITRVO   ASINARIA   AVLVLARIA   BACCHIDES
CAPTIVI   CASINA   CISTELLARIA   CVRCVLIO
EPIDICVS   MENAECHMI   MERCATOR

OXONII

E TYPOGRAPHEO CLARENDONIANO

OXONII

Excudebat Vivianus Ridler

Architypographus academicus

FIRST PUBLISHED 1904
REPRINTED 1910, 1923, 1929, 1936, 1946, 1952, 1955, 1959, 1963, 1965
1968

PRINTED IN GREAT BRITAIN

PRAEFATIO

Ivssvs a Delegatis Preli Clarendoniani textum fabularum
Plautinarum edendum curare ab optimo codicum testimonio
quam proxime remotum, orthographia quantum fieri posset
eadem et adnotatione quam brevissima instructum, hanc
mihi legem statui ut in consensu (*AP*) Ambrosiani codicis
(*A*) cum Palatina quam vocant recensione (*P*) optimum illud
testimonium quaererem, a quo nunquam fere discederem,
nisi mihi persuasissem in eundem errorem et hunc et illum
scribam incidisse.   In adnotatione autem conscribenda
illud mihi proposui ut, siquam alterutrius recensionis lectionem aut siquam vel scribarum vel doctorum virorum
coniecturam veri similem reiecissem, ea in ima paginae
margine locum haberet.   Nec vero necesse habui omnium
codicum, ne praecipuorum quidem, qui adhuc recensionem
Palatinam exhibent singulas enumerare lectiones ; eo enim
provecta est eorum codicum investigatio ut cum archetypis
libris potius qui perierunt quam cum ipsis qui extant sit
agendum.   Quos quidem archetypos libros per octo fabulas
priores (Amph. Asin. Aul. Capt. Curc. Cas. Cist. Epid.) his
siglis denotavi :

Pᴱ, librum unde derivati sunt *E* (cod. Ambrosianus I
257 inf., saec. xii exeuntis, qui continet omnes octo), *V* (cod.
Leidensis Vossianus Q 30, saec. xii ineuntis, qui continet
easdem, omissis Amph., Asin., Aul. 1–189, Epid. 245–fin.),
necnon duo e depravato exemplari (**P**ᴶ) descripti codices [1], *J*
(cod. Londinensis musei Britannici Reg. 15 C XI, saec. xii
ineuntis, qui continet omnes octo), *O* (fragmentum Otto-

---

[1] Etiam correctiones (*V*²) in codice *V* ex hoc fonte provenerunt.

bonianum Vaticanum misc. Lat. 687, saec. xi[i], qui continet
Capt. 400–555);

P[BD], unde derivati sunt et liber modo memoratus (*P*[E]) et
prima pars duorum maioris momenti codicum, *D* (cod.
Vaticani 3870, saec. x[i]–xi[i], qui continet Amph., Asin., Aul.,
Capt. 1–503 cum duodecim fabulis posterioribus), *B* (cod.
Palatini 1612, saec. x[i]–xi[i], qui continet octo fabulas priores
cum duodecim posterioribus). Per ceteras autem fabulas,
duodecim posteriores quas vocant, denotavi siglis :

P[CD], librum unde descripti sunt *C* (cod. Palatinus Heidelbergensis 1613, saec. x[i]–xi[i], qui[1] continet omnes duodecim
fabulas) et codicis *D* pars altera ;

P[BC], librum unde descripti sunt et liber modo memoratus
(*P*[CD]) et codicis *B* pars altera. Cum autem siglo **P** soleant
viri docti eas lectiones denotare quae, collatis inter se
perpensisque singulis codicibus, verissimum recensionis
Palatinae exemplum praebere iudicantur, mihi quoque
religio fuit eo siglo non aliter uti. Itaque plerumque nil
nisi siglum '*P*' (aut, si *A* deest, '*cod.*') appositum reperies,
cum id egerim ut nil nisi optimum testimonium recensionis
Palatinae (*P*) contra testimonium Ambrosiani palimpsesti
(*A*) opponerem. Nequis tamen mihi id obiciat quod contra
verum librum (*A*) imaginem quandam libri opposuerim.
Nam per plerasque fabulas credo siglo *P* verum librum
indicari, illud Teutonicum ex codice (**P**[A]) perantiquo (saec.
iii–v fortasse) et scriptura quam vocant rustica capitali
confecto descriptum (saec. viii–x) archetypum[2] ex quo
omnes supra memorati codices emanaverunt ; per eas tamen

[1] Nuper phototypice expressus Leidae.
[2] Librum eum cuius auxilio lectiones codicis *B* correctae sunt (*B*³)
quoties ab eo discrepaverunt et codicis *P*[BD] parentem fuisse suspicor
et priorem codicis *P*[BC] partem ; archetypum igitur illud Teutonicum
nihil aliud fuisse quam ipsum hoc volumen cuius pars prior esset fons
correctionum (*B*³) et cuius pars altera esset codex *P*[BC].

fabulas vel potius fabularum partes (Bacch. 35–80, 570–650, 810–900, Pers., Poen., Pseud. 730-fin., Rud. init.–790) in quibus lectiones deperditi codicis Turnebi (T) nuper repertae in bibliotheca Bodleiana praesto sunt antiquius testimonium huius recensionis habemus, nam ex consensu codicis T cum ceteris codicibus lectiones ipsius illius proarchetypi (P^{Λ}) indagare possumus ; unde fit ut siglo P (vel '*cod.*') in his fabulis non modo archetypi (unde $BCDEVJO$ et correctiones B^3) sed etiam proarchetypi (unde etiam T) lectiones denotentur.

Siquis autem pleniorem lectionum et coniecturarum narrationem requirit, ad maiores editiones, sive eam quam paravit Leo (ap. Weidmann., Berolini, 1895–6) sive eam quam Goetz, Loewe, Schoell (ap. Teubner., Lipsiae, 1881–94), se convertat. Hac enim in adnotatione neque scaenarum titulis [1] (quorum sane maxima pars perantiqua vix esse potest) neque personarum notis (quae in codice A evanuerunt, in ceteris saepe temere sunt dispositae) neque versuum lyricorum (nisi in $A\,T$) divisionibus neque discrepantiis iis levioribus quae ad orthographiam solam spectant (ut *oppinor* pro *opinor*, *etquis* pro *ecquis*, *philopolemeus* pro *Philopolemus*) locum dedi. Neque Plautinas apud grammaticos citationes omnes recipere potui, sed tantummodo eas quae aliquid novi et pretiosi adferre videbantur [2].

[1] Scaenarum divisiones et tituli quam saepe plus incommodi legentibus (e.g. Men. V. iii, iv) quam commodi afferant exposuit Leo (*Plaut. Forsch.* 14 *n.*), qui in editione sua texturo per actus singulos continuum exhibuit. Quod quidem in hac editione libenter fecissem nisi mihi alia libri forma praescripta esset.

[2] Cavendum sane est ne temerariis apud grammaticos citationibus nimia fides tribuatur. Nihilominus vellem, si licuisset, plures earum quae simul codices nostros et huius editionis textum confirmant admittere ; nam consensus grammatici alicuius cum alterutra recensione fere tantum auctoritatis habet quantum consensus duarum recensionum (AP) neque sine gravi causa contemni debet (e.g. Men. 98).

PRAEFATIO

Quod vero iussus sum iuvenum studiosorum causa orthographiam exaequare, placuit per omnes fabulas orthographiam eam, quam ex optimo testimonio codicum in posterioribus fabulis expiscari possumus, etiam per ceteras fabulas continuare. Ea enim ratio in huiusmodi editione fortasse melior est quam per octo priores exaequatam in scriptorio [1] nescioquo medii aevi sequi. Itaque scripsi semper *caussa, quoi, opsecro, optineo, maxumus, optumus* (sed *minimus*), similia; sicubi autem varietas orthographiae apparuit, ut in *aio* et *aiio, quoius* (genetivo casu) et *quoiius*, aut codicum scripturam secutus sum (*aio* Capt. 710, *aiio* Cas. 71) aut arripui occasionem lectoribus consulendi et varietate orthographica prosodicam varietatem designavi. Scito igitur scriptura usitata *quoius* usitatam genetivi prosodiam [2] exprimi, scriptura *quoiius* trochaicam; porro *immutatum* 'mutatum' significare, *inmutatum* 'non mutatum.' Formas tamen aut nimis incognitas (v. g. *quomqueneiscam* pro *conquiniscam* Cist. 657) aut ambiguas (v. g. *quom* praepositionem, *quit* et *nequit* pro *quid* et *nequid, perierat* pro *pei(i)erat, ei* pro *i* longa in *ei* imperativo, *aureis* acc. plur., *deicere*) malui aut tacitus abicere aut, siquae dignae quae memorarentur videbantur, e textu in adnotationem relegare; nam in huiusmodi editione plus valere visum est lectorum commodum quam severa aut constantia [3] aut traditae scripturae conservatio. Verborum etiam divisionem ad metri explicationem conformavi, ut *sī quidem* [4] et *sĭquidem, tū quidem* et *tŭquidem,*

---

[1] Cf. ad Asin. 589, 593. Vestigia antiquitatis raro in hac parte nisi per inscitiam servata, ut illud *quo iusserat* (Capt. 887) pro *quoius erat,* cum corrector ille (*B³*) antiquae orthographiae incuriosus esset.

[2] Seu monosyllabicam 'quoīus' seu bibrevem 'quŏўŭs.' Nam 'grammatici certant et adhuc sub iudice lis est.'

[3] *Vaco* semper scripsi, sed in Cas. 527 non potui non scribere *vocent*: Fac habeant linguam tuae aedes. Quid ita? Quom ueniam, uocent.

[4] Disiunctam scripturam, utpote magis usitatam, servavi sicubi dubitatio extare videbatur.

mē quidem et *mēquidem*.   Necnon per huiusmodi scripturas metrum facilius cognitu reddidi : *eru' noster* [1] pro *erŭs noster*, *tuo' dominus* pro *tuŏs dominus*, *nemp'* et *perq'* pro *nempe* et *perque* monosyllabice pronuntiatis [2] ; et apicibus supra positis metrum indicavi quoties obscurum erat, ut in hoc versu (Rud. 459) :

Voluptátem inesse tantam.   Ut hanc traxi lubens !

(ubi apice significavi versum ab anapaesto, non ab iambo incipere), nam altera syllaba eiusmodi vocabulorum [3] in cotidiano sermone modo longa (*volŭptatem*) modo brevis (*volŭptatem*) audiri solita ; aut in versu hianti [4], ut Cas. 724 (anap. octonar.) :

Bone uir, salue.   Fateor.   Quid fit ?   Tu amás, ego éssurio et sitio.

His subsidiis ad metrum intellegendum adiutus facile patieris, lector benevole, me in hac editione metricum quem vocant ictum non continuo apicum usu indicavisse.   Nolui

---

[1] Commodius illud quidem interdum quam verius.   Nam in versu tali (Capt. 163) :

opŭs Túrdetanis, ópŭst Ficedulénsibus

quis affirmare audebit prioris et posterioris disyllabi prosodiam diversa ratione extitisse?   Quis versum Capt. 826 a spondeo incipere ?

[2] Servavi tamen usitatam scripturam in *audin* pro *audisne* et ante consonantem *ac* pro *atque*, *nec* pro *neque*, similibus.   Verbum scripsi *in'* (pro *isne*), praepositionem *in*.

[3] Si tamen vel nunquam vel raro diversitas pronuntiationis audiebatur, non erat cur apices adhiberem, ut in his : *volŭptas mea, enim (vero), satin (tutus), volŏ scire, apŭd (templum\), Philĭppus (aureus)*. Quemadmodum enim in Martialis temporibus *smaragdus* brevem alteram syllabam in cotidiano sermone habebat, sic in Plautino aevo *Philĭppus*, quae breviatio sine dubio ex primae syllabae accentu (σμάραγδος, Φίλιππος) orta est.   Illud etiam monendum me, sicubi dubitatio extitit aut extare posse visa, plerumque apices apponere noluisse, v.g. in Amph. 949, qui quidem versus me iudice sic scandi debet : ego ístúc curabo. | éuocate huc Sósiam (cf. Cas. 781 et 786).

[4] De hiatu Plautino ut nulla alia de re valde dissentiunt docti.   Nam in versu supra dicto quamvis omnes priorem hiatum agnoscant, non

enim aliam ac Graecis comoediis speciem Latinis imponere; simul mihi persuasum habui illos apices in causa fuisse cur plurimi docti perperam [1] de ictu metrico Plautino sentirent. Eo autem minus dubitavi molestos illos apices ab hac editione abicere neque nisi ad salebras (non dico corruptelas) in textu indicandas [2] adhibere, quia per amplissima Schemata Metrorum in utriusque voluminis fine addita satis lucide metra difficiliora expedivisse mihi videbar.

Illud magis dubitationem attulit quonam iure novae editioni fabularum Plautinarum locum vindicarem. Nam

tamen omnes posteriorem. Equidem quid sentiam plene alibi ('Journ. Phil.' 27, 200) exposui. Scito igitur me in textu huius editionis apicibus appositis hiatum meo iudicio legitimum significare, linea autem recta hiatum aut omnino falsum aut suspectum. Etiam hac in re continuam et disiunctam verborum scripturam ad varietatem prosodicam adhibui ; *v.g. circumit* (vel *circuit*) habet tres syllabas, *circum it* duas, *introeo* quattuor, *intro eo* tres. In locutionibus *flagitium hominis, ita me di ament,* similibus, quae semper in versibus Plautinis (et nimirum in sermone eius aevi cotidiano) hiatum exhibent, non erat cur apices adhiberem ; nec magis in Argumentis quae dicuntur acrostichis in quibus hiatus in usu est. Etiam in prologis, qui non semper Plautini sunt, et hiatus et alia quae Plautus ipse detrectasset sunt fortasse toleranda (cf. ad Cas. prol. 23, Cist. arg. 10, Amph. arg. I 7), unde fit ut in prologis apicem ibi saepe adhibuerim ubi in reliqua fabula linea illa recta adhibita esset.

[1] Sunt enim hodie (credite posteri !) qui serio affirment tantam vim fuisse ictus metrici ut in versu Plautino (non tamen in cotidiano aevi Plautini sermone) potuerit 'amïca' ex *amīca* fieri (Stich. 700), 'abïre' ex *abīre* (Trin. 983), 'venïre' ex *venīre* (Truc. 504), 'duŏbus' ex *duōbus* (Cas. 1011, Mil. 290), 'deŏrum,' 'deărum,' 'duŏrum' ex *deōrum, deārum, duōrum* (Mil. 736, Pseud. 5), 'eămus' ex *eāmus* (Men. 387), 'diĕbus' ex *diēbus* (Poen. 1207). Pudet plura proferre. Ubicumque enim syllaba brevis in versu Plautino apparet, credere videntur Plautum potuisse eam syllabam 'sub ictu metrico ponere' (sic enim loqui solent) ut sequens syllaba ex longa fieret brevis. Vide ea quae scripsi alibi (Berl. Phil. Woch. 22, 842) de hac

prósŏdia quam pérŏdit Musa, inámoĕna, pérhŏrrida, ínútili.

[2] Unde etiam hoc commodum habes ut facile intellegas quo spectent coniecturae virorum doctorum in adnotatione memoratae.

quamvis nullus annus, ne mensis quidem, hoc tempore
praeterire possit quin novi aliquid his studiis conferatur et
lectiones codicis Turnebi nuper repertae mirum quantum
de proarchetypo Palatinae recensionis docuerint, tamen
editiones Teubneriana et Weidmanniana non eiusmodi sunt
ut facilem locum tertiae relinquant. Re igitur diu perspecta
placuit denique ut in hac editione Palaeographiam arcesserem Philologiae adiutricem, praesertim cum haud ita
pridem in libello Londinii edito ('Introduction to Latin
Textual Emendation, based on the Text of Plautus,' Macmillan, 1896) usitatas in codicibus Plautinis corruptelas
congessissem et earum causas enarrassem; visumque est
hac ratione fortasse textus Plautini emendationem nonnihil
provectum iri. Optimum enim illud Cobeti : ' est in
codicibus . . quaedam peccandi velut constantia solentque
τὰ αὐτὰ περὶ τὰ αὐτὰ ἁμαρτάνειν, et quo quis plura de genere
hoc aut ipse reppererit aut ab aliquo reperta in promptu
habeat, eo ad verum inveniendum accedit paratior.' Utinam
mehercule vel omnes vel pleraeque scriptorum antiquorum
editiones suum quaeque socium libellum haberent, in quo
plenius quam intra paucarum praefationis paginarum spatium
fieri potest enarraretur quas vicissitudines ea scripta experta
essent, quot et quales scripturae formas identidem induis-
sent, quantas a monasticis aut correctoribus aut scribis
seu consilio seu casu mutationes accepissent ; facilius enim,
ni fallor, et certius corruptelae emendarentur. Sed de aliis
scriptoribus alii editores viderint. Plautinus sane textus
tam simplicem tamque cognitu facilem viam secutus est ut
et possimus et debeamus semper ob oculos ponere quibus
erroribus correctores, quibus scribae identidem maxime
obnoxii fuerint[1]. Verbi gratia liceat mihi hic semel monere,
ne in adnotatione iteratio nimia sit, scribam nescioquem

[1] Quos errores in libello meo sic disposui ut in capite primo eos
tractaverim qui ex prava emendatione orti sunt, in cap. II⁰ ex trans-

Palatinae recensionis solitum esse formas *amatust, amatast*
ita mutare ut verus ordo saepenumero sit turbatus (v. g. Cas.
620 nostrast domo] nostra domo est *P*; Cas. 878 puditumst
umquam] puditum umquam est *P*); unde liquebit nullam
fidem Palatinae recensioni contra auctoritatem Ambrosiani
dandam in Cist. 120 et similibus. Neque ii lectores qui in
vv. 556, 567 Trinummi fabulae scribam Palatinum bis in
eundem errorem lapsum deprehenderunt (*dixisti* pro *dixti*)
dubitabunt eum eiusdem erroris in v. 602 condemnare et
versum sic refingere :

quómodo tu istuc, Stásime, dixti (*dixisti* P), nóstrum erilem
    fílium ?

Sed de hac ratione emendandi alibi ('Journ. Phil.' 26, 290)
dixi [1]. Hic satis est profiteri me Palaeographiae arbitrio
saepenumero reliquisse optionem inter magnam illam coniecturarum turbam quam in editione Teubneriana maiori
reperies, ita ut ei lectioni inter pares palmam dederim quae
facillime ex usitatis scribarum nostrorum erroribus eam quae
in codicibus apparet formam accipere potuerit [2].

positionibus, in III⁰ ex omissionibus, in IV⁰ ex additamentis, in V⁰
ex confusis inter se similibus vocabulis, in VI⁰ ex formis litterarum,
in VII⁰ ex formis abbreviationum vel compendiorum scripturae.
Quod quidem eorum causa dico qui rem palaeographicam longius
persequi nolunt. Nam in adnotatione identidem citavi hanc vel illam
particulam huius vel illius capitis ; velut ad Aul. 659 intro] 'hinc intro
cod. (iv. 3)' numeri intra uncinos inclusi spectant ad capitis quarti
tertiam particulam, ubi narratur scribas solitos esse vocabulum in
exemplari praepropere legere, perperam describere, tum cognito
statim errore vocabulum perperam descriptum relinquere, recte
descriptum iuxta ponere. Siquis igitur totam rem explicari vult, ad
libellum se convertat ; si noluerit has quisquilias persequi, satis erit
cognoscere errorem ex prava vocabuli adiectione ortum.

[1] [Post haec scripta nunc addo me in libello ('Ancient Editions of
Plautus' Parker., Oxon., 1903) mox prodituro plenius totam rem
tractavisse et de plurimorum locorum (quorum index in fine libelli
est) lectionibus disputasse.]

[2] Siqua igitur libelli mei in adnotatione citatio supervacanea primo

Quod vero ad codicum lectiones attinet, adhibui maximam partem copias ab aliis congestas, Studemundi apographum, Lindskogii opusculum de correctionibus Codicis Veteris (*B*), Teubnerianae editionis apparatum. Ipse tamen locos plurimos, de quibus dubitavi, in omnibus codicibus (praeter *A*) inspexi. Multa etiam et utilia praesertim de correctionibus (*B*[3]) Codicis Veteris me amicissime docuit FERDI-NANDVS NOVGARETVS, qui plures dies in eo codice perscrutando consumpsit quam aliquis alius horas. Ei igitur hic illic dissentienti aut de Lindskogii aut de meo ipsius iudicio nunquam non fidem habui. Gratias etiam ago et debeo custodibus harum bibliothecarum, Leidensis, Ambrosianae, Vaticanae, propter operam gratissimam non semel modo mihi praebitam.

Denique, quod gravissimum est, monitum te velim, lector benevole, ut versus Plautinos ita recites quemadmodum recitari debent, ne suavitatis 'numerorum innumerorum' iacturam facias. Curandum igitur ut litteras, praesertim vocales, vere et Latine enunties, cum Plautus non raro assonatione fere Celtica gaudeat, ut in Amph. 1042 (troch. septenar.) :

iam ad rēgem rēcta me ducam rēsque ut facta est eloquar.

Illud etiam semper animadvertendum quam bene quadret Plautinorum versuum rhythmus ad rhythmum illum cotidiani sermonis, qui per varietatem sonorum effici solet, dum alia summissiore, alia altiore voce enuntiamus. Scilicet Ritschelii sententia et notissima et verissima est, in versibus nostri poetae ' cum quantitatis severitate summam accentus[1] ob-

---

aspectu videbitur, crede me quasi argumentum proferre cur lectionem quae in textu est aliis coniecturis praetulerim.

[1] Nescire profecto nonnulli videntur accentum Latinum aeque ac Graecum (ne de aliis dicam) non semper eundem in eodem vocabulo manere sed variari secundum partes quas id vocabulum in sententia agat. Quemadmodum enim Graecae praepositionis πρός non semper

servationem, quoad fieri posset conciliatam esse'; itaque
ictum quem vocant metricum plerumque in ea vocabula
quae ἔμφασιν habent incidere, ut in Men. 1076:

    tú erus es, tu séruom quaere, tú salueto, tú uale;

in Asin. 772:

       abs téd accipiat, tíbi propinet, tú bibas[1].

Porro diversa vis pronominum non solum ex ictu metrico
sed etiam ex ipsis formis haud scio an cognoscenda sit, ita
ut inter *mi* et *mihi*, $\widehat{ei}$ et *ĕi*, *huic* et *huïc*, *eius* (*huius, quoius*)
et *eiius* (*huiius, quoiius*) easdem variae significationis subtili-
tates quae sunt inter varias in linguis Romanicis pronominum
formas elucere credamus; fortasse etiam inter citius loquendi
genus, *opust*, etc., et lentius, *opus est*; quamvis fatendum
sit medii aevi scribas eiusmodi rerum maximam partem
pessum dedisse.   Velim tamen mecum credas Plautini aevi
sermoni cotidiano versus Plautinos tanquam imaginem
resonare.

W. M. LINDSAY.

Dabam Andreapoli,
  MCMIII

idem accentus manet, v. g. πρός με, πρὸς πόλιν, sic Latinae *apud*
accentus variatur, v. g. *apúd me, apud témplum*.   Neque solum
Graecae voces encliticae sed etiam Latinae accentum accipere solent
quoties aut per se ipsae ἔμφασιν habent (v. g. *non ego sed tu fecisti*)
aut ante aliam vocem encliticam stant (v. g. *ego illum vidi*).

[1] Etiam tum ubi non potuit Plautus ictum metricum cum accentu
conciliare, credo vocem eam quae ἔμφασιν habet propria prosodia
enotari solere.   Ut enim in Men. 389 *tibi*, quod et in sententia
accentum et in versu ictum metricum habet, etiam hiatu quem vocant
prosodico distinguitur:

        tíbi | et parasitó tuo,

sic credo in Rud. 540 versum ab anapaesto non ab iambo incepisse:

        tibi | aúscultaui, tú promittebás mihi,

et in Asin. 781 *deam* similiter disyllabice enuntiatum esse:

        deam | ínuocet sibi quám lubebit própitiam,
        deum nullum.

ADDENDA ET CORRIGENDA

IN ADNOTATIONE CRITICA

Occasionem nactus, dum novum examen ex alveari typographico emittitur, pauca in fabulis ipsis, aliquot in adnotatione aut correxi aut addidi; plura hic indicavi quae in adnotatione aut corrigenda videntur aut addenda.

W. M. LINDSAY.

Anno MCMX, *ex Universitate Andreana.*]

AMPH. 55 PRO *displicet* LEG. *displicet; sed cf. Radford* (*Trans. Amer. Phil. Ass.* 35, 47)

    96 ADD. *Sjögren* ('*Fut. im Altlat.' p.* 52)

    146 POST *Ritschl* ADD. (*cf. ad Most.* 901)

    167 ADD. 167 *vel* mage

    180 ADD. uerna] *cf. Class Rev.* 19, 100

    209 ADD. 209 *cf. Sjögren* ('*Fut. im Altlat.' p.* 65)

    234 PRO D^1 LEG. D^1J

    276 POST *iambicus* ADD. (*sed cf. Wessner ad loc.*)

    301 ANTE multo ADD. *vel* mage

    309 ADD. : quisque ho, huc *Ahlberg* '*Proceleusm.' p.* 82

    315 ADD. pessumumst (*Ital.*) Facinus n. f. malam ; male d. m. *Lindström* '*Comm. Plaut.*' 1

    321 ADD. : *fort.* ⟨ei⟩, ei

    507 POST *Bothe* ADD. , *Sjögren* ('*Fut. im Altlat.' p.* 214)

    537 ADD. (neglegens citatio ?)

    565 ADD. 565 *vel* ludificare

    571 ADD. 571 rogas me (*cum J*¹) *Seyffert, Morris* ('*Sentence Question*', *p.* 65)

    574 LEG. Hic homo *Luchs* (*usitatus ordo*) *vel* opino

    595 ADD. *vel* mage (*etiam* 596)

    638 LEG. mei *delevi* (iv. 3)

    675 ANTE me ADD. *vel* mage

    768 ADD. 768 *vel* istanc

    828 ADD. mirumst nimis *Guietus*

    838 POST *Lachmann* ADD. : ⟨ut⟩ in *Hey* ('*Festschr. hist.-phil. Vereins d. Univ. München*')

    856 ADD. : mis (*cum* intus est) *Amatucci* (v. 3)

    892 ADD. 892 *cf. Thulin de coni. p.* 8

    990 ADD. 990 *vel* mage

    FRAG. 1 POST cruciatum *codd.* ADD. mact. exuo mast. *aliquot codd., unde* mact. ; exito, mast. *L. Mueller*

    1040 POST *Gruterus* ADD. (*cf. Sjögren* '*Fut. im Altlat.' p.* 82)

    1041 ADD. ludificauit *tuetur Sjögren* ('*Fut. im Altlat.' p.* 165)

1060 POST *Redslob* ADD. , *sed cf. Sjögren* ('*Fut. im Altlat.*'
  p. 122)
1107 ADD. 1107 *vel* mage
1135 ADD. 1135 us. Al. *Leo* ('*Forschungen*', *p.* 322)

ASIN.   51 POST amat *Lorenz* ADD. , *sed cf. Gaffiot* ('*Subjonctif de*
  Subordination', *p.* 191)
  85 LEG. tua ⟨suom⟩ *Mueller* (*Rhein. Mus.* 54, 383)
  100 LEG. 100 Aut r. ia. in me. u. ma. *Havet* (*Rev. Phil.* 28,
  136) (*malim* u. in me. ma.)
  109 ADD. 109 ecce] deice *Havet* (*Rev. Phil.* 29, 183)
  119 ADD. 119 *vel* mage
  I ii ADD. Sc. ii ARG] DIABOLVS *Havet* (*Rev. Phil.* 29, 94)
  168 ADD. , *quod tuetur Gaffiot* ('*Subjonctif de Subordination*'
  p. 8)
  244 ADD. 244 *vel* ni (*cf. Havet, Rev. Phil.* 29, 191)
  263 POST auspicii *cod.* : ADD. auspicium pici *Havet* (*Rev. Phil.*
  29, 193) :
  275 ADD. : op. tu li. *Fleckeisen* (*cf. ad Men.* 525)
  366 DEL. promissam cod. :
  395 ADD. , *sed cf. Gaffiot* ('*Subjonctif de Subordination*',
  p. 153)
  405 PRO (*cf.* 403) LEG. (*cf.* 403 ; *ad Mil.* 897)
  435 PRO ille sit *cod.* (i 7. 2) LEG. ille (*i. e.* ill' !) sit *cod.* (i 7. 2),
  quod tuetur (?) *Thulin* '*de coniunct.*', *p.* 43
  506 ADD. 506 pietatem *Mueller* ('*Nom., Akk. im Lat.*',*p.* 17)
  540 ADD. 540 ouipilio *Seyffert*
  599 LEG. *fort.* uidělicet interd.
  632 POST *Camerarius* ADD. (*cf. Class. Rev.* 19, 109)
  689 ADD. 689 *vel* mage
  699 ADD. speras *Mueller* ('*Nachträge*', *p.* 121)
  782 ADD. 782 *vel* mage
  814 ADD. ŏbicias *suspectum* (*cf. Exon in Hermath.* 13, 129)
  827 ADD. 827 *vel* ted
  835 ADD. , *sed cf. Leo anal. Plaut.* 1, 7
  941 ADD. , *sed vide Sjögren* ('*Fut. im Altlat.*' *p.* 240) : i tu
  Specht de immo particula, p. 25

AUL.   65 ANTE sitne ADD. *vel* uti u.
  157 ADD. 157 dare *del. Havet, nam* légibu' quám *displicet*
  315 ADD. ; *sed cf. Sjögren part. cop. p.* 61
  317 LEG. deplorabundus (*quod testatur*) uenit *Nonius* 509:
  plorabundus deuenit *cod., favente allitteratione*
  363 ADD. 363 intus uisam *Leo* (?)
  390 ADD. (*cf. Heckmann, Indog. Forsch.* 18, 313)
  392 ADD. : *vix* hercule.
  405 POST *testatur*) ADD. (*cf. Sjögren* '*Fut. im Altlat.*' *p.* 7)
  432 POST *Goetz* ADD. (*cum* uolŏ) PRO mea *cod.* : *corr. Came-*
  rarius LEG. mean *Camerarius* : mea *cod.*
  445 ADD. 445 iamiam *Harius* : iam *cod.* ⟨uti⟩ te *Goetz*

ADDENDA ET CORRIGENDA

562 ADD. curiosam *et* (*v.* 563) curio *ad κουριῶσαν et κουριῶν acutissime refert Prescott* (*Class. Phil.* 2, 335)

570 ADD. *vix* hercule

643 PRO *Langen* LEG. *Langen, Sjögren* ('*Fut. im Altlat.*' *p.* 200)

696 ADD. 696 sequar *Sjögren* ('*Fut. im Altlat*' *p.* 23)

718 ADD. , *quod tuetur Gaffiot* ('*Subjonctif de Subordination*', *p.* 61)

791 LEG. 791 Quom *Bothe* (*immo* qum, *antiqua forma, Journ. Phil.* 26, 289), *sed cf. Thulin* '*de coniunct.*', *p.* 160

802 ADD. sequar *Sjögren* ('*Fut. im Altlat.*' *p.* 23)

810 ADD. 810 *vel* mage

811 ADD. , *fort. recte* (*cf. Bosscher de Curc. p.* 30)

BACCH. FRAGMENTA V ADD. *fort.* s. lactest l. s.

x PRO *Mercerus* LEG. *Mercerus, Seyffert*

XIV DEL. *fort.* te conseuit

22 LEG. 22 anñ *cod.* (*i. e.* -nos). *Cf. Berl. Phil. Woch.* 28, 895.

37 ANTE mihi ADD. *vel* mage

41 ADD. , *Sjögren* ('*Fut. im Altlat.*' *p.* 117)

60 ADD. 60 et *suspectum* ; *cf. Niemoeller de ipse et idem, p.* 53, *Hodgman* (*Class. Rev.* 17, 298)

97-98 ADD. 97-98 *Bacchidi continuat Ital.*

99 ADD. 99 PI. at . . . sine *Ital.*

123 ADD. put. *codd. Pauli Fest.* 217 M., *quod tuetur Buecheler* (*Rhein. Mus.* 35, 530)

146 ADD. : i tu horsum *Seyffert, Sjögren* ('*Fut. im Altlat.*' *p.* 200)

156 ADD. 156 *vel* mage

205 ADD. *vix* proxume ; *cf. Heckmann* (*Indog. Forsch.* 18, 314)

211 ADD. *vix* hercule

266 ADD. non] *νόθον Skutsch*

278 DEL. : domum *cod.* . . . *Trin.* 841)

298 ADD. 298 eo *del. Mueller* (iv. 3)

310 ADD 310 tanta *Havet* (*cf. ad Men.* 680)

332 ADD. , *Sjögren* ('*Fut. im Altlat.*' *p.* 113)

369 ADD. ; *sed cf. Gaffiot* ('*Subjonctif de Subordination*', *p.* 82)

412 ADD. 412 *vel* ted (*cf. ad Men.* 1022)

453 PRO *vix* Pist. . . . *Goetz* LEG. Pistocleri] optumus (*gloss. marg. inculcata*) *Niemeyer* (*Liter. Centralbl.* 1905, *p.* 352)

463 DEL. : malum *cod.* (i. 3)

472 ANTE esse ADD. *fort.* ⟨hic ?⟩ unde, *nam* úbi ea múl. *placet*

478 PRO auscultantem in gremio *A* LEG. auscultantem *A* in gr. o. *P*

496 ADD. *cf. Sjögren* ('*Fut. im Altlat.*' *p.* 236, *p.* 241)

XV

518 ANTE tum ADD. blandiri *om*. *P* : fieri *Havet* (*Rev. Phil.*
    28, 140)   nihĭlo *vix ferendum*
    ADD. *fort.* plur' (*i. e.* plure)
530 PRO ⟨meo⟩ omne *Ritschl* LEG. ⟨meo⟩ omne *Ritschl* :
    ⟨omne,⟩ omne *Havet* (*Rev. Phil.* 28, 142)
551 POST inconciliare *cod.* ADD. (*quod tuetur Morris Amer.
    Journ. Phil.* 18, 161)
581 ANTE ecquis ADD. hau scis *Schoell*
602 PRO cui tu . . . *ut vid.*) : LEG. cui tu] scutum *T*
615 ANTE inam. ADD. sim postque *B*¹ : ⟨sum⟩ imposque
    Skutsch (*Berl. Phil. Woch.* 17, 1166) (*anap.*)
624 ADD. 624 miser homo *B*¹ *ut vid.* (*cf. Cas.* 303)
673 ADD. 673 *fort.* quoniam ⟨iam⟩ (*troch.*)
738 ADD. *vix* hercule
760 ADD. , *sed cf. Sjögren* (' *Fut. im Altlat.*' *p.* 76)
797 ANTE agit. ADD. naue (gn.) *Schoell*
810 ADD. 810–900 *praesto est T*
902 ANTE uel ADD. *vix* hercule
922 ADD. , *fort. recte*
925 ADD. 925 *vel* Atrides (*ita P*)
932 ANTE senex ADD. ⟨Priamus⟩ prius *Schoell, nam*
939 ADD. ⟨ut⟩ habuit *Pylades.*
965 PRO expuli *cod.* LEG. expuli *cod.*, *vix recte*
1069 POST *Scaliger* ADD. (*cf. ad Mil.* 897)
1080 PRO sed *Acid.* : et *cod.* LEG. et enim *vix Plautinum* : at
    enim *Pareus* : sed enim *Acidalius* (*vix Plautinum*)
1097 POST (*Rhein. Mus.* 54, 384) ADD. , *sed cf. Kane* (' *Case
    Forms . . . Time*', *p.* 9)
1105 ADD. *vel* aerumnaï (*acatal.*), *nam* aerumn(ae) *displicet*
1106 ADD. O Ph. *Spengel* (*acatal.*)
1164 ADD. (*cf. ad Merc.* 330)
1171ᵃ ADD. , *Lindskog de condicionalibus, p.* 16
1209 ANTE ante ADD. ageremus *Goetz, Schoell*

CAPT.   69 ADD. 69–70 *fort.* mi, eo Quia
     86 PRO *Schoell* LEG. *Redslob*
   104 LEG. n. i. e. sp. *Bothe*   *fort.* non ulla e. (vii, *p.* 99) :
     nullae sunt (s̄t) *Havet* (' *Mélanges Boissier*', *p.* 256)
     (*cf. ad Trin.* 1098)
   123 ADD. : praedices *Havet*
   201 ADD. oc. multum irascitis *Vollmer* (*Sitzber. Bayer. Akad.*
     1909)
   418 ADD. 418 tu *add. Fleckeisen*
   468 LEG. 468 ita *Pylades* (iv. 3)
   558 ADD. ego *del. Bothe*
   603 ADD. 603 *vel sic distingue* uis. procul tamen au.
   797 PRO icero LEG. icero (eic-)
   801 ADD. , *Sjögren* (' *Fut. im Altlat.*' *p.* 171)
   845 ADD. inc. aed. *Schoell*

856 ADD. : tu te *Nipperdey*
1014 PRO ill . . . LEG. ill—

CAS.   32 ANTE deiph. ADD. *vel* 'sortientes' (*interpretatio vocabuli Graeci*)
132 ADD. : *vel* festram
230 ADD. 230 *vel* ess'
242 LEG. 242 *vix troch. octonar.*   q. t. u. o. *Geppert   anapaestice discr. Skutsch*
262 ADD. (*cf. Havet ' Mélanges Nicole ', p.* 228)
272 PRO *Morris* LEG. *Geppert, Morris*
335 PRO (*pro* sies m. ?) LEG. (*cf. v.* 334)
378 ADD. qui i. proprius *Sonnenschein* (*Class. Rev.* 20, 439)
407 ADD. 407 *vel sic distingue* ille : rusum
427 ADD. 427 sic] sim *Bierma*
485 ANTE hic ADD. *vel* huc
731 ADD. 731 *vel* med
814 ADD. 814 CH.] *cf. Class. Rev.* 19, 110
826 POST (*om.* mala) *A* ADD. : male malae mala *Seyffert*
838 ADD. , *quod tuetur Sjögren* ('*Fut. im Altlat.' p.* 46)
975 POST *Lambinus* ADD. , *Leo anal. Plaut.* 1, 13

CIST.   3 ADD. aperiuisti *Exon* (*Class. Rev.* 20, 33 *et* 35)
13 POST *Camerarius* ADD. , *Sjögren* ('*Fut. im Altlat.' p.* 53)
88 ADD. : n. p. imminūit meam mi a. q. *Havet* (*Rev. Phil.* 31, 99)
132 ADD. *Duas lectiones fuisse*, am. p. est *et* am. eum d. *credit Seyffert* (*Berl. Phil. Woch.* 16, 285)
297 POST *Studemund* ADD. (*cf. Leo anal. Plaut.* 1, 35)
457 ADD. uolupest *Leo* : u lupi:i *cod.*
458-9 ADD. 458-9 qu mqu:m *cod.*
510 ADD. , *nam* edepōl *suspectum*
515 ADD. 515 *an* Opis?
577 ADD. , *Ahlberg de proceleusm., app.* 20
616 ADD. 616 quam alteram d. d. *Havet* (*Rev. Phil.* 31, 103), *nam* uxorém duxit *displicet*
650 ANTE ibo ADD. *cf. Sjögren* ('*Fut. im Altlat.' p.* 160)
701ᵃ ADD. : *trai. Seyffert*
707 ADD. 707 reuertart *Sjögren* ('*Fut. im Altlat.' p.* 8), *secundum morem Plautinum*
715 POST *Ital.*, ADD. *Seyffert* (*Stud. Plaut. p.* 30),
721 ADD. 721 *vel* istanc
734 ADD. , *sed cf. Sjögren* (' *Fut. im Altlat.' p.* 111)
762 ADD. , *sed cf. Sjögren* (' *Fut. im Altlat.' p.* 23))

CURC.   10 ADD. : opera opus cong. *Havet* (*Rev. Phil.* 31, 265)
39-40 ADD. 39-40 *Havet* (*Rev. Phil.* 31, 271) *sic distinguit* PH. l. h. s. aedes—PA. m. i. e. PH. qui—PA. quia
110 ADD. ; *cf. Radford* (*Amer. Journ. Phil.* 25, 409)
323 POST *displicet* ADD. ; *sed cf. Heraeus* (*Arch. Lat. Lex.* 14, 124)

T. MACCI PLAVTI

484 PRO uorsant *Lipsius* LEG. uorsant *Lipsius, sed cf. Gaffiot* ('*Subjonctif de Subordination*', *p.* 30)
POST *cod.* ADD. , *quod tuetur Gaffiot*
705 ADD. 705 *vel* quodn'

EPID.   154 ADD. huc *Havet* (*Rev. Phil.* 1904, *p.* 170), *sed cf. Schmalz*
(*Berl. Phil. Woch.* 29, 1217)
246 ADD. 246 Periphane (-nae) *P* : -ni *A* : *corr. Wacker-
nagel* (*Arch. Lat. Lex.* 14, 5)
272 ADD. : ueniet *Guietus, Sjögren* ('*Fut. im Altlat.*' *p.* 22)
290 ADD. 290 eueniat *cod.*
293 ANTE Epid. ADD. *cf. Sjögren* ('*Fut. im Altlat.*' *p.* 80).
508 ADD. periphani *codd.* (*cf. ad v.* 246)
518–20 ADD. ; *cf. Kriege de concessivis, p.* 18
626 PRO appelles *P* LEG. appelles *P* (*A n. l.*)   atque *P*
(*A. n. l.*)
638 ADD. 638 nosti (*cum* quód quidém) *Ahlberg proceleusm.*
p. 79

MEN.   103 ADD. 103 summa *codd. Donati Phorm.* 2, 2, 29
135 PRO *fort.* LEG. *vix*
406 ADD. 406 nesciō quem *suspectum* : nam quem *P*CD ⟨tu⟩
mulier *Fleckeisen*
434 POST *scripsi* ADD. ;   *sed cf. Sjögren* ('*Fut. im Altlat.*'
p. 214)
519 ADD. *vel* ut (*ita cod.*) siet
550 ADD. operiuit *Exon* (*Class. Rev.* 20, 33)
556 POST *p.* 146), ADD. *Sjögren* ('*Fut. im Altlat.*' *p.* 127)
563 POST (*B*) ADD. (*cf. Birt in* '*Arch. Lat. Lex.*' 15, 162)
760 ADD. nimis *improbat Leo*
832 ADD. : egomet me *Mueller*
844 ADD. 844 *vel* MA. q. e.? q. a.? SE., *sed cf. Sjögren* ('*Fut.
im Altlat.*' *p.* 107)   seruos citem *Seyffert* : seruos—?
cito (*adverb.*) *vel* seruos cito—? *Lindskog de condic.*
p. 111
896 ADD. *cf. Mulomed. Chir.* (iv. 26) 360 longa suspirare
900 ADD. ; *sed cf. Niemoeller de pron. ipse, p.* 49
983 ADD. 983 *cf. Sjögren* ('*Fut. im Altlat.*' *p.* 79)
992 ADD. 992 sublimis *Ital., Heraeus* (*Philol.* 55, 198) : sub-
limen *cod.* (*pro* -mē?)

MERC.   14 ADD. *quod tuetur Heckmann* (*Indog. Forsch.* 18, 311)
220 ADD. , *Sjögren* ('*Fut. im Altlat.*' *p.* 32)
238 ADD. 238 dederim *Mueller* ; *sed cf. Thulin de coniunct.*
p. 16
256 LEG. 256 hic *P* (*unde* id [hic] *B*, [hic] id *P*CD). *Credo
fuisse* it *in archetypo*   atque] ibi *A* (v. 1)
          id
319, 320 ADD. h. amarest atque id ui o. d. | ⟨h. errarest⟩, h.
au. ig. *Sonnenschein* (*Class. Rev.* 19, 314)

ADDENDA ET CORRIGENDA

330 LEG. 330 *an* opperiam? uisost opus *cod. (illud* st *sae-pissime transpositum est in codice* P ; *cf. ad Trin.* 673)

354, 355 ADD. : didici *Skutsch*

380 ADD. illam] iam *Skutsch (Berl. Phil. Woch.* 15, 1452)

412 POST dices B ADD. ; *sed cf. Sjögren ('Fut. im Altlat.' p.* 117)

497 POST melius P ADD. , *quod tuetur Sjögren ('Fut. im Altlat.' p.* 237) ; *sed cf. Durham ('Subj. Subst. Clauses', p.* 71)

512 ADD. *quod tuetur Havet (Rev. Phil.* 31, 277)

585 ADD. ; *cf. Journ. Phil.* 5, 403

629 ADD. ; *sed cf. Nilsson 'quomodo pronomina', p.* 52

676 ANTE ⟨rite⟩ ADD. ⟨dei⟩ ui. *Birt (Rhein. Mus.* 54, 68)

842 PRO omnibus *Ribbeck* LEG. omnibus *Scriverius*

887 POST *Leo* ADD. ; *sed* amicus amico *displicet*

916 ADD. 916 *cf. Sjögren ('Fut. im Altlat.' p.* 92)

950 ADD. : eloquine somnia? *Lindström comm. Plaut. p.* 110

980 ADD. ; *sed cf. Gaffiot ('Subjonctif de Subordination', p.* 153)

SIGLA

A = Ambrosianus palimpsestus (G 82 sup.), saec. iii–iv

B = Palatinus Vaticanus (1612), saec. x–xi

C = Palatinus Heidelbergensis (1613), saec. x–xi

codd. = AP

  cod. = P (ubi A deest) vel A (ubi P deest)

D = Vaticanus (3870), saec. x–xi

E = Ambrosianus (I 257 inf.), saec. xii ex.

J = Londinensis (Mus. Britann., Reg. 15 C XI), saec. xii in.

O = fragmentum Ottobonianum Vaticanum (misc. Lat. 687), saec. xi

P = archetypus codicum 'Palatinae' recensionis vel fons codicum $BCDEVJO$ et correctionum B^3. In partibus iis ubi T praesto est (Bacch. 35–80, 570–650, 810–900, Pers., Poen., Pseud. 730–fin., Rud. init.–790) idem siglum pro P^A adhibetur.

P^A = proarchetypus 'Palatinae' recensionis vel fons codicum P et T

P^{BC} = fons codicum B (in parte altera) et P^{CD}

P^{BD} = fons codicum B (in parte priori) et DP^E

P^{CD} = fons codicum C et D

P^E = fons codicum EV et P^J

P^J = fons codicum JO et correctionum V^2

T = deperditus codex Turnebi vel fragmenta Senonensia

V = Vossianus Leidensis (Q 30), saec. xii in.

In textu apicibus ictus metricus indicatur; lineis inter vocabula ductis hiatus.

Numerationem versuum quae est in Teubneriana editione maiori conservare volui.

In adnotatione:

numeri uncinis inclusi spectant ad capita et capitum particulas in libello meo supra memorato ('Introduction to Latin Textual Emendation,' Macmillan., Lond., 1896), quem Francogallice reddidit I. Waltzing (Paris., Klincksieck., 1898).

Vocabula a capitali littera incipientia stant in initiis versuum.

In lectionibus Palimpsesti (A) enarrandis haec animadvertenda; punctis singulis singulae indicantur litterae quae omnino legi non possunt; puncto sub littera posito indicatur eam litteram dubiam esse; litterae quae intra uncinos stant legi quidem non possunt sed coniectura restitui; linea recta indicat neque numerum litterarum neque formas ullo modo legi nec conici posse.

AMPHITRVO

ARGVMENTVM I

In faciem versus Amphitruonis Iuppiter,
dum bellum gereret cum Telobois hostibus,
Alcmenam uxorem cepit usurariam.
Mercurius formam Sosiae servi gerit
absentis : his Alcmena decipitur dolis.   5
postquam rediere veri Amphitruo et Sosia,
uterque deluduntur dolis in mirum modum.
hinc iurgium, tumultus uxori et viro,
donec cum tonitru voce missa ex aethere
adulterum se Iuppiter confessus est.   10

ARGVMENTVM II

Amore captus Alcumenas Iuppiter
Mutavit sese in formam eius coniugis,
Pro patria Amphitruo dum decernit cum hostibus.
Habitu Mercurius ei subservit Sosiae.
Is advenientis servum ac dominum frustra habet.   5
Turbas uxori ciet Amphitruo, atque invicem
Raptant pro moechis. Blepharo captus arbiter
Vter sit non quit Amphitruo decernere.
Omnem rem noscunt. geminos illa enititur.

I 7 uterq' *displicet*   luduntur *Lambinus* (*cf. Mil. Arg.* i. 9 delu-
ditur *pro* luditur ; *Cist. Arg.* 7 despondit *pro* spondet)   dolis *del.*
Ital. (*cf.* 5)   II 9 illa *Bothe* : alcumena *cod.* (v. 1)

PERSONAE

MERCVRIVS DEVS
SOSIA SERVVS
IVPPITER DEVS
ALCVMENA MATRONA
AMPHITRVO DVX
BLEPHARO GVBERNATOR
BROMIA ANCILLA

SCAENA THEBIS

PROLOGVS

MERCVRIVS

ME. VT uos in uostris uoltis mercimoniis
emundis uendundisque me laetum lucris
adficere atque adiuuare in rebus omnibus,
et ut res rationesque uostrorum omnium
5 bene expedire uoltis peregrique et domi,   5
bonoque atque amplo auctare perpetuo lucro
quasque incepistis res quasque inceptabitis,
et uti bonis uos uostrosque omnis nuntiis
me adficere uoltis, ea adferám, ea ut nuntiem
10 quae maxume in rem uostram communem sient   10
(nam uos quidem id iam scitis concessum et datum
mi esse ab dis aliis, nuntiis praesim et lucro):
haec ut me uoltis adprobare, adnitier
lucrum ut perenne uobis semper suppetat,
15 ita huic facietis fabulae silentium   15
itaque aequi et iusti hic eritis omnes arbitri.
 Nunc quoiius iussu uenio et quám ob rem uenerim
dicam simulque ipse eloquar nomen meum.
Ioui' iussu uenio: nomen Mercuriost mihi:
20 pater huc me misit ad uos oratum meus;   20
tam etsi pro imperio uobis quod dictum foret
scibat facturos, quippe qui intellexerat
uereri uos se et metuere, ita ut aequom est Iouem;
uerum profecto hoc petere me precario
25 a uobis iussit leniter dictis bonis.   25
 etenim ille quoius huc iussu uenio, Iuppiter

5 b. me exp. *Loman, Leo*   9 feram *Loman, cui* éa ădferam *displicet*
uti *edd.*   19 Mercurio est *Ital.* : mercuriest *cod.*

non minu' quam uostrum quiuis formidat malum:
humana matre natus, humano patre
mirari non est aequom sibi si praetimet;
30 atque ego quoque etiam, qui Iouis sum filius,					30
contagione mei patris metuo malum.
propterea pace aduenio et pacem ad uos fero:
iustam rem et facilem esse oratam a uobis uolo,
nam iustae ab iustis iustus sum orator datus.
35 nam iniusta ab iustis impetrari non decet,					35
iusta autem ab iniustis petere insipientia est;
quippe illi iniqui ius ignorant neque tenent.
nunc iam huc animum omnes quae loquar aduortite.
debetis uelle quae uelimus: meruimus
40 et ego et pater de uobis et re publica;					40
nam quid ego memorem (ut alios in tragoediis
uidi, Neptunum, Virtutem, Victoriam,
Martem, Bellonam commemorare quae bona
uobis fecissent) quis benefactis meu' pater,
45 deorum regnator, architectust omnibus?					45
sed mos numquam ⟨ille⟩ illi fuit patri meo
ut exprobraret quod bonis faceret boni;
gratum arbitratur esse id a uobis sibi
meritoque uobis bona se facere quae facit.
50		Nunc quam rem oratum huc ueni primum proloquar;					50
post argumentum huius eloquar tragoediae.
quid? contraxistis frontem quia tragoediam
dixi futuram hanc? deu' sum, commutauero.
eandem hanc, si uoltis, faciam ⟨iam⟩ ex tragoedia

27–28 *post* patre, *non post* malum *distinguunt alii*		32 fero
Acidalius: affero *cod.* (*cf Trin.* 67 ad te [ad]uenio; *et similia multa*)
pacem (*ita* P^E) aduenio et ad uos affero *Lindemann*		34 iuste *cod.*
(*i.e.* -ae?): iusta *Bothe*		36 vel -tiaest *cod. cf. Amer. Journ. Phil.*
14, 321		37 illi *D*²: inilli *c⁻d.* (iv. 3)		38 omnes] ad ea P^E (v. 1)
39 uelimus et m. *B*³		45 architectus *cod.* (i. 7)		46 ille *add.*
Ussing		Sed mos nequam illi (*vel* ille) fuit patri numquam meo
Redslob, cui iambus patri *ante iambum* meo *displicet*		49 fecit *cod.*
54 iam *add. Lachmann*

55 comoedia ut sit omnibus isdem uorsibus.   55
   utrum sit an non uoltis? sed ego stultior,
   quasi nesciam uos uelle, qui diuos siem.
   teneo quid animi uostri super hac re siet :
   faciam ut commixta sit ; ⟨sit⟩ tragico[co]moedia;
60 nam me perpetuo facere ut sit comoedia,   60
   reges quo ueniant et di, non par arbitror.
   quid igitur? quoniam hic seruos quoque partis habet,
   faciam sit, proinde ut dixi, tragico[co]moedia.
   nunc hoc me orare a uobis iussit Iuppiter
65 ut conquistores singula in subsellia   65
   eant per totam caueam spectatoribus,
   si quoi fauitores delegatos uiderint,
   ut is in cauea pignus capiantur togae ;
   siué qui ambissent palmam ⟨his⟩ histrionibus
70 seu quoiquam artifici (seu per scriptas litteras   70
   seu qui ipse ambisset seu per internuntium),
   siue adeo aediles perfidiose quoi duint,
   sirempse legem iussit esse Iuppiter,
   quasi magistratum sibi alteriue ambiuerit.
75 uirtute dixit uos uictores uiuere,   75
   non ambitione neque perfidia : qui minus
   eadem histrioni sit lex quae summo uiro?
   uirtute ambire oportet, non fauitoribus.
   sat habet fauitorum semper qui recte facit,
80 si illis fides est quibus est ea res in manu.   80
   hoc quoque etiam mihi in mandatis ⟨is⟩ de**dit**
   ut conquistores fierent histrionibus :
   qui sibi mandasset delegati ut plauderent

55 omnis *Mueller, nam* ómnibus ísdem *displicet*   **56 fit cod.** (sit
E ut vid.)   59 sit *add. Leo*   65 singula *D ante corr.* : sınguli *cod.*
68 *vel* uti *cod.*   69 ambissint, *item v.* 71 ambissit *edd.*   his *addidi*   73
sirempse *Scaliger* : Sisimilem rem ipse in (*pro* ipsam ?) *cod.* (v. 1;
cf. Paul. Fest. 515. 11 *Th.* siremps dicitur quasi similis res ipsa)
81 is *addidi*   83 mandassent *cod.*

quiué quo placeret alter fecisset minus,
85 eius ornamenta et corium uti conciderent.   85
mirari nolim uos quapropter Iuppiter
nunc histriones curet ; ne miremini :
ipse hanc acturust Iuppiter comoediam.
quid ? admiratin estis ? quasi uero nouom
90 nunc proferatur Ióuem facere histrioniam ;   90
etiam, histriones anno quom in proscaenio hic
Iouem inuocarunt, uenit, auxilio is fuit.
praeterea certo prodit in tragoedia.
hanc fabulam, inquam, hic Iuppiter hodie ipse aget
95 et ego una cum illo. nunc ⟨uos⟩ animum aduortite,   95
dum húius argumentum eloquar comoediae.

   Haec urbs est Thebae. in illisce habitat aedibus
Amphitruo, natus Argis ex Argo patre,
quicum Alcumena est nupta, Electri filia.
100 is nunc Amphitruo praefectust legionibus,   100
nam cum Telobois bellum est Thebano poplo.
is priu' quam hinc abiit ipsemet in exercitum,
grauidam Alcumenam fecit uxorem suam.
nam ego uos nouisse credo iam ut sit pater meus,
105 quam liber harum rerum multarum siet   105
quantusque amator siet quod complacitum est semel.
is amare occepit Alcumenam clam uirum
usuramque eiius corporis cepit sibi,
et grauidam fecit is eam compressu suo.
110 nunc de Alcumena ut rem teneatis rectius,   110
utrimque est grauida, et ex uiro et ex summo Ioue.

84 *vel* quiu'   placerent *cod.*   89 admirati *cod.*   95 uos *add.*
Pylades : hoc *Pradel* : iam *Mueller*   96 huiusce arg. *Bentley* :
arg. huius *Pylades*   eloquor (?) *Seyffert* (*Burs. Jahresber.* 1890, p. 26)
98 *de* Argo *cf. Usener* (*Rhein. Mus.* 53, 339)   101 b. est *Pylades* :
est b. *cod.*   *vix* Teloboist   103 fec. ux. *Fruter* : ux. fec. *cod.*
104 meus pater *Bothe, cui* pátĕr meús *displicet*   106 siĕt] sit *edd.*
sine causa   108 coepit *cod.* (*cf. v.* 1136), *item codd. Nonii* 231

et meu' pater nunc intus hic cum illa cubat,
et haec ob eam rem nox est facta longior,
dum ⟨cum⟩ illa quacum uolt uoluptatem capit ;
115 sed ita adsimulauit se, quasi Amphitruo siet.   115
nunc ne hunc ornatum uos meum admiremini,
quod ego huc processi sic cum seruili schema :
ueterem atque antiquam rem nouam ad uos proferam,
propterea ornatus in nouom incessi modum.
120 nam meu' pater intus nunc est eccum Iuppiter ;   120
in Amphitruonis uortit sese imaginem
omnesque eum esse censent serui qui uident :
ita uorsipellem se facit quando lubet.
ego serui sumpsi Sosiae mi imaginem,
125 qui cum Amphitruone abiuit hinc in exercitum,   125
ut praeseruire amanti meo possem patri
atque ut ne qui essem familiares quaererent,
uorsari crebro hic quom uiderent me domi ;
nunc, quom esse credent seruom et conseruom suom,
130 hau quisquam quaeret qui siem aut quid uenerim.   130
. pater nunc intus suo animo morem gerit :
cubat complexus quoiius cupiens maxume est ;
quae illi ad legionem facta sunt memorat pater
meus Alcumenae : ílla illum censet uirum
135 suom esse, quae cum moecho est. ibi nunc meu' pater   135
memorat legiones hostium ut fugauerit,
quo pacto sit donis donatus plurumis.
ea dona quae illic Amphitruoni sunt data
apstulimus : facile meu' pater quod uolt facit.
140 nunc hodie Amphitruo ueniet huc ab exercitu   140
et seruos, quoiius ego fero hanc imaginem.

114 cum *add. Lindemann*   117 huc ego pr. cum s. s. (*om.*
sic) *Charisius* 53 *et* 144   125 abiit *cod.*   137 donis sit
Salmasius, rhythmo consulens   141–52 *vide ne in pagina archetypi
macula longa fuerit ; tot versus hiant* (*vv.* 141, 143, 145 ?, 146, 149, 150,
152)   141 fero hanc *Fleckeisen* : hanc fero *cod.*

nunc internosse ut nos possitis facilius,
ego has habebo usque ⟨hic⟩ in petaso pinnulas ;
tum meo patri autem torulus inerit aureus
145 sub petaso : íd signum Amphitruoni non erit.   145
ea signa nemo ⟨homo⟩ horum familiarium
uidere poterit : uerum uos uidebitis.
sed Amphitruonis illi[c] est seruos Sosia :
a portu illic nunc ⟨huc⟩ cum lanterna aduenit.
150 abigam iam ego illunc aduenientem ab aedibus.   150
adeste : erit operae pretium spectantibus
Iouem et Mercurium facere hic histrioniam.

ACTVS I

I i   SOSIA   MERCVRIVS

So. Qui me alter est audacior homo aut qui confidentior,
iuuentútis mores qui sciam, qui hoc noctis solus ambulem ?
quid faciam nunc si tresuiri me in carcerem compegerint ?   155
ind' cras quasi e promptaria cella depromar ad flagrum,
5 nec caussam liceat dicere mihi, neque in ero quicquam
                                                         auxili
siet, nec quisquam sit quin me omnes esse dignum
                                                         deputent.
   ita quasi incudem me miserum hómines octo ualidi caedant : 160
         ita peregre adueniens
10   hospitio puplicitus accipiar.
         haec eri inmodestia
         coegit me,

---

143 hic *add. Fleckeisen*   146 homo *add.* (?) *Ritschl, sed cf. Seyffert*
(*Berl. Phil. Woch.* 16, 11)   149 huc *add. Camerarius*   150
illum *cod.*   151 adeste erit *Palmerius* : adest ferit *cod.* (F *pro* E)
p. hic sp. *cod.* (*cf. ad v.* 152)   152 hic *Hermann* : om. *cod.* (*cf. ad*
v. 151)   161 sqq. *de versuum divisione cf. Prisc. de metr. Ter.* 3, 421 K

164ᵃ	qui hoc noctis a portu

164ᵃ   qui hoc noctis a portu
164ᵇ   ingratiis excitauit.
165   nonne idem huc luci me mittere potuit?
       opulento homini hoc seruitus dura est,
       hoc magi' miser est diuiti' seruos :   15
    noctesque diesque adsiduo satis superque est
    quod facto aut dicto adest opus, quietu' ne sis.
170 ipse dominu' diues operis, [et] laboris expers,
    quodquomque homini accidit lubere, posse retur :
    aequom esse putat, non reputat labori' quid sit,   20
      nec aequom anne iniquom imperet cogitabit.
      ergo in seruitute expetunt multa iniqua :
175   habendum et ferundum hoc onust cum labore.
    ME. satiust me queri illo modo seruitutem :
       hodie qui fuerim liber, eum nunc   25
       potiuit pater seruitutis ;
       hic qui uerna natust queritur.
180 So. sum uero uerna uerbero : numero mihi in mentem fuit
    dis aduenientem gratias pro meritis agere atque adloqui?
    ne illi edepol si merito meo referre studeant gratiam,   30
    aliquem hominem adlegent qui mihi aduenienti os occillet
                                 probe,
    quoniam bene quae in me fecerunt ingrata ea habui atque
                                 inrita.
185 ME. facit ille quod uolgo hau solent, ut quid se sit di-
                                 gnum sciat.
    So. quod numquam opinatus fui neque alius quisquam
                                  ciuium
    sibi euenturum, id contigit, ut salui poteremur domi.   35

165 hoc *cod.*, **antiqua forma**   **169** quod *Mueller* : quo *cod.*
opulento homini hoc seruitus (*Lachmann*) *Havet*   **170** *vel* ips' dominus   et
del. Havet   **173** *post* 160 *iteratus* (ii. 6, p. 103)   **179** *fort.* queretur?,
ut bacchius fiat   **180** numero *testatur Nonius* 352 : nunc uero *cod.* :
num numero *Leo*   **182** gratiam *Rein, Langen* ('*Beitraege*' 11) :
gratias *cod.* (*cf.* 181)   **184** qui *cod.* (quae *Pᴱ*)   **187** domi *testatur*
Nonius 498 : domum *cod.*

uictores uictis hostibus legiones reueniunt domum,
duello exstincto maxumo atque internecatis hostibus.
quod multa Thebano popló acerba obiecit funera,   190
id uí et uirtute militum uictum atque expugnatum oppi-
                                                    dum est
40 imperio atque auspicio meí eri Amphitruonis maxume.
praedaque agroque adoriaque adfecit popularis suos
regique Thebano Creoni regnum stabiliuit suom.
me a portu praemisit domúm ut haec núntiem uxori suae,   195
ut gesserit rem publicam ductu, imperio, auspicio suo.
45 ea nunc meditabor quo modo illi dicam, quom illo aduenero.
si dixero mendacium, solens meo more fecero.
nam quom pugnabant maxumé, ego tum fugiebam maxume ;
uerum quasi adfuerim tamen simulabo atque audita elo- 200
                                                    quar.
sed quo modo et uerbis quibus me deceat fabularier,
50 prius ipse mecum etiam uolo hic meditari. sic hoc pro-
                                                    loquar.
   Principio ut illo aduenimus, ubi primum terram tetigimus,
continuo Amphitruo delegit uiros primorum principes ;
eos legat, Telobois iubet sententiam ut dicant suam :   205
si sine ui et sine bello uelint rapta et raptores tradere,
55 si quae asportassent reddere, se exercitum extemplo domum
redducturum, abituros agró Argiuos, pacem atque otium
dare illis ; sin aliter sient animati neque dent quae petat,
sese igitur summa ui uirisque eorum oppidum oppugnassere. 210
haec ubi Telobois ordiné iterarunt quos praefecerat
60 Amphitruo, magnanimi uiri freti uirtute et uiribus
superbe nimi' ferociter legatos nostros increpant,
respondent bello se et suos tutari posse, proinde uti

   189 exstincto duello *Fleckeisen*, *nam* duéllo *suspectum*   190
quod *Ital.* : qui *cod.*   192 mei eri *Fleckeisen* : eri mei *cod.*   193
praedaque agroque *scripsi* : praeda atque agro *cod.* : praeda atque
agro ⟨qui⟩ *Ussing*   207 redderent *P*BD   210 oppi. expu-
gnassere *cod.* : oppi. oppugnassere *codd. Donati ad Eun.* i. 1, 3 : op-
pugnatusse (*pro* -nassere) oppi. *codd. Nonii* 128

215 propere suis de finibus exercitus deducerent.
    haec ubi legati pertulere, Amphitruo castris ilico
    producit omnem exercitum.   contra Teloboae ex oppido   65
    legiones educunt suas nimi' pulchris armis praeditas.
        postquam utrimque exitum est maxuma copia,
220   dispertiti uiri, dispertiti ordines,
        nos nostras more nostro et modo instruximus
    legiones, item hostes contra legiones suas instruont.   70
        deinde utrique imperatores in medium exeunt,
        extra turbam ordinum conloquontur simul.
225   conuenit, uicti utri sint eo proelio,
        urbem, agrum, aras, focos seque uti dederent.
        postquam id actum est, tubae contra utrimque occanunt, 75
        consonat terra, clamorem utrimque ecferunt.
        imperator utrimque, hinc et illinc, Ioui
230   uota suscipere, ⟨utrimque⟩ hortari exercitum.
    ⟨tum⟩ pro se quisque id quod quisque potest et ualet
    edit, ferro ferit, tela frangunt, boat   80
        caelum fremitu uirum, ex spiritu atque anhelitu
        nebula constat, cadunt uolneris ui et uirium.
235   denique, ut uoluimus, nostra superat manus :
    hostes crebri cadunt, nostri contra ingruont.
        uicimus ui feroces.   85
    sed fugam in se tamen nemo conuortitur
    nec recedit loco quin statim rem gerat ;
240   animam amittunt prius quam loco demigrent :
    quisque ut steterat iacet optinetque ordinem.

215 suis de *Bothe* : de suis *coa.*   217 Tel. contra *Bergk, nam* contrā *suspectum*   218 reducunt B^1 : seducunt B^1 223 utrique imperatores *etiam codd. Servii in Aen.* 1, 191 : uterque imperator *Bothe, ut cretic. tetram. fiat (sed cf.* 233)   227 c. u. oc. *Bergk* : utrimque canunt contra *cod., cui lectioni adlitteratio favet*   230 utrimque *add. Spengel*   231 tum *add. Leo* (iii. 1)   *vel* quisq' 233 ex] et *codd. Nonii* 272   234 uirum D^1 uolnerum ui uiri *Luchs*   237 uicimus *del. Spengel* (*cf.* 247)   238 *Nonius* 480 *testatur* conuertitur *pro 'conuertit'*   240 animum (-am *J et ex* -om D^1) amittunt *Angelius* (*cf. Journ. Phil.* 26, 294) : omittunt *cod.*

90   hoc ubi Amphitruo erus conspicatus est,
       ilico equites iubet dextera inducere.
       equites parent citi : ab dextera maxumo
          cum clamore inuolant impetu alacri,   245
       foedant et proterunt hostium copias
95   iure iniustas.
   ME. numquam etiam quicquam adhuc uerborum est pro-
                   locutus perperam :
   namque ego fui illi in re praesenti et meu' quom pugnatum
                   est pater.
   So. perduelles penetrant se in fugám ; ibi nostris animus 250
                   additust :
   uortentibus Telobois telis complebantur corpora
100 ipsusque Amphitruo regem Pterelam súa optrúncauit manu.
   haec illist pugnata pugna úsque a mani ad uesperum
   (hoc adeo hoc commemini magi' quia illo die inpran-
                   sus fui),
   sed proelium id tandem diremit nox interuentu suo.   255
   postridie in castra ex urbe ad nos ueniunt flentes principes :
105 uelatis manibus orant ignoscamus peccatum suom,
   deduntque se, diuina humanaque omnia, urbem et liberos
   in dicionem atque in arbitratum cuncti Thebano poplo.
   post ob uirtutem ero Amphitruoni patera donata aurea est,   260
   qui Pterela potitare rex est solitus.   haec sic dicam erae.
110 nunc pergam eri imperium exsequí et me domum capessere.
   ME. attat, illic huc iturust. ibo ego illic obuiam,
   neque ego hunc hominem ⟨huc⟩ hodie ad aedis has sinam
                umquam accedere ;

242 *vel* conspicatust   243 inuadere *Salmasius* (*recte, si* inudere, *quam lectionem e veteri codice Lambinus eruit, in T et* Pᴬ *stetit*)   253 illic est *cod.* (illi est *E*) : illis est *codd. Nonii* 231   h. illic e. p. p. iam u. (*iamb.*) *Mueller* (*Rhein. Mus.* 54, 381)   254 *vel iamb.*   260 aurea est *Camerarius* : est aurea *cod.*   261 potitare *Ital.* : potare *cod.* (positare *D ante corr.*)   rex est solitus *Bothe* : rex solitus est *cod.* : sol. est rex *Ussing*   263 *vel* iturus est (*ita cod.*)   264 ego huc hom. hod. *cod.* : *corr. Studemund*

265 quando imago est huiius in me, certum est hominem eludere.
    et enim uero quoniam formam cepi huius in med et statum,
    decet et facta moresque huius habere me similis item.   115
    itaque me malum esse oportet, callidum, astutum admodum,
    atque hunc telo suo sibi, malitia, a foribus pellere.
270 sed quid illúc est? caelum aspectat.   opseruabo quam
                                 rem agat.
    So. certe edepol, si quicquamst aliud quod credam aut
                                 certo sciam,
    credo ego hac noctu Nocturnum óbdormiuisse ebrium.   120
    nam neque se Septentriones quoquam in caelo commouent,
    neque se Luna quoquam mutat atque uti exorta est semel,
275 nec Iugulae neque Vesperugo neque Vergiliae óccidunt.
    ita statim stant signa, neque nox quoquam concedit die.
    ME. perge, Nox, ut occepisti ; gere patri morem meo :   125
    optumo optume optumam operam das, datam pulchre locas.
    So. neque ego hac nocte longiorem me uidisse censeo,
280 nisi item únam, uerberatus quam pependi perpetem ;
    eam quoque edepol etiam multo haec uicit longitudine.
    credo edepol equidem dormire Solem atque adpotum probe; 130
    mira sunt nisi inuitauit sese in cena plusculum.
    ME. aïn uero, uerbero ? deos esse tui similis putas ?
285 ego pol te istis tuis pro dictis et male factis, furcifer,
    accipiam ; modo sis ueni huc : inuenies infortunium.
    So. ubi sunt isti scortatores qui soli inuiti cubant ?   135
    haec nox scita est exercendo scorto conducto male.
    ME. meu' pater nunc pro huius uerbis recte et sapienter facit,
290 qui complexus cum Alcumena cubat amans, animo op-
                                 sequens.
    So. ibo ut erus quod imperauit Alcumenae nuntiem.

    265 ludere *Langen* ('*Beitraege*' **17**⟩   271 si *Bothe* : scio si *cod.*
(iv. 3)   quod *Ital.* : quid *cod.*   272 Nocturninum *codd. Hieronymi*
adv. Vigilantium 4, p. 286   275 iugula *cod. Varronis Ling. Lat.*
7, 50   276 signa omnia ne. *Nonius* 391 *et* 393, *Donatus ad Phorm.*
5, 3, 6 (ignauia, *i. e.* signa oīa, *codd. Donati*), *unde fit versus iambicus*
280 item⟩ quidem *Seyffert*   284 *vel* ess'

140 sed quis hic est homo quem ante aedis uideo hoc noctis?
non placet.

ME. nullust hoc metuculosus aeque.   So. mi in mentem
uenit,

illic homo ⟨hodie⟩ hoc denuo uolt pallium detexere.

ME. timet homo : deludam ego illum.   So. perii, dentes 295
pruriunt ;

certe aduenientem hic me hospitio pugneo accepturus est.

145 credo misericors est : nunc propterea quod me meus erus

fecit ut uigilarem, hic pugnis faciet hodie ut dormiam.

oppido interii.   opsecro hercle, quantus et quam ualidus est!

ME. clare aduorsum fabulabor, auscultet hic quae loquar;   300

igitur magi' modum maiorem in sese concipiet metum.

150 agite, pugni, iam diu est quod uentri uictum non datis :

iam pridem uidetur factum heri quod homines quattuor

in soporem conlocastis nudos.   So. formido male

ne ego hic nomen meum commutem et Quintus fiam 305
e Sosia ;

quattuor uiros sopori se dedisse hic autumat :

155 metuo ne numerum augeam illum.   ME. em nunciam
ergo : sic uolo.

So. cingitur : certe expedit se.   ME. non feret quin uapulet.

So. quis homo?   ME. quisquis homo huc profecto uenerit,
pugnos edet.

So. apage, non placet me hoc noctis esse : cenaui modo ;   310

proin tu istam cenam largire, si sapis, éssurientibus.

160 ME. hau malum huic est pondus pugno.   So. perii,
pugnos ponderat.

---

293 aeque quem in ment. *cod.* : *corr. Bothe   fort. totus hic versus cum
altero nunc perdito (cf. ad* 294) *Mercurio dandus est*   294 hodie *add.
Goetz et Loewe ex Servio in Aen.* 10, 424 'sic Plautus *ego hunc hominem
hodie texam (detexam Taubmann) pallio'*   296 pugneo *Acidalius* :
pugne *cod.*   300 hic auscultet *cod.* (hīc *suspectum*)   301
multo maiorem *Redslob* : modum morem *cod.* (m. maiorem) (vii. 2)
306 uiros *Ital.* : duros *cod.* : nudos *Leo*   307 sic uolo
Pylades : sicolo *cod.*   309 quisquis huc (*del.* homo) *Redslob*

ME. quid si ego illum tractim tangam, ut dormiat? So.

seruaueris,

nam continuas has tris noctes peruigilaui. ME. pessumest,

315 facimus nequiter, ferire malam male discit manus ;

alia forma | esse oportet quem tu pugno legeris.

So. illic homo me interpolabit meumque os finget denuo.   165

ME. exossatum os esse oportet quem probe percusseris.

So. mirum ni hic me quasi murenam éxossare cogitat.

320 ultro istunc qui exossat homines ! perii si me aspexerit.

ME. olet homo quidam malo suo.   So. ei, numnám ego

óbolui?

ME. atque hau longe abesse oportet, uerum longe hinc 170

afuit.

So. illic homo superstitiosust.   ME. gestiunt pugni mihi.

So. si in me excituru's, quaeso in parietem ut primum

domes.

325 ME. uox mi ad auris aduolauit.   So. né ego homo in-

felix fui

qui non alas interuelli : uolucrem uocem gestito.

ME. illic homo a me sibi malam rem arcessit iumento suo. 175

So. non equidem ullum habeo iumentum.   ME. oneran-

dus est pugnis probe.

So. lassus sum hercle e naui, ut uectus huc sum : etiam

nunc nauseo ;

330 uix incedo inanis, ne ire posse cum onere existumes.

ME. certe enim hic nescioquis loquitur.   So. saluos sum,

non me uidet :

' nescioquem ' loqui autumat ; mihi certo nomen Sosiaest.   180

ME. hinc enim mihi dextra uox auris, ut uidetur, uer-

berat.

315 facimus *Leo* : facinus *cod.*   316 *fort.* eum esse op. (*cf. Journ.*
Phil. 26, 295)   pugne *Pylades*   ieceris *Pareus* : tetigeris *Ussing*
319 ne *cod.*   320 istuc *cod.*   321 *vix* suó   ei mihi n. *Pylades*
322 hic *P*BD   affuit *cod.*   328 *vel* ónerandust   333 a dextra
uox *Lindemann* : uox dextera *Guietus, quibus* dextra *adverb. displicet*

So. metuo, uocis ne uicem hodie hic uapulem, quae hunc
                                                    uerberat.

Me. optume eccum incedit ad me. So. timeo, totus torpeo. 335
non edepol nunc ubi terrarum sim scio, si quis roget,
185 neque miser me commouere possum prae formidine.
ilicet : mandata eri perierunt una et Sosia.
uerum certumst confidenter hominem contra conloqui,
qui possim uideri huic fortis, a me ut apstineat manum.   340

Me. quo ambulas tu qui Volcanum in cornu conclusum
                                                    geris ?

190 So. quid id exquiris tu qui pugnis os exossas hominibus ?

Me. seruo'sne an liber ? So. utquomque ánimo conlibitum
                                                    est meo.

Me. aïn uero ? So. aío enim uero. Me. uerbero. So.
                                                    mentire nunc.

Me. at iam faciam ut uerum dicas dicere. So. quid eo 345
                                                    est opus ?

Me. possum scire quo profectus, quoius sis aut quid ueneris ?
195 So. huc eó. eri sum seruos. numquid nunc es certior ?

Me. ego tibi istam hodie, sceleste, comprimam linguam.
                                                    So. hau potes

bene pudiceque adseruatur. Me. pergin argutarier ?
quid apud hasce aedis negoti ést tibi ? So. immo quid 350
                                                    tibi est ?

Me. rex Creo uigiles nocturnos singulos semper locat.
200 So. bene facit : quia nos eramus peregri, tutatust domi ;
at nunc abi sane, aduenisse familiaris dicito.

Me. nescio quám tu familiaris sis : nisi actutum hinc abis,
familiaris, accipiere faxo hau familiariter.   355

---

334 uicem *Scaliger* : uice *cod.*   336 sc. ubi (*pro* ubi quis?) r.
Pᴱ   339 certus (-um *J*) est *cod.*   340 qui *Camerarius* :
                    i i
igitur qui (*i. e.* g q ; iv. 3)   343 Seruosne ⟨es⟩ *edd.*   344
vix aione en.   mentiris *cod.*   347 eri ⟨iussu, eius⟩ sum s. *Leo* :
eri sum seruos, ⟨missus⟩ *Mueller* (*Rhein. Mus.* 54, 382)   354
quantum Pᴱ (*pro* quam tú ; vii. 4)   355 accipere *cod.*

So. hic, inquam, habito ego atque horunc seruos sum.
           ME. át scin quo modo ?
faciam ego hodie te superbum, nisi hinc abis. So. quo- 205
           nam modo ?
ME. auferere, non abibis, sí ego fustem sumpsero.
So. quin me esse huiius familiai familiarem praedico.
360 ME. uide sis quam mox uapulare uis, nisi actutum hinc
           abis.
So. tun domo prohibere peregre me aduenientem postulas ?
ME. haecine tua domust ? So. ita inquam. ME. quis 210
           erus est igitur tibi ?
So. Amphitruo, qui nunc praefectust Thebanis legionibus,
quicum nupta est Alcumena. ME. quid ais ? quid nomen
           tibi est ?
365 So. Sosiam uocant Thebani, Dauo prognatum patre.
ME. ne tu istic hodie malo tuo compositis mendaciis
aduenisti, audaciai columen, consutis dolis.   215
So. immo equidem tunicis consutis huc aduenio, non dolis.
ME. at mentiris etiam : certo pedibus, non tunicis uenis.
370 So. ita profecto. ME. nunc profecto uapula ob men-
           dacium.
So. non edepol uolo profecto. ME. at pol profecto in-
           gratiis.
hoc quidem ' profecto ' certum est, non est arbitrarium.   220
So. tuam fidem opsecro. ME. tun te audes Sosiam esse
           dicere,
quí ego sum ? So. perii. ME. parum etiam, praeut futu-
           rum est, praedicas.
375 quoius nunc es ? So. tuo', nam pugnis usu fecisti tuom.
pro fidem, Thebani ciues ! ME. etiam clamas, carnufex ?
loquere, quid uenisti ? So. ut esset quem tu pugnis caederes. 225

356 sum ser. *Camerarius*   357 ni *Ital.*   361 tum *cod.*
376 fidem *Aldus* : fidi *cod.* (i. 10)   377 loq. *Aldus* : eloquere
cod.

ME. quoius es? So. Amphitruonis, inquam, Sosia. ME.
                               ergo istoc magis,
quia uaniloquo's, uapulabis : ego sum, non tu, Sosia.
So. ita di faciant, ut tu potius sis atque ego te ut uerberem. 380
ME. etiam muttis? So. iam tacebo. ME. quis tibi
                              erust? So. quem tu uoles.
230 ME. quid igitur? qui nunc uocare? So. nemo nisi quem
                              iusseris.
ME. Amphitruonis te esse aiebas Sosiam. So. peccaueram,
nam Amphitruonis socium ne me ésse uolui dicere.
ME. scibam equidem nullum esse nobis nisi me seruom 385
                              Sosiam.
fugit te ratió. So. utinam istuc pugni fecissent tui.
235 ME. ego sum Sosia ille quem tu dudum esse aiebas mihi.
So. opsecro ut per pacem liceat te adloqui, ut ne uapulem.
ME. immo indutiae parumper fiant, si quid uis loqui.
So. non loquar nisi pace facta, quando pugnis plus uales. 390
ME. dicito [si] quid uis, non nocebo. So. tuae fide credo?
                              ME. meae.
240 So. quid si falles? ME. tum Mercurius Sosiae iratus siet.
So. animum aduorte. nunc licet mi libere quiduis loqui.
Amphitruonis ego sum seruos Sosia. ME. etiam denuo?
So. pacem feci, foedus feci. uera dico. ME. uapula. 395
So. ut lubet quid tibi lubet fac, quoniam pugnis plus uales ;
245 uerum, utut es facturus, hoc quidem hercle hau reticebo
                              tamen.
ME. tu me uiuos hodie numquam facies quin sim Sosia.
So. certe edepol tu me alienabis numquam quin noster siem ;
nec praesente nobis alius quisquamst seruos Sosia. 400
qui cum | Amphitruone hinc una íuerám in exercitum.

380 *fort.* f. tú p. s. a. ego téd ut u. (*vel* a. ut égo te u.)   384 *vel* med
neme] memet *Lindemann* : sane me *Palmer*   391 Dic *Lindemann* :
si *del.* *Camerarius*   395 foe. ici (ei-) *Otto*   400 praesente
nobis (*vel* n. pr.) *testatur Nonius* 76 : nobis praeter me (*i. e.* med) *cod.*
401 una] *fort.* simitu (v. 2)   ieram *cod.*

Me. hic homo sanus non est.   So. quod mihi praedicas 250
                                        uitium, id tibi est.
quid, malum, non súm ego seruos Amphitruonis Sosia?
nonne hac noctu nostra nauis ⟨huc⟩ ex portu Persico
405 uenit, quae me aduexit? non me húc erus misit meus?
nonne ego nunc sto ante aedis nostras? non mi est lanterna
                                             in manu?
non loquor, nón uigilo? nonne hic homo modo me pugnis 255
                                             contudit?
fecit hercle, nám etiam ⟨mi⟩ misero nunc malae dolent.
quid igitur ego dubito, aut qur non intro eo in nostram
                                             domum?
410 Me. quid, domum uóstram? So. íta enim uero.   Me.
                                   quin quae dixisti modo
omnia ementitu's : equidem Sosia Amphitruoni' sum.
nam noctu hac soluta est nauis nostra e portu Persico,   260
et ubi Pterela rex regnauit oppidum expugnauimus,
et legiones Teloboarum ui pugnando cepimus,
415 et ipsus Amphitruo optruncauit regem Pterelam in proelio.
So. egomet mihi non credo, quom illaec autumare illum audio;
hic quidem certe quae illic sunt res gestae memorat memo- 265
                                             riter.
sed quid ais? quid Amphitruoni á Telobois est datum?
Me. Pterela rex qui potitare solitus est patera aurea.
420 So. elocutus est. ubi patera nunc est? Me. ⟨est⟩ in cistula ;
Amphitruonis opsignata signo est.   So. signi dic quid est?
Me. cum quadrigis Sol exoriens. quid me captas, carnufex? 270
So. argumentis uicit, aliud nomen quaerundum est mihi.
nescio unde haec hic spectauit. iám ego hunc decipiam
                                             probe ;

403 non ego sum *Weise*   404 huc *add. Pylades*   405 nonne
me *cod.* : *vel* non med   406 isto (sto *DE*, hic *B³*) *cod.*   407 *del.*
homo *Guietus*   408 mi *add. Pylades*   409 ut *cod.* (aut *B*)   417
vel illi   418 ⟨doni⟩ a *Ussing*   datum est *cod.* (*cf.* 260, 261, 364)
420 *fort.* elocutust. ea ubi   est *add. Dousa*

nam quod egomet solus feci, nec quisquam alius adfuit,   425
in tabernaclo, id quidem hodie numquam poterit dicere.
275 si tu Sosia es, legiones quom pugnabant maxume,
quid in tabernaclo fecisti ? uictus sum si dixeris.
ME. cadus erat uini, inde impleui hírneam.   So. ingressust
uiam.
ME. eam ego, út matre fuerat natum, uini eduxi meri.   430
So. factumst illud, ut ego illic uini hirneam ebiberim meri.
280 mira sunt nisi latuit intus illic ín illac hirnea.
ME. quid nunc ?   uincon argumentis te non esse Sosiam ?
So. tu negas med esse ?   ME. quid ego ni negem, qui egomet siem ?
So. per Iouem iuro med esse neque me falsum dicere.   435
ME. at ego per Mercurium iuro tibi Iouem non credere ;
285 nam iniurato scio plus credet mihi quam iurato tibi.
So. quis ego sum saltem, si non sum Sosia ? te interrogo.
ME. ubi ego Sosia nolim esse, tu esto sane Sosia ;
nunc, quando ego sum, uapulabis, ni hinc abis, ignobilis.   440
So. certe edepol, quom illum contemplo et formam co-
gnosco meam,
290 quem ad modum ego sum (saepe in speculum inspexi),
nimi' similest mei ;
itidem habet petasum ac uestitum : tam consimilest atque
ego ;
sura, pes, statura, tonsus, oculi, nasum uel labra,
malae, mentum, barba, collus : totus.   quid uerbis opust ?   445
si tergum cicatricosum, nihil hoc similist similius.
295 sed quom cogito, equidem certo idem sum qui semper fui.
noui erum, noui aedis nostras ; sane sapio et sentio.
non ego illi optempero quod loquitur.   pultabo fores.
ME. quó agis te ? So. domum.   ME. quadrigas si nunc 450
inscendas Iouis

430 *vel* uti   natum, ⟨tum⟩ *Palmer, rhythmo consulens*   438 *vel*
ted   439 esse nolim *Gruterus, nam* Sosiā *suspectum* (*in v.* 438 -ă tĕ
ĭnt- *tribrach.*): *vix* neuelim esse   446 tergumst *vel* cicatricosumst *alii*

atque hinc fugias, ita uix poteris ecfugere infortunium.

So. nonne erae meae nuntiare quod erus meu' iussit licet ? 300

ME. tuae si quid uis nuntiare : hanc nostram adire non
                                      sinam.

nam si me inritassis, hodie lumbifragium hinc auferes.

455 So. abeo potius.   di inmortales, opsecro uostram fidem,

ubi ego perii ? ubi immutatus sum ? ubi ego formam perdidi ?

an egomet me illic reliqui, si forte oblitus fui ?   305

nám hicquidem omnem imaginem meam, quae antehac
                                    fuerat, possidet.

uiuo fit quod numquam quisquam mortuo faciet mihi.

460 ibo ad portum atque haec uti sunt facta ero dicam meo ;

nisi etiam is quoque me ignorabit : quód ille faxit Iuppiter,

ut ego hódie raso capite caluos capiam pilleum.   310

M E R C V R I V S   ii

ME. Bene prospere[que] hoc hodie operis processit mihi :

amoui a foribus maxumam molestiam,

465 patri ut liceret tuto illam amplexarier.

iam ille illuc ad erum quom Amphitruonem aduenerit,

narrabit seruom hinc sese a foribus Sosiam   5

amouisse ; ille adeo illum mentiri sibi

credet, neque credet huc profectum, ut iusserat.

470 erroris ambo ego illos et dementiae

complebo atque Amphitruonis omnem familiam,

adeo usque satietatem dum capiet pater   10

illius quám amat.   igitur demum omnes scient

quae facta.   denique Alcumenam Iuppiter

475 rediget antiquam coniugi in concordiam.

nam Amphitruo actutum uxori turbas conciet

atque insimulabit eam probri ; tum meu' pater   15

461 faxit *Servius ad Aen.* 8, 564 : faciat *cod.* (i. 7)   463 que
del. Acidalius   471 Am. om. *Fleckeisen* : om. am. *cod.*   475
coni. in conc. *Lindemann* : in conc. coniugis *cod.*   477 probri
tum *Merula* : probrium *cod.*

    eam seditionem illi in tranquillum conferet.
    nunc de Alcumena dudum quo dixi minus,
    hodie illa pariet filios geminos duos :   480
    alter decumo post mense nascetur puer
20 quam seminatus⟨t⟩, alter mense septumo ;
    eorum Amphitruonis alter est, alter Iouis :
    uerum minori puero maior est pater,
    minor maiori.   iamne hoc scitis quid siet ?   485
    sed Alcumenai huius honoris gratia
25 pater curauit uno ut fetu fieret,
    uno ut labore apsoluat aerumnas duas
    et ne in suspicione ponatur stupri
    et clandestina ut celetur consuetio.   490
    quamquam, ut iam dudum dixi, resciscet tamen
30 Amphitruo rem omnem.   quid igitur ? nemo id probro
    profecto ducet Alcumenae ; nam deum
    non par uidetur facere, delictum suom
    suamque ut culpam expetere in mortalem ut sinat.   495
    orationem comprimam : crepuit foris.
35 Amphitruo subditiuos eccum exit foras
    cum | Alcumena—úxore usuraria.

iii   I V P P I T E R   A L C V M E N A   M E R C V R I V S

    Iv. Bene uale, Alcumena, cura rem communem, quod facis ;
    atque imperce quaeso : menses iam tibi esse actos uides.   500
    mihi necesse est ire hinc ; uerum quod erit natum tollito.
    Al. Quid istuc est, mi uir, negoti quod tu tam subito domo
5 abeas ?   Iv. edepol hau quod tui me neque domi dis-
                                        taedeat ;
    sed ubi summus imperator non adest ad exercitum,

    479 quod *cod.*   488 uno l. absoluet *Goetz, Schoell (cf. Nonius* 57)
489 Ut *Goetz, Schoell*   490 consuetio *Scioppius ex Paul. Fest.* 61
' *consuetionem Plautus pro consuetudine dixit* ': consuetudo *codd.
Donati Adelph.* 4. 5. 32 : suspicio *cod.* (v, p. 80)   495 sua si quid
culpa *codd. Nonii* 301   498 ⟨una⟩ ux. *Pradel*   500 atque inperce
Camerarius : at quin perge *cod.*

505 citius quod non facto est usus fit quam quod facto est opus.
    ME. nimis hic scitust sycophanta, qui quidem meu' sit
                                                          pater.
    opseruatote, ⟨ut⟩ quam blande mulieri palpabitur.
    AL. ecastor te experior quanti facias uxorem tuam.   10
    IV. satin habes si feminarum nulla est quam aeque dili-
                                                          gam?
510 ME. edepol ne illa si istis rebus te sciat operam dare,
    ego faxim ted Amphitruonem ésse malis quam Iouem.
    AL. experiri istuc mauellem me quam mi memorarier.
    prius abis quam lectus ubi cubuisti concaluit locus.   15
    heri uenisti media nocte, nunc abis.   hoccin placet?
515 ME. accedam atque hanc appellabo et subparasitabor patri.
    numquam edepol quemquam mortalem credo ego uxorem
                                                          suam
    sic ecflictim amare, proinde ut hic te ecflictim deperit.
    IV. carnufex, non ego te noui? ábin e conspectu meo?   20
    quid tibi hanc curatio est rem, uerbero, aut muttitio?
520 quoii ego iam hoc scipione—AL. ah noli.   IV. muttito
                                                          modo.
    ME. nequiter paene expediuit prima parasitatio.
    IV. uerum quod tu dicis, mea uxor, non te mi irasci decet.
    clanculum abii: á legione óperam hanc surrupui tibi,   25
    ex me primo ⟨ut⟩ prima scires rem ut gessissem publicam.
525 ea tibi omnia enarraui.   nisi te amarem plurumum,
    non facerem.   ME. facitne ut dixi? timidam palpo per-
                                                          cutit.
    IV. nunc, ne legio persentiscat, clám illuc redeundum est
                                                          mihi,
    ne me uxorem praeuortisse dicant prae re publica.   30

    507 ut quam *scripsi*: quam *cod.* (*cum cod. Schol. Verg. Aen.* 2, 725):
    ut *codd. Donati Adelph. prol.* 2 : eum quam *Bothe*   mul. palp. *cod.* :
    suppalpatur (palpetur) mul. *codd. Schol. Verg. et Donati*   520
    quolego *cod.* (1 *pro* j)   523 *cf. Journ. Phil.* 26, 292   524
    ut *add. Fleckeisen*

AL. lacrumantem ex abitu concinnas tu tuam uxorem.

IV. tace,

ne corrumpe oculos, redibo actutum. AL. id 'actutum' 530

diu est.

IV. non ego te hic lubens relinquo neque abeo aps te.

AL. sentio,

nam qua nocte ad me uenisti, eadem abis. IV. qur me

tenes?

35 tempus est : exire ex urbe priu' quam lucescat uolo.

nunc tibi hanc pateram, quae dono mi illi ob uirtutem

data est,

Pterela rex qui potitauit, quem ego mea occidi manu,   535

Alcumena, tibi condono. AL. facis ut alias res soles.

ecastor condignum donum, qualest qui donum dedit.

40 ME. immo sic : condignum donum, qualest quoi dono

datumst.

IV. pergin autem? nonne ego possum, furcifer, te per-

dere?

AL. noli amabo, Amphitruo, irasci Sosiae caussa mea.   540

IV. faciam ita ut uis. ME. ex amore hic admodum quam

saeuos est.

IV. numquid uis? AL. ut quom apsim mé ames, me tuam

té apsenti tamen.

45 ME. eamus, Amphitruo. lucescit hoc iam. IV. ábi prae,

Sosia ;

iam ego sequar. numquid uis? AL. etiam : ut actutum

aduenias. IV. licet,

prius túa opinione híc adero : bonum animum habe.—   545

nunc te, nox, quae me mansisti, mitto ut concedas die,

ut mortalis inlucescat luce clara et candida.

50 atque quanto, nox, fuisti longior hac proxuma,

533 est *add. Ital.* (*seq.* ex-)   537 ecastor] edepol *Nonius* 198
(? *pro* eu ed.)   542 absentem *cod.* : *corr. Leo* (-tē)   545 prīus
suspectum   546 uccedas *ut uid. cod.* (nec cedas *D*, ut cedas *cett.*)
(*cf. Journ. Phil.* 26, 290)   547 inlucescas *corr.* -at *cod. ut uid.*

tanto breuior dies ut fiat faciam, ut aeque disparet
550 et dies é nocte accedat.   ibo et Mercurium supsequar.—

ACTVS II

AMPHITRVO   SOSIA

AM. Age i tu secundum.   So. Sequor, supsequor te.
AM. scelestissumum te arbitror.   So. nam quamobrem?
AM. quia id quod neque est neque fuit neque futurum est
mihi praedicas.   So. eccere, iam tuatim
555 facis, ut tuis nulla apud te fides sit.   5
AM. quid est? quo modo? iam quidem hercle ego tibi istam
scelestam, scelus, linguam apscidam.   So. tuos sum,
proinde ut commodumst et lubet quidque facias;
tamen quin loquar haec uti facta sunt hic,
560 numquam ullo modo me potes deterrere.   10
AM. scelestissume, audes mihi praedicare id,
domi te esse nunc qui hic ades?   So. uera dico.
AM. malum quod tibi di dabunt, atque ego hodie
dabo.   So. istuc tibist in manu, nam tuos sum.
565 AM. tun me, uerbero, audes erum ludificari?   15
tune id dicere audes, quod nemo umquam homo antehac
uidit nec potest fieri, tempore uno
homo idem duobus locis ut simul sit?
So. profecto ut loquor res ita est.   AM. Iuppiter te
570 perdat.   So. quid mali sum, ere, tua ex re promeritus?   20
AM. rogasne, inprobe, etiam qui ludos facis me?
  So. merito maledicas mihi, si id ita factum est.
uerum hau mentior, resque uti facta dico.

549 *fort.* disparem (*Journ. Phil.* 26, 292), *sed cf. Leo* (*Herm.* 18,
572)   550 sequar *Leo, rhythmo consulens*   554 tuautem *cod.*
(i. 7) : *testantur* tuatim *Sisenna ap. Charisium* 221, *Nonius* 179, *Gloss.
Plaut.*   555 facis tu *Brunck, cui* facīs *displicet   vel* uti   fides sit
Guietus : sit fides *cod.*

    Aм. homo hic ebrius est, ut opinor.

25   So. utinam ita essem.   Aм. optas quae facta.   575
    So. egone?   Aм. tú istic.   ubi bibisti?
    So. nusquam equidem bibi.   Aм. quid hoc sit   576
    hominis? So. equidem deciens dixi :
    domi ego sum, inquam, écquid audis?   577
30   et apud te adsum Sosia idem.
    satin hoc plane, satin diserte,   578
       ere, nunc uideor
      tibi locutus esse? Aм. uah,   579
    apage te a me. So. quid est negoti?   580
35   Aм. pestis te tenet. So. nam qur istuc
    dicis? equidem ualeo et saluos
    sum recte, Amphitruo.   Aм. at te ego faciam   583
      hodie proinde ac meritus es,
    ut minu' ualeas et miser sis,   584ᵃ
40   saluo' domum si rediero : iam   584ᵇ
    sequere sis, erum qui ludificas   585ᵃ
      dictis delirantibus,   585ᵇ
qui quoniam eru' quod imperauit neglexisti persequi,
nunc uenis etiam ultro inrisum dominum : quae neque fieri
45 possunt neque fando umquam accepit quisquam profers,
                                carnufex ;
quoius ego hodie in tergum istaec faxo expetant mendacia.
So. Amphitruo, miserruma istaec miseria est seruo bono,   590
apud erum qui uera loquitur, si id ui uerum uincitur.
Aм. quó id, malum, pacto potest nam (mecum argumen-
                                 tis puta)
50 fieri, nunc uti tu ⟨et⟩ hic sis et domi? id dici uolo.
So. sum profecto et hic et illíc.   hoc quoiuis mirari licet.

---

   574 Hic homo *Luchs*   583 proinde ut *Fleckeisen, nam* proinde
ac *vix Plautinum*   589 tergum *Acidalius* : tergo *cod.* (i. 3)
istaec faxo *Schmidt* (*cf. Lindsay ad Capt.* 964) : faxo ista *cod.*   591
uera *Pylades* : uerba *cod.*   592 potes *cod.* (i. 9) : potest *codd.*
Nonii 369   593 et *add. Loman*   594 *vel* illi

595 neque tibi istuc mirum ⟨mirum⟩ magi' uidetur quam mihi.

    AM. quo modo? So. nihilo, inquam, mirum magi' tibi istuc

                                        quam mihi;

    neque, ita me di ament, credebam primo mihimet Sosiae,

    donec Sosia illic egomet fecit sibi uti crederem.   55

    ordine omne, uti quidque actum est, dúm apud hostis

                                         sedimus,

600 edissertauit. tum formam una apstulit cum nomine.

    neque lact' lactis magis est simile quam ille ego similest mei.

    nam ut dudum ante lucem a portu me praemisisti domum—

    AM. quid igitur? So. priu' multo ante aedis stabam quam 60

                                    illo adueneram.

    AM. quas, malum, nugas? satin tu sanus es? So. sic sum

                                       ut uides.

605 AM. huic homini nescioquid est mali mala obiectum manu,

    postquam a me abiit. So. fateor, nam sum optusus pugnis

                                     pessume.

    AM. quis te uerberauit? So. egomet memet, qui nunc sum

                                       domi.

    AM. caue quicquam, nisi quod rogabo te, mihi responderis. 65

    omnium primum iste qui sit Sosia, hoc dici uolo.

610 So. tuos est seruos. AM. mihi quidem uno te plus etiam

                                  est quam uolo,

    neque postquam sum natus habui nisi te seruom Sosiam.

    So. at ego nunc, Amphitruo, dico: Sosiam seruom tuom

    praeter me alterum, inquam, adueniens faciam ut offendas 70

                                       domi,

    Dauo prognatum patre eodem quo ego sum, forma, aetate

                                     item

615 qua ego sum. quid opust uerbis? geminus Sosia hic factust

                                     tibi.

    595 mirum *add. Spengel*   **598** ille (*ita cod.*) egomet ⟨me⟩
Mueller (*Rhein. Mus.* **54,** **382**)   **601** lactis *Ital.* : lacti *cod.* (i. **9**)
614 pregnatum *cod.*   **615** quod *cod.*

AM. nimia memoras mira. sed uidistin uxorem meam?

So. quin intro ire in aedis numquam licitum est. AL.
quis te prohibuit?

75 So. Sosia ille quem iam dudum dico, is qui me contudit.

AM. quis istic Sosia est? So. ego, inquam. quotiens dicendum est tibi?

AM. sed quid ais? num obdormiuisti dudum? So. nusquam 620
gentium.

AM. ibi forte istum si uidisses quendam in somnis Sosiam.

So. non soleo ego somniculose éri impéria persequi.

80 uigilans uidi, uigilans nunc ⟨ut⟩ uideo, uigilans fabulor,

uigilantem ille me iam dudum uigilans pugnis contudit.

AM. quis homo? So. Sosia, inquam, ego ille. quaeso, 625
nonne intellegis?

AM. qui, malum, intellegere quisquam potis est? ita nugas
blatis.

So. uerum actutum nosces, quom illum nosces seruom
Sosiam.

85 AM. sequere hac igitur me, nam mi istuc primum exquisito
est opus.

sed uide ex naui ecferantur quae imperaui iam omnia.

So. et memor sum et diligens, ut quae imperes com- 630
pareant;

non ego cum uino simitu ébibi imperium tuom.

AM. utinam di faxint infecta dicta re eueniant tua.

ii   A L C V M E N A   A M P H I T R V O   S O S I A

AL. Satin parua res est uoluptatum in uita atque in aetate
agunda

praequam quod molestum est? ita quoiq' comparatum est
in aetate hominum;

---

622 eri ⟨mei⟩ *Lindemann*   623 ut *dubitanter addidi* (*seq.* ui-) :
te *add. Camerarius*   627 quom *Seyffert* : quam *cod.*   629 imp.
iam *Bothe* : iam imp. *cod.* : *vix* iam indup.   632 ret (? *pro* ré) *cod.*

635 ita dis est placitum, uoluptatem ut maeror comes conse-
quatur :

quin incommodi plus malique ilico adsit, boni si optigit quid.

nam ego id nunc experior domo atque ipsa de me scio, quoi 5
uoluptas

parumper datast, dum uiri [mei] mi potestas uidendi fuit

noctem unam modo ; atque is repente abiit a mé hinc ante
lucem.

640 sola hic mi nunc uideor, quia ille hinc abest quém ego amo
praeter omnis.

plus aegri ex abitu uiri, quam ex aduentu uoluptati' cepi.

641[a]   sed hoc me beat   10

saltem, quom perduellis uicit et domum laudis compos
reuenit :

id solacio est.

apsit, dum modo laude parta

645 domum recipiat se ; feram et perferam usque

abitum eiius animo forti atque offirmato, id modo si mercedis 15

datur mi, ut meus uictor uir belli clueat.

satis mi esse ducam.

uirtus praemium est optumum ;

uirtus omnibus rebus anteit profecto :

650 libertas, salus, uita, res et parentes, patria et prognati   20

tutantur, seruantur :

uirtus omnia in sese habet, omnia adsunt

bona quem penest uirtus.

Am. edepol me uxori exoptatum credo aduenturum
domum,

655 quae me amat, quam contra amo, praesertim re gesta bene, 25

uictis hostibus : quos nemo posse superari ratust,

eos auspicio meo atque [in]ductu primo coetu uicimus.

---

635 diuis *Leo* : *uix* deis (dīis)   638 mei *delevi*   639 *vel* med
642 quom *Pareus* : quam *cod.*   *vel* Sed hoc me beat saltem quom
perdüellis | Vicit et etc.   646 mercedes (*i. e.* -is) *cod.*   647 *vel* sati'
mihi (mi)   657 *vel* ac   ductu *Ital.* : inductu (? *pro* id-; i. 3)   *vel* coitu

certe enim med illi expectatum optato uenturum scio.

So. quid? me non rere expectatum amicae uenturum meae?

30 Al. meu' uir hicquidem est.   Am. sequere hac tu me. 660
                               Al. nam quid ill' reuortitur

qui dudum properare se[se] aibat? án ille me temptat sciens

atque id se uolt experiri, suom abitum ut desiderem?

ecastor med haud inuita se domum recipit suam.

So. Amphitruo, redire ad nauem meliust nos.   Am. qua
                                                   gratia?

35 So. quia domi daturus nemo est prandium aduenientibus. 665

Am. qui tibi nunc istuc in mentemst?   So. quia enim sero
                                            aduenimus.

Am. qui?   So. quia Alcumenam ante aedis stare saturam
                                             intellego.

Am. grauidam ego illanc hic reliqui quom abeo.   So. eí
                                                  perii miser.

Am. quid tibi est?   So. ad aquam praebendam commo-
                                          dum adueni domum,

40 decumo post mense, ut rationem te dictare intellego.   670

Am. bono animo es.   So. scin quam bono animo sim? si
                                               situlam cepero,

numquam edepol tu mihi diuini [quicquam] creduis post
                                               hunc diem,

ní ego illi puteo, si occepso, ánimam omnem intertraxero.

Am. sequere hac me modo; alium ego isti rei adlegabo, ne
                                                       time.

45 Al. magi' nunc ⟨me⟩ meum officium facere, si huic eam 675
                                         aduorsum, arbitror.

662 se *Acidalius* : si *cod.*   666 mentemst *Lindemann* : mentem uenit *cod.* (v. ı)   tibi is. in m. u. (*del.* nunc) *Pylades*   qui
enim (*pro* quiaenim) *cod.*   668 quom *Ital.* : quam *cod.*   670 ductare
Lambinus : putare *Ussing*   671 situlam *Camerarius* : situlam
iam *cod.* (iv. 4)   672 vix díni
quicquam *del. Bothe* : cf. *Redslob* (*Berl. Phil. Woch.* 22, 553)   673
occepto *cod.* (i. 7) : *testatur* occepso *Nonius* 148, *item* 410   674
alligabo *cod.*   675 me *add. Lindemann*   facere si *Camerarius* :
faceres *cod.*

Aм. Amphitruo uxorem salutat laetus speratam suam,
quam omnium Thebis uir unam esse optumam diiudicat,
quamque adeo ciues Thebani uero rumiferant probam.
ualuistin usque? exspectatun aduenio?   So. hau uidi
                                                            magis.
680 exspectatum eum salutat magis hau quicquam quam canem.   50
Aм. et quom [te] grauidam et quom te pulchre plenam
                                                  aspicio, gaudeo.
AL. opsecro ecastor, quid tu me deridiculi gratia
sic salutas atque appellas, quasi dudum non uideris,
quasi qui nunc primum recipias te domum huc ex hostibus,
685 atque me nunc proinde appellas quasi multo post uideris?   55
Aм. immo equidem te nisi nunc hodie nusquam uidi
                                                        gentium.
AL. qur negas?   Aм. quia uera didici dicere.   AL. haud
                                                  aequom facit
qui quod didicit id dediscit.   an periclitamini
quid animi habeam? sed quid huc uos reuortimini tam cito?
690 an te auspicium commoratum est an tempestas continet   60
qui non abiisti ad legiones, ita uti dudum dixeras?
Aм. dudum? quam dudum istuc factum est?   AL. temptas.
                                                  iam dudum, modo.
Aм. quí istuc potis est fieri, quaeso, ut dicis: iam dudum,
                                                        modo?
AL. quid enim censes? té ut deludam contra lusorem meum,
695 qui nunc primum te aduenisse dicas, modo qui hinc abieris. 65
Aм. haec quidem deliramenta loquitur.   So. paullisper mane,
dum edormiscat unum somnum.   Aм. quaene uigilans
                                                      somniat?

678 uerorumificant *cod.* (uerorum mirificant *B*¹) : *testatur* rumiferant
Nonius 167   680 quicquam *Bothe* : quisquam *cod.*   681 te *del.*
Pylades   ascipio *cod.*   684 quasique *Camerarius*   685 *secl.*
Muretus   689 *fort.* ⟨uos⟩ huc uos reuortimini (*cf. v.* 238), *nam* revv-
displicet   690 continit *Luchs*   692 i. dudum *Brunck* : i. dudum
pridem *cod.* (iv, p. 61)

AL. equidem ecastor uigilo et uigilans id quod factum est
fabulor.

nam dudum ante lucem et istunc et te uidi.   AM. quó in loco?

70 AL. hic in aedibus ubi tu habitas.   AM. numquam factum 700
est.   So. non taces?

quid si e portu nauis huc nos dormientis detulit?

AM. etiam tu quoque adsentaris huïc?   So. quid uis fieri?

non tu scis? Bacchae bacchanti si uelis aduorsarier,

ex insana insaniorem facies, feriet saepius;

75 si opsequare, una resoluas plaga.   AM. at pol qui certa res 705

hanc est obiurgare, quae me hódie aduenientem domum

noluerit salutare.   So. inritabis crabrones.   AM. tace.

Alcumena, unum rogare te uolo.   AL. quiduis roga.

AM. num tibi aut stultitia accessit aut superat superbia?

80 AL. quí istuc in mentemst tibi ex me, mi uir, percontarier? 710

AM. quia salutare aduenientem me solebas antidhac,

appellare itidem ut pudicae suos uiros quae sunt solent.

eo more expertem te factam adueniens offendi domi.

AL. ecastor equidem te certo héri aduénientem ilico

85 et salutaui et ualuissesne usque exquisiui simul,   715

mi uir, et manum prehendi et osculum tetuli tibi.

So. tun heri hunc salutauisti?   AL. et te quoque etiam,
Sosia.

So. Amphitruo, speraui ego istam tibi parituram filium;

uerum non est puero grauida.   AM. quid igitur?   So.
insania.

90 AL. equidem sana sum et deos quaeso ut salua pariam 720
filium.

uerum tu malum mágnum habebis si hic suom officium facit:

ob istuc omen, ominator, capies quod te condecet.

705 obs. una *Camerarius* : obsequar funa *cod.* (F *pro* E)   rem
soluas *Pistoris* (*cf. Asin.* 433)   706 *vel* med   708 roga *Aldus* :
rogare roga *cod.* (iv. 2, 3)   709 num *Camerarius* : nunc *cod.*   710
mente est *cod., etiam codd. Nonii* 44 (*pro* mentest, *i. e.* -tem est)   ex
me *codd. Nonii* : om. *cod.*   714 heri ⟨huc⟩ *Mueller*   722 con-
cedet *cod.* (*corr. J*)

So. enim uero praegnati oportet et malum et malum dari
    ut quod obrodat sit, animo si male esse occeperit.
725 AM. tu me heri hic uidisti? AL. ego, inquam, si uis deciens 95
                                          dicere.
    AM. in sᵒmnis fortasse. AL. immo uigilans uigilantem.
                             AM. uae [misero] mihi !
    So. quid tibi est? AM. delirat uxor. So. atra bili per-
                                     cita est.
    nulla res tam delirantis homines concinnat cito.
    AM. ubi primum tibi sensisti, mulier, impliciscier?
730 AL. equidem ecastor sana et salua sum. AM. qur igitur 100
                                 praedicas
    té heri me uidisse, qui hac noctu in portum aduecti sumus?
    ibi cenaui atque ibi quieui in naui noctem perpetem,
    neque meum pedem huc íntuli etiam in aedis, ut cum exercitu
    hinc profectus sum ad Teloboas hostis eosque ut uicimus.
735 AL. immo mecum cenauisti et mecum cubuisti. AM. quid 105
                                   est?
    AL. uera dico. AM. non de hác quidem hercle re ; de
                             áliis nescio.
    AL. primulo diluculo abiisti ad legiones. AM. quo modo?
    So. recte dicit, ut commeminit : somnium narrat tibi.
    sed, mulier, postquam experrecta es, te prodigiali Ioui
740 aut mola salsa hodie aut ture comprecatam oportuit.   110
    AL. uae capiti tuo ! So. tua istuc refert—si curaueris.
    AL. iterum iám hic in me inclementer dicit, atque id
                            sine malo.
    AM. tace tu. tu dice : egone aps te abii hinc hodie cum
                            diluculo?
    AL. quis igitur nisi uos narrauit mi illi ut fuerit proelium?

    726 fortasse] fors *Norden* (*Rhein. Mus.* 49, 286), *fort. recte*   uae]
ei *Fleckeisen* : *vix* hae (*interiect.*)   misero *del. Pylades* (iv. 3)   730
quor *cod.*   735 quid *Aldus* : quid id *cod.* (iv. 4)   736 *vel* ré ;
de ál.   quidem hercle de hac *Camerarius*   739 te *codd. Nonii* 44 :
ᵒm. *cod.*   743 dic *cod.*

115 Am. an etiam id tu scis? Al. quipp' qui ex te audiui, ut 745
                                              urbem maxumam
expugnauisses regemque Pterelam tute occideris.
Am. egone istuc dixi? Al. tute istic, etiam astante hoc
                                                      Sosia.
Am. audiuistin tu me narrare haec hodie? So. ubi ego
                                              audiuerim?
Am. hanc roga. So. mequidem praesente numquam fa-
                                         ctumst, quod sciam.
120 Al. mirum quin te aduorsus dicat. Am. Sosia, age me huc 750
                                                       aspice.
So. specto. Am. uera uólo loqui te, nolo adsentari mihi.
audiuistin tu hodie me illi dicere ea quae illa autumat?
So. quaeso edepol, num tu quoque etiam insanis, quom id
                                              me interrogas,
qui ipsus equidem nunc primum istanc tecum conspicio
                                                      simul?
125 Am. quid nunc, mulier? audin illum? Al. ego uero, ac 755
                                           falsum dicere.
Am. neque tu illi neque mihi uiro ipsi credis? Al. eo fit
                                              quia mihi
plurumum credo et scio istaec facta proinde ut proloquor.
Am. tun me heri aduenisse dicis? Al. tun te abiisse hodie
                                           hinc negas?
Am. nego enim uero, et me aduenire nunc primum aio ad
                                           te domum.
130 Al. opsecro, etiamne hoc negabis, te auream pateram mihi 760
dedisse dono hodie, qua te illi donatum esse dixeras?
Am. neque edepol dedi neque dixi; uerum ita animatus fui
itaque nunc sum ut ea te patera donem. sed quis istuc tibi
dixit? Al. ego equidem ex te audiui et ex tua accepi manu

       755 qui nunc *cod.* (*cf.* qui nunc *pro* quid nunc *Epid.* 517, *Pseud.*
155; *ex* quinnunc *ut uid.*)   756 *uel* illíc   761 dédisse *suspectum*
764 equidem ego *Fleckeisen*

765 pateram. AM. mane, mane, opsecro te.   nimi' demiror, 135
                                                          Sosia,
    quí illaec illi me donatum esse aurea patera sciat,
    nisi tu dudum hanc conuenisti et narrauisti haec omnia.
    So. neque edepol ego dixi neque istam uidi nisi tecum simul.
    AM. quid hoc sit hominis? AL. uin proferri pateram?
                           AM. proferri uolo.
770 AL. fiat. ⟨i⟩ tu, Thessala, intus pateram proferto foras,   140
    qua hodie meu' uir donauit me. AM. secede huc tu, Sosia.
    enim uero illud praeter alia mira miror maxume,
    si haec habét pateram illam. So. an etiam crédis id, quae
                              ín hac cistellula
    tuo signo opsignata fertur? AM. saluom signum est?
                              So. inspice.
775 AM. recte, ita est ut opsignaui. So. quaeso, quin tu istanc 145
                                 iubes
    pro cerrita circumferri? AM. édepol qui facto est opus ;
    nam haec quidem edepol laruarum plenast. AL. quid
                             uerbis opust?
    em tibi pateram, eccam. AM. cedo mi. AL. age aspice
                          huc sis nunciam
    tu qui quae facta infitiare ; quem ego iam hic conuincam
                            palam.
780 estne haec patera qua donatu's illi? AM. summe Iuppiter, 150
    quid ego uideo? haec ea est profecto patera. perii, Sosia.
    So. aut pol haec praestigiatrix mulier multo maxuma est
    aut pateram hic inesse oportet. AM. agedum, exsolue
                         cistulam.
    So. quid ego istam exsoluam? opsignatast recte, res gesta
                        est bene :
785 tu peperisti Amphitruonem ⟨alium⟩, ego alium peperi Sosiam; 155

      770 i *add. Ital.*: at *Bothe* : heus *Acidalius*   773 pateram *del.*
Brix   cistula *Guietus*   782 *vel* multo mulier (*BE*[1])   783 exsolue
Mueller : eam solue *cod.* (*pro* ea s.) (A *pro* X)   785 alium *add. Guietus*

nunc si patera pateram peperit, omnes congeminauimus.

Am. certum est aperire atque inspicere.   So. uide sis signi
quid siet,

ne posterius in me culpam conferas.   Am. aperi modo ;

nam haec quidem nos delirantis facere dictis postulat.

160 Al. unde haec igitur est nisi aps te quae mihi dono data est ? 790

Am. opu' mi est istuc exquisito.   So. Iuppiter, pro Iuppiter !

Am. quid tibi est ?   So. hic patera nulla in cistulast.   Am.
quid ego audio ?

So. id quod uerumst.   Am. at cum cruciatu iam, nisi
apparet, tuo.

Al. haec quidem apparet.   Am. quis igitur tibi dedit ?
Al. qui me rogat.

165 So. me captas, quia tute ab naui clanculum huc alia uia   795

praecucurristi, atque hinc pateram tute exemisti atque eam

huic dedisti, post hanc rusum ópsignasti clanculum.

Am. ei mihí ! iam tu quoque huiius adiuuas insaniam ?

ain heri nos aduenisse huc ?   Al. aio, adueniensque ilico

170 me salutauisti, et ego te, et osculum tetuli tibi.   800

Am. iam illud non placet principium de osculo.   perge
exsequi.

Al. lauisti.   Am. quid postquam laui ?   Al. áccubuisti.
So. eugae optume !

nunc exquire.   Am. ne interpella.   perge porro dicere.

Al. cena adposita est ; cenauisti mecum, ego accubui simul.

175 Am. in eodem lectó ?   Al. in eodem.   So. ei, non placet 805
conuiuium.

Am. sine modo argumenta dicat.   quid postquam cenauimus ?

Al. te dormitare aibas ; mensa ablata est, cubitum hinc
abiimus.

---

786 pateram patera *cod.* (*recte D*)   787 uidessisigni *cod.*
789 *fort.* dictis facere *favente adlitteratione*   793 tum crutiatulam
cod. (t *pro* c, l *pro* j)   797 hanc *Spengel* : hac *cod.*   801 perge
Muretus : pergam *cod., vix rect*

AM. ubi tu cubuisti? AL. in eodem lecto tecum una in
cubiculo.

AM. perdidisti. So. quid tibi est? AM. haec me modo ad
mortem dedit.

810 AL. quid iam, amabo? AM. ne me appella. So. quid tibi 180
est? AM. perii miser,

quia pudicitiae huiius uitium me hinc apsente est additum.

AL. opsecro ecastor, qur istuc, mi uir, ex ted audio?

AM. uir ego tuo' sim? ne me appella, falsa, falso nomine.

So. haeret haec res, si quidem haec iam mulier facta est
ex uiro.

815 AL. quid ego feci qua istaec propter dicta dicantur mihi? 185

AM. tute edictas facta tua, ex me quaeris quid deliqueris.

AL. quid ego tibi deliqui, si quoi nupta sum tecum fui?

AM. tun mecum fueris? quid illac inpudente audacius?

saltem, tute si pudoris egeas, sumas mutuom.

820 AL. istuc facinus quod tu insimulas nostro generi non decet. 190

tu si me inpudicitiai captas, capere non potes.

AM. pro di inmortales, cognoscin tu me saltem, Sosia?

So. propemodum. AM. cenauin ego heri in naui in portu
Persico?

AL. mihi quoque adsunt testes qui illud quod ego dicam
adsentiant.

825 So. nescio quid istúc negoti dicam, nisi si quispiam est 195

Amphitruó alius, qui forte ted hinc apsenti tamen

tuam rem curet teque apsente hic munus fungatur tuom.

nam quom de illo subditiuo Sosia mirum nimist,

certe dé istoc Amphitruone iam alterum mirum est magis.

830 AM. nescioquis praestigiator hanc frustratur mulierem. 200

AL. per supremi regis regnum iuro et matrem familias

---

808 una tecum *Lindemann*   811 hic *cod.* (*cf.* 826)   813
falso (-sa *D²*) falso *cod.*   818 tune *cod.*   821 capere non potes
Muretus : non potes capere *cod.*   826 alius Amphitruo (?) *Leo*   hic
cod. (*cf.* 811)   828 nam quom *Mueller* : namque *cod.* (*ante consonantem vix ferendum*) : *vix* nam qui   *vel* nimest

Iunonem, quam me uereri et metuere est par maxume,
ut mi extra unum te mortalis nemo corpus corpore
contigit, quo me inpudicam faceret.   AM. uera istaec uelim.
205 AL. uera dico, sed nequiquam, quoniam non uis credere.   835
     AM. mulier es, audacter iuras.   AL. quae non deliquit, decet
     audacem esse, confidenter pro se et proterue loqui.
     AM. satis audacter.   AL. ut pudicam decet.   AM. † in †
                                        uerbis probas.
     AL. non ego illám mi dotem duco ésse quae dos dicitur
210 sed pudicitiam et pudorem et sedatum cupidinem,   840
     deum metum, parentum amorem et cognatum concordiam,
     tibi morigera atque ut munifica sim bonis, prosim probis.
     SO. né ista edepól, si haec uera loquitur, examussim est
                                            optuma.
     AM. delenitus sum profecto ita ut me qui sim nesciam.
215 SO. Amphitruo es profecto, caue sis ne tu te usu perduis :   845
     ita nunc homines immutantur, postquam peregre aduenimus.
     AM. mulier, istanc rem inquisitam certum est non amittere.
     AL. edepol me lubente facies.   AM. quid ais? responde mihi,
     quid si adduco tuom cognatum húc a naui Naucratem,
220 qui mecum una uectust una naui, atque is si denegat   850
     facta quae tu facta dicis, quid tibi aequom est fieri ?
     numquid caussam dicis quin te hoc multem matrimonio ?
     AL. si deliqui, nulla caussa est.   AM. conuenit.   tu, Sosia,
     duc hos intro. ego huc ab naui mecum adducam Nau-
                                          cratem.—
225 SO. nunc quidem praeter nos nemo est. dic mihi uerum serio : 855
     ecquis alius Sosia intust qui mei similis siet ?
     AL. abin hinc a me, dignus domino seruos ?   SO. abeo, si
                                           iubes.—

---

838 in] ením *Lachmann*   *vel* proba's   839 *vel* íllam mihi
842 munificas in (*ex* ī) bonis *cod.* (i. 6)   843 uera haec *codd.*
Nonii 9   854 *vel* duce   abducam *cod.*   856 meis *cod.* (mei *D²*)
857 *vel* dignu's

AL. nimis ecastor facinus mirum est qui illi conlibitum siet
　　meo uiro sic me insimulare falso facinus tam malum.
860 quidquid est, iam ex Naucrate cognato id cognoscam 230
　　　　　　　　　　　　　　　　　　　　meo.—

ACTVS III

IVPPITER　　　　　　　　　III. i

IV. Ego sum ille Amphitruo, quoii est seruos Sosia,
　　idem Mercurius qui fit quando commodumst,
　　in superiore qui habito cenaculo,
　　qui interdum fio Iuppiter quando lubet;
865 huc autem quom extemplo aduentum adporto, ilico　　　　5
　　Amphitruo fio et uestitum immuto meum.
　　nunc huc honoris uostri uenio gratia,
　　ne hanc incohatam transigam comoediam ;
　　simul Alcumenae, quam uir insontem probri
870 Amphitruo accusat, ueni ut auxilium feram :　　　　10
　　nam mea sit culpa, quod egomet contraxerim,
　　si id Alcumenae †innocenti† expetat.
　　nunc Amphitruonem memet, ut occepi semel,
　　esse adsimulabo | atque in horum familiam
875 hodie frustrationem iniciam maxumam ;　　　　15
　　post igitur demum faciam res fiat palam
　　atque Alcumenae in tempore auxilium feram
　　faciamque ut uno fetu et quod grauida est uiro
　　et me quod grauidast pariat sine doloribus.
880 Mercurium iussi me continuo consequi,　　　　20
　　si quid uellem imperare.　nunc hanc adloquar.

858 conlitum *cod.* (conlibitum *D²*)　　　859 falso *Lindemann* :
falsum (i. 3)　　865 quo *cod.*　　868 ne] ut *Havet*　　872 inno-
centiae *Lachmann*　　874 ⟨iterum⟩ esse *Fleckeisen*　　875 hod.
fr. *Fleckeisen* : fr. hod. *cod.* : fr. ⟨ego⟩ hod. *Pylades*

ii   Alcvmena   Ivppiter

Al. Durare nequeo in aedibus. ita me probri,
stupri, dedecoris a uiro argutam meo !
ea quae sunt facta †infectare est at† clamitat,
quae neque sunt facta neque ego in me admisi arguit ;   885
5 atque id me susque deque esse habituram putat.
non edepol faciam, neque me perpetiar probri
falso insimulatam, quin ego illum aut deseram
aut sati' faciat mi ille atque adiuret insuper
nolle esse dicta quae in me insontem protulit.   890
10 Iv. faciundum est mi illud fieri quod illaec postulat,
si me illam amantem ad sese studeam recipere :
quando ego quod feci id factum Amphitruoni offuit
atque illi dudum meus amor negotium
insonti exhibuit, nunc autem insonti mihi   895
15 illius ira in hanc et male dicta expetent.
Al. sed eccum uideo qui ⟨modo⟩ me miseram arguit
stupri, dedecoris.   Iv. te uolo, uxor, conloqui.
quo te auortisti ?   Al. ita ⟨ingeni⟩ ingenium meumst :
inimicos semper osa sum optuerier.   900
20 Iv. heia autem inimicos ?   Al. sic est, uera praedico ;
nisi etiam hoc falso dici insimulaturus es.
Iv. nimi' uerecunda es.   Al. potin ut apstineas manum ?
nam certo, si sis sanus aut sapias satis,
quam tu inpudicam esse arbitrere et praedices,   905
25 cum ea tu sermonem nec ioco nec serio
tibi habeas, nisi sis stultior stultissumo.
Iv. si dixi, nihilo magis es neque ego esse arbitror,

884 infecta restat *Vahlen* : infecta testat *Palmer* : *fort.* infecta praestat
893 id factum *Camerarius* : factum id *cod.*   894 illi *Pylades* :
ille *cod.* (*cf.* 1002) : *vix* illae   897 sed (set) *Guietus* : et *cod.*

modo (m̊) *add. Goetz, Loewe*   899 ingeni *add. Seyffert*   903
iracunda *Lambinus*   potin *Camerarius* : potin est *cod.*   906 ea
tu *Camerarius* : fatu *cod.* (F *pro* E)   907 nisi si sis *cod.* (nisi sis *J*)

et id huc reuorti uti me purgarem tibi.
910 nam numquam quicquam meo animo fuit aegrius
quam postquam audiui ted esse iratam mihi. 30
qur dixisti? inquies. ego expediam tibi.
non edepol quo te esse inpudicam crederem ;
uerum periclitatus súm animum tuom
915 quid faceres et quo pacto id ferre induceres.
equidem ioco illa dixeram dudum tibi, 35
ridiculi caussa. uel hunc rogato Sosiam.
AL. quin huc adducis meum cognatum Naucratem,
testem quem dudum te adducturum dixeras
920 te huc non uenisse ? Iv. si quid dictum est per iocum,
non aequom est id te serio praeuortier. 40
AL. ego illum scio quam doluerit cordi meo.
Iv. per dexteram tuam te, Alcumena, oro, opsecro,
da mihi hanc ueniam, ignosce, irata ne sies.
925 AL. ego istaec feci uerba uirtute inrita ;
nunc, quando factis me inpudicis apstini, 45
ab inpudicis dictis auorti uolo.
ualeas, tibi habeas res tuas, reddas meas.
iuben mi íre comites ? Iv. sanan es ? AL. si non iubes,
930 ibo egomet ; comitem mihi Pudicítiam duxero.
Iv. mane. arbitratu tuo ius iurandum dabo 50
me meam pudicam esse uxorem arbitrarier.
id ego si fallo, tum te, summe Iuppiter,
quaeso Amphitruoni ut semper iratus sies.
935 AL. a, propitius sit potius. Iv. confido fore ;
nam ius iurandum uerum te aduorsum dedi. 55
iam nunc irata non es ? AL. non sum. Iv. bene facis.
nam in hominum aetate multa eueniunt huiusmodi :
capiunt uoluptates, capiunt rusum miserias ;
940 irae interueniunt, redeunt rusum in gratiam.

60 uerum irae si quae forte eueniunt huiusmodi
   inter eos, rusum si reuentum in gratiam est,
   bis tanto amici sunt inter se quam prius.
   AL. primum cauisse oportuit ne diceres,
   uerum eadem si idem purgas mi, patiunda sunt.   945
65 Iv. iube uero uasa pura adornari mihi,
   ut quae apud legionem uota uoui si domum
   rediissem saluos, ea ego éxsoluam omnia.
   AL. ego istuc curabo. Iv. euocate huc Sosiam ;
   gubernatorem qui in mea naui fuit   950
70 Blepharonem arcessat qui nobiscum prandeat.
   †is adeo inpransus ludificabitur†,
   quom ego Amphitruonem collo hinc opstricto traham.
   AL. mirum quid solus secum secreto ille agat.
   atque aperiuntur aedes.   exit Sosia.   955

iii   SOSIA   IVPPITER   ALCVMENA

   So. Amphitruo, adsum. si quid opus est, impera, imperium
                                                        exsequar.
   Iv. ⟨Sosia,⟩ optume aduenis. So. iam pax est inter uos duos?
   nam quia uos tranquillos uideo, gaudeo et uolupest mihi.
   atque ita seruom par uidetur frugi sese instituere :
 5 proinde eri ut sint, ipse item sit ; uoltum e uoltu comparet :   960
   tristis sit, si eri sint tristes ; hilarus sit, si gaudeant.
   sed age responde : iam uos rediistis in concordiam ?
   Iv. derides qui scis haec dudum me dixisse per iocum.
   So. an id ioco dixisti ? équidem serio ac uero ratus.
10 Iv. habui expurigationem ; facta pax est. So. optume est.   965
   Iv. ego rem diuinam intus faciam, uota quae sunt. So.
                                                        censeo.
   Iv. tu gubernatorem a naui huc euoca uerbis meis

   945 isdem *cod., antiqua forma*   948 exsoluam (-uā) ⟨una⟩ (ūa)
Seyffert : exsoluam ⟨iam⟩ *Mueller* (*Rhein. Mus.* 54, 382)   952 is
a Mercurio inp. *Leo* (*cf. Arg.* II. 9)   ⟨lepide⟩ ludi. *Lindemann*
957 Sosia *add. Leo* (*cf.* iii. 2)   963 dudum *Camerarius* : iam dudum
cod. (iv. 1)   964 *vel* anne id ióco

Blepharoném, uti re diuina facta mecum prandeat.
So. iam hic ero quom illic censebis esse me.—Iv. actutum
                                            huc redi.
970 AL. numquid uis, quin abeam iam intro, ut apparentur qui- 15
                                            bus opust?
Iv. i sane, et quantum potest parata fac sint omnia.
AL. quin uenis quando uis intro? faxo hau quicquam sit
                                            morae.—
Iv. recte loquere et proinde diligentem ut uxorem decet.
    iam hisce ambo, et seruos et era, frustra sunt duo,
975 qui me Amphitruonem rentur esse : errant probe.   20
    nunc tu, diuine Sosia, huc fac adsies,
    (audis quae dico, tam etsi praesens non ades),
    facé iam Amphitruonem aduenientem ab aedibus
    ut abigas ; quouis pacto fac commentu' sis.
980 uolo deludi illunc, dum cum hac usuraria   25
    uxore nunc mi morigero.   haec curata sint
    fac sis, proinde adeo ut uelle med intellegis,
    atque ut ministres mi, mihi quom sacruficem.

                    MERCVRIVS   iv

ME. Concedite atque apscedite omnes, de uia decedite,
985 nec quisquam tám au⟨i⟩dax fuat homo qui obuiam opsistat
                                            mihi.
    nam mihi quidem hercle qui minus liceat deo minitarier
    populo, ni decedat mihi, quam seruolo in comoediis?
    ill' nauem saluam nuntiat aut irati aduentum senis :   5

---

968 uti] qui *Goetz, Loewe*   971 potes (potest *B*¹) *cod.*   fac
Pylades : facta *cod.*   973 dil. proinde *Skutsch, cui* proinde *disyll.*
ante consonantem displicet   974 hi *cod.*   976 Sos. huc fac
adsies *Goetz, Loewe* : huc fac adsis Sos. *cod., fort. recte* : mi h. f. a. S.
Mueller (*Rhein. Mus.* 54, 382)   978 faciam (fac iam) am. *codd.*
Nonii 88 : fac am. (*om.* iam) *cod.* : fac Am. iam *Lambinus*   979
abeat *codd. Nonii*   sies *cod., item codd. Nonii*   980 illunc dum
Pareus : illum edum *cod.* (e *pro* c)   981 sient *cod.*   983 mihi
cum *Camerarius* : cum mihi *cod.*   985 quispiam *Usener* ⟨nunc⟩
tam *Fleckeisen*   auidax *Skutsch* (*Philol.* 59, 503)

ego sum Ioui dicto audiens, eius iussu nunc huc me adfero.
quam ob rem mihi magi' par est uia decedere et concedere. 990
pater uocat me, eum sequor, eius dicto, imperio sum audiens ;
ut filium bonum patri esse oportet, itidem ego sum patri.
10 amanti subparasitor, hortor, adsto, admoneo, gaudeo.
si quid patri uolupest, uoluptas ea mihi multo maxumast.
amat : sapit ; recte facit, animo quando opsequitur suo,   995
quod omnis homines facere oportet, dum id modo fiat bono.
nunc Amphitruonem uolt deludi meu' pater : faxo probe
15 iam hic deludetur, spectatores, uobis inspectantibus.
capiam coronam mi in caput, adsimulabo me esse ebrium ;
atque illuc susum escenderó : inde optume aspellam uirum 1000
de supero, quom huc accesserit ; faciam ut sit madidus sobrius.
deinde illi actutum sufferet suo' seruos poenas Sosia :
20 eum fecisse ille hodie arguet quae ego fecero hic.   quid
⟨id⟩ mea ?
meo me aequomst morigerum patri, eius studio seruire
addecet.
sed eccum Amphitruonem, aduenit ; iam ille hic deludetur 1005
probe,
siquidem uos uoltis auscultando operam dare.
ibo intro, ornatum capiam qui potis decet ;
25   dein susum ascendam in tectum ut illum hinc prohibeam.

ACTVS IV

IV. **i**   A M P H I T R V O

AM. Naucratem quem conuenire uolui in naui non erat,
neque domi neque in urbe inuenio quemquam qui illum 1010
uiderit.

---

992 ego *bis cod.* (*semel J*)   996 bono fiat modo *Abraham Stud.*
Pl. 210   998 insp. *Pylades* : spectantibus *cod.* (*pro* ispectantibus ;
v. 9. 8)   1000 asp. *Camerarius* : cispellam *cod.* (ci *pro* a ; vi. 1)
1002 illi *Lambinus* : ille *cod.*   1003 id *add. Camerarius* : *fort.*
ecquid   1005 *vel* illic d.   1007 potis *Scaliger* : potius *cod.*

nam omnis plateas perreptaui, gymnasia et myropolia ;
apud emporium atque in macello, ín palaestra atque in foro,
in medicinis, in tostrinis, apud omnis aedis sacras 5
sum defessus quaeritando : nusquam inuenio Naucratem.
1015 nunc domum ibo atque ex uxore hánc rem pergam exquirere,
quis fuerit quem propter corpus suom stupri compleuerit.
nam me quam illam quaestionem inquisitam hodie amittere
mortuom satiust. sed aedis occluserunt. eugepae, 10
pariter hoc fit atque ut alia facta sunt. feriam fores.
1020 aperite hoc. heus, ecquis hic est ? ecquis hoc aperit ostium ?

MERCVRIVS   AMPHITRVO   ii

ME. Quis ad fores est ? AM. ego sum. ME. quid 'ego
    sum ' ? AM. ita loquor. ME. tibi Iuppiter
dique omnes irati certo sunt qui sic frangas fores.
AM. quo modo ? ME. eo modo, ut profecto uiuas aetatem
    miser.
AM. Sosia. ME. ita : sum Sosia, nisi me esse oblitum
    existumas.
1025 quid nunc uis ? AM. sceleste, at etiam quid uelim, id tu 5
    me rogas ?
ME. ita, rogo. paene ecfregisti, fatue, foribus cardines.
an fores censebas nobis publicitus praeberier ?
quid me aspectas, stolide ? quid nunc uis tibi ? aut quis tu
    es homo ?
AM. uerbero, etiam quis ego sim me rogitas, ulmorum
    Accheruns ?
1030 quem pol ego hodie ob istaec dicta faciam feruentem flagris. 10
ME. prodigum te fuisse oportet olim in adulescentia.
AM. quidum ? ME. quia senecta aetate á me mendicas
    malum.
AM. cum cruciatu tuo istaec hodie, uerna, uerba funditas.

1031 adulescentiam *cod.*

Me. sacrufico ego tibi. Am. qui? Me. quia enim te macto 1034
            infortunio.

Am. at ego te cruce et cruciatu mactabo, mastigia.   frag. i
(Me.) erus Amphitruo⟨st⟩ occupatus.   ii
(Me.)   abiendi nunc tibi etiam occasiost.   iii(xvG)
(Me.) optumo iure infringatur aula cineris in caput. iv(iii)
Me.) ne tu postules matulam unam tibi aquai infundi in v(iv)
             caput.
(Me.) laruatu's. edepol hominem miserum! medicum quae- vi (vii)
             rita.
 (Al.) exiurauisti te mihi dixe per iocum.   vii (xi)
 (Al.) quaeso aduenienti morbo medicari iube : viii (xii)
 tu certe aut laruatus aut cerritus es.
 (Al.) nisi hoc ita factum est, proinde ut factum esse
           autumo, ix(xiii)
 non caussam dico quin uero insimules probri.
  (Am.) quoius? quae me apsente corpus uolgauit suom. x (xvi)
(Am.) quid minitabas te facturum, si istas pepulissem fores? xi(v)
(Am.) ibi scrobes ecfodito plus sexagenos in dies.   xii (vi)

 1034 *inter hunc versum et v.* 1035 *interciderunt fere trecenti versus
in codice, quorum tamen fragmenta aliquot grammatici servaverunt*
i *Nonius* 342 (mactare) te *Pylades* : certo *codd.* cruciatu
Pylades : cruciatum *codd.* ii *Nonius* 354 (occupatus) est *add.*
Hoffmann iii *Priscianus* 1, 564 (abiendi) abiendi *Goetz,*
Loewe iv *Nonius* 543 (aula) v *Nonius post frag.* iv (543)
(matella) postulas *Schroeder* aquam (aqua) *codd.* vi
Nonius 44 (cerriti et laruati) *post v.* 739 (prodigia) quaerita
Acidalius : quaeritat *codd.* vii *Nonius* 105 (exiurare) viii
Nonius post frag. vi (44) quaeso—es *et* 247 (aduenire) quaeso . . . iube
quaeso : quasi *codd.* 44 morbo medicari iube *Schroeder* : morbo
medicati iuuenem *codd.* 44, moribo iube (iure) *codd.* 247 laruatus
es aut cerritus *codd.* : *corr. Acidalius* ix *Nonius* 237 (autumare)
dico uerum quin simules (qui insimules) *codd.* : *corr. Brandt, Schroeder*
x *Nonius* 182 (uulgauit) cuiusque *codd.* ucorpus uulga sum
codd. xi *Nonius* 473 (minitas pro minitaris) xii *Pri-*
scianus 1, 168 et 321, *Nonius* 225 ibi scrobes fodito sexagenos in dies
post v. 117 (schema), *comm. Lucani,* p. 283 scrobes sexagenos fodi in
die, *schol. Verg. Georg.* 2, 288 sexagenos in dies scrobes, *Probus Cath.*
20 sexagenos scrobes, *omnes* scrobes *genere masculino testantes* e.
tu pl. *Hertz* die *comm. Luc.*

xiii (xvii) (Am.) noli pessumae precari.

xiv (xviii) (Bl.) animam comprime.

  xv (ix) (Iv.) manufestum hunc optorto collo teneo furem flagiti.

 xvi (x) (Am.) immo ego hunc, Thebani ciues, qui domi uxorem
                                                            meam
          impudicitia impediuit, teneo, thensaurum stupri.

xvii (viii) (Am.) nilne te pudet, sceleste, populi in conspectum ingredi?

xviii (xix) (Am.) clandestino.

  xix (xiv) (Iv. *sive* Am.) qui nequeas nostrorum uter sit Amphitruo
                                                            decernere.

            B L E P H A R O   A M P H I T R V O   I V P P I T E R   **iii**

1035 (Bl.) Vos inter uos partite; ego abeo, mihí negotium est;
          neque ego umquam usquam tanta mira me uidisse censeo.
          Am. Blepharo, quaeso ut aduocatus mi adsis neue abeas.
                                                            Bl. uale.
          quid med aduocato opust quí utri sim aduocatus nescio?—
          Iv. intro ego hinc eo: Alcumena parturit.—Am. perii miser. 5
1040 quid ego?   *   *   quem aduocati iam atque amici
                                                            deserunt?
          numquam edepol me inultus istic ludificabit, quisquis est;
          iam ad regem recta me ducam resque ut facta est eloquar.
          ego pol illum ulciscar hodie Thessalum ueneficum,
          qui peruorse perturbauit familiae mentem meae.   10
1045 sed ubi illest? intro edepol abiit, credo ad uxorem meam.
          qui me Thebis alter uiuit miserior? quid nunc agam,

        xiii *schol. Verg. Aen.* 8, 127 (precor illi)   noli pessimo *Danielis*:
nobili pessime *codd.*   grammaticum *non recte interpretatum verba
Asin.* 477 *huc rettulisse coniecerunt Goetz, Loewe*   xiv *Nonius*
233 (anima)   xv *Nonius* 453 (furtum)   xvi *Nonius* 331 (im-
pedire)   immo . . . impediuit; *id.* 456 (thesaurus): qui domi . . .
stupri, *post v.* 883 (stuprum)   xvii *Nonius* 454 (ingredi) *post
frag.* xv   xviii *gloss. Plaut. Ritschelii inter* susque deque (886)
et perniciter (1116)   xix *Nonius* 285 (decernere)   1035 partitote
Spengel   e. nunc ab. *Goetz, Loewe*   1038 med. adu. op. *scripsi*:
opust med (me *B*) adu. *cod.*   qui *Camerarius*: quin *cod.* (*pro* quí?)
aduocatus *del. Hermann*   1040 quid ago *vel* nunc ago *add. Redslob
(Berl. Phil. Woch.* 22, 553): faciam *Gruterus*   1041 numquem *cod.*
ludificauit (*i. e.* -bit) *cod.*   1042 iam *Gruterus*: nam iam *cod.* (iv. 3)

quem omnes mortales ignorant et ludificant ut lubet?
certumst, intro rumpam in aedis : ubi quemque hominem
aspexero,
15 si ancillam seu seruom siue uxorem siue adulterum
seu patrem siue áuom uidebo, óptruncabo in aedibus.   1050
neque me Iuppiter neque di omnes id prohibebunt, si uolent,
quin sic faciam uti constitui. pergam in aedis nunciam.

ACTVS V

V. i   Bromia   Amphitrvo

Br. Spes atque opes uitae meae iacent sepultae in pectore,
neque ullast confidentia iam in corde, quin amiserim ;
ita mi uidentur omnia, mare, terra, caelum, consequi   1055
iam ut opprimar, ut enicer. me miseram, quid agam nescio.
5 ita tanta mira in aedibus sunt facta. uae miserae mihi,
animo malest, aquam uelim. corrupta sum atque apsumpta
sum.

caput dolet, neque audio, nec oculis prospicio satis,
nec me miserior femina est neque ulla uideatur magis.   1060
ita erae meae hodie contigit. nam ubi parturit, deos [sibi]
inuocat,
10 strepitus, crepitus, sonitus, tonitrus : ut subito, ut prope, ut
ualide tonuit !
ubi quisque institerat, concidit crepitu. ibi nescioquis
maxuma
uoce exclamat : 'Alcumena, adest auxilium, ne time :
et tibi et tuis propitius caeli cultor aduenit.   1065
exsurgite' inquit 'qui terrore meo occidistis prae metu.'
15 ut iacui, exsurgo. ardere censui aedis, ita tum confulgebant.
ibi me inclamat Alcumena ; iam ea res me horrore adficit.

1048, 1052 aedis *Camerarius* : aedibus *cod.*   1052 *vel* ut (*ita cod.*)
constitūi   1058 corrumpta *Fleckeisen*   1060 fem. neculla
Redslob uiduior (?) *Palmer*   1061 sibi *del. Pylades* (*praec.* s, *seq.* i),
nam síbi ínuocat *suspectum*   1062 prope *Palmer* : propere *cod.*

erilis praeuortit metus : accurro, ut sciscam quid uelit.
1070 atque illam geminos filios pueros peperisse conspicor ;
neque nostrum quisquam sensimus, quom peperit, neque
prouidimus.
sed quid hoc ? quis hic est senex qui ante aedis nostras 20
sic iacet ?
numnam hunc percussit Iuppiter ?
credo edepol, nam pro Iuppiter sepultust quasi sit mortuos.
1075 ibo et cognoscam, quisquis est. Amphitruo hic quídem
⟨est⟩ eru' meus.
Amphitruo. AM. perii. BR. surge. AM. interii. BR.
cedo manum. AM. quis me tenet ?
BR. tua Bromia ancilla. AM. totus timeo, ita med incre- 25
puit Iuppiter.
nec secus est quasi si ab Accherunte ueniam. sed quid tu
foras
egressa es ? BR. eadem nos formido timidas terrore impulit
1080 in aedibus tu ubi habitas. nimia mira uidi. uae mihi,
Amphitruo; íta mihi animus etiam nunc abest. AM. agedum
expedi :
scin me tuom esse erum Amphitruonem ? BR. scio. AM. 30
uide etiam nunc. BR. scio.
AM. haec sola sanam mentem gestat meorum familiarium.
BR. immo omnes sani sunt profecto. AM. at me uxor
insanum facit
1085 suis foedis factis. BR. at ego faciam tu idem ut aliter
praedices,
Amphitruo, piam et pudicam ésse tuam uxorem ut scias.
de ea re signa atque argumenta paucis uerbis eloquar. 35

e
1069 metus *Nonius* 362 : motus *cod. ut uid.* (motus *D*, meotus *B*, me
otius *P*ᴱ) 1075 ⟨atque⟩ Amph. *Luchs* est (ē) *add. Camerarius*
(*praec.* -ē, *i. e.* -em) 1077 *uel* íta me 1083 sanam *Camerarius* :
orum
sarcam *cod.* (rc *pro* n) mearum *cod. ut uid.* (morum *D*, mearum *E*,
mea *P*ᴱ) 1086 tuam *in marg. ut uid. cod.* (*unde* tuam esse *BJ*, esse
tuam *E*, esse *D*)
PLAVT. I   4

omnium primum : Alcumena geminos peperit filios.
Aм. ain tu, geminos ? Bʀ. geminos. Aм. di me seruant.
              Bʀ. sine me dicere,
ut scias tibi tuaeque uxori deos esse omnis propitios.   1090
Aм. loquere. Bʀ. postquam parturire hodie uxor occepit tua,
40 ubi utero exorti dolores, ut solent puerperae,
inuocat deos inmortalis ut sibi auxilium ferant,
manibus puris, capite operto. íbi continuo contonat
sonitu maxumo ; aedis primo ruere rebamur tuas.   1095
aedes totae confulgebant tuae quasi essent aureae.
45 Aм. quaeso, apsoluito hinc me extemplo, quando sati'
                  deluseris.
quid fit deinde ? Bʀ. dum haec aguntur, interea uxorem
                  tuam
neque gementem neque plorantem nostrum quisquam audi-
                  uimus ;
ita profecto sine dolore peperit. Aм. iám istuc gaudeo,   1100
utut me erga merita est. Bʀ. mitte istaec atque haec quae
                  dicam accipe.
50 postquam peperit, pueros lauere iussit nos. occepimus.
sed puer ille quém ego laui, ut magnust et multum ualet !
neque eum quisquam conligare quiuit incunabulis.
Aм. nimia mira memoras ; sí istaec uera sunt, diuinitus   1105
non metuo quin méae uxóri latae suppetiae sient.
55 Bʀ. magi' iam faxo mira dices. postquam in cunas con-
                  ditust,
deuolant angues iubatae deorsum in impluuium duo
maxumae : continuo extollunt ambo capita. Aм. eí mihi !
Bʀ. ne paue. sed angues oculis omnis circumuisere.   1110

1092 ubi *Ital.* : ibi *cod.*   1098 sit *cod.* (fit *D*)   1101 erga me *cod.* : corr. *Schmidt* (*cf. Lindsay ad Capt.* 964)   1102 accedimus *codd. Nonii* 504   1108 iubatae *testatur Nonius* 191 : iuuati (*i. e.* iub·) *cod.*, *etiam codd. schol. Aen.* 2, 206   conpluuium *codd. Nonii* 1109 maximi *cod.* (*etiam* 1111 conspicati . . . citi ; 1116 alterum . . . eos ; 1123 illos) (*cf. Journ. Phil.* 26, 290)

AMPHITRVO V. i

postquam pueros conspicatae, pergunt ad cunas citae.
ego cunas recessim rusum uorsum trahere et ducere, 60
metuens pueris, mihi formidans ; tantoque angues acrius
persequi. postquam conspexit anguis ille alter puer,
1115 citus e cunis exsilít, facit récta in anguis impetum :
alteram altera prehendit eas manu perniciter.
Am. mira memoras, nimi' formidolosum facinus praedicas ; 65
nam mihi horror membra misero percipit dictis tuis.
quid fit deinde? porro loquere. Br. puer ambo anguis
enicat.
1120 dum haec aguntur, uoce clara exclamat uxorem tuam—
Am. quis homo? Br. summus imperator diuom atque
hominum Iuppiter.
is se dixit cum Alcumena clam consuetum cubitibus, 70
eumque filium suom esse qui illas anguis uicerit ;
alterum tuom esse dixit puerum. Am. pol me hau paenitet,
1125 si licet boni dimidium mihi diuidere cum Ioue.
abi domum, iube uasa pura actutum adornari mihi,
ut Iouis supremi multis hostiis pacem expetam. 75
ego Teresiam coniectorem áduocabo et consulam
quid faciundum censeat; simul hanc rem ut facta est eloquar.
1130 sed quid hoc? quam ualide tonuit. di, opsecro uostram
fidem.

IVPPITER ii

Iv. Bono animo es, adsum auxilio, Amphitruo, tíbi et tuis :
nihil est quod timeas. hariolos, haruspices
mitte omnis ; quae futura et quae facta eloquar,
multo adeo melius quam illi, quom sum Iuppiter.
1135 primum omnium Alcumenae usuram corporis 5
cepi, et concubitu grauidam feci filio.

1112 recessum *cod.* : *corr. Valla Pylades*   1120 inclamat *Dousa Scaliger*   1136 coepi *cod.* (*cf. ad* 108)   1115 *post* 1116 *cod.* : *corr.*   1122 cubilibus *cod.* : *corr*

tu grauidam item fecisti, quóm in exercitum
profectu's : uno partu duos peperit simul.
eorum alter, nostro qui est susceptus semine,
10   suis factis te inmortali adficiet gloria.   1140
tu cum Alcumena uxore antiquam in gratiam
redi : hau promeruit quam ob rem uitio uorteres ;
mea ui subactast facere.   ego in caelum migro.—

iii   AMPHITRVO

AM. faciam ita ut iubes et te oro promissa ut serues tua.
ibo ad uxorem intro, missum facio Teresiam senem.   1145

nunc, spectatores, Iou' summi caussa clare plaudite.

ASINARIA

ARGVMENTVM

Amanti argento filio auxiliarier
Sub imperio vivens volt senex uxorio.
Itaque ob asinos relatum pretium Saureae
Numerari iussit servolo Leonidae.
Ad amicam id fertur.   cedit noctem filius.   5
Rivinus amens ob praereptam mulierem
Is rem omnem uxori per parasitum nuntiat.
Accurrit uxor ac virum e lustris rapit.

4 servolo *Ald.*: seruo *cod.* (v. 8)   6 Rivalis *Pylades*   praer.
Camerarius: rereptam *cod.*   8 e lustris rapit *Camerarius*: eius
trisrae *cod*

PERSONAE

Libanvs Servvs
Demaenetvs Senex
Argyrippvs Advlescens
Cleareta Lena
Leonida Servvs
Mercator (Chlamydatvs ?)
Philaenivm Meretrix
Diabolvs Advlescens
Parasitvs
Artemona Matrona

Scaena ATHENIS

Cleaer- *passim cod. ut vid.* (*sed* claear- *in v.* 751 *B*)
Chlamydatvs tit. II. iv. *cod.* (*cf. Harv. Stud.* 9, 109)

PROLOGVS

Hoc agite sultis, spectatores, nunciam,
quae quidem mihi atque uobis res uortat bene
gregique huic et dominis atque conductoribus.
face nunciam tu, praeco, omnem auritum poplum.
5 age nunc reside, caue modo ne gratiis.   **5**
nunc quid processerim huc et quid mi uoluerim
dicam : ut sciretis nomen huiius fabulae ;
nam quod ad argumentum attinet, sane breuest.
nunc quod me dixi uelle uobis dicere
10 dicám : huic nomen graece Onagost fabulae;   **10**
Demophilus scripsit, Maccus uortit barbare ;
Asinariam uolt esse, si per uos licet.
inest lepos ludusque in hac comoedia,
ridicula res est.   date benigne operam mihi
15 ut uos, ut alias, pariter nunc Mars adiuuet.   **15**

ACTVS I

L I B A N V S   D E M A E N E T V S   **I. i**

Li. Sicut tuom uis unicum gnatum tuae
superesse uitae sospitem et superstitem,
ita ted optestor per senectutem tuam
perque illam quam tu metuis uxorem tuam,
20 si quid med erga | hodie falsum dixeris,   **5**
ut tibi superstes uxor aetatem siet
atque illa uiua uiuos ut pestem oppetas.

---

3 gregíque *suspectum*   et *fort. delend.*   domino *Camerarius*
4 nunciam *Linge* : iam nunc *cod.*   *vix* o. praedico, *antiqua forma*
10 *vel* huïc   11 Maccius *Ritschl*   15 ut al. *Leo* : item al *cod.*
(v. 1)   20 quid tu m. *Mahler* : quidquam m. *Mueller* (*Rhein.*
Mus. 54, 383)   *vix* erega (-rig-), *forma antiqua*

DE. Per Dium Fidium quaeris : iurato mihi
uideo necesse esse eloqui quidquid roges.
10 [ita me opstinate adgressu's ut non audeam   25
profecto percontanti quin promam omnia.]
proinde actutum istuc quid sit quod scire expetis
eloquere : ut ipse scibo, te faciam ut scias.
LI. dic opsecro hercle serio quod te rogem,
15 caue míhi mendaci quicquam. DE. quin tu ergo rogas ?   30
LI. num me illuc ducis ubi lapis lapidem terit ?
DE. quid istúc est ? aut ubi istúc est terrarum loci ?
LI. ubi flent nequam homines qui polentam pinsitant,
apud fústitudinas, ferricrepinas insulas,
20 ubi uiuos homines mortui incursant boues.   35
DE. modo pol percepi, Libane, quíd istuc sit loci :
ubi fit polenta, te fortasse dicere. LI. ah.
neque hercle ego istuc dico nec dictum uolo,
teque opsecro hercle ut quae locutu's despuas.
25 DE. fiat, geratur mos tibi. LI. age age, usque exscrea.   40
DE. etiamne ? LI. age quaesso hercle usque ex penitis
                                                          faucibus.
etiam amplius. DE. nam quó usque ? LI. usque ad mor-
                                                          tem uolo.
DE. caue sís malam rem. LI. uxoris dico, non tuam.
DE. dono te ob istuc dictum ut expers sis metu.   44
                                                             45
30 LI. di tibi dent quaequomque optes. DE. redde operam mihi.
qur hoc ego ex te quaeram ? aut qur miniter tibi
propterea quod me non scientem feceris ?
aut qur postremo filio suscenseam,
patres ut faciunt ceteri ? LI. quid istúc noui est ?   50

23 deum *cod.*   25, 26 *secl. Leo, in locum vv.* 23–24 *in recentiore*
recensione suppositos   32, 33 *post v.* 47 *iterantur in cod.* (ii. 6)   32
a. u. istuc sit nequeo noscere *in v. repetito cod.*   33 *secl. Acidalius*
pinsitant *in v. repetito* : pransitant *hic cod.*   37 ahc *cod.* (*cf.* vahc 461)
39 qui *B*³   41 *post v.* 55 (ii. 6), *prius om. propter homoeoarchon*
etiam   44 *vel* ted

demiror quid sit et quo euadat sum in metu.   35
DE. equidem scio iam filius quod amet meus
istanc meretricem e proxumo Philaenium.
estne hoc ut dico, Libane? LI. rectam instas uiam.
55 ea res est. sed eum morbus inuasit grauis.
DE. quid morbi est? LI. quia non suppetunt dictis data.   40
DE. tune es adiutor nunc amanti filio?
LI. sum uero, et alter noster est Leonida.
DE. bene hercle facitis ét a me initis gratiam.
60 uerum meam uxorem, Libane, nescis quali' sit?
LI. tu primus sentis, nos tamen in pretio sumus.   45
DE. fateor eam esse inportunam atque incommodam.
LI. posterius istuc dicis quam credo tibi.
DE. omnes parentes, Libane, liberis suis,
65 qui mi auscultabunt, facient †obsequellam†
quipp' qui mage amico utantur gnato ɛt beneuolo.   50
atque ego me id facere studeo, uolo amari a meis;
uolo me patris mei similem, qui caussa mea
nauclerico ipse ornatu per fallaciam
70 quam amabam abduxit ab lenone mulierem;
neque puduit eum id aetatis sycophantias   55
struere et beneficiis me emere gnatum suom sibi.
eos me decretumst persequi mores patris.
nam me hodie orauit Argyrippus filius
75 uti sibi amanti facerem argenti copiam;   60
et id ego percupio opsequi gnato meo:
uolo amari †obsecutum† illius, uolo amet me patrem.

51 *post v.* 83 (ii. 6; p. 102)   52 *et hoc loco exstat et adhaeret versui*
51 *post v.* 83 (*ibi* iam scio)   *fort.* quid   amat *Lorenz*   59 et *del.*
Fleckeisen   60 siet *cod.*   scis qualis siet *Bothe*   64 liberis suis
suspectum   65 *vel* mihi   *testatur* obsequellam *Nonius* 215 (*cf.*
Arch. Lat. Lex. 12, 592): obsequentiam *edd.*   67 amare *cod.* (*corr.*
B) (*pro* amarei?)   69 nauclerico *Camerarius*: nauderio *cod.*
72 mee me (*corr.* mea) re *cod.* (*corr.* P^E)   76 et id e. perc.] ego
sane cupio *codd. Nonii* 454 (? *pro* ego s. c. id)   77 amari *codd.*
Nonii 501 (*s. v. 'genet. pro dativo*'): amori *cod.*   obsecutam *codd.*
Nonii (a *pro* u): obsequium *Hermann*: *fort.* ob ŏpséquium (-cuium)

quamquam illum mater arte contenteque habet,
patres ut consueuerunt : ego mitto omnia haec.

praesertim quom is me dignum quoi concrederet   80
65 habuit, me habere honorem eius ingenio decet ;
quom me adiit, ut pudentem gnatum aequomst patrem,
cupio esse amicae quod det argentum suae.
Li. cupis id quod cupere te nequiquam intellego.

dotalem seruom Sauream ⟨huc⟩ uxor tua   85
70 adduxit, quoi plus in manu sit quam tibi.
De. argentum accepi, dote imperium uendidi.
nunc uerba in pauca conferam quid te uelim.
uiginti iam usust filio argenti minis :
face id ut paratum iam sit. Li. unde gentium ?   90
75 De. me defrudato. Li. maxumas nugas agis :
nudo detrahere uestimenta me iubes.
defrudem té ego ? age sis tu, sine pennis uola.
ten ego defrudem, quoí ipsi nihil est in manu
nisi quid tu porro uxorem defrudaueris ?   95
80 De. qua me, qua uxorem, qua tu seruom Sauream
potes, circumduce. aufer ; promitto tibi
non offuturum, si | id hodie ecfeceris.
Li. iubeas una opera me piscari in aere,
uenari autem reté iaculo in medio mari.   100
85 De. tibi optionem sumito Leonidam,
fabricare quiduis, quiduis comminiscere :
perficito | argentum hodie ut habeat filius
amicae quod det. Li. quid ais tu, Demaenete ?
De. quid ⟨uis ?⟩ Li. si forte in insidias deuenero,   105

79 consuerunt *cod.* (*i. e.* -suē- ?)   83 *cf. ad* 51   85 huc *add. Havet*
(*Rev. Phil.* 29, 180)   86 sit *cum var. lect.* est *cod.*   96 me *cod.*
(*unde* me arte *B* ; iv. 1)   98 sit (*marg.* si) h. *ut vid. cod.* (*unde*
sit hodie si *D*, sit h. *E*, si h. *B*) : si id (*om.* hodie) *cod. Festi* 198
100 reti, iaculo uenari autem in m. m. *Vahlen*   103 *fort.* perficito
tu a.   a. hoc hodie *Pylades*   ut habeat hodie *Guietus*   105
uis *add. Vahlen, sed cf. Goetz, Schoell praef.*

tun redimes me, si me hostes interceperint?   90
De. redimam. Li. tum tu igitur aliud cura quidlubet.
eo ego ad forum, nisi quid uis. fietne? De. ambula.
atque audin etiam? Li. écce. De. si quid te uolam,
110 ubi eris? Li. ubiquomque lubitum erit animo meo.
profecto nemo est quem iam dehinc metuam mihi   95
ne quid nocere possit, quom tu mihi tua
oratione omnem animum ostendisti tuom.
quin te quoque ipsum facio hau magni, si hoc patro.
115 pergam quo occepi atque ibi consilia exordiar.
De. audin tu? apud Archibulum ego ero argentarium.   100
Li. nempe in foro? De. ibi, si quid opus fuerit. Li. Me-
                                               minero.—

De. non esse seruos peior hoc quisquam potest
nec magi' uorsutus nec quo ab caueas aegrius.
120 eidem hómini, si quid recte curatum uelis,
mandes : moriri sese misere mauolet   105
quam non perfectum reddat quod promiserit.
nam ego illúc argentum tam paratum filio
scio esse quam me hunc scipionem contui.
125 sed quid ego cesso ire ad forum quo inceperam?
⟨ibo⟩ atque ibi manebo apud argentarium.—   110

Arg. Sicine hoc fit? foras aedibus me eici?
promerenti optume hoccin preti redditur?
bene merenti mala es, male merenti bona es ;
130 at malo cum tuo, nam iam ex hoc loco
ibo ego ad trisuiros uostraque ibi nomina   5
faxo erunt, capiti' te perdam ego et filiam,

108 eo ego *cod.* (*recte B*)   ei (i) bene ambula *Fleckeisen*   121
mauolet *cum gloss.* magis uolet *cod.*   123 illud *cod.*   125 quo]
quod *cod.*   126 ibo a. ibi *Camerarius* : a. ibi *cod.* (*pro* ibi a. ibi ?)
130 nam iam] nunciam *Pylades, cui nec spondeus pro cretico nec hiatus*
iam | ex *placet*

perlecebrae, permities, adulescentum exitium.
nam mare haud est mare, uos mare acerrumum;
nam in mari repperi, híc elaui bonis.   **135**
10 ingrata atque inrita esse omnia intellego
quae dedi et quod bene feci, at posthac tibi
male quod potero facere faciam, meritoque id faciam tuo.
ego pol te redigam eodem unde orta es, ad egestatis terminos,
ego edepol te faciam ut quae sis nunc et quae fueris scias.   140
15 quae priu' quam istam adii atque amans ego animum meum
                                              isti dedi,
sordido uitam oblectabas pane in pannis inopia,
atque ea si erant, magnas habebas omnibus dis gratias;
eadem nunc, quom est melius, me quoius opera est ignoras
                                              mala.
reddam ego te ex fera fame mansuetem, me specta modo.   145
20 nam isti quid suscenseam ipsi? nihil est, nihil quicquam
                                              meret;
tuo facit iussu, tuo imperio paret: mater tu, eadem era es.
té ego ulciscar, té ego ut digna es perdam atque ut de
                                              me meres.
at scelesta uiden ut ne id quidem, me dignum esse existumat
quém adeat, quem conloquatur quoique irato supplicet?   150
25 atque eccam inlecebra exit tandem; opinor hic ante ostium
meo modo loquar quae uolam, quoniam intus non licitum
                                              est mihi.

iii   CLEARETA   ARGYRIPPVS

CL. Vnum quodque istorum uerbum nummis Philippis aureis
non potest auferre hinc a me si quis emptor uenerit;
nec recte quae tu in nos dicis, aurum atque argentum 155
                                              merumst:
fixus hic apud nós est animus tuo' clauo Cupidinis.

141 dedidi *Lachmann, ne sit hiatus* meum | isti : *alii transponunt* ego
145 mansuetem *testatur Nonius* 483 : mansuetam *cod.*   146 *vel*
istic   quod *Acidalius*   151 *vel* t. opino; híc   152 loquar
modo *Weise, Fleckeisen, nam* loquăr *suspectum*

remigio ueloque quantum poteris festina et fuge :   5
quam magi' té in altum capessis, tam aestus te in portum
                                        refert.
Arg. ego pol istum portitorem priuabo portorio ;
160 ego te dehinc ut merita es de me et mea re tractare exsequar,
quom tu med ut meritus sum non tractas ⟨quom⟩que eicis
                                        domo.
Cl. magis istuc percipimus lingua dici quam factis fore.   10
Arg. solus solitudine ego ted atque ab egestate apstuli ;
solus si ductem, referre gratiam numquam potes.
165 Cl. solus ductato, si semper solus quae poscam dabis ;
semper tibi promissum habeto hac lege, dum superes datis.
Arg. qui modus dandi ? nam numquam tu quidem expleri 15
                                        potes ;
modo quom accepisti, hau multo post aliquid quod poscas
                                        paras.
Cl. quid modist ductando, amando ? numquamne expleri
                                        potes ?
170 modo remisisti, continuo iam ut remittam ad te rogas.
Arg. dedi equidem quod mecum egisti.   Cl. et tibi ego
                                        misi mulierem :
par pari datum hostimentumst, opera pro pecunia.   20
Arg. male agis mecum.   Cl. quid me accusas, si facio
                                        officium meum ?
nam neque fictum usquamst neque pictum neque scriptum
                                        in poematis
175 ubi lena bene agat cum quiquam amante quae frugi esse
                                        uolt.
Arg. mihi quidem te parcere aequomst tandem, ut tibi
                                        durem diu.

158 quo magis (*om.* tam) *codd. Nonii* 247, 266, 381   161 quomque
Skutsch : quae (*vel* que) *cod.* : atque *Lachmann* : quae me *Fleckeisen*
167 modust *alii*   168 quom *Pylades* : quod *cod.*   172 hosti-
mentum datum est *codd. Nonii* 3 *et* (*om.* est) 529   174 nec fictum
umquamst neque (nec) pictum (dictum) *codd. Nonii* 493 *et* 309 : neque
usquam pictum *cod.* (iii. 1)

25 CL. non tu scis? quae amanti parcet, eadem sibi parcet
                                                      parum.

   quasi piscis itidemst amator lenae : nequam est nisi recens ;
   is habet sucum, is suauitatem, eum quouis pacto condias
   uel patinarium uel assum, uorses quo pacto lubet :   180
   is dare uolt, is se aliquid posci, nam ibi de pleno promitur ;
30 neque ille scit quid det, quid damni faciat : illi rei studet.
   uolt placere sese amicae, uolt mihi, uolt pedisequae,
   uolt famulis, uolt etiam ancillis ; et quoque catulo meo
   subblanditur nouos amator, se ut quom uideat gaudeat.   185
   uera dico : ad suom quemque hominem quaestum esse
                                              aequomst callidum.

35 ARG. perdidici istaec esse uera damno cum magno meo.
   CL. si ecastor nunc habeas quod des, alia uerba praehibeas ;
   nunc quia nihil habes, maledictis te eam ductare postulas.
   ARG. non meum est.   CL. nec meum quidem edepol ad te 190
                                              ut mittam gratiis.

   uerum aetatis atque honoris gratia hoc fiet tui,
40 quia nobis lucro fuisti potius quam decori tibi :
   si mihi dantur duo talenta argenti numerata in manum,
   hanc tibi noctem honoris caussa gratiis dono dabo.
   ARG. quid si non est?   CL. tibi non esse credam, illa alio 195
                                              ibit tamen.
   ARG. ubi illaec quae dedi ante ?   CL. abusa.   nam si ea
                                              durarent mihi,
45 mulier mitteretur ad te, numquam quicquam poscerem.
   diem, aquam, solem, lunam, noctem, haéc argento non emo :
   cetera quae uolumus uti Graeca mercamur fide.
   quom a pistore panem petimus, uinum ex oenopolio,   200
   si aes habent, dant mercem : eadem nos disciplina utimur.

181 ibi *Ital.* :   ubi *cod.*   184 et quoque *suspectum*   188
praehibeas *cod. ut vid.* (*unde* perhibeas *BD*, prohibeas *PE*)   197
numquam] nec te *codd. Nonii* 76   199 ceterā (*adverb. ut* qua,
ea?) *suspectum* : ceterum *Leo*   *fort.* ceterā q. uol. ⟨nos⟩ u.

semper oculatae manus sunt nostrae, credunt quod uident.   50
uetus est : 'nihili coactiost'—scis quoiius. non dico amplius.
Arg. aliam nunc mi orationem despoliato praedicas,
205 longe aliam, inquam, ⟨linguam⟩ praebes nunc atque olim
                                                    quom dabam,
   aliam atque olim quom inliciebas me ad te blande ac
                                                    benedice.
   tum mi aedes quoque adridebant quom ad te ueniebam tuae ; 55
   me unice unum ex omnibus te atque illam amare aibas
                                                    mihi ;
   ubi quid dederam, quasi columbae pulli in ore ambae meo
210 usque eratis, meo de studio studia erant uostra omnia,
   usque adhaerebatis : quod ego iusseram, quod uolueram
   faciebatis, quod nolebam ac uotueram, de industria   60
   fugiebatis, neque conari id facere audebatis prius.
   nunc neque quid uelim neque nolim facitis magni, pessumae.
215 Cl. non tu scis ? hic noster quaestus aucupi simillimust.
   auceps quando concinnauit aream, offundit cibum ;
   [aues] adsuescunt : necesse est facere sumptum qui quaerit 65
                                                    lucrum ;
   saepe edunt : semel si sunt captae, rem soluont aucupi.
219
220 itidem hic apud nos : aedes nobis area est, auceps sum ego,
   esca est meretrix, lectus inlex est, amatores aues ;
   bene salutando consuescunt, compellando blanditer,
   osculando, oratione uinnula, uenustula.   70
   si papillam pertractauit, haud est ab re⟨d⟩ aucupis ;
225 sauium si sumpsit, sumere eum licet sine retibus.
   haecine te esse oblitum in ludo qui fuisti tam diu !
   Arg. tua ista culpa est, quae discipulum semidoctum aps te
                                                    amoues.
   Cl. remeato audacter, mercedem sí eris nactus : nunc abi. 75

205 linguam *add. Vahlen*   217 aues *del. Reiz, nam* necĕsse est
suspectum   218 captae sunt *Gruterus, rhythmo consulens   fort.*
⟨eae⟩ rem   221 pectus *codd. Pauli* 113   224 pertractabit *cod.*
h. ⟨id⟩ est *Camerarius*   227 *vel* istaec

ARG. mane, mane, audi. dic, quid me aequom censes pro
illa tibi dare,

annum hunc ne cum quiquam alio sit? CL. tene? uiginti 230
minas;

atque ea lege : si alius ad me prius attulerit, tu uale.

ARG. at ego est etiam priu' quam abis quod uolo loqui. CL.
dic quod lubet.

80 ARG. non omnino iam perii, est relicuom quo peream magis.

habeo unde istuc tibi quod poscis dem ; sed in leges meas

dabo, ut scíre possis, perpetuom annum hunc mihi uti seruiat 235

nec quemquam interea alium admittat prosus quam me ad
se uirum.

CL. quin, si tu uoles, domi sérui qui sunt castrabo uiros.

85 postremo ut uoles nos esse, syngraphum facito adferas ;

ut uoles, ut tibi lubebit, nobis legem imponito :

modo tecum una argentum adferto, facile patiar cetera.   240

port[it]orum simillumae sunt ianuae lenoni< e :

si adfers, tum patent, si non est quod des, aedes non
patent.—

90 ARG. interii si non inuenio ego illas uiginti minas,

et profecto, nisi illud perdo argentum, pereundum est mihi.

nunc pergam ad forum atque experiar opibus, omni copia,   245

supplicabo, exopsecrabo ut quemque amicum uidero,

dignos, indignos adire atque experi[ri] certumst mihi,

95 nam si mutuas non potero, certumst sumam faenore.—

ACTVS II

II. i
LIBANVS

LI. Hercle uero, Libane, nunc te meliust expergiscier

atque argento comparando fingere fallaciam.   250

230 tene *Camerarius* : tune *cod.*   235 ut] *vel* uti   238
syngrapham *cod.* (*cf.* 746, 802)   241 portorum (*i. e. portuum*)
scripsi (*Class. Rev.* 6, 342)   247 experi *Skutsch ap. Pradel de
praep.* 515   250 fingerē *suspectum*

iam diu est factum quom discesti ab ero atque abiisti ad
                  forum,
igitur inueniundo argento ut fingeres fallaciam.
ibi tu ad hoc diei tempus dormitasti in otio.   5
quin tu aps te socordiam omnem reice et segnitiem amoue
255 atque ad ingenium uetus uorsutum te recipis tuom?
serua erum, caue tú idem faxis alii quod serui solent,
quí ad eri fraudationem callidum ingenium gerunt.
unde sumam? quém interuortam? quó hanc celocem con- 10
                feram?
impetritum, inauguratumst : quouis admittunt aues,
260 picus et cornix ab laeua, coruos, parra ab dextera
consuadent ; certum herclest uostram consequi sententiam.
sed quid hoc quod picus ulmum tundit? hau temerariumst.
certe hercle ego quantum ex augurio éiius pici intellego,   15
aut mihi in mundo sunt uirgae aut atriensi Saureae.
265 sed quid illúc quod exanimatus currit huc Leonida?
metuo quom illic opscaeuauit meae falsae fallaciae.

Leonida   Libanvs   ii

Le. Vbi ego nunc Libanum requiram aut familiarem filium,
ut ego illos lubentiores faciam quam Lubentiast?
maxumam praedam et triumphum is adfero aduentu meo.
270 quando mecum pariter potant, pariter scortari solent,
hanc quidem quam nactus praedam pariter cum illis partiam. 5
Li. illic homo aedis compilauit, more si fecit suo.
uaé illi qui tam indiligenter opseruauit ianuam.
Le. aetatem uelim seruire, Libanum ut conueniam modo.
275 Li. mea quidem hercle liber opera numquam fies ocius.

252 *versum del. Guietus*   254 reicis et segnitiem amoues (?)
Leo   259 amittunt *cod.*   260 ab l. *Guietus* : est ab l. *cod.*   262
haud *codd. Nonii* 414 : non *cod.*   263 eius pici *Gertz* : auspicii *cod.* :
vix aút auspicio   266 m. quod *cod.* : m. cum *codd. Nonii* 146   ob-
scaeuauit *corr.* obseruauit *cod. ut uid.* (obscaeruauit *B¹E*, obseruauit
B³)   274 aetate *cod.*   ut] qui *codd. Nonii* 72   275 *vix* hercule   li. op. *Reiz* : op. li. *cod.*

10 Le. etiam de tergo ducentas plagas praegnatis dabo.
   Li. largitur peculium, omnem in tergo thensaurum gerit.
   Le. nam si occasioni huic tempus sese supterduxerit,
       numquam edepol quadrigis albis indipiscet postea ;
       erum in ópsidione linquet, inimicum animos auxerit.   280
15 sed si mecum occasionem opprimere hanc quae obuenit
                                                       studet,
       maxumas opimitates, gaudio ecfertissumas
       suis eris ille una mecum pariet, gnatoque et patri,
       adeo ut aetatem ambo ambobus nobis sint obnoxii,
       nostro deuincti beneficio.   Li. uinctos nescioquos ait ;   285
20 non placet : metuo in commune ne quam fraudem frausu' sit.
   Le. perii ego oppido nisi Libanum inuenio iam, ubi ubi est
                                                       gentium.
   Li. illic homo socium ad malam rem quaerit quem adiun-
                                                       gat sibi.
   non placet: pro monstro extemplo est quando qui sudat tremit.
   Le. sed quid ego hic properans concesso pedibus, lingua   290
                                                       largior ?
25 quin ego hanc iubeo tacere, quae loquens lacerat diem ?
   Li. edepol hominem | infelicem, qui patronam comprimat.
   nam si quid sceleste fecit, lingua pro illo peiierat.
   Le. adproperabo, ne post tempus praedae praesidium parem.
   Li. quaé illaec praeda est ? ibo aduorsum atque electabo,   295
                                                       quidquid est.
30 iubeo te saluere uoce summa, quoad uires ualent.
   Le. gymnasium flagri, salueto. Li. quid agis, custos carceris ?
   Le. o catenarum colone.   Li. o uirgarum lasciuia.
   Le. quot pondo ted esse censes nudum ?   Li. non edepol
                                                       scio.
   Le. scibam ego te nescire, at pol ego qui ted expendi scio :   300

    278 huic occ. *cod.* : *trai.* Fleckeisen   280 eros *Niemeyer*   284 ut
ad aetatem *codd. Nonii* 72   286 siet *cod.*   288 *post hunc v.*
lacunam sign. Goetz, Loewe   289 su. q. tr. *codd. Nonii* 412   292
⟨heu⟩ edepol *Camerarius*

nudus uinctus centum pondo es, quando pendes per pedes. 35
Li. quó argumento istuc? Le. ego dicam, quó argumento
                                        et quo modo.
ad pedes quando adligatumst aequom centumpondium,
ubi manus manicae complexae sunt atque adductae ad
                                                trabem,
305 nec dependes nec propendes—quin malus nequamque sis.
    Li. uae tibí! Le. hoc testamento Seruitus legat tibi.   40
    Li. uerbiuelitationem fieri compendi uolo.
quid istuc est negoti? Le. certum est credere. Li. auda-
                                        cter. Le. licet,
sis amanti subuenire familiari filio:
310 tantum adest boni inprouiso, uerum commixtum malo:
    omnes de nobis carnuficum concelebrabuntur dies.   45
    Libane, nunc audacia usust nobis inuenta et dolis.
    tantum facinus modo inueni ego, ut nos dicamur duo
    omnium dignissumi esse quo cruciatus confluant.
315 Li. ergo mirabar quod dudum scapulae gestibant mihi,
    hariolari quae occeperunt sibi esse in mundo malum.   50
    quidquid est, eloquere. Le. magna est praeda cum magno
                                                malo.
    Li. si quidem omnes coniurati cruciamenta conferant,
    habeo opinor familiarem—tergum, ne quaeram foris.
320 Le. si istam firmitudinem animi óptines, salui sumus.
    Li. quin si tergo res soluenda est, rapere cupio publicum: 55
    pernegabo atque obdurabo, peiierabo denique.
    Le. ém istaec uirtus est, quando usust qui malum fert
                                                fortiter;

305 nec dependis nec propendis *cod.*   306 hoc] istoc (-uc)
Brix   307 uerbis uelitationem *cod.*, *item Nonii* 3 (i. 9)   308 negotii
est: *corr. Guietus*   313 modo] hodie *Mueller*   ego inu. *Bothe.*
displicet iis hiatus modo | in.   316 esse sibi *Acidalius, cui hiatus*
sibi | esse *displicet*   319 *vel* opino   familiarem *testatur Nonius*
227: familiare *cod.*   320 firmitudinem *testatur Nonius* 109: firmidinem *cod. ut vid.* (formidinem *E*, firmidinem *D*, firmitudinem *B*,
fortitudinem *J*)   321 res soluenda *Pylades*: resoluenda *cod.*
322 periurabo (*ita cod.*)] perdurabo (?) *Leo*   323 ista *cod.*

fortiter malum qui patitur, idem post patitur bonum.

Li. quin rem actutum edisseris? cupio malum nanciscier. 325

60 Le. placide ergo unumquicquid rogita, ut adquiescam. non
                                                        uides

me ex cursura anhelitum etiam ducere? Li. age age,
                                              mansero

tuo arbitratu, uel adeo usque dum peris. Le. ubinam est
                                               erus?

Li. maior apud forumst, minor híc est intus. Le. iam satis
                                                   est mihi.

Li. tum igitur tu diues es factus? Le. mitte ridicularia. 330

65 †Li. mitto :† istuc quod adfers aures exspectant meae.

Le. animum aduorte, ut aeque mecum haéc scias. Li. taceo.
                                                   Le. beas.

meministin asinos Arcadicos mercatori Pelleo

nostrum uendere atriensem? Li. memini. quid tum postea? 334
                                                            335

Le. ém ergo is argentum huc remisit quod daretur Saureae

70 pró asinis. adulescens uenit modo, qui id argentum attulit.

Li. ubi is homost? Le. iam deuorandum censes, si con-
                                                spexeris?

Li. ita enim uero. sed tamen tu nempe eos asinos praedicas

uetulos, claudos, quibu' suptritae ad femina iám erant un- 340
                                                       gulae?

Le. ipsos, qui tibi subuectabant rure huc uirgas ulmeas.

75 Li. teneo, atque idem té hinc uexérunt uinctum rus. Le.
                                                memor es probe.

uerum in tostrina ut sedebam, me infit percontarier

ecquem filium Stratonis nouerim Demaenetum.

dico me nouisse extemplo et mé eius séruom praedico 345

esse, et aedis demonstraui nostras. Li. quid tum postea?

324 potitur b. *Ital.*, *sed cf. Abraham Stud. Pl.* p. 196   325 *cf.*
Lindsay praef. in Capt. p. 64   326 quidquid rogita *Camerarius,*
Bothe : quidque de rogita *cod.*   331 *fort.* ⟨Libane.⟩ Li. mitto (iii. 2)
istuc ⟨quid sit⟩ *Goetz, Loewe*   343 me *Pylades* : me me *cod.*

LE. ait se ob asinos ferre argentum átriensi Saureae,   80
uiginti minas, sed eum sese non nosse hominem qui siet,
ipsum uero se nouisse callide Demaenetum.
350 quoniam ille elocutus haec sic—LI. quid tum ? LE. ausculta
                                      ergo, scies.
extemplo facio facetum me atque magnuficum uirum,
dico med esse atriensem.   sic hoc respondit mihi :   85
' ego pol Sauream non noui neque qua facie sit scio.
te non aequomst suscensere.   sí erum uis Demaenetum,
355 quém ego noui, adduce : argentum non morabor quin feras.'
  ego me dixeram adducturum et me domi praesto fore ;
ille in balineas iturust, inde huc ueniet postea.   90
quid nunc consili captandum censes? dice. LI. em istuc ago
quo modo argento interuortam et aduentorem et Sauream.
360 iam hoc opus est exasceato ; nam si ille argentum prius
hospes huc adfert, continuo nos ambo exclusi sumus.
nam me hodie senex seduxit solum sorsum ab aedibus,   95
mihi tibique interminatust nos futuros ulmeos,
ní hodie Argyrippo argenti éssent uiginti minae ;
365 iussit uel nos atriensem uel nos uxorem suam
defrudare, dixit sese óperam promissam dare.
nunc tu abi ad forum ad erum et narra haec ut nos acturi 100
                                      sumus :
te ex Leonida futurum esse atriensem Sauream,
dum argentum adferat mercator pró asinis.   LE. faciam ut
                                      iubes.
370 LI. ego illum interea hic oblectabo, priu' si forte aduenerit.
LE. quid ais ? LI. quid uis ? LE. pugno malam si tibi
                                    percussero,
mox quom Sauream imitabor, caueto ne suscenseas.   105

348 se *Acidalius, Bentley, quibus* minās *displicet* (*cf.* me [me] *v.* 343)
349 *post* 350 *cod.* : *corr. Acidalius*   356 dixi erum *Acidalius* : dixeram *cod.*   358 dic *cod.*   360 exasceatum *cod.* (i. 9)
364 arg. essent uig. *Fleckeisen* : essent uig. arg. *cod.*   366 promiscam
Palmerius : promissam *cod.* : promissum *Haeberlin* (*Philol.* 56, 162)
369 *vel* uti   372 imitabor Sauream *Fleckeisen, cui* imitabór *displicet*

Lɪ. hercle uero tu cauebis ne me attingas, si sapis,
né hodie malo cum auspicio nomen commutaueris.

Lᴇ. quaeso, aequo animo patitor. Lɪ. patitor tú item quom 375
ego te referiam.

Lᴇ. dico ut usust fieri. Lɪ. dico hercle ego quoque ut
facturu' sum.

110 Lᴇ. ne nega. Lɪ. quin promitto, inquam, hostire contra ut
merueris.

Lᴇ. ego abeo, tu iam, scio, patiere. sed quis hic est ? is est,
ille est ipsus. iam ego recurro húc. tu hunc interea hic tene.
uolo seni narrare. Lɪ. quin tuom officium facis ergo ac 380
fugis ?

iii   Mᴇʀᴄᴀᴛᴏʀ   Lɪʙᴀɴᴠs

Mᴇ. Vt demonstratae sunt mihí, hasce aedis esse oportet
Demaenetus ubi dicitur habitare. i, puere, pulta
atque atriensem Sauream, si est intus, euocato huc.

Lɪ. quis nostras sic frangit fores ? ohe, inquam, si quid audis.

5 Mᴇ. nemo etiam tetigit. sanun es ? Lɪ. at censebam 385
attigisse
propterea huc quia habebas iter. nolo ego fores conseruas
meas a te uerberarier. sane ego sum amicus nostris.

Mᴇ. pol hau periclum est cardines ne foribus ecfringantur,
si | istoc exemplo omnibus qui quaerunt respondebis.

10 Lɪ. ita haec morata est ianuá : extemplo ianitorem   390
clamat, procul si quem uidet ire ad se calcitronem.
sed quid uenis ? quid quaeritas ? Mᴇ. Demaenetum uolebam.

Lɪ. sì sit domi, dicam tibi. Mᴇ. quid eiius atriensis ?

Lɪ. nihilo mage intus est. Mᴇ. ubi est ? Lɪ. ad tonsorem
ire dixit.

---

376 usus *cod.*   377 ut memineris *codd. Nonii* 3   380 tuom
Ital., Leo (*Rhein. Mus.* 38. 4) : tu *cod.* (iii. 3)   387 nostris *Gulielmus* : nostris aedibus *cod.* (iv. 1)   389 si ⟨tu⟩ i. *Kaempf* extemplo *cod.* : *vix* exempulo   Istoc ex. si *alii*

395 ME. quom uenisset, post non redît?   LI. non edepol.   quid 15
                                              uolebas?

ME. argenti uiginti minas, si adesset, accepisset.

LI. qui pro istuc?   ME. asinos uendidit Pellaeo mercatori
mercatu.   LI. scio.   tu id nunc refers? iam hic credo eum
                                              adfuturum.

ME. qua facie uoster Saurea est? si is est, iam scire potero.
400 LI. macilentis malis, rufulus aliquantum, uentriosus,   20
truculentis oculis, commoda statura, tristi fronte.

ME. non potuit pictor rectius describere eiius formam.

LI. atque hercle ipsum adeo contuor, quassanti capite incedit.
quisque obuiam huic occesserit irato, uapulabit.

405 ME. siquidem hercle Aeacidinis minis animisque expletus 25
                                              cedit.

si med iratus tetigerit, iratus uapulabit.

       L E O N I D A   M E R C A T O R   L I B A N V S   **iv**

LE. Quid hoc sít negoti neminem meum dictum magni
                                              facere?

Libanum in tostrinam ut iusseram uenire, is nullus uenit.
ne ille edepol tergo et cruribus consuluit hau decore.

410 ME. nimis imperiosust.   LI. uae mihí!   LE. hodie saluere
                                              iussi

Libanum libertum? iam manú emissu's?   LI. opsecro te.   5
LE. ne tú hercle cum magno malo mihi obuiam occessisti.
qur non uenisti, ut iusseram, in tostrinam?   LI. hic me
                                              moratust.

LE. siquidem hercle nunc summum Iouem te dicas de-
                                              tinuisse

415 atque is precator adsiet, malam rem ecfugies numquam.
tu, uerbero, imperium meum contempsisti?   LI. perii, 10
                                              hospes.

395 Conueni. sed *Ussing*   400 *cf. Leo ad loc.*   405 cedit *Scah-
ger* : incedit *cod.* (*cf.* 403), *quod tuetur Leo*   416 hospes perii *Bothe*,
cui contempsisti *displicet*

Me. quaeso hercle noli, Saurea, mea caussa hunc uerberare.

Le. utinam nunc stimulus in manu mihi sit,—Me. quiesce
quaeso,

Le. qui latera conteram tua, quae occalluere plagis.

apscede ac sine me hunc perdere, qui semper me ira incendit, 420

15 quoi numquam unam rem me licet semel praecipere furi,

quin centiens eadem imperem atque ogganniam, itaque iam
hercle

clamore ac stomacho non queo labori suppeditare.

iussin, sceleste, ab ianuá hoc stercus hinc auferri?

iussin columnis deicí operas araneorum?   425

20 iussin in splendorem dari bullas has foribus nostris?

nihil est : tamquam si claudu' sim, cum fustist ambulandum.

quia triduom hoc unum modo foro operam adsiduam dedo,

dum reperiam qui quaeritet argentum in faenus, hic uos

dormitis interea domi atque erus in hara, haud aedibus, 430
habitat.

25 em ergo hoc tibi. Li. hospes, te opsecro, defende. Me.
Saurea, oro

mea caussa ut mittas. Le. eho, ecquis pro uectura oliui

rem soluit? Li. soluit. Le. quoi datumst? Li. Sticho
uicario ipsi

tuo. Le. uáh, delenire apparas, scio mi uicarium esse,

neque eo esse seruom in aedibus eri qui sit pluris quam illest. 435

30 sed uina quaé heri uendidi uinario Exaerambo,

iam pró eis sati' fecit Sticho? Li. fecisse satis opinor,

nam uidi huc ipsum adducere tarpezitam Exaerambum.

Le. sic dedero.   priu' quae credidi, uix anno post exegi ;

419 conteram *metro parum aptum*   425 operas] telas *codices
Nonii* 192   araneorum *testatur Nonius* 192 : aranearum *cod.*   428
dedo *Bentley* : dedi *cod.*   430 habet *Pylades, metro consulens*   432
ecquis] Coriscus *Fleckeisen* : ⟨Simo⟩ ecquid (?) *Leo*   433 rem soluit?
Li. soluit *Turnebus* : resoluit. Li. resoluit *cod., vix recte* (*cf.* 321)
435 eo *del. Fraesdorff*   ille sit *cod.* (i. 7. 2)   436 *de nomine*
Exaer. *cf. Fleckeisen* (*Jahrb. Klass. Phil.* 153, 261)   437 *vel* opino
439 quae *Pius* : quam *cod.*

440 nunc sat agit : adducit domúm etiam ultro et scribit nummos.
   Dromo mercedem rettulit? Lɪ. dimidio minus opinor.   35
   Lᴇ. quid relicuom? Lɪ. aibat reddere quom extemplo
                                      redditum esset ;
   nam retineri, ut quod sit sibí operis locatum ecficeret.
   Lᴇ. scyphos quos utendos dedi Philodamo, rettulitne?
445 Lɪ. non etiam. Lᴇ. hém non? si uelis, da, commoda homini
                                      amico.
   Mᴇ. perii hercle, iam hic me abegerit suo odio. Lɪ. heus 40
                                      iam satis tu.
   audin quae loquitur? Lᴇ. audio et quiesco. Mᴇ. tandem,
                                      opinor,
   conticuit.   nunc adeam optumum est, priu' quam incipit
                                      tinnire.
   quam mox mi operam das? Lᴇ. éhem, optume.   quam
                                   dudum tu aduenisti?
450 non hercle te prouideram (quaeso, ne uitio uortas),
   ita iracundia opstitit oculis. Mᴇ. non mirum factum est.   45
   sed si domi est, Demaenetum uolebam. Lᴇ. negat esse intus.
   uerum istuc argentum tamen mihi si uis denumerare,
   repromittam istoc nomine solutam rem futuram.
455 Mᴇ. sic potius ut Demaeneto tibi ero praesente reddam.
   Lɪ. erus istunc nouit atque erum hic. Mᴇ. ero huic prae- 50
                                   sente reddam.
   Lɪ. da modo meo periculo, rem saluam ego exhibebo ;
   nam si sciat noster senex fidem non esse huic habitam,
   suscenseat, quoii omnium rerum ipsus semper credit.
460 Lᴇ. non magni pendo. ne duit, si non uolt. sic sine astet.
   Lɪ. da, inquam.   uah, formido miser ne hic me tibi arbi- 55
                                      tretur

441, 447 *vel* opino   442 quom *Lambinus* : quam *cod.*   445
dare *Fleckeisen*   *vix* da commodă   456 ero *Ital.* : ego
            te
cod.   praesentem *cod.* (*unde* praesente te *B*² : iv. 1)   459 qui
cod. (i. 1. 5)   credit *Camerarius* : credidit *cod.*   461 uahc *cod.*
(*cf.* ahc 37)

suasisse sibi ne crederes.   da, quaeso, ac ne formida :
saluom hercle erit.   ME. credam fore, dum quidem ipse in
                             mánu habebo.
peregrinus ego sum, Sauream non noui.   LI. at nosce sane.
ME. sit, non sit, non edepol scio.   si is est, eum esse oportet. 465
60 ego certe me incerto scio hoc daturum nemini homini.
    LE. hercle istum di omnes perduint.   uerbo caue suppli-
                                   cassis.
ferox est uiginti minas meas tractare sese.
nemo accipit, aufer te domum, apscede hinc, molestus
                                   ne sis.
ME. nimis iracunde.   non decet superbum esse hominem 470
                                   seruom.
65 LE. malo hercle iam magno tuo, ni isti nec recte dicis.
LI. inpure, nihili.   non uides irasci ?   LE. perge porro.
LI. flagitium hóminis.   dá, opsecro, árgentum huic, ne male
                                   loquatur.
ME. malum hercle uobis quaeritis.   LE. crura hercle diffrin-
                                   gentur,
ni istum inpudicum percies.   LI. perii hercle.   age, inpudice, 475
70 sceleste, non audes mihi scelesto subuenire ?
LE. pergin precari pessumo ?   ME. quae res ? tun libero
                                   homini
male seruos loquere ?   LE. uapula.   ME. id quidem tibi
                                   hercle fiet
ut uapules, Demaenetum simul ac conspexero hodie.
in ius uoco te.   LE. non eo.   ME. non is ? memento. 480
                                   LE. memini.
75 ME. dabitur pol supplicium mihi de tergo uostro.   LE.
                                   uae te !

462 ac] *fort.* ah (*cf. Sjögren de Part. Copul.* p. 97)   463 ipsus
Niemoeller   469 accepit *cod.* (v. 9. 5)   te aufer *Enger, metro
consulens*   471 *vel* istic   475 age in pudice *in fine versus
antecedentis* (ii. 5)   477 homine *cod.*   478 malo *cod.* (i. 10)   flet
cod. (*corr.* D^2) (l *pro* i)   480–483 *secl. Ussing*   480 iis *cod.*
(*pro* eis, *antiqua forma* ?)

tibi quídem supplicium, carnufex, de nobis détur? ME.
                    atque étiam
484 pro dictis uostris maledicis poenae pendentur mi hodie.
485 LE. quid, uerbero? ain tu, furcifer? erum nosmet fugitare
                    censes?
i nunciam ad erum, quo uocas, iam dudum quo uolebas.
ME. nunc demum? tamen numquam hinc feres argenti 80
                 nummum, ni[si] me
dare iusserit Demaenetus. LE. ita facito, age ambula ergo.
tu contumeliam alteri facias, tibi non dicatur?
490 tam ego homo sum quam tu. ME. scilicet. ita res est.
             LE. sequere hac ergo.
praefiscini hoc nunc dixerim : nemo etiam me accusauit
merito meo, nequé me Athenis alter est hodie quisquam 85
quoi credi recte aeque putent. ME. fortassis. sed tamen me
numquam hodie induces ut tibi credam hoc argentum ignoto.
495 lupus est homo homini, non homo, quom qualis sit non nouit.
LE. iam nunc secunda mihi facis. scibam huic te capitulo
             hodie
facturum sati' pro iniuria ; quamquam ego sum sordidatus, 90
frugi tamen sum, nec potest peculium enumerari.
ME. fortasse. LE. étiam [nunc dico] Periphanes Rhodo
            mercator diues
500 apsente ero solus mihi talentum argenti soli
adnumerauit et credidit mihi, neque deceptust in eo.
ME. fortasse. LE. atque etiam tu quoque ipse, si esses 95
           percontatus
me ex aliis, scio pol crederes nunc quod fers. ME. hau
           negassim.—

482 de nobis, carnufex, detur supplicium? *Bothe fort.* datur
483 maledictis *cod.* 484, 485 fúrcifer érüm *in fine hemistichii
vix ferendum fort. delend.* erum (iv. 3) nosmet] nos *Ital.*
486 ei *cod.* 491 preficisci ni *cod.* (i. 8) 492 *vel* med alter
est Athenis *Bentley, rhythmo consulens* 499 nunc dico *seclusi* (iv.
1) : dico *secl. Bothe* 501 mihi credidit *cod.* : *corr. Fleckeisen* deceptus *cod.* 503 qui̊d *cod.* (quo id *BD²*, quid hi *D¹*)

ACTVS III

III. i   Cleareta   Philaenivm

Cl. Nequeon ego ted interdictis facere mansuetem meis?
an ita tu es animata ut qui expers matris imperio sies?   505
Ph. ubi piem Pietatem, sí istoc more moratam tibi
postulem placere, mater, mihi quo pacto praecipis?
5 Cl. an decorum est aduorsari meis te praeceptis? Ph.
                                                    quid est?
Cl. hoccine est pietatem colere, matris impérium minuere?
Ph. neque quae recte faciunt culpo neque quae delin- 510
                                                    quont amo.
Cl. sati' dicacula es amatrix. Ph. mater, is quaestus
                                                    mihi est:
lingua poscit, corpus quaerit; animus orat, res monet.
10 Cl. ego te uolui castigare, tu mihi accusatrix ades.
Ph. neque edepol te accuso neque id me facere fas
                                                    existumo.
uerum ego meas queror fortunas, quom illo quém amo pro- 515
                                                    hibeor.
Cl. ecqua pars orationis de die dabitur mihi?
Ph. et meam partem loquendi ét tuam trado tibi;
15 ad loquendum atque ad tacendum tute habeas portisculum.
quin pol si reposiui remum, sola ego in casteria
ubi quiesco, omnis familiae caussa consistit tibi.   520
Cl. quid ais tu, quam ego unam uidi mulierem audacis-
                                                    sumam?
quotiens te uotui Argyrippum filium Demaeneti

504 mansuetam *cod.* (*cf. ad* 145)   505 matris expers *cod.*: *corr.*
Camerarius   imperio *Luchs*: imperii *cod.* (i. 9): -riis *Brandt*   s. m.
e. imperi *Schoell*   509 *ante* 508 *conloc. Fleckeisen*   colore *cod.*
(-ere *P*E)   516 ecqua *Brix*: egoua *cod.* (G *pro* C, O *pro* Q)   518
habes *codd. Nonii* 151, *Isidori Etymol.* 19, 2, 13   520 cibi *codd.
Nonii* 85

compellare aut contrectare, conloquiue aut contui ?   20
quid dedit? quid iussit ad nos deportari ? an tu tibi
525 uerba blanda esse aurum rere, dicta docta pro datis ?
ultro amas, ultro expetessis, ultro ad te accersi iubes.
illos qui dant eos derides ; qui deludunt deperis.
an te id exspectare oportet, si quis promittat tibi   25
te facturum diuitem, si moriatur mater sua ?
530 ecastor [nobis] periclum magnum et familiae portenditur,
dum eius exspectamus mortem, ne nos moriamur fame.
nunc adeo nisi mi huc argenti ádfert uiginti minas,
né ille ecastor hinc trudetur largus lacrumarum foras.   30
hic dies summust ⟨quo est⟩ apud me inopiae excusatio.
535 Ph. patiar, si cibo carere me iubes, mater mea.
    Cl. non uoto ted amare qui dant quoia amentur gratia.
    Ph. quid si hic animus occupatust, mater, quid faciam ?
                              mone. Cl. em,
539 meum caput contemples, si quidem ex re consultas tua.   35
540 Ph. etiam opilio qui pascit, mater, alienas ouis,
aliquam habet peculiarem qui spem soletur suam.
sine me amare unum Argyrippum ánimi caussa, quem uolo.
    Cl. intro abi, nam te quidem edepol nihil est inpudentius.
    Ph. audientem dicto, mater, produxisti filiam.   40

Libanvs   Leonida   ii

545 Li. Perfidiae laudes gratiasque habemus merito magnas,
quom nostris sycophantiis, dolis astutiisque,
scapularum confidentia, uirtute ulnorum freti,—
qui aduorsum stimulos, lamminas crucesque compedesque,

524 dep. ius. ad nos *cod.* : *traieci, rhythmo consulens*   tu *del. Reiz*
527 *fort.* illi   deperis *Camerarius* : dederis *cod.* (D *pro* P)   529
moriatur *Pylades* : moritur *cod.*   sua *Ital.* : tua *cod.*   530 nobis
del. Bothe   534 quo est *add.* (?) *Leo*   536 quoia *Bergk* : qua *cod.*
(i. 7)   547 ulnorum (-narum, -morum) *codd. Nonii* 262 : ulmorum
cod.   freci *cod.* (*corr.* P^E)   uirtutem ulmorum fregi *Leo*

5 neruos, catenas, carceres, numellas, pedicas, boias,   549
  inductoresque acerrumos gnarosque nostri tergi,   550
  qui saepe ante in nostras scaplas cicatríces indiderunt,—
  eae nunc legiones, copiaé exercitusque eorum
  ui pugnando, peiiuriis nostris fugae potiti.   555
10 id uirtute huiius collegai meaque comitate
  factumst.   qui mest uir fortior ad sufferundas plagas?
  LE. edepol uirtutes qui tuas non possis conlaudare
  sicut ego possim, quae domi duellique male fecisti.
  ne illa edepol pro merito tuo memorari multa possunt :   560
15 ubi fidentem fraudaueris, ubi ero infidelis fueris,
  ubi uerbis conceptis sciens lubenter peiieraris,
  ubi parietes perfoderis, in furto ubi sis prehensus,
  ubi saepe caussam dixeris pendens aduorsus octo
  artutos, audacis uiros, ualentis uirgatores.   565
20 LI. fateor profecto ut praedicas, Leonida, esse uera ;
    uerum edepol ne etiam tua quoque malefacta iterari
                                                       multa
  et uero possunt : ubi sciens fideli infidus fueris,
  ubi prensus in furto sies manufesto et uerberatus,
  ubi peiieraris, ubi sacro manus sis admolitus,   570
25 ubi eris damno, molestiae et dedecori saepe fueris,
  ubi creditum quod sit tibi datum esse pernegaris,
  ubi amicae quám amico tuo fueris magis fidelis,
  ubi saepe ad languorem tua duritia dederis octo
  ualidos lictores, ulmeis adfectos lentis uirgis.   575
30 num male relata est gratia, ut collegam collaudaui?
  LE. ut meque teque maxume atque ingenio nostro decuit.

549, 550 carcerem *codd. Nonii* 144   551 indoctoresque *cod.   fort.*
indict. . . . cic. indixerunt   552 *secl. Bothe*   scaplas (-pulas *cod.*)
vix Plautinum   post 552 (*quidam etiam post* 547) *lacunam signant*
edd.   554 eorum *Camerarius* : forum *cod.* (F *pro* E)   555 fugae *Bue-*
cheler : eugae *cod.* (E *pro* F)   557 me uir f. est *cod.*   558 qui u.
Goetz, Loewe   non *Gertz* : nunc *cod.* (*cf. ad* 560)   560 tuo *Guietus* :
nunc tuo *cod.*   563 parietis *cod.*   565 astutos *P*BD (st *pro* rt) :
artitos *T*   567 ne *Camerarius* : ni *cod.* : *vix* mi   569 m. et
Scaliger : et m. *cod.*   571 damno ⟨et⟩ *Bothe, nam* damnó *displicet*

Li. iam omitte istaec, hoc quod rogo responde.   Le. rogita
quod uis.

Li. argenti uiginti minas habesne?   Le. háriolare.

580 edepol senem Demaenetum lepidum fuisse nobis :

ut adsimulabat Sauream med esse quam facete!   35

nimis aegre risum continí, ubi hospitem inclamauit,

quod se⟨se⟩ apsente mihi fidém habere noluisset.

ut memoriter me Sauream uocabat atriensem!

585 Li. manedum.   Le. quid est?   Li. Philaenium estne haec
quae intus exit atque

una Argyrippus?   Le. opprime os, is est.   subauscultemus.   40

Li. lacrumantem lacinia tenet lacrumans.   quidnam esse
dicam?

taciti auscultemus.   Le. attatae, modo hercle in mentem
uenit,

nimi' uellem habere perticam.   Li. quoi rei?   Le. qui
uerberarem

590 asinos, si forte occeperint clamare hinc ex crumina.

A R G Y R I P P V S   P H I L A E N I V M   L I B A N V S   iii
L E O N I D A

Arg. Qur me retentas?   Ph. quia tuí amans abeuntis egeo.

Arg. uale, ⟨uale⟩.   Ph. aliquanto amplius ualerem, si hic
maneres.

Arg. salue.   Ph. saluere me iubes, quoi tu abiens offers
morbum?

Arg. mater supremam mihi tua dixit, domum ire iussit.

---

578 istaec *Schmidt* (*cf. ad Amph.* 589) : ista atque *cod.*   quiduis *D*
579 *post* har. *alii non distinguunt*   581 quem *cod.*   582 continui
cod. (*cf. Harv. Stud.* 9, 127)   585-6 exit Atque arg. una *cod.* :
corr. Bothe   588 tacite *cod.* : *corr. Abraham Stud. Pl.* 182   589
cui   cui
quoi *cod.* (v, p. 80)   592 uale *addidi*   593 quoi *cod.* (*unde* quoi
B¹, cui *B²D*, quoi cui *E*⟩ (v, p. 80)   affers *Ital.*   594 suppre-
mum *cod.* : *corr. Turnebus*   tua mihi *Loman*

5 Pн. acerbum funus filiae faciet, si te carendum est.   595

Lι. homo hercle hinc exclusust foras.   Lε. ita res est.

                        Aрg. mitte quaeso.

Pн. quo nunc abis? quin tu hic manes?   Aрg. nox, si

                       uoles, manebo.

Lι. audin hunc opera ut largus est nocturna? nunc enim esse

negotiosum interdius uidelicet Solonem,

10 leges ut conscribat quibus se populus teneat. gerrae!   600

qui sese parere apparent huius legibus, profecto

numquam bonae frugi sient, dies noctesque potent.

Lε. ne iste hercle ab ista non pedem discedat, si licessit,

qui nunc festinat atque ab hac minatur sese abire.

15 Lι. sermoni iam finem face tuo, huius sermonem accipiam. 605

Aрg. uale. Pн. quo properas? Aрg. bene ualé: apud

                       Orcum te uidebo.

nam equidem me iam quantum potest a uita abiudicabo.

Pн. qur tu, opsecro, inmerito meo me morti dedere optas?

Aрg. egon te? quam si intellegam deficere uita, iam ipse

20 uitam meam tibi largiar et de mea ad tuam addam.   610

Pн. qur ergo minitaris tibi te uitam esse amissurum?

nam quid me facturam putas, si istuc quod dicis faxis?

[mihi] certum est ecficere in me omniá eadem quae tu in te

                       faxis.

Aрg. oh melle dulci dulcior tu es. Pн. certe enim tu uita

                       es mi.

25 complectere. Aрg. facio lubens. Pн. utinam sic ecferamur. 615

Lε. o Libane, uti miser est homo qui amat! Lι. immo

                       hercle uero

qui pendet multo est miserior. Lε. scio qui periclum feci.

---

597 nox *Lipsius* : mox *cod.*   598–9 esse Negotiosum *Mueller* :
est Negotiosus *cod.* (i. 9)   599 *fort.* int. neg. uidĕlicet   609
ego *cod.*   sí ⟨ego⟩ *Fleckeisen, cui* té *placet*   611 mihi *Loman*,
sed cf. Journ. Phil. 26, 294   613 mihi *del. Lachmann, Niemoeller
de pronom.* p. 50   est facere *Leo*   614 tu es (tu's) *Fleckeisen* :
mihi tu es *cod.*   certe *del. Schoell* (iv. 1)   616 o ⟨Libane⟩
Lib. ut (*ita cod.*) m. homost *Camerarius*

circumsistamus, alter hinc, hinc alter appellemus.

ere, salue. sed num fumus est haec mulier quam amplexare?

620 ARG. quidum? LE. quia oculi sunt tibi lacrumantes, eo 30
rogaui.

ARG. patronus qui uobis fuit futurus, perdidistis.

LE. equidem hercle nullum perdidí, ideo quia numquam
ullum habui.

LI. Philaenium, salue. PH. dabunt di quae uelitis uobis.

LI. noctem tuam et uini cadum uelim, si optata fiant.

625 ARG. uerbum caue fáxis, uerbero. LI. tibi equidem, non 35
mihi opto.

ARG. tum tu igitur loquere quod lubet. LI. hunc hercle
uerberare.

LE. quisnam istuc adcredat tibi, cinaede calamistrate?

tun uerberes, qui pro cibó habeas te uerberari?

ARG. ut uostrae fortunae meis praecedunt, Libane, longe,

630 qui hódie numquam ad uesperum uiuam. LI. quapropter, 40
quaeso?

ARG. quia ego hanc amó et haec med amat, huic quod dem
nusquam quicquam est,

hinc med amantem ex aedibus deiecit huiius mater.

argenti uiginti minae med ad mortem appulerunt,

quas hodie adulescens Diabolus ipsi daturus dixit,

635 ut hanc ne quoquam mitteret nisi ad se hunc annum totum. 45

uidetin uiginti minae quid pollent quidue possunt?

ill' quí illas perdit saluos est, ego qui non perdo pereo.

LI. iam dedit argentum? ARG. non dedit. LI. bono
animo es, ne formida.

LE. secede huc, Libane, te uolo. LI. si quid uis. ARG.
opsecro uos,

620 ego P^E 626 quid var. l. in D   630 hodie qui Camerarius:
quin h. Ribbeck   631 et] atque Kaempf de pronom. p. 28   me (ita cod.)
⟨contra⟩ Pradel de praep. p. 503   numquam cod.   632 deiecit
Camerarius: delegit cod. (L pro I, G pro C): eiecit Fleckeisen   634
daturum Ital.

50 eadem istac opera suauiust complexos fabulari.   640
   Li. non omnia eadem aeque omnibus, ere, suauia esse scito :
   uobis est suaue amantibus complexos fabulari,
   ego complexum huius nil moror, meum autem hic aspernatur.
   proinde istuc facias ipse quod faciamus nobis suades.
55 Arg. ego uero, et quidem edepol lubens.   interea, si uidetur, 645
   concedite istuc.   Le. uin erum deludi ?   Li. dignust sane.
   Le. uin faciam ut me Philaenium praesente hoc amplexetur ?
   Li. cupio hercle.   Le. sequere hac.   Arg. ecquid est
                                          salutis ? sati' locuti.
   Le. auscultate atque operam date et mea dicta deuorate.
60 primum omnium seruos tuos nos esse non negamus ;   650
   sed tibi si uiginti minaé argenti proferentur,
   quo nos uocabis nomine ?   Arg. libertos.   Le. non patronos?
   Arg. id potius.   Le. uiginti minaé hic insunt in crumina,
   has ego, si uis, tibi dabo.   Arg. di te seruassint semper,
65 custos erilis, decu' popli, thensaurus copiarum,   655
   salus interior corporis amorisque imperator.
   hic pone, hic istam colloca cruminam in collo plane.
   Le. nolo ego te, quí erus sis, mihí onus istuc sustinere.
   Arg. quin tu labore liberas te atque istam imponis in me ?
70 Le. ego baiiolabo, tú, ut decet dominum, ante me ito inanis. 660
   Arg. quid nunc ?   Le. quid est ?   Arg. quin tradis huc
                                          cruminam pressatum umerum ?
   Le. hanc, quoi daturu's hanc, iube petere atque orare mecum.
   nam istuc procliue est quo iubes me plane collocare.
   Ph. da, meus ocellus, mea rosa, mi ánime, mea uoluptas,
75 Leonida, argentum mihi, ne nos diiunge amantis.   665
   Le. dic me igitur tuom passerculum, gallinam, coturnicem,

---

641 aeque *Angelius* : atque *cod.*   643 *vel* egŏ c. huiius   hic
Pylades : haec *cod.*   644 istud *cod.*   647 te *Loman*   654
⟨nunc⟩ tibi *Fleckeisen, nam iambus tibi ante iambum dabo displicet*
656 interior *Bothe* : interioris *cod.*   corporis] hominis *B* (v, p. 81)
661 umerum *Bentley* : erum *cod.*   663 quo *Ussing* : quod *cod.*
664 meus animus *Pylades*   665 deiunge *cod.* (v. 12, p. 74)   666
me igitur *Bothe* : igitur me *cod.*

agnellum, haedillum me tuom dic esse uel uitellum,
prehende auriculis, compara labella cum labellis.
ARG. ten osculetur, uerbero? LE. quam uero indignum
                                            uisum est?
670 atqui pol hodie non feres, ni genua confricantur.   80
ARG. quiduis egestas imperat : fricentur. dan quod oro?
PH. age, mi Leonida, opsecro, fer amanti ero salutem,
redime istoc beneficio te ab hoc, et tibi eme hunc isto argento.
LE. nimi' bella es atque amabilis, et si hoc meum esset, hodie
675 numquam me orares quin darém : illum te orare meliust,   85
illic hanc mi seruandam dedit. i sane bella belle.
cape hoc sis, Libane. ARG. furcifer, etiam me delusisti?
LE. numquam hercle facerem, genua ni tam nequiter fricares.
age sis tu in partem nunciam hunc delude atque amplexare
                                                        hanc.
680 LI. taceas, me spectes. ARG. quin ad hunc, Philaenium, 90
                                            adgredimur,
uirum quidem pol optumum et non similem furis huius?
LI. inambulandum est : nunc mihi uicissim supplicabunt.
ARG. quaeso hercle, Libane, sis erum tuis factis sospitari,
da mi istas uiginti minas. uides me amantem egere.
685 LI. uidebitur. factum uolo. redito huc conticinno.   95
nunc istanc tantisper iube petere atque orare mecum.
PH. amandone exorarier uis ted an osculando?
LI. enim uero utrumque. PH. ergo, opsecro, et tu utrum-
                                            que nostrum serua.
ARG. o Libane, mi patrone, mi trade istuc. magi' decorumst
690 libertum potius quam patronum onus in uia portare.   100
PH. mi Libane, ocellus aureus, donum decusque amoris,
amabo, faciam quod uoles, da istuc argentum nobis.

670 confringantur, *cum var. l.* confricantur *cod.*   671 dan
Gruterus : dant *cod.*   676 i] ei *cod., forma antiqua*   679 tuam
partem *Fleckeisen*   685 uidebimus *codd. Varronis de L. L.* 6, 7
huc *om. codd. Varr.* 6, 7 ; 7, 79   conticinio *codd. Varr.* 6, 7   688
ego *cod.* (ergo *D*) (v. 12, p. 74)   et] te et *B*

Li. dic igitur med aneticulam, columbam uel catellum,
hirundinem, monerulam, passerculum putillum,
105 fac proserpentem bestiam me, duplicem ut habeam linguam, 695
circumda torquem bracchiis, meum collum circumplecte.

Arg. ten complectatur, carnufex? Li. quam uero indignus
uideor?

ne istuc nequiquam dixeris in me tam indignum dictum,
uehes pól hodie me, si quidem hoc argentum ferre speres.

110 Arg. ten ego ueham? Li. tun hoc feras ⟨hinc⟩ argentum 700
aliter a me?

Arg. perii hercle. si uerum quidem et decorum erum
uéhere seruom,

inscende. Li. sic istic solent superbi subdomari.
asta igitur, ut consuetus es puer olim. scin ut dicam?
em sic. abi, laúdo, nec te equo magis est equos ullus
sapiens.

115 Arg. inscende actutum. Li. ego fecero. hem quid istúc 705
est? ut tu incedis?

demam hercle iam de | hordeo, tolutim ni badizas.

Arg. amabo, Libane, iam sat est. Li. numquam hercle
hodie exorabis.

nam iam calcari quadrupedó agitabo aduorsum cliuom,
postidea ad pistores dabó, ut ibi cruciere currens.

120 asta ut descendam nunciam in procliui, quamquam ne- 710
quam es.

Arg. quid nunc, amabo? quoniam, ut est lubitum, nos
delusistis,

---

693 columbulam, catellum *Bentley*   694 monedulam *var. l. in
cod.*   putillum passerculum *cod.* : corr. *Scaliger* (*cf. Class. Rev.* 6,
87)   695 proserpente *cod.* (-tem *P*^E)   bestiam eduplicem *cod.*
696 circumdatorque me *cod.* : corr. *Havet*   698 tam ind. dict. in
me *cod.* : *trai. Bothe*   699 me hodie *Guietus*   700 hinc *add.
Camerarius*   701 hercle uero ; si quidemst *Goetz, Loewe*   et *Leo* :
est *cod.*   702 istuc *cod.* : isti *Lambinus* : *fort.* isti hic   704 *fort.*
nullus   709 postidea *Pareus* : postea *cod.* (i. 7)   711 quoniam
amabo *cod.* : *trai. Leo*

datisne argentum? Li. si quidem mihi statuam et aram
statuis

atque ut deo mi hic immolas bouem : nam ego tibi Salus sum.

Le. etiam tu, ere, istunc amoues aps te atque ipsé me
adgrédere

715 atque illa sibi quae hic iusserat mihi statuis supplicasque? 125

Arg. quem te autem diuom nominem? Le. Fortunam,
atque Opsequentem.

Arg. iam istoc es melior. Li. an quid est [olim] homini
Salute melius?

Arg. licet laúdem Fortunam, tamen ut ne Salutem culpem.

Ph. ecastor ambae sunt bonae. Arg. sciam ubi boni quid
dederint.

720 Le. opta id quod ut cóntingat tibi uis. Arg. quid si 130
optaro? Le. eueniet.

Arg. opto annum hunc perpetuom mihi huius operas.
Le. impetrasti.

Arg. ain uero? Le. certe inquam. Li. ad me adi uicissim
atque experire.

exopta id quod uis maxume tibi euenire : fiet.

Arg. quid ego aliud exoptem amplius nisi illud quoius
inopiast,

725 uiginti argenti commodas minas, huius quas dem matri? 135

Li. dabuntur, animo sis bono face, exoptata optingent.

Arg. ut consueuere, homines Salus frustratur et Fortuna.

Le. ego caput huic argento fui ⟨tibi⟩ hodie reperiundo.

Li. ego pes fui. Arg. quin nec caput nec pes sermoni
apparet.

730 nec quid dicatis scire nec me qur ludatis possum. 140

---

714 i. ad me *Langen* : ipsum me *Acidalius vel* ips' med adgredire
D ante corr.   716 deum *cod.* (? *pro* deiuum)   717 olim *del.*
Ital. (*ex* homini *compendio scripto ortum* ? ; iv. 3)   725 commoda
codd. Nonii 266   727 consuere *cod.* (*i.e.* -suĕ- ?)   728 ⟨tibi⟩ *add.*
Fleckeisen   729 sermoni *Bentley* : sermonis *cod.*   730 scire *ante*
possum *cod.* : *corr. Hermann*

LI. sati' iam delusum censeo. nunc rém ut est eloquamur.
animum, Argyrippe, aduorte sis. pater nos ferre hoc iussit
argentum ad té. ARG. ut temperi opportuneque attulistis !
LI. hic inerunt uiginti minae bonae, mala opera partae ;
145 has tibi nos pactis legibus dare iussit. ARG. quid id est, 735
                                   quaeso ?

LI. noctem huius et cenam síbi ut dares. ARG. iube
                               aduenire, quaeso :
meritissumo eiius quae uolet faciemus, qui hosce amores
nostros dispulsos compulit. LE. ⟨patierin, Argyrippe,⟩
patrem hanc amplexari tuóm ? ARG. haec faciet facile ut
                                   patiar.
150 Leonida, curre opsecro, patrem huc orato ut ueniat.   740
LE. iam dudum est intus. ARG. hac quidem non uenit.
                                   LE. angiporto
illac per hortum circum iit clam, ne quis se uideret
huc ire familiarium : ne uxor resciscat metuit.
de argento si mater tua sciat ut sit factum—ARG. heia,
155 bene dicite. LI. ite intro cito. ARG. ualete.—LE. et uos 745
                                   amate.—

ACTVS IV

IV. i   DIABOLVS   PARASITVS

DI. Agedum istum ostende quem conscripsti syngraphum
inter me et amicam et lenam. leges pellege.
nam tu poeta es prosus ad eam rem unicus.

---

733 *vel* ted   tempore *cod.* (i. 7)   736 ut sibi *Fleckeisen*   738
discipulos *corr.* dispulsos *cod.*   pat. Arg. *supplevit Angelius* : *vix*
Leonida. LE. patierin (iii. 2)   739 patrem . . . tuom *om. cod., sed*
versus totus infra post v. 760 *apparet* (ii. 6)   740 c. o. L. *Mueller,*
cui Leonidā *displicet*   742 *vel* circuĭt   uiderit *cod.*   746
conscripsisti *cod., item codd.* Nonii 225, *Prisciani* 1, 50 (v, p. 78)

Pa. horrescet faxo lena, leges quom audiet.
750 Di. age, quaeso, mi hercle translege.   Pa. audin?   Di. 5
                                                audio.
    Pa. 'Diabolus Glauci filius Clearetae
    lenae dedit dóno argenti uiginti minas,
    Philaenium ut secum esset noctes et dies
    hunc annum totum.'   Di. neque cum quiquam alio
                                                  quidem.
755 Pa. addone?   Di. adde, et scribas uide plane et probe.   10
    Pa. 'alienum | hominem | intro mittat neminem.
    quod illa aut amicum | aut patronum nominet,
    aut quod illa amicai ⟨eum⟩ amatorem praedicet,
    fores occlusae | omnibus sint nisi tibi.
760 in foribus scribat occupatam | esse se.   15
    aut quod illa dicat peregre allatam epistulam,
    ne epistula quidem úlla sit in aedibus
    nec cerata adeo tabula; et si qua inutilis
    pictura sit, eam uendat: ni in quadriduo
765 abalienarit, quo aps te argentum acceperit,   20
    tuos arbitratus sit, comburas, si uelis,
    ne illi sit cera ubi facere possit litteras.
    uocet conuiuam neminem illa, tu uoces;
    ad eorum ne quem | oculos adiciat suos.
770 si quem alium aspexit, caeca continuo siet.   25
    tecum una postea aeque pocla potitet:
    aps ted accipiat, tibi propinet, tu bibas,
    ne illa minus aut plus quam tu sapiat.'   Di. sati' placet.
    Pa. 'suspiciones omnis ab se segreget.
775 neque illaec ulli pede pedém homini premat,   30

751 *sqq. de syngraphi multis hiatibus cf. Lindsay Capt.* p. 53
        757 nominet *Pylades*: neminem *cod.* (*ex v.* 756; v. 4)
758 amica *cod.*   eum *addidi*: ⟨uirum⟩ *Leo*: ⟨suae⟩ *Gulielmius*   760
occ. scr. *Pylades*   762 q. ⟨usquam⟩ u. *Lange*: *fort.* q. nulla
767 ni *codd. Nonii* 190 *ut vid.*   769 eorum *Camerarius*: forum
cod. (F *pro* E)   quemquam *Bothe*   *vix* ocellos   771 postea]
potet *Leo*

quom surgat: neque ⟨quom⟩ in lectum inscendat proxumum,
neque quom descendat inde, det quoiquam manum:
spectandum ne quoii anulum det neque roget.
talos ne quoiiquam homini admoueat nisi tibi.
35 cum iaciat, 'te' ne dicat: nomen nominet.   780
deam inuocet sibi quam lubebit propitiam,
deum núllum; si magi' religiosa fuerit,
tibi dicat: tu pro illa ores ut sit propitius.
neque illa ulli homini nutet, nictet, adnuat.
40 postid lucerna si exstincta est, ne quid sui   785
membri commoueat quicquam in tenebris.' DI. optumest.
ita scilicet facturam.   uerum in cubiculo—
deme istuc—equidem illam moueri gestio.
nolo illam habere caussam et uotitam dicere.
45 PA. scio, cáptiones metuis. DI. uerum. PA. ergo ut iubes 790
tollam. DI. quid ni? PA. audi relicua. DI. loquere, audio.
PA. 'neque ullum uerbum faciat perplexabile,
neque ulla lingua sciat loqui nisi Attica.
fort' si tussire occepsit, ne sic tussiat
50 ut quoiquam linguam in tussiendo proserat.   795
quod illa aútem simulet quasi grauedo profluat,
hoc ne sic faciat: tu labellum apstergeas
potius quam quoiquam sauium faciat palam.
nec mater lena ad uinum accedat interim,
55 nec ulli uerbo male dicat. si dixerit,   800
haec multa ei esto, uino uiginti dies
ut careat.' DI. pulchre scripsti.   scitum syngraphum!
PA. 'tum si coronas, serta, unguenta iusserit
ancillam ferre Veneri | aut Cupidini,

776 quom *add. Mueller*   777 *vel* ind' d. quoiiquam   780 iaceat
cod.   785 si luc. *cod.* (*sed* lūc. *vix ferendum*)   post (*ita B*) si
l. e. sit *Merula, Thulin de coniunctivo* p. 97   erit *Ussing*   789
illam habere *codd. Nonii* 45: habere illam *cod.*   792 perplexibile
cod.: perpexabile *Nonius* 151   794 fors *Reiz*   802 scripsti
Pius: scriptis *cod.* (v, p. 78)   804 uel *Reiz*: ⟨ab se⟩ aut *Mueller*
(*Rhein. Mus.* 54, 383)

805 tuo' seruos seruet Venerine eas det an uiro.   60
     si forte pure uelle habere dixerit,
     tot noctes reddat spurcas quot pure habuerit.'
     haec sunt non nugae, non enim mortualia.
     Dɪ. placent profecto leges.   sequere intro.—Pᴀ. sequor.—

                Dɪᴀʙᴏʟᴠs   Pᴀʀᴀsɪᴛᴠs   ii

810 Dɪ. Sequere hac.   egone haec patiar aut taceam? emori
     me malim quam haec non eiius uxori indicem.
     ain tu? apud amicam munus adulescentuli
     fungare, uxori excuses te et dicas senem?
     praeripias scortum amanti atque argentum obicias   5
815 lenae? suppiles clam domi uxorem tuam?
     suspendam potius me quam tacita haec tu auferas.
     iam quidem hercle ad illam hinc ibo, quam tu propediem,
     nisi quídem illa ante occupassit te, ecfliges scio,
     luxuriae sumptus suppeditare ut possies.   10
820 Pᴀ. ego sic faciundum censeo : me honestiust
     quam te palam hanc rem facere, ne illa existumet
     amoris caussa percitum id fecisse te
     magi' quam sua caussa.   Dɪ. at pol qui dixti rectius.
     tu ergo fac ut illi turbas, litis concias,   15
825 cum suo sibi gnato unam ad amicam de die
     potare, illam expilare.   Pᴀ. iam ⟨iam⟩. ne mone.
     ego istúc curabo.—Dɪ. át ego te opperiar domi.—

     807 pure *Scaliger*: puras *cod.* (*pro* purae?), *item codd. Nonii* 394
(i. 9)   810 egŏne h. ⟨ut⟩ p. *Fleckeisen*   815 suppelles *cod.* (*pro*
suppeiles)   816 suspendam *Bothe* : suppendas *cod.*   t. haec tu
Weise : t. tu haec *cod.* : tu haec t. *Kaempf*   818 occupas site *cod.*
826 iam iam ne mone *scripsi* (*Journ. Phil.* 26, 293) : iam emone *cod.*
exp. narra.   Pᴀ. ne mone *Leo*

ACTVS V

ARG. Age decumbamus sis, patér. DE. ut iusseris,
mi gnate, ita fiet. ARG. pueri, mensam adponite.
DE. numquidnam tibi molestumst, gnate mi, si haec nunc 830
mecum accubat?
ARG. pietas, pater, oculis dolorem prohibet. quamquam
ego istanc amo,
5 possum equidem inducere animum ne aegre patiar quia
tecum accubat.
DE. decet uerecundum esse adulescentem, Argyrippe.
ARG. edepol, pater,
merito tuo facere possum. DE. age ergo, hoc agitemus
conuiuium
uino ut sermone suaui. nolo ego metui, amari mauolo,   835
mi gnate, me aps te. ARG. pol ego utrumque facio, ut
aequom est filium.
10 DE. credam istuc, si esse te hilarum uidero. ARG. an tu
[ess'] me tristem putas?
DE. putem ego, quem uideam aeque esse maestum ut quasi
dies si dicta sit?
ARG. ne dixis istuc. DE. ne sic fueris : ilico ego non dixero. 839
840
ARG. em aspecta : rideo. DE. utinam male qui mihi
uolunt sic rideant.
ARG. scio equidem quám ob rem me, pater, tu tristem
credas nunc tibi :
15 quia istaéc est tecum. atque ego quidem hercle ut uerum
tibi dicam, pater,
ea res me male habet ; at non eo quia tibi non cupiam quae
uelis ;

828, 829 *alteri recensioni tribuit Weise*   828 uti (?) *Leo*   835 ut]
et *Pius*   837 me *Bothe* : esse me *cod.* (iv. 3)   838 ut *del.*
Lambinus   844 me *om. Camerarius, metro consulens*   ac *cod.*
(at *J*)   quia *Acidalius* : quin *cod.*

845 uerum istam amo.   aliam tecum esse equidem facile possum
                                                            perpeti.

DE. at ego hanc uolo.   ARG. ergo sunt quae exoptas : mihi
                                             quae égo exoptem uolo.

DE. unum hunc diem perpetere, quoniam tibi potestatem
                                                            dedi

    cum hac annum ut esses, atque amanti argenti feci copiam. 20

849
850 ARG. em istoc me facto tibi deuinxti.   DE. quin te ergo
                                             hilarum das mihi ?

    ARTEMONA   PARASITVS   ARGYRIPPVS ii
          DEMAENETVS   PHILAENIVM

ART. Ain tu meum uirum hic potare, ópsecro, cum filio
    et ad amicam detulisse argenti uiginti minas
    meoque filio sciente id facere flagitium patrem ?

PA. neque diuini neque mi humani posthac quicquam
                                                  accreduas,

855 Artemona, si huius rei me ésse mendacem inueneris.   5

ART. at scelesta ego praeter alios meum uirum frugi rata,
    siccum, frugi, continentem, amantem uxoris maxume.

PA. at nunc dehinc scito illum ante omnis minimi morta-
                                                    lem preti,

    madidum, nihili, incontinentem atque osorem uxoris suae.

860 ART. pol ni istaec uera essent, numquam faceret ea quae 10
                                                  nunc facit.

PA. ego quoque hercle illum antehac hominem semper sum
                                                  frugi ratus,

    uerum hoc facto sese ostendit, qui quidem cum filio
    potet una atque una amicam ductet, decrepitus senex.

ART. hoc ecastor est quod ille it ad cenam cottidie.

865 ait sese ire ad Archidemum, Chaeream, Chaerestratum,   15

---

    855 *vel* med   esse me *Seyffert, fauente allitteratione* : esse *del. Leo*
    856 frugi] fui *Pylades* : fueram (?) *Leo*   860 ista uera e. *B* :
    uera ista e. *DE* (*cf. Lindsay ad Capt.* 964) : *fort.* uera istaec sint (*cf.
    Lindskog de Condicionalibus* p. 102)

Cliniam, Chremem, Cratinum, Diniam, Demosthenem :
is apud scortum corruptelae est liberis, lustris studet.
PA. quin tu illum iubes ancillas rapere sublimem domum?
ART. tace modo.   ne illum mecastor miserum habebo.
                                 PA. ego istúc scio,
20 ita fore illi dum quidem cum illo nupta eris.   ART. ego 870
                                      censeo.
eum etiam hominem ⟨aut⟩ in senatu dare operam aut
                                    cluentibus,
ibi labore delassatum noctem totam stertere !
ille operi foris faciendo lassus noctu ⟨ad me⟩ aduenit ;
fundum alienum arat, incultum familiarem deserit.
25 is etiam corruptus porro suom corrumpit filium.   875
PA. sequere hac me modo, iam faxo ipsum hominem manu-
                                 festo opprimas.
ART. nihil ecastor est quod facere mauelim.   PA. mane-
                               dum.   ART. quid est?
PA. possis, si forte accubantem tuom uirum conspexeris
cum corona amplexum amicam, si uideas, cognoscere?
30 ART. possum ecastor.   PA. em tibi hominem.   ART. perii. 880
                              PA. paullisper mane.
aucupemus ex insidiis clanculum quam rem gerant.
ARG. quid modi, pater, amplexando facies?   DE. fateor,
                                  gnate mi—
ARG. quid fatere?   DE. me ex amore húiius corruptum
                                  oppido.
PA. audin quid ait?   ART. audio.   DE. egon ut non domo
                                uxori meae
35 surrupiam in deliciis pallam quam habet atque ad te deferam, 885
non edepol conduci possum uita uxoris annua.

867 est *Scaliger* : et *cod.*, *item codd. Nonii* 333   869 mec.
Seyffert : ecastor *cod.*   870 *post* censeo *non distinguunt alii*   871
sum etiam ⟨rata⟩ hom. (?) *Leo*   *vix* etiám   aut *add. Came-*
rarius   873 ad me *add. Fleckeisen* (*seq.* adue-)   882 amplexando
Acidalius : amplexandi *cod.*   883 huius ⟨esse⟩ *Fleckeisen*   885
fort. quám h., ad (*del.* atque) (*Journ. Phil.* 26, 296)

PA. censen tu illum hodie primum ire ádsuetum esse in
                                            ganeum ?
ART. ille ecastor suppilabat me, quod ancillas meas
suspicabar atque insontis miseras cruciabam.   ARG. pater,
890 iube dari uinum ; iam dudum factum est quom primum bibi. 40
DE. da, puere, ab summo.   age tu interibi ab infumo da
                                            sauium.
ART. perii misera, ut osculatur carnufex, capuli decus !
DE. edepol animam suauiorem aliquanto quam uxoris meae.
PH. dic amabo, an foetet anima úxoris tuae ?   DE. nauteam
895 bibere malim, si necessum sit, quam illam oscularier.   45
ART. ain tandém ? edepol ne tú istuc cum malo magno tuo
dixisti in me.   sine, uenias modó domum, faxo ut scias
quid pericli sit dotatae uxori uitium dicere.
PH. miser ecastor es.   ART. ecastor dignus est.   ARG. quid
                                            ais, pater ?
900 ecquid matrem amas ?   DE. egone illam ? nunc amo, quia 50
                                            non adest.
ARG. quid quom adest ?   DE. periisse cupio.   PH. amat
                                     homo hic te, ut praedicat.
ART. né illa ecastor faenerato funditat : nam si domum
redierit hodie, osculando ego ulciscar potissumum.
ARG. iace, pater, talos, ut porro nos iaciamus.   DE. maxume.
905 te, Philaenium, mihi atque uxoris mortem.   hoc Venerium 55
                                            est.
pueri, plaudite et mi ob iactum cantharo mulsum date.
ART. non queo durare.   PA. si non didicisti fulloniam,

887 *vel* illunc ⟨an⟩ adsuetum *Langrehr*   890 dari *Acidalius* :
dare *cod*.   894 *inter* 898 *et* 900 *legitur* ; 899 *inter* 895 *et* 896 ; 895,
899 *post* 906 *in marg. repetiti sunt (inter versuum contextum P*E*)* ; *mira
turbatio totius loci*   894 tuae uxori *codd. Nonii* 233   895
necesse sit *codd. Nonii* 8 : necessum est *cod., fort. recte*   896–898
cum 902, 903 *locum mutare iubet Fleckeisen*   896 *vel* aïn   tu
⟨hodie⟩ *Mueller*   magno malo P*E*   897 s. reuenias *Goetz, Loewe*
ut *del. Fleckeisen*   902 ille (*pro* ·ae) castor
codd. Nonii 312 : ille ecastor *cod*.   904 iaceamus *cod*.   907
fullonicam *cod*.

non mirandum est, ⟨Artemona;⟩ in oculos inuadi optu-
                                      mum est.

ART. ego pol uiuam et tú istaec hodie cum tuo magno malo
60 inuocasti. PA. écquis currit pollinctorem accersere?   910
ARG. mater, salue. ART. sat salutis. PA. mortuos est
                                    Demaenetus.
tempus est subducere hinc me ; pulchre hoc gliscit proelium.
ibo ad Diabolum, mandata dicam facta ut uoluerit,
atque interea ut decumbamus suadebo, hi dum litigant.
65 poste demum huc cras adducam ad lenam, ut uiginti minas 915
ei det, in partem hac amanti ut liceat ei potirier.
Argyrippus exorari spero poterit ut sinat
sese alternas cum illo noctes hac frui. nam ni impetro,
regem perdidi : ex amore tantum est homini incendium.—
70 ART. quid tibi hunc receptio ad te est meum uirum? PH. 920
                                  pol me quidem
miseram | odio | enicauit. ART. surge, amator, i domum.
DE. nullus sum. ART. immo es, ne nega, omnium ⟨homi-
                           num⟩ pol nequissumus.
at etiam cubat cuculus. surge, amator, i domum.
DE. uae mihí ! ART. uera hariolare. surge, amator, i domum.
75 DE. apscede ergo paullulum istuc. ART. surge, amator, 925
                                i domum.
DE. iam opsecro, uxor,—ART. nunc uxorem mé esse memi-
                              nisti tuam?
modo, quom dicta in me ingerebas, odium, non uxor, eram.
DE. totus perii. ART. quid tandem? anima foetetne uxoris
                                tuae?
DE. murram olet. ART. iam surrupuisti pallam quam
                                scorto dares?

908 Artemona ART. in *Havet fort. recte* (iii. 2) : ⟨nunc cuculo⟩
Goetz, Loewe   909 tu istaec *Camerarius* : tuis haec *cod.* (i. 7)
910 et quis *cod.*, item codd. *Nonii* 157 (i. 7. 7)   911 *vel* salutist
(-test)   *vel* mortuost   912 est *codd. Nonii* 22 : *om. cod.*   916
parte *cod.* potierier *cod.* (*pro* -tei- ?)   921 enicabit *cod.* (*i.e.* -uit ?)
en. od. mis. *Guietus*   922 hominum *add. Fleckeisen* : ⟨unus⟩ *Leo*

930 Ph. ecastor qui surrupturum pallam promisit tibi.   80
    De. non taces? Arg. ego dissuadebam, mater.   Art.
                                    bellum filium!
    istoscin patrem aequom est mores liberis largirier?
    nilne te pudet? De. pol, si aliud nil sit, tui me, uxor, pudet.
    Art. cano capite te cuculum úxor ex lustris rapit.
935 De. non licet manere (cena coquitur) dum cenem modo?   85
    Art. ecastor cenabis hodie, út dignu's, magnum malum.
    De. male cubandum est: iudicatum me uxor abducit
                                    domum.
    Arg. dicebam, pater, tibi ne matri consuleres male.
    Ph. de palla memento, amabo.   De. iuben hanc hinc aps-
                                    cedere?
940 Art. i domum.   Ph. da sauium etiam priu' quam abitis. 90
                                    De. í in crucem.
    Ph. immo intus potius—.   sequere hac me, mi anime.
                                    Arg. égo uero sequor.

                            G R E X

    Hic senex si quid clam uxorem suo animo fecit uolup,
    neque nouom neque mirum fecit nec secus quam alii solent;
    nec quisquam est tam ingenio duro nec tam firmo pectore
945 quin ubi quidque occasionis sit sibi faciat bene.   95
    nunc si uoltis deprecari huíc seni ne uapulet,
    remur impetrari posse, plausum si clarum datis.

        932 *vel* aequomst   est mores *Pylades* : mores est *cod.*   936
    vel uti   dignus es *Gruterus* : dignum est *cod.* (i. 7, p. 20)   937 abd.
    Dousa : adducit *cod.* : ducit *codd. Nonii* 128, *fort. recte*   940, 941
    inverso ordine cod. : *corr. Fleckeisen*   940 abitis *Bothe* : abiis *cod.* (abis
    *P*E)   941 intro *edd.* (*cf. Quint.* 1, 5, 50)   942 suam *codd. Nonii*
    187   uolup *testatur Nonius* : uoluptatis *cod.* (i. 8)   946 *vel* huíc
    947 [si] plausum si (sic *P*BD) clarum *cod.* (iv. 3. 4)

AVLVLARIA

ARGVMENTVM I

Senex avarus vix sibi credens Euclio
domi suae defossam multis cum opibus
aulam invenit, rursumque penitus conditam
exanguis amens servat.   eius filiam
5 Lyconides vitiarat.   interea senex
Megadorus a sorore suasus ducere
uxorem avari gnatam deposcit sibi.
durus senex vix promittit atque aulae timens
domo sublatam variis abstrudit locis.
10 insidias servos facit huius Lyconidis
qui virginem vitiarat ; atque ipse obsecrat
avonculum Megadorum sibimet cedere
uxorem amanti.   per dolum mox Euclio
cum perdidisset aulam, insperato invenit
15 laetusque natam conlocat Lyconidi.

ARGVMENTVM II

Aulam repertam auri plenam Euclio
Vi summa servat, miseris adfectus modis.
Lyconides istius vitiat filiam.
Volt hanc Megadorus indotatam ducere,
5 Lubensque ut faciat dat coquos cum obsonio.
Auro formidat Euclio, abstrudit foris.
Re omni inspecta compressoris servolus
Id surpit.   illic Euclioni rem refert.
Ab eo donatur auro, uxore et filio.

II 6 abstridit fores *cod.*   7 inspectata *Mueller*

PERSONAE

LAR FAMILIARIS PROLOGVS
EVCLIO SENEX
STAPHYLA ANVS
EVNOMIA MATRONA
MEGADORVS SENEX
STROBILVS SERVVS
CONGRIO ⎫
ANTHRAX ⎭ COCI
PYTHODICVS SERVVS
LYCONIDES ADVLESCENS
SERVVS LYCONIDIS
PHAEDRIA VIRGO
TIBICINAE

SCAENA ATHENIS

PYTH.] FITODICVS *cod.* (II. vii. tit.) : PHILODICVS *K. Schmidt*
    (*Herm.* 37, 204)
SERV. LYC.] Strobilus *in v.* 697 (*cf.* 804, 812) *cod., vix recte*
PHAEDRA *Ussing* : PHAEDRIVM *Leo, K. Schmidt* (*ib.* 199)

PROLOGVS

Lar. Ne quis miretur qui sim, paucis eloquar.
ego Lar sum familiaris ex hac familia
unde exeuntem me aspexistis.   hanc domum
iam multos annos est quom possideo et colo
5 patri | auoque iam huiius qui nunc hic habet,   5
sed mihi auos huiius opsecrans concredidit
auri thensaurum clam omnis : in medio foco
defodit, uenerans mé ut id seruarem sibi.
is quoniam moritur (ita auido ingenio fuit),
10 numquam indicare id filio uoluit suo,   10
inopemque optauit potius eum relinquere
quam eum thensaurum commostraret filio ;
agri reliquit ei non magnum modum,
quo cum labore magno et misere uiueret.
15 ubi is obiit mortem qui mi id aurum credidit.   15
coepi opseruare, ecqui maiorem filius
mihi honorem haberet quam eius habuisset pater.
atque ille uero minu' minusque impendio
curare minu'que me impertire honoribus.
20 item a me contra factum est, nám item obiit diem.   20
is ex se húnc reliquit qui hic nunc habitat filium
pariter moratum ut pater auosque huiius fuit.
huic filia una est.   ea mihi cottidie

---

2 sum lar *codd. Prisciani* 1, 223, *Probi cathol.* 15   4 quom | ut
codd. Nonii 250   5 patriabo i. *codd. Nonii* 318 : patrique a. i. *Aldus* :
patre uiuo a. i. *Palmer*   7 th. auri *cod.* : *trai. Camerarius*   16 et
qui *cod.* (i. 7. 7) : et quidem *codd. Nonii* 320 : ecquid *Caesar*   20
die *cod.*   22 auusque eius *codd. schol. Verg. Georg.* 1, 189 : atque
auus eius *codd. Nonii* 375

aut ture aut uino aut aliqui semper supplicat,
25 dat mihi coronas. eius honoris gratia   25
   feci thensaurum ut hic reperiret Euclio,
   quo illam facilius nuptum, si uellet, daret.
   nam compressit eam de summo adulescens loco.
   is scit adulescens quae sit quam compresserit,
30 illa illum nescit, neque compressam autem pater.   30
   eam ego hódie faciam ut hic senex de proxumo
   sibi uxórem poscat. id ea faciam gratia
   quo ille eam facilius ducat qui compresserat.
   et hic qui poscet eam sibi uxorem senex,
35 is adulescentis illius est auonculus,   35
   qui illam stuprauit noctu, Cereris uigiliis.
   sed hic senex iam clamat intus ut solet.
   anum foras extrudit, ne sit conscia.
   credo aurum inspicere uolt, ne surruptum siet.

ACTVS I

EVCLIO   STAPHYLA   I. i

40 Evc. Exi, inquam, age exi: éxeundum hercle tibi hinc est foras,
   circumspectatrix cum oculis emissiciis.
   STA. nam qur me miseram uerberas? Evc. ut misera sis
   atque ut te dignam mala malam aetatem exigas.
   STA. nam qua me nunc caussa extrusisti ex aedibus?   5
45 Evc. tibi ego rationem reddam, stimulorum seges?
   illuc regredere ab ostio. illuc sis uide,
   ut incédit. at scin quo modo tibi res se habet?
   si hercle hodie fustem cepero aut stimulum in manum,

---

28 eam compressit *Bothe, cui* compressit eam *displicet*   35
est illius *Leo. nam* auonculus *quadrisyll. suspectum*   40 *fort.*
delend. exi (iv. 3)   46 regrede *cod.*   48 hercle hodie
Kampmann : hodie hercle *cod., inusitato verborum ordine*

10 testudineum istum tibi ego grandibo gradum.
STA. utinam me diui adaxint ad suspendium   50
potius quidem quam hoc pacto apud te seruiam.
EVC. at ut scelesta sola secum murmurat!
oculos hercle égo istos, inproba, ecfodiam tibi,
15 ne me opseruare possis quid rerum geram.
apscede etiam nunc—etiam nunc—etiám—ohe,   55
istic astato.   si hercle tu ex istoc loco
digitum transuorsum aut unguem latum excesseris
aut si respexis, donicum ego te iussero,
20 continuo hercle ego te dedam discipulam cruci.
scelestiorem me hac anu certo scio   60
uidisse numquam, nimi'que ego hanc metuo male
ne mi ex insidiis uerba inprudenti duit
neu persentiscat aurum ubi est apsconditum,
25 quae in occipitio quoque habet oculos pessuma.
nunc ibo ut uisam, éstne ita aurum ut condidi,   65
quod me sollicitat plurumis miserum modis.—
STA. noenum mecastor quid ego ero dicam meo
malae rei euenisse quamue insaniam
30 queo comminisci; íta me miseram ad hunc modum
deciens die uno saepe extrudit aedibus.   70
nescio pol quaé illunc hominem intemperiae tenent:
peruigilat noctes totas, tum autem interdius
quasi claudus sutor dómi sedet totos dies.
35 neque iam quo pacto celem erilis filiae
probrum, propinqua partitudo quoi appetit,   75
queo comminisci; neque quicquam meliust mihi,
ut opinor, quam ex me ut unam faciam litteram
†longum, laqueo† collum quando opstrinxero.

53 oculos ego tibi istos improbe (*i. e.* -ae?) *codd. Nonii* 360
56 astato *Scioppius* : atasto *cod.*   60 certo *Francken* : certe *cod.*,
vix (*cum* scio) *Plautinum*   65 sitne *Pylades*   77 *vel* opino
78 ⟨I⟩ longum la. (?) *Goetz* : longam (*Scutarius*) ⟨meum⟩ la. *Camerarius*:
l. ⟨mihi⟩ la. *Lambinus* (*melius* mi)

Evc. Nunc defaecato demum animo egredior domo,
80 postquam perspexi salua esse intus omnia.
     redi núnciam intro atque intus serua. Sta. quippini ?
     ego intus seruem ? an ne quis aedis auferat ?
     nam hic apud nos nihil est aliud quaesti furibus,   5
     ita inaniis sunt oppletae atque araneis.
85 Evc. mirum quin tua me caussa faciat Iuppiter
     Philippum regem aut Dareum, triuenefica.
     araneas mi ego illas seruari uolo.
     pauper sum ; fateor, patior ; quod di dant fero.   10
     abi intro, occlude ianuam.   iam ego hic ero.
90 caue quemquam alienum in aedis intro miseris.
     quod quispiam ignem quaerat, exstingui uolo,
     ne caussae quid sit quod te quisquam quaeritet.
     nam si ignis uiuet, tú exstinguere extempulo.   15
     tum aquam aufugisse dicito, si quis petet.
95 cultrum, securim, pistillum, mortarium,
     quae utenda uasa semper uicini rogant,
     fures uenisse atque apstulisse dicito.
     profecto in aedis meas me apsente neminem   20
     uolo intro mitti.   atque etiam hoc praedico tibi,
100 si Bona Fortuna ueniat, ne intro miseris.
     Sta. pol ea ipsa credo ne intro mittatur cauet,
     nam ad aedis nostras nusquam adiit quaquam prope.
     Evc. tace atque abi intro. Sta. taceo atque abeo.—Evc. 25
                                occlude sis
     fores ambobus pessulis.   iam ego hic ero.
105 discrucior animi, quía ab domo abeundum est mihi.

83 aliud *om. codd. Nonii* 483   84 inanis *cod.* (v. 9. 9)   85 me
Camerarius : nunc me *cod.* (*ex* mc *pro* me *ortum* ? ; iv. 3)   101
eapse *Bothe*   102 numquam *D*   quamquam *cod.* (v. 12)   prope
[est] *B*   105 ab *del. Guietus*

  nimis hercle inuitus abeo. sed quid agam scio.
  nam noster nostrae qui est magister curiae
30 diuidere argenti dixit nummos in uiros ;
  id si relinquo ac non peto, omnes ilico
  me suspicentur, credo, habere aurum domi.   110
  nam ueri simile non est hominem pauperem
  pauxillum parui facere quin nummum petat.
35 nam nunc quom celo sedulo omnis ne sciant,
  omnes uidentur scire et me benignius
  omnes salutant quam salutabant prius ;   115
  adeunt, consistunt, copulantur dexteras,
  rogitant me ut ualeam, quid agam, quid rerum geram.
40 nunc quo profectus sum ibo ; postidea domum
  me rusum quantum potero tantum recipiam.

ACTVS II

II. i   E v n o m i a   M e g a d o r v s

Evn. Velim te arbitrari med haec uerba, frater,   120
  meai fidei tuaique rei
  caussa facere, ut aequom est germanam sororem.
  quamquam hau falsa sum nos odiosas haberi ;
5 nam multum loquaces merito omnes habemur,
  nec mutam profecto repertam nullam esse   125
  ⟨aut⟩ hodie dicunt mulierem ⟨aut⟩ ullo in saeclo.
  uerum hoc, frater, unum tamen cogitato,
  tibi proxumam me mihique esse item te ;

   106 si *cod.* (sed *J*) (vii. 2)   107 noster] Nestor *Seyffert*   111
u. s. non est *Pylades* : non est u. s. *cod.*   112 qui *cod.* (*seq.* n)
118 postidea *Camerarius* : post idem *cod.* (M *pro* A)   121 rei
Ital. : rei haec uel hoc *cod.* (*cf. v.* 120 ; iv. 1)   125 nullam *scripsi* :
ullam *cod.*   nec ullam pr. r. e. mutam *Fleckeisen* (*Jahrb.* 153. 682)
fort. nec m. pr. re. ul. e. hodie D. m. nullo (*vel* aut ullo) in s.   126
aut . . . aut *add. Leo*   128 esse item *Bentley* : item esse *cod.*

ita aequom est quod in rem esse utrique arbitremur   10
130   et mihi te et tibi ⟨me⟩ consulere et monere ;
          neque occultum id haberi neque per metum mussari
       quin participem pariter ego te et tu me [ut] facias.
       eo nunc ego secreto ted huc foras seduxi,
       ut tuam rém ego tecum hic loquerer familiarem.   15
135   ME. da mi, optuma femina, manum.
          EVN. ubi ea est ? quis ea est nam optuma ?
          ME. tu.   EVN. tune ais ?   ME. si négas, nego.
          EVN. decet téquidem uera proloqui ;
          nam optuma nulla potest eligi :   20
140   alia alia peior, frater, est.   ME. idem ego arbitror,
       nec tibi aduorsari certum est de istac re⟨d⟩ umquam,
                                                        soror.
          EVN. da mihi
142ª   operam amabo.   ME. tuast, utere atque
             impera, si quid uis.   25
          EVN. id quod in rem tuam óptumum esse arbitror,
145   ted id monitum aduento.
       ME. soror, móre tuo faci'.   EVN. facta uolo.
       ME. quid est id, soror ?   EVN. quod tibi sempiternum
       salutare sit : liberis procreandis—   30
       ME. ita di faxint—EVN. uolo te úxorem
150   domum dúcere.   ME. eí occídi !   EVN. quid ita ?
       ME. quia mi misero cerebrum excutiunt
       tua dicta, soror : lapides loqueris.
       EVN. heia, hoc face quod te iúbet soror.   ME. sí lubeat, 35
                                                        faciam.

---

129 ita *Lambinus* : ut *cod*.   132 ut *del. Lambinus* : ut *incul-
catum est etiam Merc*. 894, 911 (*cf. Seyffert Berl. Phil. Woch*. 16, 849)
134 *vel* uti   135 manum femina optuma (?) *Leo, cui syllaba
anceps* mā *in fine hemistichii displicet*   136 ⟨aut⟩ quis *Goetz*,
nam est (namst) *Francken, evitantes ambo hiatum in fine hemistichii*
138 tequidem *Bothe* : te equidem *cod*.   141 *fort*. numquam
142ª operam ⟨iam⟩ (?) *Leo ut tetram. fiat*   150 occidis *Weise*

EVN. in rem hoc tuam est.   ME. út quidem émoriar priu'
                                quam ducam.

     sed his légibu' si quam dare uis, ducam :   155
        quae cras ueniat, perendie, soror, fóras feratur ;
        his legibu' quam dare uis ? cedo : nuptías adorna.

40   EVN. cum maxuma possum tibi, frater, dare dote ;
        sed est grandior natu : mediá est mulieris aetas.
        eam sí iubes, frater, tibi me poscere, poscam.   160

ME. num non uis me interrogare te ?   EVN. immo, si quid
                                    uis, roga.

ME. post mediam aetatem qui media ducit uxorem domum,
45 si eam senex anum praegnatem fortuito fecerit,
   quid dubitas quin sit paratum nomen puero Postumus ?
   nunc ego istúm, soror, laborem degam et deminuam tibi.   165
   ego uirtute deum et maiorum nostrum diues sum satis.
   istas magnas factiones, animos, dotes dapsilis,
50 clamores, imperia, eburata uehicla, pallas, purpuram
   nil moror, quae in seruitutem sumptibus redigunt uiros.

EVN. dic mihi, si audes, quis ea est quam uis ducere uxorem? 170
                                      ME. eloquar.

no[ui]stin hunc senem Euclionem ex proxumo pauperculum?
EVN. noui, hominem hau malum mecastor.   ME. eiius
                                 cupio filiam
55 uirginem mi desponderi. uerba ne facias, soror.
   scio quid dictura es : hanc esse pauperem. haec pauper
                                        placet.

EVN. di bene uortant.   ME. idem ego spero.   EVN. quid 175
          me ? num quid uis ?   ME. uale.

     156 for. fer. sor. *cod.* : *traieci* : soror *del. Reiz*   158 cum *Gruterus* :
quam *cod.* (*pro* quom, *forma antiqua* ?)   dare frater *corr.* fr. d. *cod.*
(ii. 3)   159 sed] *fort.* si (sei) es (es *iam Fleckeisen*)   164
paratum his nomen pueris 'Postume' *cod. Festi* 238   165 *vel*
istunc   degam *testatur Nonius* 278 : demam *cod.*   167 dapsilas
codd. Nonii 304   169 seruitutum su. rediguntur uiros *cod.* (iv. 3)
170 si audes *codd. Prisciani* 2, 9, *testatur Persii schol.* 3, 89 : quaeso
cod.   171 nouisti *alii*   175 quid? me n. q. u. ? *alii*   nunc
quid *cod.*

Evn. et tu, frater.— Mᴇ. ego conueniam Eúclionem, si
                                        domi est.
sed eccum ⟨uideo⟩. nescio unde sese homo recipit domum.

                Eᴠᴄʟɪᴏ   Mᴇɢᴀᴅᴏʀᴠѕ   ii

Eᴠᴄ. Praesagibat mi animus frustra me ire, quom exibam domo;
itaque abibam inuitus ; nam neque quisquam curialium
180 uenit neque magister quem diuidere argentum oportuit.
nunc domum properare propero, nam egomet sum hic, ani-
                                        mus domi est.
Mᴇ. saluos atque fortunatus, Euclio, semper sies.   5
Eᴠᴄ. di te ament, Megadore. Mᴇ. quid tu ? recten atque
                                        ut uis uales ?
Eᴠᴄ. non temerarium est ubi diues blande appellat
                                        pauperem.
185 iam illic homo aurum scit me habere, eo me salutat blandius.
Mᴇ. ain tu te ualere ? Eᴠᴄ. pol ego hau perbene a pecunia.
Mᴇ. pol si est animus aequos tibi, sat[is] habes qui bene 10
                                        uitam colas.
Eᴠᴄ. anus hercle huic indicium fecit de auro, perspicue
                                        palam est,
quoí ego iam linguam praecidam atque oculos ecfodiam domi.
190 Mᴇ. quid tu solus tecum loquere ? Eᴠᴄ. meam pauperiem
                                        conqueror.
uirginem habeo grandem, dote cassam atque inlocabilem,
neque eam queo locare quoiquam. Mᴇ. tace, bonum habe 15
                                        animum, Euclio.
dabitur, adiuuabere a me. dic, si quid opust, impera.
Eᴠᴄ. nunc petit, quom pollicetur ; inhiat aurum ut deuoret.
195 altera manu fert lapidem, panem ostentat altera.

        177 ⟨uideo⟩ *Klett* : ⟨eumpse⟩ *Bach*   *vix iamb. senarius*   178
mi *om. codd. Cic. de Divin.* ɪ. 65   exirem *codd. Cic.*   185 scit
me *Bothe* : me scit *cod.*   186 a pecunia perbene *cod.* : *corr. Guietus*
191 *item codd. Nonii* 45, 340 : filiam habeo grandem, cassa dote atque
inlocabili *codd. Varronis de L. L.* 5, 14

nemini credo qui large blandust diues pauperi :
20 ubi manum inicit benigne, ibi onerat aliquam zamiam.
ego istos noui polypos qui ubi quicquid tetigerunt tenent.
ME. da mi operam parumper, si operaest, Euclio, id quod
                                                te uolo
de communi re appellare méa et tua.   EVC. ei misero mihi, 200
aurum mi intus harpagatum est.   nunc hic eam rem uolt, scio,
25 mecum adire ad pactionem.   uerum interuisam domum.
ME. quó abis ?   EVC. iam reuortar ad te : nam est quod
                                        inuisam domum —
ME. credo edepol, ubi mentionem ego fecero de filia,
mi ut despondeat, sese a me derideri rebitur ;   205
neque illo quisquam est alter hodie ex paupertate parcior.
30 EVC. di me seruant, salua res est.   saluom est si quid
                                                non perit.
nimi' male timui.   priu' quam intro redii, exanimatus fui.
redeo ad te, Megadore, si quid me uis.   ME. habeo gratiam.
quaeso, quod te percontabor, ne id te pigeat proloqui.   210
EVC. dum quidem né quid perconteris quod non lubeat
                                                proloqui.
35 ME. dic mihi, quali me arbitrare genere prognatum ?   EVC.
                                                bono.
ME. quid fide ?   EVC. bona.   ME. quid factis ?   EVC. neque
                                        malis neque inprobis.
ME. aetatem meam scis ?   EVC. scio esse grandem, item ut
                                                pecuniam.
ME. certe edepol equidem te ciuem sine mala omni malitia 215
semper sum arbitratus et nunc arbitror.   EVC. aurum huic
                                                olet.

197 aliqua zamia *edd.* (*sed cf. Journ. Phil.* 26, 294)   198 ubi
Hermolaus : uibi *cod.* (nibi *P*E)   199 si operaest, E., id *codd. Nonii*
529 (*s. v.* opera) : paucis, E., est *cod.*   203 ābitis *Leo*   iam ⟨ego⟩
Mueller   ad te reu. *cod.* : *traieci* (ii. 1)   nunc est *Leo*   inuisam
Ritschl : uisam *cod.*   207 saluare est *cod.*   211 non *Guietus* :
mihi non *cod.* (iv. 2) : mi haud *Seyffert*

quid nunc me uis? Me. quoniam tu me et ego te qualis 40
sis scio,
quae res recte uortat mihique tibique tuaeque filiae,
filiam tuam mi uxorem posco.   promitte hoc fore.
220 Evc. heia, Megadore, hau decorum facinus tuis factis facis,
ut inopem atque innoxium aps te atque aps tuis me inrideas.
nam de te neque re neque uerbis mérui uti fáceres quod facis. 45
Me. neque edepol ego te derisum uenio neque derideo,
neque dignum arbitror.   Evc. qur igitur poscis meam gnatam tibi?
225 Me. ut propter me tibi sit melius mihique propter té et tuos.
Evc. uenit hoc mihi, Megadore, in mentem, ted esse hominem diuitem,
factiosum, mé item esse hominem pauperum pauperrumum; 50
nunc si filiam locassim meam tibi, in mentem uenit
te bouem esse et mé esse asellum : ubi tecum coniunctus
siem,
230 ubi onus nequeam ferre pariter, iaceam ego asinus in luto,
tu me bos magis hau respicias gnatus quasi numquam siem.
et te utar iniquiore ét meu' me ordo inrideat,   55
neutrubi habeam stabile stabulum, si quid diuorti fuat :
asini me mordicibus scindant, bóues incursent cornibus.
235 hoc magnum est periclum, ab asinis ad boues transcendere.
Me. quam ad probos propinquitate proxume te adiunxeris,
tam optumumst.   tu condicionem hanc accipe, ausculta mihi, 60
atque eam despondé mi.   Evc. at nihil est dotis quod dem.
Me. ne duas.
dum modo morata recte ueniat, dotata est satis.
240 Evc. eo dico, ne me thensauros repperisse censeas.
Me. noui, ne doceas.   desponde.   Evc. fiat.   sed pro
Iuppiter,

---

227 autem *Brix*   232 *vel* med   234 mordicibus *testatur*
Nonius 139 : mordicus *cod.*   235 ab *Camerarius* : me ab *cod.* (iv. 2) :
vix períclúm mi   238 *in marg.* pro dederis *cod.* (*gloss. ad* duas)

65 num ego disperii? ME. quid tibi est? Evc. quid crepuit
                                        quasi ferrum modo? —
ME. hic apud me hortum confodere iussi. sed ubi hic est
                                                    homo?
abiit neque me certiorem fecit. fastidit mei,   244
quia uidet me suam amicitiam uelle : more hominum facit ; 245
nam si opulentus it petitum pauperioris gratiam,
70 pauper metuit congrediri, per metum male rem gerit.
idem, quando occasio illaec periit, post sero cupit.
Evc. si hercle ego te non elinguandam dedero usque ab 250
                                                radicibus,
impero auctorqué sum ut tú me quoiuis castrandum loces.
ME. uideo hercle ego te me arbitrari, Eúclio, hominem
                                                idoneum,
75 quem senecta aetate ludos facias, hau merito meo.
Evc. neque edepol, Megadore, facio, neque, si cupiam,
                                                copia est.
ME. quid nunc? etiam mihi despondes filiam? Evc. illis 255
                                                legibus,
cum illa dote quam tibi dixi. ME. sponden ergo? Evc.
                                                spondeo.
ME. istuc di bene [uortant]—Evc. ita di faxint. illud facito
                                        ut memineris,
80 conuenisse ut ne quid dotis mea ad te adferret filia.
ME. memini. Evc. at scio quo uos soleatis pacto per-
                                                plexarier :
pactum non pactum est, non pactum pactum est, quod 260
                                                uobis lubet.
ME. nulla controuorsia mihi tecum erit. sed nuptias

242 *post hunc versum v.* 393 *posuit Ritschl*   243 hinc est *cod.*
248 congredi *cod.* (i. 7)   249 occasio illaec *Hare* : illaec occasio
cod.   251 ⟨ego⟩ sum *Guietus   vel* uti *cf. Skutsch* (*Philol.* 59,
483)   252 te *cum superscr.* me *cod.* (*unde* te *D²*, me *B*) (v. 3)
257 istuc *del. Pylades*   uortant *delevi*

num quae caussa est hodie quin faciámus? Evc. immo
                                    édepol optuma.
Me. ibo igitur, parabo. numquid me uis? Evc. istuc. 85
                                        í et uale.
Me. heus, Strobile, sequere propere me ad macellum
                                        strenue.—
265 Evc. illic hinc ábiit. di inmortales, opsecro, aurum quid
                                        ualet!
credo ego illum iam indaudisse mi esse thensaurum domi.
id inhiat, ea adfinitatem hanc opstinauit gratia.

              Evclio   Staphyla   iii

Evc. Vbi tu es quae deblaterauisti iam uicinis omnibus
meae me filiae daturum dotem? heus, Staphyla, te uoco.
270 ecquid audis? uascula intus pure propera atque elue :
filiam despondi ego : hodie huic nuptum Megadoro dabo.
Sta. di bene uortant. uerum ecastor non potest, subitum 5
                                        est nimis.
Evc. tace atque abi. curata fac sint quom a foro redeam
                                        domum ;
atque aedis occlude ; iám ego hic adero.—Sta. quid ego
                                        nunc agam?
275 nunc nobis prope adest exitium, mihi atque erili filiae,
nunc probrum atque partitudo prope adest ut fiat palam ;
quod celatum atque occultatum est usque adhuc, nunc non 10
                                        potest.
ibo intro, ut erus quae imperauit facta, quom ueniat, sient.
nam ecastor malum maerore metuo ne mixtum bibam.—

---

262 est cau. *Wagner contra Plautinum loquendi morem*   hodie
quin f. numquae causa est *cod.* : *traieci* (q. f. h. *Brix*)   i. hercle o. *Brix*
(*cf. Mil.* 1270 hercle *pro* edepol P^CD)   263 i (ei) et *Mueller* : fiet *cod.*
(F *pro* E) : i (ei) (*del.* et) *Lebreton* (*cf.* 458)   266 inaudisse *cod.* :
inaudiuisse *codd. Nonii* 500 (*cf. Brock quaest. Gramm.* p. 144)   268
deblattauisti *cod.* : deblaterasti *codd. Nonii* 44 (*fort. recte*)   271 ego
hodie *Merula* : hodie ego *cod.*   274 aedis occlude *Guietus* : occlude
aedis *cod.*   276 nunc] nam *Ital.*   279 maerore *Gronovius* :
merorem *cod.* minixtum (mixtum V²) *cod.* (iv. 3) : inmixtum *Gruterus*

iv   S T R O B I L V S   A N T H R A X
                    C O N G R I O

STR. Postquam opsonauit erus et conduxit coquos   280
tibicinasque hasce apud forum, edixit mihi
ut dispertirem opsonium hic bifariam.
AN. mequidem hercle, dicam ⟨pro⟩palam, non diuides ;
5 si quo tu totum me ire uis, operam dabo.
Co. bellum et pudicum uero prostibulum popli.   285
post si quis uellet, te hau non uelles diuidi.
STR. atque ego istuc, Anthrax, aliouorsum dixeram,
non istuc quod tu insimulas.   sed erus nuptias
10 meus hodie faciet.   AN. quoiius ducit filiam ?
STR. uicini huius Euclionis ⟨hinc⟩ e proxumo.   290
ei adeo opsoni hinc iussit dimidium dari,
coquom alterum itidemque alteram tibicinam.
AN. nempe huc dimidium dicis, dimidium domum?
15 STR. nemp' sicut dicis.   AN. quid? hic non poterat
                                               de suo
senex ópsonari filiai nuptiis?   295
STR. uah !   AN. quid negotist?   STR. quid negoti sit
                                                  rogas?
pumex non aeque est ardus atque hic est senex.
ANT. ain tandem?   Co. ita esse ut dicis !   STR. tute ex-
                                                    istuma :
      *   *   * ⟨existumat⟩
20 suam rem periisse seque eradicarier.
quin diuom atque hominum clamat continuo fidem,   300

283 opsonium *tuetur Kakridis* (*Wien. Stud.* 23, 174) : *fort.* hos
omnis (vii. 5, p. 99)   283 propalam *Bothe* : ⟨tibi⟩ p. *Ussing*
286 Pol si *Brix* neuelles *Goeller*   288 *fort.* isto (-oc) quo (quo *iam
Bothe*)   290 hinc *add. Pylades*   291 hic *cod. Gellii* 3, 14, 15
iussit dimidium *codd. Gellii* (*favente allitteratione*): dimidium iussit *cod.*
293 huc *Guietus*: huic *cod.*   domum *Acidalius* : domi *cod.*   295
filiae in nuptiis *cod.* (i. 7) : *corr. Scaliger*   298ª *lacunam sign.*
Havet   existumat *addidi* (iii. 11) : 299, 300 *ordine inverso Gulielmius*

de suo tigillo fumus si qua exit foras.

quin, quom it dormitum, follem opstringit ob gulam.

AN. qur? STR. ne quid animae forte amittat dormiens

AN. etiamne opturat inferiorem gutturem,   25

305 ne quid animai forte amittat dormiens?

STR. haec mihi te ut tibi med aequom est, credo, credere.

AN. immo equidem credo.   STR. át scin etiam quomodo?

aquam hercle plorat, quom lauat, profundere.

AN. censen talentum magnum exorari pote   30

310 ab istóc sene, ut det qui fiamus liberi?

STR. famem hercle utendam si roges, numquam dabit.

quin ipsi pridem tonsor unguis dempserat :

conlegit, omnia apstulit praesegmina.

AN. edepol mortalem parce parcum praedicas.   35

315 STR. censen uero adeo ess' parcum et misere uiuere?

pulmentum pridem eripuit ei miluos :

homo ad praetorem deplorabundus uenit ;

infit ibi postulare plorans, eiulans,

ut sibi liceret miluom uadarier.   40

320 sescenta sunt quae memorem, si sit otium.

sed uter uostrorum est celerior? memora mihi.

AN. ego, ut múlto melior.   STR. coquom ego, non furem

rogo.

AN. coquom ergo dico.   STR. quid tu ais?   Co. sic sum

ut uides.

AN. coquos ille nundinalest, in nonum diem   45

325 solet ire coctum.   Co. tun, trium lítterarum homo,

me uituperas? fur.   AN. etiam fur, trifurcifer.

---

301 ligello, ' *tuguriolo,' testatur Nonius* 134   306 credo credere
Pylades : credere credo *cod.* (ii, p. 37)   309 pote *Kampmann* :
potest *cod.* (i. 7)   310 *vel post* det *distingue*   312 ipse *codd.*
Nonii 151, 273   315 esse *del. Seyffert. Redslob* (*Liter. Centralbl.*
1895, p. 1761)   miserere *corr.* misere *cod.* (*pro* miseṝ, *i.e.* miserum?) :
miserum *magis Plautinum esse demonstrat Seyffert*
316 er. ēi *Reiz* : ei er. *cod.* : ei der. *Gulielmius*   317 (*vid.*
' *Addenda et Corrigenda* ')   322 et *Mueller* (*cf. ad Asin.* 835)
323 ergo *Acidalius* : ego *cod.* (v. 12, p. 104)

v   S T R O B I L V S   A N T H R A X   C O N G R I O

STR. Tace nunciam tu, atque agnum hinc uter est pinguior
⟨cape atque abi intro ad nos.⟩ AN. licet.—STR. tu, Congrio,
hunc sume atque abi intro illo, et uos illum sequimini.
uos ceteri ite huc ad nos.   Co. hercle iniuria   330
5 dispertiuisti : pinguiorem agnum isti habent.
STR. at nunc tibi dabitur pinguior tibicina.
i sane cum illo, Phrugia.   tu autem, Eleusium,
huc intro abi ad nos.   Co. o Strobile subdole,
huccine detrusti me ad senem parcissumum ?   335
10 ubi si quid poscam, usque ad rauim poscam prius
quam quicquam detur.   STR. stultu's, et sine gratia est
ibi recte facere, quando quod facias perit.
Co. qui uero ?   STR. rogitas ? iam principio in aedibus
turba istic nulla tibi erit : siquid uti uoles,   340
15 domo aps te adferto, ne operam perdas poscere.
hic autem apud nos magna turba ac familia est,
supellex, aurum, uestis, uasa argentea :
ibi si perierit quippiam (quod te scio
facile apstinere posse, si nihil obuiam est),   345
20 dicant : coqui apstulerunt, comprehendite,
uincite, uerberate, in puteum condite.
horum tibi istic nihil eueniet (quippe qui
ubi quid surrupias nihil est). sequere hac me. Co. sequor.

vi   S T R O B I L V S   S T A P H Y L A   C O N G R I O

STR. Heus, Staphyla, prodi atque ostium aperi. STA. qui 350
                                              uocat ?
STR. Strobilus. STA. quid uis ? STR. hos ut accipias coquos

328 *lacunam signavit* P, *ut uid.* (*unde novae scaenae inscriptio in* PBD) :
suppl. Leo   329 hunc *Lebreton* : eum *cod.*   illuc *cod.*   eum J   336
adarauin *cod.* : *testatur* rauim *Nonius* 164   poscam *codd. Nonii* 164 *et*
374 : poscamus *cod.* (*qui etiam* poscamus quae *pro* poscam usque *habet*)
337, 338 es Tibi *cod.*   338 *del.* Weise, Langen (*Beitr.* 132 sq.)
339 iam in pr. in B   340 istic *Taubmann* : istuc *cod.*   si qui
Camerarius, qui sïquid *non agnoscit*   346 quoqui *cod.*   349
subripiat *cod.* : *corr.* Lambinus

tibicinamque opsoniumque in nuptias.
Megadorus iussit Euclioni haec mittere.
STA. Cererin, Strobile, has sunt facturi nuptias?   5
355 STR. qui? STA. quia temeti nihil allatum intellego.
STR. at iam adferetur, si a foro ipsus redierit.
STA. ligna hic apud nos nulla sunt.   Co. sunt asseres?
STA. sunt pol.   Co. sunt igitur ligna, ne quaeras foris.
STA. quid, inpurate? quamquam Volcano studes,   10
360 cenaene caussa aut tuae mercedis gratia
nos nostras aedis postulas comburere?
Co. hau postulo.   STR. duc istos intro.   STA. sequimini.—

PYTHODICVS (STROBILVS?)   vii

PY. Curate. ego interuisam quid faciant coqui;
quos pol ut ego hodie seruem cura maxuma est.
365 nisi unum hoc faciam, ut in puteo cenam coquant:
ind' coctam susum subducemus corbulis.
si autem deorsum comedent si quid coxerint,   5
superi incenati sunt et cenati inferi.
sed uerba hic facio, quasi negoti nil siet,
370 rapacidarum ubi tantum siet in aedibus.

EVCLIO   CONGRIO   viii

EVC. Volui animum tandem confirmare hodie meum,
ut bene haberem me filiai nuptiis.
uenio ad macellum, rogito piscis: indicant
caros; agninam caram, caram bubulam,
375 uitulinam, cetum, porcinam: cara omnia.   5
atque eo fuerunt cariora, aes non erat.

354 has sunt *cod. Festi* 364: has (*pro* has s̄; vii, p. 96) *cod.* : hi
sunt *codd. Macrobii Sat.* 3, 11, 2   355 intellego] uideo *codd. Fest.*
et Macrob.   360 -ne *Pius*: -ue *cod.*   365 coquam *codd. Nonii*
400   367 Si ⟨ipsi⟩ *Goetz* (iii. 11), *nam* deorsum *trisyll. suspectum*
369 sed *Gruterus*: si *cod.*

†abeo iratus illinc, quoniam† nihil est qui emam.

ita illís inpuris omnibus adii manum.

deinde egomet mecum cogitare interuias

10 occepi : festo die si quid prodegeris,   380

profesto egere liceat, nisi peperceris.

postquam hanc rationem uentri cordique edidi,

accessit animus ad meam sententiam,

quam minimo sumptu filiam ut nuptum darem.

15 nunc tusculum emi et hasc' coronas floreas :   385

haec imponentur in foco nostro Lari,

ut fortunatas faciat gnatae nuptias.

sed quid ego apertas aedis nostras conspicor ?

et strepitust intus.   numnam ego compilor miser ?

20 Co. aulam maiorem, si pote, ex uicinia   390

pete : haec est parua, capere non quit.   Evc. ei mihi,

perii hercle.   aúrum rapitur, aula quaeritur.

   nimirum occidor, nisi ego intro huc propere propero currere.

Apollo, quaeso, subueni mi atque adiuua,

25 confige ságittis fures thensaurarios,   395

qui | in re tali iam subuenisti antidhac.

sed cesso priu' quam prosus perii currere.

ix   A N T H R A X

AN. Dromo, desquama piscis. tu, Machaerio,

congrum, murenam exdorsua quantum potest.

ego hinc artoptam ex proxumo utendam peto   400

---

377 illim iratus *Bothe* 〈mihi〉 nil *Wagner* *fort.* abbito . . . quom
381 peperceris *vix Plautina forma*   nisi si parseris *Abraham* :
fort. n. reperseris (*cf. Truc.* 375 pepercisses *pro* parsisses *vel* repersisses
A)   385 et hasce] hoc et *codd. Prisciani* 1. 104   386 impone-
untur *cod.* (*pro* -unt- *corr.* -ent- ; iv. 3)   390 pote ex *Lambinus* :
potes *cod.* (*pro* potex)   391 est parua *Pylades* : parua est *cod.*
392 hercle 〈ego〉 *Seyffert*   393 *cf. ad* 242   395 sagittis *corr.*
ex sagitas *cod.*   396 cui *cod.* (*i. e.* quoii) : sicui *Ussing*   tali iam
Camerarius : talia *cod.*   subuenisti *Ital.*: subuenit *cod.*   398
desquama p. *codd. Nonii* 95 : des quam aspicis *cod.* (i. 6)   399
exdorsua quantum potest (potes 95) *Nonius* 17 *et* 95, *qui altero loco*
verbum testatur : exossata fac sient *cod.* (? *pro* mi ex. f. s.)

  a Congrione. tu istum gallum, si sapis,
  glabriorem reddes mihi quam uolsus ludiust.   5
  sed quid hoc clamoris oritur hinc ex proxumo?
  coqui hercle, credo, faciunt officium suom.
405 fugiam intro, ne quid hic itidem turbae fuat.

ACTVS III

Congrio   III. i

Co. Attatae! ciues, populares, incolae, accolae, aduenae
                                   omnes,
  date uiam qua fugere liceat, facite totae plateae pateant.
  neque ego umquam nisi hodie ad Bacchas ueni in bacchanal
                              coquinatum,
  ita me miserum et meos discipulos fustibus male contuderunt.
410 totus doleo atque oppido perii, ita me iste habuit senex 5
                              gymnasium;
      attat, perii hercle ego miser,
411ª   aperit bacchanal, adest,
      sequitur. scio quam rem geram : hoc
412ª   ipsu' magister me docuit.
      neque ligna ego usquam gentium praeberi uidi pulchrius, 10
      itaque omnis exegit foras, me atque hos, onustos fustibus.

             Evclio   Congrio   ii
415 Evc. Redi. quó fugis nunc? tene, tene. Co. quid, stolide,
                          clamas?
    Evc. quia ad trisuiros iam ego deferam nomen tuom. Co.
                      quám ob rem?

---

402 glabriorem *codd. Nonii* 530 : glabrionem *vel* cl- *cod.* (n *pro* r)
405 redeo intro ne quid hic turbae fiat *codd. Nonii* 525 (*qui ' turbam '*
pro turbis testatur)   turbae (*i. e.* -ai?) hic itidem fiat *cod.* (v. 7)   406
Attatae *scripsi* : Optati *cod.* (iii, p. 53)   uiues *cod.* (ciues *PJ*)   413,
414 *post v.* 410 *posuit Acidalius*   414 Ita *Francken*

Evc. quia cultrum habes.   Co. coquom decet.   Evc. quid
                                       comminatu's
mihi?   Co. istuc male factum arbitror, quia non latu' fodi.
5 Evc. homo nullust te scelestior qui uiuat hodie,
neque quoi égo de industria amplius male plus lubens fáxim. 420
Co. pol etsí taceas, palam id quidem est : res ipsa testest ;
ita fustibus sum mollior magi' quam ullu' cinaedus.
sed quid tibi nos tactiost, mendice homo?   Evc. quae res?
10 etiam rogitas? an quia minus quam | aequom erat féci?
Co. sine, at hercle cum magno malo tuo, si hóc caput séntit. 425
Evc. pol ego hau scio quid post fuat : tuom núnc caput séntit.
sed in aedibus quid tibi meis nam erat negoti
me apsente, nisi ego iusseram? uolo scire.   Co. tace ergo.
15 quia uenimu' coctum ad nuptias.   Evc. quid tu, malum, cúras
utrum crudum an coctum égo edím, nisi tu mi es tutor?   430
Co. uolo scire, sínas an non sinas nos coquere hic cenam?
Evc. uolo scire ego item, meae domi mean sálua futura?
Co. utinam mea mihi modo auferam, quae ad ⟨te⟩ tuli, sálua :
20 me hau paenitet, tua ne expetam.   Evc. scio, ne doce, nóui.
Co. quid est quá prohibes nunc gratia nos coquere hic cenam? 435
quid fecimus, quid diximus tibi secu' quam uelles?
Evc. etiam rogitas, sceleste homo, qui | angulos omnis
mearum aedium et conclauium mihi peruium fácitis?
25 ibi ubi tibi erat negotium, ad focum si adesses,
non fissile auferres caput : merito id tibi factum est.   440

---

420 *fort. delend.* amplius *(seq.* male plus ; iv. 3), *nam* qu(oi) *displicet*
422 magis *codd. Nonii* 5 : miser magis *cod.* (miser *ex compendio scripturae* magis *ortum est* ; iv. 3)   423 nos m. h. tactio est *cod.* : *trai.*
Hermann   424 ereat *cod.*   q. erat aequom *Reiz* : quam ⟨me⟩ aeq. e.
Seyffert (cf. Capt. 995)   425 magno malo tuo *Hare* : malo tuo
magno *cod.*   426 fiat *cod.* (v. 7)   429 ueni huc *Fleckeisen, nam*
uénimus cóctum *displicet*   430 ego coctum *Pylades*   *fort.* utrum
ego crudumne   *vel* mihi   432 itidem *Goetz*   mea *cod.* : *corr.*
Camerarius ; *cf. Brix ap. Niemeyerum Stud. Pl.* 13   433 te *add.*
Studemund : attulimus *Brix*   435 prohibeas *cod.* (i. 9)   436
sequi usquam *cod.* (*non* PJ) (? *pro* sequs quam)   437 quíne a. *Hermann* : qui a. in *Leo*   439 ibi *Guietus* : id *cod.* (D *pro* E)   440
auferres *Goetz* : haberes *cod.* : *fort.* aueheres

adeo ut tu meam sententiam iam noscere possis :
si ad ianuam huc accesseris, nisi iussero, própius,
ego te faciam miserrumus mortalis uti sis.
scis iam meam sententiam.—Co. quo abis ? redi rúsum.   30
445 ita me bene amet Lauerna, te ⟨iam⟩ iam, nisi reddi
mihi uasa iubes, pipulo te hic differam ante aedis.
quid ego nunc agam ? ne ego edepol ueni huc auspicio malo.
nummo sum conductus : plus iam medico mercedest opus.

E v c l i o   C o n g r i o   iii

Evc. Hoc quidem hercle, quoquo | ibo, mecum erit, mecum
                                                        feram,
450 neque isti id in tantis periclis umquam committam ut siet.
ite sane nunc[iam] intro omnes, et coqui et tibicinae,
etiam | intro duce, si uis, uel gregem uenalium,
coquite, facite, festinate nunciam quantum lubet.   5
Co. temperi, postquam impleuisti fusti fissorum caput.
455 Evc. intro abí : opera huc conducta est uostra, non oratio.
Co. heus, senex, pro uapulando hercle ego aps te mercedem
                                                          petam.
coctum ego, non uapulatum, dudum conductus fui.
Evc. lege agito mecum. molestus ne sis. i cenam coque, 10
aut abi in malum cruciatum ab aedibus. Co. abi tu modo.—

E v c l i o   iv

460 Evc. Illic hinc ábiit. di inmortales, facinus audax incipit

442 iusso *Guietus*   446 *ab Ionico dimetro incipit, nam* iübes *vix
Plautinum*   pipulo *testantur Varro de L. L* 7, 103, *Nonius* 152 :
populo *cod.* te hic *codd. Nonii* 152 : te *codd. Varr., Non.* 284 : hic *cod.*
mihi uasa iúbes, hic pipulo te *Reiz*   448 mercedest (-ist) opus *Bothe* :
mercede opus est *cod.*   449 quoquo ⟨ego⟩ *Wagner*   450 isti id
Seyffert : istud *cod.* (u *pro* ii)   451 ite *Ital.* : ita *cod.* (v. 12)   iam
del. Linge (iv. 3)   452 ⟨ite,⟩ etiam (?) *Leo*   455 abite *Goeller*
456 heus *Bentley* : eu *cod.* (*seq.* s ; v. 9. 7 ; iii. 3)   458 et (*pro* ei)
corr. i *cod.* (*unde* i et *B*, et *DP*ᴱ) (*cf. Sjögren Part. Cop.* 85, 89)
460 immortes *cod.* (*non P*ᴶ) (iii. 10)

qui cum opulento pauper homine [coepit] rém habere aut
negotium.
ueluti Megadorus temptat me ómnibus miserum modis,
qui simulauit méi honóris mittere huc caussa coquos :
5 is ea caussa misit, hoc qui surruperent misero mihi.
condigne etiam meu' med intus gallus gallinacius,   465
qui erat anuí peculiaris, perdidit paenissume.
ubi erat haec defossa, occepit ibi scalpurrire ungulis
circumcirca.   quid opust uerbis? ita mi pectus peracuit :
10 capio fustem, optrunco gallum, furem manufestarium.
credo edepol ego illi mercedem gallo pollicitos coquos,   470
si id palam fecisset.   exemi ex manu † manubrium.
quid opust uerbis? facta est pugna in gallo gallinacio.
sed Megadorus meus adfinis eccum incedit a foro.
15 iam hunc non ausim praeterire quin consistam et conloquar.

V   MEGADORVS   EVCLIO

ME. Narraui amicis multis consilium meum   475
de condicione hac.   Euclionis filiam
laudant.   sapienter factum et consilio bono.
nam meo quidem animo sí idem faciant ceteri
5 opulentiores, pauperiorum filias
ut indotatas ducant uxores domum,   480
et multo fiat ciuitas concordior,
et inuídia nos minore utamur quam utimur,
et illaé malam rem metuant quam metuont magis,
10 et nos minore sumptu simus quam sumus.
in maxumam illuc populi partem est optumum ;   485
in pauciores auidos altercatio est,
quorum animis auidis atque insatietatibus
neque lex neque sutor capere est qui possit modum.

461 coepit del. Goetz   habet Goetz : del. Seyffert   462 vel med
466 vel anu   471 manupretium (?) Leo, nam manūbrium vix Plautinum   482 nos minore Pylades; minore nos cod.   483 vel illaec
485 illec corr. illuc ut vid. cod.   optimam cod. : corr. Camerarius

namque hoc qui dicat 'quó illae nubent diuites   15
490 dotatae, si istuc ius pauperibus ponitur?'
quo lubeant nubant, dum dos ne fiat comes.
hoc sí ita fiat, mores meliores sibi
parent, pro dote quos ferant, quam nunc ferunt,
ego faxim muli, pretio qui superant equos,   20
495 sient uíliores Gallicis cantheriis.
Evc. ita me di amabunt ut ego hunc ausculto lubens.
nimi' lepide fecit uerba ad parsimoniam.
Me. nulla igitur dicat 'equidem dotem ad te attuli
maiorem multo quam tibi erat pecunia ;   25
500 enim mihi quidem aequomst purpuram atque aurum dari,
ancillas, mulos, muliones, pedisequos,
salutigerulos pueros, uehicla qui uehar.'
Evc. ut matronarum hic facta pernouit probe!
moribu' praefectum mulierum hunc factum uelim.   30
505 Me. nunc quoquo uenias plus plaustrorum in aedibus
uideas quam ruri, quando ad uillam ueneris.
sed hoc étiam pulchrum est praequam ubi sumptus petunt.
stat fullo, phyrgio, aurufex, lanarius ;
caupones patagiarii, indusiarii,   35
510 flammarii, uiolarii, carinarii ;
aut manulearií, aut murobatharii,
propolae linteones, calceolarii ;
sedentárii sutores diabathrarii,
solearii astant, astant molocinarii ;   40
515 petunt fullones, sarcinatores petunt ;
strophiarii astant, astant semul zonarii.

490 dotata es istud uis *cod.* : *corr. Camerarius* (ius *V*²)   491
iubeant *cod.* (lubeant *B*¹) (v. 12)   507 sumptus ubǐ *Guietus* : ubǐ
sumptifices (?) *Leo*   508 linarius *B*¹   510 cariarii *Nonius* 541,
549, *qui h. versum post* 521 *in exemplari suo inuenisse uidetur. Citat
saltem vv.* 519, 521 *ante* 510 (*cf. ad frag.* i)   511 myrobatarii (?)
Leo   513 diobatharii *cod.* : *corr. Turnebus*   516 semisonarii *cod.*
(ul *per compend. scriptum erat*) : *corr. Leo*

iam hosce apsolutos censeas : cedunt, petunt
treceni, quom stant thylacistae in atriis
45 textores limbularii, arcularii.
   ducuntur, datur aes. iam apsolutos censeas,   520
   quom incedunt infectores corcotarii,
   aut aliqua mala crux semper est quae aliquid petat.
   Evc. compellarem ego illum, ni metuam ne desinat
50 memorare mores mulierum : nunc sic sinam.
   Me. ubi nugigerulis res soluta est omnibus,   525
   ibi ad postremum cedit miles, aes petit.
   itur, putatur ratio cum argentario ;
   miles inpransus astat, aes censet dari.
55 ubi disputata est ratio cum argentario,
   etiam ipsus ultro debet argentario :   530
   spes prorogatur militi in alium diem.
   haec sunt atque aliae multae in magnis dotibus
   incommoditates sumptusque intolerabiles.
60 nam quae indotata est, ea in potestate est uiri ;
   dotatae mactant et malo et damno uiros.   535
   sed eccum adfinem ante aedis.   quid agis, Euclio ?

vi   E v c l i o   M e g a d o r v s

Evc. Nimium lubenter edi sermonem tuom.
Me. an audiuisti ? Evc. úsque a principio omnia.
Me. tamen méo quidem animo aliquanto facias rectius,
   si nitidior sis filiai nuptiis.   540
5 Evc. pro re nitorem et gloriam pro copia
   qui habent, meminerunt sese unde oriundi sient.
   neque pol, Megadore, mihi neque quoiquam pauperi

---

518 phylacistae *cod.* : *corr. Wilamowitz*   519 limbolarii (-ri) *codd.*
Nonii 541 : limbuarii (*P*E) *vel* linbuarii (*BD*) *cod.*   alcularii *codd. Nonii*
520 iam *Bothe* : iam hosce *cod.* (*cf.* 517)   aes *del. Schoell*   521
croc. *cod., etiam codd. Non.* 549   522 *cf. ad* 510   525 nugigerulus
corr. -lis *cod.* : nugiuendis *testatur Nonius* 144   530 ipsus *Lambi-*
nus : plus ipsus *cod.* (iv. 3)   537 edi *cum glossa superscr.* audiui
cod., edi *etiam codd. Nonii* 454   538 Ain *B*¹   539 tamene *cod.*
(*antiqua forma* ?)   542 meminerint *B*   543 quicquam *cod.* (*non P*J)

opinione melius res structa est domi.

545 ME. immo est ⟨quod satis est⟩, et di faciant ut siet,
⟨et⟩ plus plusque istuc sospitent quod nunc habes.   10
Evc. illud mihi uerbum non placet 'quod nunc habes.'
tam hoc scit me habere quam egomet. anu' fecit palam.
ME. quid tu te solus e senatu seuocas?

550 Evc. pol ego te ut accúsem merito meditabar. ME. quid est?
Evc. quid sit me rogitas? qui mihi omnis angulos   15
furum impleuisti in aedibus misero mihi,
qui mi intro misti in aedis quingentos coquos
cum senis manibus, genere Geryonaceo;

555 quos si Argus seruet, qui oculeus totus fuit,
quem quondam Ioni Iuno custodem addidit,   20
is numquam seruet. praeterea tibicinam,
quae mi interbibere sola, si uino scatat,
Corinthiensem fontem Pirenam potest.

560 tum opsonium autem—ME. pol uel legioni sat est.
etiam agnum misi. Evc. quo quidem agno sat scio   25
magi' curiosam nusquam esse ullam beluam.
ME. uolo ego ex te scire qui sit agnus curio.
Evc. quia ossa ac pellis totust, ita cura macet.

565 quin exta inspicere in sole ei uiuo licet:
ita is pellucet quasi lanterna Punica.   30
ME. caedundum conduxi ego illum. Evc. tum tu idem
                                          optumumst
loces écferendum; nam iam, credo, mortuost.
ME. potare egó hodie, | Euclio, tecum uolo.

544 restructa *cod.*   545 *supplevit Ussing* (iii. 11)   546 et *addidi*
(*praec.* -et)   550 ut te *Acidalius* (*sed cf. Lindsay praef. Capt.* p. 38)
accussem *cod.*, *forma antiqua*   553 aedis *Pylades*: aedibus *cod.* (*cf.* 552)
555 oculatus *Festus* 178 *ut uid.* (*sed* oculeus 28)   557 praerea
cod. (*non* D)   558 scatat *Gulielmius*: scatet *cod.* 559 Pirenam
Valla: et pirineum *cod.*   562 curionem *Gulielmius*: curiosam *etiam*
codd. Nonii 455: *uix* curionam   563 uolo scire ego ex te *codd. Nonii* 86
564 totust] tenos *codd. Nonii* 509   macet *codd. Non.*: magei *cod.*
(G *pro* C, I *pro* T)   565 ei *Gruterus*: e *cod.*: *fort.* de   567 conduxi ego illum *codd. Nonii* 272, 274: ego illum conduxi *cod.*   569
uix hŏdie   ⟨hic⟩ Eu. *Mueller*

Evc. non potem egó quidem hercle. Me. át ego iussero   570
35 cadum unum uini ueteris a me adferrier.
Evc. nolo hercle, nam mihi bibere decretum est aquam.
Me. ego te hodie reddam madidum, si uiuo, probe,
tibi quoi decretum est bibere aquam. Evc. scio quam rem
                                       agat :
ut me deponat uino, eam adfectat uiam,   575
40 post hoc quod habeo ut commutet coloniam.
ego id cauebo, nam alicubi apstrudam foris.
ego faxo et operam et uinum perdiderit simul.
Me. ego, nisi quid me uis, eo lauatum, ut sacruficem.—
Evc. edepol ne tu, aula, multos inimicos habes   580
45 atque istuc aurum quod tibi concreditum est.
nunc hoc mihi factust optumum, ut ted auferam,
aula, in Fidei fanum : ibi apstrudam probe.
Fides, nouisti mé et ego te : caue sis tibi
ne tu immutassis nomen, si hoc concreduo.   585
50 ibo ad te fretus tua, Fides, fiducia.—

ACTVS IV

          L Y C O N I D I S S E R V V S

L. S. Hoc est serui facinus frugi, facere quod ego persequor,
ne morae molestiaeque imperium erile habeat sibi.
nam qui ero ex sententia seruire seruos postulat,
in erum matura, in se sera condecet capessere.   590
5 sin dormitet, ita dormitet seruom sese ut cogitet.
nam qui amanti ero séruitutem seruit, quasi ego seruio,
si erum uidet superare amorem, hoc serui esse officium reor,
retinere ad salutem, non enim quo incumbat eo impellere.

---

570 *vix* potitem   581 congreditum *cod.* (G *pro* C)   583 aula
Scutarius : aulam *cod.*   584 *vel* nóuisti (nosti) *med*   585
inmemutassis *codd.* : *corr. Acidalius* (iv 3)   589 eri *codd. Nonii* 375
591 se esse *Mueller*   592-8 *seclusit Brix*

595 quasi puerí qui nare discunt scirpea induitur ratis,
 qui laborent minu', facilius ut nent et moueant manus, 10
 eodem modo seruom ratem esse amanti ero aequom censeo,
 ut toleret, ne pessum abeat tamquam ⟨catapirateria⟩.
 eri ille imperium ediscat, ut quod frons uelit oculi sciant ;
600 quod iubeat citis quadrigis citius properet persequi.
 qui ea curabit apstinebit censione bubula, 15
 nec sua opera rediget umquam ín splendorem compedis.
 nunc eru' meus amat fíliam huiius Euclionis pauperis ;
 eam ero nunc renuntiatum est nuptum huic Megadoro dari.
605 is speculatum huc misit me, ut quae fierent fieret particeps.
 nunc sine omní suspicione in ara hic adsidam sacra ; 20
 hinc ego et huc et illuc potero quid agant arbitrarier.

E V C L I O L Y C O N I D I S S E R V V S ii

Evc. Tu modo caue quoiquam indicassis aurum meum esse
            istic, Fides :
non metuo ne quisquam inueniat, ita probe in latebris
            situmst.
610 edepol ne illic pulchram praedam agat, si quis illam inuenerit
aulam onustam auri ; uerum id te quaeso ut prohibessis,
            Fides.
nunc lauabo, ut rem diuinam faciam, ne adfinem morer 5
quin ubi accersat meam extemplo filiam ducat domum.
uide, Fides, etiam atque etiam nunc, saluam ut aulam aps
            te auferam :
615 tuae fide concredidi aurum, in tuo luco et fano est situm.

  595 scirpo *cod. Festi* 330 (*sed* scirpea 166), *Donati ad And.* 5, 4, 38
598 ut ⟨eum⟩ *Hare* tolleret *cod.* *suppl. Lambinus* (iii. 4) 599
eri ille *Wagner* : herile *cod.* 603 Nam *Brix* 608 quiquam
B³ ut vid. : quicquam *P*ᴮᴰ indicasses (-sis *D*) *cod.* 609 probet
corr. probe *cod.* 613 meam *Hare* : me meam *cod.* (iv. 3) 615
fano e. s. *Pylades* : fano modo est situm *cod.* (*ex duplici lectione* fano
modo *et* fano est situm *conflatum*)

L. S. di inmortales, quod ego hunc hominem facinus audiui
                                                    loqui?
10 se aulam onustam auri apstrusisse hic intus in fano Fidi.
caue tu illi fidelis, quaeso, potius fueris quam mihi.
atque hic pater est, ut ego opinor, huius erus quam amat
                                                    ⟨meus⟩.

ibo hinc intro, perscrutabor fanum, si inueniam uspiam   620
aurum, dúm hic est occupatus. sed si repperero, o Fides,
15 mulsi congialem plenam faciam tibi fideliam.
id adeo tibi faciam; uerum ego mihi bibám, ubi id fecero.—

iii   E V C L I O

Evc. Non temere est quod coruos cantat mihi nunc ab
                                                    laeua manu;
semul radebat pedibus terram et uoce croccibat sua: 625
continuo meum cor coepit artem facere ludicram
atque in pectus emicare. sed ego cesso currere.

iv   E V C L I O   L Y C O N I D I S   S E R V V S

Evc. ⟨I⟩ foras, lumbrice, qui sub terra erepsisti modo,
qui modo nusquam comparebas, nunc quom compares peris.
[ego] edepol te, praestrigiator, miseris iam accipiam modis. 630
L. S. quae te mala crux agitat? quid tibi mecum est com-
                                                    merci, senex?
5 quid me adflictas? quid me raptas? qua me caussa uerberas?
Evc. uerberabilissume, etiam rogitas, non fur, sed trifur?
L. S. quid tibi surrupui? Evc. redde huc sis. L. S. quid
                                            tibi uis reddam? Evc. rogas?

616 audiui *Bothe, metro consulens*: audio *cod.*: audio ⟨e⟩loqui
Schoell   617 *vel* Fidēi   619 *vel* opino   meus *add. Luchs*:
⟨uirginis⟩ *Mueller*   623 id ubi *Reiz*   625 simul *codd. Nonii*
45: semel *cod.* (*pro* semul, *antiqua forma*)   628 I foras *Lambinus*: ⟨Foras⟩ foras *Camerarius*   629 comparabas *cod.*   630
ego *delevi* (iv. 3)   634 rogas *Camerarius*: rogitas *cod.* (*cf.* 633)

635 L.S. nil equidem tibi apstuli.   Evc. at illud quod tibi aps-
                                          tuleras cedo.
    ecquid agis?   L. S. quid agám?   Evc. auferre non potes.
                                          L. S. quid uis tibi?
    Evc. pone.   L. S. id quidem pol te datare credo consuetum, 10
                                          senex.
    Evc. pone hoc sis, aufer cauillam, non ego nunc nugas ago.
    L. S. quid ergo ponam?   quin tu eloquere quidquid est suo
                                          nomine.
640 non hercle equidem quicquam sumpsi nec tetigi.   Evc.
                                          ostende huc manus.
    L. S. em tibi, ostendi, eccas.   Evc. uideo.   age ostende
                                          etiam tertiam.
    L. S. laruae hunc atque intemperiae insaniaeque agitant 15
                                          senem.
    facin iniuriam mi [annon]?   Evc. fateor, quia non pendes,
                                          maxumam.
    atque id quoque iam fiet, nisi fatere.   L. S. quid fatear tibi?
645 Evc. quid apstulisti hinc?   L. S. di me perdant, si ego tui
                                          quicquam apstuli,
    niue adeo apstulisse uellem.   Evc. ágedum, excutedum
                                          pallium.
    L. S. tuo arbitratu.   Evc. ne inter tunicas habeas.   L. S. 20
                                          tempta qua lubet.
    Evc. uah, scelestus quam benigne, ut ne apstulisse intel-
                                          legam !
    noui sycophantias.   age rusum.   óstende huc manum
650 dexteram.   L. S. em.   Evc. nunc laeuam ostende.   L. S.
                                          quin equidem ambas profero.

---

    635 *fort.* tibi quod   636 ⟨hinc⟩ auferre *Reiz*   637 id
Pareus : di *cod.*   639 ego *Ital.*   640 non equidem ego
qua uoluptate (? *pro* quicquam a te) sumsi neque tetigi *codd. Nonii* 396
643 facisne *cod.*   annon *del. Langen*   648 *vel* scelestu's   649
si conpantyas *cod.*   rusus (?) *Leo*

Evc. iam scrutari mitto.   redde huc.   L. S. quid reddam?
Evc. a, nugas agis,
25 certe habes.   L. S. habeo ego? quid habeo?   Evc. non
dico, audire expetis.
id meum, quidquid habes, redde.   L. S. insanis : perscruta-
tus es
tuo arbitratu, neque tui me quicquam inuenisti penes.
Evc. mane, mane.   quís illic est? quis hic íntus alter erat 655
tecum simul?
perii hercle : ill' nunc intus turbat, hunc si amitto hic abierit.
30 postremo hunc iam perscrutaui, hic nihil habet.   abi quo
lubet.
L. S. Iuppiter te dique perdant.   Evc. hau male egit gratias.
ibo intro atque illi socienno tuo iam interstringam gulam.
fugin hinc ab oculis? abin hinc annon?   L. S. abeo.   Evc. 660
caue sís te uideam.

v   L Y C O N I D I S   S E R V V S

L. S. Emortuom ego me mauelim leto malo
quam non ego illi dém hodie insidias seni.
nam | hic iam non audebit aurum apstrudere :
credo ecferet iam secum et mutabit locum.
5 attat, fori' crepuit.   senex eccum aurum ecfert foras.   665
tantisper huc ego ad iánuam concessero.

vi   E V C L I O   L Y C O N I D I S   S E R V V S

Evc. Fide censebam maxumam multo fidem
esse, ea subleuit os mihi paenissume :
ni subuenisset coruos, periissem miser.
nimis hercle ego illum coruom ad me ueniat uelim   670

657 hunc iam *Nonius* 317, 469 : iam hunc *cod.*   hic *om. codd.*
Nonii 317 (469 *in* perscr. *desinunt*)   nihil *codd. Nonii* : nihili *cod.*
658 egit *Mueller* : agit *cod.* : agit ⟨hic⟩ *Koch*   malé agit *vix ferendum*
659 intro *codd. Nonii* 172 : hinc intro *cod.* (iv. 3)   660 hinc
alterum del. Pylades, ut versus septenarius fiat   te u.] reuideam *Bothe*
663 hic] illic *Bach*   666 huc *Lambinus* : hic *cod.*   668 subluit *cod.*

qui indicium fecit, ut ego illic aliquid boni   5
dicam ; nam quod edit tam duim quam perduim.
nunc hoc ubi apstrúdam cogito solum locum.
Siluani lucus extra murum est auius,
675 crebro salicto oppletus.   ibi sumam locum.
certumst, Siluano potius credam quam Fide.—   10
L. S. eugae, eugae, di me saluom et seruatum uolunt.
iam ego illúc praecurram atque inscendam aliquam in ar-
                                                borem
indéque opseruabo | aurum ubi apstrudat senex.
680 quamquam hic manere mé erus sese iusserat ;
certum est, malam rem potius quaeram cum lucro.—   15

LYCONIDES   EVNOMIA   (PHAEDRIA)   vii

Ly. Dixi tibi, mater, iuxta mecum rem tenes,
super Euclionis filia.   nunc te opsecro
resecroque, mater, quod dudum opsecraueram :
685 fac mentionem cum auunculo, mater mea.
Evn. scis tute facta uelle me quae tu uelis,   5
et istúc confido ⟨a⟩ fratre me impetrassere ;
et caussa iusta est, siquidem ita est ut praedicas,
te eam cómpressisse uinolentum uirginem.
690 Ly. egone ut te aduorsum mentiar, mater mea ?
Ph. Perii, mea nutrix.   opsecro te, uterum dolet.   10
Iuno Lucina, tuam fidem !   Ly. em, mater mea,
tibi rem potiorem uideo : clamat, parturit.
Evn. i hac intro mecum, gnate mi, ad fratrem meum,

672 tam dium quam perdium *cod.* : *corr. Camerarius*   674 lucus
codd. Nonii 396 : lacus *cod.*   auius *codd. Non.* : aulus *cod.*   675
creber salictu *codd. Non.*   677 fuge fuge *cod.* : *corr. Camerarius*
678 percurram *cod.*   679 *vel* ind'que   atque inde o. au. *Pareus* :
i. o. ⟨hoc⟩ aurum *Pylades sed cf.* 707)   680 *vel* med eru'   682
mecum rem *codd. Nonii* 322 : rem mecum *cod.*   684, 685 *inverso*
ordine cod. : *corr. Pareus (homoeoteleuton* opsecr- *causa erroris* : ii. 6)
685 meo (?) *Leo*   687 a *add. Pylades*   691 te *om. codd. Nonii*
229   693 uideo] uerbo *Leo, fort. recte* (vii 2)   694 Ei *cod.,*
antiqua forma

ut istúc quod me oras impetratum ab eo auferam.—   695

15 Ly. i, iam sequor te, mater. sed seruom meum
    †Strobilum† miror ubi sit, quem ego me iusseram
    hic opperiri. nunc ego mecum cogito :
    si mihi dat operam, me illi irasci iniurium est.
    ibo intro, ubi de capite meo sunt comitia.—   700

viii   L Y C O N I D I S   S E R V V S

L. S. Picis diuitiis, qui aureos montis colunt,
    ego solus supero. nam istos reges ceteros
    memorare nolo, hóminum mendicabula :
    ego sum ille rex Philippus. o lepidum diem !

5 nam ut dudum hinc abii, multo illo adueni prior   705
    multoque priu' me conlocaui in arborem
    indéque exspectabam, aurum ubi apstrudebat senex.
    ubi ille ábiit, ego me deorsum duco de arbore,
    ecfodio aulam auri plenam. índe ex eo loco

10 uideo recipere se senem ; ill' me non uidet,   710
    nam ego declinaui paullulum me extra uiam.
    attat, eccum ipsum. íbo ut hoc condam domum.—

ix   E V C L I O   L Y C O N I D E S

Evc. Perii, interii, occidi. quo curram ? quo non curram ?
                  tene, tene. quem ? quis ?
    nescio, nil uideo, caecus eo atque equidem quo eam aut ubi
                  sim aut qui sim
    nequeo cum animo certum inuestigare. opsecro ego uos, 715
                  mi auxilio,

695 imp. ab. eo auf. *Gruterus* : [effitiam tibi] impetratum habeo
auferam *cod.* (iv. 1)   698 nunc] quom *Seyffert* (v. 1)   700 ⟨hinc⟩
intro ubï *Brix*   701 pici (*et sq. v.* Eos) *codd. Nonii* 152   707
vel ind'que   spectabam *Lambinus*   ubi aurum *Pylades, cui*
ubi | aps. *displicet*   708 deorsum d.] duco serium *codd. Nonii* 284
709 exeo ilico *Brix*   711 nam ego *Pylades* : nam ego non *cod.* (*pro*
nam ego *cum var. l.* non. *Fuit* n̄ *in exemplari* ; vii, p. 95)   paululum
Ital.: paulum *cod.* (*cf. Asin.* 925 paulum *pro* paullulum ; v. 8)   712
⟨ego⟩ ibo *Goetz*   715 uos ego *cod.* : *trai. Peters* (*Harv. Stud.* 9, 116)

oro, optestor, sitis et hominem demonstretis, quis eam apstu-
                                                            lerit.
quid ais tu? tibi credere certum est, nam esse bonum ex 5
                                            uoltu cognosco.
quid est? quíd ridetis? noui omnis, scio fures esse hic
                                                    compluris,
qui uestitu et creta occultant sese atque sedent quasi sint frugi.
720   hem, nemo habet horum? occidisti.   dic igitur, quis
                                            habet? nescis?
            heu me miserum, misere perii,
721ᵃ   male perditu', pessume ornatus eo :   10
            tantum gemiti et mali maestitiaeque
722ᵃ   hic dies mi optulit, famem et pauperiem.
            peritissumus ego sum omnium in terra ;
723ᵃ   nam quid mi opust uita, [qui] tantum auri
            perdidi, quod concustodiui   15
724ᵃ   sedúlo? egomét me defrudaui
            animumque meum geniumque meum ;
725ᵃ   nunc éo alií laetificantur
726   meo malo et damno.   pati nequeo.
Ly. quinam homo hic ante aedis nostras eiulans conqueritur 20
                                                        maerens?
atque hicquidem Euclio est, ut opinor.   oppido ego interii :
                                                    palamst res,
scit peperisse iam, ut ego opinor, filiam suam.   nunc mi
                                                    incertumst
730   abeam an maneam an adeam an fugiam.   quid agam?
                                            édepol nescio.

717, 718 post v. 719 cod. : corr. Acidalius (prius om. propter homoeoarch. qui- : ii. 6)   717 quis cod.   ex Camerarius : et codd. (vi,
p. 85)   718 quod r. B   722 gemiti et codd. Nonii 487, Prisciani 1,
258 : gemit te et cod. (pro gemitei et) (gemiti ę et B²)   malae
codd. Prisc.   722ᵃ mihi hic dies codd. Prisc., Non.   723 peritissimus
scripsi (Class. Rev. 10, 332) : perditissimus cod.   723ᵃ nam del.
Mueller   qui del. Spengel   725ᵃ eo] ergo Mueller (v. 12, p. 74)
728, 729 vel opino   730 abeam Hare : quid agam abeam cod.

x   Evclio   Lyconides

Evc. Quis homo hic loquitur? Ly. ego sum miser. Evc.
                                    immo ego sum, et misere perditus,
quoi tanta mala maestitudoque optigit. Ly. animo bono es.
Evc. quó, opsecro, pacto esse possum? Ly. quia istuc
                                    facinus quod tuom
sollicitat animum, id ego feci et fateor. Evc. quid ego ex
                                    te audio?
5 Ly. id quod uerumst. Evc. quid ego ⟨de te⟩ demerui, 735
                                    adulescens, mali,
quam ob rem ita faceres meque meosque perditum ires
                                    liberos?
Ly. deu' mihi impulsor fuit, is me ad illam inlexit. Evc.
                                    quo modo?
Ly. fateor peccauisse ⟨me⟩ et me culpam commeritum scio;
id adeo te oratum aduenio ut animo aequo ignoscas mihi.
10 Evc. qur id ausu's facere ut id quod non tuom esset tangeres? 740
Ly. quid uis fieri? factum est illud: fieri infectum non potest.
deos credo uoluisse; nam ni uellent, non fieret, scio.
Evc. at ego deos credo uoluisse ut apud me te in neruo
                                    enicem.
Ly. ne istuc dixis. Evc. quid tibi ergo meam me inuito
                                    tactiost?
15 Ly. quia uini uitio atque amoris feci. Evc. homo audacis- 745
                                    sume,
cum istacin te oratione huc ad me adire ausum, inpudens!
nam si istuc ius est ut tu istuc excusare possies,
luci claro deripiamus aurum matronis palam,

731 ego sum. Evc. immo ego sum miser et misere perditus *cod.*:
corr. Acidalius   et miser et perditus *Seyffert*   735 uersumst
cod.   emerui *post lacunam cod.*: de te *suppl. Camerarius*, dem. *scripsi*
(credo d&ed, *ut intellectu difficile, praetermissum esse a scriba*; iii. 4):
erga te commerui *Redslob*   738 me *add. Bentley* (iii. 3)   743
me te *Pistoris*: te me *cod.*   748 luci claro *testatur Nonius* 210:
luce clara *cod.* (i. 7)   diripiamus *D*: disripiamus *codd. Nonii*

postid si prehensi simus, excusemus ebrios
750 nos fecisse amoris caussa.   nimi' uilest uinum atque amor,   20
si ebrio atque amanti inpune facere quod lubeat licet.
Ly. quin tibi ultro supplicatum uenio ob stultitiam meam.
Evc. non mi homines placent qui quando male fecerunt
                                                purigant.
tu illam scibas non tuam esse : non attactam oportuit.
755 Ly. ergo quia sum tangere ausus, hau causificor quin eam   25
ego habeam potissumum. Evc. tun habeas me inuito meam ?
Ly. hau te inuito postulo ; sed meam esse oportere arbitror.
quin tu iam inuenies, inquam, meam illam esse oportere,
                                                Euclio.
Evc. nisi refers—Ly. quid tibi ego referam ? Evc. quod
                                                surrupuisti meum,
760 iam quidem hercle te ad praetorem rapiam et tibi scribam 30
                                                dicam.
Ly. surrupio ego tuom ? unde ? aut quid id est ? Evc. ita
                                                te amabit Iuppiter,
ut tu nescis. Ly. nisi quidem tu mihi quid quaeras dixeris.
Evc. aulam auri, inquam, te reposco, quam tu confessu's
                                                mihi
te apstulisse. Ly. neque edepol ego dixi neque feci. Evc.
                                                negas ?
765 Ly. pernego immo. nam neque ego aurum neque istaec 35
                                                aula quae siet
scio nec noui. Evc. illam, ex Siluani luco quam apstu-
                                                leras, cedo.
i, refer. dimidiam tecum potius partem diuidam.
tam etsi fur mihi es, molestus non ero. i uero, refer.
Ly. sanus tu non es qui furem me uoces. ego te, Euclio,

---

751 liet *corr.* licet *cod.*   753 purigant *Ritschl* : purgitant *cod.*
(*cf. Cist.* 384 purgitans *pro* purigans)   758 iam *Brix* : eam *cod.*
(*cf. v.* 782 iam P^E *pro* eam ; *Amph.* 478 iam $D\bar{E}$ *pro* eam, *etc.*)   illam
meam *Bothe*   759, 760 *inverso ordine Acidalius*   761 surrupui
P^J ambit *cod.* (vi. 1, p. 103)

40 dé alia re resciuisse censui, quod ad me attinet ;   770
     magna est [res] quam ego tecum otiose, si otium est, cupio
                                             loqui.

Evc. dic bona fide : tu id aurum non surrupuisti ? Ly. bona.
Evc. neque ⟨eum⟩ scis qui apstulerit ?   Ly. istuc quoque
                        bona.   Evc. atque id si scies
qui apstulerit, mihi indicabis ?   Ly. faciam.   Evc. neque
                                       partem tibi
45 ab eo quoiumst indipisces neque furem excipies ?   Ly. ita. 775
Evc. id ⟨si⟩ fallis ?   Ly. tum me faciat quod uolt magnus
                                       Iuppiter.
Evc. sat habeo. age nunc loquere quid uis.   Ly. si me
                                     nouisti minus,
genere quo sim gnatus : hic mihi est Megadorus aunculus,
meu' fuit pater Antimachus, ego uocor Lyconides,
50 mater est Eunomia.   Evc. noui genu'.   nunc quid uis ? 780
                                     id uolo
noscere. Ly. filiam ex te tú habes.   Evc. immo éccillam domi.
Ly. eam tu despondisti, opinor, meo aunculo.   Evc. omnem
                                     rem tenes.
Ly. is me nunc renuntiare repudium iussit tibi.
Evc. repudium rebus paratis, exornatis nuptiis ?
55 ut illum di inmortales omnes deaeque quantum est perduint, 785
quem propter hodie auri tantum perdidi infelix, miser.
Ly. bono animo es, bene dice. nunc quae res tibi et
                                     gnatae tuae

---

771 res *del. Hare*   *vix* m. rĕst   773 neque scis qui abstulerit *verba in v.* 774 *inter* abstulerit *et* mihi *detulit cod.* (ii. 6) : *corr.*
Camerarius   eum *add. Langen*   775 adeo *Nonius* 129, 293
cuiumst (quoiumst) *Goetz* : cuiquam est *cod.* (i 7) : cui sit *codd. Nonii*
129, cuiuis (cuius) 293   indipisces *testatur Nonius* 129 : indipiscis
codd. Nonii 293 : inde posces *cod.*   excipies *testatur Nonius* 293
(-as *codd., sed* 129 *recte*) : expies *cod.* (iii. 10)   776 Id ⟨si⟩ *Valla* :
Quid si *Camerarius*   779 pater fuit *Leo, cui* patēr *displicet*   781
ex te fil. (!) *Leo*   *fort.* ⟨Euclio⟩ Evc. (iii. 2)   782 *vel* opino   784
exornatis *codd. Nonii* 105 : atque exornatis *cod.* (*idem error in Capt.* 658,
Bacch. 1115, *Cist.* 205, *Curc.* 280, 351)   787 benedice *Pylades* : et
benedice *cod.*

bene feliciterque uortat—ita di faxint, inquito.
Evc. ita di faciant.   Ly. et mihi ita di faciant.   audi
                                             nunciam.
790 quí homo culpam admisit in se, nullust tam parui preti   60
quin pudeat, quin purget sese.   nunc te optestor, Euclio,
ut si quid ego erga te inprudens peccaui aut gnatam tuam,
ut mi ignoscas eamque uxorem mihi des, ut leges iubent.
ego me iniuriam fecisse filiae fateor tuae
795 Cereris uigiliis per uinum atque impulsu adulescentiae.   65
Evc. ei mihi, quód ego facinus ex te aúdio ?   Ly. qur eiulas,
quém ego auom feci iam ut esses filiai nuptiis ?
nam tua gnata peperit, decumo mense post : numerum cape;
ea re repudium remisit aunculus caussa mea.
800 í intro, exquaere sitne ita ut ego praedico.   Evc. perii oppido, 70
ita mihi ad malum malae res plurumae se adglutinant.
ibo intro, ut quid huiius uerum sit sciam.—Ly. iam te sequor.
haec propemodum iam esse in uado salutis res uidetur.
nunc seruom esse ubi dicam meum †Strolum† non re-
                                             perio :
805 nisi etiam hic opperiar tamen paullisper ; postea intro   75
hunc supsequar.   nunc interim spatium ei dabo exquirendi
  meum factum ex gnatae pedisequa nutrice anu : ea rem
                                             nouit.

ACTVS V

Lyconidis Servvs   Lyconides   V.i

L. S. Di inmortales, quibus et quantis me donatis gaudiis !
quadrilibrem aulam aúro onustam hábeo.   quis me est ditior ?

791 quin pud. *cod.* (? *pro* qum. *antiqua forma, Journ. Phil.* 26, 289)
       793 iubeant *cod.* (i. 9)   794 filiae fecisse *cod.* : *trai.*
Camerarius   796 quod facinus ex te ego *cod., inusitato verborum
ordine : corr. Guietus* (*sed* ei mihí *placet*)   *vel* ted   802 uerum *Bothe* :
ueri *cod.* (i. 9)   804 strobolum *B*³   807 anu ea rem *Camerarius* :
anueram *cod.* (i. 6)   809 aulam quadrilibrem *Osbernus.   Hiatum
allitterationi acceptum refero*

quis me Athenis nunc magi' quisquam est homo quoi di sint 810
propitii?

Ly. certo enim ego uocem hic loquentis modo mi audire
uisu' sum.   L. S. hem,

5 erumne ego aspicio meum?   Ly. uideon ego hunc seruom
meum?

L. S. ipsus est.   Ly. haud alius est.   L. S. congrediar.   Ly.
contollam gradum.

credo ego illum, út iussi, eampse anum adiisse, huius nutri- 814
815
cem uirginis.

L. S. quin ego illi me inuenisse dico hanc praedam atque
eloquor?

igitur orabo ut manu me emittat. ibo atque eloquar.

10 repperi—Ly. quid repperisti?   L. S. non quod pueri clami-
tant

in faba se repperisse.   Ly. iamne autem, ut soles? deludis.

L. S. ere, mane, eloquar iam, ausculta.   Ly. age ergo loquere. 820
L. S. repperi hodie,

ere, diuitias nimias.   Ly. ubinam?   L. S. quadrilibrem, inquam, aulam auri plenam.

Ly. quod ego facinus audio ex te?   L. S. Eúclioni huic
seni surrupui.

15 Ly. ubi id est aurum?   L. S. in arca apud me.   nunc uolo
me emitti manu.

Ly. egone te emittam manu,
scelerum cumulatissume?
825

L. S. abi, ere, scio quam rem geras.

lepide hercle animum tuom temptaui. iám ut eriperes
apparabas:

20 quid faceres, si repperissem?   Ly. non potes probasse nugas.

---

811 mi *Wagner* : me *cod.*   812 uideo *cod.*   hunc *Brix* : hunc strobilum *cod.*   813 alius *Pylades* : aliud *cod.*   816 illi me *Pylades* : illum *cod.*   atque eloquar *cod.* : *secl. Ussing* (*cf.* 817) 817 iboque atque *cod.* (iv. 3)   822 *vel* ted   Eucl. (*del.* L. S.) hic seni subripuit *Leo*

i, redde aurum.   L. S. reddam ego aurum?   Ly. redde,
                   inquam, ut huic reddatur.   L. S. unde?
830 Ly. quod modo fassu's esse in arca.   L. S. soleo hercle ego
                                            garrire nugas.
    ita loquor.   Ly. át scin quo modo?   L. S. uel hercle énica,
                    numquam hinc feres a me

            *   *   *   *

(FRAGMENTA)

pro illis corcotis, strophiis, sumptu uxorio.   I

ut admemordit hominem!   II

(Evc.) ego ecfodiebam in die denos scrobes.   III

(Evc.) nec noctu nec diu quietus umquam eram; nunc IV
                                            dormiam.

(L. S.) qui mi holera cruda ponunt, hallec adduint.   V

(FRAGMENTA DVBIA)

quin mihi caperratam tuam frontem, Strobile, omittis?   VI
            sed leno egreditur foras,   VII
hinc ex occulto sermonatus sublegam.

I *Nonius* 538 (strophiu**m**)   II *Gellius* 6, 9, 6 (memordi)   III
Nonius p. 225 (scrobes)   ⟨ei⟩ in (?) *Leo*   IV *Nonius* 98 (diu pro
die)   v *Nonius* 120 (hallec genere neutro)   adduint *Quicherat* :
duint *codd.*   VI *Varronis Eumenidum* (134 *Buech.*) *versus est. Sed
utrum eum ex Plauti Aulularia an aliunde Varro mutuatus sit incertum*
VII *Nonius* 332 (legere surripere significat)   sermone(-es) atus
subl. *cod.* : *correxi* : sermonem eius sub. *Mercerus*

BACCHIDES

PERSONAE

Pistoclervs Advlescens
Bacchis ⎱
Bacchis ⎰ Sorores Meretrices
Lydvs Paedagogvs
Chrysalvs Servvs
Nicobvlvs Senex
Mnesilochvs Advlescens
Philoxenvs Senex
Parasitvs
Pver
Artamo Lorarivs
Cleomachvs Miles

Scaena ATHENIS

(FRAGMENTA ex Actu Primo)

quibus ingenium in animo utibilest, modicum et sine uerni-   I (IV G)
                                    litate
uincla, uirgae, molae : saeuitudo mala   II (V)
fit peior
conuerrite * scopis, agite strenue   III (VI)
                         ecquis euocat   IV (VII)
5 cum nassiterna et cúm aqua istum inpurissumum ?
sicut lacte lactis similest   V (VIII)
(BA.) illa mea cognominis fuit   VI (III)
(latro) suam qui auro uitam uenditat   VII (IX)
scio spiritum eiius maiorem esse multo   VIII (X)
10 quam folles taurini habent, quom liquescunt
petrae, ferrum ubi fit. ⟨Quoiatis tibi uisust ?⟩
Praenestinum opino esse, ita erat gloriosus.
        neque ⟨id⟩ hau subditiua gloria oppidum arbitror.   IX (XI)
(Pv.) nec a quóquam acciperes alio mercedem annuam,   X (XVII)
15 nisi ab sése, nec cum quiquam limares caput.
limaces uiri   XI (XVIII)

1 *Nonius* 342 (*s.* modicum) q. ignes in *codd.* *Charisius* 206 (mo-
dice) ingenium in animo utibile et modicum est   II *Nonius* 172
(*s.* saeuitudo)   III *Charisius* 219 (strenue)   ⟨aedis⟩ *Ritschl :*
⟨istuc⟩ (?) *Leo*   IV *Festus* 169 (*s.* nassiterna)   *cum* III *coniungi*
debet ; antecessit nomen servi quem evocat   *cf. codd. Fulgentii* 563 effer
mnasiternam cum aqua foras   V *Probus* 7, *Pompeius* 199 (lacte
testantes) sicut lacte lactis simile est (est *om. codd. Pomp.*)   VI
Servius ad. Aen. 6, 383 (cognominis)   mea (mei) *codd.*   VII *schol.*
Aen. 12, 7 (latro)   VIII *servavit totum omissis* quom (*v.* 10) . . . fit
(*v.* 11) *Prisciani additamentum* 1, 575 (cuias), *v.* 10, 11 quam . . . fit
schol. Verg. Georg. 4, 171, *v.* 12 *Nonius* 474 (*s.* opino)   10 habeant
codd. Prisc.   11 *suppl. Ritschl*   12 opino *testatur Nonius*   IX
Donatus ad And. 1, 2, 34 (neque tu haud dicas)   id *add. Ritschl* **ne**
neque *et* haud *contra morem Plautinum iuxta stent*   X *Nonius* 334
(*s.* limare) necum quoquam acceperis alio (salio) *codd. : corr. Mercerus*
XI *Nonius* 333 (*s.* limare)

xii (xiii)   cor meum, spes mea,
            mel meum, suauitudo, cibus, gaudium.
xiii (xiv) sine te amem
xiv (xix)   Cupidon tecum saeuit anne Amor?   20
xv (i)   BA. Vlixem audiui fuisse aerumnosissumum,
            quia annos uiginti errans a patria afuit;
            uerum hic adulescens multo Vlixem anteit ⟨fide⟩,
            qui | ilico errat intra muros ciuicos.
xvi (ii)   quidquid est nomen sibi   25
xvii (xii) (PI.) quae sodalem atque me exercitos habet
xviii (xx) nam credo quoiuis excantare cor potes.
xix (xvi)   sin lenocinium forte conlibitum est tibi,
            uideas mercedis quid tibi est aequom dari,
            ne istac aetate me sectere gratiis.   30
xx (xv)   Arabus

ACTVS I

I. i   BACCHIS   SOROR   PISTOCLERVS
                        * * *
            BA. Quid si hoc potis est ut tu taceas, ego loquar? So. 35
                                                    lepide, licet.
            BA. ubi me fugiet memoria, ibi tu facito ut subuenias, soror.
            So. pol magi' metuo ne defuerit mihi in monendo oratio.
            BA. pol quoque metuo lusciniolae ne defuerit cantio.

---

xii *Nonius* 173 (s. suauitudo), *inter fr. II et Epid.* 609   xiii
Donatus ad Eun. 4, 2, 13 (amare)   xiv *Nonius* 421 *et schol.*
Aen. 4, 194   saeuis *codd. Nonii*: sicut *codd. schol.* (*ex* seuit;
cu *pro* ui)   *fort.* te conseuit   xv *Charisius* 201 (ilico)   22
ann̄ *cod.* (*i. e.* -nos?, -nis?)
23 fide *add.* (?) *Leo*   24 q. ⟨hic⟩ *Ritschl*   xvi *schol. Aen.* 10,
493 (quidquid)   xvii *Charisius* 229 (atque), *Nonius* 6 (s. exercitus)   xviii *Nonius* 102 (s. excantare) potest *codd.*; *schol. Verg.*
Buc. 8, 71 nam tu quidem cuiuis excantare cor facile potes   xix
Charisius 200 (gratiis)   'fortasse servi iocantur vel prologus' *Leo*
xx *Charisius* 123 (Arabus)   35-80 *praesto est* T   35 tu *cod.*
Charisii 204: om. *cod.*   37 mihi in monendo ne defuerit oratio
cod.: *trai. Leo*   38 pol ego (p. e. quoque P^{CD}) m. *Reiz*

sequere hac.   Pɪ. quid agunt duae germanae meretrices 5
cognomines?
40 quid in consilio consuluistis?   Bᴀ. bene.   Pɪ. pol hau
meretriciumst.
Bᴀ. miserius nihil est quam mulier.   Pɪ. quíd esse dicis
dignius?
Bᴀ. haec ita me orat sibi qui caueat aliquem ut hominem
reperiam,
ut istunc militem—ut, ubi emeritum sibi sit, se reuehat
domum.
id, amabo te, huic caueas.   Pɪ. quíd isti caueam?   Bᴀ. ut 10
reuehatur domum,
45 ubi ei dediderit operas, ne hanc ille habeat pro ancilla sibi;
nam si haec habeat aurum quód illi renumeret, faciat lubens.
Pɪ. ubi nunc is homost?   Bᴀ. iam hic credo aderit.   sed
hoc idem apud nos rectius
poteris agere; atque is dum ueniat sedens ibi opperibere.
eadem biberis, eadem dedero tibi ubi biberis sauium.   15
50 Pɪ. uiscus meru' uostrast blanditia.   Bᴀ. quid iam?   Pɪ.
quia enim intellego,
duae unum éxpetitis palumbem, perî, harundo alas uerberat.
non ego istúc facinus mihi, mulier, conducibile esse arbitror.
Bᴀ. quí, amabo?   Pɪ. quia, Bacchis, Bacchas metuo et
bacchanal tuom.
Bᴀ. quid est?   quid metuis?   ne tibi lectus malitiam apud 20
me suadeat?
55 Pɪ. magis inlectumtuom quamlectummetuo. malatu esbestia.
nam huic aetati non conducit, mulier, latebrosus locus.
Bᴀ. egomet, apud me si quid stulte facere cupias, prohibeam.
sed ego apud me te esse ob eam rem, miles quom ueniat, uolo,
quia, quom tu aderis, huic mihique hau faciet quisquam 25
iniuriam:

40 concilio *cod.*   41 dices *Leo*   43 istoch *cod.*   ab istoc
milite *Ital.*   se *Pylades*: seu *cod.*   45 reddiderit (?) *Leo*: dederit
Ital.   51 perî *elisa ult. vocali suspectum*: prope *Ritschl*

tu prohibebis, et eadem opera tuo sodali operam dabis ;   60
et ille adueniens tuam med esse amicam suspicabitur.
quid, amabo, opticuisti ?   PI. quia istaec lepida sunt me-
                                                moratui :
eadem in usu atque ubi periclum facias aculeata sunt,
30 animum fodicant, bona destimulant, facta et famam sauciant.
So. quid ab hac metuis ?   PI. quid ego metuam, rogitas, 65
                                                adulescens homo ?
penetrare [me] huius modi in palaestram, ubi damnis
                                                desudascitur ?
ubi pro disco damnum capiam, pro cursura dedecus ?
BA. lepide memoras.   PI. ubi ego capiam pro machaera
                                                turturem,
35 ubique imponat in manum alius mihi pro cestu cantharum,
pro galea scaphium, pro insigni sit corolla plectilis,   70
pro hasta talos, pro lorica malacum capiam pallium,
ubi mi pró equo lectus detur, scortum pro scuto accubet ?
apage a me, apage.   BA. ah, nimium ferus es.   PI. mihi
                                                sum. BA. malacissandus es.
40 equidem tibi do hanc operam.   PI. ah, nimium pretiosa es
                                                operaria.
BA. simulato me amare.   PI. utrum égo istuc iócon adsi- 75
                                                mulem an serio ?
BA. heia, hoc agere meliust.   miles quom huc adueniat,
                                                te uolo
me amplexari.   PI. quid eo mihi opust ?   BA. út ille te
                                                uideat uolo.
scio quid ago.   PI. et pol égo scio quid metuo. sed quid
                                                ais ? BA. quid est ?

64 distimulant P^{CD} post 64 legitur v. 73, iterum suo loco (ii. 6,
p. 103)   65 Et quid ab B (pro E, i. e. SOROR, quid ; iv. 5)   66
me del. Redslob (Berl. Phil. Woch. 22, 554)   penetrem me Bothe   ubi
demens codd. aliquot Donati Phorm. 3, 1, 20   69 secl. Buecheler
70 pectilis B   72 pro equo Merula : pr(a)eeo cod. (v. 9 (3))   accumbet cod.   73 cf. ad 64   ap. mea ap. cod.   74 at P^{CD} 76
quam cod. (v. 12)   77 quod T

Pɪ. quid si apud te eueniát desubito prandium aut potatio 45
80 forte aut cena, ut solet in istis fieri conciliabulis,
ubi ego tum accumbam? Bᴀ. apud me, mi anime, ut
                    lepidus cum lepida accubet.
locus hic apud nos, quamuis subito uenias, semper liber est.
ubi tu lepide uóles esse tibi, ' mea rosa,' mihi dicito
' dato qui bene sit': ego ubi bene sit tibi locum lepidum dabo. 50
85 Pɪ. rapidus fluuius est hic, non hac temere transiri potest.
Bᴀ. atque ecastor apud hunc fluuium áliquid perdundumst
                                        tibi.
manum da et sequere. Pɪ. aha, minime. Bᴀ. quid ita?
                    Pɪ. quia istoc inlecebrosius
fieri nil potest : nox, mulier, uinum homini adulescentulo.
Bᴀ. age igitur, equidem pol nihili facio nisi caussa tua.   55
90 ill' quidem hanc abducet ; tu nullus adfueris, si non lubet.
Pɪ. sumne autem nihili qui nequeam ingenio moderari meo?
Bᴀ. quid est quod metuas? Pɪ. nihil est, nugae. mulier,
                    tibi me emancupo :
tuo' sum, tibi dedo operam. Bᴀ. Lepidu's. nunc ego te
                    facere hoc uolo.
ego sorori meae cenam hodie dare uolo uiaticam :   60
95 eo tibi argentum iubebo iam intus ecferri foras ;
tu facito opsonatum nobis sit opulentum opsonium.
Pɪ. ego opsonábo, nam id flagitium meum sit, mea te gratia
et operam dare mi ét ad eam operam facere sumptum de tuo.
Bᴀ. at ego nolo dare te quicquam. Pɪ. sine. Bᴀ. sino 65
                    equidem, si lubet.
100 propera, amabo. Pɪ. prius hic adero quam te amare de-
                    sinam.—
So. bene me accipies aduenientem, mea soror. Bᴀ. quid
                    ita, opsecro ?

79 eueniat *Camerarius* : ueniat *cod.*   81 accumbet *cod.*   90
nullum *Brix, cui* ill' quid(em) hãnc *displicet*   94 dari *PCD*   95
eo *Hermann* : ego *cod., item cod. Charisii* 2ɔ1 (*cf.* ego *v.* 94)   iubebo
cod. Char. : iubeo *cod.*   101 accipies *Bentley* : accipis *cod.*

So. quia piscatus meo quidem animo hic tibi hodie euenit
bonus.

Ba. meus ille quidemst. tibi nunc operam dabo de Mnesilocho, soror,

70 ut hic accipias potius aurum quam hinc eas cum milite.

So. cupio. Ba. dabitur opera. aqua calet : eamus hinc 105
intro ut laues.

simul huic nescioquoi, turbare qui huc it, decedamus ⟨hinc⟩.

nám uti naui uecta's, credo, timida es. So. aliquantum,
soror.

Ba. sequere hac igitur me intro in lectum ut sedes lassitudinem.

ii   L Y D V S P I S T O C L E R V S

Ly. Iam dudum, Pistoclere, tacitus te sequor,

exspectans quas tu res hoc ornatu geras.   110

namque ita me dí ament, ut Lycurgus mihi quidem

uidetur posse hic ad nequitiam adducier.

5 quo nunc capessis ted hinc aduorsa uia

cum tanta pompa? Pi. húc. Ly. quid 'huc'? quis istic
habet ?

Pi. Amor, Voluptas, Venu', Venustas, Gaudium,   115

Iocu', Ludus, Sermo, Suauisauiatio.

Ly. quid tibi commercist cum dis damnosissumis ?

10 Pi. mali sunt homines qui bonis dicunt male ;

tu dis nec recte dicis : non aequom facis.

Ly. an deus est ullus Suauisauiatio ?   120

Pi. an non putasti esse umquam? o Lyde, es barbarus ;

quem ego sapere nimio censui plus quam Thalem,

15 is stultior es barbaro poticio,

107 *ante* 106 *in cod.* (iv. 3) *vel* ut in n. 107 *secl. Ritschl* (*cf.*
ad 106) nescio qui *cod.* (i. 7 (5)) hinc *add. Ritschl* 108 lectu
Vahlen 110 expectans *Weise* : spectans *cod.* (v. 9, p. 70) 116
suauis sauiatio *hic et* 120 cod. (i. 10) 123 is] i *B*[2]

qui tantus natu deorum nescis nomina.
125 Ly. non hic placet mi ornatus. Pi. nemo ergo tibi
haec apparauit : mihi paratum est quoi placet.
   Ly. etiam me aduorsus exordire argutias ?
qui si decem habeas linguas, mutum esse addecet.   20
   Pi. non omnis aetas, Lyde, ludo conuenit.
130 magis unum in mentemst mihi nunc, satis ut commode
pro dignitate opsoni haec concuret coquos.
   Ly. iam perdidisti té atque mé atque operam meam,
qui tibi nequiquam saepe monstraui bene.   25
   Pi. ibidem égo meam operam perdidí, ubi tu tuam :
135 tua disciplina nec mihi prodest nec tibi.
   Ly. o praeligatum pectus ! Pi. odiosus mihi es.
tace atque sequere, Lyde, me.   Ly. illuc sis uide,
non paedagogum iam me, sed Lydum uocat.   30
   Pi. non par uidetur neque sit consentaneum,
140 quom †haec intus† intus sit et cum amica accubet
quomque osculetur et conuiuae alii accubent,
praesentibus illis paedagogus [una] ut siet.
   Ly. an hoc ad eas res opsonatumst, opsecro ?   35
   Pi. sperat quidem animu' : quó eueniat dis in manust.
145 Ly. tu amicam habebis ?   Pi. quom uidebis, tum scies.
   Ly. immo neque habebis neque sinám.   ituru's do-
                                                mum ?
   Pi. omitte, Lyde, ac caue malo.   Ly. quid ? ' caue malo ' ?
   Pi. iam excessit mi aetas ex magisterio tuo.   40
   Ly. o barathrum, ubi nunc es ? ut ego te usurpem lubens !
150 uideo nimio iam multo plus quam uolueram ;
uixisse nimio satiust iam quam uiuere.
magistron quemquam discipulum minitarier ?

126 hoc *Merula*   130 mentest *cod.* (*unde* mente est *P*CD ; *cf.*
Journ. Phil. 26, 291)   140 intus *semel B*   cum παῖς intus sit et
cum cum a. a. *Havet* : *fort.* quom Hyacinthus intus sit   142 una *del.*
Schmidt   144 euenat *Bothe*   145 tunc *B*   146 ituru's *Bothe* :
iturus sum *cod.* : i rusum *Ritschl*   150 *secl. Ritschl, sed cf. Weber*
(*Philol.* 57, 231)

45 nil moror discipulos mi ess' iam plenos sanguinis:
   ualens adflictat me uaciuom uirium.
   PI. fiam, ut ego opinor, Hercules, tu autem Linus.   155
   LY. pol metuo magi' ne Phoenix tuis factis fuam
   teque ad patrem esse mortuom renuntiem.
50 PI. satis historiarumst.   LY. hic uereri perdidit.
   compendium edepol haud aetati optabile
   fecisti quom istanc nactu's inpudentiam.   160
   occisus hic homo est.   ecquid in mentem est tibi
   patrem tibi esse?   PI. tibi ego an tu mihi seruos es?
55 LY. peior magister te istaec docuit, non ego.
   nimio es tu ad istas res discipulus docilior
   quam ad illa quae te docui, ubi operam perdidi.   165
   edepol fecisti furtum in aetatem malum
   quom istaec flagitia me celauisti et patrem.
60 PI. istactenu' tibi, Lyde, libertas datast
   orationis. satis est. sequere hac me ac tace.—

ACTVS II

II. i   CHRYSALVS

   CH. Erilis patria, salue, quam ego biennio,   170
   postquam hinc in Ephesum abiui, conspicio lubens.
   saluto te, uicine Apollo, qui aedibus
   propinquos nostris accolis, ueneroque te
 5 ne Nicobulum me sinas nostrum senem
   priu' conuenire quam sodalem uiderim   175
   Mnesilochi Pistoclerum, quém ad epistulam
   Mnesilochus misit super amica Bacchide.

153 iam *del. Ritschl, cui* ess' *displicet*   155 utet (*pro* utei?) P^{CD}
vix úti egó opino   162 aut tu *B*   164 dociliter *Charisius* 208, 7
166, 167 *post* 168, 169 *in cod., sed in marg. archetypi vero ordine
ascripti sunt* (ii. 6)   169 hac me *Bothe*: me hac *cod.*   171 abii *cod.*

PISTOCLERVS   CHRYSALVS   ii

Pi. Mirumst me ut redeam te opere tanto quaesere,
180 qui abire hinc nullo pacto possim, si uelim :
ita me uadatum amore uinctumque attines.
Ch. pro di inmortales, Pistoclerum conspicor.
o Pistoclere, salue. Pi. salue, Chrysale.   5
Ch. compendi uerba multa iam faciam tibi.
185 uenire tu me gaudes : ego credo tibi ;
hospitium et cenam pollicere, ut conuenit
peregre aduenienti : ego autem uenturum adnuo.
salutem tibi ab sodali solidam nuntio :   10
rogabis me ubi sit : uiuit. Pi. Nemp' recte ualet ?
190 Ch. istuc uolebam ego ex te percontarier.
Pi. qui scire possum ? Ch. nullus plus. Pi. quemnam
                                            ad modum ?
Ch. quia si illa inuenta est quam ille amat, recte ualet ;
si non inuenta est, minu' ualet moribundu'que est.   15
animast amica amanti : sí abest, nullus est ;
195 si adest, res nullast : ipsus est—nequam et miser.
sed tu quid factitasti mandatis super ?
Pi. egon ut, quod ab illoc attigisset nuntius,
non impetratum id aduenienti ei redderem ?   20
regiones colere mauellem Accherunticas.
200 Ch. eho, an inuenisti Bacchidem ? Pi. Samiam quidem.
Ch. uide quaeso ne quis tractet illam indiligens ;
scis tu ut confringi uas cito Samium solet.
Pi. iamne ut soles ? Ch. dic ubi ea nunc est, opsecro.   25
Pi. hic, exeuntem me unde aspexisti modo.
205 Ch. ut istúc est lepidum ! proxumae uiciniae
habitat. ecquidnam meminit Mnesilochi ? Pi. rogas ?
immo unice unum plurumi pendit. Ch. papae !

192 recte ualet *Bothe* : [uiuit] recte [et] ualet *cod.* (iv. 1) : uiuit ualet
Ritschl (*var. lect. antiqua* ?)   207 plurimique *codd. Charisii* 223

30 Pi. immo ut eam credis? misera amans desiderat.
   Ch. scitum istuc. Pi. immo, Chrysale, em, non tantulum
   umquam intermittit tempus quin eum nominet.   210
   Ch. tanto hercle melior.   Pi. immo—Ch. ímmo hercle
                                           abiero
   potius. Pi. num inuitus rem bene gestam audis eri?
35 Ch. non res, sed actor mihi cor odio sauciat.
   etiam Epidicum, quam ego fabulam aeque ac me ipsum
                                           amo,
   nullam aeque inuitus specto, sí agit Pellio.   215
   sed Bacchis etiam fortis tibi uisast? Pi. rogas?
   ni nanctus Venerem essem, hanc Iunonem dicerem.
40 Ch. edepol, Mnesiloche, ut hanc rem natam [esse] intellego,
   quod ames paratumst : quod des inuentost opus.
   nam istoc fortasse aurost opu'. Pi. Philippeo quidem.   220
   Ch. atque eo fortasse iám opust. Pi. immo etiam prius :
   nam iam huc adueniet miles—Ch. et miles quidem?
45 Pi. qui de amittenda Bacchide aurum hic exigit.
   Ch. ueniat quando uolt, atque ita ne mihi sit morae.
   domist : non metuo nec quoiiquam supplico,   225
   dum quidem hoc ualebit pectus perfidia meum.
   abi intro, ego hic curabo.   tu intus dicito
50 Mnesilochum adesse Bacchidi. Pi. faciam ut iubes. —
   Ch. negotium hoc ad me attinet aurarium.
   mille et ducentos Philippum attulimus aureos   230
   Epheso, quos hospes debuit nostro seni.
   inde ego hodie aliquam machinabor machinam,
55 unde aurum ecficiam amanti erili filio.
   sed fori' concrepuit nostra : quinam exit foras?

---

    208 eam *Acidalius* : eum *cod.*   211 melior *Bentley* : melior bachis
cod. ('*nomen ascriptum ut recte intellegeretur locutio*,' *Leo*)   213 res
Bothe : erus *cod.*   218 esse *del. Bentley*   220 aurost . . . Philippo
Brugmann, Langen (*Beitr.* 86) : aurum est . . . filippeo *cod.*   223
exiget *Bothe*   225 nec ⟨ego⟩ q. *Bothe, Leo, quibus* quoiquam *trisyll.*
displicet   230 Philippum *Bentley* : philippos *cod.*

235 Nɪ. Ibo in Piraeum, uisam ecquaen aduenerit
in portum ex Epheso nauis mercatoria.
nam meu' formidat animus, nostrum tam diu
ibi desidere neque redire filium.
Cʜ. extexam ego illum pulchre iam, si di uolunt.   5
240 hau dormitandumst : opus est chryso Chrysalo.
adibo hunc, quem quidem ego hódie faciam hic arietem
Phrixi, itaque tondebo auro usque ad uiuam cutem.
seruos salutat Nicobulum Chrysalus.
Nɪ. pro di inmortales, Chrysale, ubi mist filius ?   10
245 Cʜ. quin tu salutem primum reddis quam dedi ?
Nɪ. salue. sed ubinamst Mnesilochus ? Cʜ. uiuit, ualet.
Nɪ. uenitne ? Cʜ. uenit. Nɪ. euax, aspersisti aquam.
benene usque ualuit ? Cʜ. pancratice atque athletice.
Nɪ. quid hoc ? qua caussa eum ⟨hinc⟩ in Ephesum miseram, 15
250 accepitne aurum ab hospite Archidemide ?
Cʜ. heu, cor meum et cerebrum, Nicobule, finditur,
istius hominis ubi fit quaque mentio.
tun hospitem illum nominas hostem tuom ?
Nɪ. quid ita, opsecro hercle ? Cʜ. quia edepol certo scio, 20
255 Volcanus, Luna, Sol, Dies, di quattuor,
scelestiorem nullum inluxere alterum.
Nɪ. quamne Archidemidem ? Cʜ. quam, inquam, Archi-
                                                demidem.
Nɪ. quid fecit ? Cʜ. quid non fecit ? quin tu id me rogas ?
primumdum infitias ire coepit filio,   25
260 negare se debere tibi triobulum.
continuo antiquom | hospitem nostrum sibi

235 ecquae *cod.*   242 phrix *cod.* (*seq.* i)   243 salutet *corr.* -at
cod.   245 salutem primum *Bothe* : primum salutem *cod.*   249
hinc *add. Camerarius*   252 quomque *Lambinus*   255 luna
sol *Guietus* : sol luna *cod.*   di] diei *cod.* (*antiqua forma*)   261
antiquom ⟨tum⟩ *Mueller* (*Rhein. Mus.* 54, 384)

Mnesilochus aduocauit, Pelagonem senem ;
eo praésente homini extemplo ostendit symbolum,
30 quem tute dederas, ad eum ut ferret, filio.
   Nɪ. quid ubi ei ostendit symbolum ? Cʜ. infit dicere   265
adulterinum et non eum esse symbolum.
quotque innocenti ei dixit contumelias !
adulterare eum aibat rebus ceteris.
35 Nɪ. habetin aurum ? íd mihi dici uolo.
   Cʜ. postquam quidem praétor recuperatores dedit,   270
damnatus demum, ui coactus reddidit
ducentos et mill' Philippum. Nɪ. tantum debuit.
   Cʜ. porro etiam ausculta pugnam quam uoluit dare.
40 Nɪ. etiamnest quid porro ? Cʜ. em, accipitrina haec nunc
                                      erit.
   Nɪ. deceptus sum, Autolyco hospiti aurum credidi.   275
   Cʜ. quin tu audi. Nɪ. immo ingenium auidi haud perno-
                                ram hospitis.
   Cʜ. postquam aurum apstulimus, in nauem conscendimus
domum cupientes. forte ut adsedi in stega,
45 dum circumspecto, átque ego lembum conspicor
longum, strigorem maleficum exornarier.   280
   Nɪ. perii hercle, lembus ille mihi laedit latus.
   Cʜ. is erat communis cum hospite et praedonibus.
   Nɪ. adeon me fuisse fungum ut qui illi crederem,
50 quom mi ipsum nomen eiius Archidemides
clamaret dempturum esse, si quid crederem ?   285
   Cʜ. is nostrae naui lembus insidias dabat.
occepi ego opseruare eos quam rem gerant.
interea e portu nostra nauis soluitur.
55 ubi portu eximus, homines remigio sequi,

    269 habetin ⟨annon⟩ (?) *Leo*   **272** mille et ducentos *Pareus*
275 Autolyco *Scutarius* : auiolico *cod.* (I *pro* T)   **276** ing. audi *pro-*
nuntiandum   **278** domi *Ritschl* : domum *cod.* (*cf.* domum *pro*
domi *Amph.* 187, *Trin.* 841)   **279** circumspecto ⟨me⟩ *Ritschl*
284 archidemidis *cod.*   **286** lembus nostrae naui *cod.* : *trai. Pylades*

290 neque aues neque uenti citius. quoniam sentio
    quae res gereretur, nauem extemplo statuimus.
    quoniam uident nos stare, occeperunt ratem
    tardare in portu. NI. édepol mortalis malos !
    quid denique agitis ? CH. rusum in portum recipimus.   60
295 NI. sapienter factum a uobis. quid illi postea ?
    CH. reuorsionem ad terram faciunt uesperi.
    NI. aurum hercle auferre uoluere : ei rei operam dabant.
    CH. non me fefellit, sensi, eo exanimatus fui.
    quoniam uidemus auro insidias fieri,   65
300 capimus consilium continuo ; postridie
    auferimus aurum omne ⟨illim⟩ illis praesentibus,
    palam atque aperte, ut illi id factum sciscerent.
    NI. scite hercle. cedo quid illi ? CH. tristes ilico,
    quom extemplo a portu ire nos cum auro uident,   70
305 subducunt lembum capitibus quassantibus.
    nos apud Theotimum omne aurum deposiuimus,
    qui illic sacerdos est Dianai Ephesiae.
    NI. quis istíc Theotimust ?   CH. Megalobuli filius,
    qui nunc in Ephesost Ephesiis carissumus.   75
310 NI. ne ille hercle mihi sit multo tanto carior,
    si me illoc auro tanto circumduxerit.
    CH. quin in eapse aede Dianai conditumst ;
    ibidem publicitus seruant. NI. occidisti' me ;
    nimio hic priuatim seruaretur rectius.   80
315 sed nilne ⟨huc⟩ attulistis inde auri domum ?
       CH. immo etiam. uerum quantum attulerit nescio.
       NI. quid ? nescis ?   CH. quia Mnesilochus noctu clanculum
    deuenit ad Theotimum, nec mihi credere

    293 tardare *Haupt* : turbare *cod.*   299 uidimus *cod.*   301
    illim *add. Ritschl*   304 quoniam C   ⟨illi⟩ ire *Mueller (Rhein.*
    Mus. 54, 384) : abire *Pradel de praep.* p. 552, *nam* quom | ext.
    displicet nec minus extemplo   305 cass. *Ritschl*   308 quis
    Brunck : qui *cod.* (*cf.* 309)   311 *vel* med illo (-o *cod.*)   312 ipsa
    cod.   315 huc *add. Hermann* : mi *add. Pradel de praep.* p. 553

8₅ nec quoiquam in naui uoluit : eo ego nescio
quantillum attulerit ; uerum hau permultum attulit.   320
Nɪ. etiam dimidium censes ?   Cн. non edepol scio ;
uerum haud opinor.   Nɪ. fertne partem tertiam ?
Cн. non hercle opinor ; uerum uerum nescio.
90 profecto de auro nil scio nisi nescio.
nunc tibimet illuc naui capiundumst iter,   325
ut illúd reportes aurum ab Theotimo domum.
atque heus tu.   Nɪ. quid uis ?   Cн. anulum gnati tui
facito ut memineris ferre.   Nɪ. quid opust anulo ?
95 Cн. quia id sígnumst cum Theotimo, quí eum illi adferet,
ei aurum ut reddat.   Nɪ. meminero, et recte mones.   330
sed istíc Theotimus diuesne est ?   Cн. etiam rogas ?
qui hábeat auro soccis subpactum solum ?
Nɪ. qur ita fastidit ?   Cн. tantas diuitias habet ;
100 nescit quid faciat auro.   Nɪ. mihi dederit uelim.
sed qui praesente id aurum Theotimo datumst ?   335
Cн. populo praesente : nullust Ephesi quin sciat.
Nɪ. istuc sapienter saltem fecit filius,
quom diuiti homini id aurum seruandum dedit ;
105 ab eo licebit quamuis subito sumere.
Cн. immo em tantisper numquam te morabitur   340
quin habeas illud quo die illuc ueneris.
Nɪ. censebam me ecfugisse a uita marituma,
ne nauigarem tandem hoc aetatis senex ;
110 id mi haud utrum uelim licere intellego :
ita bellus hospes fecit Archidemides.   345
ubi nunc est ergo meu' Mnesilochus filius ?
Cн. deos atque amicos iit salutatum ad forum.
Nɪ. at ego hinc ad illum, ut conueniam quantum potest.—

320 quantillum *Pylades* : quantulum *cod.* (*cf. ad* 705)   322, 323
vel opino   329 adfert *corr.* -feret *cod.*   331 diuesne (= disne ?)
est istic Th. *cod.* : *trai. Bothe*   332 qui auro habeat *cod.* : quin h. a.
Bothe   habebat *Spengel*   333 Nɪ. cur ? Cн. ita fastidit, tantas (?) *Leo*
348 ⟨eo⟩ ad *Ritschl*   conuenam *Ritschl*

Cн. ille est oneratus recte et plus iusto uehit.   115
350 exorsa haec tela non male omnino mihi est :
    ut amantem erilem copem facerem filium,
    ita feci ut auri quantum uellet sumeret,
    quantum autem lubeat reddere ut reddat patri.
    senex in Ephesum ⟨hinc⟩ ibit aurum arcessere,   120
355 hic nostra agetur aetas in malacum modum,
    siquidem hic relinquet neque secum abducet senex
    med et Mnesilochum.   quas ego hic turbas dabo !
    sed quid futurumst, quom hoc senex resciuerit,
    quom se excucurrisse illuc frustra sciuerit   125
360 nosque aurum abusos ? quid mihi fiet postea ?
    credo hercle adueniens nomen mutabit mihi
    facietque extemplo Crucisalum me ex Chrysalo.
    aufugero hercle, si magis usus uenerit.
    si ero reprehensus, macto ego illum infortunio :   130
365 si illi sunt uirgae ruri, at mihi tergum domist.
    nunc ibo, erili filio hanc fabricam dabo
    super auro amicaque eius inuenta Bacchide.—

ACTVS III

Ly. Pandite atque aperite propere ianuam hanc Orci, op-
                                                        secro.
    nam equidem haud aliter esse duco, quippe qui nemo aduenit,
370 nisi quem spes reliquere omnes esse ut frugi possiet.
    Bacchides non Bacchides, sed Bacchae sunt acerrumae.
    apage istas a me sorores, quae hominum sorbent sanguinem. 5
    omnis ad perniciem instructa domus opime atque opipare.
    quaé ut aspexi, me continuo contuli protinam in pedes.

---

    354 hinc *add. Camerarius*   362 *pronuntiandum* ex Crusalo
366 fil. eius h. *cod.* (*sed corr. in B*) (*cf.* 367)   369 quo *Lambinus*
373 opiparest *Ritschl*

egone ut haec conclusa gestem clanculum? ut celem patrem, 375
Pistoclere, tua flagitia aut damna aut desidiabula?
10 [quibu' patrem et me teque amicosque omnis adfectas tuos
ad probrum, damnum, flagitium appellere una et perdere.]
neque mei neque te tui intus puditumst factis quae facis,
quibu' tuom patrem meque una, amicos, adfinis tuos   380
tua infámia fecisti gerulifigulos flagiti.
15 nunc priu' quam malum istoc addis, certumst iam dicam patri,
de me hanc culpam demolibor iam et seni faciam palam,
uti eum éx lutulento caeno propere hinc eliciat foras.—

ii   MNESILOCHVS

MN. Multimodis meditatus egomet mecum sum, et ita esse 385
                                              arbitror :
homini amico, qui est amicus ita uti nomen possidet,
nisi deos ei nil praestare ; id opera expertus sum esse ita.
nám ut in Ephesum hinc abii (hoc factumst ferme abhinc
                                              biennium)
5 ex Epheso huc ad Pistoclerum meum sodalem litteras
misi, amicam ut mi inueniret Bacchidem.   illum intellego 390
inuenisse, ut seruos meu' mi nuntiauit Chrysalus.
condigne is quam techinam de auro aduorsum meum fecit
                                              patrem,
ut mi amanti copia esset.   [sed eccum uideo incedere.]
10 nam pol quidem meo animo ingrato hómine nihil impensiust ;
malefactorem amitti satius quam relinqui beneficum ;   395
nimio impendiosum praestat te quam ingratum dicier :

376 dispoliabula *codd. Nonii* 75   377–8 *dittographia versuum*
379–81 *esse videntur*   377 med aeque (?) *Leo*   affectas *testatur*
Nonius : adflictas *cod.*   382 *dittographiam esse v.* 383 *dixit Bergk*
384 ut *cod.*   eum] gnatum *Ritschl*   385 multis modis *cod.*   387
ita esse *B*   389 sodalem meum *cod. : trai. Camerarius*   393 sed
. . . incedere *secl. Leo, ut* 'signum cantici olim ab aliquo in brevius
contracti.'   Credo vv. 392, 393 *diorthotae esse*   394 meo quidem
Bothe   395 *vel* satiust   beneficium *cod.*   396 prestat inpendio-
sum *cod. : trai. Hermann*

illum laudabunt boni, hunc etiam ipsi culpabunt mali.
qua me caussa magi' cum cura esse aequom, obuigilatost opus.
nunc, Mnesiloche, specimen specitur, nunc certamen cer- 15
                                  nitur
400 sisne necne ut esse oportet, malu', bonus quoiuis modi,
iustus iniustus, malignus largus, comincommodus.
caue sis te superare seruom siris faciundo bene.
utut eris, moneo, hau celabis.   sed eccos uideo incedere
patrem sodalis et magistrum.   hinc auscultabo quam rem 20
                                  agant.

L Y D V S   P H I L O X E N V S   M N E S I L O C H V S   iii

405 Ly. Nunc experiar sitne aceto tibi cor acre in pectore.
sequere. Ph. quo sequar? quo ducis nunc me? Ly. ad
                           illam quae tuom
perdidit, pessum dedit tibi filium unice unicum.
Ph. heia, Lyde, leniter qui saeuiunt sapiunt magis.
minu' mirandumst illaec aetas si quid illorum facit   5
410 quam si non faciat. feci ego istaec itidem in adulescentia.
Ly. ei mihi, ei mihi, istaec illum perdidit adsentatio.
nam apsque té esset, ego illum haberem rectum ad ingenium
                           bonum :
nunc propter te tuamque prauos factus est fiduciam
Pistoclerus. Mn. di inmortales, meum sodalem hic no- 10
                           minat.
415 quid hoc negoti est Pistoclerum Lydus quod erum tam ciet?
Ph. paullisper, Lyde, est lubido hómini suo animo opsequi ;
iam aderit tempus quom sese etiam ipse oderit. morem geras;

397 *fort.* bóni laudabunt   hunc *Ald.* : hoc *cod.*   398 cum
Ital. : eum *cod.*   aequom *Bothe* : ea cum *cod.*   399 nun ce. *cod.*
400 quoiuis *Luchs* : qua cuius *cod.*   401 comis incommodus *Bugge*
402 serum *cod.* (*i. e.* -uum)   404 *displicet* patrĕm. *An iambicus
versus est?*   405 experior *B*   aceto *Lambinus* : acetum *cod.*
(i. 3)   407 unice *Bothe* : uni *cod.*   417 *fort.* q. e. ipsus sese, *nam
et forma* ipse *et collocatio pron. reflexivi displicent*

dum caueatur praeter aequom ne quid delinquat, sine.

15 Ly. non sino, neque equidem illum me uiuo corrumpi sinam.

sed tu, qui pro tam corrupto dicis caussam filio,   420
eademne erat haec disciplina tibi, quom tu adulescens eras?
nego tibi hoc annis uiginti fuisse primis copiae,
digitum longe a paedagogo pedem ut ecferres aedibus.

20 ante solem exorientem nisi in palaestram ueneras,
gymnasi praefecto | hau mediocris poenas penderes.   425
id quoi optigerat, hoc etiam ad malum accersebatur malum :
et discipulus et magister perhibebantur inprobi.

ibi cursu, luctando, hásta, disco, pugilatu, pila,
25 saliendo sese exercebant magi' quam scorto aut sauiis :
ibi suam aetatem extendebant, non in latebrosis locis.   430
inde de hippodromo et palaestra úbi reuenisses domum,
cincticulo praecinctus in sella apud magistrum adsideres :
quom librum legeres, si | unam peccauisses syllabam,
30 fieret corium tam maculosum quam est nutricis pallium.

Mn. propter me haec nunc meo sodali dici discrucior miser ; 435
innocens suspicionem hanc sustinet caussa mea.

Ph. alii, Lyde, nunc sunt mores.   Ly. id equidem ego
                                              certo scio.

nam olim populi prius honorem capiebat suffragio
35 quam magistro desinebat esse dicto oboediens ;
at nunc, priu' quam septuennis est, si attingas eum manu,   440
extemplo puer paédagogo tabula dirrumpit caput.

quom patrem adeas postulatum, puero sic dicit pater :
'noster esto, dum te poteris defensare iniuria.'

40 prouocatur paedagogus : 'eho senex minimi preti,
ne attigas puerum istac caussa, quando fecit strenue.'   445
it magister quasi lucerna úncto expretus linteo.

422 hoc *Merula* : hec (haec) *cod.* (e *pro* o)   425 *fort.* praefecto
⟨tu⟩   poenas haud mediocris *Ritschl*   426 quom *Bothe*   426,
427 *sunt qui post v.* 423 *ponant*   428 disco, hasta *Hermann, ut
in diaeresi hiatus sit*   433 cum libro ; cum le. *Leo*   si in una p.
syllaba *Bergk*   peccauisset *cod.* (*corr. B²*)   438 capiebant *cod.*
445 attigas *testatur Nonius* 75 : adtingas *cod.* (i, p. 27)

itur illinc iure dicto.   hócine hic pacto potest
inhibere imperium magister, si ipsus primus uapulet?
MN. acris postulatio haec est.   quom huius dicta intellego, 45
450 mira sunt ni Pistoclerus Lydum pugnis contudit.
LY. sed quis hic est quem astantem uideo ante ostium?
                                        o Philoxene,
deos propitios me uidere quam illum ⟨hau⟩ mauellem mihi.
PH. quis illic est?   LY. Mnesilochus, gnati tui sodalis
                                        Pistocleri.
hau consimili ingenio atque ille est qui in lupanari accubat. 50
455 fortunatum Nicobulum, qui illum produxit sibi!
PH. saluos sis, Mnesiloche, saluom te aduenire gaudeo.
MN. di te ament, Philoxene.   LY. hic enim rite productust
                                        patri:
in mare it, rem familiarem curat, custodit domum,
opsequens oboediensque est mori atque imperiis patris.   55
460 hic sodalis Pistoclero iam puer puero fuit;
triduom non interest aetatis uter maior siet:
uerum ingenium plus triginta ánnis maiust quam alteri.
PH.   caue malum et compesce in illum dicere iniuste. LY.
                                        tace,
stultus es qui illi male aegre patere dici qui facit.   60
465 nam illum meum malum promptare malim quam peculium.
PH. quidum?   LY. quia, malum si promptet, in dies faciat
                                        minus.
MN. quid sodalem meum castigas, Lyde, discipulum tuom?
LY. periit tibi sodalis.   MN. ne di sirint.   LY. sic est ut
                                        loquor.
quin ego quom peribat uidi, non ex audito arguo.   65

447 *post v.* 446 *versus excidisse videtur* (*si in* potest desiit, *propter*
homoeoteleuton)   448 uapulat *Langen*   452 haud *add.* *Hermann*
453 *Octonarius suspectus*   *vix* Pistocli : pol hic quidem *Goetz*   458
it *ital.*: ut *cod.*   459 more *cod.*   462 triginta ⟨huic⟩ *Ritschl*
463 malo *Scaliger*: malum *cod.* (i. 3)   comperce (?) *Paul. Fest.* 60
464 *vel* illic   465, 466 *delevit Guietus*

Mn. quid factum est? Ly. meretricem indigne deperit. 470

                                 Mn. non tu taces?

Ly. atque acerrume aestuosam : apsorbet ubi quemque at-

                                        tigit.

Mn. ubi eá mulier habitat? Ly. hic. Mn. unde eam esse

                              aiunt? Ly. ex Samo.

Mn. quae uocatur? Ly. Bacchis. Mn. erras, Lyde : ego

                                omnem rem scio

70 quem ad modumst. tu Pistoclerum falso atque insontem

                                arguis.

nam ille amico et beneuolenti suo sodali sedulo   475

rem mandatam exsequitur. ipsus neque amat nec tu creduas.

Ly. itane oportet rem mandatam gerere amici sedulo,

ut ipsus osculantem in gremio mulierem teneat sedens?

75 nullon pacto res mandata potest agi, nisi identidem

manus ferat †ad papillas†, labra a labris nusquam auferat? 480

nám alia memorare quae illum facere uidi dispudet :

quom manum sub uestimenta ad corpus tetulit Bacchidi

me praesente, neque pudere quicquam. quid uerbis opust?

80 mihi discipulus, tibi sodalis periit, huïc filius ;

nám ego illum periisse dico quoi quidem periit pudor.   485

quid opust uerbis? si opperiri uellem paullisper modo,

ut opino, illius inspectandi mi esset maior copia,

plus uiderem quam deceret, quam me atque illo aequom

                                       foret.

85 Mn. perdidisti me, sodalis. egone ut illam mulierem

capitis non perdam? perire me malis malim modis.   490

satin ut quem tu habeas fidelem tibi aut quoi credas nescias?

Ly. uiden ut aegre patitur gnatum ésse corruptum tuom,

471 aestuosam *Leo*: aestuose *cod.* (i. 10)   queque (*i. e.* quaeque ?)
P^{CD}   472 esse eam *Guietus*   476 *incipit A*   ne tu *A*
478 ipsius P^{CD}   auscultantem in gremio *A*   479 nullo *A*
480 f(erant) *A* : ferat ⟨ei⟩ *Leo*   pāpillas *vix ferendum neque magis*
labra ā   ad pap. man. fer. *Weise*   482 manu *A*   487
opinor *codd.*   488 uidissem *P*   licęręt *A*   489 ut *om. P*

suom sodalem, ut ipsus sese cruciat aegritudine?

PH. Mnesiloche, hoc tecum oro ut illius animum atque 90
                       ingenium regas :

495 serua tibi sodalem ét mihi filium. MN. factum uolo.

LY. melius multo, me quoque una si cum illoc reliqueris.

PH. adfatim est. Mnesiloche, cura, i, concastiga hominem
                       probe,

qui dedecorat te, me, amicum atque alios flagitiis suis.

in te ego hoc onus omne impono. Lyde, sequere hac me. 95
                       LY. sequor.—

MNESILOCHVS   iv

500 MN. Inimiciorem nunc utrum credam magis

sodalemne esse an Bacchidem incertum admodumst.

illum exoptauit potius? habeat. optumest.

ne illa illud hercle cum malo fecit suo;

nam mihi diuini numquam quisquam creduat,   5

505 ni ego illam exemplis plurumis planeque—amo.

ego faxo hau dicet nactam quem derideat.

nam iam domum ibo atque—aliquid surrupiam patri.

507ª id istí dabo. ego istanc multis ulciscar modis.

adeo égo illam cogam usque ut mendicet—meu' pater.   10

sed satine ego animum mente sincera gero,

510 qui ad hunc modum haec hic quae futura fabulor?

amo hercle opino, ut pote quod pro certo sciam.

uerum quam illa umquam de mea pecunia

ramenta fiat plumea propensior,   15

mendicum malim mendicando uincere.

495 mihi] mihimet *Nemeyer*   496 hoc *A* : illo *P*   melius esset me quoque una si cum illo relinqueres *P*   497 est *om. A*   ⟨LY.⟩ Mnes. *Hermann*   i *an* t *incert. A* : et *P* (*pro* ei?)   498 amicos *P* 499 *post* 495 *P*   ergo *P*   inpone *P*   500 Immitiorem *P* 502 optumum est *A* (*cf. Journ. Phil.* 26, 287)   503 ni *A*   illud] id *A*   suo *A* : meo *corr.* suo *P* (p. 109)   506 deluderet *A* 507, 508 *om.* aliquid . . . usque *A* (*propter homoeotel.* atque *et* usque) (iii. 11)   507ª *vel* istic d.   511 opinor *codd.*   513 plumbea *codd. Nonii* 222

numquam edepol uiua me inridebit.   nam mihi   515
decretumst renumerare iam omne aurum patri.

igitur mi inani atque inopi subblandibitur
20 tum quom mihi nihilo pluris [blandiri] referet,
quam si ad sepulcrum mortuo narret logos.

sed autem quam illa umquam meis opulentiis   519ª
ramenta fiat grauior aut propensior,   519ᵇ
mori me malim | excruciatum | inopia.   519ᶜ
25 profecto stabilest me patri aurum reddere.   520

eadem exorabo Chrysalo caussa mea
pater ne noceat neu quid ei suscenseat
mea caussa de auro quod eum ludificatus est ;
nam illi aequomst me consulere, qui caussa mea
30 mendacium ei dixit.   uos me sequimini.—   525

v   P I S T O C L E R V S

PI. Rebus aliis anteuortar, Bacchis, quae mandas mihi :
Mnesilochum ut requiram atque ut eum mecum ad te ad-
                                              ducam simul.
nam illud animus meu' miratur, si a me tetigit nuntius,
quid remoretur.   ibo ut uisam huc ad eum, si forte est domi.

vi   M N E S I L O C H V S   P I S T O C L E R V S

MN. Reddidi patri | omne aurum.   nunc ego illam me uelim 530
conuenire, postquam inanis sum, contemptricem meam.
sed ueniam mi quam grauate pater dedit de Chrysalo !
uerum postremo impetraui ut ne quid ei suscenseat.
5 PI. estne hic meu' sodalis ?   MN. estne hic hostis quem
                                              aspicio meus ?

518 tum quom nihilo pluris mihi blandiri refert *A* : tum quom
blandiri nihilo pluris referet *Niemeyer, Brachmann*   519 dicat
iocum *P*   519 a-c *om. A (dittograph.* ?)   519 c moriri malim
med *Bothe*   522 eo *A*   524 ei *A*   525 ei *om. P*   528
nam] nunc *A*   a me] iam *A (praec.* i)   529 remoratur *P*   ut]
et *P*   530 ⟨meo⟩ omne *Ritschl*   ergo n. ego *Schoell*   ego *om. A*

535 Pɪ. certe is est.   Mɴ. is est.   adibo contra et contollam
                                                              gradum.
      Pɪ. saluos sis, Mnesiloche.   Mɴ. salue.   Pɪ. saluos quom
                                                   peregre aduenis,
      cena detur.   Mɴ. non placet mi cena quae bilem mouet.
      Pɪ. numquae aduenienti aegritudo obiecta est ?   Mɴ. atque
                                                              acerruma.
      Pɪ. unde ?   Mɴ. ab homine quem ni amicum esse arbi· 10
                                                  tratus sum antidhac.
540 Pɪ. multi more isto atque exemplo uiuont, quos quom censeas
      esse amicos, reperiuntur falsi falsimoniis,
      lingua factiosi, inertes opera, sublesta fide.
      nullus est quoi non inuideant rem secundam optingere ;
      sibi ne ínuideatur, ipsi ígnaui recte cauent.   15
545 Mɴ. edepol ne tu illorum mores perquam meditate tenes.
      sed etiam unum hoc : ex ingenio malo malum inueniunt suo :
      nulli amici sunt, inimicos ipsi in sese omnis habent.
      atque i se quom frustrant, frustrari alios stolidi existumant.
      sicut est hic quem esse amicum ratu' sum atque ipsus sum 20
                                                              mihi :
550 ille, quod in se fuit, accuratum habuit quod posset mali
      faceret in me, inconciliaret copias omnis meas.
      Pɪ. inprobum istunc esse oportet hominem.   Mɴ. égo ita
                                                  esse arbitror.
      Pɪ. opsecro hercle loquere, quis is est.   Mɴ. beneuolens
                                                  uiuit tibi.
      nam ni ita esset, tecum orarem ut ei quod posses mali   25
555 facere faceres.   Pɪ. dic modo hominem qui sit : si non fecero

        535 ⟨Pɪ.⟩ adibo *Acidalius*   tollam *P*   538 aegritudo adue-
      nienti *A*   acerrume *P*   540-51 *om. A* 'in quibusdam non
      ferunt' *Charisius*, p. 205 (*ad v.* 545)   541 falsi *Pius* : falsis *cod.*
      542 sublesta *Merula* : subuesta (subuersa *B²*) *cod.*   543 qui non
      inuideat *cod.* : *corr. Scaliger*   544 sibimet ne *Bothe, cui hiatus displicet*
      ignauia *Hermann*   548 hi *PᶜᴰD*   frustrantur *cod.*   551
      facere et *Camerarius*   inconciliare *cod.* : *corr. Ritschl*   552 ⟨et⟩
      ego *Seyffert* (*A n. l.*)   553 Obsequere h. *P* : *corr. Camerarius*
      (*A n. l.*)

ei male aliquo pacto, me esse dicito ignauissumum.

Mɴ. nequam homost, uerum hercle amicus est tibi.   Pɪ.
                                                    tanto magis

dic quis est ; nequám hominis ego parui pendo gratiam.

30 Mɴ. uideo non potesse quin tibi eiius nomen eloquar.

Pistoclere, perdidisti me sodalem funditus.   560

Pɪ. quid istuc est ?   Mɴ. quid est ? misine ego ad te ex
                                          Epheso epistulam

super amica, ut mi inuenires ?   Pɪ. fateor factum, et repperi.

Mɴ. quid ? tibi non erat meretricum aliarum Athenis copia

35 quibu'cum haberes rem, nisi cum illa quám ego mandassem
                                                        tibi,

occiperes tute ⟨eam⟩ amare et mi íres consultum male ?   565

Pɪ. sanun es ?   Mɴ. rem repperi omnem ex tuo magistro.
                                          ne nega.

perdidisti me.   Pɪ. etiamne ultro tuis me prolectas probris ?

Mɴ. quid amas Bacchidem ?   Pɪ. duas érgo hic intus eccas
                                          Bacchides.

40 Mɴ. quid ? duae — Pɪ. atque ambas sorores.   Mɴ. loqueris
                                          nunc nugas sciens.

Pɪ. postremo, si pergis paruom mihi fidem arbitrarier,   570

tollam ego ted in collum atque intro hinc auferam.   Mɴ.
                                          immo ibo, mane.

Pɪ. non maneo, neque tu me habebis falso suspectum.   Mɴ.
                                          sequor.—

ACTVS IV

PARASITVS

Pᴀ. Parasitus ego sum hóminis nequam atque inprobi,

militi' qui amicam secum auexit ex Samo.

561–662 *deest A*   563 quid *Angelius* : qui *cod.* (*pro* quit ; *seq.* t. ;
i. 4, *n.* 4)   565 eam *addidi*   mi *Ritschl* : me *cod.* (*pro* mei ? *seq.* i)
me *tutatur Keil in Varr. R. R.* 3, 16, 2   569 duas *Pylades*
570–650 *praesto est* T   570 parum Pᴮᶜ : paruam T (*cf. Arch. Lat.
Lex.* 13, 133)   573 Ego s. p. *Mueller*   neq. hom. *Ital.* (*cf.* 558)

575 nunc me ire iussit ad eam et percontarier
   utrum aurum reddat anne eat secum semul.
   tu dudum, puere, cum illac usque isti semul :   5
   quae harum sunt aedes, pulta.   adi actutum ad fores.
   recede hinc dierecte.   ut pulsat propudium !
580 comesse panem tris pedes latum potes,
   fores pultare nescis.   ecquis in aedibust ?
   heus, ecquis hic est ? ecquis hoc aperit ostium ?   10
   ecquis exit ?

        PISTOCLERVS   PARASITVS   ii

        PI. Quid istuc ? quaé istaec est pulsatio ?
   quae te ⟨male⟩ mala crux agitat, quí ad istunc modum
585 alieno uiris tuas extentes ostio ?
   fores paene ecfregisti.   quid nunc uis tibi ?
   PA. adulescens, salue. PI. salue. sed quem quaeritas ?   5
   PA. Bacchídem.   PI. utram érgo ?   PA. nil scio nisi Bac-
                                        chidem.
   paucis : me misit miles ad eam Cleomachus,
590 uel ut ducentos Philippos reddat aureos
   uel ut hinc in Elatiam hodie eat secum semul.
   PI. non it.   †negato esse† ituram.   abi et renuntia.   10
   alium illa amat, non illum.   duc te ab aedibus.
   PA. nimis iracunde.   PI. at scin quam iracundus siem ?
595 ne tibi hercle hau longe est os ab infortunio,
   ita dentifrangibula haec meis manibus gestiunt.
   PA. quom ego huius uerba interpretor, mihi cautiost   15
   ne nucifrangibula excussit ex malis meis.
   tuo ego istaec igitur dicam illi periculo.

   577 puer *cod.*   578 *vel* harunc   579 *vel* pultat   581 ecquis
Scaliger : ecquis his *cod.*   584 quae *Ital.* : qui *cod.* : qui⟨d est ? quae⟩
te *Seyffert*   male *addidi* (iii. 1)   588 utramne *Bothe*   590
philippios *cod. ut. vid.*   592 negăto é. *vix ferendum*   negat esse
Acidalius : negat se *Ritschl* : nega esse (?) *Leo* (*ut Stich.* 256 negato
esse *in* P *pro* nega esse) : *fort.* negat sese *vel* nega tu esse

PI. quid ais tu? PA. ego istuc illi dicam. PI. dic mihi,   600
quis tu es? PA. illius sum integumentum corporis.

20 PI. nequam esse oportet cui tu integumentum inpro-
                                                    bu's.

PA. sufflatus ille huc ueniet. PI. dirrumptum uelim.
PA. numquid uis? PI. abeas. celeriter factost opus.
PA. uale, dentifrangibule.—PI. et tu, integumentum, uale.   605
in eum [nunc] haec reuenit res locum, ut quid consili

25 dem meo sodali super amica nesciam,
qui iratus renumerauit omne aurum patri,
neque nummus ullust qui reddatur militi.
sed huc concedam, nam concrepuerunt fores.   610
Mnesilochus eccum maestus progreditur foras.

iii   MNESILOCHVS   PISTOCLERVS

MN. Petulans, proteruo, iracundo ánimo, indomito, incogi-
                                                        tato,
sine modo et modestia sum, sine bono iure atque honore,
incredibilis inposque animi, ínamabílis, inlepidus uiuo,   615
maleuolente ingenio natus. postremo id mihi est quod uolo 615ᵃ

5   ego esse aliis. credibile hoc est?
            nequior nemost neque indignior quoi   616ᵃ
            di bene faciant neque quem quisquam
            homo aut amet aut adeat.
            inimicos quam amicos aequomst med habere,

10   malos quam bonos par magis me iuuare.   620
            omnibus probris, quae inprobis uiris
            digna sunt, dignior nullus est homo ;
            qui patri reddidi omne aurum amans,
            quod fuit prae manu. sumne ego homo miser ?

602 cui tu i. inprobus es Pᴮᶜ (*non* Pᴬ, *ut vid.*) : cui tam int. inpro-
bumst *Bothe*   604 nunc quid *cod.*   606 nunc *del. Bothe* (nc *falso
scr. pro* haec ? iv. 3)   612 propteruo *cod.*   615 inamabílis *displicet*
619 equiiunst *cod. ut vid.* (iun *pro* um)   me *cod.*   620 mest *Fraesdorff*   622 amens *Saracenus*   amens ⟨mihi⟩ *Leo* : am. ⟨modo⟩ *Goetz*

perdídi me atque operam Chrysali.   15

625   Pɪ. consolandus hic mist, ibo ad eum.

Mnesiloché, quid fit ? Mɴ. perii.

626ᵃ Pɪ. di melius faciant. Mɴ. perii.

Pɪ. non taces, insipiens ? Mɴ. taceam ?

627ᵃ Pɪ. sanu' satis non es. Mɴ. perii.   20

multa mala mi in pectori nunc acria atque acerba eueniunt,

criminin me habuisse fidem ?

inmerito tibi irátu' fui.

630   Pɪ. heiia, bonum habe animum. Mɴ. unde habeam ?

630ᵃ mortuo' pluri' pretist quam ego sum.   25

Pɪ. militis parasitu' modo

631ᵃ uenerat aurum petere hinc,

eum ego meis dictis malis

632ᵃ   his foribus atque hac ⟨muliere⟩

reppuli, reieci hominem. Mɴ. quid mihi id prodest ?   30

quod faciam nil habeo miser.   ille quidem hanc abducet, scio.

635   Pɪ. si mihi sit, non pollicear ?

635ᵃ   Mɴ. scio, dares, noui.

sed nisi ames, non habeam tibi fidem tantam ;

nunc agitas sat tute tuarum rerum ;   35

egone ut opem ferre putem posse inopem te mi ?

638ᵃ   Pɪ. tace modo : deu' respiciet

nos aliquis. Mɴ. nugae !

Pɪ. mane. Mɴ. quid est ? Pɪ. tuam copiam

eccam Chrysalum uideo.   40

Cʜʀʏsᴀʟᴠs Mɴᴇsɪʟᴏᴄʜᴠs Pɪsᴛᴏᴄʟᴇʀᴠs iv

640 Cʜ. Hunc hominem decet auro expendi, huíc decet státuam

statui ex auro ;

---

624 me simulque *Leo*   626 *fort.* ecquid   628 pectore *cod.*   629
fidem me habuisse *Bothe*   iratus tibi *Fleckeisen, nam* ïr. *displicet*   630
habe bonum *Ritschl*   632ᵃ mul. *add. Ritschl*   633 *vel* Quid mi (*cf.
Amph.* 247)   634 Quid *cod.*   635 mihist *cod.*: *corr. Camerarius*   637
mi *post* opem *cod.*: *metri causa traieci*   639 eccum *B²*   640 *vel* huïc

nam duplex facinus feci hodie, duplicibus spoliis sum ad-
                                                    fectus.

erum maiorem meum ut ego hodie lusi lepide, ut ludificatust !
   callidum senem callidis dolis

5 compuli et perpuli mi omnia ut crederet.

    nunc amanti ero filio senis,   645

    quicum ego bibo, quicum edo et amo,

  regias copias aureasque optuli,

  ut domo sumeret neu foris quaereret.

10 non mihi isti placent Parmenones, Syri,

  qui duas aut tris minas auferunt eris.   650

  nequiu' nil est quam egéns consili seruos, nisi habet
    multipotens pectus

  ubi quomque usus siet, pectore expromat suo.

15   nullus frugi esse pótest homo,

    nisi qui ét bene facere et mále tenet.   655

  inprobis cum inprobus [sit,] harpaget furibus 656

  [furetur] quod queat ; uorsipellem frugi conuenit 657

   esse hominem, pectus quoi sapit

                660

20   bonu' sit bonis, malu' sit malis ;   661

  utquomque res sit, ita animum habeat.

  sed lubet scire quantum aurum erus sibi

  dempsit et quid suo reddidit patri.

  si frugi est, Herculem fecit ex patre :   665

25 decumam partem ei dedit, sibi nouem apstulit.

  sed quem quaero optume eccum obuiam mihi est.

  num qui nummi exciderunt, ere, tibi,

    quod sic terram optuere ?   668ᵃ

  quid uos maestos tam tristisque esse conspicor ?

30 non placet nec temere est etiam. quin mihi respondetis ? 670

641 hodie *post* duplex *cod.* : *traieci, nam* duplëx *displicet* 646 edo et
amo] edam *ut vid. T* (*pro* edo amo ?) 653 *fort.* ubi ⟨ei⟩ suo *om.*
Pᶜᴰ 654 *fort.* nú. frúgí potést é. homó 655 bene et male facere
cod. : *trai. Ritschl* 663 99 *exstant in A, sed perierunt plurima* 667
Charisius 209 Plautus in Bacchidibus : oho oportune mihi est obuiam
ecce eccum *Langen* (*A n. l.*): ecce *P* 670 quid *A*

MN. Chrysale, occidi.   CH. fortassis tu auri dempsisti
                                                    parum?
MN. quam, malum, párum? immó uero nimio minu' multo
                                            quam parum.
  CH. quid igitur stulte, quoniam occasio ad eam rem fuit
  mea uirtute parta ut quantum uelles tantum sumeres,
675 sic hoc digitulis duobus sumebas primoribus?   35
  an nescibas quam eius modi homini raro tempus se daret?
MN. erras.   CH. at quidem túte errasti, quom parum im-
                                            mersti ampliter.
MN. pol tu quam nunc med accuses magi', si magi' rem
                                                  noueris.
  occidi.   CH. animus iam istoc dicto plus praesagitur mali.
680 MN. perii.   CH. quid ita?   MN. quia patri omne cum 40
                                            ramento reddidi.
  CH. reddidisti?   MN. reddidi.   CH. omnene?   MN. oppi-
                                      do.   CH. occisi sumus.
  quí in mentem uenit tibi istuc facinus facere tam malum?
MN. Bacchidem atque hunc suspicabar propter crimen,
                                              Chrysale,
  mi male consuluisse: ob eam rem omne aurum iratus reddidi
685 meo patri.   CH. quid, ubi reddebas aurum, dixisti patri?   45
  MN. mé id aurum accepisse extemplo ab hospite Archide-
                                      mide.   CH. em,
  istoc dicto †dedisti† hodie in cruciatum Chrysalum;
  nam ubi me aspiciet, ad carnuficem rapiet continuo senex.
MN. ego patrem exoraui.   CH. nempe ergo hoc ut faceret
                                            quod loquor?
690 MN. immo tibi ne noceat neu quid ob eam rem suscenseat; 50
  atque aegre impetraui.   nunc hoc tibi curandumst, Chrysale.

671 *post* 672 *P* (*prius om. propter homoeotel.* parum ; ii. 6)   672
Quam *Fritsche* (*A n. l.*) : qua (quia *P*CD) *cod.*   nimis *Ritschl* (*A n. l.*)
quam *om. P*   678 *vel* mage   684 mi *Lambinus* : me *P* (*A n. l.*)
(*cf. ad* 565)   686 *vel* hem   687 ⟨tu⟩ ded. *Fleckeisen* : dedi-
disti *Ritschl* ; *fort.* dedïstin

Cʜ. quid uis curem? Mɴ. ut ad senem etiam álteram
facias uiam.

compara, fabricare, finge quod lubet, conglutina,

ut senem hodie doctum docte fallas aurumque auferas.

55 Cʜ. uix uidetur fieri posse. Mɴ. perge, ac facile ecfeceris. 695

Cʜ. quam, malum, fácile, quem mendaci prendit manufesto modo?

quem si orem ut mihi nil credat, id non ausit credere.

Mɴ. immo si audias quae dicta dixit me aduorsum tibi.

Cʜ. quid dixit? Mɴ. si tu illum solem sibi solem esse
diceres,

60 se illum lunam crédere esse et noctem qui nunc est dies.   700

Cʜ. emungam hercle hominem probe hodie, ne id nequiquam dixerit.

Pɪ. nunc quid nos uis facere? Cʜ. enim nil est, nisi ut
ametis impero.

ceterum quantum lubet me poscitote aurum : ego dabo.

quid mi refert Chrysalo esse nomen, nisi factis probo?

65 sed nunc quantillum usust auri tibi, Mnesiloche? dic mihi. 705

Mɴ. militi nummis ducentis iam usus est pro Bacchide.

Cʜ. ego dabo. Mɴ. tum nobis opus est sumptu. Cʜ.
áh, placide uolo

unumquidque agamus : hoc ubi egero, tum istuc agam.

de ducentis nummis primum intendam ballistam in senem ;

70 ea ballista si peruortam turrim et propugnacula,   710

recta porta inuadam extemplo in oppidum antiquom et uetus :

si id capso, geritote amicis uostris aurum corbibus,

sicut animus sperat. Pɪ. apud test animus noster, Chrysale.

Cʜ. nunc tu abi intro, Pistoclere, ad Bacchidem, atque ecfer
cito—

75 Pɪ. quid? Cʜ. stilum, ceram et tabellas, linum. Pɪ. iam 715
faxo hic erunt.—

695 ac *del. Seyffert*   696 Qua *P* (Quam *B*²)   **700–921** *desunt
in A*   702 est *del. Camerarius*   705 quantulum *P*ᶜᴰ   713 sicut
Scioppius : sicui *cod.*   715 stilum et tabellas, ceram, linum *Ussing*

M𝐍. quid nunc es facturus? id mihi dice. C𝐇. coctumst
           prandium?
uos duo eritis atque amica tua erit tecum tertia?
M𝐍. sicut dicis. C𝐇. Pistoclero nulla amica est? M𝐍.
          immo adest.
alteram ille amat sororem, ego alteram, ambas Bacchides.
720 C𝐇. quid tu loquere? M𝐍. hoc, ut futuri sumus. C𝐇. 80
          ubist biclinium
uobis stratum? M𝐍. quid id exquaeris? C𝐇. res itast,
          dici uolo.
nescis quid ego acturus sim neque facinus quantum exordiar.
M𝐍. cedo manum ac supsequere propius me ad fores. intro
          inspice.
724
725 C𝐇. euax, nimi' bellús atque ut esse maxume optabam
          locus.
P𝐈. quae imperauisti. imperatum bene bonis factum ilicost. 85
C𝐇. quid parasti? P𝐈. quae parari tu iussisti | omnia.
C𝐇. cape stilum propere et tabellas tu has tibi. M𝐍. quid
          postea?
C𝐇. quod iubebo scribito istic. nam propterea ⟨te⟩ uolo
730 scribere ut pater cognoscat litteras quando legat.
scribe. M𝐍. quid scribam? C𝐇. salutem tuo patri uerbis 90
          tuis.
P𝐈. quid si potius morbum, mortem scribat? id erit rectius.
C𝐇. ne interturba. M𝐍. iam imperatum in cera inest.
        C𝐇. dic quém ad modum.
M𝐍. 'Mnesilochus salutem dicit suo patri.' C𝐇. adscribe
         hoc cito:
735 'Chrysalus mihi usque quaque loquitur nec recte, pater,
quia tibi aurum reddidi et quia non te defrudauerim.' 95

718 pistoclere *cod.* (-ro *B*²)   720 loqueris *cod.*   722 *vel*
nec   724 bellust *Ritschl* : bellum . . . locum *Studemund* 727
tute *vel* tu me *Ritschl*   728 tu has *Merula* : tuas *cod.* 729
vel isti   te *add. Camerarius*   736 fraudauerim *cod.* (*sed* defru.
'*nonnulli libri veteres*' *Lambini, i. e. T*?)

PI. mane dum scribit.   CH. celerem oportet esse amatoris
manum.

PI. at quidem hercle †em† perdundum magis quam ad
scribundum cito.

MN. loquere. hoc scriptumst.   CH. 'nunc, pater mi, proin
tu ab eo ut caueas tibi :

sycophantias componit, aurum ut aps ted auferat ;   740

100 et profecto se ablaturum dixit.'   plane adscribito.

MN. dic modo.   CH. 'atque id pollicetur se daturum
aurum mihi

quod dem scortis quodque in lustris comedim, congraecem,
pater.

sed, pater, uide né tibi hodie uerba det : quaeso caue.'

MN. loquere porro.   CH. adscribedum etiam.   MN. loquere 745
quid scribam modo.

105 CH. 'sed, pater, quod promisisti mihi, te quaeso ut memineris,

ne illum uerberes ; uerum apud te uinctum adseruato domi.'

cedo tu ceram ac linum actutum. age obliga, opsigna cito.

MN. opsecro, quid istis ad istunc usust conscriptis modum,

ut tibi ne quid credat atque ut uinctum te adseruet domi ?   750

110 CH. quia mi ita lubet.   potin ut cures té atque ut ne
parcas mihi ?

mea fiducia opu' conduxi et meo periclo rem gero.

MN. aequom dicis.   CH. cedo tabellas.   MN. accipe.   CH.
animum aduortite.

Mnesiloche et tu, Pistoclere, iam facite in biclinio

cúm amica sua uterque accubitum eatis, ita negotiumst,   755

115 atque ibidem ubi nunc sunt lecti strati potetis cito.

PI. numquid aliud ?   CH. hoc atque etiam : úbi erit accubitum semel,

738 atque idem *cod.* (vii. 1)   *vel* hem : *fort.* eam *vel* rem   743
et congregem *cod.* : congreger *codd. Nonii* 83   752 et *del.*
Fritzsche

ne quoquam exsurgatis, donec a me erit signum datum.
Pi. o imperatorem probum ! Ch. iam bis bibisse oportuit.
760 Mn. fugimus.—Ch. uos uostrum curate officium, ego ecficiam meum.

C H R Y S A L V S   v

Ch. Insanum magnum molior negotium,
metuoque ut hodie possiem emolirier.
sed nunc truculento mi atque saeuo usus senest ;
nam non conducit huïc sycophantiae
765 senem tranquillum ⟨mi⟩ esse ubi me aspexerit.   5
uorsabo ego illunc hodie, si uiuo, probe.
tam frictum ego illum reddam quam frictum est cicer.
adambulabo ad ostium, ut, quando exeat,
extemplo aduenienti ei tabellas dem in manum.

N I C O B V L V S   C H R Y S A L V S   vi

770 Ni. Nimio illaec res est magnae diuidiae mihi,
supterfugisse sic mihi hodie Chrysalum.
Ch. saluos sum, iratus est senex. nunc est mihi
adeundi ad hominem tempus. Ni. quis loquitur prope ?
atque hicquidem, opinor, Chrysalust. Ch. accessero.   5
775 Ni. bone serue, salue. quid fit ? quam mox nauigo
in Ephesum, ut aurum repetam ab Theotimo domum ?
taces ? per omnis deos adiuro ut, ni meum
gnatum tam amem atque ei facta cupiam quae is uelit,
779
780 ut tua iam uirgis latera lacerentur probe   10
ferratusque in pistrino aetatem conteras.
omnia resciui scelera ex Mnesilocho tua.
Ch. men criminatust ? optumest : ego sum malus,

---

760 fugimus *Fritzsche* : fugiamus *cod.*   765 mi *add. Hermann*
770 Nimium *Leo* (i. 3)   magnae *Pylades* : mane *cod.*   774
vel opino   chrisalus *cod.*

   ego sum sacer, scelestus.   specta rem modo ;

15 ego uerbum faciam ⟨nullum⟩. Nɪ. étiam, carnufex,   785
   minitare ? Cн. nosces tu illum actutum quali' sit.
   nunc hasc' tabellas ferre me iussit tibi.
   orabat, quod istic esset scriptum ut fieret.
   Nɪ. cedo. Cн. nosce signum. Nɪ. noui. ubi ipse est ?
                              Cн. nescio.

20 nil iam me oportet scire. oblitus sum omnia.   790
   scio me esse seruom. nescio etiam id quod scio.
   nunc ab transenna hic turdus lumbricum petit ;
   pendebit hodie pulchre, ita intendi tenus.
   Nɪ. manedum parumper ; iam exeo ad te, Chrysale.—

25 Cн. ut uerba mihi dat, ut nescío quam rem gerat !   795
   seruos arcessit intus qui me uinciant.
   bene nauis agitur, pulchre haec confertur ratis.
   sed conticiscam, nam audio aperiri fores.

vii   Nɪcoвᴠʟᴠs   Cнʀʏsᴀʟᴠs   Loʀᴀʀɪᴠs

   Nɪ. Constringe tu illic, Artamo, actutum manus.
   Cн. quid feci ? Nɪ. impinge pugnum, si muttiuerit.   800
   quid hae loquontur litterae ? Cн. quid me rogas ?
   ut ab illo accepi, ad te opsignatas attuli.

5 Nɪ. eho tu, †loquitatusne es gnato meo†
   male per sermonem, quia mi id aurum reddidit,
   et te dixisti id aurum ablaturum tamen   805
   per sycophantiám ? Cн. egone istuc dixi ? Nɪ. ita.
   Cн. quis homost qui dicat me dixisse istuc ? Nɪ. tace,

10 nullus homo dicit : hae tabellae te arguont,
   quas tu attulisti. em hae te uinciri iubent.
   Cн. aha, Bellorophantam tuo' me fecit filius :   810

    785 nullum *add. Brachmann*   789 *vel* ipsust   792 hic *om. codd.*
Nonii 6   794 exeo ad te *Guietus* : ad te exeo *cod.*   795 ut n.]
bene scio *Abraham*   797 agitatur *cod.* (v. 8), *sed* nauis *monosyll.*
vix ferendum   803 tu ⟨scelus⟩ *Ritschl*   *fort.* loquitatu'n gnato
⟨Mnesilocho⟩ meo   806 *vel* dixi   810 bello rophantem (*B* :
rophontem *P*ᶜᴰ) iam (*pro* -tem *corr.* -tam ?) *cod.*

egomet tabellas tetuli ut uincirer.   sine.
Nɪ. propterea hoc facio ut suadeas gnato meo
ut pergraecetur tecum, teruenefice.   15
Cʜ. o stulte, stulte, nescis nunc uenire te ;
815 atque in eopse astas lapide, ut praeco praedicat.
Nɪ. responde : quis me uendit?   Cʜ. quem di diligunt
adulescens moritur, dum ualet, sentit, sapit.
hunc si ullus deus amaret, plus annis decem,   20
plus iam uiginti mortuom esse oportuit :
820 terrai ⟨iám⟩ odium ambulat, iam nil sapit
nec sentit, tantist quantist fungus putidus.
Nɪ. tun terrae me odium esse autumas? abducite hunc
intro atque astringite ad columnam fortiter.   25
numquam auferes hinc aurum.   Cʜ. átqui iam dabis.
825 Nɪ. dabo?   Cʜ. atque orabis me quidem ultro ut auferam,
quom illum rescisces criminatorem meum
quanto in periclo et quanta in pernicie siet.
tum libertatem Chrysalo largibere ;   30
ego adeo numquam accipiam.   Nɪ. dic, scelerum caput,
830 dic, quó in periclo est meu' Mnesilochus filius ?
Cʜ. sequere hac me, faxo iam scies.   Nɪ. quo gentium ?
Cʜ. tris unos passus.   Nɪ. uel decem.   Cʜ. agedum tu,
                                                          Artamo,
forem hanc pauxillulum aperi ; placide, ne crepa ;   35
sat est.   accede huc tu.   uiden conuiuium ?
835 Nɪ. uideo exaduorsum Pistoclerum et Bacchidem.
Cʜ. qui sunt in lecto illo altero ?   Nɪ. interii miser.
Cʜ. nouistine hominem ?   Nɪ. noui.   Cʜ. dic sodes mihi,
bellan uidetur specie mulier ?   Nɪ. admodum.   40
Cʜ. quid illám, meretricemne esse censes ?   Nɪ. quippini ?
840 Cʜ. frustra es.   Nɪ. quis igitur opsecrost ?   Cʜ. inueneris.
ex me quidem hodie numquam fies certior.

811 ut *om. B*   820 iam *add.* (? *Leo*   824 at ⟨pol⟩ qui *Mueller*
833 pausillum *cod.* : *corr. Pylades* (v. 8)   crepet *Angelius*

viii   CLEOMACHVS NICOBVLVS CHRYSALVS

   CL. Meamne hic Mnesilochus, Nicobuli filius,
per uím ut retineat mulierem? quae haec factiost?
   NI. quis illést? CH. per tempus hic uenit miles mihi.
   CL. non me arbitratur militem sed mulierem,   845
5 qui me meosque non queam defendere.
nam neque Bellona mi umquam neque Mars creduat,
ni illum exanimalem faxo, si conuenero,
niue exheredem fecero uitae suae.
   NI. Chrysale, quis ille est qui minitatur filio?   850
10 CH. uir hic est illius mulieris quacum accubat.
   NI. quid, uir? CH. uir, inquam. NI. nuptan est illa,
                                 opsecro?
   CH. scies haú multo post. NI. oppido interii miser.
   CH. quid nunc? scelestus tibi uidetur Chrysalus?
age nunc uincito me, auscultato filio.   855
15 dixin tibi ego illum inuenturum te quali' sit?
   NI. quid nunc ego faciam? CH. iube sis me exsolui cito;
nam ni ego exsoluor, iam manufesto hominem opprimet.
   CL. nihil est lucri quod me hodie facere mauelim,
quam illum cubantem cum illa opprimere, ambo ut necem. 860
20 CH. audin quae loquitur? quin tu me exsolui iubes?
   NI. exsoluite istum. perii, pertimui miser.
   CL. tum illam, quae corpus publicat uolgo suom,
faxo se hau dicat nactam quem derideat.
   CH. pacisci cum illo paullula pecunia   865
25 potes. NI. pacisce ergo, opsecro, quid tibi lubet,
dum ne manufesto hominem opprimat niue enicet.
   CL. nunc nisi ducenti Philippi redduntur mihi,
iam illorum ego animam amborum exsorbebo oppido.
   NI. em illoc pacisce, si potest; perge, opsecro,   870

   852 nupta *cod.*   856 tibi *del. Kaempf* siet *cod.*   863 illaec
Bach   866 (*et* 870, 871) pacisce *Bothe* : paciscere *cod.*   869 eg. ill.
Kaempf   870 potes *P*CD

pacisce quiduis.   CH. ibo et faciam sedulo.   30
quid clamas ?   CL. ubi erus tuos est ?   CH. nusquam. nescio.
uis tibi ducentos nummos iam promittier,
ut ne clamorem hic facias neu conuicium ?
875 CL. nihil est quod malim.   CH. atque ut tibi mala multa
                                                        ingeram ?
CL. tuo arbitratu.   NI. ut subblanditur carnufex !   35
CH. pater hic Mnesilochi est ; sequere, is promittet tibi.
tu aurum rogato ; ceterum uerbum sat est.
NI. quid fit ?   CH. ducentis Philippis rem pepigi.   NI. ah,
                                                        salus
880 mea, seruauisti me.   quam mox dico 'dabo' ?
CH. roga hunc tu, tu promitte huic.   NI. promitto, roga.   40
CL. ducentos nummos aureos Philippos probos
dabin ?   CH. 'dabuntur' inque.   responde.   NI. dabo.
CH. quid nunc, inpure ?   numquid debetur tibi ?
885 quid illí molestu's ?   quid illum morte territas ?
et ego te et ille mactamus infortunio.   45
si tibi est machaera, at nobis ueruinast domi :
qua quidem te faciam, si tu me inritaueris,
confossiorem soricina nenia.
890 iam dudum hercle equidem sentio suspicio
quae te sollicitet : eum esse cum illa muliere.   50
CL. immo est quoque.   CH. ita me Iuppiter, Iuno, Ceres,
Minerua, Lato, Spes, Opis, Virtus, Venus,
Castor, Polluces, Mars, Mercurius, Hercules,
895 Summanus, Sol, Saturnus dique omnes ament,
ut ille cum illa neque cubat neque ambulat   55
neque osculatur neque illud quod dici solet.
NI. ut iurat !   seruat me ille suis periuriis.

873 uin *Morris, cui displicet* uis *in initio interrogationis*   879 ah
Bothe : uah *cod.*   880 seruasti *cod.*   885 quia illum *cod.* :
corr. Camerarius   886 *vel* ill'   887 at (ad) *cod. Festi* 161 :
et *cod.*   888 faciam si] reddam u⟨bi⟩ *Festus* 161   893 Lato
testari videtur Varro Ling. Lat. 7, 16 : Latona *cod.* (*i.e.* Minerúa, L. ?)
897 auscultatur *cod.* (*pro* ausculatur, *antiqua forma*)

CL. ubi nunc Mnesilochus ergost? CH. rus misit pater.
illa autem in arcem abiuit aedem uisere   900
60 Mineruae. nunc apertast. i, uise estne ibi.
CL. abeo ad forum igitur. CH. uel hercle | in malam crucem.
CL. hodie exigam aurum hoc? CH. exige, ac suspende te :
ne supplicare censeas, nihili homo.—
ille est amotus. sine me (per te, ere, opsecro   905
65 deos inmortalis) ire huc intro ad filium.
NI. quid eo introibis? CH. ut eum dictis plurumis
castigem, quom haec sic facta ad hunc faciat modum.
NI. immo oro ut facias, Chrysale, et ted opsecro,
caue pársis in eum dicere. CH. etiam me mones?   910
70 satin est si plura ex me audiet hodie mala
quam audiuit umquam Clinia ex Demetrio?—
NI. lippi illic oculi seruos est simillimus :
si non est, nolis esse neque desideres ;
si est, apstinere quin attingas non queas.   915
75 nam ni illic hodie forte fortuna hic foret,
miles Mnesilochum cum uxore opprimeret sua
atque optruncaret moechum manufestarium.
nunc quasi ducentis Philippis emi filium,
quos dare promisi militi : quos non dabo   920
80 temere etiam priu' quam filium conuenero.
numquam edepol quicquam temere credam Chrysalo ;
uerum lubet etiam mi has pellegere denuo :
aequomst tabellis consignatis credere.—

ix   C H R Y S A L V S

CH. Atridae duo fratres cluent fecisse facinus maxumum,   925
quom Priami patriam Pergamum diuina moenitum manu

900 abiit *cod.*   902 uel ⟨tu⟩ h. in *Kampmann* : *fort.* uel
h. ⟨i⟩ in   904 ⟨nos⟩ nihili *Ussing, nam* nihīli *displicet*   908
sic facta *Camerarius* : facta sic *cod.*   922-61 *habet A*   922
temere quicquam *A*

armis, equis, exercitu atque eximiis bellatoribus
milli cum numero nauium decumo anno post subegerunt.
non pedibus termento fuit praeut égo erum expugnabo meum 5
930 sine classe sineque exercitú et tanto numero militum.
cepi, expugnaui amanti erili filio aurum ab suo patre.
nunc prius quam huc senex uenit, lubet lámentari dum exeat.
o Troia, o patria, o Pergamúm, o Priame periisti senex,
qui misere male mulcabere quadrigentis Philippis aureis.   10
935 nam ego has tabellas opsignatas, consignatas quas fero
non sunt tabellae, sed equos quem misere Achiui ligneum.
Epiust Pistoclerus : ab eo haec sumptae ; Mnesilochus
                                                    Sino est
relictus, ellum non in busto Achilli, sed in lecto accubat ;
Bacchidem habet secum : ílle olim habuit ignem qui signum 15
                                                        daret,
940 hunc ipsum exurit ; ego sum Vlixes, quoiius consilio haec
                                                        gerunt.
tum quae hic sunt scriptae litteraé, hoc in equo ínsunt
                                                        milites
armati atque animati probé.   ita res successit mi usque
                                                        adhuc.
atque hic equos non in arcem, uerum in arcam faciet im-
                                                        petum :
exitium, excidium, exlecebra fiet hic equos hodie auro senis. 20
945 nostro seni huic stolido, ei profecto nomen facio ego Ilio ;
miles Menelaust, ego Agamemno, ídem Vlixes Lartius,
Mnesilochust Alexander, qui erit exitio rei patriae suae ;
is Helenam auexit, quoia caussa nunc facio opsidium Ilio.

928 cum] post *A* (v. 4)   929 tormento *P* (i. 7)   931
del. Kiessling   932 senex uĕnit *diïambus displicet   fort.* nunc prïus
huc quam s. u.   937-40 *om. A*   937 sumptae *Kiessling :*
sumpta *cod.*   938 in *alt. om. P*CD   939 habet ⟨is⟩ (?) *Leo*
940 nunc *Guietus* (H *pro* N)   941 insunt in equo *Guietus*   942
meliusque *P* (*pro* mei usque) (*A n. l.*)   944 excidium exitium *P*
945 ilico *A*   947 exitium *P*   948 is] si *A*   abduxit *P*

25 nam illi itidem Vlixem audiui, ut ego sum, fuisse et audacem
et malum :

dolis égo deprensus sum, ill' mendicans paene inuentus 950
interit,

dum ibi exquirit fata Iliorum ; adsimiliter mi hodie optigit.

uinctus sum, sed dolis me exemi : item se ílle seruauit dolis.

Ilio tria fuisse audiui fata quae illi forent exitio :

30 signum ex arce si periisset ; alterum etiamst Troili mors ;

tertium, quom portae Phrygiae limen superum scinderetur : 955

paria item tria is tribus sunt fata nostro huic Ilio.

nam dudum primo ut dixeram nostro seni mendacium

et de hospite et de auro et de lembo, ibi signum ex arce
iam apstuli.

35 iam duo restabant fata tunc, nec magis id ceperam oppidum.

post ubi tabellas ad senem detúli, ibi occidi Troilum,   960

quom censuit Mnesilochum cum uxore esse dudum militis.

ibi uix me exsolui : atque id periclum adsimilo, Vlixem ut
praedicant

cognitum ab Helena esse proditum Hecubae ; sed ut olim
ille se

40 blanditiis exemit et persuasit sé ut amitteret,

item ego dolis me illo extuli e periclo et decepi senem.   965

posté cum magnufico milite, urbis uerbis quí inermus capit,

conflixi atque hominem reppuli ; dein pugnam conserui seni:

eum ego adeo uno mendacio deuici, uno ictu extempulo

45   cepi spolia.   is nunc ducentos
            nummos Philippos militi, quos   969ᵃ
            dare se promisit, dabit.   nunc   970

949 illic (*pro* -li ; i. 7) eidem (*locativo casu* ?) audiui ulixem *P*
950 prensus *A*   951 illorum *codd.*   952 me *om. P*   *vel*
ill'   953 Ilio] illi *A*   forent] fuere *A*   955 forte *P*   lumen
A (vi, p. 87)   956 his *A*   nostra *P* (i, p. 27)   959 tum *P*
961 mnesilochus *A*, *qui in hoc v. deficit*   963 *fort.* proditúm esse
Héc., *unde fit iamb. octonarius*   illim *Seyffert*   964 *fort.* sě (*vel*
sese) úti amít., *unde fit iamb. octonarius*   965 ilio *cod.* (illo *D*)
extuli *Dissald* : expuli *cod.*   e *om. B*   966 *vel* post'   967
confixit *cod.* (*corr. in B*)   968 cum *cod.* (*corr. in B*)

alteris etiam ducentis
971ᵃ   usus est, qui dispensentur
    Ilio capto, ut sit mulsum   50
972ᵃ   qui triumphent milites.
  sed Priamus hic multo illi praestat : non quinquaginta modo,
  quadrigentos filios habet atque equidem omnis lectos sine
            probro :
975 eos ego hodie omnis contruncabo duobus solis ictibus.
  nunc Priamo nostro si est quis emptor, comptionalem senem 55
  uendam ego, uenalem quem habeo, extemplo ubi oppidum
           expugnauero.
  sed Priamum astantem eccum ante portam uideo. adibo
      atque adloquar.

      Nɪᴄᴏʙᴠʟᴠs   Cʜʀʏsᴀʟᴠs   ix

  Nɪ. Quoianam uox prope me sonat? Cʜ. o Nicobule.
      Nɪ. quid fit?
980 quid quod te misi, ecquid egisti? Cʜ. rogas? congredere.
      Nɪ. gradior.
Cʜ. optumu' sum orator. ad lacrumas hominem coegi
      castigando
  maleque dictis, quae quidem quíui comminisci. Nɪ. quid
      ait? Cʜ. uerbum
  nullum fecit : lacrumans tacitus auscultabat quae ego lo- 5
      quebar ;
  tacitus conscripsit tabellas, opsignatas mi has dedit.
985 tibi me iussit dare, sed metuo né idem cantent quod priores.
  nosce signum. estne eiius? Nɪ. noui. lubet pellegere has.
      Cʜ. pellege.
  nunc superum limen scinditur, nunc adest exitium ⟨illi⟩
      Ilio,

  974 quidem *Mueller, Skutsch (Herm.* 32, 94), *fort. recte*   978
uidebo *cod.* (*corr. in B*)   980 gradior] congredior *B*   981 coegi
hominem *cod.* : *traiecit Goetz, et metro et allitterationi consulens*   987
illi *addidi*   ⟨prope⟩ adest ex. Il. *Acidalius*
PLAVT. I   12

10 turbat equo' lepide ligneus.   NI. Chrysale, ades dúm ego
                                             has pellego.

          CH. quid me tibi adesse opus est?   NI. uolo ut quod 988ᵃ
                                             iubeo facias,
          ut scias quae hic scripta sient.

          CH. nil moror neque scire uolo.   989ᵃ

          NI. tamen ades.   CH. quid opust?   NI. taceas:
15   quod iubeo id facias.   CH. adero.   990ᵃ

     NI. eugae litteras minutas!   CH. qui quidem uideat parum;
     uerum qui sati' uideat, grandes sati' sunt.   NI. animum
                                             aduortito igitur.

          CH. nolo inquam.   NI. at uolo inquam.   CH. quid opust?
                    NI. at enim id quod te iubeo facias.

     CH. iustumst ⟨ut⟩ tuos tibi seruos tuo arbitratu seruiat.

20 NI. hoc age sis nunciam.   CH. ubi lubet, recita: aurium 995
                                             operam tibi dico.

          NI. cerae quidem hau parsit neque stilo;
               sed quidquid est, pellegere certumst.   996ᵃ

     'pater, ducentos Philippos quaeso Chrysalo
     da, si esse saluom uis me aut uitalem tibi.'
25 malum quidem hercle magnum.   CH. tibi dico.   NI. quid est?
     CH. non priu' salutem scripsit?   NI. nusquam sentio.   1000
     CH. non dabi', si sapies; uerum si das maxume,
     ne ille alium gerulum quaerat, si sapiet, sibi:
     nam ego non laturus sum, si iubeas maxume.
30 sat sic suspectus sum, quom careo noxia.
     NI. ausculta porro, dum hoc quod scriptumst pellego.   1005
     CH. inde a principio iam inpudens epistula est.
     NI. 'pudet prodire me ad te in conspectum, pater:
     tantum flagitium te scire audiui meum,
35 quod cum peregrini cubui uxore militis.'
     pol hau derides; nam ducentis aureis   1010

     988ᵃ iubebo *B*   994 ut *add. Hermann*   *vix* tuos tibi (*i. e.*
'*tuus ipsius*') ⟨tibi⟩ s.   996 haŭ *suspectum*   1002 quaeret
Brachmann   1007 conspectu *B*

Philippis redemi uitam ex flagitio tuam.

CH. nihil est illorum quin ego illi dixerim.

NI. 'stulte fecisse fateor.   sed quaeso, pater,

ne me, in stultitia si deliqui, deseras.   40

1015 ego animo cupido atque oculis indomitis fui ;

persuasumst facere quoius me nunc facti pudet.'

priu' [te] cauisse ergo quam pudere aequom fuit.

CH. eadem istaec uerba dudum illi dixi omnia.

NI. 'quaeso ut sat habeas id, pater, quod Chrysalus   45

1020 me obiurigauit plurumis uerbis malis,

et me meliorem fecit praeceptis suis,

ut te ei habere gratiam aequom sit bonam.'

CH. estne istuc istic scriptum ?   NI. em specta, tum scies.

CH. ut qui deliquit supplex est ultro omnibus !   50

1025 NI. 'nunc si me fas est opsecrare aps te, pater,

da mihi ducentos nummos Philippos, te opsecro.'

CH. ne unum quidem hercle, si sapis.   NI. sine pellegam.

'ego ius iurandum uerbis conceptis dedi,

daturum id me hodie mulieri ante uesperum,   55

1030 priu' quam a me abiret.   nunc, pater, ne peiierem

cura atque abduce me hinc ab hac quantum potest,

quam propter tantum damni feci et flagiti.

caue tíbi ducenti nummi diuidiae fuant ;

sescenta tanta reddam si uiuo tibi.   60

1035 uale atque haec cura.'   quid nunc censes, Chrysale ?

CH. nihil ego tibi hodie consili quicquam dabo,

neque ego hau committam ut, si quid peccatum siet,

fecisse dicas de mea sententia.

uerum, ut ego opinor, sí ego in istoc sim loco,   65

1040 dem potius aurum quam illum corrumpi sinam.

duae condiciones sunt : utram tu accipias uide :

1017 te *del. Acidalius, nam* cauisse *disyllab. vix ferendum*   1020
vel med obiurg.   1033 diuitiae *cod. : corr. Camerarius*   1038 de
[me] mea (*vel* de mea me) *cod.* (iv. 3)   1039 *vel* opino   1041
tu utram *Acidalius, nam displicet* uträm

uel ut aurum perdas uel ut amator peiieret.

ego neque te iubeo neque uoto neque suadeo.

70 NI. miseret me illius. CH. tuos est, non mirum facis.

si plus perdundum sit, periisse suauiust   1045

quam illud flagitium uolgo dispalescere.

NI. ne ille edepol Ephesi multo mauellem foret,

dum saluos esset, quam reuenisset domum.

75 quid ego istic? quod perdundumst properem perdere.

binos ducentos Philippos iam intus ecferam,   1050

et militi quos dudum promisi miser

et istos. mane istic, iam exeo ad te, Chrysale.—

CH. fit uasta Troia, scindunt proceres Pergamum.

80 sciui ego iam dudum fore me exitio Pergamo.

edepol qui me esse dicat cruciatu malo   1055

dignum, ne ego cum illo pignus haud ausim dare :

tantas turbellas facio. sed crepuit foris :

ecfertur praeda ex Troia. taceam nunciam.

85 NI. cape hoc tibi aurum, Chrysale, i, fer filio.

ego ad forum autem hinc ibo, ut soluam militi.   1060

CH. non equidem accipiam. proin tu quaeras qui ferat.

nolo ego mihi credi. NI. cape uero, odiose facis.

CH. non equidem capiam. NI. at quaeso. CH. dico ut

                          res se habet.

90 NI. morare. CH. nolo, inquam, aurum concredi mihi.

uel da aliquem qui seruet me. NI. ohe, odiose facis. 1065

CH. cedo, si necesse est. NI. cura hoc. iam ego huc

                          reuenero.—

CH. curatum est—esse te senem miserrumum.

hoc est incepta efficere pulchre : ueluti mi

95 euenit ut ouans praeda onustus cederem ;

1052 *vel* isti   1054 exitium *cod.* (*cf.* **947**)   1060 militem
cod. (*pro* militei ?) (*cf. Sjögren* 'part. copul.' p. 148)   1065 me seruet
B (P^CD *n. l.*) : *corr. Hermann, metro consulens*   1068 *de* ueluti
mi *cf. Lindsay praef. in Capt.* p. 69 : bellule Mi *Leo*   1069 cederem
Scaliger : incederem *cod., quod tutatur Leo*

1070 salute nostra atque urbe capta per dolum
    domum redduco ⟨iam⟩ integrum omnem exercitum.
    sed, spectatores, uos nunc ne miremini
    quod non triumpho : peruolgatum est, nil moror ;
    uerum tamen accipientur mulso milites.   100
1075 nunc hanc praedam omnem iam ad quaestorem deferam.—

P H I L O X E N V S   x

PH. Quam magis in pectore meo foueo quas meu' filiu'
               turbas turbet,
    quam se ad uitam et quos ad mores praecipitem insci-
               tu' capessat,
    magi' curae est magi'que adformido ne is pereat neu
               corrumpatur.
    scio, fui ego illa aetate et feci illa omnia, sed more
               modesto ;
1080   duxi, habui scortum, potaui, dedi, donaui, et enim id 5
               raro.
    neque placitant mores quibu' uideo uolgo ⟨in⟩ gnatos esse
               parentes :
    ego dare me meo gnato institui, ut animo opsequium sumere
               possit ;
    aequom esse puto, sed nimi' nolo desidiae ei dare
               ludum.
        nunc Mnesilochum, quod mandaui,
1084ᵃ   uiso ecquid eum ad uirtutem aut ad   10
1085   frugem opera sua compulerit, sic
        ut eum, si conuenit, scio fe-
1086   cisse : eost ingenio natus.

1071 iam *add. Ritschl*   1079 ego fui *B*   1080 *post* 1081
cod. (*prius om. propter homoeotel.* ? ii. 6): *trai. Scaliger*   sed *Acida-*
lius : et *cod.*   1081 in *add. Seyffert* (i. 4)   1082 dare me ludum
meo *cod.* : ludum (*cf.* 1083) *del. Buecheler*   1083 ei des.   *Goetz,*
fauente allitteratione

ACTVS V

NI. Quiquomque ubi sunt, qui fuerunt quique futuri sunt
posthac
stulti, stolidi, fatui, fungi, bardi, blenni, buccones,
solus ego omnis longe antideo stultitia et moribus indoctis.
perii, pudet : hocine me aetatis ludos bis factum esse in- 1090
digne ?
5 magi' quam id reputo, tam magis uror quae meu' filiu'
turbauit.
perditu' sum atque eradicatus sum, omnibus exemplis ex-
crucior.
omnia me mala consectantur, omnibus exitiis interii.
Chrysalu' med hodie lacerauit, Chrysalu' me miserum
spoliauit :
is me scelus auro usque attondit dolis doctis indoctum ut 1095
lubitumst.
10 ita miles memorat meretricem esse eam quam ille uxorem
esse aiebat,
omniaque ut quidque actum est memorauit, eam sibi hunc
annum conductam,
relicuom id auri factum quod ego ei stultissumus homo pro-
misissem :
hoc, hoc est quod ⟨cor⟩ peracescit ; hoc est demum quod
percrucior,
me hoc aetatis ludificari, immo edepol sic ludos factum 1100

1087 ubique B (i. e. ubiq' ?) : ubi ubi Ital., Leo cui fūerunt displicet
1091 quae Camerarius : quem cod.   1092 atque Hermann : atque
[etiam] cod. (iv. 3)   crucior PCD   1097 memorat e. s. in h.
Mueller (Rhein. Mus. 54, 384)   memorât, i.e. -ā(u)ît, vix Plautinum
1099 quo Ritschl   cor add. Seyffert   peraccessit cod.

cano capite atque alba barba miserum me auro esse emun- 15
ctum.

perii, hoc seruom meum non nauci facere esse ausum!
atque ego, si alibi
plus perdiderim, minus aegre habeam minu'que id mihi
damno ducam.

PH. certo hic prope me mihi nescioquis loqui uisust ; sed
quem uideo?
1105 hicquidemst pater Mnesilochi.   NI. eugae, socium aerumnae
et mei mali uideo.
Philoxene, salue.   PH. et tu.   unde agis?   NI. unde homo 20
miser atque infortunatus.

PH. at pol ego ibi sum, esse ubi miserum hominem decet
atque infortunatum.

NI. igitur pari fortuna, aetate ut sumus, utimur.   PH. sic
est. sed tu,
quid tibist?   NI. pol mihi par, idem est quod tibi.
1110   PH. numquidnam ad filium haec aegritudo attinet?
NI. admodum.   PH. idem mihi morbus in pectorest.   25
NI. at mihi Chrysalus optumus homo
perdidit filium, me atque rem omnem meam.

PH. quid tibi ex filio nam, opsecro, aegrest?   NI. scies :
1115 id, perit cum tuo : ambo aeque amicas habent.
PH. qui scis?   NI. uidi.   PH. ei mihi, disperii.   30
NI. quid dubitamus pultare atque huc euocare ambos
foras?

PH. hau moror.   NI. heus Bacchis, iube sis actutum aperiri fores,
nisi mauoltis fores et postis comminui securibus.

1104 certe *Langen*   loquĭ *inusitatum, etiam* loquier   1105
hicquidem *cod.*   1106 Philŏxene *suspicionem movet*   1115 ambo
Acidalius : [atque] ambo *cod.* (*seq.* aeque ; iv. 3)

ii   BACCHIS   NICOBVLVS   SOROR
                    PHILOXENVS

BA. Quis sonitu ac tumultu tanto nominat me atque pultat 1120
                                                    aedis?

    NI. ego atque hic.   BA. quid hoc est negoti nam, amabo?
       quis has huc ouis adegit?   1121ᵃ

    NI. ouis nos uocant pessumae.   So. pastor harum
5   dormit, quom haec eunt [sic] a pecu balitantes.

        BA. at pol nitent, hau sordidae uidentur ambae.

    So. attonsae hae quidem ambae usque sunt.   PH. ut ui- 1125
                                                    dentur

    deridere nos!   NI. sine suo usque arbitratu.

        BA. rerin ter in anno tu has tonsitari?
10   So. pol hodie altera iam bis detonsa certo est.

    BA. uetulae sunt, †thimiamae†.   So. at bonas fuisse credo.

    BA. uiden limulis, opsecró, ut intuentur?   1130

    So. ecastor sine omni arbitror malitia esse.

    PH. merito hoc nobis fit, qui quidem huc uenerimus.

15 BA. cogantur quidem intro.   So. hau scio quid eo opus sit,
       quae nec lact' nec lanam ullam habent.   sic sine astent.
       exsoluere quanti fuere, omni' fructus   1135
       iam illis decidit.   non uides, ut palantes
               solae, liberae
20   grassentur? quin aetate credo esse mutas:
       ne balant quidem, quom a pecu cetero apsunt.   1138ᵃ
               stultae atque hau malae uidentur.

    So. reuortamur intro, soror.   NI. ilico ambae   1140
               manete: haec oues uolunt uos.   1140ᵃ

25 So. prodigium hoc quidemst: humana nos uoce appellant
                                                    oues.

1120 [nomine] nominat *cod.* : *corr. Pylades* (iv. 3)   1123 sic *om.*
cod. Charisii 141   halitantes *cod. Charisii (cum D¹)*: palitantes *Camera-*
rius (cf. 1136)   1125 PH.] *fort.* NI.   1126 NI.] *fort.* PH.   1128
iam] *fort.* etiam, *unde integer tetram. evadit*   1129 minae ambae
Colerus   1130 intuent *PCD* : contuentur *Bothe*   1134 lactem *cod.*
(*pro* lacte, *antiqua orthographia*)   1136 balantes *cod.*: *corr. Camerarius*

NI. haec oues uobis malam rem magnam quam debent
                                              dabunt.
BA. si quam debes, te condono : tibi habe, numquam aps
                                              te petam.
    sed quid est quapropter nobis uos malum minitamini ?
1145 PH. quia nostros agnos conclusos istic esse aiunt duos.
    NI. et praeter eos agnos meus est istic clam mordax canis : 30
    qui nisi nobis producuntur iam atque emittuntur foras,
    arietes truces nos erimus, iam in uos incursabimus.
BA. soror, est quod te uolo secretó.   So. eho, amabo.   NI.
                                       quó illaec abeunt ?
1150 BA. senem illum tibi dedo ulteriorem, lepide ut lenitum
                                              reddas ;
    ego ad hunc iratum adgrediar.   possumu' nos hos intro 35
                                              inlicere huc.
So. meum pensum ego lepide accurabo : quam odiosum est
                                       mortem amplexari !
BA. facito ut facias.   So. taceas.   tu tuom facito : ego
                                       quod dixi hau mutabo.
NI. quid illaec illic in consilio duae secreto consultant ?
1155   PH. quid aís tu, homó ?   NI. quid me uis ?
1155ᵃ   PH. pudet dicere me tibi quiddam.   40
    NI. quid est quod pudeat ?   PH. sed amico homini tibi
                                       quod uolo credere certumst.
    nihili sum.   NI. istuc iam pridem scio.   sed qui nihili's ?
                                              id memora.
    PH. tactus sum uehementer uisco ;
    cor stimulo foditur.   NI. pol tibi multo aequius est coxen-
                                              dicem.
1160 sed quid istuc est ?   etsi iam ego ips' quid sit prope scire 45
                                              puto me ;

    1149 am. ⟨quid ?⟩ *Seyffert* (*cum* illae)   1150 tibi dedo illum
ueteriorem *Priscianus* 1, 97 *et* 265, *utrubique* ueteriorem *testatus*
1151 ⟨si⟩ poss. *Ritschl*   1152 quamquam odiost *Bergk*   1157
qui *Guietus* : quid *cod.*   nihile sit *cod.* (nihili sit *B*)   1160 *vel*
ipsus   probe *Leo, cui* prope *pro 'paene' displicet*

uerum audire etiam ex te studeo. Ph. uiden hanc ? Ni.
               uideo. Ph. hau mala est mulier.
Ni. pol uero ista mala et tu nihili. Ph. quid multa? ego amo.
               Ni. an amas ? Ph. ναὶ γάρ.
Ni. tun, homo putide, amator istac fieri aetate audes ? Ph.
               qui non ?
Ni. quia flagitium est. Ph. quid opust uerbis ? meo filio
               non sum iratus,
50 neque te tuost aequom esse iratum : si amánt, sapienter 1165
               faciunt.
    Ba. sequere hac. Ni. eunt eccas tandem
probriperlecebrae et persuastrices. quid nunc ? etiam red-
               diti' nobis
filios et seruom ? an ego experior tecum uim maiorem ?
               Ph. abin hinc ?
non homo tuquidem es, qui istoc pacto tam lepidam inle-
               pide appelles.
55 Ba. senex optume quantumst in terra, sine ⟨me⟩ hoc ex- 1170
               orare aps te,
ut istuc delictum desistas tanto opere ire oppugnatum.
    Ni. ni abeas, quamquam tu bella es,   1171ᵃ
malum tibi magnum dabo iam. Ba. patiar, non metuo ne
               quid mihi doleat
quod ferias. Ni. ut blandiloquast ! ei mihi, metuo. So.
               hic magi' tranquillust.
60 Ba. i hac mecum intro atque ibi si quid uis filium conca- 1175
               stigato.
Ni. abin a me, scelu' ? Ba. sine, mea Pietas, te exorem.
               Ni. exores tu me ?
So. ego quidem ab hoc certe exorabo. Ph. immo ego te
               oro ut me intro abducas.

1162 necar *cod.* (i. 8, p. 106)   1164 opus uerbist *cod.*   1167
probri p. *edd.*, *sed cf.* Peters (*Harv. Stud. 9*, 118)   1170 me *add.*
Ritschl (iii. 6)   1171ᵃ nisi Pᶜᴰ   abetis (-ae-) *Brugmann*
1175 i] ii *cod.* (? *pro* ei ; *cf.* 1181)   ibi *Pylades* : abi *cod.*

So. lepidum te! Ph. at scin quo pacto me ad te intro
                 abducas? So. mecum ut sis.
    Ph. omnia quae cupio commemoras.

1180 Ni. uidi ego nequam homines, uerum te neminem deterio- 65
                 rem. Ph. ita sum.
    Ba. i hac mecum intro, ubi tibi sit lepide uictibu', uino
                 atque unguentis.
    Ni. sati', sati' iam uostrist conuiui : me nil paenitet ut sim
                 acceptus :
    quadrigentis Philippis filiu' me et Chrysalu' circumdu-
                 xerunt.

1183ᵃ   quem quidem ego ut non excruciem
    alterum tantum auri non meream. Ba. quid tandem si 70
                 dimidium auri
1185 redditur, in' hac mecum intro? atque ut eis delicta ignoscas.
                 Ph. faciet.
    Ni. minime, nolo. nil moror, sine sic. malo illos ulcisci ambo.
    Ph. etiam tu, homo nihili? quod di dant boni caue culpa
                 tua amissis :
    dimidium auri datur: accipias potesque et scortum accumbas.
1190 Ni. egon ubi filiu' corrumpatur meus, ibi potem? Ph. 75
                 potandumst.
    Ni. age iam, id ut ut est, etsi est dedecori, patiar, facere
                 inducam animum :
    egon quom haec cum illo accubet inspectem? Ba. immo
                 equidem pol tecum accumbam,
1192ᵃ   te amabo et te amplexabor.
    Ni. caput prurit, perii, uix negito. Ba. non tibi uenit in
                 mentém, amabo,
    si dum uiuas tibi bene facias tam pol id quidem esse hau 80
                 perlonginquom,

      1180 homines *Lambinus*: hominem *cod.*   1181 i] ii *cod.* (? *pro*
ei) (*cf.* 1175)   1191 dedecori *Ritschl*: dedecorum *cod.*   1192
i. accumbet *cod.*   1193 amabo uenit in mentem *Spengel*   1194
tam *Bothe*: iam *cod*.

neque, si hoc hodie amiseri', post in morte id euenturum 1195
                                     esse umquam?

NI. quid ago?   PH. quid agas? rogitas etiam?   NI. lubet
                      et metuo.   BA. quid metuis?

NI. ne obnoxiu' filio sim et seruo.   BA. mel meum, amabo,
                         istaec fiunt.

tuost : unde illum sumere censes, nisi quod tute illi dederis?

85 hanc ueniam illis sine te exorem.   NI. ut terebrat! satin
                         offirmatum

    quod mihi erat, id me exorat?   1200

tua sum opera et propter té inprobior?   BA. ne †is† quam
                      mea mauellem.

satin ego istuc habeo offirmatum?   NI. quod semel dixi hau
                      mutabo.

    BA. it dies, ite intro accubitum,

90 filii uos exspectant intus.   NI. quam quidem actutum emo-
                      riamur.

So. uesper hic est, sequimini.   NI. ducite nos quo lubet 1205
                      tamquam quidem addictos.

BA. lepide ipsi hi sunt capti, suis qui filiis fecere insidias.

GREX

Hi senes nísi fuissent nihili iam inde ab adulescentia,

non hodie hoc tantum flagitium facerent canis capitibus ;

95 neque adeo haec faceremus, ni antehac uidissemus fieri

ut apud lenones riuales filiis fierent patres.   1210

spectatores, uos ualere uolumus,[et] clare adplaudere.

1195 amissis *Bothe*   id *del. Ussing*   1197 istaec] etsi haec *Leo*
1198 censes sumere *cod.* : *trai. Weise*   1201 ne tis *Schneider* : ne
eius *Ussing* : Veneris *Elmer* (*Trans. Amer. Phil. Ass.* 32, 66) : neminis
Leo   quam meam uellem *P*CD   1207 GREX *Pylades* : ite *cod.* (*pro*
πάντες *vel* ω? *cf. ad Pers.* 858)   1209 ante hoc *Langen*   1211
et *del. Bergk*

CAPTIVI

ARGVMENTVM

Captust in pugna Hegionis filius;
Alium quadrimum fugiens servus vendidit.
Pater captivos commercatur Aleos,
Tantum studens ut natum ⟨captum⟩ recuperet;
Et inibi emit olim amissum filium.   5
Is suo cum domino veste versa ac nomine
Vt amittatur fecit : ipsus plectitur;
Et is reduxit captum, et fugitivum simul.
Indicio cuius alium agnoscit filium.

4 captum *add. Bothe*   5 in ibus *Gulielmius*

PERSONAE

ERGASILVS PARASITVS
HEGIO SENEX
LORARIVS
PHILOCRATES ADVLESCENS ⎱
TYNDARVS SERVVS ⎰ CAPTIVI
ARISTOPHONTES ADVLESCENS
PVER
PHILOPOLEMVS ADVLESCENS
STALAGMVS SERVVS

SCAENA IN AETOLIA

PROLOGVS

Hos quos uidetis stare hic captiuos duos,
illi quia astant, hi stant ambo, non sedent;
hoc uos mihi testes estis me uerum loqui.
senex qui hic habitat Hegio est huiius pater.
5 sed is quo pacto seruiat suo síbi patri,   5
id ego hic apud uos proloquar, si operam datis.
seni huic fuerunt filii nati duo;
alterum quadrimum puerum seruos surpuit
eumque hinc profugiens uendidit in Alide
10 patri | huiiusce.   iam hoc tenetis?   optumest.   10
negat hercle illic ultumus.   accedito.
si non ubi sedeas locus est, est ubi ambules,
quando histrionem cogis mendicarier.
ego me tua caussa, ne erres, non rupturu' sum.
15 uos qui potestis ope uostra censerier   15
accipite relicuom : alieno uti nil moror.
fugitiuos ille, ut dixeram ante, huiius patri
domo quém profugiens dominum apstulerat uendidit.
is postquam hunc emit, dedit eum huic gnato suo
20 peculiarem, quia quasi una aetas erat.   20
hic nunc domi séruit suo patri, nec scit pater;
enim uero di nos quasi pilas homines habent.
rationem habetis, quo modo unum amiserit.
postquam belligerant Aetoli cum | Aleis,

2 qui astant *cod.*   hi] *vel* i   10 huĭusce *vix ferendum : fort.*
huiiusce hominis (iii, p. 51)   optumum est *cod.* (*ut Stich.* 537 optumum
est *pro* optumest, 120 minimum est *pro* minimest) (*cf. ad Bacch.* 502)
11 abscedĭto *Rost*   18 profugens *P*BD (*et fort. cod.*) (vi, p. 86)
19 is *Fleckeisen* : hic *cod* (*pro* his, *i. e.* is?)   22 enim *Pylades* : est
cod.   24 alidis *cod.* (*etiam P*A) (*cf. vv.* 59, 93)

25 ut fit in bello, capitur alter filius.　　　　　　　　　　25
　　medicus Menarchus emit ibidem in Alide.
　　coepit captiuos commercari hic Aleos,
　　si quem reperire posset qui mutet suom,
　　illum captiuom : hunc suom esse nescit qui domist.
30 et quoniam heri indaudiuit de summo loco　　　　　　　30
　　summoque genere captum esse equitem | Aleum,
　　nil pretio parsit, filio dum parceret :
　　reconciliare ut facilius posset domum,
　　emit hosc' de praeda ambos de quaestoribus.
55 hisce autem inter sese hunc confinxerunt dolum,　　　35
　　quo pacto hic seruos suom erum hinc amittat domum.
　　itaque inter se commutant uestem et nomina ;
　　illic uocatur Philocrates, hic Tyndarus :
　　huius illic, hic illius hodie fert imaginem.
40 et hic hodie expediet hanc docte fallaciam,　　　　　40
　　et suom erum faciet libertatis compotem,
　　eodemque pacto fratrem seruabit suom
　　reducemque faciet liberum in patriam ad patrem
　　inprudens : itidem ut saepe iam in multis locis
45 plus insciens quis fecit quam prudens boni.　　　　　45
　　sed inscientes sua sibi fallacia
　　ita compararunt et confinxerunt dolum
　　itaque hi commenti de sua sententia
　　ut in séruitute hic ad suom maneat patrem :
50 ita nunc ignorans suo sibi seruit patri ;　　　　　　50
　　homunculi quanti sunt, quom recogito !
　　haec res agetur nobis, uobis fabula.
　　sed etiam est paucis uos quod monitos uoluerim.
　　profecto expediet fabulae huic operam dare :

　　28 possit *Reiz*　　qui *Pareus* : cum quo *cod.* (v. 2) (*cf. v.* 101)
30 inde audiuit *cod.* (i. 7)　　　31 *fort.* captiuom (*cf. Epid.* 564
captiuam *pro* captam *B*)　　　34 e pr. (?) *Studemund*　　42 seruauit *cod.*

55 non pertractate facta est neque item ut ceterae :   55
   neque spurcidici insunt uorsus inmemorabiles ;
   hic neque peiiurus leno est nec meretrix mala
   neque miles gloriosus ; ne uereamini
   quia bellum Aetolis esse dixi cum Aleis :
60 foris illi extra scaenam fient proelia.   60
   nam hoc paene iniquomst, comico choragio
   conari desubito agere nos tragoediam.
   proin si quis pugnam exspectat, litis contrahat :
   ualentiorem nactus aduorsarium
65 si erit, ego faciam ut pugnam inspectet non bonam,   65
   adeo ut spectare postea omnis oderit.
   abeo.   ualete, iudices iustissumi
   domi, duellique duellatores optumi.

ACTVS I

Ergasilvs   I. i

   Er. Iuuentus nomen indidit 'Scorto' mihi,
70 eo quía inuocatus soleo esse in conuiuio.
   scio apsúrde dictum hoc derisores dicere,
   at ego aio recte. nam scortum in conuiuio
   sibi amator, talos quom iacit, scortum inuocat.   5
   estne inuocatum ⟨scortum⟩ an non ? planissume ;
75 uerum hercle uero nos parasiti planius,
   quos numquam quisquam neque uocat neque inuocat.
   quasi mures semper edimus alienum cibum ;
   ubi res prolatae sunt, quom rus homines eunt,   10
   simul prolatae res sunt nostris dentibus.
80 quasi, quom caletur, cocleae in occulto latent,

59 alidis *cod.* (*cf. v.* 24)   60 illic *cod.*   62 nos agere *cod.* :
trai. Bothe   72 aio *ita script. ut* clio (*BD*) *vel* dio (*P*E) *videretur
esse in cod.* (*cf. v.* 694) (vi, p. 84)   74 ⟨scortum⟩ an non *Bentley*.
an non ⟨est? est⟩ *Camerarius*   75 uero] uerum *cod.*

PLAVT. I   13

suo sibi suco uiuont, ros si non cadit,
item parasiti rebus prolatis latent
15 in occúlto miseri, uictitant suco suo,
dum ruri rurant homines quos ligurriant.
prolatis rebus parasiti uenatici   85
[canes] sumus, quando res redierunt, Molossici
odiossicique et multum incommodestici.
20 et hic quidem hercle, nisi qui colaphos perpeti
potes parasitus frangique aulas in caput,
uel ire extra portam Trigeminam ad saccum Ecet.   90
quod mihi ne eueniat non nullum periculum est.
nam postquam meu' rex est potitus hostium—
25 ita nunc belligerant Aetoli cum | Aleis ;
nam Aetolia haec est, illi est captus [in] Alide
Philopolemus, huius Hegionis filius   95
senis qui hic habitat, quae aedes lamentariae
mihi sunt, quas quotiensquomque conspicio fleo ;
30 nunc hic occepit quaestum hunc fili gratia
inhonestum et maxume alienum ingenio suo :
homines captiuos commercatur, si queat   100
aliquem inuenire, suum qui mutet filium.
quod quidem ego nimis quam †cupio ut impetret† ;
35 nam ní illum recipit, nihil est quo me recipiam.
†nulla est spes iuuentutis†, sese omnes amant ;
ill' demum antiquis est adulescens moribus,   105
quoius numquam uoltum tranquillaui gratiis.

86 canes *del. Pylades* iv, p. 61)   red. ⟨sumus⟩ *Birt* : red. canes
Niemeyer (*cf. supra*) : rediere †um *Schoell*   89 potis *Camerarius*,
fort. recte   90 uel extra   . ilicet *Bothe, cui* uel ire *displicet*   92
Nunc *Karsten* (*Mnemos.* 21, 289)   93 alidis *cod.* (*cf. v.* 24)   94
illic *cod.* (*i. e.* -ic ?)   in *del. Brix*   101 mutet *Scioppius* : cum
mutet *cod.* (*ex glossa* quocum *supra* qui *scripta* ; *cf. v.* 28)   102-7
post 125 hab. *cod.* (*prius om. propter homoeotel.* -ium ; ii. 6, p. 103) :
hic reposuit Acidalius   102 cupio ⟨fieri⟩ *Schoell, nam* c. ut i. *vix*
Plautinum imperet *cod.*   103 *verbis* ni illum *melius resonet*
nihilum   104 n. i. e. sp. *Bothe*   *fort.* non ulla (vii, p. 99)

condigne pater est eius moratus moribus.
nunc ad eum pergam.   sed aperitur ostium,   40
und' saturitate saepe ego exii ebrius.

HEGIO   LORARIVS   ERGASILVS   ii

110 HE. Aduorte animum sis : tú istos captiuos duos,
     heri quós emi de praeda de quaestoribus,
     is indito catenas singularias
     istas, maiores, quibu' sunt iuncti, demito ;
     sinito ambulare, si foris, si intus uolent,   5
115 sed uti adseruentur magna diligentia.
     liber captiuos aui' ferae consimilis est :
     semel fugiendi si data est occasio,
     satis est, numquam postilla possis prendere.
     Lo. omnes profecto liberi lubentius   10
120 sumu' quam seruimus.   HE. non uidere ita tu quidem.
     Lo. si non est quod dem, mene uis dem ipse—in pedes ?
     HE. si dederis, erit extemplo mihi quod dem tibi.
     Lo. aui' me ferae consimilem faciam, ut praedicas.
     HE. ita ut dícis : nam si faxis, te in caueam dabo.   15
125 sed sati' uerborumst.   cura quae iussi atque abi.
     ego ibo ad fratrem ad alios captiuos meos,
     uisam ne nocte hac quippiam turbauerint.
     ind' me continuo recipiam rusum domum.
     ER. aegre est mi hunc facere quaestum carcerarium   20
130 propter sui gnati miseriam miserum senem.
     sed si ullo pacto ille huc conciliari potest,
     uel carnuficinam hunc facere possum perpeti.
     HE. quis hic lóquitur ?   ER. ego, qui tuo maerore maceror,
     macesco, consenesco et tabesco miser ;   25

111 a quaest. *Fleckeisen*   112 his *cod.*   113 iuncti *an*
uincti *incert. cod.* (v. 12)   121 men u. d. ipsus *Schrader*   123
praedicas *codd. Servii ad Aen.* 10, 559 : predicisti *cod.* (*pro* predic̄., *i. e.*
praedicas ? vii, p. 106)   125 *cf. ad* 102-7   127 quipiam *cod.*

ossa atque pellis sum misera—macritudine;   135
neque umquam quicquam me iuuat quod edo domi.
foris aliquantillum etiam quod gusto id beat.
HE. Ergasile, salue.   ER. di te bene ament, Hegio.
30 HE. ne flé.   ER. egone illum non fleam? egon non defleam
talem adulescentem?   HE. semper sensi filio   140
meo te esse amicum et illum intellexi tibi.
ER. tum denique homines nostra intellegimus bona,
quom quae in potestate habuimus ea amisimus.
35 ego, postquam gnatus tuo' potitust hostium,
expertus quanti fuerit nunc desidero.   145
HE. alienus quom eius incommodum tam aegre feras,
quid me patrem par facerest, quoi ille est unicus?
ER. alienus? ego alienus illi? aha, Hegio,
40 numquam istuc dixis neque animum induxis tuom;
tibi ille únicust, mi etiam unico magis unicus.   150
HE. laudo, malum quom amici tuom ducis malum.
nunc habe bonum animum.   ER. éheu, huic illud dolet,--
quia nunc remissus est edendi exercitus.
45 HE. nullumne interea nactu's, qui posset tibi
remissum quem dixti imperare exercitum?   155
ER. quid credis? fugitant omnes hanc prouinciam,
quoi optigerat postquam captust Philopolemus tuos.
HE. non pol mirandum est fugitare hanc prouinciam.
50 multis et multigeneribus opus est tibi
militibus: primumdum opus est Pistorensibus;   160
eorum sunt aliquot genera Pistorensium:
opu' Panicis est, opu' Placentinis quoque;
opu' Turdetanis, opust Ficedulensibus;
55 iam maritumi omnes milites opu' sunt tibi.
ER. ut saepe summa ingenia in occulto latent!   165

135 miser codd. Nonii 136   148 illi Bothe: ille cod.   150 vix
únicust (vel uncust), mihi   155 dixit cod. (ii. 7)   157 quoi
Camerarius: quod cod.   162 paniceis cod.   163 vix opus est
Ficellensibus (·elie-)

hic qualis imperator nunc priuatus est.

He. habe módo bonum animum, nam illum confido
                                      domum

in his diebus me reconciliassere.

nam eccum hic captiuom adulescentem Aleum,   60
170 prognatum genere summo et summis ditiis :

hoc illum me mutare—⟨Er.⟩ confido fore.

[Er.] ita di deaeque faxint.   sed num quo foras

uocatus ⟨es⟩ ad cenam? He. nusquam, quod sciam.

sed quid tu id quaeris? Er. quia mi est natalis dies;   65
175 propterea ⟨a⟩ te uocari ad te ad cenam uolo.

He. facete dictum! sed si pauxillum potes

contentus esse. Er. ne perpauxillum modo,

nam istoc me adsiduo uictu delecto domi;

age sis, roga emptum : ' nisi qui meliorem adferet   70
180 quae mihi atque amicis placeat condicio magis,'

quasi fundum uendam, meis me addicam legibus.

He. profundum uendis tu quidem, hau fundum, mihi.

sed si uenturu's, temperi. Er. em, uel iam otium est.

He. i modo, uenare leporem : nunc irim tenes;   75
185 nam meu' scruposam uictus commetat uiam.

Er. numquam istoc uinces me, Hegio, ne postules :

cum calceatis dentibus ueniam tamen.

He. asper meu' uictus sane est. Er. sentisne essitas?

He. terrestris cena est. Er. sus terrestris bestia est.   80
190 He. multis holeribus. Er. curato aegrotos domi.

numquid uis? He. uenias temperi. Er. memorem
                                    mones.—

He. ibo intro atque intus subducam ratiunculam,

169 *fort.* ⟨alium⟩ A., *nam hiatus* nam | eccum | hic *displicent*
171 Er. *hic posui*   fore] pote *Mueller*   172 deque (*pro* deeque)
cod.   173 es *add. Ital.*   175 a *add. Schoell*   ad te ad cenam
Schoell: ad te nam *corr. ex* ad te ad te nam *cod. ut uid.*   176 pauxillo
' *libri ueteres plerique*' *Lambini*   177 contemptus *cod.*   179
aie *cod.*   185 non *cod.* (? *pro* n̄ ; vii. 2)

quantillum argenti mi apud tarpezitam siet.
85 ad fratrem, quo ire dixeram, mox iuero.—

ACTVS II

Lo. Si di inmortales id uoluerunt, uos hanc aerumnam 195
                                                    exsequi,
decet id pati animo aequo : si id facietis, leuior labos erit.
    domi fuístis, credo, liberi :
nunc seruitus si euenit, ei uos morigerari mos bonust
5 et erili imperio eamque ingeniis uostris lenem reddere.
indigna digna habenda sunt, erus quae facit. Ca. oh! 200
                                              oh ! oh !
    Lo. eiulatione haud opus est, [multa] oculis multa mira
                                              †clitis† :
    in re mala animo si bono utare, adiuuat.
    Ty. at nos pudet, quia cum catenis sumus.   Lo. at pigeat
                                              postea
10   nostrum erum, si uos eximat uinclis,
            aut solutos sinat quos argento emerit.   205
    Ty. quid a nóbis metuit ? scimu' nos
        nostrum officium quod est, si solutos sinat.   206ª
        Lo. at fugam fingitis : sentio quam rem agitis.
15 Philoc. nos fugiamus ? quo fugiamus ? Lo. in patriam.
                Philoc. apage, hau nos id deceat,
    fugitiuos imitari.   Lo. immo edepol, si erit occasio, hau
                                              dehortor.

---

199 eamque et erili imperio *cod.* : *corr. Nettleship*   201 *fort.*
multa oc. (*abl.*) muti   *fort.* aitis (*cf. v.* 72)   204 si suos . . . uin-
culis (*ita cod.*) *Spengel, ut tetram. cretic. fiat*   205 sinat *Ital.* : sinat-
[que] *cod.* (iv. 5, p. 61)   207 agis *Hermann, ut tetram. cretic. fiat*

210
211 Tʏ. unum exorare uos sinite nos.   Lo. quidnam id est?
                              Tʏ. ut sine hisce arbitris
              atque uobis nobis detis locum loquendi.
213
214 Lo. fiat.   apscedite hinc : nos concedamus huc.   sed
                        breuem orationem incipisse.
215   Tʏ. ém istuc mihi certum erat.   concedc huc.   Lo. [ab] 20
                        ite ab istís.   Tʏ. obnoxii ambo
         uobis sumu'propter hanc rem, quom quae uolumu' nos
         copia est ; ea facitis nos compotes.
         Pʜɪʟoc. secede huc nunciam, si uidetur, procul,
220   ne arbitri dicta nostra arbitrari queant
         neu permanet palam haec nostra fallacia.   25
         nam doli non doli sunt, ni⟨si⟩ astu colas,
         sed malum maxumum, si id palam prouenit.
    nam sí erus míhi es tú atque ego me tuom esse seruom
                              adsimulo,
225 tamen uíso opust, cauto est opus, ut hoc sóbrie sineque
                              arbitris
         accurate agatur, docte et diligenter ;   30
         tanta incepta res est : hau somniculose hoc
         agendum est.   Tʏ. ero ut me uoles esse.   Pʜɪʟoc. spero.
         Tʏ. nam tu nunc uides pro tuo caro capite
230   carum offerre ⟨me⟩ meum caput uilitati.
    Pʜɪʟoc. scio.   Tʏ. at scire memento, quando id quod 35
                              uoles habebis ;
    nam fere maxuma pars morem hunc homines habent : quod
                              sibi uolunt,
              dum id impetrant, boni sunt ;
              sed id ubi iam penes sése habent,
235   ex bonis pessumi et fraudulentissumi
              fiunt.   Pʜɪʟoc. nunc ut mihi te uolo esse autumo. 40

215 ite *scripsi (cf. ad Amph.* 32)   224 tu mihi es *Hermann*
226 [hoc] agatur *cod. : corr. Guietus*   230 me *add. Bentley   vel*
Vilitati (*quasi deae*)   231 memento scire *Fleckeisen, ut iamb.*
septenarius fiat   236 fiunt *Hermann* : sunt *cod.* (s *pro* f)

    quod tibi suadeam, suadeam meo patri.
    pol ego si te audeam, meum patrem nominem :
    nam secundum patrem tu's pater proxumus.
Ty. audio. Philoc. et propterea saepius te uti memineris 240
                           moneo :
45 non ego erus tibi, sed seruos sum ; nunc opsecro te hoc
                           unum—
quoniam nobis di inmortales animum ostenderunt suom,
ut qui erum me tibi fuisse atque esse nunc conseruom uelint,
quod antehac pro iure imperitabam meo, nunc te oro per
                           precem—
per fortunam incertam et per mei te erga bonitatem patris, 245
50 perqu' conseruitium commune, quod hóstica euenit manu,
ne me secus honore honestes quam quom seruibas mihi,
atque ut qui fueris et qui nunc sis meminisse ut memineris.
Ty. scio equidem me te esse nunc et te esse me. Philoc.
                   ém istuc si potes.
memoriter meminisse, inest spes nobis in hac astutia.   250

ii   Hegio   Philocrates   Tyndarvs

He. Iam ego reuortar intro, si ex his quae uolo exquisiuero.—
ubi sunt isti quos ante aedis iussi huc produci foras ?
Philoc. edepol tibi ne in quaestione essemus cautum in-
                        tellego,
ita uinclis custodiisque circummoeniti sumus.
5 He. qui cauet ne decipiatur uix cauet quom etiam cauet ; 255
etiam quom cauisse ratus est saepe is cautor captus est.
an uero non iusta caussa est ut uos seruem sedulo,
quos tam grandi sim mercatus praesenti pecunia ?
Philoc. neque pol tibi nos, quia nos seruas, aequomst uitio
                     uortere,

    237 suadeo suadeam *Camerarius*   240 *vel* ted ut (ut *cod.*)   243
nunc *del. Bothe*, *cui* esse nŭnc (*vel* ess' nunc) *displicet*   244 quom
Fleckeisen, fort. recte   249 equidem *Luchs* (*Herm.* 6, 277): quidem
cod.   253 cautum intellego *Hegioni dat B³* (*cf. Journ. Phil.* 26, 289)
259 aequomst uitio *Camerarius* : equom stulcio *cod.*

260 neque te nobis, sí abeamus hinc, si fuat occasio.   10
    HE. ut uos hic, itidem illi apud uos meu' seruatur filius.
    PHILOC. captus est? HE. ita. PHILOC. non igitur nos
                                          soli ignaui fuimus.
    HE. secede huc. nam sunt ex te quae solo scitari uolo.
    quarum rerum te falsiloquom mi esse nolo. PHILOC. non ero
265 quod sciam. si quid nesciui, id nescium tradam tibi.   15
    TY. nunc senex est in tostrina, nunc iam cultros adtinet.
    ne id quidem, inuolucre inicere, uoluit, uestem ut ne inquinet.
    sed utrum strictimne attonsurum dicam esse an per pectinem
    nescio ; uerum, si frugist, usque admutilabit probe.
270 HE. quid tu ? seruosne esse an liber mauelis, memora mihi. 20
    PHILOC. proxumum quod sit bono quodque a malo longis-
                                                       sume,
    id uolo ; quamquam non multum fuit molesta seruitus,
    nec mihi secus erat quam si essem familiaris filius.
    TY. eugepae ! Thalem talento non emam Milesium,
275 nam ad sapientiam huiius ⟨hominis⟩ nimius nugator fuit.   25
    ut facete orationem ad seruitutem contulit !
    HE. quo de genere natust illic Philocrates ? PHILOC. Poly-
                                                       plusio :
    quod genus illi est unum pollens atque honoratissumum.
    HE. quid ipsus hic ? quo honore est illic ? PHILOC. summo,
                                              atque ab summis uiris.
280 HE. tum igitur ei quom †in Aleis tanta† gratia est, ut prae· 30
                                                       dicas,
    quid diuitiae, suntne opimae ? PHILOC. unde excoquat
                                              sebum senex.

263 quae ex te *cod.* : *trai. Camerarius* (p. 115)   265 nescibo
Acidalius   266 cultro os *Seyffert*   269 admutilalabit *cod.*
274 euge petalem (*unde* euge potalem *P*ᴱ) *cod.*   tanlento (*corr*. *P*ᴱ)
cod.   275 hominis *add. Niemeyer* (iii, p. 51) : ⟨nimiam⟩ *Schoell*
279 *vel* illi   280 *del. Ussing* in A. tam *Niemeyer, metro consulens* :
in illis tanta *Brix*   *vix* tanta g. in Aleïs   281 opimae *Camerarius* :
optume *cod.* (v. 12)

He. quid pater? uiuitne? Philoc. uiuom, quom inde abi-
                                           mus, liquimus ;
nunc uiuatne necne, id Orcum scire oportet scilicet.
Ty. salua res est, philosophatur quoque iam, non mendax
                                           modo est.
35 He. quid erat ei nomen? Philoc. Thensaurochrysonico- 285
                                           chrysides.
He. uidelicet propter diuitias inditum id nomen quasi est.
Philoc. immo edepol propter auaritiam ipsius atque auda-
                                           ciam.
nam illi quidem Theodoromedes fuit germano nomine.
He. quid tu ais? tenaxne pater est eius? Philoc. immo
                                           edepol pertenax ;
40 quin etiam ut magi' noscas : Genio suo ubi quando sacru- 290
                                           ficat,
ad rem diuinam quibus est opu', Samiis uasis utitur,
ne ipse Genius surrupiat : proinde aliis ut credat uide.
He. sequere hac me igitur. eadem ego ex hoc quae uolo
                                           exquaesiuero.
Philocrates, hic fecit hominem frugi ut facere oportuit.
45 nám ego ex hoc quo genere gnatus sis scio, hic fassust mihi ; 295
haec tu eadem si confiteri uis, tua re feceris :
quae tamen scio scíre me ex hoc. Ty. fecit officium hic
                                           suom,
quom tibi est confessus uerum, quamquam uolui sedulo
meam nobilitatem occultare et genus et diuitias meas,
50 Hegio ; nunc quando patriam et libertatem perdidi,   300
non ego istúnc me potius quam te metuere aequom censeo.
uis hostilis cum istoc fecit meas opes aequabilis ;
memini, quom dicto haud audebat : facto nunc laedat licet.

283 uiuatne *Bothe* : uiuat *cod.*   285 quid *Brix, secundum morem
Plautinum* : quod *cod.*   288 *del. Bothe* ; *sed Phil. secum (vel Tyndarus)
loquitur vel* illic   289 pertinax *cod.*   290 *vel* mage   291 opus
est *Ital.*   296 ⟨ex⟩ tua *Studemund*   297 scio *suspectum* : scito
V^2 : *fort.* sci   298 quamquam *Camerarius* : quam *cod.*

sed uiden ? fortuna humana fingit artatque ut lubet :
305 me qui liber fueram seruom fecit, e summo infumum ;   55
qui imperare insueram, nunc alterius imperio opsequor.
et quidem si, proinde ut ipse fui imperator familiae,
habeam dominum, non uerear ne iniuste aut grauiter mi
imperet.
Hegio, hoc te monitum, nisi forte ipse non uis, uolueram.
310 HE. loquere audacter. TY. tam ego fui ante liber quam 60
gnatus tuos,
tam mihi quam illi libertatem hostilis eripuit manus,
tam ille apud nos seruit quam ego nunc hic apud te seruio.
est profecto deu', qui quae nos gerimus auditque et uidet :
is, uti tu me hic habueris, proinde illum illic curauerit ;
315 bene merenti bene profuerit, male merenti par erit.   65
quam tu filium tuom tam pater me meu' desiderat.
HE. memini ego istuc. sed faterin eadem quae hic fassust
mihi ?
TY. ego patri meo esse fateor summas diuitias domi
meque summo genere gnatum. sed te optestor, Hegio,
320 ne tuom animum auariorem faxint diuitiae meae :   70
ne patri, tam etsi unicu' sum, decere uideatur magis,
me saturum seruire apud te sumptu et uestitu tuo
potius quam illi, ubi minime honestumst, mendicantem uiuere.
HE. ego uirtute deum et maiorum nostrum diues sum satis.
325 non ego omnino lucrum omne esse utile homini existumo : 75
scio ego, multos iam lucrum lutulentos homines reddidit ;
est etiam ubi profecto damnum praestet facere quam lucrum.
odi ego aurum : multa multis saepe suasit perperam.
nunc hoc animum aduorte, ut ea quae sentio pariter scias.
330 filiu' meus illic apud uos seruit captus Alide :   80

309 uoluerim *Brix*   317 istoc *cod., antiqua forma*   321
unicus (*uix* uncus) *verb. dactyl. in tertio pede suspectum* : sum unicus
Mueller, cui patrī *non displicet*   decore (*adiectiv.*) *Schoell*   324
item Aul. 166 ; *del. Ritschl*   326 luculentos *P*E*D*   329 aduortite
cod.   330 *vel* filius m. illi

eum si reddis mihi, praeterea únum nummum ne duis,
et te et hunc amittam hinc.   alio pacto abire non potes.
Ty. optumum atque aequissumum oras optumusque homi-
                                                num es homo.
sed is priuatam seruitutem seruit illi an publicam?
85 He. priuatam medici Menarchi. Philoc. pol isquidem 335
                                        huiius est cluens.
tam hoc quidem tibi in procliui quam imber est quando pluit.
He. fac is homo ut redimatur. Ty. faciam. sed te id oro,
                                                      Hégio,—
He. quiduis, dum ab re ne quid ores, faciam. Ty. ausculta,
                                                      tum scies.
ego me amitti, donicum ille huc redierit, non postulo.
90 uerum te quaeso [ut] aestumatum hunc mihi des, quem 340
                                        mittam ad patrem,
ut is homo redimatur illi. He. immo alium potius misero
hinc, ubi erunt indutiae, illuc, tuom qui conueniat patrem,
qui tua quae tu iusseris mandata ita ut uelis perferat.
Ty. at nihil est ignotum ad illum mittere : operam luseris.
95 hunc mitte, hic transactum reddet omne, si illuc uenerit.   345
nec quemquam fideliorem neque quoi plus credat potes
mittere ad eum nec qui magi' sit seruos ex sententia,
neque adeo quoi suom concredat filium hodie audacius.
ne uereare, meo periclo húius ego experiar fidem,
100 fretus ingenio eius, quod me esse scit érga sese beniuolum. 350
He. mittam equidem istunc aestumatum tua fide, si uis.
                                                Ty. uolo ;
quam citissume potest, tam hoc cedere ad factum uolo.
He. num quae caussa est quin, si ille huc non redeat, uiginti
                                                      minas

332 *vel* ted   333 homo es *corr.* es homo *ut vid.* (ĕ homo *P*ᴱ)
335 Philoc.] Ty. *Ital.*   is] hic *cod.*   337 sed ted oro hoc *Brix*   340
te *del. Brix* : ut *del. Bosscha*   342 conuenit *cod.*   345 omne transactum reddet *cod.* : *trai. Guietus* 346 nequemquam *cod.*   347 nequi
cod. vel mage   348 tuum *Ital.*   349 *vel* periculo fidem *Ital.* : uice
fidem *cod.* (iv. 3)   350 *vel* ess'   erga se *B* : sese erga *Schoell*

mihi des pro illo? Ty. óptuma immo.   He. soluite istum
nunciam,
355 atque utrumque.   Ty. di tibi omnes omnia optata offerant, 105
quom me tanto honore honestas quomque ex uinclis eximis.
hoc quidem hau molestumst iam, quod collus collari caret.
He. quod bonis bene fit beneficium, gratia ea grauida est
bonis.
nunc tu illum si illo es missurus, dice, demónstra, praecipe
360 quae ad patrem uis nuntiari.   uin uocem huc ad te? Ty. 110
uoca.

H e g i o   P h i l o c r a t e s   T y n d a r v s   iii

He. Quae res bene uortat mihi meoque filio
uobisque, uolt te nouos erus operam dare
tuo ueteri domino, quod is uelit, fideliter.
nam ego te aestumatum huïc dedi uíginti minis,
365 hic autem te ait mittere hinc uelle ad patrem,   5
meum út illic redimat filium, mutatio
inter me atque illum ut nostris fiat filiis.
Philoc. utroque uorsum rectumst ingenium meum.
ad ted atque illum ; pro rota me uti licet :
370 uel ego huc uel illuc uortar, quo imperabitis.   10
He. tute tibi tuopte ingenio prodes plurumum,
quom seruitutem ita fers ut ⟨eam⟩ ferri decet.
sequere.   em tibi hominem.   Ty. gratiám habeo tibi,
quom copiam istam mi et potestatem facis,
375 ut ego ad parentes hunc remittam nuntium,   15
qui me quid rerum hic agitem et quid fieri uelim
patri meo ordine omnem rem illuc perferat.

355 offerant *Fleckeisen* : ferant *cod.*   357 collari *Donatus* (*G.
L.* 3, 393) *ut uid.* : collaria *cod.*   359 monstra *Camerarius*
364 te huic dedi aestumatum *Bothe* : *fort.* aest. huic te dedi   369
atque ad illum *P*E   371 tibi *Fleckeisen* : tibi [ea] *cod.* (*cf. v.* 372)
372 eam *add. Schoell ex v.* 371, *nam* itā *vix Plautinum*

nunc ita conuenit inter me atque hunc, Tyndare,
ut te aestumatum in Alidem mittam ad patrem,

20   si non rebitas huc, ut uiginti minas   380
dem pro te.   PHILOC. recte conuenisse sentio.
nam pater exspectat aut me aut aliquem nuntium
qui hinc ad se ueniat.   TY. ergo animum aduortas uolo
quae nuntiare hinc te uolo in patriam ad patrem.

25 PHILOC. Philocrates, ut adhuc locorum feci, faciam sedulo   385
ut potissumum quod in rem recte conducat tuam,
id petam | id persequarque corde et animo atque auribus.
TY. facis ita ut te facere oportet.   nunc animum aduortas
                                              uolo :

omnium primum salutem dicito matri et patri
30 et cognatis et si quem alium beneuolentem uideris ;   390
me hic ualere et seruitutem seruire huic homini optumo,
qui me honore honestiorem semper fecit et facit.
PHILOC. istuc ne praecipias, facile memoria memini tamen.
TY. nam equidem, nisi quod custodem habeo, liberum me
                                        esse arbitror.
35 dicito patri quo pacto mihi cum hoc conuenerit   395
de huius filio.   PHILOC. quae memini, mora mera est mo-
                                            nerier.
TY. ut eum redimat et remittat nostrum huc amborum
                                            uicem.
PHILOC. meminero.   HE. at quam primum pote : istuc in
                                    rem utriquest maxume.
PHILOC. non tuom tu magi' uidere quam ille suom gnatum
                                          cupit.

380 huic *Loman*   387 id petam idque persequar *Camerarius* :
fort. id petamque persequarque (vii. 1)   uiribus *J*   392 fecit
et semper *Wilamowitz*   394 equidem *Lambinus* : quidem *cod.*
(*sed* nam eq. *usitatum*)   395 cum hoc mihi *Pylades* : mihi cum
hoc ⟨nunc⟩ *Mueller* (*Rhein. Mus.* 54, 385), *vitantes hiatum* cum | hoc
393 pote *Spengel* : poteris *cod.* (i. 7)   399 *vel* mage

400 HE. meu' mihi, suo' quoique est carus. PHILOC. numquid 40
aliud uis patri
nuntiari? TY. me hic ualere et (tute audacter dicito,
Tyndare) inter nos fuisse ingenio hau discordabili,
neque te commeruisse culpam (neque me aduorsatum tibi)
beneque ero gessisse morem in tantis aerumnis tamen;
405 neque med umquam deseruisse te neque factis neque fide, 45
rebus in dubiis, egenis. haec pater quando sciet,
Tyndare, ut fueris animatus erga suom gnatum atque se,
numquam erit tam auarus quin te gratiis emittat manu :
et mea opera, si hinc rebito, faciam ut faciat facilius.
410 nam tua opera et comitate et uirtute et sapientia 50
fecisti ut redire liceat ad parentes denuo,
quóm apud hunc confessus es et genus et diuitias meas :
quo pacto emisisti e uinclis tuom erum tua sapientia.
PHILOC. feci ego ita ut commemoras, et te meminisse id
gratum est mihi.
415 merito tibi ea éuenerunt a me ; nam nunc, Philocrates, 55
si ego item memorem quae med erga multa fecisti bene,
nox diem adimat ; nam quasi seruos [meus] esses, nihilo
setius
⟨tu⟩ mihi opsequiosus semper fuisti. HE. di uostram
fidem,
hominum ingenium liberale ! ut lacrumas excutiunt mihi !
420 uideas corde amare inter se. quantis * laudibus 60
suom erum seruos conlaudauit ! PHILOC. pol istic me hau
centessumam
partem laudat quam ipse meritust ut laudetur laudibus.

403 te aduorsatum mihi *Brix*   408 gratus *cod.* (*cf. Curc.* 6
ingratus *pro* ingratiis)   manu emittat gratiis *Brix, cui* gratiis *displicet*
413 exemisti *T* (?), *fort. recte*   414 ita *Bothe* : ista *cod.* (*cf. Trin.*
1170 istast *pro* itast), *forma vix Plautina*   415 ⟨sed⟩ merito
Brix   416 me *cod.*   417 quasi *Fleckeisen* : si *cod.*   meus *del.*
Guietus : mi *Bentley*   sis *Fleckeisen*   420 *fort.* i. sese c. a.   laudibus (*B³*) *an* laudauit (*P*ᴮᴰ) *cod. incert.* : *fon.* ⟨erus hunc⟩ laudibus

HE. ergo quom optume fecisti, nunc adest occasio
bene facta cumulare, ut erga hunc rem geras fideliter.
65 PHILOC. magi' non factum possum uelle quam opera ex- 425
          periar persequi ;
id ut scias, Iouem supremum testem laudo, | Hegio,
me infidelem non futurum Philocrati. HE. probus es homo.
PHILOC. nec me secus umquam ei facturum quicquam quam
          memet mihi.

TY. istaec dicta te experiri ét opera et factis uolo ;
70 et, quo minu' dixi quam uolui de te, animum aduortas uolo, 430
atque horunc uerborum caussa caue tu mi iratus fuas ;
sed, te quaeso, cogitato hinc mea fide mitti domum
te aestumatum, et méam esse uitam hic pro te positam
          pignori,
ne tu me ignores, quom extemplo meo e conspectu apsces-
          seris,
75 quom me seruom in seruitute pro ted hic reliqueris   435
tuque te pro libero esse ducas, pignus deseras
neque des operam pro me ut huius huc reducem facias
          filium ;
scito te hinc minis uiginti aéstumatum mittier.
fac fidele sis fidelis, caue fidem fluxam geras :
80 nam pater, scio, fáciet quae illum facere oportet omnia ; 440
serua tibi in perpetuom amicum mé, atque hunc inuentum
          inueni.

haec per dexteram tuam te dextera retinens manu
opsecro, infidelior mihi ne fuas quam ego sum tibi.
tu hoc age. tu mihí erus nunc es, tu patronus, tu pater,
85 tibi commendo spes opesque meas. PHILOC. mandauisti 445
          satis.

425 *vel* mage   426 laudo *testatur Nonius* 335 : do *cod.* me, Hegio,
Infidelem (?) *Leo*   431 caue tu *Bentley* : caueto *cod., sed* cauĕto-mi
vix ferendum   432 mea *Camerarius* : [te] mea *cod.* (iv. 2)   437 huius
huc *scripsi* : huius huius *cod.* (huius *semel* PJ)   438 *secl. Brix*   439
fidelis sis fideli *cod.*   *Nonius* 512 *testatur* fidele 'pro fideliter'
feras *codd. Nonii*   444 nunc erus *Camerarius*

satin habes, mandata quae sunt facta si refero? Ty. satis.
PHILOC. et tua et tua huc ornatus reueniam ex sententia.
numquid aliud? Ty. ut quam primum possis redeas.
                                   PHILOC. res monet.
HE. sequere me, uiaticum ut dem á tarpezita tibi,
450 eadem opera a praetore sumam syngraphum. Ty. quem 90
                                   syngraphum?
HE. quem hic ferat secum ad legionem, hinc ire huic ut
                                   liceat domum.
tu intro abi. Ty. bene ambulato.—PHILOC. bene uale.
                                   HE. edepol rem meam
constabiliui, quom illos emi de praeda a quaestoribus;
expediui ex seruitute filium, si dis placet.
455 at etiam dubitaui, hos homines emerem an non emerem, diu. 95
seruate istum sultis intus, serui, ne quoquam pedem
ecferat sine custode. ego * apparebo domi;
ad fratrem modo ⟨ad⟩ captiuos alios inuiso meos,
eadem percontabor ecquis hunc ádulescentem nouerit.
460 sequere tu, te ut amittam; ei rei primum praeuorti uolo.— 100

ACTVS III

ERGASILVS   III. i

ER. Miser homo est qui ipse sibi quod edit quaerit et id
                                   aegre inuenit,
sed ille est miserior qui et aegre quaerit et nihil inuenit;
ille miserrumust, qui quom esse cupit, ⟨tum⟩ quod edit non
                                   habet.
nam hercle ego huic die, si liceat, oculos ecfodiam lubens,
465 ita malignitate onerauit omnis mortalis mihi;   5

---

457 custodela *Gruterus*   ⟨iam⟩ ego *Bothe* : ego ⟨desubito⟩ *Schoell*
458 ad *add. Fleckeisen, secundum morem Plautinum*   461 *vel*
ipsus   463 tum *add. Niemeyer*

neque ieiuniosiorem neque magis ecfertum fame
uidi nec quoi minu' procedat quidquid facere occeperit,
ita[que] uenter gutturque resident essurialis ferias.
ilicet parasiticae arti maxumam malam crucem,
10 ita iuuentus iam ridiculos inopesque ab se segregat.   470
nil morantur iam Lacones unisubselli uiros,
plagipatidas, quibu' sunt uerba sine penu et pecunia :
eos requirunt qui lubenter, quom ederint, reddant domi ;
ipsi opsonant, quae parasitorum ante erat prouincia,
15 ipsi de foro tam aperto capite ad lenones eunt   475
quam in tribu sontes aperto capite condemnant reos ;
neque ridiculos iam terrunci faciunt, sese omnes amant.
nám uti dudum hinc abii, accessi ad adulescentes in foro.
'saluete' inquam. 'quo imus una?' ínquam : [ad prandium]
                             átque illi tacent.
20 'quis ait "hoc" aut quis profitetur?' inquam. quasi muti 480
                                 silent,
neque me rident. 'ubi cenamus?' inquam. átque illi
                                 abnuont.
dico unum ridiculum dictum de dictis melioribus,
quibu' solebam menstrualis epulas ante adipiscier :
nemo ridet ; sciui extemplo rem de compecto geri ;
25 ne canem quidem irritatam uoluit quisquam imitarier,   485
saltem, si non adriderent, dentes ut restringerent.
abeo ab illis, postquam uideo me sic ludificarier ;
pergo ad alios, uenio ad alios, deinde ad alios : una res !
omnes ⟨de⟩ compecto rém agunt, quasi in Velabro olearii.
30 nunc redeo inde, quoniam mé ibi uideo ludificarier.   490
item alii parasiti frustra obambulabant in foro.
nunc barbarica lege certumst ius meum omne persequi :

467 qui *cod.*   468 ita *Pylades*   470 se *Camerarius* : sese *cod.*
(*seq.* se-)   476 in tribu quam ap. *Niemeyer. quo magis resonet hic
versus priori*   aperto capite sontes *cod.* : *trai Brix* (i, p 37)   478
nam ⟨ego⟩ ut (*ita cod.*) *Bothe*   479 ad prandium *delevi* (iv, p. 79)
489 de *add. Fleckeisen*

qui consilium iniere, quo nos uictu et uita prohibeant,
is diem dicam, inrogabo multam, ut mihi cenas decem
495 meo arbitratu dent, quom cara annona sit. sic egero.   35
nunc ibo ad portum hinc : est illic mi una spes cenatica ;
si ea decollabit, redibo huc ad senem ad cenam asperam.—

H E G I O   ii

HE. Quid est suauiu' quam bene rem gerere
bono publico, sicut ego feci heri, quom
500   emi hosce homines : ubi quisque uident,
eunt obuiam gratulanturque eam rem.
502 ita me miserum restitando retinendo[que] lassum reddi- 5
503   derunt :
uix ex gratulando miser iam eminebam.
505   tandem abii ad praetorem ; ibi uix requieui :
rogo syngraphum : datur mi ilico : dedi Tyndaró : ille abiit
                                                       domum.
inde ilico praeuortor domum, postquam id actum est ;
ego protinus ad fratrem inde abii, mei ubi sunt alii captiui. 10
rogo Philocratem ex Alide ecquis omnium no[ue]rit :
510   tandem hic exclamat eum sibi esse sodalem ;
dico eum esse apud mé ; hic extemplo orat opsecratque
eum sibi ut liceat uidere :
iussi ilico hunc exsolui. nunc tu sequere me,   15
514 ut quod me orauisti impetres, eum hominem uti conuenias.—
515

T Y N D A R V S   iii

TY. Nunc illud est quom me fuisse quam esse nimio mauelim :
nunc spes opes auxiliaque a me segregant spernuntque se.
hic illest dies quom nulla uitae meae salus sperabilest,

---

493 concilium *cod.*   496 *vel* illi   503 que *del. Hermann*
507 reuortor *B*   508 ego *Skutsch* : eo *cod.* (v. 12, p. 74)   509
hominum *Hermann*   511 eum *om. B* (*add. post* esse *B³*)
515 uti] ut *cod*   517 se *Dousa* : me *cod.*

neque exitium exitio est neque adeo spes, quae mi hunc
aspellat metum,

5 nec subdolis mendaciis mihi usquam mantellum est meis,   520
nec sycophantiis nec fucis ullum mantellum obuiam est,
neque deprecatio perfidiis meis nec malefactis fuga est,
nec confidentiae usquam hospitium est nec deuorticulum
dolis :

operta quae fuere aperta sunt, patent praestigiae, om-
-nis res palam est,

10 neque de hac re negotium est   525
quin male occidam oppetamque pestem eri uicem—meamque.
perdidit me Aristophontes hic modo qui uenit intro ;
is me nouit, is sodalis Philocrati et cognatus est.
neque iam Salus seruare, si uolt, me potest, nec copia est,

15 nisi si aliquam corde machinor astutiam.   530
quam, malum ? quid machiner ? quid comminiscar ? maxumas
nugas, ineptiam incipisse. haéreo.

iv HEGIO   TYNDARVS   ARISTOPHONTES

HE. Quo illum nunc hominem proripuisse foras se dicam
ex aedibus ?

TY. nunc enim uero ego occidí: eunt ad te hostes, Tyndare.
quid loquar ? quid fabulabor ? quid negabo aut quid 535
fatebor [mihi]?
res omnis in incerto sita est.   quid rebus confidam meis ?

5 utinam te di priu' perderent quam periisti e patria tua,
Aristophontes, qui ex parata re inparatam omnem facis.
occisa est haec res, nisi reperio atrocem mi aliquam astutiam.

519 exitium *Pontanus* ' *ex cod. vet.*' : exilium *cod.* (L *pro* T)
520 mendatiis (-tus *P*E) subdolis *cod.* : trai. *Pylades*   521
secl. Langen   nec hi s. *codd. schol. Verg. Georg.* 4, 377 : ne *cod.*
(nec *J*)   522 precatio *P*E   527 qui uenit modo intro *cod.* :
traieci : qui intro uenit modo *Camerarius*   531 qua *cod.* (quam *PJ*)
532 ineptias *cod.* : *correxi   fort.* maxumast Nugas ineptia incipissere.
haereo.   534 *vel* ted   535 mihi *del. Lindemann qui in v.*
524 Tyndare. ei mihi *scribit*   538 rem *Redslob*

540 HE. sequere. em tibi hominem. adi, atque adloquere.
                    TY. quis homost me hominum miserior?
    AR. quid istuc est quod meos te dicam fugitare oculos,
                                            Tyndare,
      proque ignoto me aspernari, quasi me numquam noueris?   10
      equidem tam sum seruos quam tu, etsi ego domi liber fui,
      tú usque a puero seruitutem seruiuisti in Alide.
545 HE. edepol minime miror, si te fugitat aut oculos tuos,
      aut si te odit, qui istum appelles Tyndarum pro Philocrate.
    TY. Hegió, hic homo rabiosus habitus est in Alide,   15
      ne tu quod istic fabuletur auris immittas tuas.
      nam istic hastis insectatus est domi matrem et patrem,
550 et illic isti qui sputatur morbus interdum uenit.
      proin tu ab istóc procul recedas. HE. ultro istum a me!
                                      AR. ain, uerbero?
    me rabiosum atque insectatum esse hastis meum memoras 20
                                            patrem,
      et eum morbum mihi esse, ut qui me opus sit insputarier?
    HE. ne uerere, multos iste morbus homines macerat,
555 quibus insputari saluti fuit atque is profuit.
      AR. quid tu autem? etiam huic credis? HE. quid ego
                          credam huic? AR. insanum esse me?
    TY. uiden tu hunc quám inimico uoltu intuitur? concedi 25
                                            optumumst,
      Hegio: fit quod tibi ego dixi, gliscit rabies, caue tibi.
      HE. credidi esse insanum extemplo, ubi te appellauit
                                            Tyndarum.
560 TY. quin suom ipse interdum ignorat nomen neque scit
                                            qui siet.
      HE. at etiam te suom sodalem esse aibat. TY. hau uidi
                                            magis.

---

    547 istic *Luchs*   550 insputatur *Pylades ' ex cod. ant.,' fort. recte*
    (v.9,8)   553 *vel* med   554 TY. Ne *Redslob   fort.* homines
    morbus (i, p. 37)   557 intuetur *cod.*   558 sit *P*ᴱ (s *pro* f) : id
    Schoell, cui Hegió *displicet*   560 Quin *Pontanus* : Quia *cod.*

30 et quidem Alcúmeus atque Orestes et Lycurgus postea
   una opera mihi sunt sodales qua iste. AR. at etiam, furcifer,
   male loqui mi audes? non ego te noui? HE. pol planum
                                           id quidem est,
   non nouisse, qui istum appelles Tyndarum pro Philocrate.   565
   quem uides, eum ignóras : illum nominas quem non uides.
35 AR. immo iste eum sese ait qui non est esse et qui uero
                                                    est negat.
   TY. tú enim repértu's, Philocratem qui superes ueriuerbio.
   AR. pol ego ut rem uideo, tu inuentu's, uera uanitudine
   qui conuincas. sed quaeso hercle, agedum aspice ad me. 570
                             TY. em. AR. dic modo :
   ⟨tun⟩ negas te Tyndarum esse? TY. négo, inquam. AR.
                                           tún te Philocratem
40 esse ais? TY. égo, inquam. AR. túne huic crèdis? HE.
                             plus quidem quám tibi aut—mihi.
   nam ille quidem, quem tu hunc memoras esse, hodie hinc
                                                   abiit Alidem
   ad patrem huiius. AR. quem patrem, qui seruos est? TY.
                                               et tu quidem
   seruos et liber fuisti, et ego me confido fore,   575
   si huius huc reconciliasso in libertatem filium.
45 AR. quid ais, furcifer? tun te⟨te⟩ gnatum memoras liberum?
   TY. non equidem me Liberum, sed Philocratem esse aio.
                                           AR. quid est?
   ut scelestus, Hegio, nunc iste ⟨te⟩ ludos facit !
   nám is est seruos ipse, neque praeter se umquam ei seruos fuit. 580
   TY. quia tute ipse eges in patria nec tibi qui uiuas domist,
50 omnis inueniri similis tui uis ; non mirum facis :
   est miserorum ut maleuolentes sint atque inuideant bonis.

   565 appellas *P*E   571 tun negas te *Bosscha* : te negas *cod.*
   573 *vel* ill'   575 es l. *Fleckeisen*   576 hunc *cod.* (huc *J*)   577
   tete *Gruterus* : te *cod.*   gnatum ⟨esse⟩ *Pylades*   579 te *add.*
   Gruterus   582 inueniri *Camerarius* : inuenire *cod.*   tui *Fleckeisen* : tibi *cod., quod vix Plautinum*

Ar. Hegio, uide sís ne quid tu huic temere insistas credere.

585 atque, ut perspicio, profecto iám aliquid pugnae [e]dedit.

filium tuom quód redimere se ait, id ne utiquam mihi
placet.

Ty. scio te id nolle fieri ; ecficiam tamen ego id, si di 55
adiuuant.

illum restituam huic, hic autem in Alidem me meo patri.

propterea ad patrem hinc amisi Tyndarum. Ar. quin
tute is es :

590 neque praeter te in Alide ullus seruos istoc nominest.

Ty. pergin seruom me exprobrare esse, id quod uí hostili
optigit ?

Ar. enim iam nequeo contineri. Ty. heus, audin quid 60
ait ? quin fugis ?

iam illic hic nos insectabit lapidibus, nisi illunc iubes

comprehendi. Ar. crucior. Ty. ardent oculi : fit opus,
Hegio ;

595 uiden tu illi maculari corpus totum maculis luridis ?

atra bilis agitat hominem. Ar. at pol te, si hic sapiat senex,

pix atra agitet apud carnuficem tuoque capiti inluceat.   65

Ty. iam deliramenta loquitur, laruae stimulant uirum,

⟨Hegio⟩. He. quíd si hunc comprehendi iusserim ? Ty.
sapias magis.

600 Ar. crucior lapidem non habere mé, ut illi mastigiae

cerebrum excutiam, qui me insanum uerbis concinnat suis.

Ty. audin lapidem quaeritare ? Ar. solus te solum uolo,   70

Hegio. He. istinc loquere, si quid uis, procul. tamen
audiam.

Ty. namque edepol si adbites propius, os denasabit tibi

605 mordicus. Ar. neque pol me insanum, Hegio, esse creduis

<hr>

585 dedit *Scioppius* : edidit *cod.*   592 enim *Bothe* : enim
[uero] *cod.* (iv. 1) (*cf. Stich.* 616 enim *P*, enim uero *A*)   595 *vel*
illic   597 pix atra *Lindemann, favente et metro et allitteratione* :
atra pix *cod.*   tuo quae (?) *Leo*   599 Hegio. He. quid *scripsi* :
He. Hercle quid *P*^BD ⟨Hercle *pro* hēg.⟩ : He. Quid *B*³ (iii. 2)

neque fuisse umquam, neque esse morbum quem istic
              autumat.

75 uerum si quid metuis a me, iube me uinciri : uolo,
 dum istic itidem uinciatur. TY. immo enim uero, Hegio,
 istic qui uolt uinciatur. AR. tace modo. ego te, Philocrates
 false, faciam ut uerus hodie reperiare Tyndarus.   610
 quid mi abnutas? TY. tibi ego abnuto? AR. quid agat,
             si apsis longius?

80 HE. quid ais? quid si adeam hunc insanum? TY. nugas!
             ludificabitur,
 garriet quoi neque pes umquam neque caput compareat.
 ornamenta apsunt : Aiacem, hunc quom uides, ipsum uides. 615
 HE. nihili facio. tamen adibo. TY. nunc ego omnino
             occidi,
 nunc ego intér sacrum saxumque sto, nec quid faciam scio.

85 HE. do tibi operam, Aristophontes, si quid est quod me uelis.
 AR. ex me audibis uera quae nunc falsa opinare, Hegio.
 sed hoc primum, me expurigare tibi uolo, me insaniam 620
 neque tenere neque mi esse ullum morbum, nisi quod seruio.
 at ita me rex deorum atque hominum faxit patriae compotem,
90 ut istic Philocrates non magis est quam aut ego aut tu.
          HE. eho dic mihi,
 quis illic igitur est ? AR. quem dudum dixi a principio tibi.
 hoc si secu' reperies, nullam caussam dico quin mihi 625
 et parentum et libertatis apud te deliquio siet.
 HE. quid tu ais? TY. me tuom esse seruom et te meum
         erum. HE. haud istuc rogo.
95 fuistin liber ? TY. fui. AR. enim uero non fuit, nugas agit.
 TY. qui tu scis ? an tu fortasse fuisti meae matri opstetrix,
 qui id tam audacter dicere audes? AR. puerum te uidi 630
             puer.

 TY. at ego te uideo maior maiorem : ém rusum tibi.

  614 quoi *Acidalius* : quod *cod.* (i. 7, p. 21) 616 nihili *Lambinus* :
nihil *cod.* 619 *vel* opinas 620 *vel* med expurgare (-rg- *cod.*)
631 ⟨uir⟩ uid. *Mueller* (*Rhein. Mus.* 54, 385)

meam rem non cures, si recte facias. num ego curo tuam?

HE. fuitne huic pater Thensaurochrysonicochrysides?   100

AR. non fuit, neque ego istuc nomen umquam audiui ante
                                                    hunc diem.

635 Philocrati Theodoromedes fuit pater.   TY. pereo probe.

quin quiescis dierectum cor meum? ac suspende te.

tu sussultas, ego miser uix asto prae formidine.

HE. satin istuc mihi exquisitum est, fuisse hunc seruom in 105
                                                    Alide

neque esse hunc Philocratem?   AR. tam sati' quam num-
                                          quam hoc inuenies secus.

640 sed ubi is nunc est?   HE. ubi ego minime atque ipsus se
                                                    uolt maxume.

tum igitur ego deruncinatus, deartuatus sum miser

huius scelesti techinis, qui me ut lubitum est ductauit dolis.

sed uide sís.   AR. quin exploratum dico et prouisum hoc 110
                                                    tibi.

HE. certon?   AR. quin nihil, inquam, inuenies magis hoc
                                          certo certius.

645 Philocrates iam inde usque amicus fuit mihi a puero puer.

HE. sed qua faciest tuo' sodalis Philocrates?   AR. dicam
                                                    tibi:

macilento ore, naso acuto, corpore albo, oculis nigris,

subrufus aliquantum, crispus, cincinnatus.   HE. conuenit. 115

TY. ut quidem hercle in medium ego hodie pessume pro-
                                          cesserim.

650 uaé illis uírgis miseris, quae hodie in tergo morientur meo.

HE. uerba mihi data esse uideo.   TY. quid cessatis, com-
                                          pedes,

currere ad me meaque amplecti crura, ut uos custodiam?

---

632 tua *cod.* (tuam *PJ*)   636 cor meum? i d. (?) *Leo*   641, 642
post 645 *collocat Brix*   641 erumnatus *PBD* (*non PA*) : deunciatus
codd. Nonii 95   644 qui *cod.* (quin *PJ*)   647 oculis *Guietus, secundum morem Plautinum* : [et] oculis *cod.*

120 He. satin med illi hodie scelesti capti ceperunt dolo ?
    illic seruom se adsimulabat, hic sese autem liberum.
    nuculeum amisi, reliqui pigneri putamina.　　　　　　　655
    ita mihi stólido susum uorsum os subleuere offuciis.
    hicquidem me numquam inridebit. Colaphe, Cordalio, Corax,
125 ite istinc, ecferte lora.

Colaphvs
Num lignatum mittimur ?

v　Hegio　　Tyndarvs　　Aristophontes
    He. Inicite huic manicas *mastigiae.
    Ty. quid hoc ést negoti ? quid ego deliqui ? He. rogas,　660
    sator sartorque scelerum et messor maxume ?
    Ty. non occatorem dicere audebas prius ?
  5 nam semper occant priu' quam sariunt rustici.
    He. at⟨tat⟩ ut confidenter mihi contra astitit !
    Ty. decet innocentem seruolum atque innoxium　　　　665
    confidentem esse, suom apud erum potissumum.
    He. astringite isti sultis uehementer manus.
 10 Ty. tuos sum, tu has quidem uel praecidi iube.
    sed quid negoti est ? quámobrem suscenses mihi ?
    He. quia me meamque rem, quod in te uno fuit,　　　670
    tuis scelestis, falsidicis fallaciis
    delacerauisti deartuauistique opes.
 15 confecisti omnis res ac rationes meas :
    ita mi exemisti Philocratem fallaciis.
    illum esse seruom credidi, te liberum ;　　　　　　　675
    ita uosmet aiebatis itaque nomina

---

655 retinui *ut vid. Donatus Adelph.* 5, 3, 10 (*sed. cf. Harv. Stud.* 9,
127)　　658 istinc *Guietus* : istinc [atque] *cod.* (*cf. ad Aul.* 784) : istim
atque *Lachmann*　　659 ⟨maxumas⟩ mast. *Spengel*　　661 sartor
satorque *codd. Nonii* 7 (*s.v.* sartores)　　662 prius audebas dicere *codd.*
Nonii　　664 attat *Hermann　　fort.* mi homo contra　　665
seruolum *Bothe* : seruom *cod.* (*cf. Asin. arg.* 4 seruo *pro* seruolo ; v.
8)　　668 tuas q. *cod.* (tu has q. *J*)　　672 deartuasti dilacerauisti
atque opes *codd. Nonii* 95　　675 credi *cod.* (credidi *J*) (iii. 3)

inter uos permutastis.   Ty. fateor omnia
facta esse ita ut ⟨tu⟩ dicis, et fallaciis   20
abiisse eum aps te mea opera atque astutia ;
680 an, opsecro hercle te, id nunc suscenses mihi ?
    He. at cum cruciatu maxumo id factumst tuo.
    Ty. dum ne ob male facta peream, parui existumo.
    si ego hic peribo, ast ille ut dixit non redit,   25
    at erit mi hoc factum mortuo memorabile,
685 ⟨me⟩ meum erum captum ex seruitute atque hostibus
    reducem fecisse liberum in patriam ad patrem,
    meumque potius me caput periculo
    praeoptauisse quam is periret ponere.   30
    He. facito ergo ut Accherunti clueas gloria.
690 Ty. qui per uirtutem periit, at non interit.
    He. quando ego te exemplis excruciaro pessumis
    atque ob sutelas tuas te morti misero,
    uel te interiisse uel periisse praedicent ;   35
    dum pereas, nihil interdico aiant uiuere.
695 Ty. pol si istuc faxis, hau sine poena feceris,
    si ille huc rebitet, sicut confido adfore.
    Ar. pro di inmortales ! nunc ego teneo, nunc scio
    quid hoc sít negoti.   meu' sodalis Philocrates   40
    in libertate est ad patrem in patria.   bene est,
700 nec ⟨usquam⟩ quisquam est mi aeque melius quoi uelim.
    sed hoc mihi aegre est, me huic dedisse operam malam,
    qui nunc propter me meaque uerba uinctus est.
    He. uotuin te quicquam mi hodie falsum proloqui ?   45

678 ut ⟨tu⟩ *Camerarius* : *fort.* ut ⟨facta⟩   682 existumo *Bothe* :
estumo *cod.* (*i. e.* aest-) : ⟨id⟩ aest. *Pylades*   685 me *add. Pylades*
691 pessumis excruciauero *cod.* : *trai. Bothe* (i, p. 37)   694 interdo
Spengel   aiant *Fleckeisen* : dicant *cod.* (*pro* diant) (d *pro* a ; *cf. v.*
72 dio *pro* aio)   696 rebitet ' *quidam* ' *ap. Pareum* : redibit et
cod. (i. 7)   affore *Pius* : afforet *cod.*   698 hoc sit *Bothe* : sit hoc
cod., *contra metrum*   699 bene est *in initio v.* 700 *in cod.*, *qui totius
loci versuum discretionem turbavit* : *vix* bene est, Bene est, nec   700
usquam *add. Lange* (*Fleck. Jahrb.* 1894, p. 283)   mi ⟨alius⟩ *Fleckeisen*

Ty. uot[a]uisti.   He. qur es ausus mentiri mihi?

Ty. quia uera obessent illi quoí operam dabam :   705

nunc falsa prosunt.   He. at tibi oberunt.   Ty. optumest.

at erum seruaui, quem seruatum gaudeo,

50 quoi me custodem addiderat eru' maior meus.

sed malene id factum ⟨tu⟩ arbitrare?   He. pessume.

Ty. at ego aio recte, qui aps te sorsum sentio.   710

nam cogitato, si quis hoc gnato tuo

tuo' seruos faxit, qualem haberes gratiam?

55 emitteresne necne eum seruom manu?

essetne apud te is seruos acceptissumus?

responde.   He. opinor.   Ty. qur ergo iratus mihi es?   715

He. quia illi fuisti quam mihi fidelior.

Ty. quid? tu una nocte postulauisti et die

60 recens captum hominem, nuperum, nouicium,

te perdocere ut melius consulerem tibi

quam illi quicum una ⟨a⟩ puero aetatem exegeram?   720

He. ergo ab eo petito gratiam istam.   ducite

ubi ponderosas, crassas capiat compedis.

65 inde ibis porro in latomias lapidarias.

ibi quom alii octonos lapides ecfodiunt, nisi

cotidiano sesqueopus confeceris,   725

' Sescentoplago ' nomen indetur tibi.

Ar. per deos atque homines ego te optestor, Hegio,

70 ne tu istunc hominem perduis.   He. curabitur ;

nam noctu neruo uinctus custodibitur,

interdius sub terra lapides eximet :   730

diu ego hunc cruciabo, non uno apsoluam die.

Ar. certumne est tibi istuc?   He. non moriri certius.

75 abducite istum actutum ad Hippolytum fabrum,

704 *vel* uotasti   709 tu *add. Pylades*   id arb. fact. *Came-rarius* : fact. id arb. *Geppert*   715 *vel* opino   716 *vel* illic 718 nuperum nouicium *codd. Nonii* 143 : nuperum et nouicium *Prisciani* 1, 96 : nuper et nou. *cod. ut vid.*   720 *vel* illic   a *add. Pylades*   721 istam gratiam *cod* : trai. *Pylades*   725 cotidia-nos *cod.*   731 ego hunc *Ital.* : hunc ego *cod.*

iubete huic crassas compedis impingier ;
735 inde extra portam ad meum libertum Cordalum
in lapicidinas facite deductus siet :
atque hunc me uelle dicite ita curarier
ne qui deterius huic sit quam quoi pessume est.   80
Ty. qur ego te inuito me esse saluom postulem ?
740 periclum uitae meae tuo stat periculo.
post mortem in morte nihil est quod metuam mali.
etsi peruiuo usque ad summam aetatem, tamen
breue spatium est perferundi quae minitas mihi.   85
uale atque salue, etsi aliter ut dicam meres.
745 tu, Aristophontes, de me ut meruisti, ita uale ;
nam mihi propter te hoc optigit.   He. abducite.
Ty. at unum hoc quaeso, si huc rebitet Philocrates,
ut mihi eius facias conueniundi copiam.   90
He. periistis, nisi hunc iam e conspectu abducitis.
750 Ty. uis haec quidem hercle est, et trahi et trudi simul.—
He. illic est abductus recta in phylacam, ut dignus est.
ego illís captiuis aliis documentum dabo,
ne tale quisquam facinus incipere audeat.   95
quod apsque hoc esset, qui mihi hoc fecit palam,
755 usque offrenatum suis me ductarent dolis.
nunc certum est nulli posthac quicquam credere.
satis sum semel deceptus.   speraui miser
ex seruitute me exemisse filium :   100
ea spes elapsa est.   perdidi unum filium,
760 puerum quadrimum quem mihi seruos surpuit,
neque eum seruom umquam repperi neque filium ;
maior potitus hostium est.   quod hoc est scelus ?
quasi in orbitatem liberos produxerim.   105
sequere hac.   redducam te ubi fuisti.   neminis

737 ita me uelle dicite *cod.*: *trai. Fleckeisen*   748 *vel* mi
749 iam hunc *Pylades*: istunc iam *Brix, hiatum* nisi | hunc *vitantes*
755 offrenatum *Gulielmius*: ofere natum *cod.* (E *pro* F)   756
post haec *cod.*   762 hostis *codd. Nonii* 498

miserere certum est, quia mei miseret neminem.—
AR. exauspicaui ex uinclis. nunc intellego
redauspicandum esse in catenas denuo.—

ACTVS IV

IV. i   ERGASILVS

ER. Iuppiter supreme, seruas me measque auges opes,
  maxumas opimitates opiparasque offers mihi,
  laudem, lucrum, ludum, iocum, festiuitatem, ferias,   770
  pompam, penum, potationes, saturitatem, gaudium,
5   nec quoiquam homini supplicare nunc certum est mihi ;
  nam uel prodesse amico possum uel inimicum perdere,
  ita hic me amoenitate amoena amoenus onerauit dies.
    sine sacris hereditatem sum aptus ecfertissumam.   775
  nunc ad senem cursum capessam hunc Hegionem, quoi boni
10 tantum adfero quantum ipsus a dis optat, atque etiam amplius.
  nunc certa res est, eodem pacto ut comici serui solent,
  coniciam in collum pallium, primo ex med hanc rem ut
                                                    audiat ;
  speroque mé ob hunc nuntiúm aeternum adepturum cibum. 780

ii   HEGIO   ERGASILVS

HE. Quanto in pectore hanc rem meo magi' uoluto,
  tanto mi aegritudo auctior est in animo.
    ad illum modum sublitum os esse mi hodie !
      neque id perspicere quiui.
5   quod quom scibitur, ⟨tum⟩ per urbem inridebor.   785
    quom extemplo ad forum aduenero, omnes loquentur :

---

  765 misereri *cod.*, *item codd. grammaticorum aliquot* (*cf. ad Truc.*
223)   neminis me miseret nam mei m. n. *codd. Nonii* 143. *fort. vera
antiqua lectio*   771 potationis *cod.*   772 *fort.* ⟨quicquam⟩ s.
ut septenarius fiat   nunciam *Geppert*   774 dies *Pylades* : mihi *cod.*
777 ipse *cod.*   779 me *od.*   781 *vel* mage   783 sublitum *Ital.* :
subitum *cod.*   hodie mihi *cod.* : *trai. Reiz*   785 tum *add. Lindemann*

'hic illest senex doctus quoi uerba data sunt.'
  sed Ergasilus estne hic procul quem uideo ?
conlecto quidem est pallio.   quidnam acturust ?
790 ER. moue aps te moram atque, Ergasile, age hanc rem. 10
  eminor interminorque, ne [quis] mi opstiterit obuiam,
  nisi quis sati' diu uixisse sese homo arbitrabitur.
  nam qui opstiterit ore sistet.   HE. hic homo pugilatum
                                                incipit.
  ER. facere certumst. proinde ut omnes itinera insistant sua :
795 ne quis in hac platea negoti conferat quicquam sui.   15
  nam meumst ballista pugnum, cubitus catapultast mihi,
  umerus aries, tum genu ad quemq' iecero ad terram dabo,
  dentilegos omnis mortalis faciam, quemque offendero.
  HE. quaé illaec eminatiost nam ? nequeo mirari satis.
800 ER. faciam ut huius diei locíque meique semper meminerit. 20
  qui mihi in cúrsu [opstiterit], faxo uitae is extemplo opsti-
                                                terit suae.
  HE. quid hic homo tantum incipissit facere cum tantis minis ?
  ER. prius edico, ne quis propter culpam capiatur suam :
  continete uos domi, prohibete a uobis uim meam.
805 HE. mira edepol sunt ní hic in uentrem sumpsit confiden- 25
                                                tiam.
  uae misero illi, quoius cibo iste factust imperiosior !
  ER. tum pistores scrofipasci, quí alunt furfuribus sues,
  quarum odore praeterire nemo pistrinum potest :
  eorum si quoiiusquam scrofam in publico conspexero,
810 ex ipsis dominis meis pugnis exculcabo furfures.   30
  HE. basilicas edictiones atque imperiosas habet :

787 ductus *cod.* (v. 12)   790 moram ⟨mōram⟩ *Schoell*   791
quis *del. Guietus, secundum morem Plautinum*   794 ut] ita
Fleckeisen   795 hanc plateam *Bothe*   796 mihi haec (*pro* hoc)
balista pugnum est *gramm. de dub. nom.* 5, 587 *K.* (' pugnum Plautus
genere neutro dixit ' *testatus* : meus est ballista pugnus *cod.*   797
ad *del. Leo* : ut *Pylades*   icero *Pylades*   801 opstiterit *seclusi* :
[in cursu] *Bothe*   806 iste] *fort.* is   807 turfuribus *Luchs,*
postulante et me'ro et sensu : furfure *cod.*

satur homost, habet profecto in uentre confidentiam.

ER. tum piscatores, qui praebent populo piscis foetidos,
qui aduehuntur quadrupedanti, crucianti cantherio,

35 quorum odos subbasilicanos omnis abigit in forum,   815
eis ego ora uerberabo surpiculis piscariis,
ut sciant alieno naso quám exhibeánt molestiam.

tum lanii autem, qui concinnant liberis orbas ouis,
qui locant caedundos agnos et dupla agninam danunt,

40 qui Petroni nomen indunt uerueci sectario,   820
eum ego si in uia Petronem publica conspexero,
et Petronem et dominum reddam mortalis miserrumos.

HE. eugepaé ! edictiones aedilicias hicquidem habet,
mirumque adeost ni hunc fecere sibi Aetoli agoranomum.

45 ER. non ego nunc parasitus sum sed regum rex regalior,   825
tantus uentri commeatus meo adest in portu cibus.

sed ego cesso hunc Hegionem onerare laetitia senem,
quí homine ⟨hómo⟩ adaéque nemo uiuit fortunatior.

HE. quaé illaec est laetitia quam illic laetus largitur mihi ?

50 ER. heus ubi estis ? ⟨ecquis hic est ?⟩ ecquis hoc áperit 830
                                                           ostium ?

HE. hic homo ad cenam recipit se ad me. ER. áperite
                                              hasce ambas fores
priu' quam pultando assulatim foribus exitium adfero.

HE. perlubet hunc hominem conloquí. Ergasile. ER.
                                              Ergasilum qui uocat ?

HE. respice. ER. Fortuna quod tibi nec facit nec faciet,
                                                       me iubes.

55   sed quis est ? HE. respice ad me, Hegio sum. ER. oh 835
                                                              mihi,

815 abegit *cod.* (*forma antiqua*): adegit *codd. Prisciani* I, 31   819
dupla *Rost* : duplam *cod.*   824 fecerunt *P*E   Aetoli sibi *Guietus,*
cui hiatus sibi | Aet. *displicet*   828 quo *Ital.*   homo *addidi*   quin
hoc homine *Schoell*   830 *supplevit Bothe* (iii. 11)   831 *vel* med
332 assulatim *testatur Nonius* 72 : uel absultatim uel assultatim *ut vid.*
cod. (*pro* uel adsultatim uel assulatim ?) (*var. lect.*)   adfero] dabo *codd.*
Nonii   834 me *Brix* : [hoc] me *cod.*   835 quis *Ital.* : qui *cod.*
(quid *P*E)

quantum est hominum optumorum optume, in tempore
                                                  aduenis.
HE. nescioquem ad portum nactus es ubi cenes, eo fastidis.
ER. cedo manum.   HE. manum?   ER. manum, inquam,
                              cedo tuam actutum.   HE. tene.
ER. gaude.   HE. quid ego gaudeam?   ER. quia ego im-
                                  pero, age gaude modo.
840 HE. pol maerores mi anteuortunt gaudiis.   ER. nóli irascier. 60
iám ego ex corpore exigam omnis maculas maerorum tibi.
gaude audacter.   HE. gaudeo, etsi nil scio quod gaudeam.
ER. bene facis.   iube—HE. quid iubeam?   ER. ígnem
                                      ingentem fieri.
HE. ignem ingentem?   ER. ita dico, magnus ut sit.   HE.
                                  quid? me, uolturi,
845 tuan caussa aedis incensurum censes?   ER. noli irascier.   65
iuben an non iubes astitui aúlas, patinas elui,
laridum atque—epulas foueri foculis feruentibus?
alium piscis praestinatum abire?   HE. hic uigilans somniat.
ER. alium porcinam atque agninam et pullos gallinaceos?
850 HE. scis bene esse, si sit unde.   ER. pern⟨ul⟩am atque 70
                                      opthalmiam,
horaeum, scombrum et trygonum et cetum et mollem
                                          caseum?
HE. nominandi istorum tibi erit magi' quam edundi copia
hic apud méd, Ergasile.   ER. mean me caussa hoc censes
                                          dicere?
HE. nec nihil hodie nec multo plus tu hic edes, ne frustra sis.
855 proin tu tui cottidiani uicti uentrem ad me adferas.   75
ER. quin ita faciam, ut ⟨tu⟩te cupias facere sumptum, etsi
                                  ego uotem.

---

836 *fort.* ⟨ad me⟩ aduenis, *ut integer pentameter fiat*   845 aedis
Gruterus: [me] aedis *cod.* (iv. 2)   850 pern⟨ul⟩am *Geppert*:
pernam *cod.* (*cf. v.* 665)   opthalmia *cod.*   853 me *cod.*   855
tui tu *codd. Prisciani* 1, 258   pro uicti quotidiani ue. ad me adf. *codd.*
Nonn 484   856 *vel* uti   tute *Bentley*: te *cod*

He. egone? Er. tune. He. tum tu mi igitur erus es.
                                        Er. immo beneuolens.
uin te faciam fortunatum? He. malim quam miserum
                                                quidem.
Er. cedo manum. He. em manum. Er. di te omnes
                                        adiuuant. He. nihil sentio.
80 Er. non enim es in senticeto, eo non sentis. sed iube   860
uasa tibi pura apparari ád rem diuinam cito,
atque agnum adferri proprium pinguem. He. qur? Er. ut
                                                sacrufices.
He. quoi deorum? Er. mihi hercle, nam ego nunc tibi sum
                                        summus Iuppiter,
idem ego sum Salus, Fortuna, Lux, Laetitia, Gaudium.
85 proin tu deum hunc saturitate facias tranquillum tibi.   865
He. essurire mihi uidere. Er. miquidem essurio, non tibi.
He. tuo arbitratu, facile patior. Er. credo, consuetu's puer.
He. Iuppiter te dique perdant. Er. té hercle—mi aequom
                                                est gratias
agere ob nuntium ; tantum ego nunc porto a portu tibi boni :
90 nunc tu mihi places. He. abi, stúltu's, sero post tempus 870
                                                uenis.
Er. igitur olim si aduenissem, magi' tu tum istuc diceres ;
nunc hanc laetitiam accipe a me quam fero. nam filium
tuom modo in portu Philopolemum uiuom, saluom et so-
                                                spitem
uidi in publica celoce, ibidemque illum adulescentulum
95 Aleum una et tuom Stalagmum seruom, qui aufugit domo, 875
qui tibi surrupuit quadrimum puerum filiolum tuom.
He. abi in malam rem, ludis me. Er. ita me amabit
                                                sancta Saturitas,
Hegio, itaque suo me semper condecoret cognomine,

---

865 diuum *Bothe, cui hiatus* deum | hunc *displicet*   871 *vel* mage
874 celocem ibidem *codd. Nonii* 533

ut ego uidi.   HE. meum gnatum?   ER. tuom gnatum et
            genium meum.
880 HE. et captiuom illum Alidensem?   ER. μὰ τὸν Ἀπόλλω. 100
        HE. et seruolum
meum Stalagmum, meum qui gnatum surrupuit?   ER. ναὶ
             τὰν Κόραν.
HE. iam diu—ER. ναὶ τὰν Πραινέστην.   HE. uenit?   ER.
          ναὶ τὰν Σιγνέαν.
HE. certon?   ER. ναὶ τὰν Φρουσινῶνα.   HE. uide sis.   ER.
         ναὶ τὸν Ἀλάτριον.
HE. quid tu per barbaricas urbis iuras?   ER. quia enim
            item asperae
885 sunt ut tuom uictum autumabas esse.   HE. uae aetati—ER. 105
            tuae!
quippe quando mihi nil credis, quod ego dico sedulo.
sed Stalagmus quoius erat tunc nationis, quom hinc abit?
HE. Siculus.   ER. et nunc Siculus non est, Boius est, boiam
             terit:
liberorum quaerundorum caussa ei, credo, uxor datast.
890 HE. dic, bonan fide tu mihi istaec uerba dixisti?   ER. bona. 110
HE. di inmortales, iterum gnatus uideor, si uera autumas.
ER. ain tu? dubium habebis etiam, sancte quom ego iurem tibi?
postremo, Hegio, si parua iuri iurandost fides,
uise ad portum.   HE. facere certumst.   tu intus cura quod
             opus est.
895 sume, posce, prome quiduis.   te facio cellarium.   115
  ER. nam hercle, nisi mantiscinatus probe ero, fusti pectito.
  HE. aeternum tibi dapinabo uictum, si uera autumas.
  ER. unde id?   HE. a me meoque gnato.   ER. sponden tu
          istuc?   HE. spondeo.

---

879 meumne *Bentley*   881 sqq. ναὶ] ne *cod.*   882 Tam *Wagner,*
ita enim loquebantur Praenestini   885 tuae *Hegioni continuant edd.*
888 et] at *Camerarius*: sed (set) *alii*   893 *fort.* paruom (*i.e.* parum,
antiqua forma), *ita enim alibi ap.* Plaut. (*Arch. Lat. Lex.* 13, 133)
898 sponden *Ital.*: sponde *cod.*

ER. at ego tuom tibi aduenisse filium respondeo.

120 HE. cura quam optume potes.—ER. bene ambula et 900
                                              redambula.

iii   ERGASILVS

ER. Illic hinc ábiit, mihi rem summam credidit cibariam.
di inmortales, iam ut ego collos praetruncabo tegoribus!
quanta pernis pestis ueniet, quanta labes larido,
quanta sumini apsumedo, quanta callo calamitas,
5   quanta laniis lassitudo, quanta porcinariis!   905
nam si alia memorem, quae ad uentris uictum conducunt,
                                                    morast.
nunc ibo ut pro praefectura mea ius dicam larido,
et quae pendent indemnatae pernae, is auxilium ut
                                                    feram.—

iv   PVER

Pv. Diespiter te dique, Ergasile, perdant et uentrem tuom,
parasitosque omnis, et qui posthac cenam parasitis dabit.   910
clades calamitasque, intemperies modo in nostram aduenit
                                                    domum.
quasi lupus essuriens metui ne in me faceret impetum.
5 ubi uoltus **sur**ntis * * * * * * * * * * * impetum 912ᵃ
nimisque hercle ego illum male formidabam, ita frendebat
                                                    dentibus.
adueniens deturbauit totum cum carni carnarium:
arripuit gladium, praetruncauit tribu' tegoribus glandia;   915
aulas calicesque omnis confregit, nisi quae modiales erant.
10 coquom pércontabatur possentne seriae feruescere.
cellas refregit omnis intus recclusitque armarium.
adseruate istunc, sultis, serui. ego ibo ut conueniam senem,

---

902 praetruncabo] *cf. ad v.* 915   904 absumendo *cod.*   905
accedit A   907 ut praefecturam et *P* (iii, p. 48)   908 pernis au. *A*
911 calamitatesque *A*   912 metūi] timui *A* : metui timui *Niemeyer* :
fort. mi timui   912ᵃ *om. P* (iii. 11)   ubi uoltus esurientis ⟨uidi, eius
extimescebam⟩ impetum (?) *Leo*   913 for)m(id)au(i *A*   914 (to)tum
(deturbat) *A*   915 praeruncauit *A. fort. recte*   916 confringit *P*

920 dicam ut sibi penum aliud [ad]ornet, siquidem sese uti
uolet ;
   nam | hic quidem | ut adornat aut iam nihil est aut iam
nihil erit.—

ACTVS V

HE. Ioui disque ago gratias merito magnas,
quom te reducem tuo patri reddiderunt
quomque ex miseriis plurumis me exemerunt,
925 quae adhuc te carens dum hic fui sustentabam,
quomque hunc conspicor in potestate nostra,   5
    quomque haec reperta est fides firma nobis.
PHILOP. sati' iam dolui ex animo, et cura sati' me et la-
crumis maceraui,
sati' iam audiui tuas aerumnas, ad portum mihi quas
memorasti.
930 hoc agamus. PHILOC. quid nunc, quoniam tecum seruaui
fidem
tibique hunc reducem in libertatem feci? HE. fecisti 10
ut tibi,
Philocrates, numquam referre gratiam possim satis,
proinde ut tu promeritu's de me et filió. PHILOP. ımmo
potes,
pater, et poteris et ego potero, et dí eam potestatem dabunt
935 ut beneficium bene merenti nostro merito muneres ;

---

920 penum aļi(bi) adorn(et A : penum aliud ornet P   dicam seni
curet sibi aliud penus *Priscianus* 1, 170, *genus neutrum et* penus *testatus*
921 *vel* uti   *fort. vers. trochaicus*   923 cum reducem (*ita cod.*) tuo te
Brix, cui reducem *forma displicet*   925 *om.* te A   huc A   926
conspicor *Geppert* : conspicio P, A *n. l.*   927 illaec rep. *Bach* : haec
⟨re⟩ rep. *Spengel, ut integer tetrameter fiat*   928 me satis et l. P: satis
me l. A   maceraui [hoc] P   *Voluerat scriba* v. 930 (*omisso propter
homoeoarch.* v. 929) *incipere* ⟨iv. 3)   932–1007 *deest* A

15 sicut tu huic potes, pater mi, facere merito maxume.

He. quid opust uerbis ? lingua nullast qua negem quidquid
roges.

Philoc. postulo aps te ut mihi illum reddas seruom, quem
hic reliqueram

pignus pro me, qui mihi melior quam sibi semper fuit,

pro bene factis eius ut ei pretium possim reddere.   940

20 He. quod bene fecisti referetur gratia id quod postulas ;

et id et aliud quod me orabis impetrabis.   atque te

nolim suscensere quod ego iratus ei feci male.

Philoc. quid fecisti ?   He. in lapicidinas compeditum
condidi,

ubi resciui mihi data esse uerba.   Philoc. uae misero 945
mihi.

25 propter meum caput labores homini euenisse optumo !

He. at ob eam rem mihi libellam pró eo argenti ne duis :

gratiis a me, ut sit liber, ducito.   Philoc. edepol, Hegio,

faci' benigne.   sed quaeso hominem ut iubeas arcessi.
He. licet.

ubi estis uos ? ite actutum, Tyndarum huc arcessite.   950

30 uos ite intro.   interibi ego ex hac statua uerberea uolo

erogitare meo minore quid sit factum filio.

uos lauate interibi.   Philop. sequere hac, Philocrates, me
intro.—Philoc. sequor.—

ii   H E G I O   S T A L A G M V S

He. Age tu illuc procede, bone uir, lepidum mancupium
meum.

St. quid me oportet facere, ubi tu talis uir falsum autumas ? 955

fui ego bellus, lepidus : bonu' uir numquam, neque frugi
bonae,

---

940 ut ei *Ital.* : uti *cod.* (*pro* ut ei)   941 *post v.* 938 *in cod.*
(*non J*)   948 cratis *cod.* (C *pro* G)   ducito *Lindemann* : aducito
cod. (iv. 3, p. 84)   950 uos ⟨heus⟩ *Skutsch, cui hiatus* ubi | es.
displicet   951 inter ibo *cod.* (i. 7)

neque ero úmquam : ne spem ponas me bonae frugi fore.

HE. propemodum ubi loci fortunae tuae sint facile intellegis. 5
sí eris uerax, tua ex re facies—ex mala meliusculam.

960 recte et uera loquere, sed neque ⟨tu⟩ uere neque recte adhuc
fecisti umquam.   ST. quod ego fatear, credin pudeat quom
                                                    autumes ?

HE. at ego faciam ut pudeat, nam in ruborem te totum dabo.

ST. heia, credo ego inperito plagas minitaris mihi.   10
tandem istaec aufer, dic quid fers, ut feras hinc quod petis.

965 HE. sati' facundu's. sed iam fieri dictis uolo compendium.

ST. ut uis fiat.   HE. bene morigerus fuit puer, nunc non
                                                    decet.

hoc agamus. iam animum aduorte ac mihi quae dicam
                                                    edissere.

sí eris uerax, ⟨e⟩ tuis rebus feceris meliusculas.   15

ST. nugae istaec sunt.   non me censes scire quid dignus
                                                    siem ?

970 HE. at ea supterfugere potis es pauca, si non omnia.

ST. pauca ecfugiam, scio; nam multa euenient, et merito meo,
quia et fugi et tibi surrupui filium et eum uendidi.

HE. quoí homini ?   ST. Theodoromedi in Alide Polyplusio, 20
sex minis.   HE. pro di inmortales, is quidem huiius est
                                                    pater.

975 Philocrates !   ST. quin melius noui quam te et uidi saepius.

HE. serua, Iuppiter supreme, et mé et meum gnatum mihi.

Philocrates, per tuom te genium ópsecro, exi, te uolo !

957 numquam *Vahlen* : umquam *cod* (*cf. Men.* 1027 nec umquam *pro* nec n., *Pseud.* 136 neque umquam *pro* n. numq.)   ne] neque *P*ᴱ ⟨in⟩ spem *Guietus*   959 *verba ex mal. mel. Stalagmo dat Schoell* 960 tu *add. Pylades* (*scriptum erat* nequ&uuere)   964 ista *cod.*, *forma vix Plautina*   965 d. compendium uolo *cod.* : *trai. Bothe* : dicta compendi uolo *Guietus*   967 ac *Camerarius* : haec *cod.* 968 *secl. Schoell*   ex (e) *add. Camerarius*   970 potisses *cod.* 971 *post* 973 *traditum hic reposuit Valla*   973 theodoro medico *cod.*   975 philocratis *B* : Philocrati *Fleckeisen*   tu *Weil*   977 genium *Ital.* : ingenium *cod.*

Philoc. Hegio, adsum. si quid me uis, impera. He. hic
                                        gnatum meum
tuo patri ait se uendidisse sex minis in Alide.
Philoc. quam diu id factum est? St. hic annus incipit 980
                                        uicensumus.
Philoc. falsa memorat. St. aut ego aut tu. nam tibi
                                        quadrimulum
5 tuo' pater peculiarem paruolum puero dedit.
Philoc. quid erat ei nomen? si uera dicis, memoradum
                                        mihi.
St. Paegnium uocitatust, post uos indidistis Tyndaro.
Philoc. qur ego te non noui? St. quia mos est obliuisci 985
                                        hominibus
neque nouisse quoiius nihili sit faciunda gratia.
10 Philoc. dic mihi, isne istic fuit, quem uendidisti meo
                                        patri,
qui mihi peculiaris datus est? St. huiius filius.
He. uiuitne is homo? St. argentum accepi, nil curaui
                                        ceterum.
He. quid tu ais? Philoc. quin istic ipsust Tyndarus tuo' 990
                                        filius,
ut quidem hic argumenta loquitur. nam is mecum a puero
                                        puer
15 bene pudiceque educatust usque ad adulescentiam.
He. et miser sum et fortunatus, si ⟨uos⟩ uera dicitis ;
eo miser sum quia male illi feci, si gnatus meust.
eheu, quóm ego plus minusque feci quam ⟨me⟩ aequom fuit. 995
quod male feci crucior ; modo si infectum fieri possiet !
20 sed eccum incedit huc ornatus haud ex suis uirtutibus.

982 paruulo *Lindemann* ' ex cod.'   986 nihili *Merula* : nihil *cod.*
993 uos *add. Camerarius*   995 minusue *Gronovius*   me *add.*
Bentley   997 haud ex *Muretus* : audax *cod.*

Ty. Vidi ego multa saepe picta, quae Accherunti fierent
cruciamenta, uerum enim uero nulla adaeque est Accheruns
1000 atque ubi ego fui, in lapicidinis.   illic ibi demumst locus
ubi labore lassitudost exigunda ex corpore.
nam ubi illo adueni, quasi patriciis pueris aut monerulae   5
aut anites aut coturnices dantur, quicum lusitent,
itidem haec mihi aduénienti upupa qui me delectem datast.
1005 sed erus eccum ante ostium—, et erus alter eccum ex Alide
rediit.   He. salue, exoptate gnate mi.   Ty. hem, quid
                                              'gnate mi'?
attat, scio qur te patrem adsimules esse et me filium :   10
quia mi item ut parentes lucis das tuendi copiam.
Philoc. salue, Tyndare.   Ty. et tu, quoiius caussa hanc
                                              aerumnam exigo.
1010 Philoc. at nunc liber in diuitias faxo uenies.   nam tibi
pater hic est ; hic seruos qui te huic hinc quadrimum
                                              surpuit,
uendidit patri meo te sex minis, is te mihi   15
paruolum peculiarem paruolo puero dedit
illi ; ⟨hi⟩c indícium fecit ; nam hunc ex Alide huc reddu-
                                              cimus.
1015 Ty. quid huius filium ?   Philoc. intus eccum fratrem
                                              germanum tuom.
[Ty. quid tu ais ? adduxtin illum huius captiuom filium ?

1001 est *Bentley* : est [omnis] *cod.* (ōms *ex* -omst *supra* -ost *scripto* ?)
1003 i lusitent *J (et fort. cod.)*   1004 mihi haec *P*ᴱ   delectem
Lambinus : delectet *cod.*   1005 ostiumst ; erus *Brix*   1006 ⟨o⟩
salue *Spengel, cui hiatus* salue | ex. *displicet*   1007 esse adsimules
Guietus   1008 accedit *A* ; *pauca in initiis leguntur usque ad* 1015
1009 exi)guo *A (cum B)*   1014 illi hic *scripsi* : illic *P* : ill . . .
A : id hic˙ (?) *Leo*   reduximus *Pareus (A n. l.)*   1016–22 *om.*
A : ' *apparet duplicem fabulae exitum* (1009–15, 1023 sqq. *et* 1009,
1016–22, 1024 sqq.) *in P coniunctum esse.*' *Leo. Antiqua forma* regre-
diōr (*v.* 1023) *Plautinam esse recensionem ab A conservatam declarat*
1016 h. filium captiuum *cod.* : *trai.* *Pylades* : c. h. filium *Fleckeisen*

20 PHILOC. quin, inquam, intus hic est.   TY. fecisti edepol et
                                              recte et bene.

PHILOC. nunc tibi pater hic est : hic fur est tuo' qui paruom
                                              hinc te apstulit.

TY. at ego hunc grandis grandem natu ob furtum ad carnu-
                                              ficem dabo.

PHILOC. meritus est.   TY. ergo edepol ⟨merito⟩ meritam 1020
                                              mercedem dabo.

sed ⟨tu⟩ dic oro : pater meu' tune es?   HE. ego sum,
                                              gnate mi.

25 TY. nunc demum in memoriam redeo, quom mecum recogito.]
nunc edepol demum in memoriam regredior audisse me,
quasi per nebulam, Hegionem meum patrem uocarier.

HE. is ego sum.   PHILOC. compedibus quaeso ut tibi sit 1025
                                              leuior filius

atque huic grauior seruos.   HE. certumst principio id
                                              praeuortier.

30 eamus intro, ut arcessatur faber, ut istas compedis
tibi adimam. huic dem.   ST. quoi peculi nihil est, recte feceris.

CATERVA

Spectatores, ad pudicos mores facta haec fabula est,
neque in hac subigitationes sunt neque ulla amatio   1030
nec pueri suppositio nec argénti circumductio,

35 neque ubi amans adulescens scortum liberet clam suom
                                              patrem.

huius modi paucas poetae reperiunt comoedias,
ubi boni meliores fiant.   nunc uos, si uobis placet
et si placuimus neque odio fuimus, signum hoc mittite :   1035
qui pudicitiae esse uoltis praemium, plausum date.

1020 merito add. Gruterus   1021 tu add. Havet   1022
recogito Gruterus : cogito cod.   1023 audissem me P : redisse
me A   1025 is om. P   1026 huic] hic P   principium P
1030–6 in A nihil legitur nisi primae litterae versuum 1031 et 1034
FRAGMENTVM DVBIVM   Nonius 220 pilleus generis masculini.
Plautus Captiuis : pilleum Quem habuit deripuit eumque ad caelum
tollit. In nomine fabulae erratum esse videtur

CASINA

ARGVMENTVM

Conservam uxorem duo conservi expetunt.
Alium senex allegat, alium filius.
Senem adiuvat sors, verum decipitur dolis.
Ita ei subicitur pro puella servolus
Nequam, qui dominum mulcat atque vilicum.
Adulescens ducit civem Casinam cognitam.

argumentum post prologum P ; *usque ad v.* 37 *deest* A   1 conservi ⟨vi⟩ *Mueller* (*Rhein. Mus.* 54, 386)   3 sors senem adiuuat
cod. : *trat. Bothe*   5 mulgat *cod.* (G *pro* C)

PERSONAE

OLYMPIO ⎫
CHALINVS ⎭ SERVI

CLEVSTRATA MATRONA

PARDALISCA ANCILLA

MYRRHINA MATRONA

LYSIDAMVS ⎫
ALCESIMVS ⎭ SENES

CHYTRIO COCVS

SCAENA ATHENIS

CLEOSTRATA *cod., nomen ubique trisyll.*
CITRIO *in tit.* III vi *A, P n. l. cf. K. Schmidt (Herm.* 37, 360)

PROLOGVS

Saluere iubeo spectatores optumos,
Fidem qui facitis maxumí,—et uos Fides.
si uerum dixi, signum clarum date mihi,
ut uos mi esse aequos iam inde a principio sciam.
5 qui utuntur uino uetere sapientis puto
et qui lubenter ueteres spectant fabulas ;
anticua opera et uerba quom uobis placent,
aequom est placere ante ⟨alias⟩ ueteres fabulas :
nam nunc nouae quae prodeunt comoediae
10 multo sunt nequiores quam nummi noui.
nos postquam populi rumore intelleximus
studiose expetere uos Plautinas fabulas,
anticuam eiius edimus comoediam,
quam uos probastis qui estis in senioribus ;
15 nam iuniorum qui sunt non norunt, scio ;
uerum ut cognoscant dabimus operam sedulo.
haec quom primum acta est, uicit omnis fabulas.
ea témpestate flos poetarum fuit,
qui nunc abierunt hinc in communem locum.
20 sed tamen apsentes prosunt ⟨pro⟩ praesentibus.
uos omnis opere magno esse oratos uolo
benigne ut operam detis ad nostrum gregem.
eicite ex animo curam atque alienum aes *,

⟨margin numbers: 5, 10, 15, 20⟩

PROL.] FIDES *Skutsch* (*Rhein. Mus.* 55, 272)   2 et ⟨item⟩ uos
Ritschl : et ⟨ego⟩ uos *Skutsch, hiatum uitantes* (*sed cf. ad v.* 23)
7 antiquaque *Seyffert*   8 alias *add. Ritschl*   11 rumore
Angelius : rumorem *cod.*   13 antiquam ⟨eam⟩ *Mueller* (*Rhein.
Mus.* 54, 386)   20 prosunt ⟨pro⟩ *Seyffert* : prode sunt *Loewe*
23 diicite P^E (*pro* deiicite ?)   *vix* aës, *quamquam hic prologus anti-
quitatem affectare uidetur* (*cf. vv.* 7, 13 *et versus hian'es*): aes ⟨cito⟩ *Pradel
de praep.* p. 534   ex animo curas atque alienum aes eicite *Schoell*

ne quis formidet flagitatorem suom :
25 ludi sunt, ludus datus est argentariis ;   25
tranquillum est, Alcedonia sunt circum forum :
ratione utuntur, ludis poscunt neminem,
secundum ludos reddunt autem nemini.
aures uociuae si sunt, animum aduortite :
30 comoediai nomen dare uobis uolo.   30
Κληρούμενοι uocatur haec comoedia
graece, latine Sortientes.   Diphilus
hanc graece scripsit, postid rusum denuo
latine Plautus cum latranti nomine.
35 senex híc maritus habitat ; ei est filius,   35
is una cum patre ín illisce habitat aedibus.
est ei quidam seruos qui in morbo cubat,
immo hercle uero in lecto, ne quid mentiar ;
is seruos, sed abhinc annos factum est sedecim
40 quom conspicatust primulo crepusculo   40
puellam exponi.   adit extemplo ad mulierem
quae illam exponebat, orat ut eam det sibi :
exorat, aufert ; detulit recta domum,
dat eraé suae, orat ut eam curet, educet.
45 era fecit, educauit magna industria,   45
quasi si esset ɛx se nata, non multo secus.
postquam ea adoleuit ad eam aetatem út uiris
placere posset, eam puellam híc senex
amat ecflictim, ét item contra filius.
50 nunc sibi utérque contra legiones parat,   50
paterque filiusque, clam alter alterum :
pater adlegauit uilicum qui posceret

---

25 *post* 26 *posuit Geppert*   27 neminem poscunt *cod.* : *trai*
Camerarius   30 comedia *cod.* (i. 7)   32 deiphilus *cod.*   38 *accedit*
A   40 c. est primo *P, codd. schol. Aen.* 10, 615 (i. 8)   45 facit *P*
(*cf. ad Amph.* 49)   46 si *om. A* (iii. 1)   47 ea *om. P* (iii,
p. 49)   48 [at] eam *P* (*ex v.* 47)   illic *Ritschl*   51 filius
(que *in marg. in fine versus*) *P, unde* alterumque *P*E (ii. 4)

sibi istánc uxorem : is sperat, si ei sit data,
sibi fore paratas clam uxorem excubias foris ;
55 filius is autem armigerum adlegauit suom   55
qui sibi eam uxorem poscat : scit, si id impetret,
futurum quod amat intra praesepis suas.
senis uxor sensit uirum amóri operam dare,
propterea úna consentit cum filio.
60 ille autem postquam filium sensit suom   60
eandem illam amare et esse impedimento sibi,
hinc adulescentem peregre ablegauit pater ;
sciens ei mater dat operam apsenti tamen.
is, ne exspectetis, hodie in hac comoedia
65 in urbem non redibit : Plautus noluit,   65
pontem interrupit, quí erat ei in itinere.
sunt hic inter se quos nunc credo dicere :
'quaeso hercie, quíd istuc est ? seruiles nuptiae ?
seruin uxorem ducent aut poscent sibi ?
70 nouom attulerunt, quod fit nusquam gentium.'   70
at ego aiio id fieri in Graecia et Carthagini,
et hic in nostra terra in ⟨terra⟩ Apulia ;
maioreque opere ibi seruiles nuptiae
quam liberales etiam curari solent ;
75 id ni fit, mecum pignus si quis uolt dato   75
in urnam mulsi, Poenus dum iudex siet
uel Graecus adeo, uel mea caussa Apulus.
quid nunc ? nihil agitis ? sentio, nemo sitit.
reuortar ad illam puellam éxpositiciam :
80 quam serui summa ui sibi uxorem expetunt,   80

54 uxore *A*   55 is *om. P*   adlegat *A*   59 ⟨ea⟩ una
Camerarius   60 sensit filium *P. contra metrum*   62 ablegat
A   63 eius mater ei *P, emendatio neglegens* (iv. 3)   66 in
om. A   67 sunt hic quos credo nunc inter se dicere *P*   71
alio *P* (*pro* aiio ; i. 7, 1)   id] hoc *P*   72 in ⟨terra⟩ Apulia
scripsi (*cf. Altenburg serm. ped.* p. 491) : ⟨terra⟩ in Apula *Seyffert*
73 opera *P*   79 puĕllam illam *Pylades* : *fort.* il. puerulam

ea inuenietur et pudica et libera,
ingenua Atheniensis, neque quicquam stupri
faciet profecto in hac quidem comoedia.
mox hercle uero, post transactam fabulam,
85 argentum si quis dederit, ut ego suspicor,   85
ultro ibit nuptum, non manebit auspices.
tantum est.   ualete, bene rem gerite, [et] uincite
uirtute uera, quod fecistis antidhac.

ACTVS I

I.i   OLYMPIO   CHALINVS

OL. Non mihi licere meam rem me solum, ut uolo,
loqui atque cogitare sine ted arbitro ?   90
quid tu, malum, me sequere ?   CH. quia certum est mihi,
quasi umbra, quoquo tu ibis, te semper sequi ;
5 quin edepol etiam si in crucem uis pergere,
sequi decretumst.   dehinc conicito ceterum,
possisne necne clam me sutelis tuis   95
praeripere Casinam uxorem, proinde ut postulas.
OL. quid tibi negotist mecum ?   CH. quid ais, inpudens ?
10 quid in urbe reptas, uilice hau magni preti ?
OL. lubet.   CH. quin ruri es in praefectura tua ?
quin potius quod legatum est tibi negotium,   100
id curas atque urbanis rebus te apstines ?
huc mihi uenisti sponsam praereptum meam :
15 abi rús, abi díerectus tuam in prouinciam.
OL. Chaline, non sum oblitus officium meum :
praefeci ruri recte qui curet tamen.   105

84 transacta fabula *P*   87 et *om. A*   92 ibis tu te persequi *P*
97 negoti mecum est *P*   98 hau] hic *P*   102 mihi *om. P*

ego huc quod ueni in urbem si impetrauero,
uxorem ut istam ducam quam tu deperis,
bellam et tenellam Casinam, conseruam tuam,   20
quando ego eam mecum rus uxorem abduxero,
110 ruri incubabo usque in praefectura mea.
   CH. tun illam ducas? hercle me suspendio
quam tú eius potior fias satiust mortuom.
   OL. mea praedast illa : proin tu te in laqueum induas.   25
   CH. ex sterculino ecfosse, túa illaec praeda sit?
115 OL. scies hóc ita esse.   CH. uae tibi!   OL. quot te modis,
si uiuo, habebo in nuptiis miserum meis!
   CH. quid tu mihi facies?   OL. egone quid faciam tibi?
primum omnium huic lucebis nouae nuptae facem ;   30
postilla ut semper inprobus nihilique sis,
120 postid locorum quando ad uillam ueneris,
dabitur tibi amphora una et una semita,
fons unus, unum ahenum et octo dolia :
quae nisi erunt semper plena, ego té implebo flagris.   35
ita te aggerunda curuom aqua faciam probe
125 ut postilena possit ex te fieri.
post autem ruri nisi tu áceruom ederis
aut quasi lumbricus terram, quod te postules
gustare quicquam, numquam edepol ieiunium   40
ieiunumst aeque atque ego te ruri reddibo.
130 postid, quom lassus fueris et famelicus,
noctu ut condigne te cubes curabitur.
   CH. quid facies?   OL. concludere in fenstram firmiter,
unde auscultare possis quóm ego illam ausculer :   45

106 si] nisi P   107 istant (-nc B) P   109 ego om. A
110 riure P (v. 3)   111 tu P   112 satis est A   114 sit] est P
(pro erit?)   115 uae tibi Olympioni continuat A   119 nihilque P
sis] eris Leo   120 locarum A   illam P   126 aceruom quadrisyll.
suspectum   fort. nisi ⟨si⟩   acerbum ⟨eruom⟩ Seyffert   129 ieiunium est P : inunumst A (pro iaiunumst, antiqua forma?)   132 non-
cludere A   fenestra A : fenestram P   133 osculer P, usitata forma

     quom mihi illa dicet 'mi animule, mi Olympio,
     mea uita, mea mellilla, mea festiuitas,   135
     sine tuos ocellos deosculer, uoluptas mea,
     sine amabo ted amari, meu' festus dies,
50 meu' pullus passer, mea columba, mi lepus',
     quom mihi haec dicentur dicta, tum tu, furcifer,
     quasi mus, in medio parieti uorsabere.   140
     nunc ne tu te mihi respondere postules,
     abeo intro.   taedet tui sermonis.—CH. te sequor.
55 hic quidem pol certo nil ages síne med arbitro.—

ACTVS II

     CL. Opsignate cellas, referte anulum ad me :
     ego huc transeo in proxumum ad meam uicinam.   145
     uir si quid uolet me, facite hinc accersatis.
       PA. prandium iusserat senex sibi parari.
5   CL. st !
     tace atque abi ; neque paro neque hodie coquetur,   149-50
     quando is mi et filio áduorsatur suo
       animi amorisque caussa sui,   152-4
  flagitium illud hominis ! ego illum fame, ego illum siti,   155
10   maledictis, malefactis amatorem ulciscar,
     ego pól illum probe incommodis dictis angam,
       faciam uti proinde ut est dignus uitam colat,
         Accheruntis pabulum,
           flagiti persequen-   160
15   tem, stabulum nequitiae.
     nunc huc meas fortunas eo questum ad uicinam.

sed fori' concrepuit, atque eapse eccam egreditur!
non pol per tempus iter huc mi incepi.

MYRRHINA   CLEVSTRATA   ii

165–6 **My.** Sequimini, comites, in proxumum me huc.   heus uos,
                        ecquis haec quae loquor audit?
       ego hic ero, uir si aut quispiam quaeret.
168–9   nam ubi domi sola sum, sopor manus caluitur.
170–1   iussin colum ferri mihi? **Cl.** Myrrhina, salue.
172–3   **My.** salue mecastor.   sed quid tu es tristis, amabo?   5
174–5 **Cl.** ita solent omnes quae sunt male nuptae :
176–7   domi et foris aegre quod siet sati' semper est.
       nam ego ibam ad te.   **My.** et pol ego isto ad te.
       sed quid est quod tuo nunc animo aegrest?
180–1   nam quód tíbi est aégré, idem mist diuidiae.   10
   Cl. credo, ecastor, nam uicinam neminem amo merito
                           magi' quam te
       nec qua in plura sunt
183ᵃ   mihi quae ego uelim.
       My. amo te, atque istuc expeto scire quid sit.
185–6 **Cl.** pessumis me modis despicatur domi.   15
       My. hem, quid est? dic idem (nam pol hau sati' meo
       corde accepi querellas tuas), opsecro.
       Cl. uir me habet pessumis despicatam modis,
190   nec mihi ius meum óptinendi optio est.
       My. mira sunt, uera si praedicas, nam uiri   20
       ius suom ad mulieres optinere hau queunt.

163 ipsa *A* : ea ipsa *P*   ecca *A*   egreditur foras *P* (*cf.* 630)
(? *troch. septen.*)   164 pol *om. A*   huc *om. P* : *fort.* hoc (*pron.*)
166 loquar *P*   169 manu scalpitur *P*   178 istuc *codd.*   181
diuidue *P*   182, 183 *uno uersu exhibet A*   182 *uel* mage   183
sint *A*   186 [uir] pess. *A* (*cf. v.* 189)   *pro hoc uersu vv.* 189, 190
ponit P.   Credo in recensione aliqua vv. 185–8 *eiectos fuisse*   despicat
uir (?) *Leo*   187, 188 *uno uersu A*   187 quid est *Cleustratae*
dat A   idem [hoc] *P* (*add. ut reutr. generis esse intellegatur* ; iv. 2)
189–534 *deest A*   190 *post* 186 *P*

CL. quin mihi ancillulam ingratiis postulat,
quae mea est, quae meo educta sumptu siet,
            uilico suo se dare,   195
25   sed ipsus eam amat.   MY. opsecro,   195ª
        dice, nam hic nunc licet dicere :
        nos sumus.   CL. ita est.   MY. unde ea tibi est?   197–8
    nam peculi probam nil habere addecet
    clam uirum, ét quae habet, partum ei hau commode est,   200
30 quin uiro aut suptrahat aut stupro inuenerit.
    hoc uiri censeo esse omne quidquid tuom est.
CL. tu quidem aduorsum tuam amicam omnia loqueris.
                                        MY. tace sis,
            stulta, et mi ausculta.   noli
            sis tu illic aduorsari,   205
35 sine amet, sine quod lubet id faciat, quando tibi nil domi 206–7
                            delicuom est.
    CL. satin sana es? nam tuquidem aduorsus tuam istaec rem 208–9
                            loquere.   MY. insipiens,
    semper tu huic uerbo uitato aps tuo uiro.   CL. quoi uerbo? 210–2
                            MY. i foras, mulier.
        CL. st! tace.   MY. quid est?   CL. em!   MY. quis est,
                            quem uides?   CL. uir eccum it.
    intro abi, adpropera, age amabo.   MY. ímpetras, abeo.
40   CL. mox magis quom otium ⟨ét⟩ mihi et tibi erit,   215
        igitur tecum loquar.   nunc uale.   MY. ualeas.—

iii   LYSIDAMVS   CLEVSTRATA

LY. Omnibu' rebus ego amorem credo et nitoribu' nitidis
            anteuenire nec potis   217ª

194 educta *Ital.*: educata *cod.*   195 se suo *Bothe*   196
dice *scripsi* : tace *cod.*   200 et] set *vel* sei *Seyffert*   commode
Lipsius : commodi *cod.*   203 *del.* tuam *Schoell, ut versus creticus
fiat*   209 ista *cod.*   212 ei *cod.* (*forma antiqua*)   213 st] est *cod.*
(i, p. 27)   215 mihi et tibi erit *cod.* (et mihi erit et tibi *J*)   217
itidis *cod.* (nitidis *J*)

quicquam commemorari⟨er⟩ quod plus sali' plusq' leporis
hodie

habeat ; coquos equidem nimi' demiror, qui utuntur condi-
mentis,

220 eos eo condimento uno ⟨non⟩ utier, omnibu' quod praestat. 5

nam ubi amor condimentum inierit, quoiuis placituram
⟨escam⟩ credo ;

neque salsum neque suaue esse potest quicquam, ubi amor
non admiscetur :

fel quod amarumst, id mel faciet, hominem ex tristi lepidum
et lenem.

hanc ego de me coniecturam domi facio magi' quam ex
auditis ;

225 qui quóm amo Casinam, magi' niteo, munditiis Munditiam 10
antideo :

myropolas omnis sollicitó, ubiquomque est lepidum unguen-
tum, unguor,

ut illi placeam ; et placeo, ut uideor.   sed uxor me excruciat, quia uiuit.

tristem astare aspicio.   blande haec mihi mala res appel-
landa est.

uxor mea meaque amoenitas, quid tu agis ?   Cl. abi
atque apstine manum.

230   Ly. heia, mea Iuno, non decet esse te tam tristem tuo Ioui. 15

quo nunc abis ?   Cl. mitte me.   Ly. mane.   Cl. non
maneo.   Ly. at pol ego te sequar.

Cl. opsecro, sanun es ?   Ly. sanus.   quam ted amo !

Cl. nolo ames.   Ly. non potes impetrare.   Cl. enicas.

Ly. uera dicas uelim.   Cl. credo ego istuc tibi.

220 non *add. Ital.* (iii. 1)   221 namque *Camerarius*   inerit
Ital.   escam *add. Seyffert* (iii.11)   *vix* quoiiuis placiturum cr.   225
quom *Reiz*: quam *cod.*   *vel* mage   niteo *Gulielmius*: inicio (-tio) *cod.* :
tanto *Seyffert*   munditianti deo *cod.*   225 *vel* mage   226 miro pol
has *cod.*   es *cod.*   227 placeat et *cod.*   228 mala mers *Brix*   229
manum abi atque abstine *Seyffert, nam* apstine *dactyl. hoc loco displicet*
231 *vel* mitt'   232 quom *Bothe, fort. recte* (*cf.* 225)   233 enegas *cod.*

20 Ly. respice, o mi lepos. Cl. nempe ita ut tu mihi es. 235
unde hic, amabo, unguenta olent? Ly. oh perii! manu-
             festo miser
  teneor. cesso caput pallio detergere.
ut te bonu' Mercurius perdat, myropola, quia haec mihi
             dedisti.
Cl. eho tu nihili, cana culex, uix teneor quin quae decent
             te dicam,
25 senectan aetate unguentatus per uias, ignaue, incedis?   240
Ly. pol ego amico dedi quoidam operam, dum emit un-
     guenta. Cl. ut cito commentust!
ecquid te pudet? Ly. omnia quae tu uis. Cl. ubi in
           lustra iacuisti?
Ly. egone in lustra? Cl. scio plus quam tu me arbitrare.
      Ly. quid id est? quid [tu] scis?
Cl. te sene omnium senem ⟨hominem⟩ neminem esse igna-
          uiorem.
30 unde is, nihili? ubi fuisti? úbi lustratu's? ubi bibisti?   245
mades mecastor: uide palliolum ut rugat! Ly. di me et
          te infelicent,
  sí ego in os meum hodie uini guttam indidi.
  Cl. immo age ut lubet bibe, es, disperde rem.
Ly. ohe, iam satis uxor est; comprime te; nimium tinnis, 249-50
35 relinque aliquantum orationis, cras quod mecum litiges.
sed quid ais? iam domuisti animum, potius ut quod uir uelit
fieri id facias quam aduorsere contra? Cl. qua de re?
          Ly. rogas?
super ancilla Casina, ut detur nuptum nostro uilico,

236 unguent adolent *cod.* (unguenta olent *J*) 238 qui *Lambinus*
239 nihil hic anaculix *cod.* 240 senĕctan *Schoell*: senecta *cod.*,
contra metrum unguentus *P*ᴮᴰ: *corr. B*³ 241 commentust
Pylades: commendatus est *cod.* (*cf. v.* 240) *vix* dum [emit] unguenta—
Cl. ut cito commentatust! 242 q. t. u. o *Geppert* 243 tu *del.*
Geppert 244 hominem *vel* senum *add. Spengel* 245 ubi lus-
tretur ibi (*pro* ubi) bibatur *codd. Nonii* 135 246 mades *Schoell*:
adest *cod.* 250 tinnes *cod.* 253 quam *Pylades*: [potius] quam
cod. (*cf. v.* 257; ii. 2)

255 seruo frugi atque ubi illi bene sit ligno, aqua calida, cibo,
uestimentis, ubique educat pueros quos pariat ⟨sibi⟩,   40
quam illi seruo nequam des, armigero nili atque inprobo,
quoi hominí hodie peculi nummus non est plumbeus.
CL. mirum ecastor te senecta aétate officium tuom
260 non meminisse. LY. quid iam? CL. quia, si facias recte
                                             aut commode,
me sinas curare ancillas, quae mea est curatio.   45
LY. qui, malum, homini scutigerulo dare lubet? CL. quia
                                             enim filio
nos oportet opitulari único. LY. at quamquam unicust,
nihilo magis ille unicust mihi filius quam ego illi pater :
265 illum mi aequiust quam mé illi quae uolo concedere.
CL. tu ecastor tibi, homo, malam rem quaeris. LY. subolet, 50
                                             sentio.
egone? CL. tu. nam quid friguttis? quid istuc tam cupide
                                             cupis?
LY. ut enim frugi seruo detur potius quam seruo inprobo.
CL. quid si ego impetro atque exoro a uilico caussa mea
270 ut eam illi permittat? LY. quid si ego autem ab armigero
                                             impetro
eam illí permittat? atque hóc credo impetrassere.   55
CL. conuenit. uis tuis Chalinum huc euocem uerbis foras?
tú eum orato, ego autem orabo uilicum. LY. sane uolo.
CL. iam hic erit. nunc experiemur nostrum uter sit
                                             blandior.—
275 LY. Hercules dique istam perdant, quod nunc liceat dicere.
ego discrucior miser amore, illa autem quasi ob industriam 60

256 sibi *add. Schoell*   257 [potius] quam *cod.* (*cf. v.* 253)   nihili
Merula : nisi *cod.*   258 *vix* hŏdie   260 recte *Ital.* : certe *cod.*
(*cf. Epid.* 5)   et *P*BD   262 iubet *P*E   filio *cum* unico *permu-*
tavit Bothe, proceleusmaticum dare lubĕt *vitans*   264 ille unicust
Geppert : unicus est ille *cod.* (*i. e.* uncust ille?)   266 sub. sent. *Cleu-*
stratae continuat cod.   267 quid i tam] nam quid i. *codd. Nonii* 308
(*citatio neglegens*)   271 ⟨ut⟩ eam *Guietus*   *vel* illic   credo
⟨me⟩ *Camerarius, Reiz*   272 uuis *cod.* (*i. e.* uis) : uin *Morris* (*cf.*
ad Bacch. 873)   276 industria *cod.*

mi aduorsatur. subolet hoc iam uxori quod ego machinor :
propter eam rem magis armigero dat operam de industria.

iv   CHALINVS   LYSIDAMVS

Ly. Qui illum di omnes deaeque perdant ! Ch. te uxor
                                      aiebat tua—
me uocare.   Ly. ego enim uocari iussi.   Ch. eloquere quid 280
                                      uelis.
Ly. primum ego te porrectiore fronte uolo mecum loqui ;
stultitia est ei te esse tristem quoius potestas plus potest.
5 probum et frugi hominem iam pridem esse árbitror.   Ch.
                                      intellego.
quin, si ita arbitrare, emittis me manu ?   Ly. quin id uolo. 284-5
sed nihil est me cupere factum, nisi tu factis adiuuas.
Ch. quid uelis modo id uelim me scire.   Ly. aúsculta, ego
                                      loquar.
Casinam ego uxorem promisi uilico nostro dare.
10 Ch. at tua uxor filiusque promiserunt mihi.   Ly. scio.
sed utrum nunc tu caelibem te ésse mauis liberum   290
an maritum seruom aetatem degere et gnatos tuos ?
optio haec tua est : utram harum uis condicionem accipe.
Ch. liber si sim, meo periclo uiuam ; nunc uiuo tuo.
15 de Casina certum est concedere homini nato nemini.
Ly. intro abi atque actutum uxorem huc euoca ante aedis cito, 295
et sitellam huc tecum ecferto cúm aqua et sortis.   Ch. sati'
                                      placet.
Ly. ego pol istam iam aliquouorsum tragulam decidero.
nam si sic nihil impetrare potero, saltem sortiar.
20 ibi ego te et suffragatores tuos ulciscar.   Ch. attamen
mihi optinget sors.   Ly. ut quidem pol pereas cruciatu malo. 300

---

281 porrectiorem frontem (-te *E*) *cod.*   283 probum et f. h.
Seyffert :   pro bone frugi h. *cod.* (*pro* pro bonae frugi homine ?)
287 me scire *Merula* : miscere *cod.*   eloquar *Mueller, fort. recte*
290 tu nunc *Kaempf*   *vel* ted

Ch. mihi illa nubet, machinare quidlubet quouis modo.
Ly. abin hinc ab oculis? Ch. inuitus me uides, uiuam—
                                                tamen.—
Ly. sumne ego miser homo? satin omnes res sunt aduorsae
                                                mihi?
iam metuo ne Olympionem mea uxor exorauerit   25
305 ne Casinam ducat: si id factum est, ecce me nullum
                                                senem!
si non impetrauit, etiam specula in sórtitust mihi.
si sors autem decollassit, gladium faciam culcitam
eumque incumbam. sed progreditur optume eccum Olympio.

           O l y m p i o   L y s i d a m v s   v

Ol. Vna edepol opera in furnum calidum condito
310 atque ibi torreto me pro pane rubido,
    erá, qua istam ópera a me impetres, quod postulas.
Ly. saluos sum, salua spes est, ut uerba audio.
Ol. quid tu me tua, era, libertate territas?   5
    qui si tu nolis filiusque etiam tuos,
315 uobis inuitis atque amborum ingratiis
    una libella liber possum fieri.
Ly. quid istúc est? quicum litigas, Olympio?
Ol. cum eadem qua tu semper. Ly. cum uxori mea?   10
Ol. quam tu mi uxorem? quasi uenator tu quidem es:
320 dies átque noctes cum cane aetatem exigis.
Ly. quid agit, quid loquitur tecum? Ol. órat, opsecrat
    ne Casinam uxorem ducam. Ly. quid tu postea?
Ol. negaui enim ipsi me concessurum Ioui,   15
    si is mecum oraret. Ly. di te seruassint mihi!

303 res *om. cod.* (iii. 1) (*add. J*)   306 specula etiam *Pylades*
in sortitust *Acidalius* : insortita sunt (s̄t) *cod.* : in sortist *Camerarius*,
Guietus   311 qua *Brix* : quam (quā) *cod.* (vii. 4)   *vel* istanc : istuc
Brix   313 me tua era *Leo* : me uera *cod.* (*pro* m&uẹra ?)   314
qui *Acidalius* : quid *cod.* (*cf. v.* 313)   318 *vel* uxoren   320
vel ac   321 ait *P*^E

OL. nunc in fermento totast, ita turget mihi.   325

LY. ego edepol illam mediam dirruptam uelim.

OL. credo edepol esse, siquidem tu frugi bonae es.

20 uerum edepol tua mihi odiosa est amatio :

    inimica est tua uxor mihi, inimicus filius,

    inimici familiares. LY. quid id refert tua ?   330

    unus tibi hic dum propitius sit Iuppiter,

    tu istos minutos caue deos flócci feceris.

25 OL. nugae sunt istae magnae. quasi tu nescias

    repente ut emoriantur humani Ioues.

    sed tandem si tu Iuppiter sis mortuos,   335

    quom ad deos minores redierit regnum tuom,

    quis mihi subueniet tergo aut capiti aut cruribus ?

30 LY. opinione melius res tibi habet tua,

    si hoc impetramus, ut ego cum Casina cubem.

    OL. non hercle opinor posse, ita uxor acriter   340

    tua instat ne mihi detur. LY. at ego sic agam :

    coniciam sortis in sitellam et sortiar

35 tibi et Chalino. íta rem natam intellego :

    necessumst uorsis gladiis depugnarier.

    OL. quid si sors aliter quam uoles euenerit ?   345

    LY. benedice. dis sum fretus, deos sperabimus.

    OL. non ego istuc uerbum empsim tittibilicio ;

40 nam omnes mortales dis sunt freti, sed tamen

    uidi ego dis fretos saepe multos decipi.

    LY. st! tace parumper. OL. quid uis ? LY. eccum exit foras 350

    Chalinus intus cum sitella et sortibus.

    nunc nos conlatis signis depugnabimus.

---

326 edepol ego *cod.* (ego edepol *J*)   335 sis mortuos *Acidalius* :
sis emortuus *cod.* (*pro* sies m. ?)   337 subueniet *Ital.* : subueniens
cod.   338 opinione melius *Saracenus* : opinionem eius *cod.* (i. 7 ;
p. 20)   habet *Camerarius* : habeat *cod.*   340 *vel* opino   346
sperauimus *cod.*   347 empsi cum (*pro* empsiculem ?) tittibi-
licio *codd. Pauli* 366 (*s.* tittibilicium) : emisim (*vel* emissum) tit tibi
stalitio *cod.* (Stalitio *in personarum nomina se insinuaverat, e. g.* II iii
STALITIO . SENEX . MVLIER CLEOS. ; *cf. v.* 960) : empsim ⟨uno⟩ titt. (?)
Leo   350 parum *an* parumper *incert. cod.* (vii. 1, p. 91)

CLEVSTRATA   CHALINVS   LYSIDAMVS   vi
             OLYMPIO

CL. Face, Chaline, certiorem me quid meu' uir me uelit.

CH. ille edepol uidere ardentem te extra portam mortuam.

355 CL. credo ecastor uelle. CH. at pol ego hau credo, sed
                              certo scio.

LY. plus artificum est mihi quam rebar : hariolum hunc
                              habeo domi.

quid si propius attollamus signa eamusque obuiam?   5

sequere. quid uos agitis? CH. adsunt quae imperauisti
                              omnia :

uxor, sortes, situla atque egomet. OL. te uno adest plus
                              quam ego uolo.

360 CH. tibi quidem edepol ita uidetur; stimulus ego nunc
                              sum tibi,

fodico corculum ; adsudascis iam ex metu, mastigia.

LY. tace, Chaline. CH. comprime istunc. OL. immo 10
                           istunc qui didicit dare.

LY. adpone hic sitellam, sortis cedo mihi. animum aduortite.

atqui ego censui aps te posse hoc me impetrare, uxor
                              mea,

365 Casina ut uxor mihi daretur ; et nunc etiam censeo.

CL. tibi daretur illa? LY. mihi enim—ah, non id uolui
                              dicere :

dum ' mihi ' uolui, ' huic ' dixi, atque adeo mihi dum cupio— 15
                              perperam

iam dudum hercle fabulor. CL. pol tu quidem, atque
                              etiam facis.

LY. huic—immo hercle mihi—uah ! tandem redii uix ueram
                              in uiam.

---

353 certiorem equide *cod.*   354 mortuam *Ritschl* : metuam *cod.*
357 attolamus *J*   361 fodico *Bentley* : eo dico *cod.* (E *pro* F)
362 c. istum *Pylades, nam neque* cómprǐm(e) ǐstúnc *neque* ǐmmo *omnino
placet*   qui didicit *Lipsius* : quid dicit *cod.*   364 atque *cod.*   me
Lambinus : me[cum] *cod.* (iv. 3)

CL. per pol saepe peccas.   LY. ita fit, ubi quid tanto opere 370
                                           expetas.

sed te uterque tuo pro iure, ego atque hic, oramus.   CL.
                                          quid est ?

20 LY. dicam enim, mea mulsa: de istac Casina huic nostro
                                           uilico

gratiam facias.   CL. at pol ego neque faciό neque censeo.

LY. tum igitur ego sortis utrimque iam ⟨diribeam⟩.   CL.
                                           quis uotat ?

LY. optumum atque aequissumum istuc esse iure iudico.   375

postremo, ⟨si⟩ illuc quod uolumus eueniet, gaudebimus ;

25 sin secus, patiemur animis aequis.   tene sortem tibi.

uide quid scriptumst.   OL. unum.   CH. iniquomst, quia
                                       isti prius quam mihi est.

LY. accipe hanc sis.   CH. cedo.   mane, unum uenit in
                                       mentem modo :

uide ne quae illic insit alia sortis sub aqua.   LY. uerbero,   380

men te censes esse ?   CL. nulla est.   habe quietum animum
                                           modo.

30 CH. quod bonum atque fortunatum sit mihi — OL. magnum
                                         malum

tibi quidem edepol credo eueniet ; noui pietatem tuam.

sed manedum : num ista aut populna sors aut abiegnast tua ?

CH. quid tu id curas ?   OL. quia enim metuo né in aqua 385
                                         summa natet.

LY. eugae! caue. conicite sortis nunciam ambo huc.   eccere !

35 uxor, aequa.   OL. noli uxori credere.   LY. habe animum
                                         bonum.

371 atque ego *cod.* : *trai. Camerarius*   373 *vel* nec   374 dir.
add. Schoell (iii. 11)   376 si *add. Camerarius*   378 *vel* istic   est]
dedit *Leo, cui* prīus *displicet* p. est quam m. *Sonnenschein*   380 alias
oris (alia sors *B³*) *cod.* (i. 7).   *Testatur* sortis *Priscianus* 1, 320   382
quod *Camerarius* : quid *cod.*   fortunatum [tuum] sit *cod.* : *corr. Guietus*
384 mane *Priscianus* 1, 76 : ne *cod.*   istaec *codd. Prisciani*   386
Naugae (Auge *P^BD*) *Schoell*   *fort.* cate   amabo *cod.* (*cf. v.* 393)

OL. credo hercle, hodie deuotabit sortis si attigerit. LY. tace.

OL. taceo. deos quaeso—CH. ut quidem tu hodie canem et
furcam feras.

390 OL. mihi ut sortito eueniat—CH. ut quidem hercle pedibus
pendeas.

OL. at tu ut oculos emungare ex capite per nasum tuos.

CH. quid times? paratum oportet esse iam laqueum tibi. 40

OL. periisti. LY. animum aduortite ambo. OL. taceo.
LY. nunc tu, Cleustrata,
ne a me memores malitiose de hac re factum aut suspices,

395 tibi permitto: tute sorti. OL. perdis me. CH. lucrum
facit.

CL. bene facis. CH. deos quaeso—ut tua sors ex sitella
ecfugerit.

OL. ain tu? quia tute es fugitiuos, omnis te imitari cupis? 45
utinam tua quidem ⟨ista⟩, sicut Herculei praedicant
quondam prognatis, in sortiendo sors deliquerit.

400 CH. tú ut liquescas ipse, actutum uirgis calefactabere.

LY. hoc age sis, Olympio. OL. si hic litteratus me sinat.

LY. quod bonum atque fortunatum mihi sit! OL. ita uero, 50
et mihi.

CH. non. OL. immo hercle. CH. immo mihi hercle.
CL. hic uincet, tu uiues miser.

LY. percide os tu illi odio. age, ecquid fit? caue obiexis
manum.

405 OL. compressan palma an porrecta ferio? LY. age ut uis.
OL. em tibi!

CL. quid tibi istunc tactio est? OL. quia Iuppiter iussit
meus.

388 deuobit *cod.* (*pro* deuouebit?) (deuotabit *J*)   389 hodie tu
Mueller   390 sortito *Spengel* : sortitio *cod.*   393 amabo *cod.*
(*cf. v.* 386)   394 suspicere *cod.* (i. 7)   398 ista *addidit*
Guietus (*cf.* 399)   399 in *codd. Nonii* 334 :
[ista] in *cod.* (iv. 3)   402 sit *Pylades* : est *cod.*   404 percide
Turnebus : praecide *cod.*   odio *Seyffert* : hodie *cod.*   caue *Bothe* :
M. (*personae nota*) ne *cod.* : *fort.* a! ne   405 rem *cod.* (hem *J*)

55 CL. feri malam, ut ille, rusum.   OL. perii! pugnis caedor,
                                      Iuppiter.

LY. quid tibi tactio hunc fuit?   CH. quia iussit haec Iuno
                                         mea.

LY. patiundum est, siquidem me uiuo mea uxor imperium
                                      exhibet.

CL. tam huic loqui licere oportet quam isti.   OL. qur omen 410
                                      mihi

uituperat?   LY. malo, Chaline, tibi cauendum censeo.

60 CH. temperi, postquam oppugnatum est os.   LY. age, uxor,
                                      nunciam

sorti. uos aduortite animum. prae metu ubi sim nescio.

perii! cor lienosum, opinor, habeo, iam dudum salit,

de labore pectus tundit.   CL. teneo sortem.   LY. ecfer 415
                                      foras.

CH. iamne mortuo's?   OL. ostende. mea ⟨haec⟩ est.   CH.
                               mala crux east quidem.

65 CL. uictus es, Chaline.   LY. quom nos di iuuere, Olympio,
gaudeo.   OL. pietate factum est mea atque maiorum meum.

LY. intro abi, uxor, atque adorna nuptias.   CL. faciam
                                      ut iubes.

LY. scin tu rus hinc esse ad uillam longe quo ducat? 420
                                      CL. scio.

LY. intro abi et, quamquam hoc tibi aegre est, tamen fac
                                      accures.   CL. licet.—

70 LY. eamus nos quoque intro, hortemur ut properent.   OL.
                                      numquid moror?—

LY. nam praesente hoc plura uerba ⟨fieri⟩ non desidero.—

---

410 loqui *Ital.* : loqui [qui] *cod.*   **412** nunciam *Camerarius,
Bentley* : [mea] iam nunc *cod.*   **413** prae metu *Pistoris* : praebe
tu *cod.*   **414** *vel* opino   iam *Pylades* : iam [iam] *cod.*   **416**
haec *add. Geppert*   crux ea est *Camerarius* : crucias *cod.*   **417** di
iuuere *Spengel* : diu uiuere *cod.* (v. 12)   **418** *vel* ac   ma. meorum
cod.   **420** rus hinc *Langen* : ruri *cod.* (vi. 1)   **423** *fort.* hoc praesente, *favente allitteratione*   fieri *add. Camerarius*

CHALINVS

CH. Si nunc me suspendam, meam operam luserim
425 et praeter operam restim sumpti fecerim
et meis inimicis uoluptatem creauerim.
quid opus est, qui sic mortuos? equidem tamen
sorti sum uictus, Casina nubet uilico.   5
atque id non tam aegrest iam, uicisse uilicum,
430 quam id expetiuisse opere tam magno senem,
ne ea míhi daretur atque ut illi nuberet.
ut illé trepidabat, ut festinabat miser!
ut sussultabat, postquam uicit uilicus!   10
attat! concedam huc, audio aperiri fores,
435 mei beneuolentes atque amici prodeunt.
hinc ex insidiis hisce ego insidias dabo.

OLYMPIO   LYSIDAMVS   CHALINVS   viii

OL. Sine módo rus ueniat: ego remittam ad te uirum
cum furca in urbem tamquam carbonarium.
LY. ita fieri oportet. OL. factum et curatum dabo.
440 LY. uolui Chalinum, si domi esset, mittere
tecum opsonatum, ut etiam in maerore insuper
inimico nostro miseriam hanc adiungerem.   5
CH. recessim dabo me ad parietem, imitabor nepam;
captandust horum clanculum sermo mihi.
445 nam illorum me alter cruciat, alter macerat.
at candidatus cedit hic mastigia,   10
stimulorum loculi. protollo mortem mihi;
certum est, hunc Accheruntem praemittam prius.

---

424 suspendam me *Reiz, cui* -pendám *displicet*   432 *vel* ill'
434 aperiri *Ital.* : operiri *cod.*   foris *Merula* : foras *cod.* (*ant. forma*?)
435 mei *Mueller* : mihi *cod.*   amici *Gulielmius* : ame *cod.* (*pro* ame
ici? iii. 4)   436 hisce *Camerarius*: hic *cod.*   437 ueniat *Camerarius* : eueniat *cod.*   443 . . dabo me *cod. Festi* 165 : retro-
uorsum cedam *codd. Nonii* 145 : recessim cedam *cod.* (*conflatum ex
duabus lectionibus*)   447 mortem protollo *Brugmann* (*cf. ad* 424)

OL. ut tibi ego inuentus sum opsequens !   quod maxume
cupiebas, eiius copiam feci tibi.   450
15 erit hodie tecum quod amas clam uxorem.   Ly. tace.
ita me di bene ament ut ego uix reprimo labra
ob istanc rem quin te deosculer, uoluptas mea.
CH. quid, deosculere? quae res? quae uoluptas tua?
credo hercle ecfodere hic uolt uesicam uilico.   455
20 OL. ecquid amas nunc me?   Ly. immo edepol me quam
                                 te minus.
licetne amplecti te?   CH. quid, 'amplecti'?   OL. licet.
Ly. ut, quia te tango, mel mihi uideor lingere !
OL. ultro te, amator, apage te a dorso meo !
CH. illuc est, illuc, quod hic hunc fecit uilicum :   460
25 et idem me pridem, quom ei aduorsum ueneram,
facere atriensem uoluerat sub ianua.
OL. ut tibi morigerus hodie, ut uoluptati fui !
Ly. ut tibi, dum uiuam, bene uelim plus quam mihi.
CH. hodie hercle, opinor, hi conturbabunt pedes :   465
30 solet hic barbatos sane sectari senex.
Ly. ut ego hodie Casinam deosculabor, ut mihi
bona multa faciam ⟨clam⟩ meam uxorem !   CH. attatae !
nunc pol ego demum in rectam redii semitam.
hic ipsus Casinam deperit. habeo uiros.   470
35 Ly. iam hercle amplexari, iam osculari gestio.
OL. sine priu' deduci. quid, malum, properas?   Ly. amo.
OL. at non opinor fieri hoc posse hodie.   Ly. potest,
siquidem cras censes te posse emitti manu.
CH. enim uero huc aures magi' sunt adhibendae mihi :   475
40 iam ego uno in saltu lepide apros capiam duos.
Ly. apud hunc sodalem meum atque uicinum mihi

451 tatae *Schoell*   454 deosculere *Meursius* : deosculer *cod.*
455 ecfodere hercle hic uolt credo *cod.* : *trai. Bothe*   465 iis (*i. e.*
his ?) *cod.* (hi *J*²)   *fort.* opino hi sibi (ṡ) c.   468 clam *add. Pius*
(*praec.* -ciam)   473 *vel* opino   474 emitti *Camerarius* : mitti
cod.   475 *vel* mage

locus est paratus : ei ego amorem omnem meum
concredui ; is mihi se locum dixit dare.
480 OL. quid eiius uxor? ubi erit? LY. lepide repperi.
mea uxór uocabit huc eam ad se in nuptias,   45
ut hic sit secum, se adiuuet, secum cubet ;
ego iussi, et dixit se facturam uxor mea.
illa hic cubabit, uir ab[i]erit faxo domo ;
485 tu rus uxorem duces : id rus hoc erit
tantisper dum ego cum Casina faciam nuptias.   50
hinc tu ante lucem rus cras duces postea.
satin docte? OL. astute. CH. age modo, fabricamini,
malo hercle uostro tam uorsuti uiuitis.
490 LY. scin quid nunc facias? OL. loquere. LY. tene mar-
                                           suppium,
abi atque opsona, propera, sed lepide uolo,   55
molliculas escas, ut ipsa mollicula est. OL. licet.
LY. emito sepiolas, lepadas, lolligunculas,
hordeias,—CH. immo triticeias, si sapis.
495 LY. soleas. CH. qui quaeso potius quam sculponeas,
quibu' battuatur tibi os, senex nequissume?   60
OL. uin lingulacas? LY. quid opust, quando uxor domi est?
ea lingulaca est nobis, nam numquam tacet.
OL. in re praesenti ex copia piscaria
500 consulere quid emam potero. LY. aéquom oras, abi.
argento parci nolo, opsonato ampliter.   65
nam mihi uicino hoc etiam conuento est opus,
ut quod mandaui curet. OL. iamne abeo? LY. uolo.—
CH. tribu' non conduci possum libertatibus

478 omnem amorem *cod.* : *trai. Pylades, nam* amŏrém-meum *vix
ferendum*   482 adiuuet (*B*) *an* adiutet (*P*E, *fort. recte*; *cf. v.* 580)
incert. cod. 484 uir aberit *Camerarius* : [si] uir abierit *cod.*   485 hic
Gulielmius   488 satin at tute (*pro* astute?) *et in marg. ut vid.* docte
cod. : s. astu? OL. docte *Bothe*   493 lepidas *cod.* (*etiam codd. Prisciani* 1, 108; *orthographia antiqua*?)   lolligunculas *testatur Priscianus*:
lolligiungas *cod.*   496 qui bat. *Guietus* os tibi *Mueller, rhythmo consulens*   500 abi *Camerarius* : abis *cod.*   502 *fort.* Nunc (vii. 2)
PLAVT. I   17

quin ego illis hodie comparem magnum malum   505
70 quinque hanc omnem rem meae erae iam faciam palam.
manufesto teneo in noxia inimicos meos.
sed si nunc facere uolt era officium suom,
nostra omnis lis est.   pulchre praeuortar uiros.
nostro omine it dies ; iam uicti uicimus.   510
75 ibo intro, ut id quod alius condiuit coquos,
ego nunc uicissim ut alio pacto condiam,
quo id quoi paratum est ut paratum ne siet
sietque eí paratum quod paratum non erat.—

ACTVS III

Ly. Nunc amici, ánne inimici sis imago, Alcesime,   515
mihi sciam, nunc specimen specitur, nunc certamen cernitur.
qur amem me castigare, id ponito ad compendium,
'cano capite' 'aetate aliena' eo addito ad compendium,
5 'quoi sit uxor', id quoque illuc ponito ad compendium.
Al. miseriorem ego ex amore quam te uidi neminem.   520
Ly. fac uacent aedes. Al. quin edepol seruos, ancillas domo
certum est omnis mittere ad te. Ly. oh, nimium scite
                                                scitus es.
sed facitodum merula per uorsus quod cantat ⟨tu⟩ colas :
10 'cum cibo cum quiqui' facito ut ueniant, quasi eant Sutrium.
Al. meminero. Ly. em, nunc enim tu demum nullo scito 525
                                                scitus es.

507 noxa *cod.*   509 pulchre *Pius* : pulcra re *cod.* (v. 3)   peruortam *Langen*   513 quoi *Mueller* : quod *cod.* (i. 7, p. 21)   515 *vel*
amicin   517 curam eme, *cui glossa superscr.* curam exime *cod.*
522 oh *Seyffert* : eho *cod.*   523 merula per uersus quod *cod.*
Festi 310 (*s.* Sutrium) : merui aperuorsus quos *cod.* : maeoni (*pro*
menui ? n *pro* r) aper uersus quos *T*   tu *addidi* (*cf. Class. Rev.* 1892,
p. 124)   524 cum suo cuique f. uen. *cod. Festi*   *fort.* ca. cólas ;
cibo Cum suo cum q. (*de prosodia cf. Men.* 941, *Naev. trag.* 40 *R.*)

cura, ego ad forum modo ibo : iam hic ero. AL. bene
              ambula.
LY. fac habeant linguam tuae aedes. AL. quid ita? LY.
         quom ueniam, uocent.
AL. attatae ! caedundus tú homo es : nimias delicias facis.
LY. quid me amare refert, nisi sim doctus ⟨ac⟩ dicaculus? 15
530 sed tu caue in quaesitione mihi sis.—AL. usque adero
             domi.—

     C L E V S T R A T A A L C E S I M V S ii

CL. Hoc erat ecastor quod me uir tanto opere orabat meus,
ut properarem arcessere hanc ⟨huc⟩ ad me uicinam meam,
liberae aedes ut sibi essent Casinam quo deducerent.
nunc adeo nequaquam arcessam, ⟨ne illis⟩ ignauissumis
535 liberi loci potestas sit, uetulis ueruecibus.   5
sed eccum égreditur, senati columen, praesidium popli,
meu' uicinus, meo uiro qui liberum praehibet locum.
non ecastor uilis emptu'st modius qui uenit salis.
AL. miror huc iam non arcessi in proxumum uxorem meam,
540 quae iam dudum, si arcessatur, ornata exspectat domi. 10
sed eccam, opino, arcessit. salue, Cleustrata. CL. et tu,
           Alcesime.
ubi tua uxor? AL. intus illa te, si se arcessas, manet;
nam tuo' uir me orauit ut eam isto ad te adiutum mitterem.
uin uocem? CL. sine eam : te nolo, si occupata est. AL.
           otium est.
545 CL. nil moror, molesta ei esse nolo; post conuenero. 15

  529 ac *add. Kiessling* (iii. 1) *fort.* nisi si sim *vel* nisi siem dicax
(-cas *P*E) uius (uiuus *B*, uiuis *P*E) *cod.* (i *pro* l)   530 in-
quisitione *cod.* (i. 5) 531, 532 *inverso ordine cod.*: trai. *Brix*
531 quod *Camerarius* : [id] quod *cod.* 532 huc *add. Koch* 534
ne *add. Saracenus*, illis *Koch* 535 *accedit A* uitulis *P* 536
⟨huc⟩ egr. *Schoell* 538 emptu'st *Lambinus* : emptus (*om.* est)
A : emptus est *P* (*etiam P*A) modio *Dousa* 541 opinor *codd.*
542 illam *A* : ellam *Seyffert* 543 istuc *codd.* mitteret *A* 544
eam te *Goetz* : eamii *A* : *om. P*

AL. non ornatis isti apud uos nuptias? CL. orno et paro.
AL. non ergo opus est adiutrice? CL. sati' domist. ubi
                                 nuptiae
fuerint, tum istam conuenibo. nunc uale, atque istanc
                                 iube.—
AL. quid ego nunc faciam? flagitium maxumum feci miser
20 propter operam illius hirqui ínprobí, edentuli,   550
   qui hoc mihi contraxit; operam uxoris polliceor foras,
   quasi catillatum. flagitium hominis, qui dixit mihi
   suam uxorem hanc arcessituram esse; ea se eam négat
                                 morarier.
   atque edepol mirum ni subolet iam hoc huic uicinae meae.
25 uerum autem altrouorsum quóm eam mecum rationem puto, 555
   si quid eiius esset, esset mecum postulatio.
   ibo intro, ut subducam nauim rusum in puluinaria.—
   CL. iám hic est lepide ludificatus. miseri ut festinant senes!
   nunc ego illúm nihili, decrepitum meum uirum ueniat uelim,
30 ut eum ludificem uicissim, postquam hunc delusi alterum. 560
   nam ego aliquid contrahere cupio litigi inter eos duos.
   sed eccum incedit. at, qúom aspicias tristem, frugi censeas.

iii   L Y S I D A M V S   C L E V S T R A T A

LY. Stultitia magna est, mea quidem sententia,
   hominém amatorem ullum ad forum procedere,
   in eum diem quoi quod amet in mundo siet;   565
   sicut ego feci stultus: contriui diem,
5 dum asto aduocatus quoidam cognato meo;
   quem hercle ego litem adeo perdidisse gaudeo,
   ne me nequiquam sibi hodie aduocauerit.
   nam meo quidem animo qui aduocatos aduocet   570

546 nos *P*   550 improbi ⟨olidi⟩ *Palmer, cui hiatus displicet*
552 catillae tum *T*   553 esse *del. Acidalius*   555 quo *A*
ratione *P*   556 esset *semel P*   557 puluinarium *P*   559 *vel*
illunc   565 amat *A*   568 perdisse *P*   570 *om. P* (iii, p. 50)

rogitare oportet prius et contarier
adsitne ei animus necne ⟨ei⟩ adsit quem aduocet :   10
si neget adesse, exanimatum amittat domum.
sed uxórem ante aedis eccam.   eí misero mihi !
575 metuo ne non sit surda atque haec audiuerit.
   CL. audiui ecastor cum malo magno tuo.
   LY. accedam propius.   quid agis, mea festiuitas ?   15
   CL. te ecastor praestolabar.   LY. iamne ornata rest ?
   iamne hanc traduxti huc ad nos uicinam tuam
580 quae te adiutaret ?   CL. arcessiui, ut iusseras.
   uerum hic sodalis tuos, amicus optumus,
   nescioquid se sufflauit uxori suae :   20
   negauit posse, quoniam arcesso, mittere.
   LY. uitium tibi istuc maxumum est, blanda es parum.
585 CL. non matronarum officiumst, sed meretricium,
   uiris alienis, mi uir, subblandirier.
   i tú atque arcesse illam : ego intus quod factost opus   25
   uolo accurare, mi uir.   LY. propera ergo.   CL. licet.
   iam pol ego huic aliquem in pectus iniciam metum ;
590 miserrumum hodie ego hunc habebo amasium.—

          A L C E S I M V S   L Y S I D A M V S   iv

   AL. Viso huc, amator si a foro rediit domum,
   qui me atque uxorem ludificatust, larua.
   sed eccum ante aedis.   ad te hercle ibam commodum.
   LY. et hercle ego ad te.   quid ais, uir minimi preti ?
595 quid tibi mandaui ? quid tecum oraui ?   AL. quid est ?   5
   LY. ut bene uociuas aedis fecisti mihi,
   ut traduxisti huc ad nos uxorem tuam !
   satin propter te pereo ego atque occasio ?
   AL. quin tu suspendis te ? nemp' tute dixeras

---

   571 percontarier *Pylades, cui* prīus *displicet*   572 ei **add.**
Seyffert   578 res est *codd.* : res *Bothe*   579 huc *om. A*
585 officiumst] [parum] est officium *P* (iv. 3)   587 factust *A*   590
hunc ego habeo *P*   594 At (Atque *P*E) ego hercle *P*   599 sus-
pendes *P*

10 tuam arcéssituram esse uxorem uxorem meam.   600
   LY. ergo arcessiuisse ait sese, et dixisse te
   eam nón missurum. AL. quin eapse ultro mihi
   negauit eiius operam se morarier.
   LY. quin eapse me adlegauit qui istam arcesserem.
15 AL. quin nihili facio. LY. quin me perdis. AL. quin 605
                                                    benest,
   quin etiam diu morabor, quin cupịo tibi—
   LY. quin—AL. aliquid aegre facere. LY. quin faciam lubens.
   numquam tibi hodie 'quin' erit plus quam mihi.
   AL. quin hercle di te perdant postremo quidem !
20 LY. quid nunc? missurusne es ad me uxorem tuam?   610
   AL. ducas, easque in maxumam malam crucem
   cum hác cum ístac, cumque amica etiam tua.
   abi et aliud cura, ego iam per hortúm iussero
   meam istuc transire uxorem ad uxorem tuam.—
25 LY. nunc tu mi amicus es in germanum modum.   615

   qua ego hunc amorem mi esse aui dicam datum
   aut quot ego umquam erga Venerem inique fecerim,
   quoi sic tot amanti mi obuiam eueniant morae?
                      attat !
30 quid illúc clamoris, opsecro, in nostrast domo?   620

v   PARDALISCA   LYSIDAMVS
   PA. Nulla sum, nulla sum, tota, tota occidi,
   cor metu mortuomst, membra miserae tremunt,
   nescio unde auxili, praesidi, perfugi
   mi aut opum copiam comparem aut expetam :
5   tanta factu modo mira miris modis   625

---

600 uxorem *semel P*   602 eapsaltro *A*   605 Qui ni. *P ut uid.*
613 aliquid *A*   616 aui] aut *P* (vi, p. 86)   617 quid *Gronovius* (quod *codd.*) : quod *tuetur Thulin de coniunctivo* p. 137   618
tot *om. A*   eueniunt *A*   620 nostra domo est*P*   625 factu
Scioppius : factis *codd.*   miris] ueris *P*

intus uidi, nouam atque integram audaciam.

caue tibi, Cleustrata, apscede ab ista, opsecro,

ne quid in te mali faxit ira percita.

eripite isti gladium, quae suist impos animi.

630 Ly. nam quid est quod haec huc timida átque exanimata 10
exsiliuit?

Pardalisca! Pa. perii! únde méae usúrpant aures sonitum?

Ly. respice modo ad me. Pa. o ere mi—Ly. quid tibi
est? quid timida es? Pa. perii.

Ly. quid, periisti? Pa. perii, ét tu periistí. Ly. a, perii?
quid ita?

Pa. uae tibi! Ly. immo istuc tibi sit. Pa. ne cadam,
amabo, tene me.

635-6 Ly. quidquid est, eloquere mi cito.   Pa. contine pectus,   15

637-8 face uentum, amabo, pallio. Ly. timeo hoc negoti quid siet,

639·40 nisi haec meraclo se uspiam percussit flore Liberi.

Pa. optine auris, amabo. Ly. i in malam a me crucem!

pectus, auris, caput teque di perduint!

nam nisi ex te scio, quidquid hoc est, cito, hoc   20

iam tibi istuc cerebrum dispercutiam, excetra tu,

645   ludibrio pessuma adhuc quae me habuisti.

646-7 Pa. ere mi—Ly. quid uis mea me ancilla? Pa. nimium
saeuis. Ly. numero dicis.

sed hoc quidquid est eloquere, in pauca confer:

quid intus tumulti fuit? Pa. scibis, audi.   25

650   malum pessumumque hic modo intús—apud nos

tua ancilla hoc pacto exordiri coëpit,

quod haud Atticam condecet disciplinam.

628 ira] *vix* hir   630 exiluit [foras] *P* (*cf.* 163) (?*pro* f. e.)
631 *vix* usuripant m.   sonum *A, vocabulum vix Plautinum*   632
vel med   o *om. P*   633 Quid] Qui *A*   ita] tibi *P*   634
istuc] uae *A*   necadamabo *P*   635 loquere *A*   638 negotium
quid est *P, contra metrum*   640 mera glose *P* (*non P*^A *ut vid.*) :
meraco se *A*   percursit *P*   libico *P* (*etiam P*^A)   641 a me
om. P   643 est cito] scito *P* (i. 3)   hoc *om. P*   644 exc.
tu] execrata *P*   646 mea m̥e (tu?) *A* · mea *P, cod. Festi* 170
648 loquere *P*   refer *P*   652 attica *A*

LY. quid est id? PA. timor praepedit dicta linguae.
30 LY. possum scire ego istuc ex te quid negoti est? PA. dicam.
tua ancilla, quam tu tuo uilico uis   655
dare uxorem, ea intus—LY. quid intus? quid est?
PA. imitatur malarum malam disciplinam,
uiro quae suo interminatur : uitam—
35 LY. quid ergo? PA. ah—LY. quid est? PA. intere-
meré—ait uelle uitam,
gladium—LY. hem! PA. gladium—LY. quid eum gladium? 660
PA. habet. LY. ei misero mihi! qur eum habet?
PA. insectatur omnis domi per aedis
nec quemquam prope ad se sinit adire :
40 ita omnes sub arcis, sub lectis latentes
metu mussitant. LY. occidi atque interii !   665
quid illic obiectumst mali tam repente?
PA. insanit. LY. scelestissumum me esse credo.
PA. immo si scias dicta quae dixit hodie.
45 LY. istuc expeto scire. quid dixit? PA. audi.
per omnis deos et deas deierauit,   670
occisurum eum hac nocte quicum cubaret.
LY. men occidet? PA. an quippiam ad te attinet?
LY. uah !
PA. quid cum ea negoti tibist? LY. Peccaui : illuc 673-4
dicere, uilicum, uolebam.
50 PA. sciens de uia in semitam degredere.   675
LY. num quid mihi minatur? PA. tibi infesta solist
plus quam quoiquam. LY. quámobrem? PA. quia se des
uxorem Olympioni,
neque se tuam nec suam neque uiri uitam sinere in crasti- 678-80
num protolli : id huc

654 [quid est] possum P (*ex v.* 653 ; iv. 3)   655 tu *om.* P
658 suo quae inter minatur P   interminatur *an* -etur *incert.* A
663 sese *Bothe*   *fort.* sinét 665 *uel* interiui   666 maltiam
(·litiam) P   670 delerauit se A   671 occisuram A (i. 9)   672
men] me P   675 degredire *Bentley*   676 nam A   678–81
fines mutilati P (*propter laceratam paginam in* PA ; iii. 8)   678 nec
[se] suam P   sinere in] sin P

missa sum tibi ut dicerem,
682-3 ab ea uti caueas tibi. Ly. perii hercle ego miser! Pa. 55
                                          dig⟨nu's tu⟩.
      Ly. neque est neque fuit me senex quisquam amator
685   adaeque miser. Pa. ludo ego hunc facete;
      nam quae facta dixi omnia huic falsa dixi:
      era atque haec dolum ex proxumo hunc protulerunt,
      ego hunc missa sum ludere. Ly. heus Pardalisca!   60
      Pa. quid est? Ly. est—Pa. quid? Ly. est quod uolo
                                          exquirere ex te.
690   Pa. moram offers mihi. Ly. at tu mihi offers maerorem.
      sed etiamne habet nunc Casina gladium?
      Pa. habet, sed duos. Ly. quid, duos? Pa. altero te
      occisurum ait, altero uilicum hodie.   65
         Ly. occisissumus sum omnium qui uiuont.
695   loricam induam mi optumum esse opinor.
      quid uxor mea? non adît atque ademit?
      Pa. nemo audet prope accedere. Ly. exoret. Pa. orat:
      negat ponere alio modo ullo profecto,   70
      nisi se sciat uilico non datum iri.
700   Ly. atqui ingratiis, quia non uolt, nubet hodie.
      nam qur non ego id perpetrem quod coëpi,
         ut nubat mihi—illud quidem uolebam,
         nostro uilico? Pa. saepicule peccas.   75
      Ly. timor praepedit uerba. uerum, opsecro te,
705   dic med uxorem orare ut exoret illam
      gladium ut ponat et redire me intro ut liceat. Pa. nuntiabo.

        681 dicerem] di P (dicam B³)   682 ut codd.   dignu's tu
Schoell: dig—vel dig—u A : om. P: vel dignu' tu (septenar.)   688
huc P   689 ex] a P   691 sed adhaeret priori versui A   693
occisuram A (i. 9)   695 vel opino   696 ⟨an⟩ non Weise, cui
meā (in pausa) displicet   adimit P (pro ademit?)   699 Ni P   700
atque P   701 nam qur] numquam A   702 uolebam codd. Prisciani 1, 104: [dicere] uolebam A : uolebam [non sed] P (iv. 1)
703 saepiuscule Priscianus, gloss. Plaut.   704 te A ut vid. : om. P
(cf. 738)   706 lic. (om. ut) A

Ly. et tu orato. Pa. et ego orabo. Ly. at blande orato,
                             ut soles. sed audin?

80   si ecfexis hoc, soleas tibi dabo et anulum in digito 708-12
                       aureum et bona pluruma.

        Pa. operam dabo.
        Ly. face ut impetres.
        Pa. eo núnciam,   715
        nisi quippiam
85   remorare me.
          Ly. abi et cúra.
redit eccum tandem opsonatu meus adiutor, pompam ducit.

vi   O L Y M P I O   C H Y T R I O   L Y S I D A M V S

Ol. Vide, fur, ut sentis sub signis ducas! Chy. qui uero 720
                              hi sunt sentes?
Ol. quia quod tetigere, ilico rapiunt, si eás ereptum, ilico
                              scindunt:
ita quoquo adueniunt, ubi ubi sunt, duplici damno dominos
                              multant.
Chy. heia! Ol. attat! cesso magnufice patriceque amicirier
                  atque ita ero meo ire aduorsum.
5 Ly. bone uir, salue. Ol. fateor. Ly. quid fit? Ol. tu 724-5
                  amás : ego essurio et sitio.
Ly. lepide excuratus incessisti. Ol. aha, hodie * * * * *
Ly. mane uero, quamquam fastidis. Ol. fui fui! foetet
                      tuo' mihi sermo.
Ly. quae res? Ol. haec res. etiamne astas? enim uero
                    πράγματά μοι παρέχεις.

707 audi A   708-12 *perpauca leguntur* A   710 digitum
Mueller   717 rememorare me *P*   719 opsonatum eius *P*   720
signum *P*   quid A   hi *om. P*   722 *illi* damno *melius resonet*
domnos   723 patricieque A   amiceque ita *P* (ac *in marg. ut*
vid., unde ac *ante* ire B, *om.* P^E ; ii. 4)   725 ego et esurio *Ioachi-*
mus, cui hiatus ego | es. *displicet*   726 *post* hodie *nihil habet* P, 15
fere litteras quarum ultimae . . .]us A : *fort.* ⟨sum Sardanapallus⟩   727
ey ey P (*i. e.* fy fy) (E *pro* F) : . . . po]. A (edepol *edd.* ; *an* foe foe?)

	Ly. dabo tibi	
729ᵃ	μέγα κακόν,	10
730	ut ego opino, nisi resistis. Ol. ᾽Ω Ζεῦ,	
	potin a me abeas,	
	nisi me uis	
732ᵃ	uomere hodie?	
	Ly. mane. Ol. quid est? quis hic est homo?	15

734-6 Ly. eru' sum. Ol. quis erus? Ly. quoius tu seruo's. Ol.
      seruos ego? Ly. ac meu'. Ol. non sum ego liber?
      memento, memento. Ly. mane atque asta. Ol. omitte.
      Ly. seruos sum tuós. Ol. optumest. Ly. opsecro te,
      Olympisce mi, mi pater, mi patrone. Ol. em,

| 740 | sapis sáne. | 20 |
| 740ᵃ | Ly. tuo' sum equidem. | |

        Ol. quid mi opust seruo tam nequam?
        Ly. quid nunc? quam mox recreas me?
        Ol. cena modo si sit cocta.

744-5 Ly. hisce ergo abeant. Ol. propere cito íntro ite et cito 25
                                              deproperate.
746-7 ego iam intus ero, facite cenam mihi ut ebria sit.
      sed lepide nitideque uolo, nil moror barbarico bliteo.
749-50 stasne etiam? i sis, ego hic habeo. numquid est ceterum
                                              quod morae sit?

      Ly. gladium Casinam intus habere ait,
          qui me ac te interimat.   30
          Ol. scio. sic sine habere;
          nugas agunt: noui

---

729 *om.* tibi *P* (*etiam* Pᴬ)   **730** *vel* opino   **732** me uis]
meus *A*   **733** homo est *P*   **738** te *om. P* (*cf.* 704)   **739** mi (*semel*)
pater *A*   em *Lysimacho dat A*   **741** seruo opus est *P*   **744–9**
initia mutilata P (*propter laceratam paginam in* Pᴬ; *cf. ad v.* 766)
744, 745 hisce *om. P*   pr. cito] pr. Citrio *Schoell*   properate *A*
746, 747 ego *om. P*   facito *Geppert, fort. recte*   cena *A*   est *P*
748 sed *om. P*   bliteo] ritu *P*   **749, 750** stasne] ne *P*   habito
P   siet *A ut vid.*   **751** gladium *om. P*   **752** interimat]
inuitat *P*

ego illas malas merces. 754ᵃ

quin tu i modo mecum 755

35 domum. Ly. at pol malum metuo. 755ᵃ

i tu modo, perspicito prius

quid intus agatur. 756ᵃ

Ol. tam mihi mea uita

tua quam tibi carast. 757ᵃ

40 uerum i modo. Ly. si tu iubes,

em ibitur tecum. 758ᵃ

ACTVS IV

IV. i Pardalisca

Pa. Nec pol ego Nemeae credo neque ego Olympiae

neque usquam ludos tam festiuos fieri 760

quam hic intus fiunt ludi ludificabiles

seni nóstro et nostro Olympioni uilico.

5 omnes festinant intus totis aedibus,

senex ín culina clamat, hortatur coquos:

'quin agitis hodie? quin datis si quid datis? 765

properate, cenam iám esse coctam oportuit.'

uilicus is autem cum corona, candide

10 uestitus, lautus exornatusque ambulat.

illaec autem armigerum ilico exornant duae

quem dent pro Casina nuptum nostro uilico. 770

sed nimium lepide dissimulant, quasi nil sciant

fore huiius quod futurumst; digne autem coqui

15 nimi' lepide ei rei dant operam, ne cenet senex,

aulas peruortunt, ignem restinguont aqua:

---

756 priọr A (*in initio v. sequentis. Itidem* iubes *in initio v.* 758ᵃ) 757 Iam P 757ᵃ quam tua P 758 i *om.* P (i. 4) 758ᵃ em ib.] inibitur P 766-71 *fines mutilati* P (*cf. ad v.* 744) 766 iam *om.* A (iii. 1) oportuit] oppo P 767 is] hic P 768 laute P *ut vid.* 769 illae *codd.* incubiculo armigerum ornant (*om.* duae) P 770 nostro uil.] nostra P 771 quasi nil sciant *om.* P 773 rei *om.* A (iii. 1)

775 illarum oratū faciunt ; illae autem senem
cupiunt extrudere incenatum ex aedibus,
ut ipsae solae uentris distendant suos.
noui ego illas ambestrices : corbitam cibi   **20**
comesse possunt.   sed aperitur ostium.

L Y S I D A M V S   P A R D A L I S C A   **ii**

780 Ly. Si sapitis, uxor, uos tamen cenabitis,
cena ubi erit cocta ; égo ruri cenauero.
nam nouom maritum | et nouam nuptam uolo
rus prosequi, noui hominum mores maleficos,
ne quis eam abripiat.   facite uostro animo uolup.   **5**
785 sed properate istum atque istam actutum emittere,
tandem ut ueniamus luci ; ego cras hic ero.
cras habuero, uxor, ego tamen conuiuium.
Pa. fit quod futurum dixi : incenatum senem
foras extrudunt mulieres.   Ly. quid tu hic agis ?   **10**
790 Pa. ego eo quo me ipsa misit.   Ly. ueron ?   Pa. serio.
Ly. quid hic speculare ?   Pa. nil equidem speculor.   Ly. abi :
tu hic cunctas, intus alii festinant.   Pa. eo.—
Ly. abi hinc sis ergo, pessumarum pessuma.
iamne abiit illaec ? dicere hic quiduis licet.   **15**
795 qui amat, tamen hercle, si essurit, nullum essurit.
sed eccúm progreditur cum corona et lampade
meu' socius, compar, commaritus uilicus.

O L Y M P I O   L Y S I D A M V S   **iii**

Ol. Age tibicen, dum illam educunt huc nouam nuptam
foras,

776 incenam (-em *B'* *ut uid.*) *P*   778 ambestrices *Loman* : ambas
estrices *codd.*   corbitant tibi *P*   779 comes esse *P*   782
vix ⟨me⟩ et   785 mittere *A*   786 ⟨rus⟩ luci *Mueller*   792
hic *Acidalius* : hinc *P, A n. l.*   797 socerus *P*

suaui cantu concelebra omnem hanc plateam hymenaeo mi.

      Ly. Ol. hymen hymenaee o hymen !   800

Ly. quid agis, mea salus ?   Ol. essurio hercle, atque adeo
hau salubriter.

5 Ly. at ego amó.   Ol. at ego hercle nihili facio. tibi amor
pro cibost,

mihi iaiunitate iam dudum intestina murmurant.

Ly. nam quid illaéc nunc tam diu intus remorantur reme-
ligines ?

quasi ob industriam, quanto ego plus propero, procedit 805
minus.

Ol. quid si etiam †si† offendam hymenaeum, si qui citius
prodeant ?

10 Ly. censeo, et ego te adiutabo in nuptiis communibus.

      Ly. Ol. hymen hymenaee o hymen !

Ly. perii hercle ego miser ! dirrumpi cantando hymenaeum
licet :

illo morbo quo dirrumpi cupio, non est copiae.   810

Ol. edepol ne tu, sí equos esses, esses indomabilis.

15 Ly. quo argumento ? Ol. nimi' tenax es. Ly. num me
expertu's uspiam ?

Ol. di melius faciant ! sed crepuit ostium, exitur foras.

Ly. di hercle me cupiunt seruatum.

---

   799 miω *A* : meio *P* (*in initio versus sequentis in P et fort. etiam in
A*), *credo, pro* mi (mei) ω (*i. e.* Ly. Ol.; *cf. ad Pers.* 858) : *vix* mi.
Cantor. o (*troch. septen.*)   801-6 *fines mutilati vel temere suppleti
P* (*propter laceratam paginam in P*ᴬ; *cf. ad v.* 818)   801 hau
salubriter] haud sicio (-tio) *P*   802 nihil *P*   pro cibost] pericli *P*
803 inanitate *P*, iamnunitate *ut vid. A*   804 remoratur *P*   re-
meligines *om. P*   805 procedit] tanto *P* (v. 1)   806 offendam
(*om.* si) *P* : suffundam *Leo* : is o. *Schoell*   si qui c. p. *om. P*   807
adiuuabo *A*   809 hymenaeo cantando *A*   810 copia *P*
812 quod *A* (*vix antiqua orthographia*)   813 exit *A*

Сн а ь і n v s   P a r d a l i s c a   O l y m p i o   iv
L y s i d a m v s   C l e v s t r a t a

Сн. iam oboluit Casinus procul.

815-6   Pa. Sensim super attolle limen pedes, noua nupta ;
         sospes iter incipe hoc, uti uiro tuo
         semper sis superstes,

19-20 tuaque ut potior pollentia sit uincasque uirum uictrixque sies, 5
821-2 tua uox superet tuomque imperium: uir te uestiat, [tu] uirum
                        despolies.

     noctuque et diu ut uiro subdola sis,
     opsecro, memento.

825 Ol. malo máxumo suo hercle ilicó, ubi tantillum peccassit.

       Ly. tace. Ol. non taceo. Ly. quae res ? Ol. mala 10
                malae male monstrat.

     Ly. facies tun hanc rem mi ex parata inparatam ? id
quaerunt, id uolunt, haec ut infecta faciant.

        Pa. age Olympio, quando vis, uxo-
830   rem accipe hanc ab nobis.

          Ol. date ergo, daturae si umquam estis hodie uxorem. 15

     Ly. abite intro. Pa. amabo, integrae atque imperitae huic
     impercito. Ol. futurum est.

        Pa. ualete. Ol. ite iám. Ly. ite. Cl. iam ualete.—
835   Ly. iamne apscessit uxor ? Ol. domist, ne time. Ly. euax !
     nunc pol demum ego sum liber.   20

     meum corculum, melculum, uerculum. Ol. heus tu,
     malo, si sapis, cauebis ;

     meast haec. Ly. scio, sed meus fructust prior.

---

815 superatolle *A, unde* supera (*quod vix Plautinum est*) tolle **edd.**
[mea] noua *A* (iv. 2)   817 incipere *P*   818–27 *initia mutilata aut
temere suppleta* P (*cf. ad* v. 801)   819 tuaque] atque *P*   821 tua uox
om. P   tu *delevi, metri causa*   823 noctuque *om. P*   sies *P*   825
malo *om. P*   tantulum *P*   826 tace *om. P*   mala male male *P* :
male malae (*om.* mala) *A*   monstrant *A*   827 facies tu *A* : *om. P*
mihi rem *Bothe*   828 id *alt. om. P*   829, 832 Pa.] *vel* Cl.
831 uxorem [mihi] *A* (iv. 2)   uxorem *del. Bothe*   834 Valete ite iam
ualete *sine pers. P* : iam *alt. Lysidamo dat Dousa*   Cl.] *vel* Pa.
838 sapies *A*   839 prior est *Bothe, cui* prior *displicet*

OL. tene hanc lampadém.   LY. immo ego hanc tenebo.   840
25   Venu' multipotens, bona multa mihi
    dedisti, huiius quom copiam mi dedisti.   OL. o
            corpusculum malacum !
            mea uxorcula—quae res ?
            LY. quid est ?   OL. institit plantam   845
30   quasi luca bos.   LY. tace sis,
    nebula haud est mollis aeque atque huius †est pectust†.
    OL. edepol papillam bellulam—ei misero mihi !
    LY. quid est ?   OL. péctus mi icit non cubito, uerum ariete.
    LY. quid tu ergo hanc, quaeso, tractas tam dura manu ?   850
35 at mihi, qui belle hanc tracto, non bellum facit.
    uah !   OL. quid negotist ?   LY. opsecro, ut ualentulast !
    paene exposiuit cubito.   OL. cubitum ergo ire uolt.
    LY. quin imus ergo ?   OL. i, belle belliatula.—

ACTVS V

V. i MYRRHINA   PARDALISCA   CLEVSTRATA
    MY. Acceptae bene et commode eximus intus   855
    ludos uisere huc in uiam nuptialis.
    numquam ecastor uilo die risi adaeque,
    neque hoc quod relicuom est plus risuram opinor.
5 PA. lubet Chalinum quid agat scire, nouom nuptum cum
                                        nouo marito.
    MY. nec fallaciam astutiorem ullu' fecit   860

---

840 hanc t.⏋iam t. *P* (*pro* illam t. ?)   841 multa bona *A* : bonam
uitam *P* (*cf. Pers.* 734 bonam uita *pro* bona multa)   842 o *om. P*
842-3 o. c. m. *Lysidamo dant alii*   843 melliculum *P* (*cf. v.* 837,
ubi melliculum *P*)   844-51 *fines mutilati P* (*propter paginam
laceratam in P*ᴬ. *Cf. ad v.* 864)   844 quae res *om. P*   845
insistit *A*   planta *Fleckeisen*   846 luca bos⏋iocabo *P*   tace
sis *om. P*   847 aeque *om. P* (iii. 1)   pec. *om. P* : pectus est
Geppert   848 ed. pa. b.
Lysidamo continuant alii   849 icit⏋agit *P* (*pro* igit ? G *pro*
C)   uerum ariete *om. P*   850 dura manu *om. P*   851 bellum
(ual- ?) facit *A* : *om. P*   852-4 OL.⏋LY. *alii* LY.⏋OL. *alii*   852
uaha (*Olympionis*) *in fine prioris versus P*   quid [id] *A*   854 qui
nimis *P*   bella bellatula (*om.* i) *P* (i. 4)   856 uia *P*   858 *vel* opino

poeta atque ut haec est fabre facta ab nobis.

CL. optunso ore nunc peruelim progrediri

senem, quo senex nequior nullu' uiuit.

　* 　* 　* 　* 　nisi illum quidem　　　　　　10

865 nequiorem esse arbitrare qui praebet illi locum.

　* 　* 　* 　* 　⟨te⟩ nunc praesidem

uolo hic, Pardalisca, esse, qui hinc exeat

eum ut 　* 　* 　ludibrio habeas. PA. lubens fecero

　* 　* 　et solens.　　　　　　　　　　15

870-1 CL. 　* 　* 　spectato hinc omnia : intus quid agant

⟨loquere. MY.⟩ pone med, amabo. CL. et ibi licet audacius

quae uelis libere proloqui. MY. tace,

nostra foris crepuit.

O L Y M P I O　　M Y R R H I N A　　C L E V S T R A T A　　ii
P A R D A L I S C A

875　OL. Neque quo fugiam neque ubi lateam neque hoc
dedecu' quo modo celem

scio, tantum erus atque ego flagitio superauimu' nuptiis nostris,

ita nunc pudeo atque ita nunc paueo atque ita inridiculo
sumus ambo.

sed ego insipiens noua nunc facio : pudet quem priu' non
puditumst umquam.

operam date, dum mea facta itero : est operae pretium 5
auribus accipere,

880 ita ridicula auditu, iteratú ea sunt quae ego íntus turbaui.

862-71 *paucissima servata in A*　　864-71 *initia mutilata aut temere suppleta* P (*cf. ad v.* 844)　　864 nisi *Brix* : ne P, *A n. l.* 865 n. a. e. q. l. p. illi P, *A n. l.* : traieci (*Journ. Phil.* 26, 298)　　866 te *add. Valla*　　867 uolo *A* : om. P (*spat.*)　　869 uolens *Preuss* (*A n. l.*) : *vix* sciens (*cf. ad Epid.* 237)　　870 intus quid intus a. P^E, *A n. l.*　　872 loquere *addidi*　　*an* tibi ?　　audacius licet : *traieci* 873 uis P　　MY.] *vel* PA. (*cf. ad v.* 874)　　874 uestra A　　876 frus P (F *pro* E)　　877 ita *tert. om. A*　　inridiculum P　　878 que P　　puditum umquam est P　　879 opera d. P　　pretium *om.* P　　880-90 *fines* (*linearum, si non versuum*) *mutilati aut temere suppleti* P (*cf. ad v.* 901)　　880 turbaui] tu P

ubi intro hanc nouam nuptam deduxi, recta uia in conclaue
abduxi.

sed tamen tenebrae ibi erant tamquam in puteo; dum
senex abest 'decumbe' inquam.

conloco, fulcio, mollio, blandior,

10   ut prior quam senex nup⟨tias perpetrem⟩.

tardus esse ilico coepi, quoniam * * * *   885
respecto identidem, ne senex * * *

inlecebram stupri principio eam sauium posco *,
reppulit mi manum,

15   neque enim dare sibi
sauium me siuit.   888ᵃ

enim iam magis adpropero, magi' iam lubet in Casinam 889-90
inruere *

cupio illam operam seni surruperé, forem óbdo, ne senex me
opprimeret.

      CL. agedum, tu adi hunc.   PA. opsecro, ubi tua noua
nuptast?

20   OL. perii hercle ego! manufesta res [est].   PA. omnem 893-5
in ordinem

fateri ergo aequom est.   quid intus agitur? quid agit
Casina?

satin morigera est?   OL. pudet dicere.   PA. memora or- 897-8
dine, úti occeperas.

      OL. pudet hercle.   PA. age audacter.   899
900
⟨post⟩quam decubuisti, ind'uolo. memora[re] quid est fáctum?

25   OL. flagitium est.   PA. cauebunt qui audierint faciant.

---

882 in puteo dum *om.* P   nex (*non* Pᴬ) abste decumbe in (*non*
Pᴬ) (decumbem Pᴱ) P   adest A   883 blandior *om.* P   884-956
deficit A, locum lacerum habet P, per spatia plerumque lacunis indicatis
884 nuptias perpetrem *Schoell*   887 incelebram *cod.*   888 *fort.*
neque ⟨ea⟩ enim (*cret. dim.*)   889, 890 iam magis *Bothe* : iam
magis [iam] *cod.* *vel* mage   893-5 est *del. Geppert*: rest *Schoell*   o.
ordine *Ital.*   896 aegum *cod.* (G *pro* C)   897 dicere me | (*spat.*)
mora *cod. pro* dicere | (*personae nota*) memora   898 ut *cod.*   901-8
initia mutilata P (*cf. ad v.* 880)   901 post quam decubuisti *Lam-*
binus : uam debuisti *cod.*   memora *scripsi ut fiat versus Reizianus*

OL. * * * hoc magnumst.   PA. ⟨rem⟩ perdis.   quin tu
                                    pergis ?   OL. ubi

904-5   *   *   *   *   us suptus porro.

          PA. quid ?   OL. babae !

906ᵃ   PA. quid ?   OL. papae !

PA. * * * est ?   OL. oh, erat maxumum.   30
⟨ferrum né⟩ haberet metui : id quaerere occepi.
dum gladium quaero ne habeat, arripio capulum.

910   sed quom cogito, non habuit gladium, nam esset frigidus.
PA. eloquere.   OL. at pudet.   PA. num radix fuit ?   OL.
                    non fuit.   PA. num cucumis ?

    OL. profecto hercle non fuit quicquam holerum,   35
nisi, quidquid erat, calamitas profecto attigerat numquam.
      ita, quidquid erat, grande erat.

915-6 PA. quid fit denique ? edisserta.   OL. íbi appéllo, ' Casi-
                              na,' ínquam,

917-8 ' amabo, mea uxorcula, qur uirum tuom sic me spernis ?
      nimis tu quidem hercle inmerito   40

920   meo mi haec facis, quia mihi te expetiui.'
illa hau uerbum facit et saepit ueste id qui estis ⟨mulieres⟩.
ubi illum saltum uideo opsaeptum, rogo ut áltero sinat ire.
uolo, ut obuortam, cubitis im * * * * * * *
ullum muttit e* * * * * * * * * * *   45

925 surgo, ut in eam in * * * * * * * * *
atque illam in * * * * * * * * * *
MY. perlepide narrat * * * * * * * *
OL. sauium * * * * * * * * * * *
ita quasi saetis labra mihi compungit barba * * *   50

903 *vel* magnust (*e. g.* pudor)   rem *addidi*   908 f. n. *suppl.*
Schoell   *post* occepi *vel versus vacuus vel spatium in cod.*   909
quaero ⟨habeat nec⟩ne hábeat, arripio caplum (?) *Leo*   arripio *inter
spatia* Pᴱ   910 esse *cod.*   915 i. a. C. in. *Bothe* : ubi a. Casinam
inquit *cod.* (? *pro* Casina inquit *corr. in marg.* inquam)   ⟨' abi '⟩ inquit
Schoell   917 mea *Ital.* : me *cod.*   *fort.* sic me sperni' u. t. (*gly-
conic.*)   921-8 *fines mutilati* P (*cf. ad v.* 941)   921 illam *cod.*   mul.
add. Loman   922 *fort.* ut ⟨ea⟩ al.   sin adire *cod.*   929 labram
sequente spatio cod.

continuo in genua ut astiti, pectu' mihi pedibus percutit.   930
decido de lecto praecipes : supsilit, optundit os mihi.
inde foras tacitus profugiens exeo hoc ornatu quo uides,
ut senex hoc eodem poculo quo ego bibi biberet. PA.

                                                    optume est.
55   sed ubi est pálliolum tuóm ?   OL. hic intu' reliqui.
      PA. quid nunc ? satin lepide adita est uobis manu' ?   OL. 935

                                                    merito.
sed concrepuerunt fores.   num illa me núnc sequitur ?

iii   LYSIDAMVS   CHALINVS

      LY. Maxumo ego ardeo flagitio
      nec quid agam meis rebu' scio,
      nec meam ut uxorem aspiciam
      contra oculis, ita disperii ;   940
5   omnia palam sunt probra,
      omnibus modis occidi miser.
      *   *   *   *   * ita manufesto faucibus teneor
      *   *   * ⟨nec⟩ quibus modis purgem scio me meae uxori
      *   *   *   * ⟨at⟩que expalliatus sum miser,   945
10   *   *   *   *   * ⟨cla⟩ndestinae nuptiae.
      *   *   *   *   *   * censeo
      *   *   *   * mihi optumum est.
      intro ad uxorem meam
      sufferamque ei meum tergum ob iniuriam.   950
15   sed ecquis est quí homo munus uelit fungier
      pro me ? quid nunc agam nescio, nisi ut   952-3
      inprobos famulos imiter ac domo fugiam.

---

930 ut astiti *Seyffert* : astituti *cod.*   931 preceps *cod.*   932
profugiens *Redslob* : preficiens *cod.*   sex eo cor natu *cod.* : *corr.*
Ital., Palmerius   935 addita *cod.*   936 illaec me huc (?) *Leo*
941-8 *initia mutilata* P (*cf. ad v.* 921)   941 omnia *Camerarius* :
nia *cod.*   945 ⟨scípionem perdidi atque⟩ *suppl. Schoell*   946 clande-
stinae *J*   949 ea dux uxorem meam *cod., ceteris perditis* : *suppl. codd.*
Nonii 397 : intro eam ad u. m. *Schoell*   950 riam (*ceteris perditis*) *cod.* :
sufferamquae et meum tergum ob iniuriam *codd. Nonii (s. sufferre)*

955-6   nam salus nulla est scapulis, si domum redeo.
          nugas istic dicere licet ? uapulo hercle ego inuitus tamen
              etsi malum merui.   20
959-60 hac dabo protinam et fugiam. CH. heus! asta ilico, amator.
961-2 Ly. occidi! reuocor : quasi non audiam, abibo.

    C H A L I N V S   L Y S I D A M V S   C L E V S T R A T A   iv
              M Y R R H I N A   O L Y M P I O

    CH. Vbi tu és, qui colere mores Massiliensis postulas ?
    nunc tu si uis subigitare me, probast occasio.
965 redi sis in cubiculum ; periisti hercle. age, accede huc modo.
    nunc ego tecum aequom arbitrum extra considium captauero.
    Ly. perii! fusti defloccabit iam illic homo lumbos meos.   5
    hac iter faciundumst, nam illac lumbifragiumst obuiam.
    CL. iubeo te saluere, amator. Ly. ecce autem uxor obuiamst :
970 nunc ego intér sacrum saxumque sum nec quo fugiam scio.
    hac lupi, hac canes : lupina scaeua fusti rem gerit ;
    hercle opinor permutabo ego illuc nunc uerbum uetus :   10
    hac ibo, caninam scaeuam spero meliorem fore.
    My. quid agis, dismarite? CL. mi uir, unde hoc ornatu aduenis?
975 quid fecisti scipione[m] aut quod habuisti pallium ?
    My. in adulterio, dum moechissat Casinam, credo perdidit.
    Ly. occidi! CH. etiamne imus cubitum ?   Casina sum. 15
                      Ly. i in malam crucem !
    CH. non amas me ? CL. quin responde, tuo quid factum
                              est pallio ?
    Ly. Bacchae hercle, uxor—CL. Bacchae ? Ly. Bacchae
                      hercle, uxor—My. nugatur sciens,

        955 capulis *cod.*   957 *accedit A*   *vel* isti : istuc *P*   959, 960 p.
        ⟨me⟩ et *Ital., sed cf. Seyffert (Berl. Phil. Woch.* 18, 577)   stalicio *P*
        (*cf. v.* 347)   961 occide *P* (*pro* -ei)   964 ueis *P* (*forma antiqua*)
        965 peristi . . . huc (*ceteris perditis*) *P*   966-72 *om. P* (*propter lacera-*
        tam paginam in P^A ; *cf. ad v.* 983)   966 *vel* consilium   967 perii
        flocco habebit iam *codd. Nonii* 7 (*s.* defloccare) (? *pro* perii, perii, de-
        floccabit iam)   972 *vel* opino   974 dismarite *vel* bismarite *A* : tu
        marite *P* ornatu hoc *P*   975 scipione *Lambinus* : scipionem *codd.*
        977 occidit *P*   i *om. P* (*i. e.* in' ?) (*nullum pers. spat. A*)   978 q.
        respondes t. *an* My. q. responde. CL. t. *incert. A*   979 [ergo] hercle
        P (*priore loco*) (iv. 3)

nam ecastor nunc Bacchae nullae ludunt. Ly. oblitus fui, 980
sed tamen Bacchae—Cl. quid, Bacchae? ⟨Ly.⟩ sin id
                                             fieri non potest—
20 Cl. times ecastor. Ly. egone? mentire hercle. Cl. nam
                                           palles male.
n̥ . . . . quid me u̯e . . . . u̯s . . . . . am me rog̣as?
 *   *   *   *   *   * m̥ale r̥ * * * * mihi
 *   *   *   *   *   *   *   *   *   * g̣ratulor. 985
 *   *   *   *   *   *   * qu̯ * * * s̥enex
25 ho̯ * * * * * * * o̯n * * u̯
 *   *   *   *   *   *   *   * u̯nc Casin̯ust | — |
qui̯ hi̯c * * * lem frus . . . . . r̥am . . di̯s 989-9c
(Ol.) qui etiam me miserum famosum fecit flagitiis suis.
Ly. non taces? Ol. non hercle uero taceo. nam tu
                                         maxumo
30 me opsecrauisti opere Casinam ut poscerem uxorem mihi
tui amóris caussa. Ly. ego istuc feci? Ol. immo Hector 994-5
                                         Ilius—
Ly. te quidem oppresset. feci ego istaec dicta quae uos
                                         dicitis?
Cl. rogitas etiam? Ly. si quidem hercle feci, feci nequiter.
Cl. redi modo huc intro: monebo, si qui meministi minus.
35 Ly. hercle, opinor, potius uobis credam quod uos dicitis.
sed, uxor, da uiro hanc ueniam ⟨mi⟩; Myrrhina, ora Cleu- 1000
                                         stratam;
si umquam posthac aut amasso Casinam aut occepso modo,

981 inid P   982 [haud] mentire P   pa(lle)s A : pa (ceteris
perd.) P   983-91 om. P (cf. ad v. 966)   ' in A paucissima leguntur praeter 991   983 ⟨non pudet te? Ly. Quid mentiri usu
sit? Cl. Eti⟩am me rogas? Schoell ex vestigiis litterarum in A
992 maxime P   993 opere] ob (seq. lacuna) P   994, 995
Hector Ilius schol. Aen. 1, 268, Palmer (Hermath. 12, 83) : hectore
illius P : ecastor ilius A (i. 8)   996 te q. o. Olympioni continuant alii
998 si quidem P : si quid Bothe   999 vel opino   1000 da
om. A   uero A   mi addidi (seq. my-)

ne ut eam amasso, sí ego umquam adeo posthac tale ad-
                                                  misero,
nulla caussast quin pendentem me, uxor, uirgis uerberes.
MY. censeo ecástor ueniam hanc dandam, ⟨Cleustrata⟩. 40
                                    CL. faciam ut iubes.
1005 propter eam rem hanc tibi nunc ueniam minu' grauate pro-
                                                  spero,
hanc ex longa longiorem ne faciamus fabulam.
LY. non irata's ?   CL. non sum irata.   LY. tuaen fide credo ?
                                    CL. meae.
LY. lepidiorem uxorem nemo quisquam quam ego habeo
                                    hanc habet.
CL. age tu, redde huic scipionem et pallium.   CH. tene, si 45
                                    lubet.
1010 mihi quidem edepol insignite factast magna iniuria :
duobus nupsi, neuter fecit quod nouae nuptae solet.

spectatores, quod futurumst intus, id memorabimus.
haec Casina huiius reperietur filia esse ex proxumo
eaque nubet Euthynico nostro erili filio.   50
1015 nunc uos aequomst manibus meritis meritam mercedem dare :
qui faxit, clam uxorem ducet semper scortum quod uolet ;
uerum qui non manibus clare quantum poterit plauserit,
ei pro scorto supponetur hircus unctus nautea.

1002 eamasso *A*   1004 Cleustrata *addidi* (iii. 2)   1005 [rem]
uen. *P* (iv. 3)   1006 ni *P*   1007 tuae *P*   1008 nemo
uxorem *A*   quisquam *om. A*   1009 si *Bothe* : sẹ *A* : *om. P*
1010 insigne te *P* (*pro* -neite ?)   1012 sqq. *Pardaliscae dat Schoell*
1016 flaxit *P*   ducat *P*   uole *P*   1017 que *P*   proterit plus
erit *P*
      FRAGMENTVM taedeo ‘ *in Casina Plauti legimus,*’ *Cledonius* 5, 58 *K.*

CISTELLARIA

ARGVMENTVM

Comprimit adulescens Lemnius Sicyoniam.
Is redit in patriam, et gnatam generat nuptiis.
Sicyonia aeque parit puellam.   hanc servolus
Tollit atque exponit, et ex insidiis aucupat.
5 **E**am sublatam meretrix alii detulit.
Lemno post rediens ducit quam compresserat
Lemnique natam [de]spondet adulescentulo
Amore capto illius proiecticiae.
Requirens servos reperit quam proiecerat.
10 **I**táque lege et rite civem cognitam
Alcesimarchus, ut erat nactus, possidet.

1 Lem. Sic. *Ital.* : lemnus liconiam *cod.*   2 nuptus *cod.* (u *pro*
ii)   7 *vix* Lemniq'   spondet *Bothe* : despondit *cod.*

PERSONAE

SELENIVM MERETRIX
GYMNASIVM MERETRIX
LENA
AVXILIVM DEVS (PROLOGVS)
ALCESIMARCHVS ADVLESCENS
THYNISCVS (?) SERVVS
SENEX
LAMPADIO SERVVS
MELAENIS LENA
PHANOSTRATA MATRONA
HALISCA ANCILLA
DEMIPHO SENEX

SCAENA SICYONE

LENA] SYRA LENA *Studemund* (*ex Festo* 301, 352), *sed
cf. Herm.* 40, 244
THYNISCVS *Schoell* (*cf. ad* 283)

ACTVS I

    Selenivm   Gymnasivm   Lena

Sel. Quom ego antehac te amaui et mi amicam esse creui,
mea Gymnasium, et matrem tuam, tum id mihi hodie
aperuisti, tu atque haec : soror si mea esses,
      qui magi' potueris mí honorem ire habitum,
5 nescio, nisi, ut méus est animus, fieri non posse arbitror ;   5
ita omnibus relictis rebus mihi frequentem operam dedistis.
eo ego uos amo et eo á me magnam iniistis gratiam.

Gy. pol isto quidem nos pretio tanti est ; facile est fre-
                         quentare
      tibi utilisque habere :
10   ita in prandio nos lepide ac nitide   10
accepisti apud te, ut semper meminerimus.

Sel. lubenti[que] edepol animo factum et fiet a me,
quae uos arbitr⟨ab⟩or uelle, ea ut expetessam.

Le. quod ille dixit, qui secundo uento uectus est tranquillo
                         mari,
15 uentum gaudeó—ecastor ad ted, ita hodie hic acceptae sumus 15
                    suauibus modis,
nec nisi disciplina apud te fuit quicquam ibi quin mihi
                         placeret.

Sel. quid ita, amabo ?   Le. raro nimium dabat quod bibe-
                         rem, id merum infuscabat.

Gy. amabo, hicine istuc decet ?   Le. iusque fasque est : 19, 2

1 Quom] quia *cod. Varronis de L. L.* 7, 98   3 aperuistis *J*   4
vel mage   potueritis *F*ᴱ   8 t. est f. est *scripsi* : facile est *cod.* :
tanti est *cod. Varronis, qui tamen interpretatur* 'facile est curare ut adsi-
mus'   9 *versuum divisionem confirmare videtur Varro*   haberi
*B*ˢ   12 que *del. Bothe*   13 arbitrabor *Camerarius*   expetessam
Gronovius : expetes *cod.*   14 mare *cod* (*cum cod. Charisii* 61 *et* 137)
     15 te *cod.*   hic *om. B*   18 *fort.* dab. bibere, *nam* Ínf. *displicet*

nemo alienus hic est. SEL. merito uostro amo uos, 20
quia me colitis, [et] magni facitis. LE. decet pol, mea
　　　　　　　　　　　　　　　　　Selenium,
　　hunc esse ordinem beniuolentis inter se
　　　　beneque amicitia utier,
25 ubi istas uideas summo generé gnatas, summatis matronas,
　　ut amicitiam colunt atque ut eam iunctam bene habent 25
　　　　　　　　　　　　　　　　　　inter se.
　　si idem istuc nos faciamus, si [idem] imitemur, ita tamen
　　　　　　　　　　　　　　　　　uix uiuimus
　　cum inuidia summa.　suarum opum nos uolunt esse indi-
　　　　　　　　　　　　　　　　　gentis.
29, 30　　　　nostra copia nil uolunt nos potesse
　　　　　suique omnium rerum nos indigere,
　　　　　　ut sibi simus supplices.　　　　　　　　　30
　　　eas si ádeas, abitum quam aditum malis, ita nostro ordini
　　　palam blandiuntur, clam, si occasio usquam est,
35　　　　aquam frigidam subdole suffundunt.
　　　uiris cum suis praedicant nos solere,
　　　suas paelices esse aiunt, eunt depressum.　　　　35
　　quia nos libertinae sumus, et ego et tua mater, ambae
　　meretrices fuimus : illa té, ego hanc mihi educaui
40　　ex patribus conuenticiis.　neque ego hanc superbiai
　　caussa pepuli ad meretricium quaestum, nisi ut ne éssurirem.
　　SEL. at satius fuerat eam uiro dare nuptum potius. LE. heia ! 40
　　haec quidem ecastor cottidie uiro núbit, nupsitque hodie,
　　nubet mox noctu : numquam ego hanc uiduam cubare siui.
45　　nam si haec non nubat, lugubri fame familia pereat.
　　　GY. necesse est quo tu me modo uoles ésse ita esse, mater.

　　22 et *del. Spengel, Sjögren de part. cop. p.* 104　　　magnis *cod.*
(magni *J*)　　　27 imitamur *cod.* : *corr.* Camerarius　　idem *delevi*
(iv. 3), *nam* uiuimus *bisyll.* (*anap. tetram.*) *displicet*　　29, 30 nil
Pylades : nihilo *cod.*　　33 si eas *Mueller*　　39 *vel* ted　　40 con-
ticus *cum* uent *suprascr. cod.* (u *pro* ii)　　neque ego *Ital.* : ego neque
cod.　　41 pepuli *Spengel* : repuli *cod.*　　45 lucubre *cod.* (C *pro*
G) (*vix adverb.*)

45 Le. ecastor hau me paenitet, si ut dicis ita futura es.
    nam si quidem ita eris ut uolo, numquam hac aetate fies
    semperque istam quam nunc habes aetatulam optinebis,
    multisque damno et mihi lucro sine meo saepe eri' sumptu. 50
    Gy. di faxint! Le. sine opera tua di horunc nil facere
                                             possunt.

50 Gy. equidem hercle addam operam sedulo; sed tu inter
                                       istaec uerba,
    meus oculus, mea Selenium,—numquam ego te tristiorem
    uidi esse. quid, cedo, te opsecro, tam abhorret hilaritudo?
    neque munda adaeque es, ut soles (hoc sis uide, ut petiuit 55
    suspiritum alte) et pallida es. eloquere utrumque nobis,
55 et quid tibi est et quid uelis nostram operam, ut nos
                                         sciamus.
    noli, opsecro, lacrumis tuis mi exercitum imperare.
    Sel. misera excrucior, mea Gymnasium : male mihi est,
                                       male maceror ;
    doleo ab animo, doleo ab oculis, doleo ab aegritudine.   60
    quid dicam, nisi stultitia mea me in maerorem rapi?
60 Gy. indidem unde óritur facito ut facias stultitiam sepe-
                                         libilem.
    Sel. quid faciam? Gy. in latebras apscondas pectore
                                       penitissumo.
    tuam stultitiam sola facito ut scias sine aliis arbitris.
    Sel. at mihi cordolium est. Gy. quid? id unde est tibi 65
                                    cor? commemora opsecro ;
    quod neque ego habeo neque quisquam alia mulier, ut
                                    perhibent uiri.

---

48 hac aetate *Seyffert* : haecate *cod.* (*i. e.* haec a te, *fortasse recte*
haec, *i. e. tanquam ego*, a te) : Hecala aetate *Schoell*   51 nihil di
horunc *P*E   52 hercle *suspectum* (*cf. Gellius* 11, 6) : ei rei *Redslob*
inter] aufer *Ussing*   57 uelis *Ital.* : uelit *cod.*   59 Mis. exc.
Mueller (*Rhein. Mus.* 54, 387) : Mea exc. *cod.* (vii. 5) : Med excrucio
Leo   61 mea⟨met⟩ me *Mueller* (*Rhein. Mus.* 54, 387)   rapi
Gulielmius : rapit *cod.*   63 condas pectori *cod. Charisii* 190
65 cor *Bentley* : cordolium *cod.*

SEL. si quid est quód doleat, dolet ; si aútem non est—tamen 65
                hoc hic dolet.
GY. amat haec mulier. SEL. eho an amare occipere ama-
                rum est, opsecro ?
GY. namque ecastor Amor et melle et felle est fecundissumus ;
70 gustui dat dulce, amarum ad satietatem usque oggerit.
  SEL. ad istam faciem est morbus qui me, mea Gymnasium,
                macerat.
GY. perfidiosus est Amor. SEL. ergo in me peculatum facit. 70
GY. bono animo es, erit isti morbo melius. SEL. confidam fore,
  si medicus ueniat qui huic morbo facere medicinam potest.
75 GY. ueniet. SEL. spissum istuc amanti est uerbum ' ueniet,'
                nisi uenit.
  sed ego mea culpa et stultitia peius misera maceror,
  quom ego illum unum mi exoptaui quicum aetatem degerem. 75
  LE. matronae magi' conducibilest istuc, mea Selenium,
  unum amare et cúm eo aetatem exigere quoi nuptast semel
80 uerum enim meretrix fortunati est oppidi simillima :
  non potest suam rem optinere sola sine multis uiris.
  SEL. hoc uolo agatis. qua accersitae caussa ad me estis 80
                eloquar.
  nam mea mater, quia ego nolo me meretricem dicier,
  opsecutast, gessit morem oranti morigerae mihi,
85 ut me, quém ego amarem grauiter, sineret cúm eo uiuere.
  LE. stulte ecastor fecit. sed tu enumquam cum quiquam
                uiro
  consueuisti ? SEL. nisi quidem cum Alcesimarcho, nemine, 85
  nec pudicitiam imminuit meam míhi quisquam alius. LE.
                opsecro,

---

67 siquidem *corr.* siquid est P^E 70 *accedit A* ; *pauca leguntur*
vv. 70-6 gustu *P, A n. l.*   77 quom ⸏ quia *P* unum *om. A* (iii. 11)
aetate *P*   78 *vel* mage   80-5 *priores versuum partes leguntur A*
82 hoc nu— *A*   84 *vel* morigere obsecuta est de ea re gessit
(gessi P^E) morem morigere mihi *P*   88 neque pudicitiam meam
mi[hi] alius quisquam imminuit. LE. opsecro *P*

quó is homo insinuauit pacto se ad te? Sel. per Dionysia

mater pompam me spectatum duxit. dum redeo domum, 90

conspicillo consecutust clanculum me usque ad fores.

90 inde in amicitiam insinuauit cum matre et mecum simul

blanditiis, muneribus, donis. Gy. mihi istunc uellem homi-

nem dari,

ut ego illum uorsarem! Sel. quid opust uerbis? con-

suetudine

coepi amare contra ego illum, et ille me. Le. o méa 95

Selenium,

adsimulare amare oportet. nam si ames, extempulo

95 melius illi multo quém ames consulas quam rei tuae.

Sel. at ille conceptis iurauit uerbis apud matrem meam

mé uxorem ducturum esse : ei nunc alia ducendast domum,

sua cognata Lemniensis, quae habitat hic in proxumo. 100

nam eum pater eius subegit. nunc mea mater iratast mihi,

100 quia non redierim domum ad se, postquam hanc rem resci-

uerim,

eum uxorem ducturum esse aliam. Le. nihil amori in-

iuriumst.

Sel. nunc te amabo ut hanc ⟨hic unum⟩ triduom hoc solum

sinas

esse et hic seruare apud me. nam ad matrem accersita sum. 105

Le. quamquam istuc mihi erit molestum triduom, et dam-

num dabis,

105 faciam. Sel. faci' benigne et amice. sed tu, Gymnasium mea,

90–9 *initia et ultima leguntur A*   91 conspicio— A   93 Gy.]
Le. *Bothe*   istum hominem uellem P   95 *vel* ill'   me— (*sermone interrupto*) *Schoell*   selenium [quid est (quidē)] P (? *pro* qui
āes, *i. e.* qui ames, *var. lect. marginal. ad* quem ames, *v.* 97)   97 quị
ames A   101 pater eius] (pat)eru(s) A   *vel* subigit   102
hanc] eam P   103 amore P   nihil amore iniuriust *Dousa*
104 tu (te ?) P   hic unum triduom hoc *Kampmann, Seyffert* : hi et
quadrante spatio— c A : triduum (-ium PE) hoc P (*om.* hic unum)
106–45 *paucissima, in initiis fere, leguntur A, paulo plura tantum* 120–2
et 142–5   106 mihi istud PE

si me apsente Alcesimarchus ueniet, nolito acriter
eum inclamare : utut erga me est meritus, in cordi est tamen.
110 sed, amabo, tranquille : ne quid quod illi doleat dixeris.
accipias clauis : si quid tibi opus erit prómpto, promito.
ego uolo ire.   GY. ut mi exciuisti lacrumas !   SEL. Gym- 110
                                    nasium mea,
bene uale.   GY. cura te, amabo.   sicine inmunda, opsecro,
ibis ?   SEL. inmundas fortunas aequom est squalorem sequi.
115 GY. amiculum hoc sustolle saltem.   SEL. sine trahi, quom
                                    egomet trahor.
GY. quando ita tibi lubet, uale atque salue.   SEL. si possim
                                    uelim.—
GY. numquid me uis, mater, intro quin eam ?   ecastor mihi 115
uisa amare.   LE. istoc ergo auris grauiter optundo tuas,
ne quem ames.   abi intro.   GY. numquid me uis ?   LE. ut
                        ualeas.   GY. uale.—

LENA   ii

120 LE. Idem míhist quod magnae parti uitium mulierum
quae hunc quaestum facimus : quae ubi saburratae sumus,
largiloquae extemplo sumu', plus loquimur quam sat est.
nam illanc ego olim, quae hinc flens abiit, paruolam
puellam proiectam ex angiportu sustuli.   5
125 adulescens quidam hic est adprime nobilis
[quin ego nunc quia sum onusta mea ex sententia
quiaque adeo me compleui flore Liberi,
magi' libera uti lingua conlibitum est mihi,

    109 utut *Pylades* : et ut *cod.*   *vel* med   in] mi *Camerarius*
111 accipe has *Mueller*   opus tibi *Mueller*   erit *Ital.* : [est] erit
cod. (iv. 3)   promptu *cod.*   119 neque meas *P* (nequem ames
J), *A n. l.*   120 idem mihist q— *A* : idem mihi magnae quod parti
est *P*   121 nunc q. faciemus *P*   122 sumus] et *A* (v. 1)
124 ex *del. Bothe, cui* puellam *displicet*   125 *cum* 130–2 *secl.*
Windischmann. ' *eo consilio adiecti sunt ut Auxilii oratio omitti posset,*'
Leo   126–9 *om. A.   Sunt amplificatio versuum* 120 *sq.*   126 quia
sum onusta *Camerarius* : quasi sum honesta *cod.*   128 *vel* mage

10 tacere nequeo misera quod tacito usus est].
   Sicyone, summo genere; ei uiuit pater.   130
   is amore misere hanc deperit mulierculam,
   quae hinc modo flens abiit. contra amore eum haec pérdita est.
   eam meae ego amicae dono huic meretrici dedi,
15 quae saepe mecum mentionem fecerat,
   puerum aut puellam alicunde ut reperirem sibi,   135
   recens natum, eapse quod sibi supponeret.
   ubi mihi potestas primum euenit, ilico
   feci eiius ei quod me orauit copiam.
20 postquam eam puellam a med accepit, ilico
   eandem puellam peperit quam a me acceperat,   140
   sine opstetricis opera et sine doloribus,
   item ut aliae pariunt, quae malum quaerunt sibi.
   nam amatorem aibat esse peregrinum sibi
25 suppositionemque eiius facere gratia.
   id duae nos solae scimus, ego quae illi dedi   145
   et illa quae a me accepit—praeter uos quidem.
   haec sic res gesta est. si quid usus uenerit,
   meminisse ego hanc rem uos uolo. ego abeo domum.—

iii   A v x i l i v m

   Av. Vtrumque haec, et multiloqua et multibiba, est anus.
   satin uíx reliquit deo quod loqueretur loci,   150
   ita properauit de puellae proloqui
   suppositione. quod si tacuisset, tamen
 5 ego eram dicturus, deu', qui poteram planius.
   nam mihi Auxilio est nomen. nunc operam date,
   ut ego argumentum hoc uobis plane perputem.   155
   fuere Sicyoni iam diu Dionysia.

132 perdita est] deperit *A*   134 fecerit *P, A n. l.*   138 *vel*
med   144 suppositionem eius rei *P*   145 scimus solae *A*   146–
232 *deest A*   150 logi *Seyffert*   154 est Auxilio *Camerarius,*
cui hiatus mihi | Au. *displicet*

mercator uenit huc ad ludos Lemnius,
isque hic compressit uirginem, adulescentulus,   10
⟨ui⟩, uinulentus, multa nocte, | in uia.
160 is ubi malam rem scit se meruisse, ilico
pedibus perfugium peperit, in Lemnum aufugit,
ubi habitabat tum.   ílla quam compresserat
decumo post mense exacto hic peperit filiam.   15
quoniam reum eiius facti nescit qui siet,
165 paternum seruom sui participat consili,
dat eam puellam ei seruo exponendam ad necem.
is eam proiecit.   haec puellam sustulit.
ill' clám opseruauit seruos ⟨qui eam proiecerat⟩   20
quo aut quas in aedis haec puellam deferat.
170 ut eampse uos audistis confiterier,
dat eam puellam meretrici Melaenidi,
eaque educauit eam sibi pro filia
bene ac pudice.   tum illic autem Lemnius   25
propinquam uxorem duxit, cognatam suam.
175 ea diem suom obiit, facta morigera est uiro.
post⟨quam⟩ ille uxori iusta fecit, ilico
huc commigrauit ; duxit uxorem hic sibi
eandem quam olim uirginem hic compresserat,   30
et eam cognoscit esse quam compresserat ;
180 illa illi dicit eiius se ex iniuria
peperisse gnatam | atque eam se seruo ilico
dedisse exponendam.   ille extemplo seruolum
iubet illum eundem persequi, si qua queat   35
reperire quae sustulerit.   ei rei nunc suam
185 operam usque adsiduo seruos dat, si possiet

159 ui *add. Pareus*   m. ⟨de⟩ n. *Pradel de praep.* p. 531   ⟨hic⟩
in *Redslob*   162 tum habitabat *Guietus, cui* habitabát *displicet.*
Gellius 3. 16, 2 *verba adfert a* tum illa *incipiens, unde* ubi tum habitabat.
tum illa *Schoell*   168 q. e. p. *supplevit Camerarius* (iii. 11)   176
quam *add. Ital.*   179 et] ut *Weise*   181 gn. eamque *Pylades fort.*
seruolo (v. 8)   183 eundem illum *Niemoeller de pron.* '*ipse*' p. 43

meretricem illam inuenire quam olim tollere,
quom ipse exponebat, ex insidiis uiderat.
40 nunc quod relicuom restat uolo persoluere
ut expungatur nomen, ne quid debeam.
adulescens hic est Sicyoni : ei uiuit pater.   190
is amore proiecticiam illam deperit
quae dudum flens hinc abiit ad matrem suam,
45 et illa hunc contra, qui est amor suauissumus.
ut sunt humana, nihil est perpetuom datum.
pater ádulescenti dare uolt uxorem ; hoc ubi   195
mater resciuit, iussit accersi eam domum.
haec sic res gesta est.   bene ualete et uincite
50 uirtute uera, quod fecistis antidhac ;
seruate uostros socios, ueteres et nouos,
augete auxilia uostris iustis legibus,   200
perdite perduellis, parite laudem et lauream,
ut uobis uicti Poeni poenas sufferant.—

ACTVS II

ALCESIMARCHVS

AL. Credo ego Amorem primum apud homines carnuficinam
                                        commentum.
hanc ego de me coniecturam domi facio, ni foris quaeram,
qui omnis homines supero, antideo cruciabilitatibus animi. 205
            iactor, crucior, agitor,
5   stimulor, uorsor
         in amori' rota, miser exanimor,
         feror, differor, distrahor, diripior,
            ita nubilam mentem animi habeo.   210

---

192 dum *cod.* (dudum *J*)   197 haec res gesta sic est *cod.* : *corr.*
Bothe   200 uictis l. *P*E   201 laudeam (-dem *J*) et l. *cod*
202 ut *Ital.* : et *cod.*   204 ne *Ital.*   foras *cod.*   205
ant. *Hermann* : [atque] ant. *cod.* (*cf. ad Aul.* 784)   210 nullam *P*E

211-2   ubi sum. ibi non sum, ubi non sum, ibi est animus,
                  ita mi omnia sunt ingenia ;   10
              quod lubet, non lubet iam id continuo,
215   ita me Amor lassum animi ludificat,
              fugat, agit, appetit, raptat, retinet,
17-8   lactat, largitur : quod dat non dat ; deludit :
              modo quod suasit, ⟨id⟩ dissuadet,   15
220   quod dissuasit, id ostentat.
              maritumis moribu' mecum expetitur :
                  ita meum frangit amantem animum ;
              neque, nisi quia miser non eo pessum,
              mihi úlla abest perdito permities.   20
225   ita pater apud uillam detinuit
              me hos dies sex ruri continuos,
27-8   neque licitum interea est meam amicam uisere ⟨misero⟩.
              estne hoc miserum memoratu ?
ag. 1)
230 nudiussextus

                    *   *   *

A L C E S I M A R C H V S   S E R V V S
                    *   *   *
g. 11) (AL.) potine tú homo facinus facere strenuom ?   (SER.)
                                            aliorum adfatim est
qui faciant.   sane ego me nolo fortem perhiberi uirum.

                    *   *   *

SER. sed quid istúc ?   AL. mala multa dici mihi uolo.
                                            SER. qua gratia ?

---

213 ingenia sunt *cod.* : *trai. Spengel*   217-8 iactat *cod.*
quod *et* deludit *del* (?) *Leo, ut dimeter fiat*   219 id *add. Reiz*
dissuadet *Pylades* : dissuasit *cod.*   221 experĭtur *Ital.* (*cf. Pradel
de praep.* p. 515)   224 *fort.* nulla   227-8 misero *add. Schoell*
230 sqq. *plus sescenti versus perierunt in* P (*duo quaterniones in* Pᴬ ?),
ex quibus in A *servati sunt vv.* 233–491, *ubi inter v.* 145 *et* 232 *quinque
folia periisse videntur*   frag. 1 *gloss. Plaut.*   frag. 11 *Gellius* 6,
7, 3 (*s.* affatim)   233 *incipit* A ; *inter v.* 229 *et* 233 *interiisse videntur
versus* CX   istuc AL. mala multa dici *Leo* : istumn̤(a)m̤(i)l̤jadigi
cod. (*i. e.* is tum . . . adigi ?)

AL. quia uiuo.   SER. facile id quidem edepol possum, si tu

uis.   AL. uolo.

SER. at enim ne tu exponas pugnos tuos in imperio meo.   235

AL. numquam edepol faciam.   SER. fidem da.   AL. do, non

facturum esse me.

sed ego primum, tot qui ab amica abesse potuerim dies,

sum nihili.   SER. nihili hercle uero es.   AL. ∗ perdite,

quae me amaret contra.   SER. dignus hercle es infortunio.

AL. ei me ⟨tot tam⟩ acerba facere in corde !   SER. frugi num- 240

quam eris.

AL. praesertim quae coniurasset mecum et firmasset fidem,

SER. neque deos neque homines aequom est facere tibi

posthac bene.

AL. quae esset aetatem exactura mecum in matrimonio,

SER. compedis te capere oportet neque eas umquam ponere.

AL. quae mihi esset commendata et meae fide concredita,   245

SER. hercle te uerberibus multum caedi oportere arbitror.

AL. quae mellillam me uocare et suauium solitast suom.

SER. ob istuc unum uerbum dignu's deciens qui furcam feras.

AL. egomet laetor.   sed quid auctor nunc mihi es ?   SER.

dicam tibi :

supplicium illi des, suspendas te, ne tibi suscenseat.   250

AL. quian   ∗   ∗   ∗   ∗   ∗   ∗   ∗

SER. quid tu ergo ⟨timebas⟩ nam ?   ∗   ∗ te manuleo

∗ ue ⟨amica ne te caiet⟩ ∗   ∗   ∗   ∗   ∗

∗   ∗   ∗

235 pugno os metuo *Leo*   237 tot *Leo* : ẹo *sequente personae
spatio cod. ut vid.*   potuerim *Leo* : aụ.irẹm *A*   eo, quia ab *Seyffert,*
auderem ⟨sex⟩ dies *Schoell*   238 (cu)idọrọiarọperịtẹ *cod.* : ⟨quam
ego amarem⟩ perdite *Leo*   239 ercle ercle es *cod.*   240 ei me . . .
. . . acẹrba *cod.* : restituit *Leo*   *post versum* 242 *anticipatur* v. 245
suo loco rediens (ii. 6)   243 mecum exactura mecum *cod.* (iv. 3)
244 compeccẹis *cod.*   245 meam (? *pro* meam in) fidem concrediti
in v. *anticipato cod.*   249 laetor *suspectum*   252 quid tu
ergo — name—te manuleo *cod.* : quid ? tu amicam times, ne te manuleo
caiet? *Fulgentius Virgil. contin., ad Aen.* 7 *in.*   253–72 *nihil nisi
vestigia litterarum apparet in cod.* : *post v.* 266, *ultimum huius scaenae
versum, duo folia amissa sunt*

ALCESIMARCHVS   GYMNASIVM   SERVVS

                      *   *   *

273 (AL.) quid si amo?   *   * (GY.) * est amor

    *   * atque illam quam ⟨te⟩ amare intellego

275 *   * si conclusos uos ⟨me⟩ habere in carcere

    *   *   *   amoris noctesque et dies

    ni emortuos   *   *   *   *   *   *

    mihi numquam quisquam *   *   *

                  (GY.) immo maxumus.

280 nam quí amant stulte atque inmodeste atque inprobe

281 *   *   *   *   *   * -ne ament.

283 (AL.) un *   * anus. Th⟨yni⟩sce, ubi tu es? SER.

                                ecce me.

    AL. i, adfer mihi arma ⟨SER. arma? AL.⟩ et loricam

                                adducito.

285 SER. loricam adducam? *   *   *   ⟨add⟩ucere.

    AL. i, curre, equom adfer. SER. peri, hercle hic insanit

                                miser.

    AL. abi atque hastatos multos, multos uelites,

    multos cum multis—nil moror precario.

    ubi sunt quae iussi? SER. sanus hic non est satis.

290 GY. manu esse credo nocitum, quom illaec sic facit.

    SER. utrum deliras, quaeso, an astans somnias,

    qui equom me adferre iubes, loricam adducere,

    multos hastatos, postid multos uelites,

    multos cum multis? haec tu peruorsario

295 mihi fabulatu's. AL. dixin ego istaec, opsecro?

    SER. modo quidem hercle haec dixisti. AL. non praesens

                                  quidem.

    SER. praestigiator es, siquidem hic non es atque ades.

283 *vel* ua Thynisce *Schoell*   284 *suppl. Schoell*   285 *sententia apparet ex Pseud.* 711   286 equm *cod.*   perî *del. Studemund* (iv. 3)   290 facit *an* facis *incert. cod.*   292 equm *cod.*   293 *vel* post id   294 peruorsaruo (*vel* -semodo) *cod.*   296 *vel* dixti   297 es *del. Studemund, cui* praestigiätór-es *displicet*

Gy. uideo ego te Amoris ualide tactum toxico,
adulescens ; eo te magi' uolo monitum.   Al. mone.
Gy. caue sis cum Amore tu umquam bellum sumpseris.   300
Al. quid faciam ?   Gy. ád matrem eiius deuenias domum,
expurges, iures, ores blande per precem
eamque exores ne tibi suscenseat.
Al. expurigabo hercle omnia ad raucam rauim.

*   *   *

S e n e x   G y m n a s i v m

*   *   *   (frag

Sen. prohibet diuitiis maxumis, dote altili atque opima.   305

*   *   *

mulierculam exornatulam.   *   quidem hercle scita.
quamquam uetus cantherius sum, etiam nunc, ut ego opinor,
adhinnire equolam possum ego hanc, si detur sola soli.
Gy. nimis opportune mi euenit rediisse Alcesimarchum ;
nam sola nulla inuitior solet esse.   Sen. me uocato   310
ne sola sis : ego ⟨te⟩cum ⟨ero, uolo⟩ ego agere, ut tú agas
                                                                         aliquid.
Gy. nimi' lepide ⟨ex⟩concinnauit hasce aedis Alcesimarchus.
Sen. ut quo⟨m Ven⟩us adgreditur, ⟨place⟩t ! lepidumst
                                                                  amare semper.
Gy. uenerem meram haec aedes olent, quia amator ex-
                                                                        poliuit.
Sen. non mo⟨do i⟩psa lepidast, commode quoque hercle 315
                                                                        fabulatur.
sed quom dicta huius interpretor, haec herclest, ut ego opinor,
meum quaé corrumpit filium.   suspiciost eam esse,
utpote quam numquam uiderim ; de opinione credo.

    299 *vel* mage   304 Experiuraui *cod. Festi* 274   hercle *codd.*
Nonii 164 : hercles *cod.* : her . . . *cod. Fest.*   *inter* 304 *et* 306 *duo folia
amissa in cod.*   frag. III *Nonius* 72 (*s.* altile)   306 (situ)ę *cod.* :
⟨et est⟩ *Leo* : ⟨itast⟩ *Seyffert*   *fort.* scite q. h. scitam   307, 316
vel opino   311 *suppl. Studemund*   312 *suppl. Studemund*
313 ut quo . . . . . usa der(i)d(e\tur . . . . ţ *cod.* : *suppl. Leo*   315
suppl. Studemund   318 ut pote quam *Seyffert* : ut postquam *cod.*

CISTELLARIA II. i

nam hasce aedis conductas habet meu' gnatus, haec ubi astat :
320 hoc hanc eam esse opiniost ; nam haec illum nominauit.
quid si adeam atque appellem ?—mali damnique inlecebra,
salue.

GY.　＊　＊　＊　＊　＊　uapulabis.
323 SEN.　＊　＊　＊　＊　＊　apud te.
＊　　＊　　＊
330　＊　＊　＊　＊　＊　GY. intrabo,
nam meretricem astare in uia solam prostibuli sanest.

＊　　＊　　＊
341 malum aufer, bonum mihi opus est
362 ＊　＊　＊　＊　＊　＊　GY. ＊　＊ quid uis.
SEN. uolo ex te scire, quidquid est meu' ⟨filius quod fe⟩cit,
quid égo usquam male feci tibi ⟨aut m⟩eu' quisquam, id
edisserta,
365 quam ob rem me meumque filium cum ⟨matr⟩e remque
nostram
habes pérditui et praedatui ? GY. miser errat, ut ego dixi.
lepidast materies, ludam ego hunc, nam occasio uidetur.
potin operam ⟨in⟩ique equidem malam ＊　＊ innocenti ?
SEN. sed ⟨opsecro⟩ te, nullu'nest tibi amator alius quisquam ?
370 GY. nisi tuo' modo unus filiust, quem quidem ego amem
alius nemo est.
SEN. at ＊ GY. nil moror : damno sunt ⟨tui⟩ mihi ⟨simil⟩es.

322 qu — ṇu . . . . ẹ uapulabis *cod.* : quisquis tu es, si mihi dixeris
nec recte, uapulabis *Seyffert*　　　323 — are . . . . uolo (*vel* niclo)
apud te *cod.*　　　324–62 *nihil nisi vestigia litterarum apparet*
330 *Nonius* p. 423 (*s.* prostibulum) : intro bonam (intra bonam *vel*
intro abonam) meretricem astare in via solam prostibula sane est
intro abeo nam *Bothe*　　prostibuli *Mercerus*　　341 *Nonius* 482
(*s.* opus est illam rem) : ṇịcịaṣ (*i. e.* inicias ?) m(a)lum — ‖ Bonu —
apparent in cod.　　363 *suppl. Studemund*　　364 *suppl. Seyffert*
365 cum (quom) matre rem *Studemund* : quom . . . . erem *cod.*　　366
praedatui. GY. miser *Studemund* : prae . . . ụi . . . ser *cod.*　　368
inique *Leo* : neque *Schoell*　　369 *suppl. Studemund*　　370 *restituit*
Studemund (*qui* filius *mavult*) : nisi meus modo unus filius? GY.
quem *Leo*　　371 ateçça — *cod.* : at ego ⟨alios credo⟩ *Seyffert* : *for..*
at eccam ⟨áliam praedam⟩　　t. m. s. *suppl. Schoell*

Sen. quid *   (Gy.) uisne est is arbitratus?

                                                           (frag.
                  (Gy.) datores   373
negotioli bellissumi senices soletis esse?

                Lena   Gymnasivm
                    *   *   *
Le. me respondere postulas? iniurium est.   (frag.
stipulari semper me ultro oportet a uiris,   375
eum quaéstum facio, nil uiris promittere.

siquidem imperes pro copia, pro recula   (frag.

Le. quin is, si itura es? nimium is uegrandi gradu.   (frag.
Gy. pol ad cubituram, mater, magi' sum exercita   (frag.
fere quam ad cursuram. eo sum tardiuscula.   380

                        meminere officium suom. (frag.

[nam] ita mustulentus uentus naris attigit.   (frag.

capillo scisso atque excissatis auribus   (frag.

                                                           (frag.
⟨quae quasi carnuficis angiporta purigans   384

        372 *fort*. quid ⟨si capiamus arbitrum?⟩   *restituit Schoell*   373
sqq. *unum folium in A periit et sequentis prior pagina*   frag. iv
Priscianus 1, 111 (*s.* negotiolum) *et* 279 (*s.* senicis)   datores bellissimi
[uos] negotioli senicis (bellissimos negotiolis phoenices) soletis esse :
corr. Bothe   frag. v *Priscianus* 1, 388 (*s.* stipulor)   376 uires
codd.   frag. vi *Priscianus* 1, 107 (*s.* recula)   frag. vii *Festus* 372
(*s.* uegrande)   qui nisi itures *cod.*   frag. viii *Nonius* 198 (*s.* cursura)
379 *vel* mage   380 accursura *codd.*   frag. ix *Nonius* 499 (*s.* accus.
pro genet.)   frag. x *Nonius* 63 (*s.* mustulentum) *et* 415 (*s.* ventus)
ita *codd.* 415 : nam ita *codd.* 63   uentus *codd.* 415 : estus (aestus)
codd. 63 (*cf. Lindsay ' Non. Marc.'* p. 63)   naris obtigit *codd.* 415
frag. xi *Nonius* 108 (*s.* excissatum)   excisatis *Meursius*   frag. xii
Nonius 190 (*s.* angiportus *gen. neutri*)   purgitans *codd.* (*cf. Aul.*
753 purgitant *pro* purigant)

405 non quasi nunc haec sunt hic, limaces liuidae,
    febricul⟨osae, mi⟩serae amicae, | osseae,
    diobolares, schoeniculae, miraculae,
408 cum extertis talis, cum todillis crusculis

                    *   *   *

    S E L E N I V M   A L C E S I M A R C H V S   M E L A E N I S

                    *   *   *

449   SEL. molestus es.
450 AL. meae issula sua ⟨aede⟩s egent. ad me ⟨sine ducam⟩.
                                        SEL. aufer manum.
     AL. germana mea sororcula.   SEL. repudio te frater-
                                                      culum.
     AL. tum tu igitur, mea matercula.   ME. repudio te puer-
                                                      culum.
     AL. opsecro te—SEL. ualeas.   AL. ut sinas—SEL. nil moror.
                                        AL. expurgare me.
  SEL. ⟨oppressas⟩.   AL. sine dicam—⟨ME.⟩ sati' sapit mihi
                                            tuis peiiuriis.

---

385 *incipit A*   385-404 *nihil nisi vestigia litterarum apparet*
391 fuist — llo modo   392 u — es negent   394 — gu̧ȩla . qui
teris *an* anguila (-illa?)   396 — ticulus fui   403 q . . . q — m
darent   405 *totum versum praebet Varro de L. L.* 7, 64 (*s.* limax) :
nil nisi sunt lima(ces aut) liuidae *apparet in cod.*   406 *suppl. Schoell*
amcisae (?) *Leo* : amiculae *Schoell*   407 d(io)bolare(s scho)
ȩniculae miracula *cod.*   *interpretationem adfert Varro* : diouolares
'*a binis obolis,*' scenicolae '*a schoeno,*' miraculae '*a miris, i.e. mon-
stris*'   408 cum extȩritis ta(lis c)um ţodȩļlis cruribus *cod.* : *Festus*
329 — raculae cum extertis — (extortis *Paulus* 52 ; 353) : extortis
Priscianus I, 103 (*qui testatur* crusculis): *vel* extritis   todillis *Festus*
352 (*s.* todi) (*cf. corp. gloss.* 5, 624, 39) : todinis *Priscianus*, cro[co]-
tillis *Paulus* 52 (*s.* cro[co]tillum : '*valde exile*') : sodellis *Festus* 301
(*s.* succrotilla vox)   409-49 *nihil nisi vestigia litterarum apparet*
420 at die illa —   422 dei̧ me (om)nes —   423 illae —   424
haec sustulit, post —   425 circumcur —   427 qua — disti
— um loquor   444 — ris modis   *inter vv.* 444 *et* 449 *unum
folium periisse videtur*   449-83 *pauca servata sunt*   450 issula *restit.*
Schoell cett. suppl. Leo   451 *Priscianus* I, 105 (germana mea
sororcula)   452 *Priscianus* I, 103 (tum tu igitur mea matercula)
puerculum (?) *Leo* : fraterculum *cod.* (v. 4)   453 *vel* expurigare *quo
fit versus iambicus, sed displicet* opsecro̧   454 SEL. (*vel* ME.) oppressas
scripsi : o . . ŗ . . sa . *cod., ut* operosam (-oss-) *quadret cett. restit. Schoell*

⟨AL. úera.   ME. sí ea sunt,⟩ at nunc non potis est.   AL. 455
                                              supplicium uolo
polliceri.   SEL. at mihi aps te accipere non lubet.   AL. em
                                                     om⟨nia⟩
patior iur⟨e.   ho⟩c illei uolup est neque tis misereri
                                                        decet.
quemquam hominem.   SEL. inter *   *   uerba dare * 458-9
non illa *   *   qui frangant foedera   460
    AL. at ego nec do neque te amittam hodie, nisi quae uolo 463
                                              tecum loqui
            das mihi operam.

MELAENIS   ALCESIMARCHVS

ME. potin ut mihi molestus ne sis?   AL. quin id ⟨est 465
                                          no⟩men mihi,
omnes mortales ⟨uocant Mole⟩stum.   *
ME. quo *   *   opsecro.   AL. at fru⟨stra opsecras.⟩
quia sine omni   *   die suom.   AL. dabo   469
ius iurandum.   *   *   470
ME. at ego nunc ⟨ab⟩ illó mihi ⟨caueo⟩ iure iurando ⟨tuo⟩ ;
similest ius iurandum amantum quasi ius confusicium.
nescia⟨s⟩   *
            *   nugas agis.   474
AL. supplicium dabo   *   477
quo modo ego   *
            *   ⟨ME.⟩   quia es nanctus nouam,

---

455 uer . . . sịtạ sụnṭ a(t nu)nc cod. : restitui potest cod.   456
polliceri ante uolo (v. 455) in cod. : huc transposui, nam pollicĕrí-uolo
displicet   em omnia restit. Studemund   456, 457 SEL.] vel ME.
457 suppl. Leo   460 ME. pol mihi qui firma (sancta Leo) [qui] frangant
Schoell   463 at ego nec do Leo : aẹ . . . nẹ ḍo cod.   neque tẹr
. . ịtạm họ(di)ẹ cod. : suppleuit Studemund   465, 466 quin ẹd
. . . . . mẹm mihi Omnes mortales u . . c . . . . stụ — : suppl. Schoell
467 fort. quo ⟨uolo ire, sine med ire, te⟩ ops.   469 quị . sine (o)mm
cett. restit. Studemund   471 suppl. Schoell   vel iḷloc   472
sịmịḷ . . . ius iurandum ạm . . . . . quạ . . . us. ọnfusicium cod. : suppleuit Studemund

480 quae   *   quaedam quasi tu nescias.
                *   AL. di deaeque illam perdant pariter !
                *   umquam, si hoc fallo. ME. nil moror
                *   ⟨fa⟩lsum fallis, eo *   at fides.
        postremo, si mihi dedisses uerba, dis numquam dares.
485 AL. quin equidem illam duc⟨am⟩ ux⟨orem.   ME.⟩ ducas,
                                                    si   *
        nunc hoc si tibi commodumst, quae   *
        AL. instruxi illi aurum atque uestem. (ME.)   *
        siquidem amabas, proin   *   illi instrui.
        sed sino. iam hoc mihi responde quod ⟨ego⟩ te rogo ⟨ocius⟩.
490 ins⟨truxisti⟩   *
        tibi ita ut uoluisti   *   (AL.) quod uolo.

        ME. eo facetu's quia tibi aliast sponsa locuples Lemnia.   25
        habeas.   neque nos factione tanta quanta tu sumus
        neque opes nostrae tam sunt ualidae quam tuae ; uerum
                                                              tamen
495 hau metuo ne ius iurandum nostrum quisquam culpitet :
        tu iam, si quid tibi dolebit, scies qua doleat gratia.
        AL. di me perdant—ME. quodcumque optes, tibi uelim 30
                                                         contingere.
        AL. sei illam uxorem duxero umquam, mihi quam despondit
                                                              pater !
        ME. et me, si umquam tibi uxórem filiam dedero meam.
500 AL. patierin me peiierare ? ME. pol te aliquanto facilius
        quam me meamque rem perire et ludificari filiam.
        abi, quaere ubi iuri iurando tuo sit satias supsidi :   35
        hic apud nós iam, Alcesimarche, confregisti tesseram.

        481 pāriter *vix ferendum* : pariliter *Schoell* : pariter ⟨atque me *vel*
te⟩ *Seyffert*   485 *suppl. Studemund*   si d⟨i tibi duint⟩ *Studemund*   487 uestem *Skutsch* : uis — *cod.*   489 quod ego te *restit.*
Studemund   rogo ocius *Redslob*   490 *suppl. Leo*   492 *acce-*
dit P   498 mihi umquam quam *P*   500 paterin me periurare *A* :
periurare (? *pro* -ren) me patiere *P*   pol te] atque *P*   502
alibi *A*   quererē *P*   iuris iurandi tui *ut vid. A*   satis sit *P*

AL. face semel periclum. ME. feci saepe, quod factum
queror.

AL. redde mihi illam. ME. inter nouam rem uerbum usur- 505
pabo uetus :

'quod dedi datum non uellem, quod relicuomst non dabo.'

40 AL. non remissura es mihi illam? ME. pro me responsas
tibi.

AL. non remittes? ME. scis iam dudum omnem meam
sententiam.

AL. satin istuc tibi in córde certumst? ME. quin ne com-
mentor quidem.

[non edepol ⟨ego⟩ istaec tua dicta nunc in auris recipio.   510

AL. non? hem, quid agis igitur? ME. animum aduorte
iam, ut quid agam scias.]

45 AL. at ita me di deaeque, superi atque inferi et mediox-
umi,

itaque me Iuno regina et Ioui' supremi filia

itaque me Saturnus eiius patruos—ME. ecastor pater.

AL. itaque me Ops opulenta, illius auia—ME. immo mater 515
quidem.

AL. Iuno filia et Saturnus patruos et súmmus Iuppiter—

50 tu me delenis, propter te haec pecco. ME. perge dicere.

AL. anne etiam quid consultura sis sciam? ME. perge
eloqui.

non remittam. definitumst. AL. enim uero ita me Iuppiter

itaque me Iuno ítaque Ianus ita—quid dicam nescio.   520

iam scio. immo, mulier, audi, meam ut scias sententiam.

504 sepe feci *P*   507 responsa *P*   509 certumst in corde *A*
ne *Seyffert* : e *A* (*praec.* n) : ego *P* (*seq.* co-)   510–1 *om. A*   *post*
518 *transposuit Seyffert* (*Berl. Phil. Woch.* 1896, p. 844)   510
ego *add. Schoell*   511 q. agam *Rost* : quid (quod *P*ᴱ) agas *cod.*
512 atque *om. codd. Prisciani* 1, 62   514 patruus eius *P*   ec. p.]
et summus pater *A* (*ex v.* 516)   516 *Melaenidi continuat Ussing*
filia Iuno *A*   Iuppiter] pater *Bentley* (*cf. ad v.* 514)   518 a. ut
etiam *P* (*pro* a. e. ut ?)   sis sciam *om. A*   ME. perge] es perge *A*
520 itaque Ianus] et saturnus *P* (*ex v.* 516?)

di me omnes, magni minutique et etiam patellárii,   55
faxint ne ego ⟨dem uiuae⟩ uiuos sauium Selenio,
nisi ego teque tuamque filiam aeque hodie optruncauero,
525 poste autem cum primo luci cras nisi ambo occidero,
et equidem hercle nisi pedatu tertio omnís ecflixero,
nisi tu illam remittis ad me.   dixi quae uolui.   uale.—   60
ME. abiit intro iratus.   quid ego nunc agam ? si redierit
illa ad hunc, ibidem loci res erit : ubi odium occeperit,
530 illam extrudet, tum hanc uxorem Lemniam ducet domum.
sed tamen ibo et persequar: amans né quid faciat, cauto opust.
postremo, quando aequa lege pauperi cum diuite   65
non licet, perdam operam potius quam carebo filia.
sed quis hic est qui recta platea cursum huc contendit
                                                    suom ?
535 et illud paueo et hoc formido, ita tota sum misera in metu.

LAMPADIO   ii

LA. Anum sectatus sum clamore per uias,
miserrumam habui.   ut illaec hodie quot modis
moderatrix ⟨linguae⟩ fuit atque inmemorabilis !
quot illí blanditias, quid illi promisi boni,
540 quot admoeniui fabricas, quot fallacias   5
in quaestione !   uix exsculpsi ut diceret,
quia ei promisi dolium uini dare.

PHANOSTRATA   LAMPADIO   MELAENIS   iii

PH. Audire uocem uisa sum ante aedis modo
mei Lampadisci serui.   LA. non surda es, era :

522 minuti et etiam A : minutique et P   deficit A   523
lacunam spatio notat B : ⟨dem⟩ Ital., ⟨uiuae⟩ Bothe, Benoist :
⟨oppingam⟩ Schoell   senio cod. (selenio J)   524 te. tu. f. meque cod.,
sed filiam verb. dactylicum in quarto pede vix ferendum : corr. Seyffert :
vix teq' meq' tu. f.   525 postea cod.   526 efflixero omnis tertio
Leo   530 tum Dissaldeus : cum cod.   531 amens B¹, sed
něquïd vix ferendum   sed tamen amens ne quid faciat cauto
opust. ibo et persequar Leo   534 huc Ital. : hic cod.   535
vel illuc   538 linguae add. Ussing   539 vel illic

recte audiuisti. Ph. quid agis hic ? La. quod gaudeas.   545
Ph. quid id est ? La. hinc ex hisce aedibus paullo prius
5 uidi exeuntem mulierem—Ph. illam quae meam
gnatam sustulerat ? La. rem tenes. Ph. quid postea ?
La. dico ei quo pacto eam ab hippodromo uiderim
erilem nostram filiam sustollere.   550
extimuit tum illa. Me. iam horret corpus, cor salit.
10 nam mihi ab hippodromo memini adferri paruolam
puellam eamque me mihi supponere.
Ph. age perge, quaeso. ánimus audire expetit
ut gesta res sit. Me. utinam audire non queas.   555

                *   *   *

La. pergo illa⟨m onerare⟩ dictis : 'illaec ted anus
15 fortu⟨nis ex secundis ad mi⟩seras uocat.
nam illaec tibi nutrix est, ne matrem censeas.
ego te redduco et uoco ad ⟨súmmas⟩ ditias,
ubi tu locere in luculentam familiam,   560
und' tibi talenta magna uiginti pater
20 det dotis ; non enim hic ubi ex Tusco modo
tute tibi indigne dotem quaeras corpore.'
Ph. an, amabo, meretrix illa est quae illam sustulit ?
La. immo meretrix fuit ; sed ut sit, de ea re eloquar.   565
iam perducebam illam ad me suadela mea :
25 anus ei amplexa est genua plorans, opsecrans
ne deserat se : eam suam esse filiam,
seque eam peperisse sancte adiurabat mihi.
'istanc quam quaeris' inquit 'ego amicae meae   570
dedi, quae éducaret eam pro filiola sua ;
30 et uiuit' inquit. 'ubi ea est ?' inquam extemplo.
Ph. seruate di med, opsecro ! Me. at me perditis.

547 uidei *cod.* (*antiqua forma*)   550 filiam nostram *cod.* : *trai.*
Bothe   555 res gesta *cod.* : *trai. Guietus*   *vix* siet   *lacunam*
codices non indicant   556, 557 *spatia relicta in cod.* ; *post alios sup-*
plevit Schoell   559 reuoco *Pylades*   ⟨summas⟩ *Brix* : ⟨auitas⟩
Schoell   565 meretrix *del. Bothe rhythmi causa*   567 ei
⟨quom⟩ *Seyffert*   573 *vel* me (*ita cod.*)

Ph. quoi illam dedisset exquisisse oportuit.

575 La. quaesiui, et dixit meretrici Melaenidi.

Me. meum elocutust nomen, interii ⟨oppido⟩!

La. ubi elocuta est, ego continuo [anum] interrogo;   35
'ubi habitat?' inquam 'duce ac demonstra mihi.'
'auecta est' inquit 'peregre hinc habitatum.' Me. obsipat

580 aquolam. La. 'quo auecta est, eo sequemur. sicine
agi' nugas? periisti hercle, ⟨ni⟩   *   *
*   *   * ⟨non hercle⟩ hoc longe destiti   40
instare usque adeo donec se adiurat anus
iam mihi monstrare. Ph. át non missam oportuit.

585 La. seruatur. sed illaec se quandam aibat mulierem
suam beneuolentem conuenire etiam prius,
commune quacum id esset sibi negotium.   45
et scio uenturam. Me. me indicabit, et suas

589-90 ad meas miserias †alias faciem consciam†.

Ph. quid nunc uis facere me? La. intro abi atque animo
                                        bono es.
uir tuo' si ueniet, iube domi opperirier,
ne in quaestione mihi sit, si quid eum uelim.   50
ego ad ánum recurro rusum. Ph. Lampadio, opsecro,

595 cura. La. perfectum ego hoc dabo negotium.

Ph. deos téque spero.—La. eosdem ego – uti abeas domum.

Me. adulescens, asta atque audi. La. men, mulier, uocas?

Me. te. La. quid negoti est? nam occupatus sum am- 55
                                        pliter.

Me. quis istic habitat? La. Demipho dominus meus.

600 Me. nempe istic est qui Alcesimarcho filiam
suam despondit in diuitias maxumas?

574 quo *cod.*   576 oppido *suppl. Pylades*   577 anum *del. Acidalius*
578 dic *Becker*   581, 582 peristine hercle hoc longe dedisti *cod.*,
cett. om. (iii. 11)   peristi *Pylades* (iv. 3)   ni ⟨mihi dixeris Vbi habitet
nunc. non hercle⟩ hoc *Schoell*   destiti *Ital.*: dedisti *cod.*   584 iam]
eam *Pylades*   588 indicauit *cod.*   589, 590 alias ⟨adiunget mala‖
Seleniumque fraudis⟩ faciet consciam *Schoell* (*fort.* Seleniumque
fallae; iii. 11)   593 in q. *Camerarius*: quaestionem *cod.*

La. is ipsust.   Me. eho tu, quam uos igitur filiam
60 nunc quaeritatis alteram ?   La. ego deicam tibi :
non ex uxore natam, uxoris filiam.
Me. quid istúc est uerbi ?   La. éx priore muliere   605
nata, inquam, meo ero est filiá.   Me. certe modo
huius, quae locuta est, quaerere aibas filiam.
65 La. huius ergo quaero.   Me. quo modo igitur, opsecro,
haec est prior quae nupta nunc est ?   La. conteris
tu tua me oratione, mulier, quisquis es.   610
medioxumam quam duxit uxorem, ex ea
nata est haec uirgo Alcesimarcho quae datur.
70 ea uxór diem obiit.   iam scis ?   Me. teneo istuc satis.
sed ego illud quaero confragosum, quo modo
prior pósterior sit et posterior sit prior ?   615
La. prius hanc compressit quam uxorem duxit domum,
priu' grauida facta est priu'que peperit filiam ;
75 eam póstquam peperit, iussit paruam proici :
ego eam proieci.   ália mulier sustulit.
ego inspectaui.   érus hanc duxit postibi.   620
eam núnc puellam filiam eiius quaerimus.
quid nunc supina susum caelum conspicis ?
80 Me. i nunciam istuc quo properabas, nil moror.
nunc intellexi.   La. dis hercle habeo gratiam,
nam ni intellexes, numquam, credo, amitteres.—   625
Me. nunc mihi bonae necessust esse ingratiis,
quamquam esse nolo.   rem palam esse intellego :
85 nunc egomet potius hanc inibo gratiam
ab illis quam illaec me indicet.   ibo domum,
atque ad parentes redducam Selenium.—   630

602 *vel* ipsus [est]   605 uerbis *cod.*   606 filia est *Camerarius*
certe *Camerarius* : certo *cod. contra morem Plautinum*   608 ego
cod. ut vid.   615 et *del. Merula*   619 aliena *Schoell*   620
duxit erus hanc *Schoell*   623 Ei *cod.* (*antiqua forma*)   626 *vel*
necessumst   630 reduco *B*

ACTVS III

Melaenis   Selenivm   Alcesimarchvs   III. i

Me. Rem elocuta sum tibi omnem ; sequeren, mea Selenium,
ut eorum quoiam esse oportet te sis potius quam mea ?
quamquam inuita te carebo, ánimum ego inducam tamen
ut illud ⟨quod minu' méam⟩ quam túam in rem bene con-
                                        ducat consulam.
635 nam hic crepundia insunt, quibu'cum te illa olim ad me 5
                                        detulit,
quae mihi dedit, parentes te ut cognoscant facilius.
accipe hanc cistellam, Halisca.   ágedum pulta illas fores.
dic me orare ut aliquis intus prodeat propere ocius.
39-40 Al. recipe me ad te, Mors, amicum et beniuolum.   Sel.
                                        mater mea,
periimus miseraé.   Al. utrum hac me feriam an ab laeua 10
                                        latus ?
Me. quid tibi est?   Sel. Alcesimarchum non uides ? ferrum
                                        tenet.
Al. ecquid agis ?   remorare.   lumen linque.   Sel. amabo,
                                        accurrite,
ne se interemat.   Al. o Salute mea salus salubrior,
645 tu nunc, si ego uolo seu nolo, sola me ut uiuam facis.
Me. hau uoluisti istuc seuerum facere.   Al. nil mecum tibi, 15
mortuos tibi sum : hanc ut habeo certum est non amittere ;
nam hercle iam ad me adglutinandam totam decretum est
                                        dare.

631 sequerem (sequere me *B³*) mea *cod.* : sequere hac me *Seyffert*
633 ⟨in⟩ an. *Mueller (Rhein. Mus.* 54, 387)   634 *suppl. Seyffert* :
ut il. tuam quod quam meam in rem *Mueller ibid.*   637 has liscas
cod.   *post nomen aliquid intercidisse* (*ab* s⟨ed⟩ *incipiens*) *propter v.*
713 *sq. coniecit Seyffert*   641 hac me] hacine *Brix*   642 tenet
Bothe : tenenst *cod. ut vid., fort. recte*   645 sola me *an* me sola
incert. cod.   646 istunc *cod.*   648 adglutinandum *cod.* (-am *J*)

ubi estis, serui? occludite aedis pessulis, repagulis.
ibo, hánc ego tetulero intra limen.—Me. abiit, apstulit   650

20 mulierem.   ibo, persequar iam illum intro, ut haec ex me
sciat

eadem, sei possum tranquillum facere ex irato mihi.

ACTVS IV

IV. i   Lampadio   Phanostrata

La. Nullam ego me uidisse credo magis anum excruciabilem
quam illaec est: quae dudum fassast mihi, quaene infitias eat?
sed eccam eram uideo. sed quid hoc est, haec quod cistella 655
hic iacet

cum crepundiis? nec quemquam conspicor alium in uia.
5 faciundum est puerile officium: conquiniscam ad cistulam.
Ph. quid agis, Lampadio? La. haec cistella numnam
hinc ab nobis domo est?

nam hinc ab ostio iacentem sustuli. Ph. quid nuntias
super anu? La. scelestiorem in terra nullam esse alteram; 660
omnia infitiare iam, quae dudum confessa est mihi.
10 nam hercle ego ⟨quam⟩ illam anum inridere me ut sinam,
satiust mihi

quouis exitio interire. Ph. di, opsecro uostram fidem—
La. quid deos ópsecras? Ph. seruate nos. La. quid est?
Ph. crepundia

haec sunt, quibu'cum tu extulisti nostram filiolam ad necem. 665
La. sanane es? Ph. haec sunt profecto. La. pergin?
Ph. haec sunt. La. si mihi
15 alia mulier istoc pacto dicat, dicam esse ebriam.

650 ibo] ilico *Ussing*   652 sei (*corr.* set) *cod. ut vid.* (sic *B*³,
sed *B*¹*VJ*, set *vel* sit *E*¹)   657 conquiniscam *testatur Nonius* 84:
quomque mei sciam *cod.* (*pro* quomqueneiscam?)   661 infitiatur
Pius: *fort.* infitiarei   iam *Schoell*: ea *cod.*   662 quam *add.*
Seyffert   664 uos *cod.* (nos *J*)

Ph. non ecastor falsa memoro.   La. nam, opsecro, unde
                                    haec gentium?
 aut quis deus obiecit hanc ante ostium nostrum, quasi
670 dedita opera, in tempore ipso? Ph. Spes mihi sancta subueni.

H A L I S C A   L A M P A D I O   P H A N O S T R A T A   ii

Ha. Nisi quid mi opi' di dant, disperii, neque unde auxilium
                                      expetam hábeo.
    itaque petulantia mea me animi miseram habet.
    quae in tergum meum ne ueniant male formido,
    si éra mea sciat tam socordem esse quam sum.
675   quamne in manibus tenui atque accepi hic ante aedis   5
      cistellam, ubi ea sit nescio, nisi ut opinor
          loca haec circiter mi excidit.
 mei hómines, mei spectatores, facite indicium, si quis uidit,
 quis eam apstulerit quisue sustulerit et utrum hac an illac
                                      iter institerit.
680   non sum scitior quae hos rogem aut quae fatigem,   10
      qui semper malo muliebri sunt lubentes.
      nunc uestigia hic si qua sunt noscitabo.
      nam si nemo hac praeteriit, postquam intro abiui,
      cistella hic iaceret.   quid hic? perii, opinor,
685   actum est, ilicet me infelicem et scelestam!   15
      nulla est, neque ego sum usquam. perdita perdidit me.
      sed pergam ut coëpi tamen, quaeritabo.

668 falsa *Camerarius*: e ais a *cod*. (E *pro* F, I *pro* L)   669 An
Seyffert   670 subueni *Scioppius*: subuenit *cod.*   671 dent (*B³ ut vid.*)
an dant (*P*ᴮᴰ) *incert. cod.*   auxilium (*B*) *an* auxilii (*P*ᴱ) *incert. cod.*
⟨ego⟩ habeo *Ritschl*   672 ⟨et⟩ pet. *Schoell* (*anap.*); *in fine idem
intercidisse coniecit velut* et nequitia angit (*cf. v.* 673 ueniant), *quae in
fine tituli scaenae scripta esse possunt* (ii. 5)   674 mea ⟨me⟩ *Mueller*
676, 684 *vel* opino   677 h. c. exc. mihi *cod.*: *traieci* (*nam* circitēr
vix ferendum): c exc. h. mi *Schoell* (*anap.*)   678 mi h. mi *cod.* (*sed
cf. Lindsay 'Lat. Lang.'* 7, 12)   679 Quis *Bothe*: Siquis *cod.*   *vel*
quisv': quis *Bothe*   682 siquia *cod. ut vid.* (*vix recte*)   683 praeteriit hac *Fleckeisen*   abii *cod.*   684 perii *Spengel*: periit *cod.*
685 *vel sic distingue* ilicet. me

nam et íntus paueo et foris formi-

-do, ita nunc utrubique metus me agitat,   688ᵃ

20   ita sunt homines misere miseri.

ille nunc laetus est, quisquis est, qui illam habet,   690

quae neque illa illi quicquam usui et mihi esse potest :

sed memet moror quom hoc ago setius.

Halisca, hoc age, ad térram aspice et despice,

25   oculis inuestiges, astute augura.

LA. era.   PH. hém !   LA. est—PH. quid est ?   LA. haec est. 695

                PH. quis ?   LA. quoi haec excidit cistella.

PH. certe eccam ; locum signat, ubi ea excidit : apparet.

HA. sed is hac iit, hac socci uideo

uestigium in puluere, persequar hac.

30   in hoc iam loco cum altero constitit.   hic

meis turba oculis modo se obiecit :   699ᵃ

neque prosum iit hac : hic stetit, hinc il-   700

-lo exiit.   hic concilium fuit.   700ᵃ

ad duos attinet, liquidumst.   attat !

35   singulum uestigium uideo.   701ᵃ

sed is hac abiit.   contemplabó.   hinc huc iit, hinc nusquam

                                                            abiit.

actam rem ago   quod periit, periit : meum corium ⟨cum⟩

                                                          cistella.

redeo intro.   PH. mulier, ⟨mane,⟩ mane.   sunt qui uolunt

                                                  té conuentam.

689 ita *Schoell* : illo *cod.* (*ex v.* 690 ?)   *vel sic distingue* ita s. h.,
m. m.   690-1 *vel bacch.* (Ill' . . . habet, quae Neque . . . potis est)
691 et *Seyffert* : est *cod.*   *vel* mi ess' potest   esse potest] exitio est
Leo   692 segnius *Ussing*   693 *fort.* age *delend.* (iv. 3)   694 inuestiges (*B³*) *an* inuestiges (*P*ᴮᴰ) *incert. cod.* : in uestigiis *Schoell* (*gly-
conic.*)   695 LA. est PH. *del. Camerarius*   quis ⟨est⟩ *Spengel*   696
eccam *Pylades* : eccum *cod.* : est eum *Leo*   locum *Pylades* : locus
cod.   698 *an* persequor ? *nam* persequăr *inusitatum*   700
illuc *cod.*   701 liquidumst *Schoell* : liqui sunt (st̄) *cod.* (*unde* liquis
*P*ᴱ)   701ᵃ uideo uestigium *cod.* (*vix iamb. dim.*)   702 con-
templabor *cod.*   703 peperiit periit *cod.*   cum *add. Valla*   704
vix ⟨o⟩ mu.   ⟨mane⟩ *add.* (?) *Leo*, '*nisi* intro *trisyllabum*'

705 Hᴀ. quis me reuocat? Lᴀ. bona femina et malu' masculus
uolunt te.
Hᴀ. ⟨bona femina et malu' masculus uolunt me.⟩ postremo 40
ille
plus qui uocat scit quod uelit quam ego quae uocor. reuortor.
ecquem uidisti quaerere hic, amabo, in hac regione
cistellam cum crepundiis, quam ego hic amisi misera?
710 nam dudum ut accucurrimus ad Alcesimarchum, ne se
uita interemeret, tum * * * * more excidisse. 45
Lᴀ. cistellam haec mulier ⟨perdidit. tace⟩amus, era,
parumper.
Hᴀ. disperii misera! quid ego erae dicam? quae me opere
tanto
seruare iussit, qui suos Selenium parentes
715 facilius posset noscere, quae erae [meae] supposita est parua,
quam quaedam meretrix ei dedit. Lᴀ. nostram haec rem 50
fabulatur,
hanc scire oportet filia tua ubi sit, signa ut dicit.
Hᴀ. nunc eam uolt suae matri et patri, quibu' nata est,
reddere ultro.
mi homo, opsecro, alias res geris, ego tibi meas res mando.
720 Lᴀ. istuc ago, atque istic mihi cibus est, quod fabulare,
sed inter rém agendam istam erae huic respondi quod 55
rogabat.
nunc ad te redeo: si quid est opu', dice et impera tu.
quid quaeritabas? Hᴀ. mi homo | et mea mulier, uos saluto.
Pʜ. et nos te. sed quid quaeritas? Hᴀ. uestigium hic
requiro,

706 *addidi* 708 quaerere] tollere *Valla* 710 accurrimus
cod. (cf. *Merc.* 201 occurri *PCD pro* occucurri; iii. 3) 711 uitam (-ta
J) (*adhaeret uersui* 710) interemerit *cod.* *amissorum uerborum
spatia relicta et hic et in ceteris scaenae lacunis* tum eam mihi opinor
Leo 712 *suppl. Seyffert* 713 erae *Guietus*: ea erae *cod. ut uid.*
(ea era *B*[1], meae erae *B*[3]) (iv. 3) 715 meae *del. Ital., nam* qu(ae)
erac̆ mȇae *displicet* 722 et impera tu *Schoell*: impetra et tu *cod.*
(? *pro* impetra. Hᴀ. et tu): impetratumst *Leo* 723 o mi h. *Langen*

    qua aufugit quaedam * -aestio. ⟨LA.⟩ quid id? quidnam est? 725
60 HA. alienum ⟨concinnat malum⟩ et maerorem familiarem.
    LA. mala mers, era, haec et callida est. PH. ecastor ita
                                                        uidetur.
    LA. imitatur nequam bestiam et damnificam. PH. quemnam,
                                                        amabo?
    LA. inuoluolum, quae in pampini folio intorta implicat se:
    itidem haec exorditur sibí intortam orationem.   730
65 quid quaeritas? HA. cistellula hinc mi, adulescens, euolauit.
    LA. in caueam latam oportuit. HA. non edepol praeda
                                                        magna.
    LA. mirum quin grex uenalium in cistella infuerit una.
    PH. sine dicat. LA. si dicat quidém. PH. age loquere [tu]
                                                quid ibi infuerit.
    HA. crepundia una. LA. est quidam homo qui illam ait se 735
                                                scire ubi sit.
70 HA. at pol ille a quadam muliere, si eam monstret, gratiam
                                                        ineat.
    LA. at sibi ille quidam uolt dari mercedem. HA. at pol
                                                illa quaedam,
    quae illam cistellam perdidit, quoidam negat esse quod det.
    LA. at enim ille quidam o⟨peram bonam magis⟩ expetit
                                                quam argentum.
    HA. at pol illi quoidam mulieri nulla opera gratuita est.   740
75 PH. commodo loquela tua tibi nunc prodes. confitemur
    cistellam habere. HA. at uos Salus seruassit! ubi ea nunc
                                                        est?
    PH. saluam eccam. sed ego rem meam magnam confabulari

    725 vel aestic (PE) cod.   726 suppl. Schoell, Leo   728
maleficam codd. Isidori Orig. 12, 5, 9   quin nam cod. (pro quen-
nam?)   731 cistellam cod. (pro cistella, i. e. cistelula?), unde cistella mi h. Seyffert   hic cod. (hinc J)   734 tu del. Leo   inerit
Schoell   736 vel mulieri   739 quoi damo (-mu?) ante lacunam
cod. : suppl. Seyffert   quam argentum expetit : trai. Leo : q. a. ex-
petessit Seyffert   740 quidam cod.   741 commoda J   loquela
Redslob (Liter. Centralbl. 1895, p. 1761): loquelam cod.   commodule
quaedam Leo   tua] tu Ussing: fort. tut'   prodens cod.

tecum uolo : sóciam te mihí adopto ad meam salutem.

745 HA. quid istúc negoti est ? aut quis es ? PH. ego sum illius
                                                  mater,
quae haec gestitauit.   HA. hiciné tu ergo habitas ?   PH. 8o
                                              hariolare.
sed quaeso, ambages, mulier, mitte atque hoc age.
eloquere, unde haec sunt tibi, cito, crepundia.
HA. mea haec erilis gestitauit filia.

750 LA. mentiris, nam mea gestitauit, non tua.
PH. ne obloquere.   LA. taceo.   PH. mulier, perge dicere. 8₅
ubi ea est quae gestitauit ?   HA. hic in proxumo.
PH. istic quidem edepol mei uirí habitat gener.
LA. ne obloquere rusus.   PH. perge porro dicere.

755 quot annos nata dicitur ?   HA. septemdecim.
PH. mea est.   LA. east : u⟨t numer⟩us annorum attulit.   90
HA. quid ? qua⟨esti partem dimid⟩iam quaero meam.
LA. at po⟨l ego, quoniam tres⟩ sunt, quaero tertiam.
PH. quod quaeritabam, filiam inueni meam.

76o HA. aequom est ⟨reponi⟩ per fidem quod creditum est,
ne bene merenti sit malo benignitas.   95
nostra haec alumna est, tua profecto filia :
et redditura est tuam tibi, et ea gratia
domo profecta est.   ceterum ex ipsa, opsecro,

765 exquaeritote : ego serua sum.   PH. aequom postulas.
HA. illius égo istanc esse malo gratiam.   1oo
sed istánc cistellam te opsecro ut reddas mihi.
PH. quid fit, Lampadio ?   LA. quod tuom est teneas tuom.
PH. at me huius miseret.   LA. sic faciundum censeo :

77o da isti cistellam et intro abi cum istac semul.

---

745 quis est *cod.*   753 *vel* Isti   habitabat *Schoell   Lampadionis*
verba (in gener *desinentia*?) *intercidisse credit Camerarius*   756 *suppl.*
Camerarius : uiuam n. *Leo*   757 *suppl. Schoell*   758 *suppl.*
Schoell : at po⟨l ego, quom duae ad⟩sunt *Ussing*   76o rep. *suppl.*
Leo   762 alumna *Valla* : calumnia *cod.*   *post hunc v. lacunam*
sign. Seyffert   766 istanc esse *Camerarius* : istam necesse *cod.*
77o *vel* da istic

105   Ph. tibi auscultabo.   tene tu cistellam tibi,
     abeamus intro.   sed quid ⟨est⟩ nomen tuae
     dominae ? Ha. Melaenis. Ph. i prae, iám ego te sequar.—

ACTVS V

V. i   Demipho   Lampadio

De. Quid hoc negoti est, quod omnes homines fabulantur
                            per uias
mihi esse filiam inuentam ? et Lampadionem med in foro   775
quaesiuisse aiunt. La. ere, unde is ? De. ex senatu. La.
                             gaudeo
tibi mea opera liberorum esse amplius. De. enim non placet.
5 nil moror aliena mi opera fieri pluris liberos.
sed quid istúc est ? La. propera ire intro húc ad adfinem
                            tuom,
filiam tuam iám cognosces intus. ibidem uxor tua est.   780
abi cito. De. praeuorti hoc certumst rebus aliis omnibus.—

CATERVA

Ne exspectetis, spectatores, dum illi huc ad uos exeant :
10 nemo exibit, omnes intus conficient negotium.
ubi id erit factum, ornamenta ponent ; postidea loci
qui deliquit uapulabit, qui non deliquit bibet.   785
nunc quod ad uos, spectatores, relicuom relinquitur,
more maiorum date plausum postrema in comoedia.

---

772 est *add. Studemund*   775 filiam mihi esse *Ussing*   et]
etiam *Schoell*   me *cod.*   776 undi is *P*BD   777 enim *Bothe* :
etenim *cod.*   779 ad finem *cod.* (ad affinem *J*)

CVRCVLIO

ARGVMENTVM

Curculio missu Phaedromi it Cariam,
Vt petat argentum.   ibi eludit anulo
Rivalem.   scribit atque obsignat litteras.
Cognoscit signum Lyco, ubi vidit, militis :
Vt amicam mittat, pretium lenoni dedit.   5
Lyconem miles ac lenonem in ius rapit.
Ipsus sororem, quam peribat, repperit,
Oratu cuius Phaedromo nuptum locat.

1 missu *Gulielmus* : **mis**sus *cod.*   it ⟨in⟩ *Pylades*   2 ibi ⟨ille⟩
Camerarius

PERSONAE

PALINVRVS SERVVS
PHAEDROMVS ADVLESCENS
LEAENA ANVS
PLANESIVM VIRGO
CAPPADOX LENO
COCVS
CVRCVLIO PARASITVS
LYCO TRAPEZITA
CHORAGVS
THERAPONTIGONVS MILES

SCAENA EPIDAVRI

ACTVS I

PA. Quo ted hoc noctis dicam proficisci foras
cum istoc ornatu cumque hac pompa, Phaedrome?
PH. quo Venu' Cupidoque imperat, suadetque Amor :
si media nox est siue est prima uespera,
5 si statu', condictus cum hoste intercedit dies,   5
tamen est eundum quo imperant ingratiis.
PA. at tandem, tandem—PH. tandem es odiosus mihi.
PA. istuc quidem nec bellum est nec memorabile :
tute tibi puer es, lautus luces cereum.
10 PH. egon ápicularum opera congestum non feram   10
ex dulci oriundum melculo dulci meo?
PA. nam quo te dicam ego ire? PH. si tu me roges,
dicam ut scias. PA. si rogitem, quid respondeas?
PH. hoc Aesculapi fanum est. PA. plus iam anno scio.
15 PH. huic proxumum illud ostiumst oculissumum.   15
salue, ualuistin? PA. ostium occlusissumum,
caruitne febris te· heri uel nudiustertius
et heri cenauistine? PH. deridesne me?
PA. quid tu ergo, insane, rogitas ualeatne ostium?
20 PH. bellissumum hercle uidi et taciturnissumum,   20
numquam ullum uerbum muttit : quom aperitur tacet,
quom illa noctu clanculum ad me exit, tacet.

---

1 hoc *cod. Charisii* 112, *codd. Diom.* 441 : hac *cod.*   3 cupidoque *codd. Nonii* 421, *schol. Verg. A.* 4, 194 ; cupido *cod.*   imperant
Pylades   suadet *B'*, *schol. Verg.*   6 imperant *cod. Festi* 314 :
imperat *cod.*   10 egon] ego nam *codd. Prisciani* 1, 107   congestum opera *Bothe*   11 melliculo *cod.* (*cf. Cas.* 837 melliculum
pro melculum *P*)   12, 13 si . . . scias *Palinuro continuat cod., ut uid.*
13 si ⟨ego⟩ *Bosscher 'de Curc.'* 4   15-16 Huic . . est ocul. ost.
Amicae (*ex Fest.* 178) ⟨PA. mihi uidetur occlus.⟩ PH. Salue . . ⟨usque⟩
ocul. ost. *Goetz*   15 ostiumst *Fleckeisen* : ostium *cod.*   oculis-
simum *Festus* 178 (*cf. Paulus Diac.*) : occlusissimum *cod.* (*ex v.* 16)
22 cumque *Pylades, cui hiatus* quom | illa *displicet: an* et quom? (*praec.* et)

PA. numquid tu quod te aut genere indignum sit tuo
facis aut inceptas facinus facere, Phaedrome ?
25 num tu pudicae quoipiam insidias locas   25
aut quam pudicam oportet esse ?   PH. nemini ;
nec me ille sirit Iuppiter !   PA. ego item uolo.
ita tuom conferto amare semper, si sapis,
ne id quod ames populus si sciat, tibi sit probro.
30 semper curato ne sis intestabilis.   30
PH. quid istúc est uerbi ?   PA. caute ut incedas uia :   32
quod amas amato testibus praesentibus.   31
PH. quin leno hic habitat.   PA. nemo hinc prohibet nec
                                                           uotat
quin quod palam est uenale, si argentum est, emas.
35 nemo ire quemquam publica prohibet uia ;   35
dum ne per fundum saeptum facias semitam,
dum ted apstineas nupta, uidua, uirgine,
iuuentúte et pueris liberis, ama quídlubet.
PH. lenonis hae sunt aedes.   PA. male istis euenat !
40 PH. qui ?   PA. quia scelestam seruitutem seruiunt.   40
PH. obloquere.   PA. fiat maxumé.—PH. etiam taces ?
PA. nempe obloqui me iusseras.   PH. at nunc uoto.
ita uti occépi dicere : ei ancillula est.
PA. nempe huic lenoni qui hic habitat ?   PH. recte tenes.
45 PA. minu' formidabo, ne excidat.   PH. odiosus es.   45
eam uólt meretricem facere.   éa me deperit,
ego autem cum illa facere nolo mutuom.
PA. quid ita ?   PH. quia proprium facio : amo pariter simul.
PA. malu' clandestinus est amor, damnumst merum.

23 generi *cod.*   26 esse oportet *cod.*: *trai.* Pylades (*cf. Journ.
Phil.* 26, 295)   27 sirit *Muretus*: sinit *cod.*   32 *post* 31
cod. (ii. 6): *transposuit Bothe*   31 amato *Camerarius*: ama
cod.   33 hinc *Ital.*: huic (*P*ᴱ) *an* hic (*B*) *incert. cod.*   36
faciat *Fleckeisen*   43 ita *Muretus* : id *cod.* : *sed ita Reiz*   44
habet *Bothe*   45 excidat *Lambinus*: exedat *cod.* (*pro* excedat,
antiqua orthographia)   46 ⟨at⟩ ea *Fleckeisen, cui hiatus in pausa
displicet*

50 Ph. est hercle ita ut tu dicis.   Pa. iamne ea fert iugum?   50
   Ph. tam a me pudica est quasi soror mea sit, nisi
   si est osculando quippiam inpudicior.
   Pa. semper tu scito, flamma fumo est proxuma ;
   fumo comburi nil potest, flamma potest.
55 qui | e nuce nuculeum esse uolt, frangit nucem :   55
   qui uolt cubare, pandit saltum sauiis.
   Ph. at illa ést pudica neque dum cubitat cum uiris.
   Pa. credam, pudor si quoiquam lenoni siet.
   Ph. immo ut illam censes ? ut quaeque illi occasiost
60 surrupere se ad me, ubi sauium oppegit, fugit.   60
   id eo fit, quia hic leno, ⟨hic qui⟩ aegrotus incubat
   in Aesculapi fano, is me excruciat.   Pa. quid est ?
   Ph. alias me poscit pro illa triginta minas,
   alias talentum magnum ; neque quicquam queo
65 aequi bonique ab eo impetrare.   Pa. iniuriu's   65
   qui quod lenoni nulli est id ab eo petas.
   Ph. nunc hinc parasitum in Cariam misi meum
   petitum argentum a meo sodali mutuom.
   quod si non adfert, quo me uortam nescio.
70 Pa. si deos salutas, dextrouorsum censeo.   70
   Ph. nunc ara Veneris haec est ante horunc fores ;
   me inferre Veneri uoui iaientaculum.
   Pa. quid ? te antepones Veneri iaientaculo ?
   Ph. me, té atque hosce omnis.   Pa. tum tu Venerem uo-
                                              mere uis.
75 Ph. cedo, puere, sinum.   Pa. quid facturu's ?   Ph. iam 75
                                              scies.

   anus hic solet cubare custos ianitrix,

   55 e nuce qui (?) *Leo*   nuculeos *codd. Macrobii* 3, 18, 14   ⟨se⟩
   esse *Mueller* (*Rhein. Mus.* 54, 388)   *post v.* 60 *lacunam sign. Bosscher*
   '*de Curc.*' 8   61 hic qui *add. Leo*   l. hic ⟨nunc⟩ *Mueller l. c.*
   fort. ⟨nunc⟩ inc.   65 iniurium est *cod.*   66 qui] quid *P*BD
                                              are
   73 ieientaculi *codd. Nonii* 126   76 cubat *ut vid. cod.* (cubitare *B*¹
   *ut vid., vix B*³)

nomen Leaenaest, multibiba atque merobiba.
PA. quasi tu lagoenam dicas, ubi uinum Chium
solet esse. PH. quid opust uerbis? uinosissuma est;
80 eaque extemplo ubi ⟨ubi⟩ uino has conspersi fores,   80
de odore adesse me scit, aperit ilico.
PA. eine hic cum uino sinus fertur? PH. nisi neuis.
PA. nolo hercle, nam istunc qui fert adflictum uelim;
ego nobis [af]ferri censui. PH. quin tu taces?
85 si quid super illi fuerit, id nobis sat est.   85
PA. quisnam istic fluuiust quem non recipiat mare?
PH. sequere hac, Palinure, me ad fores, fi mi opsequens.
PA. ita faciam. PH. ágite bibite, festiuae fores;
potate, fite mihi uolentes propitiae.
90 PA. uoltisne oliuas, [aut] pulpamentum, [aut] capparim?   90
PH. exsuscitate uostram huc custodem mihi.
PA. profundis uinum: quae te res agitant? PH. sine.
uiden út aperiuntur aedes festiuissumae?
num muttit cardo? est lepidus. PA. quin das sauium?
95 PH. tace, occultemus lumen et uocem. PA. licet.   95

ii   L E A E N A   P H A E D R O M V S   P A L I N V R V S

LE. Flos ueteris uini meis naribus obiectust,
eiius amor cupidam me húc prolicit per tenebras.   96ª-97
    ubi ubi est, prope me est. euax, habeo!   97ª
    salue, anime mi, Liberi lepos.
5   ut ueteri' uetu' tui cupida sum!   98ª
    nam omnium unguentum odor prae tuo nautea est,
    tu mihi stacta, tu cinnamum, tu rosa,   100
    tu crocinum et casia es, tu telinum,   101-2
    nam ubi tu profusu's, ibi ego me peruelim sepultam.   103-4

77 est leene *cod.* : *trai. Fleckeisen*   80 ubiubi *scripsi* : ubi *cod.* :
ubi ⟨ego⟩ *Guietus*   84 n. ferri *Bentley* : *fort.* adferri n.   90
aut *utrumque del. Muretus*   93 ut *del. Bentley, rhythmi causa*
98ª uetus tui (*vel* tis) *Spengel* : uetusti *cod.*   100 stacte *cod.*
(*cf. Most.* 309 stacte *pro* stacta)   102 telinum, *sup. scr.* ptellium
(*i. e.* bdellium), *cod.*

105   sed quom adhuc naso odos opsecutust meo,   10
       da uicissim meo gutturi gaudium.
       nil ago tecum : ubi est ipsus? ipsum expeto
       tangere, inuergere in me liquores tuos,
       sine, ductim.   sed hac abiit, hac persequar.
110 PH. sitit haec anu'.   PA. quantillum sitit?   PH. modica 15
                                                 est, capit quadrantal.
110ᵃ PA. pol ut praédicas, uindemia haec huic anu non satis est
                                                                  soli.
110ᵇ canem esse hanc quidem magi' par fuit : sagax nasum habet.
                                              LE. amabo.
       quoia uox sonat procul?
       PH. censeo hanc áppellandam anum.
       adibo.   redi et respice ad me, Leaena.   20
113ᵃ   LE. imperator quis est?
       PH. uinipollens lepidus Liber,
115   tibi qui screanti, siccae, semisomnae
       adfert potionem et sitim sedatum it.
       LE. quam longe a med abest?   PH. lumen hoc uide.   25
       LE. grandiorem gradum ergo fac ad me, opsecro.
       PH. salue.   LE. egon salua sim, quae siti sicca sum?   PH. at
119ᵃ   iam bibes.   LE. diu fit.
120   PH. em tibi, anus lepida.
120ᵃ   LE. salue, oculissume homo.
       PA. age, ecfunde hoc cito in barathrum, propere prolue cloa- 30
                                                                    cam.
       PH. tace.   nolo huic male dici.   PA. faciám igitur male
                                                                 potius.
       LE. Venus, de paullo paullulum hic tibi dabo hau
                                                      lubenter.

107 es *Buecheler*   108 suos *Ital.*   1c9 sine *cod. Prisciani 2,*
75: sino *cod.*   110 anus haec sitit *cod Festi* 258   110ᵃ haec
del. Leo, qui anui (*ita cod.*) n. sat est *mauult*   110, 110ᵃ *post v.* 98ᵃ
posuit Buecheler : post 104 *Acidalius*   110ᵇ *vel* mage   113 lena
cod.   114 *vel* uini pollens (*anap.*)   116 sitim ⟨iam⟩ *Buecheler,*
ut fiat integer tetram.   122 *fort.* faciamne   123 hoc *edd.*

,   nam tibi amántes propitiantes uinum dant potantes

omnes, mihi hau saepe [e]ueniunt tales hereditates.   125

35 PA. hoc uide ut ingurgitat inpura in se merum auariter, 126-7

faucibu' plenis.

PH. perii hercle! huic quid primum dicam nescio. PA. em 128-9

istuc, quod mihi dixti.

PH. quid id est?   PA. periisse ut te dicas.   PH. male tibi 130

di faciant!   PA. dic isti.

LE. ah!   PA. quid est? ecquid lubet?   LE. lubet.   PA.

etiam mihi quoque stimulo fodere lubet te.

PH. tace.   PA. noli, taceo.   écce autem bibit arcus, pluet 131ᵃ

credo hercle hodie.

40 PH. iamne ego huic díco?   PA. quid dices?   PH. me

periisse.   PA. age dice.   PH. anus, audi.

hoc uolo scire te : perditus sum miser.

LE. at pol ego oppido seruata.

sed quid est? quid lubet perditum dicere   135

te esse?   PH. quia id quod amo careo.

45   LE. Phaedrome mi, ne plora, amabo.

tu me curato ne sitiam, ego tibi quod amas iam huc ad-

ducam.—

PH. tibine ego, si fidem seruas mecum, uineam pro aurea

statua statuam,

quae tuo gutturi sit monumentum.   140

qui me in terra aeque fortunatus erit, si illa ad me bitet,

50 Palinure?   PA. edepol qui amát, si egét, adficitur misera

aerumna.

PH. non ita res est, nam confido parasitum hodie aduenturum

cum argento ad me.   PA. magnum inceptas, si id éxspectas

quod nusquamst.

---

124 propitiantes *Bothe*: propinantes *cod.*   propit. amantes *Fleckeisen*
pot. dant *cod.* : *trai. Fleckeisen* : p. danunt *edd.*   125 homines *et in*
mg. 'vel omnes' *cod.*   ueniunt *scripsi, ne anapaestus claudat hemi-*
stichium : euenunt *Fleckeisen, dubia forma*   132 *vel* huïc   135 *vel*
quod l. (*Pᴱ*)   142 emat *cod.* (amat *J*)   mis. adf. *cod.* : *trai. Goetz*:
mis. adfligitur *Skutsch* (*Rhein. Mus.* 54, 483)   ⟨ere⟩ aer. *Buecheler*

145 Ph. quid si adeam ad fores atque occentem? Pa. si lubet.

neque uóto neque iubeo,

quando ego te uideo immutatis moribus esse, ere, atque

ingenio.

Ph. pessuli, heus pessuli, uos saluto lubens,   55

uos amo, uos uolo, uos peto atque opsecro,

gerite amanti mihi morem, amoenissumi,

150   fite caussa mea ludii barbari,

sussilite, opsecro, et mittite istanc foras

quae mihi misero amanti ebibit sanguinem.   60

hoc uide ut dormiunt pessuli pessumi

nec mea gratia commouent se ocius!

155   re spicio nihili meam uos gratiam facere.

sed tace, tace! Pa. taceo hercle equidem. Ph. sentio sonitum.

tandem edepol mihi morigeri pessuli fiunt.   65

L E A E N A   P A L I N V R V S   P L A N E S I V M   iii
P H A E D R O M V S

Le. Placide egredere et sonitum prohibe forium et crepitum

cardinum,

ne quae hic agimus eru' percipiat fieri, mea Planesium.

160 mane, suffundam aquolam. Pa. uiden út anus tremula

medicinam facit?

eapse merum condidicit bibere, foribus dat aquam quam bibant.

Pl. ubi tu's qui me conuadatu's Veneriis uadimoniis?   5

sisto ego tibi me et mihi contra itidem ut sistas suadeo.

Ph. adsum; nam si apsim, hau recusem quin mihi male

sit, mel meum.

165 Pl. anime mi, procul ⟨a me⟩ amantem abesse hau con-

sentaneumst.

---

150 ludii *Saracenus*: lidi *cod.* (*i.e.* lydii)   155 *vel* specio   ɪ56
st *Muretus* (i. 8, p. 27)   equidem *Fleckeisen*: quidem *cod.*   158
forum *cod.*   159 quae] quod *P*BD   161 aquăm *suspectum*
163 ⟨tu te⟩ ut *Fleckeisen, sed* egó tibi *placet*: ⟨te⟩ ut *Ital.*   165 a
me *add. Mueller* (*Rhein. Mus.* 54, 388)   mi ⟨me⟩ *Ital.*

PH. Palinure, Palinure!   PA. eloquere, quid est quod Pali-
                              nurum uoces?
10 PH. est lepida.   PA. nimi' lepida.   PH. sum deus.   PA.
                        immo homo hau magni preti.
PH. quid uidisti aut quid uidebis magi' dis aequiparabile?
PA. male ualere te, quod mi aegrest.   PH. male mi mori-
                               geru's, tace.
PA. ipsu' se excrúciat qui homo quod amat uidet nec 170
                       potitur dum licet.
PH. recte obiurgat.   sane hau quicquamst magi' quod
                       cupiam iam diu.
15 PL. tene me, amplectere ergo.   PH. hoc etiam est quam ob
                       rem cupiam uiuere.
quia te prohibet eru', clam [ero] potior.   PL. prohibet?
                       nec prohibere quit
nec prohibebit, nisi mors meum animum aps te abalienauerit.
PA. enim uero nequeo durare quin ego erum accusem meum : 175
nam bonum est pauxillum amare sane, insane non bonum est ;
20 uerum totum insanum amare, hóc est—quod meus eru' facit.
PH. sibi sua habeant regna reges, sibi diuitias diuites,
sibi honores, sibi uirtutes, sibi pugnas, sibi proelia :
dum mi apstineant inuidere, sibi quisque habeant quod 180
                       suom est.
PA. quid tu? Venerin peruigilare te uouisti, Phaedrome?
25 nam hoc quidem edepol hau multo post luce lucebit.   PH.
                                    tace.
PA. quid, taceam? quin tu is dormitum?   PH. dormio, ne
                                 occlamites.
PA. tuquidem uigilas.   PH. at meo móre dormio : hic som-
                                 nust mihi.
PA. heus tu, mulier, male mereri de inmerente inscitia est.   185

168, 171 *vel* mage   171 iam *Gulielmius* : tam *cod.*   173 clam
ero po. *cod.* : ero *del. Guietus, metri causa, neque ablatiuus casus
ferendus*   178 *Lactantius div. inst.* 5, 12, 11 sua sibi habeant
regna reges, suas divitias diuites (ut loquitur Plautus)

PL. irascere, si te edentem hic a cibo abigat. PA. ilicet!

pariter hos perire amando uideo, uterque insaniunt. 30

uiden ut misere moliuntur? nequeunt complecti satis.

etiam dispertimini? PL. nulli est homini perpetuom bonum:

190 iam huic uoluptati hoc adiunctumst odium. PA. quid ais,

propudium?

tun etiam cum noctuinis oculis 'odium' me uocas?

ebriola persolla, nugae. PH. tun meam Vénerem uituperas? 35

quod quidem míhi polluctus uirgis seruos sermonem serat?

at ne tu hercle cum cruciatu magno dixisti id tuo.

195 em tibi male dictis pro istis, dictis moderari ut queas.

PA. tuam fidem, Venu' noctuuigila! PH. pergin etiam,

uerbero?

PL. noli, amabo, uerberare lapidem, ne perdas manum. 40

PA. flagitium probrumque magnum, Phaedrome, expergefacis:

bene monstrantem pugnis caedis, hanc amas, nugas meras.

200 hoccine fieri, ut inmodestis hic te moderes moribus?

PH. auro contra cedo modestum amatorem: a me aurum

accipe.

PA. cedo mihi contra aurichalco quoí ego sano seruiam. 45

PL. bene uale, ocule mi, nam sonitum et crepitum clau-

strorum audio,

aeditumum | aperire fanum. quo usque, quaeso, ad hunc

modum

205 inter nos amore utemur semper surrupticio?

PH. minime, nam parasitum misi nudiusquartus Cariam

petere argentum, is hodie hic aderit. PL. nimium con- 50

sultas diu.

189 -tīminï *in tertio pede vix ferendum* nullum *Leo* homini est (-nist) *Ussing* 192 ebriola's *Goetz*: *cui* ébrióla *displicet* persole (*i. e.* persollae) *P*BD 193 Quem *Lambinus* Quid? istum mihi *Goetz* 198 magnum flagitium probrumque *P*E 200 hic] *fort.* sic modereris *cod.* haud modereris *Langen*: te hic m. *Camerarius* 204 aeditumumne *Bosscher* ⟨iam⟩ ap. fanum! *Seyffert* (*Berl. Phil. Woch.* 1896, p. 846) 205 utimur *cod.* (*pro* utemur? i. 3)

PH. ita me Venus amet, ut ego te hoc triduom numquam
                    sinam
in domo esse istac, quin ego te liberalem liberem.
PL. facito ut memineris. tene etiam, priu' quam hinc abeo, 210
                    sauium.
PH. siquidem hercle mihi regnum detur, numquam id potius
                    persequar.
55 quando ego te uidebo? PL. ém istoc uerbo uindictam para :
sí amas, eme, ne rogites, facito ut pretio peruincas tuo.
bene uale.—PH. iamne ego relinquor? pulchre, Palinure,
                    occidi.
PA. egoquidem, qui et uapulando et somno pereo. PH. 215
                    sequere me.—

ACTVS II

II. i   CAPPADOX   PALINVRVS

CA. Migrare certumst iam nunc e fano foras,
quando Aesculapi ita sentio sententiam
ut qui me nihili faciat nec saluom uelit.
ualetudo decrescit, adcrescit labor ;
5 nam iam quasi zona liene cinctus ambulo,   220
geminos in uentre habere uideor filios.
nil metuo nisi ne medius dirrumpar miser.
PA. si recte facias, Phaedrome, ausculter mihi
atque istam exturbes ex animo aegritudinem.
10 paues parasitus quia non rediit Caria :   225
adferre argentum credo ; nam si non ferat,
tormento non retineri potuit ferreo
quin reciperet se huc essum ad praesepem suam.
CA. quis hic est qui loquitur? PA. quoiam uocem ego audio?

---

228 suam *testantur Charisius* 59, *Nonius* 218 : suum *cod.*

230 Ca. estne hic Palinurus Phaedromi? Pa. quis hic est homo 15
cum conlatiuo uentre atque oculis herbeis?
de forma noui, de colore non queo
nouisse. iam iam noui : leno est Cappadox.
congrediar. Ca. salue, Palinure. Pa. o scelerum caput,
235 salueto. quid agis? Ca. uiuo. Pa. nempe ut dignus es? 20
sed quid tibi est? Ca. lien énicat, renes dolent,
pulmones distrahuntur, cruciatur iecur,
radices cordis pereunt, hirae omnes dolent.
Pa. tum te igitur morbus agitat hepatiarius.
240 Ca. facile est miserum inridere. Pa. quin tu aliquot dies 25
perdura, dum intestina exputescunt tibi,
nunc dum salsura sat bonast : si id feceris,
uenire poteris intestinis uilius.
Ca. lien díerectust. Pa. ambula, id lieni óptumumst.
245 Ca. aufer istaec, quaeso, atque hoc responde quod rogo. 30
potin cóniecturam facere, si narrem tibi
hac nocte quod ego somniaui dormiens?
Pa. uah! solus hic homost qui sciat diuinitus.
quin coniectores a me consilium petunt :
250 quod eis respondi, ea omnes stant sententia. 35

Cocvs   Palinvrvs   Cappadox   ii
Phaedromvs

Co. Palinure, quid stas? quin depromuntur mihi
quae opu' sunt, parasito ut sit paratum prandium
quom ueniat? Pa. mane sis, dum huic conicio somnium.
Co. tute ipse, si quid somniasti, ad me refers.
255 Pa. fateor. Co. abi, déprome. Pa. age tu interea huic 5
somnium
narra, meliorem quam ego sum suppono tibi.

230 esne *cod.* (estne *J*)   236 liene negat *cod. Varronis de L. L.* 7,
60 : lien necat *cod.*   239 *v.* 244 *post hunc posuit Acidalius.   huic loco
Goetz ascribit verba Sereni Sammonici v.* 425 'dulcia Plautus ait grandi
minus apta lieni'   242 salsura *an* saltura *incert. cod.*   244
dierectust *Camerarius* : dieructus *cod.*   253 ueniet *B ante corr.*

nam quod scio omne ex hoc scio.   CA. operam ut det.
                                        PA. dabit.—
CA. facit hic quod pauci, ut sit magistro | opsequens.
da mi igitur operam.   Co. tam etsi non noui, dabo.
10 CA. hac nocte in somnis uisus sum uiderier   260
procul sedere longe a me Aesculapium,
neque eum ad me adire neque me magni pendere
uisumst.   Co. item alios deos facturos scilicet :
sane illi inter se congruont concorditer.
15 nihil est mirandum melius si nihil fit tibi,   265
namque incubare satius te fuerat Ioui,
qui tibi auxílio in iure iurando fuit.
CA. siquidem incubare uélint qui peiierauerint,
locu' non praeberi potis est in Capitolio.
20 Co. hoc animum aduorte : pacem ab Aesculapio   270
petas, ne forte tíbi eueniat magnum malum,
quod in quiete tibi portentumst.   CA. bene facis.
ibo atque orabo.—Co. quae res male uortat tibi !—
PA. pro di inmortales, quem conspicio ? quis illic est ?
25 estne hic parasitus qui missust in Cariam ?   275
heus Phaedrome, exi, éxi, éxi, inquam, ocius !
PH. quid istíc clamorem tollis ?   PA. parasitum tuom
uideo currentem ellum usque in platea ultuma.
hinc auscultemus quid agat.   PH. sane censeo.

iii   CVRCVLIO   PHAEDROMVS   PALINVRVS

Cv. Date uiam mihi, noti [atque] ignoti, dúm ego hic 280
                                        officium meum

257 *vel* det? (*interrogative*)   258 s. magistero *Leo* : *vix*
magistró sit   *fort.* ut magistrost opsequens !   260 tuerier
Lambinus ' *scripturae veteris obscura vestigia secutus* ' (*an codicis T* ?) :
uidere ego (?) *Leo*   265 sit *P*^E   267 auxilium *B*   271 *vel*
fort' euenat *Fleckeisen*   274-6 *coquo continuat cod.*   274 *ante hunc*
v. scaenae initium periisse credit Fleckeisen   quis *Pylades, Seyffert* (*Berl.*
Phil. Woch. 13, 278) : qui *cod.*   276 heus ⟨exi⟩ *Camerarius*   277
quid *Ital.* : qui *cod.*   278 uide occurrentem *cod.*   eccillum *Mueller*,
cui hiatus ante ellum *displicet*   280 atque *del. Bentley* (*cf. ad Aul.* 784)

facio : fugite omnes, abite et de uia secedite,
ne quem in cursu capite aut cubito aut pectore offendam
aut genu.
ita nunc subito, propere et celere obiectumst mihi negotium,
nec ⟨usquam⟩ quisquamst tám opulentus, qui mi opsistat 5
in uia,
285 nec strategus nec tyrannus quisquam nec agoranomus
nec demarchus nec comarchus nec cum tanta gloria,
quin cadat, quin capite sistat in uia de semita.
tum isti Graeci palliati, capite operto qui ambulant,
qui incedunt suffarcinati cum libris, cum sportulis,   10
290 constant, conferunt sermones inter sese drapetae,
opstant, opsistunt, incedunt cum suis sententiis,
quos semper uideas bibentes esse in thermopolio,
ubi quid surrupuere : operto capitulo calidum bibunt,
tristes atque ebrioli incedunt : eos ego si offendero,   15
295 ex unoquoque eorum crepitum éxciam polentarium.
tum isti qui ludunt datatim serui scurrarum in uia,
et datores et factores omnis subdam sub solum.
proin sese domi contineant, uitent infortunio.
PH. recte hic monstrat, si imperare possit.   nam ita nunc 20
mos uiget,
300 ita nunc seruitiumst : profecto modus haberi non potest.
Cv. ecquis est qui mihi commostret Phaedromum genium
meum ?
ita res subita est, celeriter mi hoc homine conuento est opus.
PA. té ille quaerit.   PH. quid si adeamus ? heus Curculio,
te uolo.
Cv. quis uocat ? quis nominat me ?   PH. qui te conuentum 25
cupit.

281 decedite *Ritschl*   284 nec usquam q. *scripsi* : nusquam q.
Lange   288 istic *cod.* (iv. 4)   290 se *cod.* (*cf.* 298)
292 hermopolio *cod.*   294 egŏ ⟨nunc⟩ *Goetz*   295 extiam
crepitum *cod.*: *trai. Schoell*: excutiam cr. *Camerarius*   298 se *cod.*
(*cf.* 290)   infortunio *Popma*: infortunia *cod.* (i. 9)   302 hoc
del. Fleckeisen (iv. 3) : eo *Brix*

Cv. hau magis cupis quam ego te cupio. Ph. o mea 305
                                        opportunitas,
Curculio exoptate, salue. Cv. salue. Ph. saluom gaudeo
te aduenire. cedo tuam mi dexteram. ubi sunt spes meae?
eloquere, opsecro hercle. Cv. eloquere, té opsecró, ubi
                                        sunt meae?
30 Ph. quid tibist? Cv. tenebrae oboriuntur, genua inedia
                                        succidunt.
Ph. lassitudine hercle credo. Cv. retine, retine me, opsecro. 310
Ph. uiden ut expálluit? datin isti sellam, ubi adsidat, cito
et aqualem cum aqua? properatin ocius? Cv. animo
                                        male est.
Pa. uin aquam? Cv. si frustulenta est, da, opsecro hercle,
                                        opsorbeam.
35 Pa. uae capiti tuo! Cv. opsecro hercle, facite uentum ut
                                        gaudeam.
Pa. maxume. Cv. quid facitis, quaeso? Pa. uentum. 315
                              Cv. nolo equidem mihi
fieri uentulum. Ph. quid igitur [uis]? Cv. esse, ut uentum
                                        gaudeam.
Pa. Iuppiter te dique perdant! Cv. perii, prospicio parum,
gramarum habeo dentes plenos, lippiunt fauces fame,
40 ita cibi uaciuitate uenio lassis lactibus.
Ph. iám edes aliquid. Cv. nolo hercle aliquid: certum 320
                              quam aliquid mauolo.
Pa. immo si scias reliquiae quae sint! Cv. scire nimi'
                                        lubet
ubi sient, nam illis conuentis sane opus est meis dentibus.
Ph. pernam, abdomen, sumen suis, glandium—Cv. ain tu
                                        omnia haec?

305 magi' ⟨me⟩ *Fleckeisen*   308 te obsecro ⟨hercle⟩ *Bothe*
311 uide ut *Pylades*   palluit *V, usitatior forma*   316 *fort.* uent.
fieri, *nam* uentlum *non ferendum*   uis *del. Bentley*   318 gramarum
Buecheler: os amarum *cod.* (O *pro* G, s *pro* r)   323 sueris *Scaliger*,
cui sūis *displicet*   *vel* aīn

in carnario fortasse dicis.   PH. immo in lancibus,   45
325 quae tibi sunt parata, postquam scimus uenturum.   Cv. uide
ne me ludas.   PH. ita me amabit quám ego amo ut ego
                                                    hau mentior.
sed quod te misi, nihilo sum certior.   Cv. nihil attuli.
PH. perdidisti me.   Cv. inuenire possum, si mi operam datis.
postquam tuo iussu profectus sum, perueni in Cariam,   50
330 uideo tuom sodalem, argenti rogo uti faciat copiam.
scires uelle gratiam tuam, nóluit frustrarier,
ut decet uelle hominem amicum amico atque opitularier :
respondit mihi paucis uerbis, atque adeo fideliter,
quod tibi est item sibi esse, magnam argenti—inopiam.   55
335 PH. perdis me tuis díctis.   Cv. immo seruo et seruatum uolo.
postquam mihi responsumst, abeo ab illo maestus ad forum
med illo frustra aduenisse.   forte aspicio militem.
adgredior hominem, saluto adueniens.   'salue' inquit mihi,
prendit dexteram, seducit, rogat quid ueniam Cariam ;   60
340 dico me illo aduenisse animi caussa.   ibi me interrogat,
ecquem in Epidauro Lyconem tarpezitam nouerim.
dico me nouisse.   'quid? lenonem Cappadocem?' adnuo
uisitasse.   'sed quid eum uis?' 'quia de illo emi uirginem
triginta minis, uestem, aurum ; et pro is decem eo accedunt 65
                                                       minae.'
345 'dedisti tu argentum?' inquam.   'ímmo ápud tarpezitam
                                                   situm est
illum quem dixi Lyconem, atque ei mandaui, qui anulo
meo tabellas opsignatas attulisset, ut daret
operam ut mulierem a lenone cum auro et ueste abduceret.'

---

325 sciimus *P*BD   327 quod *Guietus*: quo *cod.*   328 possim
*P*E   334 idem *Niemoeller* ⟨PH. quid ? Cv.⟩ magnam *Mueller, cui
hiatus ante* inopiam (παρὰ προσδοκ., *pro* copiam) *displicet*   337 *post
hunc versum intercidisse certiorem militis denotationem credit Seyffert*
339 prehendit dextram *cod.* (*i. e.* praeh- ?)   344 eo accedunt (?)
Guietus : coaccedunt *cod.*   345 dedistin *Fleckeisen, cui* dedísti-tu
non placet   immo ⟨inquit⟩ *Pylades*

70 postquam hoc mihi narrauit, abeo ab illo. reuocat me ilico,
uocat me ad cenam ; religio fuit, dénegare nolui.   350
'quid si abeamus, [ac] decumbamus?' inquit. consilium
                                                      placet :
'neque diem decet démorari, neque nocti nocerier.'
'omnis res paratast.' 'et nos, quibu' paratum est, adsumus.'
75 postquam cenati atque adpoti, talos poscit sibi in manum,
prouocat me in aleam, ut ego ludam : pono pallium ;   355
ille suom anulum opposiuit, inuocat Planesium.
PH. meosne amores?   Cv. tace parumper.   iacit uolturios
                                                      quattuor.
talos arripio, inuoco almam meam nutricem | Herculem,
80 iacto basilicum ; propino magnum poclum : ille ebibit,
caput deponit, condormiscit.   ego ei subduco anulum,   360
deduco pedes de lecto clam, ne miles sentiat.
rogant me serui quó eam : dico me ire quo saturi solent.
ostium ubi conspexi, exinde me ilico protinam dedi.
85 PH. laudo.   Cv. laudato quando illud quod cupis ecfecero.
eamus nunc intro ut tabellas consignemus.   PH. num moror? 365
Cv. atque aliquid prius opstrudamus, pernam, sumen,
                                                      glandium.
haec sunt uentris stabilimenta, pane et assa bubula,
poculum grande, aula magna, ut sati' consilia suppetant.
90 tu tabellas consignato, híc ministrábit, égo edam.
dicam quem ad modum conscribas.   sequere me hac intro. 370
                                              PH. sequor.—

351 abeamus *Brant* : adeamus *cod.*   ac *del. Reiz* (*cf. ad Aul.* 784)
352 demorari *scripsi favente assonatione* : me morari *cod.* : morari
Scaliger   353 paratas *cod.*   et . . . ads. *militi continuant alii*   356
amiculum *Leo*   358 nutricem meam *Pylades*   363 prospexi *codd.*
Nonii 376   *vel* exin   il. in protenam *Nonius ut vid.*   364 *lacunam*
ante (*Goetz post*) *hunc versum indicavit Brix*   367 uentris *codd.*
Nonii 218 : uentri *cod.*   pane *codd. Nonii, Charisii* 90, *neutrum genus*
testantium : panem *cod.*   368 poclum grande (et) *Fleckeisen*

ACTVS III

Lyco   Cvrcvlio   Cappadox   III. i

Ly. Beatus uideor : subduxi ratiunculam,
quantum aeris mihi sit quantumque alieni siet :
diues sum, si non reddo eis quibu' debeo ;
si reddo illis quibu' debeo, plus †alienit est.
375 uerum hercle uero quom belle recogito,   5
si magi' me instabunt, ad praetorem sufferam.
habent hunc morem plerique argentarii
ut alius alium poscant, reddant nemini,
pugnis rem soluant, si quis poscat clarius.
380 qui homo mature quaesiuit pecuniam,   10
nisi eam mature parsit, mature essurit.
cupio aliquem ⟨mi⟩ emere puerum qui usurarius
nunc mihi quaeratur.   usus est pecunia.
Cv. nil tu me saturum monueris.   memini et scio.
385 ego hoc ecfectum lepide tibi tradam.   tace.   15
edepol ne ego hic med intus expleui probe,
et quidem reliqui in uentre cellae uni locum,
ubi réliquiarum reliquias reconderem.
quis hic est operto capite qui Aesculapium
390 salutat ? attat, quem quaerebam ! sequere me.   20
simulabo quasi non nouerim.   heus tu, te uolo !
Ly. unocule, salue.   Cv. quaeso, deridesne me ?
Ly. de Coculitum prosapia te esse arbitror,
nam i sunt unoculi.   Cv. catapulta hoc ictum est mihi
395 apud Sicyonem.   Ly. nam quid id refert mea,   25
an aula quassa cum cinere ecfossus siet ?

---

374 *versum deleuit Bothe   fort.* alieni ampliust   376 *vel* mage
377–9 *secl. Leo*   380 *vel* quaesiit   382 mi *add. Fleckeisen*   386
vel me (*ita cod.*)   387 quidem *Camerarius* : equidem *cod.*   389 qui
operto capite *cod.*: *trai. Bothe*   392 une ocule *cod.*   393 coclitum
cod.   396 *vel* anne   cum cin.] an cucumere *Palmer* (*Hermath.*
9, 68)

Cv. superstitiosus hicquidem est, uera praedicat;
nam | illaec catapultae ad me crebro commeant.
adulescens, ob rem publicam hoc intus mihi
30 quod insigne habeo, quaeso ne me incomities.   400
Ly. licetne ínforare, si incómitiare non licet?
Cv. non inforabis me quidem, nec mihi placet
tuom profecto nec forum nec comitium.
sed hunc quem quaero commostrare si potes,
35 inibis a me solidam et grandem gratiam.   405
Lyconem quaero tarpezitam. Ly. dic mihi,
quid eum nunc quaeris? aut quoiati's? Cv. eloquar.
ab Therapontigono Platagidoro milite.
Ly. noui edepol nomen, nam mihi istoc nomine,
40 dum scribo, expleui totas ceras quattuor.   41c
sed quid Lyconem quaeris? Cv. mandatumst mihi
ut has tabellas ad eum ferrem. Ly. quis tu homo's?
Cv. libertus illius, quem omnes Summanum uocant.
Ly. Summane, salue. qui Summanu's? fac sciam.
45 Cv. quia uestimenta, ubi obdórmiui ebrius,   415
summano, ob eam rem me omnes Summanum uocant.
Ly. alibi te meliust quaerere hospitium tibi :
apud mé profecto nihil est Summano loci.
sed istúm quem quaeris ego sum. Cv. quaeso, tune is es,
50 Lyco tarpezita? Ly. ego sum. Cv. multam me tibi   420
salutem iussit Therapontigonus dicere,
et has tabellas dare me iússit. Ly. mihin? Cv. ita.
cape, signum nosce. nostin? Ly. quidni nouerim?
clupeatus elephantum ubi machaera diligit.
55 Cv. quod isti scriptum est, id te orare iusserat   425
profecto ut faceres, suam si uelles gratiam.

398 *fort.* ad mé cat.   401 non] haud *Bothe, rhythmi causa*
402 placet *Hermolaus* : placens *cod.* (*vix pro* placenst) ⟨*sed cf. Cist.*
642⟩   407 *vel* quoiate's   412 ferret *cod. ut vid.* (·em *J*)
414 summanes sa. *cod.*   415 *fort.* ⟨ubi⟩ ubi: ⟨mea⟩ ubi *Fleckeisen, cui
hiatus in pausa displicet*   424 tibi *P*ᴱ   diligit *testatur Nonius*
290 : dessicit *cod.* (*i. e.* dissicit)

Ly. concede, inspiciam quid sit scriptum.   Cv. maxume,
tuo arbitratu, dum auferam aps te id quod peto.
Ly. 'miles Lyconi | in Epidauro | hospiti
430 suo Thérapontigonus Platagidorus plurumam   60
salutem dicit.'   Cv. meus hic est, hamum uorat.
Ly. 'tecum oro et quaeso, qui has tabellas adferet
tibi, ut ei detur quam istic emi uirginem,
quod te praesente isti egi teque interprete,
435 et aurum et uestem.   iam scis ut conuenerit :   65
argentum des lenoni, huíc des uirginem.'
ubi ipsus? qur non uenit ?   Cv. ego dicam tibi :
quia nudiusquartus uenimus in Cariam
ex India ; ibi nunc statuam uolt dare auream
440 solidam faciundam ex auro Philippo, quae siet   70
septempedalis, factis monumentum suis.
Ly. quam ob rem istuc?   Cv. dicam.   quia enim Persas,
                                              Paphlagonas,
Sinopas, Arabes, Caras, Cretanos, Syros,
Rhodiam atque Lyciam, Perediam et Perbibesiam,
445 Centauromachiam et Classiam Vnomammiam,   75
Libyamque oram ⟨omnem,⟩ ómnem Conterebromniam,
dimidiam partem nationum usque omnium
subegit solus intra uiginti dies.
Ly. uah ! Cv. quid mirare?   Ly. quia enim in cauea si
                                              forent
450 conclusi, itidem ut pulli gallinacei,   80
ita non potuere uno anno circumirier.
credo hercle te esse ab illo, nam ita nugas blatis.

428 auferam *Ital.* : adferam *cod.*   429 ⟨hospes⟩ hospiti *Fleckeisen*
436 *vel* huíc   is huic det *Mueller*   437 *vix* ipsust   438
uenimūs *suspectum*   aduenimus Cariam *Goetz*   440 philippeo
cod.   443 cretatos Syros *Kiessling, scil.* τοὺς Λευκοσύρους   444
Perediam et Bibesiam *Festus* 214 : perreh diam et per heblesiam *cod.*
446 omnem *addidi* (et o. *Schoell*)   448 intra *Ital.* : interea *cod.*
450 conclusi ⟨illi⟩ *Fleckeisen, cui hiatus in pausa displicet*   452 *vel*
illoc   nam *del. Langen*

Cv. immo etiam porro, si uis, dicam.   Ly. nil moroi.
sequere hac, te apsoluam qua aduenisti gratia.
85 atque eccum uideo. leno, salue.   Ca. di te ament.   455
Ly. quid hoc quod ad te uenio?   Ca. dicas quid uelis.
Ly. argentum accipias, cum illo mittas uirginem.
Ca. quid quod iuratus sum?   Ly. quid id refert tua,
dum argentum accipias?   Ca. qui monet quasi adiuuat.   459-60
90 sequimini.   Cv. leno, caue | in te sit mora mihi.—

ACTVS IV

Ch. Edepol nugatorem lepidum lepide hunc nanctust Phae-
                                                    dromus.
halophantam an sycophantam mágis esse dícam nescio.
ornamenta quae locaui metuo ut possim recipere ;
quamquam cum istoc mihi negoti nihil est : ipsi Phae- 465
                                                    dromo
5 credidi ; tamen adseruabo.   sed dum hic egreditur foras
commostrabo quó in quemque hominem facile inueniatis
                                                    loco,
ne nimio opere sumat operam si quem conuentum uelit,
uel uitiosum uel sine uitio, uel probum uel inprobum.
qui peiiurum conuenire uolt hominem ito in comitium ;   470
10 qui mendacem et gloriosum, apud Cloacinae sacrum,
dites, damnosos maritos sub basilica quaerito.
ibidem erunt scorta exoleta quique stipulari solent ;
symbolarum conlatores apud forum piscarium.
in foro infumo boni homines atque dites ambulant ;   475

---

454 ted *cod.*   455 sqq. *finem scaenae a retractatore in breuius
contractum esse credit Goetz*   461 morari mihi *P*E   caue mihi in
te sit mora *Redslob*   463 halophantamne *Guietus*   magis esse
codd. Nonii 120 : hunc magis hoc esse *cod.*   *vel* mage   464 ut
Ald. : huad (*B*) *vel* haud (*P*E) *cod.*   470 ito *Gruterus* : mitto *cod.*

in medio propter canalem, ibi ostentatores meri ;   15
confidentes garrulique et maliuoli supra lacum,
qui alteri de nihilo audacter dicunt contumeliam
et qui ipsi sat habent quod in se possit uere dicier.
480 sub ueteribus, ibi sunt qui dant quique accipiunt faenore.
pone aedem Castoris, ibi sunt subito quibu' credas male.   20
in Tusco uico, ibi sunt homines qui ipsi sese uenditant.
in Velabro uel pistorem uel lanium uel haruspicem
uel qui ipsi uortant uel qui aliis ubi uorsentur praebeant.
485 [dites, damnosos maritos apud Leucadiam | Oppiam.]
sed interim fores crepuere : linguae moderandum est mihi.— 25

CVRCVLIO   CAPPADOX   LYCO   ii

Cv. I tu prod', uirgo : non queo quod pone me est seruare.
et aurum et uestem omnem suam esse aiebat quam haec
                                                    haberet.
CA. nemo it infitias. Cv. at tamen meliusculum est monere.
490 LY. memento promisisse te, si quisquam hanc liberali
caussa manu adsereret, mihi omne argentum redditum eiri, 5
minas triginta. CA. meminero, de istoc quietus esto.
et nunc idem dico.   Cv. †tet† commeminisse ego haec
                                                    uolam te.
CA. memini, et mancupio tibi dabó. Cv. egon ab lenone
                                                    quicquam
495 mancupio accipiam, quibu' sui nihil est nisi una lingua
qui abiurant si quid creditum est ? alienos mancupatis,   10
alienos manu emíttitis alienisque imperatis,

477 supera *Leo, metro consulens, quae forma vix ferenda est si est haec scaena Plautina*   483 *post hunc versum intercidisse aliquid (ab* inven-*incipiens*?) *videtur*   484 uorsant *Lipsius*   aliis ubi uorsentur *Ussing* (ut *Lipsius*): alii subuersentur *cod.*   485 (*cf.* 472) *secl. Camerarius* (ii. 6)   487 Ei *cod.* (*antiqua forma*)   proae (a *pro* d) *P*BD (prae *J*)   488 quam *Taubmann*: cuiquam *cod.*   491 eiri *Ussing*: firi *cod.* (F *pro* E)   493 et quidem mem. *Leo*: ⟨tibi⟩. Cv. et comm. *Bosscher*: et ibi quom mem. *Abraham*   495 accipiam *Pius*: occipıam *cod.*   496 siqui *cod.* (siquid *J*)   497 emittitis *Kampmann*: mittitis *cod.*

nec uobis auctor ullus est nec uosmet estis ulli.
item genus est lenonium inter homines meo quidem animo
ut muscae, culices, cimices pedesque pulicesque :   500
15 odio et malo et molestiae, bono usui estis nulli,
nec uobiscum quisquam in foro frugi consistere audet ;
qui constitit, culpant eum, conspicitur, uituperatur,
eum rém fidemque perderé, tam etsi nil fecit, aiunt.
Ly. edepol lenones meo animo nouisti, lusce, lepide.   505
20 Cv. eodem hércle uos pono et paro : parissumi estis hibus ·
hi saltem in occultis locis prostant, uos in foro ipso ;
uos faenorí, hi male suadendo et lustris lacerant homines.
rogitationes plurumas propter uos populus sciuit,
quas uos rogatas rumpitis : aliquam reperitis rimam ;   510
25 quasi aquam feruentem frigidam esse, ita uos putatis leges.
Ly. tacuisse mauellem.   Ca. hau male meditate male-
                                                        dicax es.

Cv. indignis si male dicitur, male dictum id esse dico,
uerum si dignis dicitur, bene dictumst meo quidem animo.
ego mancupem te nil moror nec lenonem alium quemquam. 515
30 Lyco, numquid uis ?   Ly. bene uale.   Cv. uale.   Ca. heus
                                                     tu ! tibi ego dico.

Cv. eloquere, quid uis ?   Ca. quaeso ut hanc cures bene
                                                     siet isti.
bene ego istam eduxi meae domi et pudice.   Cv. si huius
                                                     miseret,
ecquid das qui bene sit ?   Ca. malum.   Cv. tibi opust [hoc]
                                                     qui te procures.

Ca. quid stulta ploras ? ne time, bene hercle uendidi ego te ; 520
35 fac sis bonae frugi sies, sequere istum bella belle.

    500 cimices *cod. Festi* 210 : *om. cod.* (iii. 11)   507 His *B*
(*in archetypo erat* his altem ; *ita V*)   uoro *cod.* (v. 10) (foro *J*)
508 *vix* suädendo   homines *ante* hi *colloc.* Ussing   513 duco
Lambinus   517 sit *cod.* : ⟨ei⟩ sit *Mueller* (*Rhein. Mus.* 54, 389)
benē *non ferendum*   ⟨ut⟩ bene *Pylades*   519 hoc *del. Pylades*

Ly. Summane, numquid nunciam me uis? Cv. uale atque
                                        salue,
nam ét operam et pecuniam benigne praebuisti.
Ly. salutem multam dicito patrono. Cv. nuntiabo.—
525 Ly. numquid uis, leno? Ca. istas minas decem, qui me
                                        procurem,
dum melius sit mi, des. Ly. dabuntur, cras peti iubeto.—   40
Ca. quando bene gessi rem, uolo hic in fano supplicare.
nam illam minis olim decem puellam paruolam emi,
sed eum qui mihi illam uendidit numquam postilla uidi;
530 periisse credo. quid id mea refert? ego argentum habeo.
quoi hómini di sunt propitii, lucrum ei profecto obiciunt.   45
nunc rei diuinae operam dabo. certumst bene me curare.—

        THERAPONTIGONVS   LYCO   iii
Th. Non ego nunc mediocri incedo iratus iracundia,
sed eapse illa qua excidionem facere condidici oppidis.
535 nunc nisi tu mihi propere properas dare iam triginta minas,
quas ego apud te deposiui, uitam propera ponere.
Ly. non edepol nunc ego te mediocri macto infortunio,   5
sed eopse illo quo mactare soleo quoi nil debeo.
Th. ne te mihi facias ferocem aut supplicare censeas.
540 Ly. nec tu me quidem umquam subiges redditum ut
                                        reddam tibi,
nec daturus súm. Th. idem ego istuc quom credebam
                                        credidi,
te nihil esse redditurum. Ly. qur nunc a me igitur petis? 10
Th. scire uolo quoi reddidisti. Ly. lusco liberto tuo,
is Summanum se uocari dixit, ei reddidi.
545 qui has tabellas opsignatas attulit, quas tu mihi—
Th. quos tu mihi luscos libertos, quos Summanos somnias?

    523 operam ⟨mi⟩ *Pylades*   529 uendidit illam *cod.* : *trai.*
Taubmann   534 *fort.* eapsa (*cf. ad* 538)   538 eopso *cod., fort.*
recte   539 an s. censeas? *Bosscher*   542 quur *cod.*   545 Th.
quas *cod.*   mihi *Camerarius* : mihi tabellas *cod.*   546 lusc. lib.]
parasitos luscos *Donatus ad Adelph.* 5, 7, 9 (*neglegens citatio*)
    PLAVT. I   22

15 nec mihi quidem libertus ullust.   Ly. faci' sapientius
quam pars lenonum, libertos quí habent et eos deserunt.
Th. quid nunc ?   Ly. quod mandasti feci, tui honóris gratia,
tuom qui signum ad me attulisset, nuntium ne spernerem.   550
Th. stultior stulto fuisti qui is tabellis crederes.
20 Ly. quis res publica et priuata geritur, nonne is crederem ?
ego abeo, tibi res solutast recte.   bellator, uale.
Th. quid, ualeam ?   Ly. at tu aegrota aetatem, si lubet, per
me quidem.—
Th. quid ego nunc faciam ? quid refert me fecisse regibus   555
ut mi oboedirent, si hic me hodie umbraticus deriserit ?

iv   CAPPADOX   THERAPONTIGONVS

Ca. Quoí homini di sunt propitii, ei non esse iratos puto.
postquam rem diuinam feci, uenit in mentem mihi,
ne tarpezita exulatum abierit, argentum ut petam,
ut ego potius comedim quam ille.   Th. iusseram saluere te. 560
5 Ca. Therapontigone Platagidore, salue ; saluos quom aduenis
in Epidaurum, hic hodie apud me—numquam delinges salem.
Th. bene uocas, uerum locata res est—ut male sit tibi.
sed quid agit meum mercimonium apud te ?   Ca. nil apud
mé quidem,
ne facias testis, neque equidem debeo quicquam.   Th. 565
quid est ?
10 Ca. quod fui iuratus, feci.   Th. reddin an non uirginem,
priu' quam te huic meae machaerae óbicio, mastigia ?
Ca. uapulare ego te uehementer iubeo : ne me territes.
illa abductast, tu auferere hinc a me, si perges mihi

548 pars lātronum *Dousa*   549 Quid nunc (?) *Goetz* : Quid feci
cod. (fecisti *J*[1] *ut uid.*), *qui totum uersum Lyconi dare uid.* (v. 1)   feci
alt. del. Pylades   gratiam *cod.* (*pro* grā ?)   551 is *del. Ussing*
553 solutas *cod.*   554 at] aut *J* (*et fort.* P[E])   aetatem *in fine
uersus in cod.* (ii. 4) : *corr. Redslob*   lubet *Camerarius* : uiuet *cod.*
(v. 12, p. 75)   563 locata *Fleckeisen* : uocata *cod.* (? *pro* uocata—res est
ut, *etc.*)   564 *fort.* apúd te mer.   566 uirginem] mulierem *Festus*
372   568 uapula ergo te *cod. Festi* 375   iubeo *Festus* : iubebo *cod.*

570 male loqui, profecto, quoí ego nisi malum nil debeo.
   TH. mihin malum minitare? CA. atque edepol non minita- 15
                                    bor, sed dabo,
   si perges molestus esse. TH. leno minitatur mihi,
   meaeque pugnae proeliares plurumae optritae iacent?
   at ita me machaera et clupeus   *   *   *   ⟨meus⟩
575 bene iuuent pugnantem in acie : nisi mi uirgo redditur,
   iam ego te faciam ut hic formicae frustillatim differant.   20
   CA. at ita me uolsellae, pecten, speculum, calamistrum meum
   bene me amassint meaque axitia linteumque extersui,
   ut ego tua magnufica uerba neque istas tuas magnas minas
580 non pluris facio quam ancillam meam quae latrinam lauat.
   ego illam reddidi qui argentum a te attulit. TH. quis is 25
                                    est homo?
   CA. tuom libertum sese aiebat esse Summanum. TH. meum?
   attat! Curculio hercle uerba mihi dedit, quom cogito.
   is mihi anulum surrupuit. CA. perdidistin tu anulum?
585 miles pulchre centuriatus est expuncto in manipulo.
   TH. ubi nunc Curculionem inueniam? CA. in tritico 30
                                    facillume,
   uel quingentos curculiones pro uno faxo reperias.
   ego abeo, uale atque salue.—TH. male uale, male sit tibi!
   quid ego faciam? maneam an abeam? sicin mihi esse os
                                    oblitum?
590 cupio dare mercedem qui illunc ubi sit commostret mihi.

ACTVS V

CVRCVLIO   V. **i**

Cv. Antiquom poetam audiui scripsisse in tragoedia
   mulieres duas peiores esse quam unam.   res itast.

---

   570 loqui *Ital.* : eloqui *cod.*   571 dabo *Mueller* : d. [mihi] *cod.*
(ii. 5)   574 *altera versus pars intercidit*   meus *supplevi* (iii. 11)
577 me] meae *Bothe*   578 *vel* axicia   extersui *Palmerius* :
extersum *cod.*   580 eam *B³*   lauit *Seyffert*   582 esse aiebat
sese *cod.* : *trai. Camerarius*   585 es *Pius*   589 sublitum *Ussing*

uerum mulierem peiorem quam haec amica est Phaedromi
non uidi neque audiui, neque pol dici nec fingi potest
5 peior [quam haec est] : quae ubi med hunc habere con- 595
                                        spicatast anulum
rogat unde habeam. 'quid id tu quaeris?' 'quia mi quae-
                                        sitost opus.'
nego me dicere. ut eum eriperet, mánum arrípuit mordicus.
uix foras me abripui atque ecfugi. apage istanc caniculam !

ii PLANESIVM   PHAEDROMVS   CVRCVLIO
              THERAPONTIGONVS

PL. Phaedrome, propera. PH. quid properem? PL. para-
                                        situm ne amiseris.
magna res est. Cv. nulla est mihi, nam quam habui ap- 600
                                        sumpsi celeriter.
PH. teneo. quid negotist? PL. rogita unde istunc habeat
                                        anulum.
pater istum meu' gestitauit. Cv. at mea—matertera.
5 PL. mater ei utendum dederat. Cv. pater uero is rusum
                                        tibi.
PL. nugas garris. Cv. soleo, nam propter eas uiuo facilius.
PL. quid nunc? opsecro, parentes ne meos mihi prohibeas. 605
Cv. quid ego? sub gemmane apstrusos habeo tuam matrem
                                        et patrem?
PL. libera ego sum nata. Cv. et alii multi qui nunc
                                        seruiunt.
10 PH. enim uero irascor. Cv. dixi equidem tibi unde ad me
                                        hic peruenerit.
quotiens dicendum est? elusi militem, inquam, in alea.

594 neque⸗ aut *Fleckeisen, cui* neque audiui *displicet*   595 quam
haec est *del. Pylades* (iv. 1)   me *Leo* (*cf.* 454, 664)   habere hunc
Taubmann   597 manum ⟨ea⟩ *Ritschl*   598 arripui *cod.*   600
an rest?   PH. nulla *cod.*   601 PL. teneo.   PH. quid *cod.*   602
gestitauit ⟨olim⟩ (?) *Leo, cui* meā *in pausa displicet*   at ⟨pol⟩ *Pylades*
603 uero *scripsi* : uo *cod.* (*pro* uō, *i.e.* uero) (*Journ. Phil.* 26, 288)
pater tuos *Gruterus* : patruos eius (?) *Leo*   mihi *Gruterus, nugarum
nimis impatiens* : *propius abesset*   PL. tibi?

610 Th. saluos sum, eccum quem quaerebam. quid agis, bone
               uir? Cv. audio.
 si uis tribu' bolis uel in chlámydem. Th. quin tu is in
               malam crucem
 cum bolis, cum bullis? redde étiam argentum aut uirginem.
 Cv. quod argentum, quas tu mihi tricas narras? quam tu ¹5
               uirginem
 me reposcis? Th. quam ab lenone ábduxti hodie, scelu'
                 uiri.
615 Cv. nullam abduxi. Th. certe eccistam uideo. Ph. uirgo
             haec libera est.
 Th. mean ancilla libera ut sit, quam ego numquam emisi
                manu?
 Ph. quis tibi hanc dedit mancupio? aut unde emisti? fac
               sciam.
 Th. egoquidem pro istac rem solui áb tarpezita meo :   ²⁰
 quam ego pecuniam quadruplicem áps te et lenone
               auferam.
620 Ph. qui scis mercari furtiuas atque ingenuas uirgines,
 ambula in ius. Th. non eo. Ph. licet te antestari? Th.
               non licet.
 Ph. Iuppiter te, †male† perdat, intestatus uiuito ;
 at ego, quem licet, te. accede huc. Th. seruom antestari? ²5
               Cv. uide.
624-5 ém ut scias me liberum esse! ergo ambula in ius. Th.
               em tibi!
 Cv. o ciues, ciues! Th. quid clamas? Ph. quid tibi istum
               tactio est?
 Th. quia mi lubitum est. Ph. accede huc tu, ego illum
               tibi dedam, tace.

---

611 is *Ital.* : es *cod.* (*pro* eis?)   612 bulbis *B*   redde etiam
suspectum : r. mihi iam *Pylades*   614 abduxisti *Ital.*   619 *vel*
ted   620 scis *Pius* : scies *cod.* (*pro* sceis?)   621 te *del.*
Merula   622 te miles *Leo* : malē te *Klotz* : *fort.* te, male, ⟨male⟩
623 *vel* téd   623, 624 *vel* uide. Cv. Em   626 istum tibi *cod.* :
trai. Guietus

Pl. Phaedrome, opsecro, serua me.   Ph. tamquam me et
                                          genium meum.
30 miles, quaeso uti mihi dicas unde illum habeas anulum,
   quem parasitus hic te elusit.   Pl. per tua genua te opsecro 630
   ut nos facias certiores.   Th. quid istuc ad uos attinet?
   quaeratis chlamydem et machaeram hanc unde ad me per-
                                                 uenerit.
   Cv. ut fastidit gloriosus!   Th. mitte istum, ego dicam omnia.
35 Cv. nihil est quod ille dicit.   Pl. fac me certiorem, opsecro.
       Th. ego dicam, surge.   hanc rem agite atque animum 635
                                                 aduortite.
   pater meus habuit Periplanes †Planesium†
   is priu' quam moritur mihi dedit tamquam suo,
   ut aequom fuerat, filio—Pl. pro Iuppiter!
40 Th. et istaé me heredem fecit.   Pl. ⟨o⟩ Pietas mea,
   serua me, quando ego te seruaui sedulo.   640
   frater mi, salue.   Th. qui credam égo istúc? cedo,
   si uera memoras, quae fuit mater tua?
   Pl. Cleobula.   Th. nutrix quae fuit?   Pl. Archestrata.
45 ea me spectatum tulerat per Dionysia.   644
                                                                  645
   postquam illo uentum est, iam, ut me conlocauerat,
   exoritur uentus turbo, spectacla ibi ruont,
   ego pertimesco: [tum] ibi me nescioquis arripit
   timidam atque pauidam, nec uiuam nec mortuam.
50 nec quo me pacto apstulerit possum dicere.   650
   Th. memini istanc turbam fieri.   sed tu dic mihi,
   ubi is est homo qui te surrupuit?   Pl. nescio.
   uerum hunc seruaui semper mecum una anulum;
   cum hoc olim perii.   Th. cedo ut inspiciam.   Cv. sanan es,
55 quae isti committas?   Pl. sine modo.   Th. pro Iuppiter! 655

628 Pl.] vel Cv.   629 ⟨te⟩ ut (ut cod.) Becker   634 ⟨te⟩ obsecro Bothe, cui hiatus ante opsecro displicet   636 Periphanes Pius
Pl. hem Periphanes Acidalius: fort. uirgunculam (v. 1)   639 iste
(i. e. -ae?) cod.: isti Bothe: isto Leo   o add. Ital., nam Pïetás meá
suspectum   641 qui ego istuc credam Fleckeisen   648 tum del.
Kampmann   651 meministin hanc cod.   654 Cv.] vel Ph.

hic est quem ego tibi misi natali die.
tam facile noui quam me.   salue, mea soror.
PL. frater mi, salue.   PH. deos uolo bene uortere
istam rem uobis.   Cv. et ego nobis omnibus :
660 tu ut hodie adueniens cenam des sororiam,   60
hic nuptialem cras dabit.   promittimus.
PH. tace tú.   Cv. non taceo, quando res uortit bene.
tu istanc desponde huic, miles.   ego dotem dabo.
TH. quid dotis ?   Cv. egone ? ut semper, dum uiuat, me alat.
665 uerum hercle dico.   TH. me lubente feceris.   65
et leno hic debet nobis triginta minas.
PH. quam ob rem istuc ?   TH. quia illic ita repromisit mihi :
si quisquam hanc liberali adseruisset manu,
sine controuorsia omne argentum reddere.
670 nunc eamus ad lenonem.   Cv. laudo.   PH. hoc priu' uolo, 70
meam rem agere.   TH. quid id est ?   PH. ut mihi hanc
                                              despondeas.
Cv. quid cessas, miles, hanc huic uxorem dare ?
TH. si haec uolt.   PL. mi frater, cupio.   TH. fiat.   Cv. bene
                                              facis.
PH. spondesne, miles, mihi hanc uxorem ?   TH. spondeo.
675 Cv. et ego hoc idem unum : spondeo.   TH. lepide facis.   75
676-8 sed eccúm lenonem, incedit, thensaurum meum.

        CAPPADOX   THERAPONTIGONVS   iii
          PHAEDROMVS   PLANESIVM
CA. Argentariis male credi qui aiunt, nugas praedicant :
680 nam et bene et male credi dico ; id adeo ego hodie exper-
                                              tu' sum.
non male creditur qui numquam reddunt, sed prosum perit.
uelut decem minas dum soluit, omnis mensas transiit.

657 soror mea *B*   659 *vel* istanc   661 TH. prom. *cod.*   662
TH. (*om. cod.*) t. t. *Ital.*   664 *vix* dotem   med *cod.*   665 iubente
cod.   666 et] sed (set) *Pistoris* (*praec.* s)   669 reddere
Scaliger : redderet *cod.*   675 una *Ussing*   680 **Nec** bene nec
male *Lambinus*   ego *in marg. cod.* (*post* hodie *P*E, *om. B*)   682
uelut] uel ille *Leo*

5 postquam nil fit, clamore hominem posco : ille in ius me
                                                    uocat ;
   pessume metui ne mihi hodie apud praetorem solueret.
   uerum amici compulerunt : reddit argentum domo.   685
   nunc domum properare certumst. TH. heus tu, leno, te uolo !
   PH. et ego te uolo. CA. at ego uos nolo ambos. TH. sta
                                                    sis ilico.
10 PH. atque argentum propere propera uomere. CA. quid
                                                mecum est tibi ?
   aut tibi ? TH. quía ego ex te hodie faciam pilum catapul-
                                                    tarium
   atque ita te neruo torquebo, ítidem ut catapultae solent.   690
   PH. delicatum te hodie faciam, cum catello ut accubes,
   ferreo ego dico. CA. at ego uos ambo in robusto carcere
15 ut pereatis. PH. collum opstringe, abduce istum in malam
                                                    crucem.
   TH. quidquid est, ipse ibit potius. CA. pro deum atque
                                                hominum fidem !
   hocine pacto indemnatum atque íntestatum me abripi ?   695
   opsecro, Planesium, et te, Phaedrome, auxilium ut feras.
   PL. frater, opsecro te, noli hunc condemnatum perdere.
20 bene et pudice me domi habuit. TH. hau uoluntate
                                                    id sua :
   Aesculapio huic habeto, quom pudica es, gratiam ;
   nam si is ualuisset, iam pridem quoquo posset mitteret.   700
   PH. animum aduortite ⟨hoc⟩, si possum hoc inter uos
                                                componere.
   mitte istunc. accede huc, leno. dicam meam sententiam,
25 siquidem uoltis quod decrero facere. TH. tibi permittimus :
   CA. dum quidem hercle ita iudices, ne quisquam a me
                                                argentum auferat.

687 TH.] vel PH.   689 aut tibi *Luchs* : aut tecum aut *cod.* : aut
tecum mihi *Seyffert*   695 arripi *cod.*   697 indemnatum *Pius*
700 si uoluisset *P*E (*pro* ual-)   701 hoc *add. Langen*

705 Th. quodne promísti? Ca. qui promisi? Ph. lingua.
                                Ca. eadem nunc nego.
    dicendi, non rem perdendi gratia haec nata est mihi.
    Ph. nihil agit, collum opstringe homini. Ca. iam iam faciam
                                      ut iusseris.
    Th. quando uir bonus es, responde quod rogo. Ca. roga 30
                                    quod lubet.
    Th. promistin, si liberali quisquam hanc adsereret manu,
710 te omne argentum redditurum? Ca. non commemini dicere.
    Th. quid? negas? Ca. nego hercle uero. quo praesente?
                                    quó in loco?
    Th. me ipso praesente et Lycone tarpezita. Ca. non taces?
    Th. non taceo. Ca. non ego te flocci facio; ne me territes. 35
    Th. me ipso praesente et Lycone ractum est. Ph. sati'
                                    credo tibi.
715 nunc adeo, ut tu scire possis, leno, meam sententiam:
    libera haec est, hic huius frater est, haec autem illius soror,
    haec mihi nubet: tu huic argentum redde. hoc iudicium
                                    meum est.
    Th. tu autem in neruo iam iacebis, nisi mi argentum redditur. 40
    Ca. hercle istam rem iudicasti perfidiose, Phaedrome.
720 et tibi oberit et te, miles, di deaeque perduint.
    tu me sequere. Th. quo sequar te? Ca. ád tarpezitam
                                    meum
    ad praetorem. nam inde rem soluo omnibus quibu' debeo.
    Th. ego te in neruom, haud ad praetorem hinc rapiam, ni 45
                                    argentum refers.
    Ca. ego te uehementer perire cupio, ne tu [me] nescias.
725 Th. itane uero? Ca. ita hercle uero. Th. noui ego hos
                                    pugnos meos.

    706 haec *in marg. cod.* (*ante* gratia *P*E, *om. B*)   708 quid iubet
*P*E (*pro* lu-)   716 *fort.* huiust fr.   libera haec, hic huius frater
est, haec autem huius est soror (?) *Leo*   723 neruo *cod.*   724
me *del. Guietus* (iv. 3)

CA. quid tum ?   TH. 'quid tum' rogitas ? hisce ego, si tu
me inritaueris,
placidum te hodie reddam.   CA. age ergo, recipe. ⟨TH. at⟩
actutum.   CA. licet.
50 PH. tu, miles, apud mé cenabis.   hodie fient nuptiae ;
quae res bene uortat mi et uobis !   spectatores, plaudite.

---

727 *vix* reccipe   TH. at *add.* Ussing   729 *versum Thera-*
pontigono dat cod.   plaudite [plaudite] *cod.* (*vel pro* pl. PLAVTI
in subscriptione PLAVTI CVRCVLIO EXPLICIT *vel pro* pl. *cum glossa marg.*
πάντες, *ut in Cas. fin.* (*i. e.* CATERVA sp. pl.))

EPIDICVS

ARGVMENTVM

Emit fidicinam, filiam credens, senex
Persuasu servi, atque †conductam†
Iterum pro amica ei subiecit filii.
Dat erili argentum. eo sororem destinat
Inprudens iuvenis. compressae ac militis   5
Cognoscit opera sibi senex os sublitum
(Vt ille amicam, haec quaerebat filiam),
Sed inventa gnata servolum emittit manu.

2 conducticiam *Pylades* : conductam ⟨alteram⟩ *Leo*   5 *vel* com-
pressai   *vel* atque   c. ⟨a se⟩ ac *Opitz*

PERSONAE

EPIDICVS SERVVS
THESPRIO SERVVS
STRATIPPOCLES ADVLESCENS
CHAERIBVLVS ADVLESCENS
PERIPHANES SENEX
APOECIDES SENEX
FIDICINA
MILES
PHILIPPA MVLIER
ACROPOLISTIS FIDICINA
DANISTA
TELESTIS VIRGO

SCAENA ATHENIS

ACROPOLISCIS *K. Schmidt* (*Herm.* 37, 175)

ACTVS I

Eᴘɪᴅɪᴄᴠs   Tʜᴇsᴘʀɪᴏ

Eᴘ. Heus, adulescens! Tʜ. quis properantem me repre-
hendit pallio?

Eᴘ. familiaris. Tʜ. fateor, nam odio es nimium familiariter.

    Eᴘ. respice uero, Thesprio. Tʜ. oh,

    Epidicumne ego conspicor?

5   Eᴘ. sati' recte oculis uteris.   5

    Tʜ. salue. Eᴘ. di dent quae uelis.

uenire saluom gaudeo. Tʜ. quid ceterum? Eᴘ. quod
eo adsolet:

cena tibi dabitur. Tʜ. spondeo—Eᴘ. quid? Tʜ. me
accepturum, si dabis.

      Eᴘ. quid

9ᵃ   tú agis? ut uales? Tʜ. ex-

9ᵇ   emplum adesse intellego. Eᴘ. eugae!

10 corpulentior uidere atque habitior. Tʜ. huic gratia.   10

    Eᴘ. quam quidem te iam diu

11ᵃ   perdidisse oportuit.

Tʜ. minu' iam furtificus sum quam antehac. Eᴘ. quid
ita? Tʜ. rapio propalam.

Eᴘ. di inmortales te infelicent, ut tu es gradibus grandibus!

nam ut apud portum te conspexi, curriculo occepi sequi:

15 uix adipiscendi potestas modo fuit. Tʜ. scurra es. Eᴘ. scio 15

te esse equidem hominem militarem. Tʜ. audacter quam
uis dicito.

Eᴘ. quid agis? perpetuen ualuisti? Tʜ. uarie. Eᴘ. qui
uarie ualent,

capreaginum hominum non placet mihi neque pantheri-
num genus.

---

1 prehendit *P*   5 satis *om. P propter laceratam archetypi pagi-*
nam (cf. ad v. 19)   certe *P* (*pro* recte, *ut in Cas.* 260)   7 quod
eo ads. *Thesprioni continuat A*   9ᵃ uelis *P*   10 habitior *Donatus*
Eun. 2, 2, 11, *Paulus* 102 *locum non indicans, corp. gloss. lat.* 5, 72 :
abilior *A* : agilior *P*   13 te *om. P*   vix is *A* (*cf. ad Curc.* 611)
14 curculio *P*   16 quidem *P*   17 ais *J*

TH. quid tibi uis dicam nisi quod est ?   EP. ut illae
                         res * ?   TH. probe.

20   EP. quid erilis noster filius ?   TH. ualet púgilice atque 20
                                      athletice.

EP. uoluptábilem mihi nuntium tuo aduentu adportas,
                                     Thesprio.

sed ubist is ?   TH. aduenit simul.   EP. ubi is ergost ?
                                    nisi si in uidulo

aut si in mellina attulisti.   TH. di te perdant !   EP. te uolo—
percontari : operam da, opera reddetur tibi.

25   TH. ius   25
        dicis.   EP. me decet.   TH. iam tu autem   25ᵃ
        nobis praeturam geris ?   EP. quem   25ᵇ

dices digniorem esse hominem hódie Athenis alterum ?
      TH. at unum a praetura tua,
      Epidice, abest.   EP. quidnam ?   TH. scies :   27ᵃ
      lictores duo, duo ulmei   27ᵇ
      fasces uirgarum.   EP. uae tibi !

sed quid ais ?   TH. quid rogas ?   EP. ubi arma sunt Stratip-
                                     pocli ?

30 TH. pol illa ad hostis transfugerunt.   EP. armane ?   TH. 30
                                    atque quidem cito.

      EP. serione dici' tu ?   30ᵃ
      TH. serio, inquam : hostes habent.   31

EP. edepol facinus inprobum !   TH. at iam ante alii fece-
                                    runt idem.

erit illi illa res honori.   EP. qui ?   TH. quia ante aliis fuit.

---

19 ut illi respon *sequente spatio* (*cf. ad v.* 5) P (*in spatio add.* di
B³) : ut ịllae res obsṭeṇia—A (*cf. Harv. Stud.* 9, 130) : ut illae res ?
TH. obtentae *Redslob* (*Berl. Phil. Woch.* 22, 552)   21 adp. Th.]
adtulisti P   22 adueni (-nis) P   egost P   24 reditur P
25ᵃ iam tu autem *sequentis versus* A (P *n. l.*)   26 dicṭis A   hominem *om.* A   27ᵃ-52 *deficit* A   27ᵇ ulmei *Hermann cum aliis* :
uiminei *cod.*   29 quid ⟨est quod⟩ r. *Skutsch,nam* quid äis *displicet
fort.* Sed (*suo versu*) Quid . . . ub(i) Arma *vel* Sed quid äis ? Quid
rogas ? (*cf.* 98 *et* 98ᵃ)   30 equidem *Luchs, sed cf. Skutsch* (*Herm.* 32,
94)   30ᵃ *vel* serion (*cretic.*)   33 antea *cod.* (ante J)

Mulciber, credo, arma fecit quaé habuit Stratippocles :

35 trauolauerunt ad hostis.   EP. tum ille prognatus Theti   35
sine perdat : alia adportabunt ei Neri filiae.

   id modo uidendum est, ut materies suppetat scutariis,
   si in singulis stipendiis is ad hostis exuuias dabit.

TH. supersede istis rebu' iam.   EP. tu ipse ubi lubet
                                       finem face.

40 TH. desiste percontarier.   EP. loquere ipse : ubist Stra-   40
                                       tippocles ?

TH. est caussa qua caussa simul mecum ire ueritust.   EP.
                                       quidnam id est ?

TH. patrem uidere se neuolt etiamnunc.   EP. qua-
                              propter ?   TH. scies.

   quia forma lepida et liberali captiuam adulescentulam
   de praeda mercatust.   EP. quid ego ex te audio ?   TH. hoc
                                   quod fabulor.

45 EP. qur eam emit?   TH. animi caussa.   EP. quot illic 45
                             homo animos habet?

   nam certo, priu' quam hinc ad legionem abiit domo,
   ipse mandauit mihi ab lenone ut fidicina,

quam amabat, emeretur sibí.   id ei impetratum reddidi.

TH. utquomque in alto uentust, Epidice, exim uelum
                                  uortitur.

50 EP. uae misero mihi, male perdidit me !   TH. quid istuc ? 50
                                  quidnam | est ?

EP. quid istanc quam emit, quanti eam emit?   TH. uili.
                        EP. haud istuc te rogo.

     TH. quid igitur ?   EP. quot minis ?

52ᵃ   TH. tot : quadraginta minis.

   id adeo argentum ab danista apud Thébas sumpsit faenore

---

36 nerei *cod.* : Neriae *Dziatzko*   40 *vel* loquere : ipse   42
                                                   non
se neuolt *Bothe, Hermann* : senem non uult *cod.* (*pro* se neuult)
47 *vel* ips' *vel* ipsus ma. mi   50 quid nam istuc ? quid est ? *Came-*
rarius   51 uilei *cod.*   52 reddigitur *cod.* (-getur *B*³, quid igitur *J*)
52ᵃ–107 *pauca leguntur A*   52ᵃ tot (*P*ᴱ) *an* totus (*B ut vid.*)
incert. cod. : totis *Meursius* (*et fort. ita in cod.*)

in dies minasque argenti singulas nummis.   EP. papae !

55 TH. et is danista aduenit una cúm eo, qui argentum petit.   55

EP. di inmortales, ut ego interii basilice !   TH. quid iam ?
                                          aut quid est,

    Epidice ?   EP. perdidit me.   TH. quis ?   EP. ille qui
                                          arma perdidit.

    TH. nam quid ita ?   EP. quia cottidie ipse ad me ab
                                          legione epistulas

        mittebat—sed taceam optumum est,

60   plus scire satiust quam loqui seruom hominem.   ea 60
                                          sapientia est.

    TH. nescio edepol quid [tu] timidu's, trepidas, Epidice,
                                          ita uoltum tuom

    uideor uidere commeruisse hic me apsente in te aliquid
                                          mali.

        EP. potin ut molestus ne sies ?   TH. abeo.   EP. asta,
                                          abire hinc non sinam.

    TH. quid nunc me retines ?   EP. amatne istam quam emit
                                          de praeda ?   TH. rogas ?

65   deperit.   EP. deagetur corium de tergo meo.   65

    TH. plusque amat quam té umquam amauit.   EP. Iuppiter
                                          te perduit !

            TH. mitte nunciam,

        nam ille me uotuit domum ue-   67ᵃ

        -nire, ad Chaeribulum iussit

            huc in proxumum ;   68ᵃ

    ibi manere iussit, eo uenturust ipsus.   EP. quid ita ?   TH.
                                          dicam :

70 quia patrem priu' conuenire se non uolt neque conspicari,   70

    55 atque a. petit *vel* qui a. petat *Seyffert*   57 Epidice ⟨male⟩
Brix, ut troch. septenarius fiat : *fort.* Epidice, ⟨Epidice⟩ (*iamb. octona-*
rius)   q. perd. arma *cod.* : *trai. Pylades* : *fort.* arma q. perd. (*cretic.*
pentameter)   58 num *P*   61 nescio ede— *etiam A* : *vix* nesc(io)
édepol   tu *seclusi* (*ante* ti- ; iv. 3)   timidus es *om. E   inter* 64
et 65 *in A duo versus breves exhiberi videntur*   65 deagitur (deg- ;
pro -etur ?) *Nonius* 278 : detegetur *P* (*pro* deeg-, *antiqua forma*?),
A n. l.   68, 68ᵃ *uno versu A* (*P n. l.*), *qui potest duos versus ex*
v. 67 *fecisse* Mitte Nunciam   70 se conuenire *cod.* : *trai. Pylades*

quám id argentum, quod debetur pro illa, dinumerauerit.
Ep. eu edepol res turbulentas ! Th. mitte me ut eam nunciam.
    Ep. haecine ubi scibit senex,
    puppis pereunda est probe.
75   Th. quid istuc ad me attinet,   75
       quo tu intereas modo ?
Ep. quia perire solus nolo, te cupio perire mecum,
beneuolens cum beneuolente. Th. abi in malam rem ma-
                           xumam a me
cum istac condicione. Ep. i sane,—siquidem festinas magis.
80 Th. numquam hominem quemquam conueni unde abierim 80
                         lubentius.—
Ep. illic hinc ábiit. solus nunc es. quó in loco haec res
                         sit uides
Epidice :. nisi quid tibi in tete auxili est, apsumptus es.
tantae in te impendent ruinae : nisi suffulcis firmiter,
non potes supsistere : itaque in te inruont montes mali.
85   neque ego nunc   85
       quo modo
me expeditum ex impedito faciam, consilium placet.
       ego miser
       perpuli
meis dolis senem ut censeret suam sese emere filiam :
       is suo
       filio
90 fidicinam emit, quam ipse amat, quam ábiens mandauit mihi. 90
90ª   si sibi nunc alteram
ab legione abduxit animi caussa, corium perdidi.
       nam ubi senex
92ª   senserit
sibi data esse uerba, uirgis dorsum dispoliet meum.

72 heu B^3 73-6 *quinque versus discr.* A (*fort. v.* 75 *sic dividendus*
Quid istuc ad | Me attinet ?)   78 ben. sum beneuolenti *Goetz*   79
siquid *P*   90 amabat q. *Guietus* : emundam *Ussing*   90ª si *om.* P^E
adduxit *Ital.*   anima P^E 93 despoliet *cod.* : depoliet *Palmerius*
PLAVT. I   23

at enim tu
praecaue.   94ᵃ

95 at enim—bat enim ! nihil est istuc.   plane hoc corruptumst 95
caput.

nequam homo es,
Epidice.   96ˣ
qui lubidost male loqui ? quia tute te⟨te⟩ deseris.
quid faciam?
men rogas?   98ᵃ
tuquidem antehac aliis solebas dare consilia mutua.
100 aliquid aliqua reperiundumst.   sed ego cesso ire obuiam   100
adulescenti, ut quid negoti sit sciam.   atque ipse illic est.
tristis est.   cum Chaeribulo incedit aequali suo.
huc concedam, orationem unde horum placide persequar.

ii Sᴛʀᴀᴛɪᴘᴘᴏᴄʟᴇs   Cʜᴀᴇʀɪʙᴠʟᴠs   Eᴘɪᴅɪᴄᴠs

Sᴛ. Rem tibi sum elocutus omnem, Chaeribule, atque admodum
meorum maerorum atque amorum summam edictaui tibi.   105
Cʜ. praeter aetatem et uirtutem stultus es, Stratippocles.
idne pudet te, quia captiuam genere prognatam bono
5 in praeda es mercatus? quis erit uitio qui id uortat tibi?
Sᴛ. qui inuident omnis inimicos mihi illoc facto repperi ;
at pudicitiae eiius numquam nec uim nec uitium attuli.   110
Cʜ. iam istoc probior [es] meo quidem animo, quom in
amore temperes.
Sᴛ. nihil agit qui diffidentem uerbis solatur suis ;
10 is est amicus, qui in re dubia re iuuat, ubi rest opus.
Cʜ. quid tibi me uis facere?   Sᴛ. argenti dare quadraginta
minas,

95 at enim bat enim *om. P*   97 tete *scripsi metri causa (A n. l.)*
(*sed cf. ad* 98ᵃ)   98ᵃ men tu rogas *P* (*unde fiunt* 98-98ᵃ *unus troch.
dimeter, ut* 91). *fort. recte*   100 aliquid] quid *post lacunam P*   107
bono] probo *var. lect. in P* (iv. 3)   108 de p. *Studemund, Abraham
Stud. Pl.* 201   109 11 *om. A : del. Geppert*   111 es *del. Mueller :
post* animo *transp. Bothe*   *vix* meδquidem (*trisyll.*)   114-49 *deest A*

115 quod danistae detur, unde ego illud sumpsi faenore.
     CH. si hercle haberem ⟨pollicerer⟩.   ST. nam quid te igitur
                                                     retulit
     beneficum esse oratione, si ad rem auxilium emortuom est?
     CH. quin edepol egomet clamore differor, difflagitor.   15
     ST. malim istiusmodi mi amicos forno occensos quam foro.
120 sed operam Epidici nunc me emere pretio pretioso uelim.
     quem quidem ego hominem inrigatum plagis pistori dabo,
     nisi hodie priu' comparassit mihi quadraginta minas
     quam argenti fuero elocutus ei postremam syllabam.   20
     EP. salua res est : bene promittit, spero seruabit fidem.
125 sine meo sumptu paratae iam sunt scapulis symbolae.
     adgrediar hominem.   aduenientem   peregre   erum   súom
                                              Stratippoclem
     impertit salute seruos Epidicus?   ST. ubi is est?   EP. adest.
     saluom huc aduenisse—ST. tam tibi istuc credo quam mihi. 25
     EP. benene usque ualuisti?   ST. a morbo ualui, ab animo
                                              aeger fui.
130 EP. quod ad me attinuit, ego curaui : quod mandasti ⟨tu⟩ mihi
     impetratum est.   empta ancillast, quod tute ad me litteras
     missiculabas.   ST. perdidisti omnem operam.   EP. nam
                                              qui perdidi?
     ST. quia meo neque cara est cordi neque placet.   EP. quid 30
                                              retulit
     mihi tanto opere te mandare et mittere ad me epistulas?
135 ST. illam amabam olim, nunc iam alia cura impendet pectori.

    115 detur *Pius* : datur *cod.*   116 pollicerer **add.** *Mueller*
118 difflagitor *Skutsch* : diffatigor *cod.*   119 *vel* mihi   mersos
Ital. : mensos *cod.* : occensos *Usener* (*Rhein. Mus.* 56, 13)
quam te fore *B³* (i. 1)   120 mi *Redslob*   124 fidem *Lambinus* :
idem *cod.* (*pro* eidem?) (E *pro* F)   126 suom *om. Ital., fort.*
recte   127 impertit sal. *Weise* : [salua] impertit sal. *cod.* (iv. 3)   128
huc *Seyffert* : te gaudeo huc *cod.* (iv. 1)   130 *vel* med   mandauisti *Bentley*   tu *add. Mueller*   131 emptast a. *cod.*

EP. hercle miserum est ingratum esse hómini id quod facias
                                                    bene.

ego quod bene feci male feci, quia amor mutauit locum.

35 ST. desipiebam mentis quom illa scripta mittebam tibi.

EP. men piacularem oportet fieri ob stultitiam tuam,

ut meum térgum tuae stultitiae subdas succidaneum ?   140

ST. quid istic uerba facimus? huic homini opust quadra-
                                                 ginta minis

celeriter calidis, danistae quas resoluat, et cito.

40 EP. dic modo : unde auferre me uis? quó a tarpezita peto?

ST. unde lubet. nam ni ante solem occasum e lo⟨culis adferes⟩

meam domum ne inbitas : tu te ín pistrinum ⟨conferas.⟩   145

EP. facile tu istuc sine periclo et cura, corde libero

fabulare ; noui ego nostros : mihi dolet quom ego uapulo.

45 ST. quid tu nunc? patierin ut ego me interimam ?   EP. ne
                                                          feceris.

ego istuc accedam periclum potius atque audaciam.

ST. nunc places, nunc ego te laudo.   EP. patiar ego istuc 150
                                                quod lubet.

ST. quid illa fiet fidicina igitur ?   EP. aliqua res reperibitur,

aliqua ope exsoluam, extricabor aliqua.   ST. plenus consili's.

50 noui ego te.   EP. est Euboicus miles locuples, multo auro
                                                      potens,

qui ubi tibi istam emptam esse scibit atque hanc adductam
                                                    alteram,

---

136 homini *Palmerius* : hominem *cod.*, **contra Plautinum loquendi
morem** (*Mueller in Rhein. Mus.* 54, 390)   137 feci bene *B*   138
illa scripta mitterem *codd. Nonii* 499 : illas scriptas mittebam *cod.*
139 peculiarem *var. lect. in cod.*   140 tuae stultitiae *codd. Gellii* 4, 6,
4 : stultitiae tuae *cod.*   141 *vel sic distingue* quid istic? uerba fac.
142 resoluat et *Pylades* : resoluas et *cod.* : resoluam, sed (?) *Leo*   143
tarpezita, *non* trap- (*ita cod.*), *est Plautina forma* uis me *Guietus*   quo
a *Bentley* (*secundum morem Plautinum*): a quo *cod.*   144, 145 *alia
alii suppleverunt, ut* ego ⟨aurum accepero⟩... ⟨migraueris⟩ *Redslob*
(*Berl. Phil. Woch.* 22, 553)   145 *vel* tute in pristinum (*ita cod.*)
148 *vel sic distingue* quid tu? nunc pat. (*Seyffert stud. Plaut.* 18)   150
accedit *A*   ego om. *A*   151 [de] illa *P*   re *P*   152 exsoluar
A : exsoluam *etiam codd. Nonii* 8   154 tibi om. *A* (iii. 1)

EPIDICVS

155 continuo te orabit ultro ut illam tramittas sibi.
  sed ubi illa est quam tu adduxisti tecum? St. iam faxo hic
                                                         erit.
  Ch. quid hic nunc agimus? St. eamus intro huc ad te, ut
                                            hunc hodie diem
  luculente habeamus.—Ep. ite intro, ego de re argentaria   55
  iam senatum conuocabo in corde consiliarium,
160 quoi potissumum indicatur bellum, unde argentum auferam.
  Epidice, uide quid agas, ita res subito haec obiectast tibi ;
  non enim nunc tibi dormitandi neque cunctandi copia est.
  adeundum. senem oppugnare certumst consilium mihi.   60
     ibo intro atque adulescenti dicam nostro erili filio,
165   ne hínc foras exambulet neue obuiam ueniat seni.—

ACTVS II

A P O E C I D E S   P E R I P H A N E S   II. i

  Ap. Plerique homines, quos quom nil refert pudet,
166ᵃ   ubi pudendum est ibi eos deserit pudor,
              quom usust ut pudeat.
         is adeo tu's. quid est quod pudendum siet,
         genere gnatam bono pauperem domum   5
170   ducere te uxorem ?
171-2 praesertim eam, qua ex tibi commemores hanc quae do-
                                    mist filiam prognatam.
       Pe. reuereor filium. Ap. at pol ego te credidi ux-
       orem, quam tu extulisti, pudore exsequi,

158 luculente P, ut vid. (·tem B¹) : luculentum A   160 qui A
162 dormitandum P   est [tibi] P (ex v. 161)   163 adeundem P :
ad. est Ital.   mihi om. P   164, 165 trochaice P   i, i, abi intro
atque adolescenti dic iam nostro herili filio | Ne (Nec B) hic (pro
hinc) foras ambulet neue usquam obuiam ueniat seni P (in quem
nostro ex altera versione se insinuauit)   Retractator, credo, metrum
exaequauit et hiatum (ne | hinc) abiecit   167 usus est P   168 quid
est] qui des P   169 parem et in mg. pauperem A   170 te om. F
171, 172 domost A   filiam] familiam P (v. 8)

10   quoiius quotiens sepulcrum uides, sacruficas   175
        ilico Orco hostiis, neque adeo iniuria,
        quia licitumst eam tibi uiuendo uincere.   PE. oh!
        Hercules ego fui, dum illa mecum fuit ;
        neque sexta aerumna acerbior Herculi quam illa mihi ob-
                                                       iectast.
15 AP. pulchra edepol dos pecuniast.   PE. quae quidem pol 180
                                        non maritast.

ii   EPIDICVS   APOECIDES   PERIPHANES
        EP. St !
        tacete, habete animum bonum.
        liquido exeo foras auspicio, aui sinistera ;   183-4
        acutum cultrum habeo, senis qui exenterem marsuppium.   185
5   sed eccum ipsum ante aedis conspicor ⟨cum⟩ Apoecide
        qualis uolo uetulos duo.
        iam ego me conuortam in hirudinem atque eorum éxsugebo
                                                       sanguinem,
        senati qui columen cluent.
        AP. continuo ut maritus fiat.   PE. laudo consilium tuom. 190
10   nam ego illum audiui in amorem haerere apud nescioquam
                                                       fidicinam,
        id ego excrucior.   EP. dí hercle omnes me ádiuuant, au-
                                                       gent, amant :
        ipsi hiquidem mihi dant uiam, quo pacto ab se argentum
                                                       auferam.
        age nunciam orna te, Epidice, et palliolum in collum conice

180 maritatast *P*   183-4 auspicio foras *Reiz, unde fit* (*cum* sinis-
tra) *versus Reizianus*   185-213 *deest A* (*f.* 264, *i. e. totidem versus
quot sunt in P, quorum novem linea longiores*)   185 extenterem *B²*
mg. (i. 8)   186 Apoecidae *cod., fort. recte :* cum *add. Leo :* ⟨et
una cum eo⟩ Apoecidem (?) *Goetz*   187 *ante* qualis *lacuna indicata in B*
188 exorbebo *testatur Nonius* 102 (*cf. Lindsay ' Non. Marc.'* p. 106)
189 cluet *B³. Post hunc v. lacunam sign. R. Mueller. Periphanis primum sermonem fuisse scaenae in A titulus indicat, ubi* PERIPHANES
APOECIDES   191 amore *Camerarius fort. recte*   192 excruor *cod.*
me hercle omnes *Langen   vel* med   194 pallium *codd. Gellii*
4, 17, 4

195 itaque adsimulato quasi per urbem totam hominem quae-
                                                siueris.
 age, si quid agis.   di inmortales ! utinam conueniam domi 15
 Periphanem, per omnem urbem quem sum defessus quaerere:
 per medicinas, per tostrinas, in gymnasio atque in foro,
 per myropolia et lanienas circumque argentarias.
200 rogitando sum raucus factus, paene in cursu concidi.
    PE. Epidice !   EP. Epidicum quis est qui reuocat ?   PE. 20
                                        ego sum, Periphanes.
 AP. et ego Apoecides sum.   EP. et egoquidem sum Epi-
                                    dicus.   sed, ere, optuma
 uos uideo opportunitate ambo aduenire.   PE. quid rei est ?
 EP. mane, ⟨mane⟩, síne respirem quaeso.   PE. immo ad-
                                quiesce.   EP. animo malest.
205 AP. recipe anhelitum.   PE. clementer, requiesce.   EP.
                                        animum aduortite.
 a legione omnes remissi sunt domum Thebis.   AP. ⟨quis 25
                                        hoc⟩
 scit factum ?   EP. ego ita dico factum ésse.   PE. scin tu
                                    istuc ?   EP. scio.
 PE. qui tu scis ?   EP. quia ego ire uidi milites plenis uiis ;
 arma referunt et iumenta ducunt.   PE. nimi' factum bene !
210 EP. tum captiuorum quid ducunt secum ! pueros, uirgines,
 binos, ternos, alius quinque ; fit concursus per uias,   30
 filios suos quísque uisunt.   PE. hercle rem gestam bene !
 EP. tum meretricum numerus tantus quantum in urbe
                                        omni fuit
 obuiam ornatae occurrebant suis quaequaé amatoribus,
215 eos captabant.   id adeo qui maxume animum aduorterim ?

202 quidem ego *Mueller*   203 ambo aduenire opportunitate
cod. : *trai. Bothe*   204 Mane ⟨mane⟩ *Weise* : Mane ⟨sis⟩ *vel* ⟨sic⟩
Redslob (*Berl. Phil. Woch.* 22, 553) : Mane ⟨dum⟩ *Brix*   205
recipe *Brix* : recipiam *cod.* (*seq.* an-)   206 quis hoc *add.*
Camerarius   207 Dicit *Reiz*   f. esse d. *cod.* : *traieci*   211 quinque *Ital.* : quisque *cod.*   214 s. quaeque *cod.* : q. suis *Guietus* :
ˢ. quisquis *Hasper* : s. q. ⟨ibi⟩ *Mueller*   215 animaduor'erint *A*

35 pleraeque eae sub uestimentis secum habebant retia.
    quom ad portam uenio, atque ego illam ílli uideo praesto-
                                          larier
    et cum ea tibicinae ibant quattuor. Pe. quicum, Epidice ?
  Ep. cum illa quam tuo' gnatus annos multos deamat, deperit,
    ubi fidemque remque seque teque properat perdere ;   220
40 ea praestolabatur illum apud portam. Pe. uiden ueneficam?
  Ep. sed uestita, aurata, ornata ut lepide, ut concinne, ut
                                         noue !
  Pe. quid erat induta ? an regillam induculam an mendi-
                                       culam?
  Ep. impluuiatam, ut istaec faciunt uestimentis nomina.
  Pe. utin impluuium induta fuerit? Ep. quid istuc tam 225
                                    mirabile est ?
45 quasi non fundis exornatae multae incedant per uias.
    at tributus quom imperatus est, negant pendi potis :
    illis quibu' tributus maior penditur, pendi potest.
    quid istae quae uestei quotannis nomina inueniunt noua ?
    tunicam rallam, tunicam spissam, linteolum caesicium,   230
50 indusiatam, patagiatam, caltulam aut crocotulam,
    subparum aut—subnimium, ricam, basilicum aut exoticum,
    cumatile aut plumatile, carinum aut cerinum—gérrae ma-
                                     xumae !
  cani quoque etiam ademptumst nomen. Pe. qui? Ep.
                                  uocant Laconicum.
  haec uocabula auctiones subigunt ut faciant uiros.   235
55 Ap. quin tu ut occepisti loquere ? Ep. occepere aliae mu-
                                       lieres

    222 ornamenta P (v. 12, p. 76)   224 inpluuiata A, codd. Nonii
548   facimus P   225 utin] ut A (seq. in-)   fuerit] erit P   tam
om. P (iii. 6, p. 49)   226 eundis A (E pro F)   227 potesse
P (pro pote ?)   228 tributis A   229-35 postea insertos esse credit
Wagner   231 crutulam P   232 subnimium Nonius 560: sub mi-
niam P: subnimniam A   233 carinum (gar- P) aut gerrinum AP
(cf. ' guberno,' etc.) : cerinum aut gelinum codd. Nonii 549   234
adeptust A   uocant] eubeant A (pro lubeant ?)   235 uiri P (i. 9)

duae sic post me fabulari inter sese—ego apscessi sciens
paullum ab illis, dissimulabam earum operam sermoni dare ;
nec satis exaudibam, nec sermonis fallebar tamen,
240 quae loquerentur. PE. id lubidost scire. EP. ibi illarum
altera
dixit illi quicum ipsa ibat—PE. quid ? EP. tace ergo, ut 60
audias—
postquam illam sunt conspicatae, quam tuo' gnatus deperit :
' quam facile et quam fortunate éuenit illi, opsecro,
mulieri quam liberare uolt amator !' ' quisnam is est ? '
245 inquit altera illi. ibi illa nominat Stratippoclem
Periphanei filium. PE. perii hercle ! quid ego ex te audio ? 65
EP. hoc quod actumst. egomet postquam id illas audiui loqui,
coepi rusum uorsum ad illas pauxillatim accedere,
quasi retruderet hominum me uis inuitum. PE. intellego.
250 EP. ibi illa interrogauit illam : ' qui scis ? quis id dixit tibi ? '
' quin hodie adlatae tabellae sunt ad eam a Stratippocle, 70
eum argentum sumpsisse apud Thebas ab danista faenore,
id paratum et sese ob eam rem id ferre.' PE. certo ego occidi !
EP. haec sic aibat : sic audiuisse ex eapse átque epistula.
255 PE. quid ego faciam ? nunc consilium a te expetesso, Apoecides.
AP. reperiamus aliquid calidi, conducibilis consili. 75
nam ille quidem aut iam hic aderit, credo hercle, aut iam
adest. EP. si aequom siet
me plus sapere quam uos, dederim uobis consilium catum
quod laudetis, ut ego opino, uterque—PE. ergo ubi id est,
Epidice ?

---

237 Quae *A*   post me sic *P*   solens *P*   238 me harum sermoni operam *P*   243 illic *Mueller*   244 liberare quam *P*   245
illa *Ritschl* : illi *A* : *om. P* (iii. 1, p. 48)   247 est *om. P*   postquam id] post ibi *P*   250 quis] qui *A*   251 allatae sunt
tabellae *P* : adlatae tabellae (*om.* sunt) *A*   252–449 *desunt A*
253 certo *Kampmann* : cedo *cod.*   254 H. sic aiebat se aud. *Goetz*
ex eapse *Kampmann* : se abse *cod.*   255 cf. *Redslob* (*Berl. Phil.
Woch.* 22, 553)   259 opinor *cod.*

Ep. atque ad eam rem conducibile.   Ap. quid istuc dubitas 260
                                                 dicere ?
80 Ep. uos priores esse oportet, nos posterius dicere,
qui plus sapitis.   Pe. heia uero! age dice.   Ep. at deridebitis.
Ap. non edepol faciemus.   Ep. immo si placebit utitor,
consilium si non placebit, reperitote rectius.
mihi istic nec seritur nec metitur, nisi ea quae tu uis uolo.   265
85 Pe. gratiam habeo ; fac participes nos tuae sapientiae.
Ep. continuo arbitretur uxor tuo gnato atque ut fidicinam
illam quam is uolt liberare, quae illum corrumpit tibi,
ulciscare atque ita curetur, usque ad mortem ut seruiat.
Ap. fieri oportet.   Pe. facere cupio quiduis dum id fiat 270
                                                 modo.   Ep. em !
90 nunc occasiost faciundi, priu' quam in urbem aduenerit,
sicut cras hic aderit, hodie non uenit.   Pe. qui scis ?
                                                 Ep. scio.
quia mihi alius dixit qui illinc uenit mane hic adfore.
Pe. quin tu eloquere, quid faciemus ?   Ep. sic faciundum
                                                 censeo,
quasi tu cupias liberare fidicinam animi gratia   275
95 quasique ames uehementer tu illam.   Pe. quám ad rem
                                        istuc refert ?   Ep. rogas ?
ut enim praestines argento, priu' quam ueniat filius,
atque ut eam te in libertatem dicas emere— Pe. intellego.
Ep. ubi erit empta, ut aliquo ex urbe ámoueas ; nisi quid tuast
secu' sententia.   Pe. immo docte !   Ep. quid tu autem, 280
                                                 Apoecides ?
100 Ap. quid ego iam nisi te commentum nimis astute intellego ?
Ep. iam igitur amota ei fuerit omnis consultatio

    263. 264 vel utitor consilium, si   267 ante hunc v. lacunam
sign. Goetz   271 aduenerit Ital. : aduenit cod. (cf. 272)   272
uenit Redslob : uenerit cod. (cf. 271)   273 hunc corr. hic cod. ut vid.
279 tua cod. (cf. 280)   280 sententia [est] cod. (cf. 279)   immó
docté vix ferendum esset neque ĭmmŏ placet   tua au. Leo : tu au.
⟨ais⟩ Mueller, quibus hiatus tu | autem displicet   281 qui cod. (quid
J)   282 fuerit Lindemann : erit cod.

nuptiarum, ne grauetur quod uelis.   PE. uiue sapis
et placet.   EP. tum tu igitur calide quidquid acturu's age.
285 PE. rém hercle loquere.   EP. et repperi haec te quí apscedat
                                                    suspicio.
PE. sine me scire.   EP. scibis, audi.   AP. sapit hic pleno 105
                                                    pectore.
EP. opus est homine qui illo argentum deferat pro fidicina ;
nam te nolo neque opu' factost.   PE. quid iam ?   EP. ne
                                                    te censeat
fili caussa facere—PE. docte !   EP. quo illum ab illa pro-
                                                    hibeas :
290 ne qua ob eam suspicionem difficultas euenat.
PE. quém hominem inueniemus ad eam rem utilem ?   EP. 110
                                        hic erit optumus,
hic poterit cauere recte, iura qui et leges tenet.
PE. Epidico habeas gratiam.   EP. sed ego istuc faciam
                                                    sedulo :
ego illum conueniam atque adducam huc ad te, quoiiast
                                                    fidicina,
295 atque argentum ego cum hoc feram.   PE. quanti emi potest
                                        minimo ?   EP. illane ?
ad quadraginta fortasse eam pósse emi minimo minis.   115
uerum si plus dederis referam, nihil in ea re captiost.
atque id non decem occupatum tibi erit argentum dies.
PE. quidum ?   EP. quia enim mulierem alius illam adule-
                                                    scens deperit,
300 auro opulentus, magnus miles Rhodius, raptor hostium,
gloriosus : hic emet illam de te et dabit aurum lubens.   120

288 nam telo non eque opus *cod.* (ii. 7) : *corr. Ussing*   ne *Ital.* :
nec *cod.*   293 Epidico *Ussing* : epidice *cod.*   habeo *Guietus*
294 atque] eamque *Goetz*   hunc ad eum *Ussing* : hunc ab te *Redslob*
(*Berl. Phil. Woch.* 22, 552)   296 minis *Bentley, Gronovius* : minas
cod.   298 decem *Ital.* : decet *cod.*   299 illam alius *cod.* : *trai.*
Bothe   300 *vel sic distingue* magnus, miles   301 hic] is *Brix,*
fort. recte   lubens *Gruter* : iubeas *cod.*

face modo, est lucrum hic tibi amplum.   PE. deos quidem
                            oro.   EP. ímpetras.
AP. quin tu is intro atque huic argentum promis ? ego uisam
                            ad forum.
Epidice, eo ueni.   EP. ne abitas priu' quam ego ad te
                            uenero.
AP. usque opperiar.—PE. sequere tu intro.—EP. i numera, 305
                            nil ego te moror.

iii   E P I D I C V S

EP. Nullum esse opinor ego agrum in agro Attico
aeque feracem quám hic est noster Periphanes :
quin ex occluso atque opsignato armario
decutio argenti tantum quantum mihi lubet.
5   quod pol ego metuo si senex resciuerit   310
ne ulmos parasitos faciat quae usque attondeant.
sed me una turbat res ratioque, Apoecidi
quam ostendam fidicinam aliquam conducticiam.
atque id quoque habeo : mane me iussit senex
10   conducere aliquam fidicinam sibi huc domum,   315
dum rem diuinam faceret, cantaret sibi ;
ea conducetur atque ei praemostrabitur
quo pacto fiat subdola aduorsus senem.
ibo intro, argentum accipiam ab damnoso sene.—

ACTVS III

S T R A T I P P O C L E S   C H A E R I B V L V S

ST. Exspectando exedor miser atque exenteror   320
quo modo mi Epidici blanda dicta euenant.

---

302 face *Palmerius* : tace *cod.* (T *pro* F)   impetras *Palmerius* :
impetra *cod.*   303 hic *cod.* (huic *J*)   306 *hiatus suspectus   fort.*
Nullum, ⟨nullum⟩ esse opino   in ⟨omni⟩ *Loman*   ⟨alium⟩ agrum
Redslob (*Berl. Phil. Woch.* 22, 553)   308 armario *Pylades* : [atque]
armario *cod.*   316 ⟨quae⟩ (⟨ut⟩ *Abraham*) dum rem dinam (*ita B*[1])
Buecheler, sed cf. Redslob (*Berl. Phil. Woch.* 22, 553), *Sjögren part. cop.*
33 *n.*   318 aduorsum *Pradel de praep.* 486   321 eueniant *cod.*

nimi' diu maceror : sitne quid necne sit
scire cupio. Ch. per illam tibi copiam
copiam parare aliam licet : sciui equidem in principio ili-   5
325 -co nullam tibi esse in illo copiam. St. interii hercle ego !
Ch. apsurde faci' qui angas te animi ; si hercle ego illúm
                                      semel préndero,
327-8   numquam inridere nos illum inultum sinam seruom
                                      hominem.
St. quid illum ferre uis qui, tibi quoi diuitiae domi máxu-
                                      mae sunt,
330   is nummum nullum habes nec sodali tuo in te copiast. 10
Ch. si hercle habeam pollicear lubens, uerum aliquid aliqua
                                      aliquo modo
alicunde ab aliqui aliqua tibi spes est fore mecum fortunam.
St. uae tibi, muricide homo ! Ch. qui tibi lubet mihi
                                      male loqui ?
St. quipp' tu mi aliquid aliquo modó alicunde ab aliquibus
                                      blatis
335   quod nusquamst, neque ego id immitto in auris meas, 15
nec mihi plus adiumenti ades quam ille qui numquam etiam
                                      natust.

E p i d i c v s   S t r a t i p p o c l e s   C h a e r i b v l v s ii

Ep. Fecisti iam officium tuom, me meum nunc facere oportet.
per hanc cúram quieto tíbi licet esse—hoc quidem iam
                                      periit :
ni quid tibi hinc in spem referas, oppido hoc pollinctum est;
340   crede modo mihi : sic ego ago, sic egerunt nostri.

322 nec nescit *cod.*   325 copiam [tibi] *B* (⁇ *ex v.* 323)   327-8
inultum *Ital.* : inultimum *cod.* (v. 8)   329 fere *P*ᴱ (facere *J var.
lect.*)   330 nummum his *P*ᴱ   332 aliquast tibi sp. *Mueller, cui
aliquá tíbĭ iniuria displicet*   mecum] meliorem *Leo*   333 *fort.* Vae
⟨uae⟩ (*iamb. octon.*)   334 latis *cod.* (blatis *J*)   336 adiumenta
ades (*E*) *vel* adiumenta des (*J*) *P*ᴱ : adiumentum ades *Seyffert, fort.
recte*   ades] das *Pylades* (*anap.*) : habes (⁇) *Leo*   *vel* ill' 337
[tu] tuum *B*   339 pollinctum *Goetz* : pollitum *cod.* (politum *P*ᴱ)

5 pro di inmortales, mihi hunc diem dedistis luculentum !
ut facilem atque impetrabilem ! sed ego hinc migrare cesso,
ut importem in coloniam hunc ⟨meo⟩ auspício commeatum.
mihi cesso quom sto.   sed quid hoc ?   ante aedis duos sodalis
erum et Chaéribulum conspicor.   quid hic agitis ? accipe 345
                               hoc sis.
10 St. quantum hic inest ?   Ep. quantum sat est et plus satis :
                               superfit.
decem minis plus attuli quam tu danistae debes.
dum tibi ego placeam atque opsequar meum térgum flocci
                               facio.
St. nam quid ita ?   Ep. quia ego tuom patrem faciam
                               parenticidam.
St. quid istúc est uerbi ?   Ep. nil moror uetera et uolgata 350
                               uerba.
15 'peratum ductare' †at† ego follitum ductitabo.
nam leno oınne argentum apstulit pro fidicina (ego resolui,
manibus his denumeraui) pater suam natam quam esse credit;
nunc iterum ut fallatur pater tibique auxilium apparetur
inueni : nam ita suasi seni atque hanc habui orationem   355
20 ut quom rediisses ne tibi eiius copia esset.   St. eugae !
Ep. ea iam domist pro filia.   St. ⟨iam⟩ teneo.   Ep. nunc
                               auctorem
dedit mi ad hanc rem Apoecidém, is apud forum manet me
†quasiquae amaret† caueat.   St. hau male.   Ep. iam | ipse
                               cautor captust.

---

341 mi ⟨ut⟩ *Skutsch*   343 hunc meo *Pylades, Goetz* : hunc
hunc *cod.* (hunc *alt. del. B³*)   344 duo *J*   346 *vel* q. satest
superfit *Camerarius* : supersit *cod.*   349 ego *om. B*   351
ductâre *alii Redslob* (*Berl. Phil. Woch.* 22, 551) : ductarent *Leo* : du-
ctitare *Goetz* : *fort.* ductare autem ! (at *pro* āt, *i. e.* autem)   353
manibús hīs *suspectum*   den. his (?) *Leo*   355 inueni nam *R.
Mueller* : inueniam *cod.*   357 pro filia *Acidalius* : p (*i. e.* pro) elia
ut vid. cod. (E *pro* F) (pro illa *B³*)   iam *add. Brix*   cautorem *Ital.*
359 quasi qui a me c. *Buecheler*   i. ⟨is⟩ ipse *Goetz* : ⟨et⟩ iam ipse
Redslob : *fort.* iamne (*i. e.* 'nonne iam') ipse

360 ipse in meo cóllo tuo' pater cruminam collocauit ;
is adornat, adueniens domi extemplo ut maritus fias.   25
Sᴛ. uno persuadebit modo, si illam quae adducta est mecum
mihi adempsit Orcus. Eᴘ. nunc ego hanc astutiam institui.
deueniam ad lenonem domum egomet solus, eum égo docebo,
365 si quid ad eum adueniam, ut sibí esse datum argentum dicat
pro fidicina, argenti minas se habere quinquaginta   30
(quippe ego qui nudiustertius meis manibus denumeraui
pro illa tua amica quam pater suam fíliam esse retur) :
ibi leno sceleratum caput suom inprudens adligabit,
370 quasi pro illa argentum acceperit quae tecum adducta
nunc est.
Cʜ. uorsutior es quam rota figularis. Eᴘ. iam ego parabo 35
aliquam dolosam fidicinam, nummo conducta quae sit,
quae se emptam simulet, quae senes duo docte ludificetur.
eam dúcet simul Apoecides ad tuom patrem. Sᴛ. ut parate !
375 Eᴘ. eam pérmeditatam, meis dolis astutiisque onustam
mittam. sed nimi' longum loquor, diu me estis demorati. 40
haec scitis iam ut futura sint. abeo.—Sᴛ. bene ambulato.
Cʜ. nimi' doctus illic ad male faciendum. Sᴛ. me equidem
certo
seruauit consiliis suis. Cʜ. abeamus intro hinc ad me.
380 Sᴛ. atque aliquanto lubentius quam aps te sum egressus
intus ;
uirtute atque auspicio Epidici cum praeda in castra redeo.— 45

Pᴇʀɪᴘʜᴀɴᴇꜱ   Aᴘᴏᴇᴄɪᴅᴇꜱ   Sᴇʀᴠᴠꜱ   iii

Pᴇ. Non oris caussa modo homines aequom fuit
sibi habere speculum ubi os contemplarent suom,

361 adueniens *Camerarius* : ueniens *cod.* (iii. 3)   363 astutiam
hanc *Pylades, cui* institūi *displicet*   364 ego *del. Pylades*   365
si qui ad eum adueniant *Camerarius*   datum esse *Pylades*   373
docta *P*ᴱ   378 illic ille (*ita cod.*) est *Camerarius*   *vel* mequidem
383 contemplaret *cod.* (-ent *J*)

sed qui perspicere possent [cor sapientiae,
igitur perspicere ut possint] cordis copiam ;   385
5 ubi id inspexissent, cogitarent postea
uitam ut uixissent olim in adulescentia.
fuit conducibile hoc quidem mea sententia.
uel [quasi] ego [met], qui dudum fili caussa coeperam
ego me excruciare animi, quasi quid filius   390
10 meu' deliquisset med erga aut [quasi] non pluruma
malefacta méa essent solida in adulescentia.
profecto deliramus interdum senes.
sed meu' sodalis it cum praeda Apoecides.
uenire saluom mercatorem gaudeo.   395
15 quid fit? AP. di deaeque te adiuuant. PE. omen
                                              placet.
AP. quin omini omnes suppetunt res prosperae.
sed tu †hanc iubes† intro abduci. PE. heus ! foras
exite huc aliquis.   duce istam intro mulierem.
atque audin? SE. quid uis? PE. caue siris cum filia   400
20 mea copulari hanc neque conspicere.   iam tenes?
in aediculam istanc sorsum concludi uolo.
diuortunt mores uirgini longe ac lupae.
AP. docte et sapienter dicis.   num⟨quam⟩ nimi' potest
pudicítiam quisquam suae seruare filiae.   405
25 edepol ne istam * temperi gnato tuo

384 sed *an* sed id *incert. cod.*   cor sapientiae (*pro* sapientia ē,
i.e. est ?) . . . possint *del. Geppert* (iv. 1)   388 *huc transp. Brix* :
post 393 *exhib. cod.* (*prius om. propter homoeotel.* ? ii. 6)   mea quidem
Acidalius, rhythmi causa   389 quasi *del. Guietus*   ego *Guietus*
(*cf. v.* 390) dudum *Guietus* : dum *cod.*   390 *vel* ego med : egomet
me *Mueller* (*cf. v.* 389)   391 meus *J* : melius *cod.*   me *Ital.*
quasi *del. Ritschl*   plurima *Pius* : plurumum *cod.*   396 fit *Ital.* :
sit *cod.*   adiuuant [res propere] PE. *cod.* (*ex v.* 397)   397 prospere *Ital.* (*vel* -rae) : propere *cod.*   398 hanc] istanc *Brix*   iubes
(*PE*) *vel* lubens (*B*) *cod.* : iube sis *Gruterus* : iube si sapis *Seyffert*
404 numquam *Fleckeisen* : num *cod.*   405 pudicítiam quis *Bentley*
(*del.* quam ; *cf. ad v.* 404)   406 *post* istam *ras.* 8 *litt. in B* :
istam ⟨hodie⟩ *Mueller* : istam ⟨in ipso⟩ *Redslob* (*Berl. Phil. Woch.*
22, 553)   tempore *cod.*

sumu' praemercati.   PE. quid iam?   AP. quia dixit mihi
iam dudum se alius tuom uidisse hic filium :
hanc edepol rem apparabat.   PE. plane hercle hoc quidem est.
410 AP. ne tú habes seruom graphicum et quantiuis preti,
non carust auro contra.   ut ille fidicinam   30
fecit †nestiret† esse emptam tibi !
ita ridibundam atque hilaram huc adduxit simul.
PE. mirum hoc qui potuit fieri.   AP. te pro filio
415 facturum dixit rem esse diuinam domi,
quia Thebis saluos redierit.   PE. recte institit.   35
AP. immo ipsus illi dixit conductam esse eam
quae hic administraret ad rem diuinam tibi.
[facturum hoc dixit rem esse diuinam tibi domi]
420 ego illic med autem sic adsimulabam : quasi
stolidum, combardum me faciebam.   PE. immo ita decet.   40
AP. res magna amici apud forum agitur, ei uolo
ire aduocatus.   PE. at quaeso, ubi erit otium,
reuortere ad me extemplo.   AP. continuo hic ero.—
425 PE. nihil homini amicost opportuno amicius :
sine tuo labore quod uelis actumst tamen.
ego si adlegassem aliquem ad hoc negotium   45
minus hominem doctum minu'que ad hanc rem callidum,
os sublitum esset, itaque me albis dentibus
430 meu' derideret filius meritissumo.
atque haec stultitiast me illi uitio uortere   50
egomet quod factitaui in adulescentia,

---

408 aliquis (?) *Leo*   tuum *om. B*   409 planum *Geppert*   411
aurum *B³*   412 *vel* nescire   ne se sentiret *Redslob* (*Berl. Phil.
Woch.* 22, 552) : sese ut nesciret *Leo*   413 adduxi *Geppert*   414
qui *ex* quod *cod.* (*ita E,* quod *B,* qui *J*)   416 rectam *Lambinus*
419 (*cf.* 415) *del. Acidalius* (ii. 6)   *vel* ess'   *vel* dinam   420
vel illi   *vel* me (*ita cod.*)   421 ita *Pylades* : sta *cod.*   422
apúd forum *vix ferendum*   eum *cod. ut vid.* (ei *J*)   423 ire *var.*
ect. in J : ere *ut vid. cod.* (*pro* eire ?)   425 amicius *Ital.* : amicitius
od.   427 adligassem *cod.* : *vel* adlegauissem   428 hominem
Camerarius : hominem [quam] *cod.* (i. 15)   431-4 *post v.* 455
posuit *Acidalius* (*contra A*) : *del. Goetz*   431 *vel* atqui

    quom militabam : pugnis memorandis meis
    eradicabam hominum auris, quando occeperam.
    sed quis illic est quem huc aduenientem conspicor   **435**
55 suam qui undantem chlamydem quassando facit?

iv   M I L E S   P E R I P H A N E S

Mɪ. Caue praéterbitas ullas aedis quin roges,
senex híc ubi habitat Periphanes Platenius.
incertus tuom caue ad me rettuleris pedem.
Pᴇ. adulescens, si istunc hominem quem tu quaeritas   **440**
5 tibi commostrasso, ecquam aps te inibo gratiam?
Mɪ. uirtute belli armatus promerui ut mihi
omnis mortalis agere deceat gratias.
Pᴇ. non repperisti, adulescens, tranquillum locum
ubi tuas uirtútes explices ut postulas.   **445**
10 nam strenuiori deterior si praedicat
suas púgnas, de illius illae fiunt sordidae.
sed istúm quem quaeris Periphanem Platenium
ego sum, si quid uis. Mɪ. nemp' quem in adulescentia
memorant apud reges armis, arte duellica   **450**
15 diuitias magnas indeptum? Pᴇ. immo si audias
meas púgnas, fugias manibus demissis domum.
Mɪ. pol ego magis unum quaero meas quoi praedicem
quam illum qui memoret suas mihi. Pᴇ. hic non est locus ;
proin tu alium quaeras quoi centones sarcias.   **455**
20 Mɪ. animum aduorte ut quod ego ad te aduenio intellegas.
meam amicam audiui te esse mercatum. Pᴇ. attatae !
nunc demum scio ego hunc qui sit : quem dudum Epidicus
mihi praedicauit militem. adulescens, itast

    435 illic *Seyffert* : hic *cod.* (*pro* ille hic, *i.e.* illic?)   438 hic *om.*
B   Plathaenius (*hic et in vv. seq.*) *K. Schmidt* (*Herm.* 37. 2ᶜ3)
443 [deceat] agere deceat *cod.* (dec. *pr. om. J*) (iv. 3)   447 *item*
Priscianus 1, 86 sq.   suillae *Palmer* (*Hermath.* 9, 64)   448
vel istunc   450 *accedit A*   452 dim- *Lambinus, fort. cum A*
454 qua (ill)um *vel* qua(m e)um *A*   455 proin] quo in *P* (quin *B³*)
sarcias *Lambinus* : farcias *et A* (v. 7) *et P* (f *pro* s), *vix recte*   456
uenio *P*

460 ut dicis, emi.   Mi. uolo te uerbis pauculis
    si tibi molestum non est.   Pe. non edepol scio   25
    molestum necne sit, nisi dicis quid uelis.
    Mi. mihi illam út tramittas, argentum accipias.   Pe. adest?
    Mi. nam quid ego apud te uera parcam proloqui?
465 ego illám uolo hodie facere libertám meam
    mihi concubina quae sit.   Pe. te apsoluam breui :   30
    argenti quinquaginta mihi illa empta est minis ;
    si sexaginta mihi denumerantur minae,
    tuas póssidebit mulier faxo ferias ;
470 atque ita profecto ut eam ex hoc exoneres agro.
    Mi. estne empta mihi istis legibus ?   Pe. habeas licet.   35
    Mi. conciliauisti pulchre.   Pe. heus ! foras educite
    quam introduxistis fidicinam.   atque etiam fides,
    ei quae accessere, tibi addam dono gratiis.

       Periphanes   Miles   Fidicina   iv a
475 Pe. Age accipe hanc sis.   Mi. quae te intemperiae tenent?
    quas tu mihi tenebras trudis ? quin tu fidicinam
    produci intus iubes ?   Pe. haec ergo est fidicina.
    hic alia nullást.   Mi. non mihi nugari potes.
    quin tu huc producis fidicinam Acropolistidem ?   5
480 Pe. haec inquamst.   Mi. non haec inquamst. non nouisse me
    meam rére amicam posse ?   Pe. hanc, inquam, filius
    meu' deperibat fidicinam.   Mi. haec non est ea.
    Pe. quid ? non est ?   Mi. non est.   Pe. unde haec igitur
                                gentiumst ?
    equidem hercle argentum pro hac dedi.   Mi. stulte datum   10

    462 necne sit] non est P (cf. v. 461, ubi nonst perperam scriptum est ;
ii. 4)   nisi] nihil A   quod A   463 adest] habeas P   464
uera Goetz : uerba A : om. P   465 vel illanc   hodie uolo P
466 aut Pe. aut te om. A (? A¹)   471 mihi [haec] P (iv. 2)
472 conc. pul. Periphani continuat P ut vid.   474 dono addam
Brix, cui tibi áddam dono displicet   nulla noua scaena in P   475
te om. P   477 intus iubes produci Brugmann, rhythmo consulens
481 eam P   posse] esse A   483 vel Quid ' non est ' ?

reor, peccatum largitér. PE. immo haec east.   485
nam seruom misi qui illum sectari solet
meum gnátum : is ipse hanc destinauit fidicinam.
MI. em istíc homo te articulatim concidit, senex,
15 tuo' seruos. PE. quid 'concidit'? MI. sic suspiciost,
nam pro fidicina haec cerua supposita est tibi.   490
senex, tibi os est sublitum plane et probe.
ego illám requiram iam ubi ubi est. bellator, uale.—
PE. eugae, eugae! Epidice, frugi's, pugnastí, homo es,
20 qui me emunxisti mucidum, minimi preti.
mercatus te hodie est de lenone Apoecides?   495
FI. fando ego istunc hominem numquam audiui ante hunc
                             diem
neque me quidem emere quisquam ulla pecunia
potuit : plus iam sum liberá quinquennium.
25 PE. quid tibi negotist meae domi igitur? FI. audies.
conducta ueni ut fidibus cantarem seni,   500
dum rem diuinam faceret. PE. fateor me omnium
hominum esse Athenis Atticis minimi preti.
sed tu nouistin fidicinam Acropolistidem?
30 FI. tam facile quam me. PE. ubi habitat? FI. postquam
                             liberast
ubi habitet dicere admodum incerte scio.   505
PE. eho an libera illa est? quis eam liberauerit
uolo scire, si scis. FI. id quod audiui audies.

485 r. [et] p. *P*   east] est *A*   486 illum qui *P*ᴬ *ut uid.* : qui
(*om. P*ᴱ) *post spatium P*ᴮᴰ (*in archetypi P*ᴬ *pagina fenestra erat*; *cf.*
v. 506)(iii. 8)   487 is *om. P*   destinauit *om. spatio relicto P* (emit *B*)
(*cf. ad* 486)   488 articulatum concidis *A*   489 qui *A*   490
cerua *om. P*   492 *uel* illanc   PE. bell. *P, fort. recte*   493 Euge
frugi *P*   pugnauisti *Camerarius*   495 mercatum est (*pro* mercatust *uel* mercatu'n [est]) te h. est (*uix pro* ex) l. *A*   496 Fando
Geppert : Fandum *A, uix recte* : Eandum *P* (E *pro* F) (Ehodum *B*)
497 me equidem *A*   498 *uix* sum libere   quinquennium sum
libera *Fleckeisen*   503 probistiin *A*   [mulierem] fidicinam *A* ('*var.*
lect. adscr.' Seyffert)   504 ubertast *P* (u *pro* li) (v. 12, p. 75)
505 dicere *om. P*   admodum] dum *P* (*cf. ad* 486)   incerto *P*
506 libera illa est *om. spatio relicto P* (*cf. ad* 486)   liberauit *A* : liber
auerit *per compend. scr. in P. ut uid.*   507 audiui iam audiens *A* (iv. 3)

Stratippoclem aiunt Periphanei filium
apsentem curauisse ut fieret libera.   35
510 PE. perii hercle si istaec uera sunt ; planissume
meum exénterauit Epidicus marsuppium.
FI. haec sic audiui. numquid me uis ceterum?
PE. malo cruciatu ut pereas atque abeas cito.
FI. fides non reddis ? PE. neque fides neque tibias.   40
515 propera sis fugere hinc si te dí amant. FI. abiero.
flagitio cum maiore post reddes tamen.—
PE. quid nunc ? qui in tantis positus sum sententiis
eamne ego sinam inpune? immo etiam si alterum
tantum perdundumst, perdam potius quam sinam   45
520 me inpune inrisum esse, habitum depeculatui.
ei ! seic data esse uerba praesenti palam !
ac me minoris facio prae illo, qui omnium
legum atque iurum fictor, condictor cluet ;
is etiam sese sapere memorat : malleum   50
525 sapientiorem uidi excusso manubrio.

ACTVS IV

PH. Si quid est hómini miseriarum quod miserescat, miser
ex animost.
id ego experior, quoi multa in unum locum confluont quae
meum pectu' pulsant

508 aiunt *om. P*   509 libera] filia *A* (v. 4)   510 *vel distingue
post* plan.   511 epidicus marsuppium [epidicus] *A*   512 nunc
[si] quid uis me ceterum *A* ('*conflat. ex* numquid *et* siquid' *Seyffert*)
513 [ut] cruciatu ut *A*   515 p. sis igitur *A* (? *conflat. ex* p. sis *et* p.
ig.) : p. ig. *P*   te si *A*   517 Qui nunc quin tantis positus siis
sententeis *A*   sim *E*   518–20 *om. A* (*propter homoeoarch.* ?)   520
depeculatui *Buecheler* : depeculatum *cod.*   521 ei seic *A* : eis sic
P : mei (mi) sic *Buecheler*   522 atque *codd.*   me minoris]
memineris *P*   facio *bis A*   523 conditor *P* (*cf. Curc.* 5 conditus
pro condictus)   525 uidi excusso *om. P, spatio relicto* (*in archetypi
P*A *pagina fenestra erat ; cf. v.* 539)   526–40 *in A pauca leguntur*

     simul : multiplex aerumna exercitám habet,

5   paupertas, pauor territat mentem animi,   530

     neque ubi meas cónlocem spes habeo mi usquam muni-

                 tum locum.

     ita gnata mea hostiumst potita neque ea nunc ubi sit scio.

PE. quis illaec est mulier timido pectore peregre adueniens

     quae ipsa se miseratur? PH. in his dictust locis habitare

                 mihi

10 Periphanes. PE. me nominat haec; credo ego illi hospitio 535

                 usu' uenit.

PH. peruelim mercedem dare qui monstret eum mi hominem

                 [aut] ubi habitet.

PE. noscito ego hanc, nam uideor nescio ubi mi uidisse prius.

     estne ea an non east quam animus retur meus?

     PH. di boni! uisitaui   *   *   antidhac?

15   PE. certo east   *   *   540

           quam in Epidauro   540[a]

        paupèrculam memini comprimere.   540[b]

           PH. plane hicine est

     qui mi in Epidauro uirgini primu' pudicitiam perpulit.   541[a]

20 PE. quae meo compressu peperit filiam quam domi nunc

                 habeo.

     quid si adeam— PH. hau scio an congredias— PE. si haec

            east. PH. sin is est homo,

     sicut anni multi dubia dant. PE. longa dies meum in-

                 certat animum.

529 erumnam *P, A n. l.* : aerumna me *Gulielmius*   531 mi (mihi)
om. P   532 nescio *P*   534 dictus l. *Pius* : *vix* dictu' locist
535 (us)uṣ (hos)pị̄ — *A*   uenit *Pius* : inuenit *P (A n. l.)*   536
aut (*unde fit versus troch. octonarius*) *del. Becker (A n. l.)*   habet
(?) *Leo*   537 me *P (A n. l.) fort. recte (cf. Bosscher ' de Curc.'*
p. 30)   538 east] est *P*   539 *inter* uisitaui *et* antidhac *spatium
relictum P (cf. v. 525) : A n. l.*   540 *spatium post* east *relictum P* :
A n. l.   541[a] mihi *codd.*   uirgini *om. P*   pepulit *P fort. recte (cf.
Trin* 308 perpulit *pro* pepulit)   542 quam d. n. h. *om. A ut vid.*
543 *Nonius* 473 *testatur* congredias : congrediar *P, A n. l.* : *fort.* con-
grediam   sin] si *Geppert*   est is *B (A n. l.)*   544 de ubi andant
P (pro dubiam dant ?)

545   sin east quam incerte autumo, hanc congrediar astu.
       PH. muliebris adhibenda mihi malitia nunc est.
   PE. compellabo.   PH. orationis aciem contra conferam.   25
   PE. salua sies.   PH. salutem accipio mihi et meis.   PE. quid
                                  ceterum?
  PH. saluos sis : quod credidisti reddo.   PE. haud accuso
                                   fidem.
550 nouin ego te?   PH. si ego te noui, animum inducam ut tu
                                   noueris.
   PE. ubi te uisitaui?   PH. inique iniuriu's.   PE. quid iam?
                                   PH. quia
  tuae memoriae interpretari me aequom censes.   PH. commode 30
  fabulata's.   PH. mira memoras, ⟨Periphane.⟩   PE. em istuc
                                  rectius.
  meministin?   PH. memini id quod memini.   PE. at in
                      Epidauro— PH. ah! guttula
555 pectus ardens mi aspersisti.   PE. uirgini pauperculae
  tuaeque matri me leuare paupertatem?   PH. tun is es
  qui per uoluptatem tuam in me aerumnam opseuisti grauem? 35
   PE. ego sum. salue.   PH. salua sum quia té esse saluom
                                   sentio.
   PE. cedo manum.   PH. accipe. aerumnosam et miseria-
                                  rum compotem
560 mulierem retines.   PE. quid est quod uoltus †te turbat† tuos?
   PH. filiam quam ex te suscepi— PE. quid eam?   PH.
                                 eductam perdidi.
  hostium est potita.   PE. habe animum lenem et tranquillum. 40
                                   tace.

    545 sein *A* : si *Geppert*   incerto *P*   autumo *Camerarius* : animo
P : au(di)ọ *A*   550 ut tu] uti *P* (?*pro* uti tu)   553 Periphane
in A fuisse suspicatur Studemund : *om. P* (*cf. ad v.* 554) : age plane
(?) *Seyffert*   554 quod . . . at *om. P* (*propter fenestram aut ma-*
culam in pagina)   556–61 *tantum priores versuum partes servatae*
in A   557 me aerumnam *Camerarius* : mea aerumna (er-) *P* (*A n. l.*)
559 aer.] aerumnarum *codd. Nonii* 456   560 uoltus *Camerarius* : duo
itus *P* (*A n. l.*) (I *pro* L)   deturbat *Ital.* : se turbat *Jacob* : turbatust
Goetz (*immo* uoltust)   562 tace *Geppert* : face *P* (*A n. l.*) (F *pro* T)

domi meae eccam saluam et sanam.   nam postquam audiui
                                  ilico
e meo séruo illam esse captam, continuo argentum dedi
ut emeretur. ille eam rem ádeo sobrie et frugaliter   565
accurauit ut—ut ad alias res est inpense inprobus.
45 PH. fac uideam, sei mea, sei saluam ⟨me⟩ uis. PE. eho !
                               istinc, Canthara,
iube Telestidem huc prodire filiam ante aedis meam,
ut suam uídeat matrem. PH. remigrat animus nunc demum
                                   mihi.

ii A C R O P O L I S T I S   P E R I P H A N E S   P H I L I P P A

Ac. Quid est, pater, quod me exciuisti ante aedis ? PE. ut 570
                                matrem tuam
uideas, adeas, aduenienti des salutem atque osculum.
Ac. quam meam mátrem ? PE. quae exanimata exsequitur
                                aspectum tuom.
PH. quis istaec est quam tu osculum mi ferre iubes ? PE.
                                  tua filia.
5 PH. haecine ? PE. haec. PH. egone osculum huic dem ?
                        PE. qur non, quae ex te nata sit ?
PH. tú homo insanis. PE. egone ? PH. tune. PE. qur ? 575
                 PH. quia égo hanc quaé siet
neque scio neque noui neque ego hanc oculis uidi ante hunc
                                   diem.
PE. scio quid erres : quia uestitum atque ornatum immuta-
                                   bilem
habet haec, *
10 PH.   *   aliter catuli longe olent, aliter sues.

    566 ut ad *om. P*   567 sei mea sei saluam me uis *scripsi* : sim(ea)
seisaluam—*A* : si me uis *P*   568 Telestidem *Valla* : acropolistidem
codd.   huc *om. P*   569 remigat *A*   571–80 *in A pauca leguntur*   571 aduenienti *Camerarius* : uenienti *P* (*A n. l.*)   574
quor *A ut uid.*   575 quor ⟨nam⟩ *Goetz*   578, 579 *duo uersus
fuerunt in A : unum uersum, lacuna non indicata, exhibet P* (*cf. ad* 554)
579 suis *codd.* (*corr. B²*)

580 né ego me nego nosse hanc quae sit.   Pe. pro deum atque
                                        hominum fidem !
quid? ego lenocinium facio quí habeam alienas domi
atque argentum egurgitem domo prósus?   quid tu, quae
                                        patrem
tuom uocas me atque osculare, quid stas stupida? quid taces?
Ac. quid loquar uis?   Pe. haec negat se tuam esse matrem. 15
                                        Ac. ne fuat
585 si non uolt: equidem hac inuita tamen ero mátris filia;
non med istanc cogere aequom est meam esse matrem si
                                        neuolt.
Pe. qur me igitur patrem uocabas?   Ac. tua istaec culpast,
                                        non mea.
non patrem ego te nominem, ubi tu tuam me appelles filiam?
hanc quoque etiam, si me appellet filiam, matrem uocem.   20
590 negat haec filiam me suam esse: non ergo haec mater mea
                                        est.
postremo haec mea culpa non est: quae didici dixi omnia;
Epidicus mihi fuit magister.   Pe. perii! plaustrum perculi.
Ac. numquid ego ibi, pater, peccaui?   Pe. si hercle te um-
                                        quam audiuero
me patrem uocare, uitam tuam ego interimam.   Ac. non uoco.
595 ubi uoles pater esse ibi esto; ubi noles ne fueris pater.
Ph. quid ⟨si⟩ | ob eam rem hanc emisti quia tuam gnatam
                                        ratu's,
quibu' de signis agnoscebas?   Pe. nullis.   Ph. qua re filiam
credidisti nostram?   Pe. seruos Epidicus dixit mihi.

    580 ne ... sit (?) *Leo* (nego me *Goetz*) : ne ego me no — sse h .. q —
A : ne ego eam nouisse *P*   pro deum *om. P*   581 alienas
Dousa : alienos *P*: (a)nc(illas) *A* (v. 1)   585 hanc *A*   tam *Bothe*
587–91 *pauca leguntur in A*   588 appellas *P*BD (*A n. l.*)   592
magister fuit *P*   austrum *P*   593 pater *et* audiuero (*fort. etiam*
peccaui) *om. P* (*propter fenestram in archetypi pagina; cf. ad v.* 608)
595 ibi] pater *A* (v. 1)   596 si *suppl. Studemund* (*A n. l.*)   istanc
Brix   (emisti)s *A*   qui *A*   es ratus *A*   597–9 *om. A* (*propter
homoeoarch.* QVIB·DE *et* QVIDE)

30 Ph. quid si seruo aliter uisum est, non poteras nouisse, op-
                                                        secro ?
   Pe. quid ego, qui illam ut preimum uidi, numquam uidi 600
                                                        postea ?
   Ph. perii misera !   Pe. ne fle, mulier.   intro abi, habe
                                            animum bonum ;
   ego illam reperiam.   Ph. hinc Athenis ciuis eam emit
                                                  Atticus :
   adulescentem equidem dicebant emisse.   Pe. inueniam, tace.
35 abi modo intro atque hanc adserua Circam Solis filiam.
   ego relictis rebus Epidicum operam quaerendo dabo :   605
   si inuenio exitiabilem ego illi faciam hunc ut fiat diem.—

ACTVS V

V. i   STRATIPPOCLES   EPIDICVS   DANISTA
                TELESTIS

St. Male morigerus mihi est danista, quei a me argentum
                                            non petit
   neque illam adducit quam ⟨emi⟩ ex praeda.   sed eccum
                                        incedit Epidicus.
   quid illuc est quod illí caperrat frons seueritudine ?
   Ep. si undecim deos praéter sese secum adducat Iuppiter, 610
 5 ita non omnes ex cruciatu poterunt eximere Epidicum.
   Periphanem emere lora uidi, ibi aderat una Apoecides ;
   nunc homines me quaeritare credo.   senserunt, sciunt
   sibi data esse uerba.   St. quid agis, mea Commoditas ?   Ep.
                                                    quod miser.

599 seruolo (*cum* nosse) *Hasper, rhythmi causa*   601 habeto *P*
(*cf. Pseud.* 1073, *Stich.* 256)   603 exc (*vel* ego) inu. *A*   604 obserua
A   circa *P ut uid.*   solus *A*   606 exitiabilem ego faciam ut
hic fiat dies *A* (? *pro* ut illic hic)   607 quid me *P* (qui de me *B³*)
non] n *A*   608 quam emi ex praeda *Goetz* : quae e (*sequente*
spatio) praeda *ut uid. P* (quae est pr. *B³*) (*A n. l.*)   600 *vel* illic
612 aderat ibi *P*   614 agitis *A*

615 ST. quid est tibi? EP. quin tu mihi adornas ad fugam uia-
　　　　　　　　　　　　　　　　　　　　　　　　　ticum
　　priu' quam pereo? nam per urbem duo defloccati senes　　10
　　quaeritant me, in manibus gestant copulas secum simul.
　　ST. habe bonum animum. EP. quippe ego quoi libertas in
　　　　　　　　　　　　　　　　　　　　　　　　　mundo sitast.
　　ST. ego te seruabo. EP. edepol me illi melius si nancti
　　　　　　　　　　　　　　　　　　　　　　　　　fuant.
620 sed quis haec ést muliercula et ille grauastellus qui uenit?
　　ST. hic est danista, haec illa est autem quam [ego] emi de 15
　　　　　　　　　　　　　　　praeda. EP. haecinest?
　　ST. haec est. estne ita ut tibi dixi? aspecta et contempla,
　　　　　　　　　　　　　　　　　　　　　　　　　Epidice:
　　usque ab unguiculo ad capillum summumst festiuissuma.
　　estne consimilis quasi quom signum pictum pulchre aspexeris?
625 EP. e tuis uérbis meum futurum corium pulchrum praedicas,
　　quém Apelles ac Zeuxis duo pingent pigmentis ulmeis.　　20
　　ST. di inmortales! sicin iussi ad me ires? pedibus plumbeis
　　qui perhibetur priu' uenisset quam tu aduenisti mihi.
　　DA. haec edepol remorata med est. ST. siquidem istius
　　　　　　　　　　　　　　　　　　　　　　　　　gratia
630 id remoratu's quod ista uoluit, nimium aduenisti cito.
　　DA. age age, apsolue ⟨me⟩ atque argentum numera, ne 25
　　　　　　　　　　　　　　　　　　　　　　　　　comites morer.

---

615 ad *om. A*　　616 *post* 617 *P*　　617 te *A*　　simul] siaui *P*
(A *pro* M, I *pro* L)　　618 bonum] num *A*　　619 me] ne *Gulielmius*
620 grauastellus *P, Paulus* 96 : rauistellus *A, Paulus* 273　　que *P*
aduenit *codd. Pauli* 96　　621 emi ex *P*: ego emi de *A*　　622 ita *Mueller*:
ista *A* : *om. P*　　et] haec *P*　　623 ungulo *A*　　624 *vel* estn'
cons (*sq. spat.*) signum *P (propter fenestram in archetypi pagina; cf.*
v. 641; considera s. *B³*)　　aspexeris *A* : uideris *P*　　626-37
perpauca leguntur in A　　626 appelles *P*　　pincent *P* (C *pro* G)
627 sicin iussi ad me ire *Brix* (ires *Leo*) : socio (scio *B*) iussi admirer
P (A n. l.) (i. 5, p. 108): soccos iussi adimere *Ital.* : si Iouis iussu ad
me iret *Palmer*　　plumbeis *Brix* : pulmunes *P (A n. l.)* : plumipes
Palmer　　Oedipus si ad me iret pedibus turgidis *Wageningen (Berl.*
Phil. Woch. 18, 1005)　　628 uen(is)se *A*　　631 me *add. Camerarius*
(*A n. l.*)　　numera *bis P, A n. l.*

Sᴛ. pernumeratumst.   Dᴀ. tene cruminam : huc inde.   Sᴛ.
                                 sapienter uenis.
opperire dum ecfero ad te argentum.   Dᴀ. matura.   Sᴛ.
                                 domist.—

Eᴘ. satin ego oculis utilitatem optineo sincere an parum ?
uideon ego Telestidem te, Periphanei filiam,   635
30 ex Philippa matre natam Thebis, Epidauri satam ?

Tᴇ. quis tu homo es qui meum parentum nomen memoras
                                 et meum ?
Eᴘ. non me nouisti ?   Tᴇ. quod quidem nunc ueniat in
                                 mentem mihi.
Eᴘ. non meministi me auream ad te adferre natali die
lunulam atque anellum aureolum ín digitum ?   Tᴇ. memini, 640
                                 mi homo.
35 tune is es ?   Eᴘ. ego sum, ét istic frater qui te mercatust tuos.
       *   *   alia matre, uno patre.
Tᴇ. quid pater meu' ? uiuost ?   Eᴘ. animo liquido et tran-
                                quillo es, tace.
Tᴇ. di me ex perdita seruatam cupiunt si uera autumas.
Eᴘ. non habeo ullam occasionem ut apud te falsa fabuler.   645
Sᴛ. accipe argentum hoc, danista.   hic sunt quadraginta
                                 minae.
40 si quid erit dubium immutabo.   Dᴀ. bene fecisti, bene uale.—
Sᴛ. nunc enim tu mea es.   Tᴇ. soror quidem edepol, ut tu
                                 aeque scias.
salue, frater.   Sᴛ. sanan haec est ?   Eᴘ. sana, si appellat suom.
Sᴛ. quid ? ego ⟨quo⟩ modo huic ⟨sum⟩ frater factus, dum 650
                        intro eo atque exeo ?

    632 uenis] mones *Acidalius, fort. recte* (*A n. l.*)   635 *post* 636 *P*
635 periphani *cod.*   636 natam *Pylades* : natam [as] *P, A n. l.*
637 e̟s̟t̟ *A*   639 *post* 640 *P*   641 sum *om. A*   qui tę mercatus *A, om. P* (*cf. v.* 624)   tuus [est] *P*   642–52 *fere nihil legitur A*
642 inalia *P, A n. l.*   Tᴇ. ⟨he⟩m, m⟨eus frater ille⟩ ut f⟨iat ?⟩ *Leo*
647 erit *bis P*   650 *suppl. Redslob* (*Berl. Phil. Woch.* 22, 553) : modo
⟨amator sum⟩ h. *Leo* : ⟨nouo⟩ modo ⟨sum⟩ h. *Goetz*   exeo] ea eo *P*
(*A pro* X ; vi. 1)

Ep. quod boni est id tacitus taceas tute tecum et gaudeas.
St. perdidisti et repperisti me, soror.   Ep. stultu's, tace.   45
tibi quidem quod ames domi praéstost, fidicina, | opera mea;
et sororem in libertatem idem opera concilio mea.
655 St. Epidice, fateor—Ep. abi intro ac iube huic aquam
                                                        calefieri;
cetera haec posterius faxo scibis ubi erit otium.
St. sequere hac me, soror.   Ep. ego ad uos Thesprionem 50
                                                        iussero
huc transire.   sed memento, si quid saeuibit senex,
suppetias mihi cum sorore ferre.   St. facile istuc erit.—
660 Ep. Thesprio, exi istac per hortum, adfer domum auxilium
                                                        mihi,
magnast res.   minoris multo facio quam dudum senes.
remeabo intro, ut adcurentur aduenientes hospites.   55
eadem haec intus edocebo quae ego scio Stratippoclem.
non fugio, domi adesse certumst; neque ille haud obiciet
                                                        mihi
665 pedibus sese prouocatum.   abeo intro, nimi' longum lo-
                                                        quor.—

P E R I P H A N E S   A P O E C I D E S   E P I D I C V S   ii

Pe. Satine illic homo ludibrio nos uetulos decrepitos duos
habet?   Ap. immo edepol tuquidem miserum med habes
                                                miseris modis.
Pe. tace sis, modo sine me hóminem apisci.   Ap. dico ego
                                                tibi iam, ut scias:
alium tibi te comitem meliust quaerere; ita, dum te sequor,

651 quid *B*   653 fidicina ⟨illa⟩ *Goetz* (*A n. l.*)   656 ubi
om. P   fuer(it) *A*   657 me soror hac *A*   658 saeuiunt senes
ut vid. P contra metrum (?*pro* saeuiuit senex; *ita A*): saevibunt senes
Dousa   659 supretias *P*   660-8 *pauca leguntur in A*   661 magnast (magnas *B³ ut vid.*) res *P*: (est ma)gna — *ut vid. A : vix* magna
rest   facto *corr.* facio *P, ut vid.* (*A n. l.*)   663 hac *P*   668
sine modo *potest fuisse in A*   adipisci *B³*   669 te c. [te] melius
P, A n l.

5 lassitudine inuaserunt misero in genua flemina.   670

PE. quot illic homo hodie me exemplis ludificatust atque te,
ut illic autem exenterauit mihi opes argentarias!

AP. apage illum a me! nam ille quidem Volcani iratist filius:
quaqua tangit, omne amburit, si astes, aestu calefacit.

10 EP. duodecim dis plus quam in caelo deorumst inmortalium 675
mihi nunc auxilio adiutores sunt et mecum militant.

quidquid ego male feci, auxilia mi et suppetiae sunt domi,
apolactizo inimicos omnis.   PE. ubi illum quaeram gentium?

AP. dum sine me quaeras, quaeras mea caússa uel medio
in mari.

15 EP. quid me quaeris? quid laboras? quid hunc sollicitas? 680
ecce me.

num te fugi, num ab domo apsum, num oculis concessi tuis?

*   *

nec tibi supplico.   uincire uis? em, ostendo manus;
tú habes lora, ego te emere uidi: quid nunc cessas? conliga.

PE. ilicet! uadimonium ultro mihi hic facit.   EP. quin con- 685
ligas?

20 AP. edepol mancupium scelestum! EP. te profecto, Apoecides,—

nil moror mihi deprecari.   AP. facile exoras, Epidice.

EP. ecquid agis?   PE. tuon árbitratu?   EP. meo hercle
uero atque hau tuo

conligandae haec sunt tibi hodie.   PE. at non lubet, non
conligo.

AP. tragulam in te inicere adornat, nescioquam fabricam 690
facit.

---

670 lassitudinem *P*   671 quod illic (hom)o *A* : quod illi *P*
674 si [propius] astest *P* (iv. 1)   679 quaeras *semel P*   uel
om. A   680-3 *pauca leguntur in A*   682 *om. P* : *vestigia
tantum app. in A, unde* nec mihi gratu's neque odiosus neque timorem
mi exhibes *Leo*   684 ego] (e)a *A*   685 facit *Pius* : facis *P,
A n. l.*   quid *P*   687 deprecari] deprae *P*   688 uerbo *P*
689 *post hunc versum* 692 *suo loco redeuntem praebet P (propter
homoeotel.* collig- *anticipatum*; ii. 6)   690 tragula *P*   fecit *P*

Ep. tibi moram faci' quom ego solutus asto.   age, inquam, 25
conliga.

Pe. at mihi magi' lubet solutum te rogitare.   Ep. at nihil scies.

Pe. quid ago?   Ap. quid agas?   mos geratur.   Ep. frugi
es tú homo, Apoecides.

Pe. cedo manus igitur.   Ep. morantur nihil.   atque arte
conliga,

695 nihil uero ⟨hoc⟩ obnoxiosse.   Pe. facto opere arbitramino.

Ep. bene hoc habet.   age nunciam ex me exquire, rogita 30
quod lubet.

Pe. qua fiducia ausu's primum quae emptast nudiustertius
filiam meam dícere esse?   Ep. lubuit : ea fiducia.

Pe. ain tu? lubuit?   Ep. aio.   uel da pignus, ni ea sit filia.

700 Pe. quam negat nouisse mater?   Ep. ni ergo matris filia est,
in meum númmum, in tuom talentum pignus da.   Pe. enim 35
istaec captiost.

sed quis east mulier?   Ep. tui gnati amica, ut omnem rem
scias.

Pe. dedin tibi minas triginta ob filiam?   Ep. fateor datas
et eo argento illam me emisse amicam fili fidicinam

705 pro tua fília : is te †abore† tetigi triginta minis.

Pe. quomodo me ludos fecisti de illa conducticia   40
fidicina !   Ep. factum hercle uero et recte factum iudico.

Pe. quid postremo argento factum est quod dedi?   Ep.
dicam tibi :

neque malo homini neque benigno tuo dedi Stratippocli.

710 Pe. qur dare ausu's?   Ep. quia mi lubitum est.   Pe. quaé
haec, malum, inpudentiast?

691 age] alege *P* (aie *scriptum erat*: v. 3)   692 *vel* mage
694–707 *pauca leguntur in A*   695 hoc *add. Goetz* (*A n. l.*) *cf.
Hasper ad Epid. coniectan.*   699 *vel* Ain tu 'lubuit'?   da] ad *P*
(ii. 7)   east *Brugmann*   701 istaec *Brix* : iste *P, A n. l.*   702
rem *add. Pylades* (*A n l.*)   703 diden *P*   704 eo] ego *A* (*cum
F*BD)   705 is te (*Merula*) ob eam rem *Goetz* : iste abore *P* : istaa —
A : *fort.* is fabre te   minas *B*   706 ludo *P*   710 quor *A*
inp. *om. P*

45 Ep. etiam inclamitor quasi seruos?   Pe. quom tu es liber
                 gaudeo.

Ep. merui ut fierem.   Pe. tu meruisti?   Ep. uisse intro:
                 ego faxo scies

hoc ita esse.   Pe. quid est negoti?   Ep. iam ipsa res
                 dicet tibi.

abi modo intro.   Ap. i, illuc non temerest.   Pe. adserua
                 istum, Apoecides.—

Ap. quid illuc, Epidice, est negoti?   Ep. maxuma hercle iniuria 715

50 uinctus asto, quoius haec hodie opera inuentast filia.

Ap. ain tu te illius inuenisse filiam?   Ep. inueni et domi est.

sed ut acerbum est pro bene factis quom mali messim metas!

Ap. quamne hodie per urbem uterque sumu' defessi quaerere?

Ep. ego sum defessus reperire, uos defessi quaerere.   720

55 Pe. quid isti oratis opere tanto? ⟨me⟩ meruisse intellego

ut liceat merito huius facere. cedo tu ut exsoluam manus.

Ep. ne attigas.   Pe. ostende uero.   Ep. nolo.   Pe. non
                 aequom facis.

Ep. numquam hercle hodie, nisi supplicium mihi das, me
                 solui sinam.

Pe. optumum atque aequissumum oras.   soccos, tunicam, 725
                 pallium

60 tibi dabo.   Ep. quid deinde porro?   Pe. libertatem.   Ep.
                 at postea?

nouo liberto opus est quod pappet.   Pe. dabitur, praebebo
                 cibum.

Ep. numquam hercle hodie, nisi me orassis, solues.   Pe.
                 oro te, Epidice,

mihi ut ignoscas siquid inprudens culpa peccaui mea.

711–24 *perpauca leguntur* A   711 inclamitor quasi *Ital.*: in-
damitor que si P (d *pro* cl), A *n. l.*   714 ibi P (abi *J*), A *n. l.*
ei P, A *n. l.*   illuc non (?) *Leo*: non illuc P, A *n. l.*   718 mali
Pius: malis P, A *n. l.*   721 me *add. Geppert, Weber* (*Philol.* 57,
231) (A *n. l.*): promeruisse *Seyffert*   722 *vel sic distingue* cedo
tu, ut exs., manus   723 atticas P (C *pro* G)   728 orasseis A
729 ignoscans A   sïquid *suspectum* : *an* siqui?

730 at ob eam rem liber esto.   Ep. inuitus do hanc ueniam tibi,
nisi necessitate cogar.   solue sane si lubet.

Grex

Hic is homo est qui libertatem malitia inuenit sua.
plaudite et ualete.   lumbos porgite atque exsurgite.   65

731 solues *A*   732 Poeta (*B*) *vel* Grex (*J*) *P*, *A n. l.* : *fort.*
ΠΑΝΤΕС (*cf. ad Bacch.* 1207)   is] sis *A*   qua *A*   733 et *om.*
P   purgite atque exsorgite *A* (*pro* surgite a. exporgite ?) : surgite
atque extollite *P*

MENAECHMI

ARGVMENTVM

Mercator Siculus, quoi erant gemini filii,
Ei surrupto altero mors optigit.
Nomen surreptici illi indit qui domist
Avos paternus, facit Menaechmum e Sosicle.
5   **E**t is germanum, postquam adolevit, quaeritat
Circum omnis oras.   post Epidamnum devenit:
Hic fuerat alitus ille surrepticius.
Menaechmum omnes civem credunt advenam
Eumque appellant meretrix, uxor et socer.
10   **I** se cognoscunt fratres postremo invicem.

3 surrepticii *Camerarius* : surrepti *cod.*   4 paternos *cod.*
7 alitus *Ital.* : auitus *cod.*

PERSONAE

Peniculus Parasitus
Menaechmus I
Menaechmus II (Sosicles) } Advlescentes
Erotium Meretrix
Cylindrus Cocus
Messenio Servus
Ancilla
Matrona
Senex
Medicus

Scaena EPIDAMNI

vel Cylindrus

PROLOGVS

Salutem primum iam a principio propitiam
mihi atque uobis, spectatores, nuntio.
adporto uobis Plautum—lingua, non manu :
quaeso ut benignis accipiatis auribus.
5 nunc argumentum accipite atque animum aduortite;   5
quam potero in uerba conferam paucissuma.
    atque hoc poetae faciunt in comoediis :
omnis res gestas esse Athenis autumant,
quo íllud uobis graecum uideatur magis ;
10 ego nusquam dicam nisi ubi factum dicitur.   10
atque adeo hoc argumentum graecissat, tamen
non atticissat, uerum sicilicissitat.
†huic argumento antelogium hoc fuit† ;
nunc argumentum uobis demensum dabo,
15 non modio neque trimodio, uerum ipso horreo :   15
tantum ad narrandum argumentum adest benignitas.
    mercator quidam fuit Syracusis senex,
ei sunt nati filii gemini duo,
ita forma simili puerei uti mater sua
20 non internosse posset quae mammam dabat,   20
neque adeo mater ipsa quae illos pepererat,
(ut quidem ille dixit mihi qui pueros uiderat :
ego illós non uidi, ne quis uostrum censeat).
postquam iam pueri septuennes sunt, pater
25 onerauit nauim magnam multis mercibus ;   25
imponit geminum álterum in nauim pater,

    8 omnes *Ital.*   9 uobis illud *Pylades*   13 ⟨igitur⟩ argu-
mento *Bergk*   fuit ⟨interim⟩ *Schoell (ex Auson, ep.* 16 *praef.*) : *fort.*
⟨fini⟩ fuit   16 tanta *Ital.*   26 geminorum *Hermann*

Tarentum auexit secum ad mercatum simul,
illum reliquit alterum apud matrem domi.
Tarenti ludei forte erant quom illuc uenit.
30 mortales multi, ut ad ludos, conuenerant :   30
puer aberrauit inter homines a patre.
Epidamniensis quidam ibi mercator fuit,
is puerum tollit auehitque Epidamnium.
pater eius autem postquam puerum perdidit,
35 animum despondit eaque is aegritudine   35
paucis diebus post Tarenti emortuost.
postquam Syracúsas de ea re rediit nuntius
ad auom puerorum, puerum surruptum alterum
patremque pueri Tarenti | esse emortuom,
40 immutat nomen auos huïc gemino alteri ;   40
ita illúm dilexit qui surruptust alterum :
illius nomen indit illi qui domi est,
Menaechmo, idem quod alteri nomen fuit ;
et ipsus eodem est auo' uocatus nomine
45 (propterea illius nomen memini facilius,   45
quia illúm clamore uidi flagitarier).
ne mox erretis, iam nunc praedico prius :
idem est ambobus nomen geminis fratribus.
nunc in Epidamnum pedibus redeundum est mihi,
50 ut hanc rem uobis examussim disputem.   50
si quis quid uestrum Epidamnum curari sibi
uelit, audacter imperato et dicito,
sed ita ut det unde curari id possit sibi.
nam nisi qui argentum dederit, nugas egerit ;
55 qui dederit, magi' maiores nugas egerit.   55

31 inter homines aberrauit *cod.*: *trai. Acidalius*   33 Epidamnum
eum *Seyffert*   35 ea quis *cod.*   *post* 36 *inseruit Schoell uersum
quem Fulgentius* p. 559 *ad* 'Plautum in Menaechmis comoedia' *refert :*
sicut pollinctor dixit, qui eum pollinxerat (*cf. Poen. prol.* 63)   39
an fuisse ?   *Sed* Tárĕnti *suspectum* (v. 1)   41 *vel* illunc   51
Epidamni *Ital.*   54 qui *Beroaldus* : qui [non] *cod.*   55 qui
Pylades : [nam nisi] qui *cod.* (*ex v.* 54 ; iv. 3)   *vel* mage

uerum illuc redeo unde abii atque uno asto in loco.
Epidamniensis ill' quem dudum dixeram,
geminum illum puerum qui surrupuit alterum,
ei liberorum nisi diuitiae nihil erat :
60 adoptat illum puerum surrupticium   60
sibi filium eique uxorem dotatam dedit,
eumque heredem fecit quom ipse obiit diem.
nam rus ut ibat forte, ut multum pluerat,
ingressus fluuium rapidum ab urbe hau longule,
65 rapidus raptori pueri subduxit pedes   65
apstraxitque hominem in maxumam malam crucem.
illi diuitiae | euenerunt maxumae.
is illic habitat geminus surrupticius.
nunc ille geminus, qui Syracusis habet,
70 hodie in Epidamnum uenit cum seruo suo   70
hunc quaeritatum geminum germanum suom.
haec urbs Epidamnus est dum haec agitur fabula :
quando alia agetur aliud fiet oppidum ;
sicut familiae quoque solent mutarier :
75 modo hic hábitat leno, modo adulescens, modo senex,   75
pauper, mendicus, rex, parasitus, hariolus

*   *   *   *   *   *   *

56 redeunde *cod.* (*corr. B²*)   57 *accedit A* ; 57–75 *tantum initia servata*   58 alteram *cod.* (-rum *B¹*)   59 diuiliae *cod.*   62 quom *Pius* : quam *cod.*   65 pedes *Saracenus* : fides *cod.* (F *pro* P ; vi. 1)   67 illi ⟨autem⟩ *Schoell*   *vix* deuenerunt   70 ueniet *Geppert*   74 mutari *cod.* (i. 7, 11)   75 hic habitat *Schoell* : ni caditat *P, A n. l.*   76 *in A usque ad v.* 91 *tantum paucorum versuum extrema apparent, prologus uno versu auctior fuisse videtur*

ACTVS I

P E N I C V L V S I. i

Pe. Iuuentus nomen fecit Peniculo mihi,
ideo quia mensam quando edo detergeo.
homines captiuos qui catenis uinciunt
80 et qui fugitiuis seruis indunt compedis,
nimi' stulte faciunt mea quidem sententia.   5
nam hómini misero si ad malum accedit malum,
maior lubido est fugere et facere nequiter.
nam se ex catenis eximunt aliquo modo.
85 tum compediti ei anum lima praeterunt
aut lapide excutiunt clauom.   nugae sunt eae.   10
quem tu adseruare recte ne aufugiat uoles
esca atque potione uinciri decet.
apud ménsam plenam hómini rostrum deliges ;
90 dum tu illi quod edit et quod potet praebeas,
suo arbitratu | ad fatim cottidie,   15
numquam edepol fugiet, tam etsi capital fecerit,
facile adseruabis, dúm eo uinclo uincies.
ita istaec nimi' lenta uincla sunt escaria :
95 quam magis extendas tanto astringunt artius.
nam ego ad Menaechmum hunc ⟨nunc⟩ eo, quo iam diu   20
sum iudicatus ; ultro eo ut me uinciat.
nam illic homo hómines non alit, uerum educat
recreatque : nullus melius medicinam facit.

---

77 fecit nomen *codd. schol. Verg. Georg.* 1, 137   82 ⟨hoc⟩ hom.
Mueller   85 i *cod. ut uid.* : *om. B, codd. Nonii* 333   89 *an* ⟨ei⟩
h. ? (*A n. l.*)   91 *fort.* arbitratu ⟨usque⟩ (*A n. l.*) (*cf. ad Most.* 793)
92 *in A usque ad u.* 108 *tantum paucorum uersuum initia seruata*
edepol fugiet tam etsi *Pylades* : edepol [te] fugiet tiam et si *P,*
A n. l. : hercle effugiet tam etsi *codd. Nonii* 38 (*neglegens citatio*)   94
ea enim fere lenta *Nonius* 108 (*neglegens citatio*)   96 nunc *add.*
Mueller

ita est adulescens ; ipsus escae maxumae,   100
25 Cerialis cenas dat, ita mensas exstruit,
tantas struices concinnat patinarias :
standumst in lecto si quid de summo petas.
sed mi interuallum iam hos dies multos fuit :
domi domitus sum usque cum careis meis.   105
30 nam neque edo neque emo nisi quod est carissumum.
id quoque iam, cari qui instruontur deserunt.
nunc ad eum inuiso.   sed aperitur ostium.
Menaechmum eccum ipsum uideo, progreditur foras.

ii   MENAECHMVS I   PENICVLVS

MEN. Ni mala, ni stulta sies, ni indomita inposque animi, 110
quod uiro esse odio uideas, tute tibi odio habeas.
praeterhac si mihi tale post hunc diem
faxis, faxo foris uidua uisas patrem.
5 nam quotiens foras ire uolo, me retines, reuocas, rogitas,
quó ego eam, quam rem agam, quid negoti geram,   115
quid petam, quid feram, quid foris egerim.
portitorem domum duxi, ita omnem mihi
rem necesse eloqui est, quidquid egi atque ago.
10 nimium ego te hábui delicatam ; nunc adeo ut facturus
               dicam.
        quando ego tibi ancillas, penum,   120
lanam, aurum, uestem, purpuram bene praebeo nec quic-
               quam eges,
malo cauebis si sapis, uirum opseruare desines.
atque adeo, ne me nequiquam serues, ob eam industriam
15 hodie ducam scortum ad cenam atque aliquo condicam foras.
PE. illic homo se uxori simulat male loqui, loquitur mihi ; 125

101 Cerialis *Festus* 310 (*s.* struices): certalis *cod.*   mensas *Festus* :
mensam *cod.*   105 *fort.* domatus (*Class. Rev.* 12, 232)   110
in A usque ad 124 *paucissima servata*   114 rogas *A*   116
petam *Camerarius* : detam *cod.* (D *pro* P)   legerim *cod.* (*corr. B²*)
118 eloqui *codd. Nonii* 24 : loqui *cod.*   124 atque aliquo ad cenam
Acidalius

nam si foris cenat, profecto mé, haud uxorem, ulciscitur.

MEN. euax ! iurgio hercle tandem uxorem abegi ab ianua.

ubi sunt amatores mariti ? dona quid cessant mihi

conferre omnes congratulantes quia pugnaui fortiter ?   20

130 hanc modo uxori intus pallam surrupui, ad scortum fero.

sic hoc decet, dari facete uerba custodi catae.

hoc facinus pulchrumst, hoc probumst, hoc lepidumst,

hoc factumst fabre :

meo malo a mala apstuli hoc, ad damnum deferetur.

auorti praedam ab hostibus nostrum salute socium.   25

135 PE. heus adulescens ! ecqua in istac pars inest praeda mihi ?

MEN. perii ! in insidias deueni.   PE. immo in praesidium,

ne time.

MEN. quis homo est ?   PE. ego sum.   MEN. o mea

Commoditas, o mea Opportunitas,

salue.   PE. salue.   MEN. quid agis ?   PE. teneo dextera

genium meum.

MEN. non potuisti magi' per tempus mi aduenire quam 30

aduenis.

140 PE. ita ego soleo : commoditatis omnis articulos scio.

MEN. uin tu facinus luculentum inspicere ?   PE. quis id

coxit coquos ?

iam sciam, si quid titubatumst, ubi reliquias uidero.

MEN. dic mi, enumquam tu uidisti tabulam pictam in

pariete

ubi aquila Catameitum raperet aut ubi Venus Adoneum ?   35

145 PE. saepe.   sed quid istae picturae ad me attinent ?   MEN.

age me aspice.

ecquid adsimulo similiter ?   PE. qui istic est órnatus tuos ?

126–58 *deest A*   126 *vel* profĕcto med   127 hercle *om.*
cod. Varronis L. L. 7, 93   130 *fort.* ⟨hanc⟩ hanc (*iamb.*)   135
fort. ecquis ín i.   praeda *Camerarius* : pre *cod.* : praemi *Ital.*   136
deuenit (*corr. B²*) *cod.*   139 *vel* mage   141 quocus *cod.*   143
enumquam *Brix* (*ex Auson.* 24, 1, p. 121 *Sch.*) : numqua (*B*) *vel* numquam (*PᶜᴰD*) *cod.*   145 *vel* istaec   146 quis *alii, sed cf. Seyffert*
(*Berl. Phil. Woch.* 13, 278)   *vel* ornatust

MEN. dic hominem lepidissumum esse mé.   PE. ubi essuri
sumus?

MEN. dic modo hoc quod ego te iubeo.   PE. dico: homo
lepidissume.

40 MEN. ecquid audes de tuo istuc addere?   PE. atque
hilarissume.

MEN. perge, ⟨perge⟩—PE. non pergo hercle nisi scio qua gratia.   150
litigium tibi est cum uxore, eo mi áps te caueo cautius.

MEN. clám uxorem ubi sepulcrum habeamus atque húnc
comburamus diem.

PE. age sane igitur, quando aequom oras, quam mox
incendo rogum?

45 dies quidem iam ad umbilicum est dimidiatus mortuos.   154-5

MEN. te morare mihi quom obloquere.   PE. óculum ecfodito per solum

mihi, Menaechme, si ullum uerbum faxo nisi quod iusseris.

MEN. concede huc a foribus.   PE. fiat.   MEN. etiam concede huc.   PE. licet.

MEN. etiam nunc concede audacter ab leonino cauo.

50 PE. eu edepol! ne tu, ut ego opinor, esses agitator probus.   160

MEN. quidum?   PE. ne te uxor sequatur respectas identidem.

MEN. sed quid ais?   PE. egone? id enim quod tu uis, id
aio atque id nego.

MEN. ecquid tu de odore possis, si quid forte olfeceris,
facere coniecturam   * ?   *

---

147 *vel* dice   *vel* med   149 atqui *cod.*   150 perge *add.*
Schwabe: ⟨porro⟩ *Pylades*   151 eo *Ritschl*: M. (*i.e.* MEN.) o *cod.*
(*quasi illud* E *nota personae esset*)   152 ux. [est] *cod. Charisii* 145
ubi pulcre *Ussing, sed cf. Vahlen* (*ind. lect. Berolin.* 1901), *qui legit*
cl. ux. est ubi sep. habeam atq. h. comburam d.   154, 155 iam
dum bilicum *cod.* (*corr B²*)   est *post* mortuus *codd. Gellii* 3, 14, 16
(? *i. e.* mortuost)   156 qum *cod., ut vid.*   159 *accedit A*; 159-
72 *priores fere versuum partes leguntur*   160 *vel* opino   162 ais]
agis *P*   aio] ato *P, A n. l.* (*corr. in B*)   nega *P, A n. l.* (*corr. B²*)
163 *vel* olĕf.   164, 165 facere coniecturam captum sit collegium *P*
(iii. 11, p. 62): *duo versus in A* : facere coiecturam cum į — | Cŭọị . s
. . aṣu . iụs cọniẹc—

165 (Pe.)   *   captum sit collegium.   55

Men. agedum odorare hanc quam ego habeo pallam. quid
                        olet ? apstines ?

Pe. summum olefactare oportet uestimentum muliebre,

nam ex istoc loco spurcatur nasum odore inlutili.

Men. olfacta igitur hinc, Penicule.   lepide ut fastidis !
                               Pe. decet.

170 Men. quid igitur ? quid olet ? responde.   Pe. furtum, 60
                      scortum, prandium.

tibi fuant   *   *   *

Men. elocutu's, nam   *   *   *   ⟨prandium.⟩

nunc ad amicam deferetur hanc meretricem Erotium.

mihi, tibi atque illi iubebo iam apparari prandium.   Pe. eu !

175 Men. inde usque ad diurnam stellam crastinam potabimus. 65

Pe. [eu !]

expedite fabulatu's.   iam fores ferio ?   Men. feri.

uel mane etiam.   Pe. mille passum commoratu's cantharum.

Men. placide pulta.   Pe. metuis, credo, ne fores Samiae
                              sient.

179-80 Men. mane, mane opsecro hercle : eapse eccam exit. oh !
                        solem uides

satin ut occaecatust prae huius corporis candoribus ?   70

E r o t i v m   P e n i c v l v s   M e n a e c h m v s I **iii**

Er. Anime mi, Menaechme, salue.   Pe. quid ego ?   Er.
                       extra numerum es mihi.

Pe. idem istuc aliis adscriptiuis fieri ad legionem solet.

---

167 op. olfactare (olf— P, A n. l.) Guietus, sed de olēf— cf. Skutsch
(Philol. 59, 504)   168 modori P, A n. l. (corr. B²)   inlutili Ritschl :
inlutibili codd. Nonii 394 : inlucido P, A n. l. : mucido Colvius   169
difacta P (D pro O ; vi. 1) : vel olĕfacta   171, 172 om. P : in A servata vestigia   172 prandium addidi (iii. 11)   174 eu om. P   175
diurnum P   potaumus (poterimus) A   eu om. P (cf. v. 174)   176
ferio forĕs A (contra metrum)   177–92 pauca tantum in posterioribus versuum partibus A   178 scient P (cf. 188)   179, 180 ab
se ecca P, A n. l.   uide Acidalius   ante hunc versum alius Loewio
in A extare visus est ab f — incipiens   183 ad legionem fieri P

MEN. ego istic mihi hodie apparari iussi apud te proelium.   184-5
ER. hodie id fiet.   MEN. in eo uterque proelio potabimus ;
5 uter ibi melior bellator erit inuentus cantharo,
tua est legió : adiudicato cúm utro—hánc noctem sies.
ut ego uxorem, mea uoluptas, ubi te aspicio, odi male !
ER. interim nequis quin eiius aliquid indutus sies.   190
quid hoc est ?   MEN. induuiae tuae atque uxoris exuuiae,
rosa.

10 ER. superas facile ut superior sis mihi quam quisquam qui
impetrant.
PE. meretrix tantisper blanditur, dum illud quod rapiat
uidet ;
nam si amabas, iám oportebat nassum abreptum mordicus.   194-5
MEN. sustine hoc, Penicule : exuuias facere quas uoui uolo.
PE. cedo ; sed opsecro hercle, salta sic cum palla postea.
15 MEN. ego saltabo ? sanus hercle non es.   PE. egone an tu
magis ?
si non saltas, exue igitur.   MEN. nimio ego hanc periculo
surrupui hodie. meo quidem animo ab Hippolyta sub- 200
cingulum haud
Hercules aeque magno umquam ápstulit periculo.
cape tibi hanc, quando una uiuis meis morigera moribus.
20 ER. hoc animo decet animatos esse amatores probos.
PE. qui quidem ad mendicitatem se properent detrudere.
MEN. quattuor minis ego emi istanc anno uxori meae.   205
PE. quattuor minae perierunt plane, ut ratio redditur.
MEN. scin quid uolo ego te accurare ?   ER. scio, curabo
quae uoles.

188 Tuest l. *P, A n. l.* ; *fort.* tua l. est   *fort.* adiudicato ⟨tu⟩
scies *P* (*cf.* 178)   194-202 *priores partes leguntur A*   194,
195 iamdudum oportuit *codd. Nonii* 138 (*neglegens citatio*)   adeptum
codd. Nonii   196 quas uoui uolo *Camerarius*: quas suo uiuolo *P,
A n. l.* (i. 5)   199 e. i. s. n. salt. *A*   200-1 meo . . . periculo
Peniculo dat Schoell   200 haud *initio seq. versus AP, om. cod. Festi*
302   201 Hercules haud ae. *edd.*   202 mieis *cod.* (*antiqua
forma*)   204 se proderent *P* : properent se *A ut uid.*   205
egomi stanc *P* (*corr. B²*)   207 ego *om. A*

MEN. iube igitur tribu' nobis apud te prandium accurarier 25
atque aliquid scitamentorum de foro opsonarier,
210 glandionidam suillam, laridum pernonidam,
aut sincipitamenta porcina aut aliquid ad eum modum,
madida quae mi adposita in mensam miluinam suggerant ;
atque actutum.   ER. licet ecastor.   MEN. nos prodimus 30
                                                ad forum.
iám hic nos erimus : dum coquetur, interim potabimus.
215 ER. quando uis ueni, parata res erit.   MEN. propera modo.
sequere tú.—PE. ego hercle uero te et seruabo et te sequar,
neque hodie ut te perdam meream deorum diuitias mihi.—
ER. euocate intus Culindrum mihi coquom actutum foras. 35

E ROT I V M   C Y L I N D R V S   iv

ER. Sportulam cape atque argentum.   éccos tris nummos
                                                    habes.
220 CY. habeo.   ER. abi atque opsonium adfer ; tribu' uide
                                            quod sit satis :
neque defiat neque supersit.   CY. quoiusmodi hic homines
                                                    erunt ?
ER. ego et Menaechmus et parasitus eiius.   CY. iam isti
                                                sunt decem ;
nam parasitus octo | hominum munus facile fungitur.   5
ER. elocuta sum conuiuas, ceterum cura.   CY. licet.
225 cocta sunt, iube ire accubitum.   ER. redi cito.   CY. iam
                                            ego hic ero.—

210 [aut] pernonidam *A*   212 suggeram *A*   214 quoquitur
P et fort. A   216 tu ⟨me⟩ *Lambinus*   et *poster. om. A, ut vid.*
218 quoquom *A* : quoquum *P*   219 treis *A*   221 *vel* hi *vel* hisce
223 munus *P, codd. Nonii* 497: nunc *A* : ⟨unus⟩ munus *Mueller*
(*Rhein. Mus.* 54, 391): nunc munus *alii*   224 curari *A* (? *pro* cura
CY.)   ticet *P* (*corr. B²*) (T *pro* L ; vi. 1)

ACTVS II

II. i   Menaechmvs II   Messenio

Men. Voluptas nullast nauitis, Messenio,
maior meo animo quam quom éx alto procul
terram conspiciunt. Mes. maior, non dicam dolo,
quasi aduéniens terram uideas quae fuerit tua.

5 sed quaesso, quámobrem nunc Epidamnum uenimus?   230
an quasi mare omnis circumimus insulas?
Men. fratrem quaesitum geminum germanum meum.
Mes. nam quid modi futurum est illum quaerere?
hic annus sextus est postquam ei rei operam damus.

10 Histros, Hispanos, Massiliensis, Hilurios,   235
mare superum omne Graeciamque exoticam
orasque Italicas omnis, qua adgreditur mare,
sumu' circumuecti. sí acum, credo, quaereres,
acum inuenisses, sei appareret, iam diu.

15 hominem inter uiuos quaeritamus mortuom;   240
nam inuenissemus iam diu, sei uiueret.
Men. ergo istuc quaero certum qui faciat mihi,
quei sese deicat scire eum esse emortuom :
operam praeterea numquam sumam quaerere.

20 uerum aliter uiuos numquam desistam exsequi.   245
ego illum scio quam cordi sit carus meo.
Mes. in scirpo nodum quaeris. quin nos hinc domum
redimus nisi si historiam scripturi sumus?

---

226 nullast uoluptas *P*   227 quom] qui *codd. Lactantii ad Stat.*
Theb. 2, 194: qum *P*: *fort.* quom i (ei)   228-9 *fere nihil legitur A*
228 prospiciunt *Lact., A n. l.*   229 quam si *P, codd. Lact.*: q— *A* :
si (*om.* quam) *edd.*   conspicias *codd. Lact.*   230-9 *priores partes*
leguntur A   234 *vel* sextust: sextus *A*   ei rei *Gruterus* : ire hi
P, A n. l.   239 iam *Gulielmius* : tam *P, A n. l.*   242 qui]
quid id *A* (? *pro* qui id)   246 *vel* illunc   carus sit cordi meo *A*
247-55 *posteriores partes leguntur A*

M<small>EN</small>. dictum tacessas, datum edís, caueas malo.
250 molestus ne sis, non tuo hoc fiet modo.   M<small>ES</small>. em !   25
illoc enim uerbo esse me seruom scio.
non potuit paucis plura plane proloquei.
uerum tamen néqueo contineri quin loquar.
audin, Menaechme ? quom inspicio marsuppium,
255 uiaticati hercle admodum aestiue sumus.   30
ne tu hercle, opinor, nisi domum reuorteris,
ubi nihil habebis, geminum dum quaeris, gemes.
nam ita est haec hominum natio : in Epidamnieis
uoluptárii atque potatores maxumei ;
260 tum sycophantae et palpatores plurumei   35
in urbe hac habitant ; tum meretrices mulieres
nusquam perhibentur blandiores gentium.
propterea huic urbei nomen Epidamno inditumst,
quia nemo ferme huc sine damno deuortitur.
265 M<small>EN</small>. ego istúc cauebo.   cedodum huc mihi marsuppium. 40
M<small>ES</small>. quid eo ueis ?   M<small>EN</small>. iam aps te metuo de uerbis tuis.
M<small>ES</small>. quid metuis ?   M<small>EN</small>. ne mihi damnum in Epidamno
                                                    duis.
tu magis amator mulierum es, Messenio,
ego autem homo iracundus, animi perditi ,
270 id utrumque, argentum quando habebo, cauero,   45
ne tu delinquas neue ego irascar tibi.
M<small>ES</small>. cape atque serua.   me lubente feceris.

C<small>YLINDRVS</small>   M<small>ENAECHMVS</small> II   M<small>ESSENIO</small> ii

C<small>Y</small>. Bene opsonaui atque ex mea sententia,
bonum anteponam prandium pransoribus.

250 fiat A *vel* hem   251 ením *suspectum*   253 *vel* continere
255 aestiui A 256 *vel* opino   reuortereis A 257 quaeres A
258 natio epidamnia | Nam ita est hec hominum P 260 pluri P
264 qua A sine damno huc A 265 mihi huc P 266–81 *priores*
partes leguntur A 267 duis *Beroaldus*: dus P, A *n. l.* (dias B)
268 magnus P 269 iracundis P (·is *pro* -us ; vi. I)   perciti
Lipsius   270 habebo *Pylades* : habeo P, A *n. l.*   272 iubente
P, A *n. l.*

sed eccúm Menaechmum uideo.   uae tergo meo!   **275**
prius iam conuiuae ambulant ante ostium
5 quam ego opsonatu redeo.   adibo atque adloquar.
Menaechme, salue.   MEN. di te amabunt quisquis ⟨es⟩.
Cɣ. quisquis   *   *   *   ⟨quis⟩ ego sim?
MEN. non hercle uero.   Cɣ. úbi conuiuae ceteri?   280
MEN. quos tu conuiuas quaeris?   Cɣ. parasitum tuom.
10 MEN. meum parasitum?   Cɣ. certe hic insanust homo.
MES. dixin tibi esse hic sycophantas plurumos?

         *   *   *   *

MEN. quem tu parasitum quaeris, adulescens, meum?   285
Cɣ. Peniculum.   MES. éccum in uidulo saluom fero.
Cɣ. Menaechme, numero huc aduenis ad prandium.
15 nunc opsonatu redeo.   MEN. responde mihi,
adulescens: quibus hic pretieis porci ueneunt
sacres sinceri?   Cɣ. nummeis.   MEN. nummum a me 290
                                                  accipe:
iube té piari de mea pecunia.
nam équidem | insanum esse te certo scio,
20 qui mihi molestu's homini ignoto quisquis es.
Cɣ. Cylindrus ego sum: non nosti nomen meum?
MEN. sei tu Cylindrus seu Coriendru's, perieris.   295
ego te non noui neque nouisse adeo uolo.
Cɣ. est tibi Menaechmo nomen.   MEN. tantum, quod
                                                  sciam,
25 pro sano loqueris quom me appellas nomine.
sed úbi nouisti mé?   Cɣ. ubi ego te nouerim,

275 uideo uae tergo *Gruterus*: uideon aetergo *P, A n. l.*   276
an conuiuaen? (*cum* pr̆iu') obambulant *Ritschl*   278, 279 es ..
quis *om. P* (iii. 11, p. 52)   279 quisquis d— *A fort.* 'quisquis'?
⟨deliras plane. non scis quis⟩ ego sim?   282 certe MEN. *vel* oe certe
A   284–300 *posteriores partes fere leguntur A*   284 *om. P*; *in
A legitur*—r̜in̜c̜u . s̜m . n̜ — tu —   285 meus *A*   289 pretii
P   290 nummum *om. P*   292 ⟨insanum⟩ insanum *Seyffert* (*A n. l.*)
295 Sei *Mueller, secundum morem Plautinum*: Seu *P, A n. l.* (*cf. v.* 793
siue *pro* si)   299 *vel* med : ⟨tu⟩ me *Loewe* (*ex A*)

300 qui amicam habes eram meam hanc Erotium?
MEN. neque hercle ego habeo neque te quis homo sis scio.
CY. non scis quis ego sim, qui tibi saepissume
cyathisso apud nos, quando potas? MES. ei mihi,   30
quom nihil est qui illic homini dimminuam caput!
305 MEN. tun cyathissare mihi soles, qui ante hunc diem
Epidamnum numquam uidi neque ueni? CY. negas?
MEN. nego hercle uero. CY. non tu in illisce aedibus
habitas? MEN. di illos homines qui illi[c] habitant perduint! 35
CY. insanit hicquidem, qui ipse male dicit sibi.
310 audin, Menaechme? MEN. quid uis? CY. si me consulas,
nummum illum quem mihi dudum pollicitu's dare
(nam tu quidem hercle certo non sanu's satis,
Menaechme, qui nunc ipsus male dicas tibi)   40
314-5 iubeas, si sapias, porculum adferri tibi.
MES. eu hercle hóminem multum et odiosum mihi!
CY. solet iocari saepe mecum illoc modo.
quam uis ridiculus est, ubi uxor non adest.
quid ais tu? quid ais, inquam. satin hoc quod uides   45
320 tribu' uobis opsonatumst, an opsono amplius,
tibi et parasito et mulieri? MEN. quas [tu] mulieres,
quos tu parasitos loquere? MES. quod te urget scelus
qui huic sis molestus? CY. quid tibi mecum est rei?
ego te non noui: cum hoc quem noui fabulor.   50
325 MES. non edepol tú homo sanus es, certo scio.
CY. iam ergo haec madebunt faxo, nil morabitur.
proin tu ne quo abeas longius ab aedibus.

300 habeas *P*   301 ego *om. P*   qui *A, sed cf. Seyffert (Berl.*
Phil. Woch. 13, 279)   303-42 *deest A*   303 totas *cod. (corr. B²)*
305 Tunc *cod. (corr. in B)*   308 habes *Seyffert, rhythmo consulens*
que *cod. (corr. B²)*   309 quidem *Bentley* : equidem *cod.*   ipse *Ital.* :
id se *cod.* (D *pro* P) : *vel* ipsus   316 eu *Camerarius* : tu *cod.* (T *pro*
E ; vi. 1)   *vix* hercule   319 quid ais i. *Goldbacher (Wien. Stud.* 19,
117) : qui uis i. *cod.* : quid uis i. *Ital.*   quid ais tu ? MEN. Quid uis,
inquam CY. (CY. *add. Ital.) Bothe*   321 tu *del. Pylades*   322
paratitos *cod.*   327 ab ⟨hisce⟩ *Brix, nam* longiūs *suspectum*

PLAVT. I   26

numquid uis? MEN. ut eas maxumam malam crucem.

55 CY. ire hercle meliust te—interim atque accumbere,
dum ego haec appono ad Volcani uiolentiam.   330
ibo intro et dicam te hic astare Erotio,
ut te hinc abducat potius quam hic astes foris.—
MEN. iamne abiit? ⟨abiit⟩.   edepol hau mendacia
60 tua uerba experior esse.   MES. opseruato modo :
nam istic meretricem credo habitare mulierem,   335
ut quidem ille insanus dixit qui hinc abiit modo.
MEN. sed miror quí ille nouerit nomen meum.
MES. minime hercle mirum.   morem hunc meretrices
                                                   habent :
65 ad portum mittunt seruolos, ancillulas ;
sei qua peregrina nauis in portum aduenit,   340
rogitant quoiatis sit, quid ei nomen siet,
postilla extemplo se adplicant, adglutinant :
si pellexerunt, perditum amittunt domum.
70 nunc in istoc portu stat nauis praedatoria,
aps qua cauendum nobis sane censeo.   345
MEN. mones quidem hercle recte.   MES. tum demum sciam
recte monuisse, si tu recte caueris.
MEN. tacedum parumper, nam concrepuit ostium :
75 uideamus qui hinc egreditur.   MES. hoc ponam interim.
adseruatote haec sultis, nauales pedes.   350

iii EROTIVM   MENAECHMVS II   MESSENIO

ER.   Sine fores sic, abi, nolo operiri.
        intus para, cura, uide, quod opust fiat :
        sternite lectos, incendite odores ; munditia

---

330 ergo *cod.* (*corr. D*)   333 abiit *add. Gruterus* : ⟨illic⟩ *Bach*
334 experior *Lipsius* : exterior *cod.*   340 sed (si *B²*) qua *cod.*
342 postille *cod.* (*seq.* e)   343–5 *initia servata A*   344 nauis
monosyllabum displicet   portust *Bentley* (*sed* p. stat *etiam A*)
346–56 *in A nihil apparet*   349 hinc creditur *cod.* (*corr. B²*)
350 adseruate istaec *Bach*   si uoltis *cod.*   352 quid opus *cod.*
Varronis L. L. 7, 12   *vix* fīat (*iamb. senar.*)

354-5   inlecebra animost amantium.

amanti amoenitas malost, nobis lucrost.   5

sed ubi ille est quem coquos ante aedis esse ait? atque

eccum uideo,

qui mihi est usui et plurumum prodest.

item hinc ultro fit, ut meret, potissumus nostrae domi

ut sit;

360   nunc eum adibo atque ultro adloquar.

animule mi, mihi mira uidentur   10

te hic stare foris, fores quoi pateant,

magi' quam domu' tua domu' quom haec tua sit.

omne paratumst, ut iussisti

365   atque ut uoluisti, neque tibi

ulla morast intus.   15

367-8   prandium, ut iussisti, hic curatumst: ubi lubet, ire

licet accubitum.

MEN. quicum haec mulier ioquitur?   ER. equidem tecum.

MEN. quid mecum tibi

370 fuit umquam aut nunc est negoti?   ER. quia pol te unum

ex omnibus

Venu' me uoluit magnuficare neque id haud inmerito tuo.

nam ecastor solus benefactis tuis me florentem facis.   20

MEN. certo haec mulier aut insana aut ebria est, Messenio,

quaé hominem ignotum compellet me tam familiariter.

375 MES. dixin ego istaec heic solere fieri? folia nunc cadunt,

praeut si tríduom hoc hic erimus: tum arbores in te cadent.

nam ita sunt hic meretrices: omnes elecebrae argentariae.   25

355 amantum *P*CD   357 aedis se ait se *P*, *A n. l.* (*corr. B*²)
358-60 *fere nihil legitur A*   358 propest *P*, *A n. l.* (*corr. B*²) (*P pro* D)
359 hic *codd. Nonii* 468   potissimum *B*   *vel* uti   360 que ultro
(adloqu)ar *A ut uid.* (*i. e.* atque ultro adloquar): adloquar ultri'(-ro *B*²)
P (*anap., cum* adloquăr)   361-3 *posteriores versuum partes leguntur
in A*   361 mi] mei *cod.*   363 *vel* mage   quom] quam *P*   364-72
fere nihil legitur A   364 *in A apparent* — ọ — ro; *non idem quod
in P scriptum est*   parasitust *cod.* (paratust *B*²)   366 tibist ulla
mora *cod.* (*cf. ad Merc.* 330)   367 *vel* ir' (*septenar.*)   370 qui *B*
372 facias *P*   374-445 *deest A*   375 fortia *cod.* (*corr. B*²)

sed sine me dum hanc compellare.   heus mulier, tibi dico.
                 ER. quid est?

MES. ubi tu húnc hominem nouisti?   ER. ibidem ubi hic
                     me iam diu,

in Epidamno. MES. in Epidamno? qui huc in hanc urbem 380
                     pedem

nisi hodie numquam intro tetulit? ER. heia! delicias facis.
30 mi Menaechme, quin, amabo, is intro? hic tibi erit rectius.
MEN. haec quidem edepol recte appellat meo me mulier
                     nomine.

nimi' miror quid hoc sít negoti. MES. óboluit marsuppium
huic istuc quod habes.   MEN. atque edepol tu me monu- 385
                     isti probe.

accipedum hoc. iam scibo utrum haec me mage amet an
                     marsuppium.

35 ER. eamus intro, ut prandeamus.   MEN. bene uocas : tam
                     gratiast.

ER. qur igitur me tibi iussisti coquere dudum prandium?
MEN. egon te iussi coquere?   ER. certo, tíbi et párasito
                     tuo.

MEN. quoi, malum, parasito? certo haec mulier non sanast 390
                     satis.

ER. Peniculo.   MEN. quis iste ést Peniculus? qui exter-
                     gentur baxeae?

40 ER. scilicet qui dudum tecum uenit, quom pallam mihi
detulisti quám ab uxore tua surrupuisti. MEN. quid est?
tibi pallam dedi quam uxori meae surrupui? sanan es?
certe haec mulier cantherino ritu | astans somniat.   395
ER. qui lubet ludibrio habere me atque ire infitias mihi
45 facta quae sunt? MEN. dic quid est id quod negem quod
                     fecerim?

378 dicos *cod.* (*corr.* B^2)   384 obuoluit *cod.* (*corr.* B^2)   390 malo *cod.* (*corr.* B^2)   391 *vel* istest   395 *fort.* canth. r. mulier

Er. pallam te hodie mihi dedisse uxoris.　Men. etiam
　　　　　　　　　　　　　　　　　nunc nego.
egoquidem neque umquam uxorem hábui neque habeo
　　　　　　　　　　　　　　　　　neque huc
400 umquam, postquam natus sum, intra portam penetraui
　　　　　　　　　　　　　　　　　pedem.
prandi in naui, inde huc sum egressus, te conueni.　Er.
　　　　　　　　　　　　　　　　　éccere,
perii misera! quam tu mihi nunc nauem narras?　Men. 50
　　　　　　　　　　　　　　　　　ligneam,
saepe tritam, saepe fixam, saepe excussam malleo;
quasi supellex pellionis, palus palo proxumust.
405 Er. †iam, amabo, desine† ludos facere atque i hac mecum
　　　　　　　　　　　　　　　　　semul.
Men. nescio quem, mulier, alium hóminem, non me quae-
　　　　　　　　　　　　　　　　　ritas.
Er. non ego te noui Menaechmum, Moscho prognatum patre, 55
qui Syracusis perhibere natus esse in Sicilia,
409-10 ubi rex Agathocles regnator fuit et iterum Phintia,
tertium Liparo, qui in morte regnum Hieroni tradidit,
nunc Hiero est?　Men. hau falsa, mulier, praedicas　Mes.
　　　　　　　　　　　　　　　　　pro Iuppiter!
núm istaec mulier illinc uenit quae te nouit tam cate?　　60
414-5 Men. hercle opinor, pernegari non potest.　Mes. ne
　　　　　　　　　　　　　　　　　feceris.
periisti, si intrassis intra limen.　Men. quin tu tace modo.
bene res geritur.　adsentabor quidquid dicet mulieri,
si possum hospitium nancisci.　iam dudum, mulier, tibi
419-20 non inprudens aduorsabar: hunc metuebam ni meae　　65
uxori renuntiaret de palla et de prandio.
nunc, quando uis, eamus intro.　Er. étiam parasitum manes?

405 desine] desiste *Fleckeisen*　　412 falsa *Ital.*: salsa *cod.* (s *pro*
f; vi. 1)　　413 *vel* illim　　414–5 *vel* opino　　419–20 ni] ne *B*[2]
421 renuntiare *cod.* (*corr. B*[2])

MEN. neque ego illum maneo neque flocci facio neque, si
uenerit,
eum uolo intromitti.   ER. ecastor haud inuita fecero.
70 sed scin quid te amabo ut facias ?   MEN. impera quid uis 425
modo.
ER. pallam illam quam dudum dederas, ad phrygionem ut
deferas,
ut reconcinnetur atque ut opera addantur quae uolo.
MEN. hercle qui tu recte dicis : eadem | ignorabitur,
ne uxor cognoscat te habere, si in uia conspexerit.
75 ER. ergo mox auferto tecum, quando abibis.   MEN. 430
maxume.
ER. eamus intro.   MEN. iam sequar te.   húnc uolo etiam
conloqui.
eho Messenio, | accede huc.   MES. quid negoti est ?   †sus- 432-3
sciri†.
MEN. quid eo opust ?   MES. opus est—MEN. scio ut ne
dicas.   MES. tanto nequior.
MEN. habeo praedam : tantum incepi óperis. i quantum 435
potes,
80 abduc istos in tabernam actutum deuorsoriam.
tum facito ante solem occasum ut uenias aduorsum mihi.
MES. non tu istas meretrices nouisti, ere.   MEN. tace,
inquam *
mihi dolebit, non tibi, si quid ego stulte fecero.
mulier haec stulta atque inscita est ; quantum perspexi modo, 440
85 est hic praeda nobis.   MES. perii ! iamne abis ?   periit
probe :

427 ut op.] una op. (?) *Leo*   428 qui *corr.* quin *cod. ut uid.* (quin
B, quiin *P*CD)   eadem ⟨ea⟩ *Ritschl*   431 sequar te. ⟨ante⟩
Mueller (Rhein. Mus. 54, 393)   432-3 huc accede *Bach*   sus-
sili *Bothe, fort. recte*   434 eo *Pylades* : ego *cod.* (ergo *B²*)
ne dicas *scripsi* : me dicas *cod.*   nequior *Acidalius* : nequiore *cod.*
(i. 9)   435 i (ei) *Gruterus* : et *cod.* (*pro* ei)   potest *Dousa*
436 *vel* abduce   437 solem *Lambinus* : solis *cod.* (i. 9)   438
⟨atque hinc abi⟩ *Ritschl* (ii. 5)   439 stult *cod.* (*corr. B²*)

ducit lembum dierectum nauis praedatoria.
sed ego inscitus qui domino me postulem moderarier:
dicto me emit audientem, haud imperatorem sibi.
445 sequimini, ut, quod imperatum est, ueniam aduorsum tem-
                                                    peri.—

ACTVS III

PENICVLVS   III. i

PE. Plus triginta | annis natus sum, quom | interea loci
numquam quicquam facinus feci peius neque scelestius
quám hodie, quom [in] contionem mediam me immersi
                                                    miser.
ubi ego dúm hieto, Menaechmus se supterduxit mihi
450 atque abît ad amicam, credo, neque me uoluit ducere.   5
qui illum di omnes perduint quei primus ⟨hoc⟩ commentus est,
contionem habere, qui homines occupatos occupat!
non ad eam rem | otiosos homines decuit deligi,
qui nisi adsint quom citentur, census capiat ilico?
455   * quam senatus *   * contionem *   10
                    *   *
adfatim est hominum in dies qui singulas escas edint,
quibu' negoti nihil est, qui essum neque uocantur neque
                                                    uocant:
eos oportet contioni dare operam atque comitieis.
460 sí id ita esset, non ego hodie perdidissem prandium,   15
quoi tam credo datum uoluísse quam me uideo uiuere.

_____

443 qui domino me *Bothe* : quid (quod *B*) romę *cod.* (vii. 5, p. 104)
446 *accedit A* (446–53 *initia fere leguntur*)   446 natus annis
Gruterus : iam *add. Mueller*   ⟨ego⟩ sum *Ritschl*   447 neque]
atque *B*   448 in *om. A ut uid.*   451 Que (*B¹*) *uel* Quo (*PcD*) *P*
(*pro* Quei?)   hoc *add. Vahlen*   commentu est *P, A n. l.* : commentust ⟨male⟩ *Ritschl*   452 habere] hare *cod.* (vii. 5, p. 95)   454
citenetur *P* (*pro* citetur *corr.* citentur?)   capiant *P* (*corr. B²*)
455–6 *om. P*: *vestigia tantum app. in A*   458 quięscunt *A*
uocant] uocauit *P* (*corr. B²*)   460 esse *A*   461 ne *P*

ibo : etiamnum reliquiarum spes animum oblectat meum.
sed quid ego uideo?   Menaechmus cum corona exit foras.
sublatum est conuiuium, edepol uenio aduorsum temperi.
20 opseruabo quid agat hominem.   post adibo atque adloquar. 465

ii   MENAECHMVS II   PENICVLVS

MEN. Potine ut quiescas? ego tibi hanc hodie probe
lepideque concinnatam referam temperi.
non faxo eam esse dices : ita ignorabitur.
PE. pallam ad phrygionem fert confecto prandio
5 uinoque expoto, parasito excluso foras.   470
non hercle is sum qui sum, ni | hanc iniuriam
meque ultus pulchre fuero.   opserua quid dabo.
MEN. pro di inmortales ! quoí homini umquam uno die   473-4
boni dedistis plus qui minu' sperauerit?   475
10 prandi, potaui, scortum accubui, ápstuli
hanc, quoiius heres numquam erit post hunc diem.
PE. nequeo quae loquitur exaudire clanculum ;
satur nunc loquitur de me et de parti mea?
MEN. ait hanc dedisse me sibi atque eam meae   480
15 uxori surrupuisse.   quoniam sentio
errare, extemplo, quasi res cum ea esset mihi,
coepi adsentari : mulier quidquid dixerat,
idem ego dicebam.   quid multis uerbis ⟨opust⟩?
minore nusquam bene fui dispendio.   485
20 PE. adibo ad hominem, nam turbare gestio.
MEN. quis hic est qui aduorsus it mihi ?   PE. quid ais, homo

462 reliquarum *A*   me *P*   463-70 *posteriores partes fere leguntur*
A   463 Men. cum] menechmum *P*   465 *post v.* 473-4 *P* (ii. 6)
466 ut *Ital.* : neut *P*, *A n. l.*   ego] sedco *P*   471 *vix* hercule
⟨ego⟩ is Ritschl (*A n. l.*) *fort. recte*   *vel* nisi   472 uultus *P* (*corr.*
B[2])   475 *post* 476 *P* (*cf. ad v.* 465)   477 heres] re00feres *A*   479
om. *A* (*propter homoeotel.* iii. 11)   480 ⟨me⟩ meae *Bothe, cui hiatus
in pausa displicet*   483-97 *pauca in initiis leguntur A*   484
opust *add.* Pylades (*A n. l.*)   487 aduersus it *Gruterus*, Bothe :
aduersum sit *P*, *A n. l.*

leuior quam pluma, pessume et nequissume,
flagitium hominis, subdole ac minimi preti?
490 quid de te merui qua me caussa perderes?
ut surrupuisti te mihi dudum de foro!   25
fecisti funus med apsenti prandio.
qur ausu's facere, quoii ego aeque heres eram?
MEN. adulescens, quaeso, quid tibi mecum est rei
495 qui mihi male dicas homini ignoto | insciens?
an tibi malam rem uis pro male dictis dari?   30
PE. post eam quam édepol te dedisse intellego.
MEN. responde, adulescens, quaeso, quid nomen tibist?
PE. etiam derides quasi nomen non gnoueris?
500 MEN. non edepol ego te quod sciam umquam ante hunc
                                                            diem
uidi neque gnoui; uerum certo, quisquis es,   35
si aequom facias, mihi odiosus ne sies.
PE. Menaechme, uigila. MEN. uigilo hercle equidem quod
                                                           sciam.
PE. non me nouisti? MEN. non negem si nouerim.
505 PE. tuom parasitum non nouisti? MEN. non tibi
sanum est, adulescens, sinciput, intellego.   40
PE. responde, surrupuistin uxori tuae
pallam istanc hodie | ac dedisti Erotio?
MEN. neque hercle ego uxorem habeo neque ego Erotio
510 dedi nec pallam surrupui. PE. satin sanus es?
occisast haec res. non ego te indutum foras   45
exeire uidi pallam? MEN. uae capiti tuo!

492 meo P   493 ea quae heris heram P, A n. l. : corr. Lipsius
495 ignoto Ital. :   hic noto P, A n. l. : hic ignoto B², fort. recte
497 post] pol A   quam Goldbacher (Wien. Stud. 19, 117) : quidem
P (seq. ede-) (A n. l.)   498 tibi nomenst P (cf. ad Merc. 330)
502-7 paucissima in extremis uersibus leguntur A   502 aequom
si Camerarius, cui hiatus si | aequom displicet   503 post 504 P
506 ⟨ut⟩ intellego Camerarius, nam sincipūt suspectum   508-10
nihil apparet A   508 uix hōdie   detulisti Mueller   510 taliam
cod. (corr. B²)   satin sanus es Menaechmo continuat Thomas   511-7
pauca leguntur A

omnis cinaedos esse censes quia tu és ?
tun med indutum fuisse pallam praedicas ?   514-5
PE. ego hercle uero.   MEN. non tu abis quo dignus es ?
50 aut te piari iúbe, homo ínsanissume.
     PE. numquam edepol quisquam me exorabit quin tuae
uxori rem omnem iám, uti sit gesta, eloquar ;
omnes in té istaec recident contumeliae :   520
faxo haud inultus prandium comederis.—
55 MEN. quid hoc ést negoti ? satine, uti quemque conspicor,
ita me ludificant ? sed concrepuit ostium.

iii   ANCILLA   MENAECHMVS II

AN. Menaechme, amare ait te multum Erotium,
†ut hoc una opera ad auruficem deferast†,   525
atque huc ut addas auri pondo | unciam
iubeasque spinter nouom reconcinnarier.
5 MEN. et istúc et aliud si quid curari uolet
me curaturum dicito, quidquid uolet.
AN. scin quid hoc sit spinter ?   MEN. nescio nisi aureum. 530
AN. hoc est quod olim clanculum ex armario
te surrupuisse aiebas uxori tuae.
10 MEN. numquam hercle factum est.   AN. non meministi,
                                                  opsecro ?
redde igitur spinter, si non meministi.   MEN. mane.
immo equidem memini. nempe hoc est quod illí dedi.   535
istuc : ubi illae ármillae sunt quas una dedi ?
AN. numquam dedisti.   MEN. nam pol hoc unum dedi.

513 tu quia es *Camerarius* (*A n. l.*) *fort. recte*   514, 515 tu *A*
517 iubes *Pylades* (*A n. l.*)   521 inultum *P*   comedereis *A*
522-37 *initia fere leguntur A*   522 quemquem *B*   525 opera
⟨sibi⟩ *Ussing* : *fort.* opera ⟨tu⟩ (opera *pro* operatu ; i. 5)   526
huc *Ritschl* : hunc (*B¹*) *vel* nunc (*PᶜᴰB²*) *cod*.   ⟨tu⟩ pondo *Pylades* : pondo ⟨unam⟩ *Pradel de praep.* p. 472   528 uolei *P ut vid.*,
A n. l. (*corr. B² D*)   530 scein *A*   quod *P*   532 mebas *P*
(*corr. B²*)   533 non] noenu *Bergk, cui hiatus in pausa displicet* :
vix nonne *ante conson.*   534 redde *om. A, ut vid.*   535 *vel*
illic   536 istuc *ancillae dat Lambinus*   iclae *P* (*corr. B²*)   dedit
P, A n. l. (dedi *B²*)   537 una *P* (*ex v.* 536)

AN. dicam curare? MEN. dicito: curabitur.   15
539-40 et palla et spinter faxo referantur simul.
AN. amabo, mi Menaechme, inauris da mihi
faciendas pondo duom nummum, stalagmia,
ut te lubenter uideam, quom ad nos ueneris.
MEN. fiat. cedo aurum; ego manupretium dabo.   20
545 AN. da sodes aps te: poste reddidero tibi.
MEN. immo cedo aps te: ego post tibi reddam duplex.
AN. non habeo. MEN. át tu, quando habebis, tum dato.
AN. numquid [me] uis?—MEN. haec me curaturum
                                        dicito—
ut quantum possint quique liceant ueneant.   25
550 iamne introabiit? abiit, operuit fores.
di me quidem omnes adiuuant, augent, amant.
sed quid ego cesso, dum datur mi occasio
tempusque, abire ab his locis lenonieis?
propera, Menaechme, fer pedem, confer gradum.   30
555 demam hanc coronam atque abiciam ad laeuam manum,
ut, si[quis] sequantur me, hac abiisse censeant.
ibo et conueniam seruom si potero meum,
ut haec, quae bona dant di mihi, | ex me sciat.—

540 referatu(r) *A*   541–58 *perpauca leguntur in A*   542 facienda
Pylades   statagmia *P, A n. l.*   543 quam *P, A n. l.* (*corr. B²*)
aut 545–7 *aut* 544–6 *om. A ut uid.* (*propter homoeotel.*)   545 *uel* ted
post cod.: ⟨ego⟩ *post Pylades, Ritschl*   546 *uel* ted   548 me *del.*
Acidalius, nam nŭmquid *suspectum*   550 iamne abiit intro *B²*,
A n. l.   *post hunc versum vestigia alterius apparent in A*   551
quidem *Bentley*: equidem *P, A n. l.*   554 profer gr. *Brix*   555
hanc *codd. Nonii* 519: *om. P, A n. l.*   556 si sequentur *Nonius*:
si qui sequatur *P, A n. l.*: sequentur *improbat Thulin de coniunct.*
p. 146   me hac *codd. Nonii:* hec (*corr. B²*) me *P, A n. l.*   *fort.*
ut *in fine v.* 555 *collocand.* (*A n. l.*) (*sed cf. Sjögren ' Part. Copul.'*
p. 33), *nam displicet* síquis *necnon* síquis sequátur   558 bona
⟨boni⟩ *Fleckeisen*   me ⟨iam⟩ sciat *Bentley: fort.* med ⟨is⟩ sciat

ACTVS IV

IV. i   Matrona   Peniculus

MA. Egone hic me patiar frustra in matrimonio,
ubi uir compilet clanculum quidquid domist   560
atque ea ad amicam deferat?   PE. quin tu taces?
manufesto faxo iam opprimes : sequere hac modo.
5 pallam ad phrygionem cum corona | ebrius
ferebat hodie tibi quam surrupuit domo.
sed eccám coronam quám habuit.   num mentior?   565
em hac abiit, si uis persequi uestigiis.
atque edepol eccum óptume reuortitur ;
10 sed pallam non fert.   MA. quid ego nunc cum illoc agam?
PE. idem quod semper : male habeas ; sic censeo.
huc concedamus : ex insidieis aucupa.   570

ii   Menaechmvs I   Peniculus   Matrona

MEN. Vt hoc utimur maxume more moro,
molesto atque multo atque uti quique sunt op-
-tumi maxume morem habent hunc !
clientes sibi omnes uolunt esse multos :
5 bonine an mali sint, id hau quaeritant ; res   575
magis quaeritur quam clientum fides
     quoius modi clueat.
si ést pauper atque hau malus nequam habetur,
sin diues malust, is cliens frugi habetur.
10 qui nec leges neque aequom bonum usquam colunt,   580

---

559 daciar (paciar B^2) P frustrat A : *om. P*   560 concipilet
Goldbacher (*Wien. Stud.* 19, 117)   561–72 *priores partes servatae A*
561 ea *om. P*   563 phydrionem (*B*) *vel* fridionem (P^{CD}) P
coronam P^{CD}, A *n. l.*   569 habeat B^2, A *n. l.*   571 more
morum P, A *n. l.* : *corr. Lipsius*   572 molestoque multum P 573
vel Optumi (*cret. dim. cum troch. monom.*)   maxume *Loman* :
maxumi P : (m)aximi A (i. 9)   hunc habẹ(nt) m(u)liomor — A
576 Res m. A et, ut vid., P (*cret. tetram.*)   578 es A 579–84ᵃ *non
multa leguntur A*   580, 581 *uno versu bipartito A* (*an* ⟨i⟩ *soll. ?*)

sollicitos patronos habent.

datum denegant quod datum est, litium pleni, rapaces
uiri, fraudulenti,

qui aut faenore aut peiiuriis habent rem paratam,

584ᵃ   mens est in quo   *   15

585   eis ubi dicitur dies, simul patronis dicitur,

quippe qui pro illis loquimur quae male fecerunt :

aut ad populum aut in iure aut ad iudicem rest.

sicut me hodie nimi' sollicitum cliens quidam habuit neque
quod uolui

agere aut quicum licitumst, ita med attinit, ita detinit.   20

590 apud aedilis pro eius factis plurumisque pessumisque

deixei caussam, condiciones tetuli tortas, confragosas :

aut plus aut minu' quam opus erat dícto dixeram cóntrouor-
siam, ut

sponsio fieret.   quid ill' qui praedem dedit ?

nec magis manufestum ego hominem úmquam ullum teneri 25
uidi :

595 omnibus male factis testes tres aderant acerrumi.

di illum omnes perdant, ita mihi

596   hunc hodie corrumpit diem,

meque adeo, quí hodie forum

597   umquam oculis inspexi meis.   30

diem corrupi | optumum :

598   iussi apparari prandium,

amica exspectat me, scio.

582 pleni . ṛ . . aṭis A   584ᵃ mensẹ in quo ire P : — nquolạ — A
585 Lis [uiris] P (L pro E)   586 loquantur P (loqua * * B¹) : fort.
loquamur   fecerint P   versum secl. Hermann   587 apud aedilem
res est A (anap. dim. cum colo Reiziano, ut vid.) fort. recte, nam rest
(res est etiam P) suspectum   588 minis P   589 aut quicum
Ritschl : aiṭ qu . quam A (i. e. hau quiquam ?) : quicum P   attinuit
ita detinuit P (anap. septenar.), A n. l.   590 pro eius] proeliis P
(corr. B²)   591 detuli AB²   592 qua A   fuerat A   dicto]
multo P   vel controrsiam   593 vel illic   praedam PᶜᴰB²
594 fort. numquam   illum A   deficit A usque ad v. 1005   596
corrupit B²   597 miis cod. (antiqua forma)   597ᵃ corrupit Bothe

ubi primum est licitum ilico   599

35   properaui abire de foro.

iratast, credo, nunc mihi ;   600

placabit palla quam dedi,

quám hodie uxori apstuli atque detuli huic Erotio.   601

PE. quid ais? MA. uiro me malo male nuptam. PE.
                         satin audis quae illic loquitur?

40   MA. sati'. MEN. si sapiam, hinc intro abeam, ubi mi
                         bene sit. PE. mane : male erit potius.

MA. né illam ecastor faenerato ápstulisti. PE. sic datur.

MA. clanculum te istaec flagitia facere censebas pote? 605

MEN. quid illuc est, uxor, negoti? MA. men rogas?
                                   MEN. uin hunc rogem?

MA. aufer hinc palpationes. PE. perge tu. MEN. quid tu
                                                     mihi

45 tristis es? MA. te scire oportet. PE. scit sed dissimulat
                                                     malus.

MEN. quid negotist? MA. pallam—MEN. pallam? MA.
                         quidam pallam—PE. quid paues?

MEN. nil equidem paueo. PE. nisi unum : palla pallorem 610
                                                     incutit.

at tu né clam me comesses prandium. perge in uirum.

MEN. non taces? PE. non hercle uero taceo. nutat ne
                                                     loquar.

50 MEN. non hercle egoquidem usquam quicquam nuto neque
                                              nicto tibi.

MA. né ego ecastor mulier misera. MEN. qui tu misera es?
                                              mi expedi.

PE. nihil hoc confidentius : quin quae uides ea pernegat. 615

---

599 licitum est (-umst) *Guietus*   600ᵃ placebit *Pᶜᴰ*   601 hodie
om. *B*   huic detuli *cod.* : *trai. Ritschl : fort.* h. detetuli   602 statin
cod. (*corr. B²*)   604 mecastor *cod.*   605 potis *Lindemann* :
potesse *cod.* (*cf. Epid.* 227 potesse *pro* potis *uel* pote)   608 Tris
cod. (*corr. B²*)   sit se diss. *cod.*   609 quid paues *matronae continuant*
alii   610 paueo *B²* : paulo *cod.* (*pro* pauio)   *totum uersum*
Menaechmo dant alii   614 *post u.* 619 *Kiessling*   quid *Pareus*
615 quinque *cod.* : qui quae *B²*   *uel* pernegat ? (*interrogatiue*)

MEN. per Iouem deosque omnis adiuro, uxor (satin hoc
est tibi?),
me isti non nutasse.   PE. credit iam tibi de 'isti': illuc
redi.
MEN. quó ego redeam?   PE. equidem ád phrygionem 55
censeo; et pallam refer.
MEN. quaé istaec palla est?   PE. taceo iam, quando haec
rem non meminit suam.
620 MEN. numquis seruorum deliquit? num ancillae aut seruei
tibi
responsant? eloquere. inpune non erit.   MA. nugas agis.
MEN. tristis admodum est. non mihi istuc sati' placet—
MA. nugas agis.
MEN. certe familiarium aliquoi írata es.   MA. nugas agis.   60
MEN. num mihi es irata saltem?   MA. nunc tu non nugas
agis.
625 MEN. non edepol deliqui quicquam.   MA. em rusum nunc
nugas agis.
MEN. dic, mea uxor, quid tibi aegre est?   PE. bellus
blanditur tibi.
MEN. potin ut mihi molestus ne sis? num te appello?
MA. aufer manum.
PE. sic datur. properato apsente me comesse prandium,   65
post ante aedis cum corona me derideto ebrius.
630 MEN. neque edepol ego prandi neque hodie huc intro
tetuli pedem.
PE. tun negas?   MEN. nego hercle uero.   PE. nihil hoc
homine audacius.
non ego te modo hic ante aedis cum corona florea
uidi astare? quom negabas mihi esse sanum sinciput   70

617 isti *Ital.* : isii *cod.*   'isti' (*adverb.*) *Pradel de praep.* p. 527 :
istis *cod.* : isto *Bothe*   618 ego redeam *B²* : egredeam *cod.*   et]
i (ei) *Gruterus* (*cf. Sjögren* 'Part. Copul.' p. 85)   619 memini *cod.*
(*corr. B²*)   620 serui *Gruterus* : seruet *cod.*   622 es *B²*   625
rurum *cod*   632 flora *cod.* (*corr. B²*)

et negabas me nouisse, peregrinum aibas esse te?

MEN. quin ut dudum diuorti aps te, redeo nunc demum 635
                              domum.

PE. noui ego te.   non mihi censebas esse qui te ulciscerer.

omnia hercle uxori dixi. MEN. quid dixisti? PE. nescio,

75 eam ipsus [i] roga. MEN. quid hoc est, uxor? quidnam
                            hic narrauit tibi?

quid id est? quid taces? quin dicis quid sit? MA. quasi
                            tu nescias.

palla mihi est domo surrupta. MEN. palla surrupta est tibi? 639ᵃ

MA. me rogas? MEN. pol hau rogem te si sciam. PE. 640
                           o hominem malum,

ut dissimulat! non potes celare : rem nouit probe.

80 omnia hercle ego edictaui. MEN. quid id est? MA.
                            quando nil pudet

neque uis tua uoluntate ipse profiteri, audi atque ades.

et quid tristis ⟨sim⟩ et quid hic mihi dixerit faxo scias.

palla mihi est domo surrupta. MEN. palla surruptast mihi? 645

PE. uiden ut ⟨te⟩ scelestus captat? huic surruptast, non tibi.

85 nam profecto tibi surrupta si esset—salua non foret.

MEN. nil mihi tecum est. sed tu quid ais? MA. palla,
                          inquam, periit domo.

MEN. quis eam surrupuit? MA. pol istuc ille scit qui
                          illam apstulit.

MEN. quis is homo est? MA. Menaechmus quidam. 650
                  MEN. édepol factum nequiter.

quis is Menaechmust? MA. tu istic, inquam. MEN.
                  egone? MA. tu. MEN. quis arguit?

638 eam plus (*B*¹) *vel* eampsus ei (v. 3) (*P*ᶜᴰ) *cod.* (*corr. B*²)
639ᵃ *secl. edd.* (*cf.* 645) *fort. recte, nam potest versus hic idcirco adscriptus
ut vv.* 640-5 *omitterentur veri versus locum usurpavisse*   641 nouit
Acidalius : noui *cod.*   643 audiat qui *cod.* (*corr. B*²)   644 sim
add. Pylades, Lambinus   645 mihi *quidam ap. Lambinum* : tibi
cod.   646 uident *cod.* (*corr. B*²)   te *add. Lambinus*   captat
Camerarius : capiat *cod.*   647 non] nunc *Camerarius*   650
is *Brix* : hic *cod.*

MA. egomet. PE. et ego. atque huic amicae detulisti Erotio. 90
MEN. egon dedi? MA. tu, tú istic, inquam. PE. uin
                    adferri noctuam,
quae 'tu tu' usque dicat tibi? nam nos iam defessi sumus.
655 MEN. per Iouem deosque omnis adiuro, uxor (satin hoc
                       est tibi?),
non dedisse. PE. immo hercle uero, nos non falsum dicere.
MEN. sed ego illam non condonaui, sed sic utendam dedi. 95
MA. equidem ecastor tuam nec chlamydem do foras nec
                       pallium
quoiquam utendum. mulierem aequom est uestimentum
                       muliebre
660 dare foras, uirum uirile. quin refers pallam domum?
MEN. ego faxo referetur. MA. ex re tua, ut opinor, feceris;
nam domum numquam introibis nisi feres pallam simul. 100
eo domum. PE. quid mihi futurum est qui tibi hanc
                       operam dedi?
MA. opera reddetur, quando quid tibi erit surruptum domo.—
665 PE. id quidem edepol numquam erit, nam nihil est quod
                       perdam domi.
cum uiro cum uxore, di uos perdant! properabo ad forum,
nam ex hac familia me plane éxcidisse intellego.— 105
MEN. male mi uxor sese fecisse censet, quom exclusit foras;
quasi non habeam quo intromittar alium meliorem locum.
670 si tibi displiceo, patiundum: at placuero huic Erotio,
quae me non excludet ab se, sed apud se occludet domi.
nunc ibo, orabo ut mihi pallam reddat quam dudum dedi; 110
aliam illi redimam meliorem. heus! ecquis hic est ianitor?
aperite atque Erotium aliquis euocate ante ostium.

653–4 uin ... sumus *matronae continuant alii*   654 nos iam *Ital.*:
nos iam [nos] *cod.*   656 *vel* dedisse— (*sermone interrupto*) PE.] MA.
alii   661 *vel* opino   663 eo *Bentley*: ego *cod.*   664 operam
cod. vix recte (*corr.* B²)   666 qua uirum qua uxorem *Fleckeisen*
670 patiundumst; pl. *Ritschl* (*cf. Herkenrath de gerund.* p. 11)
671 occludit *cod.* (*pro* -et?)   673 heus *Ital.*: eius *cod.* (*pro* eus,
i.e. heus)   674 aliqui B

PLAVT. I   27·

iii   E ROTIVM   M ENAECHMVS I

ER. Quis hic me quaerit? MEN. sibi inimicus magi' quam 675
                                                    aetati tuae.
ER. mi Menaechme, qur ante aedis astas? sequere intro.
                                                    MEN. mane.
scin quid est quod ego ad te uenio? ER. scio, ut tibi ex
                                                    me sit uolup.
MEN. immo edepol pallam illam, amabo te, quam tibi
                                                    dudum dedi,
5 mihi eam redde. uxor resciuit rem omnem, ut factum est,
                                                    ordine.
ego tibi redimam bis tanta pluris pallam quam uoles.   680
ER. tibi dedi equidem illam, ad phrygionem út ferres, paullo
                                                    prius,
et illud spinter, ut ad auruficem ferres, ut fieret nouom.
MEN. mihi tu ut dederis pallam et spinter? numquam
                                                    factum reperies.
10 nam ego quidem postquam illam dudum tibi dedi, atque
                                                    abii ad forum :
nunç redeo, nunc te postillac uideo. ER. uideo quam rem 685
                                                    agis.
quia commisi, ut me defrudes, ad eam rem adfectas uiam.
MEN. neque edepol te defrudandi caussa posco (quin tibi
dico uxorem resciuisse)—ER. nec te ultro oraui ut dares :
15 tute ultro ad me detulisti, dedisti eam dono mihi ;
eandem nunc reposcis : patiar. tibi habe, aúfer, utere   690
uel tu uel tua uxor, uel etiam in loculos compingite.

675 *vel* mage ⟨quist⟩ quam *Ritschl, cui* quam | aet. *displicet   fort.*
magis in.   676 mei *cod., ut vid.*   677 uoluptas *cod.* (i. 8, p. 27)
680 tanto *P*CD *B*² (*sed cf. Havet Arch. Lat. Lexicogr.* 11, 579 ; *Leo
ibid.* 12, 99)   681 tibi equidem dedi *Seyffert*   prius *Ital.* : uis *cod.*
682 *vel* illuc   683 ut tu *B*   reperies *Priscianus* 1, 151 ; releceris
cod. (relegeris *P*CD, dixeris *B*²) (*pro* reieceres ?)   685 dost illac *cod.*
(*corr. B*²)   686 quae *Bothe*   689 tetulisti *Ritschl, nam* dedisti
displicet (*cf.* 630 detuli *B*² *pro* tetuli)   *fort.* dedĭstin (*interrogativa
omnia*)   690 habe tibi *Guietus*   691 loculos *Balbach* : oculos *cod.*

tu huc post hunc diem pedem intro non feres, ne frustra sis ;
quando tu me bene merentem tibi habes despicatui,
nisi feres argentum, frustra me ductare non potes.   20
695 aliam posthac inuenito quám habeas frustratui.—
MEN. nimis iracunde hercle tandem. heús tu, tibi dico, mane,
redi. etiamne astas ? etiam audes mea reuorti gratia ?
abiit intro, occlusit aedis. nunc ego sum exclusissumus :
neque domi neque apud amicam mihi iam quicquam creditur. 25
700 ibo et consulam hanc rem amicos quid faciendum censeant.—

ACTVS V

MENAECHMVS II   MATRONA   V. i

MEN. Nimi' stulte dudum feci quom marsuppium
Messenioni cum argento concredidi.
immersit aliquo sese, credo, in ganeum.
MA. prouisam quam mox uir meus redeat domum.
705 sed eccum uideo. salua sum, pallam refert.   5
MEN. demiror ubi nunc ambulet Messenio.
MA. adibo atque hominem accipiam quibu' dictis meret.
non te pudet prodire in conspectum meum,
flagitium hominis, cum istoc ornatu ?   MEN. quid est ?
710 quae te res agitat, mulier ?   MA. etiamne, inpudens,   10
muttire uerbum unum audes aut mecum loqui ?
MEN. quid tandem admisi in me ut loqui non audeam ?
MA. rogas me ? hóminis inpudentem audaciam !
MEN. non tu scis, mulier, Hecubam quapropter canem
715 Graii esse praedicabant ?   MA. non equidem scio.   15
MEN. quia idem faciebat Hecuba quod tu nunc facis :

694 frustra ⟨es⟩ (frustra's) *Ritschl*   696 hercle iracunde *Seyffert*
698 abii *cod.* (*corr.* B²)   octus itaedis *cod.* (*corr.* B²)   707 dictis
quibus *codd. Nonii* 468   aeret *cod.* (*corr.* B²) (A *pro* M ; vi. 1)   710
res te *cod.* : *trai. Brix, secundum morem Plautinum*   713 *vel* med
⟨o⟩ hom. *Pylades*

omnia mala ingerebat quemquem aspexerat.
itaque adeo iure coepta appellari est Canes.
MA. non ego istaec flagitia possum perpeti.
20 nam med aetatem uiduam | esse mauelim   720
quam istaec flagitia tua pati quae tu facis.
MEN. quid id ad me, tu te nuptam possis perpeti
an sis abitura a tuo uiro? an mos hic ita est
peregrino ut aduenienti narrent fabulas?
25 MA. quas fabulas? non, inquam, patiar praeterhac,   725
quin uidua uiuam quam tuos móres perferam.
MEN. mea quidem hercle caussa uidua uiuito
uel usque dum regnum optinebit Iuppiter.
MA. at mihi negabas dudum surrupuisse te,
30 nunc eandem ante oculos adtines: non te pudet?   730
MEN. eu hercle! mulier, multum et audax et mala's.
tun tibi hanc surruptam dicere audes quam mihi
dedit alia mulier ut concinnandam darem?
MA. ne istuc mecastor—iam patrem accersam meum
35 atque ei narrabo tua flagitia quae facis.   735
i, Decio, quaere meum patrem, tecum simul
ut ueniat ad me: íta rem | esse dicito.
iam ego aperiam istaec tua flagitia.   MEN. sanan es?
quae mea flagitia?   MA. pallam | atque aurum meum
40 domo suppilas tuae uxóri | et tuae   740
degeris amicae. satin haec recte fabulor?
MEN. quaeso hercle, mulier, si scis, monstra quod bibam
tuam qui possim perpeti petulantiam.

718 appellare *cod.* (*corr.* B²) (*pro* -rei?)   719 ⟨tua⟩ fla. *Ritschl*
cui ego | istaec *displicet* (*fort. recte, nam ea vox frequens in ore huius*
matronae)   720 med a te B²   ⟨usque⟩ esse *Redslob*   723 adtuo
cod. (*corr.* B²)   annos ita est hoc *cod.* (an mos *et* hic B²): *trai.*
Bothe   729 Hanc mihi *Bothe*   730 eadem *cod.*   735
a. enarrabo Pᶜᴰ   736 deceo *cod. Cf.* K. Schmidt (*Herm.* 37, 388)
quare *cod.* (*corr.* B²)   737 *vel* med   rem ⟨natam⟩ e. *Ritschl : fort.*
rem natam (*om.* esse ; v. 1)   739 pallas *Vahlen* (*cf.* 803 pallam *pro*
pallas)   740 uxoris (?) *Leo, sed vide ne versus hiantes cum singulti-*
entis locutione congruant

quem tú hominem ⟨med⟩ arbitrere nescio ;
745 ego te simitu noui cum Porthaone.   45
   MA. si me derides, at pol illum non potes,
   patrem meum qui huc aduenit.   quin respicis ?
   nouistin tu illum ?   MEN. noui cum Calcha simul :
   eodem die illum uidi quo te ante hunc diem.
750 MA. negas nouisse me ? negas patrem meum ?   50
   MEN. idem hercle dicam sí auom uis adducere.
   MA. ecastor pariter hoc atque alias res soles.

    S E N E X   M A T R O N A   M E N A E C H M V S II   ii

   SE. Vt aetas mea est atque ut hoc usu' facto est
   gradum proferam, progrediri properabo.
755 sed id quam mihi facile sit hau sum falsus.
   nam pernicitas deserit : consitus sum
   senectute, onustum gero corpu', uires   5
   reliquere : ut aetas mala est ! mers mala ergost.
   nam res plurumas pessumas, quom aduenit, ad-
760 -fert, quas si autumem omnis, nimis longu' sermost.
   sed haec res mihi in pectore et corde curaest,
      quidnam hoc sit negoti quod sic filia   10
      repente expetit mé, ut ad sese irem.
763ª   nec quid id sit mihi certius facit, quid
       uelit.   quid me accersit ?
764ª uerum propemodum iam scio quid siet rei.
765 credo cum uiro litigium natum esse aliquod.   15
   ita istaec solent, quae uiros supseruire
   sibi postulant, dote fretae, feroces.
   et illi quoque haud apstinent saepe culpa.

   744 arbitrere *Luchs* : arbitrare *cod.*   me (*vel* med) **addidi**
⟨hominum⟩ hominem ⟨me⟩ *Onions*   748 *om.* tu *codd. Prisciani* 1,
239   749 uidi illum *P*CD   750 *cf. Lindsay praef. in Capt.* p. 64
754 progredi *cod.* (i. 7)   755 facile (*pro* facul ?) sit (*pro* siet ?)
mihi *cod.* : **trai.** *Bothe*   759–60 fert *B*1   760 quas] eas *Spengel*
762 filia sic *cod.* : **trai.** *Spengel*   763 *vel* med   764 accersat
Lambinus   765 litigi . . . aliquid *Spengel fort. recte*

uerum est modu' tamen, quoad pati uxorem oportet ;

20 nec pol filia umquam patrem accersit ad se   770
  nisi aut quid commissí aut iurgi est caussa.
  sed id quidquid est iam sciam. atque eccam eampse
ante aedis et eius tristem uirum uideo. id est quod suspi- 773–4
                cabar.

25 appellabo hanc. MA. ibo aduorsum. salue multum, mi 775
                 pater.
 SE. salua sis. saluen aduenio ? saluen accersi iubes ?
 quid tu tristis es ? quid ille autem aps te iratus destitit ?
 nescioquid uos uelitati éstis inter uos duos.
 loquere, uter meruistis culpam, paucis, non longos logos.

30 MA. nusquam equidem quicquam deliqui : hoc primum te 780
               apsoluo, pater.
 uerum uiuere hic non possum neque durare ullo modo.
 proin tu me hinc abducas. SE. quid istuc autem est ? MA.
              ludibrio, pater,
 habeor. SE. unde ? MA. ab illo quoi me mandauisti, meo
                 uiro.
 SE. ecce autem litigium ! quotiens tandem | edixi tibi
35 ut caueres neuter ad me iretis cum querimonia ?   785
 MA. quí ego istuc, mi pater, cauere possum ? SE. men
             interrogas ?
 MA. nisi non uis. SE. quotiens monstraui tibi uiro ut 787–8
              morem geras,
 quid ille faciat né id opserues, quó eat, quid rerum gerat.
40 MA. at enim ille hinc amat meretricem ex proxumo. SE. 790
              sane sapit
 atque ob istánc industriam etiam faxo amabit amplius.

  769 quo id *B²* 771 *vix* iurigi ⟨iusta⟩ causa *Leo, ut integer
tetram. fiat* 772 quicquid id *cod.* : *trai. Bothe* 773, 774 *alii
faciunt bacch. tetram.* ante — uideo (*immo* uideo, id) *et bacch. dim.*
id (*immo* est) — suspicabar (*vel iamb. dim. catal.* id — susp.) 775
aduorsum *Pylades* : uorsum *cod.* 778 ueliati *cod.* *vel* duo 779
pauci *cod.* locos *cod.* 784 ⟨ego⟩ edixi *vel* ⟨id⟩ ed. *Ritschl*

Mᴀ. atque ibi potat.   Sᴇ. tua quidem ille caussa potabit
                                    minus,
si illic siue alibi lubebit ? quaé haec, malum, inpudentiast ?
una opera prohibere ad cenam ne promittat postules
795 neu quemquam accipiat alienum apud se. seruirin tibi   45
postulas uiros ? dare una ópera pensum postules,
inter ancillas sedere iubeas, lanam carere.
   Mᴀ. non equidem mihi te aduocatum, pater, adduxi, sed
                                      uiro.
hinc stas, illim caussam dicis. Sᴇ. si ille quid deliquerit,
800 multo tanta illum accusabo quam te accusaui amplius.   50
quando te auratam et uestitam bene habet, ancillas, penum
recte praehibet, melius sanam est, mulier, mentem sumere.
   Mᴀ. at ille suppilat mihi aurum et pallas ex arcis domo,
me despoliat, mea ornamenta clam ad meretrices degerit.
805 Sᴇ. male facit, si istuc facit ; si non facit, tu male facis   55
quae insontem insimules. Mᴀ. quin etiam nunc habet
                               pallam, pater,
⟨et⟩ spinter, quod ad hanc detulerat, nunc, quia resciui,
                                    refert.
   Sᴇ. iám ego ex hoc, ut factumst, scibo. ⟨íbo⟩ ad hominem
                             atque ⟨ad⟩loquar.
dic mihi istúc, Menaechme, quod uos dissertatis, ut sciam.
810 quid tu tristis es ? quid illa autem irata aps te destitit ?   60
   Mᴇɴ. quisquis es, quidquid tibi nomen est, senex, summum
                                    Iouem

793 si *Bothe* : siue *cod.* (i. 9)   *vel* illi   795 se *Acidalius* : te
cod.   797 carere *Varro de L. L.* 7, 54 : carpere *cod.*   798 mihi
te *B²* : mittit *cod.*   800 tanto *Ital.* (*sed cf. ad v.* 680)   801
ancillas penum *Ital.* : anpillaspen *cod.*   802 samnam *cod.*   803
pallam *B²*   domo *Gulielmius* : modo *cod.*   804 clam *Acidalius* :
tiam *ut vid. cod.*   tiam [me] ad me. *Pᴄᴰ*   807 et *add. Ital.*
808 sibo *cod.* (*corr.* *B²*) (v. 9)   ibo *add. Camerarius*   adquem
(atque *B²*) loquar *cod.* : *corr. Saracenus*   809 quid *Boxhorn*   810
illam *B*   iratam *cod.*   destitit *Dousa* : destitus *ut vid. cod.* (de-
stituis *B*, dedistitus *Pᴄᴰ*)

deosque do testis— SE. qua de re aut quoius rei rerum
omnium ?

MEN. me neque isti male fecisse mulieri quae me arguit
hanc domo ab se surrupuisse atque apstulisse—MA. deierat ?

65 MEN. sí ego intra aedis huiius umquam ubi habitat 815-6
penetraui ⟨pedem⟩,

omnium hominum exopto ut fiam miserorum miserrumus.

SE. sanun es qui istuc exoptes aut neges te umquam pedem
in eas aedis intulisse ubi habitas, insanissume ?

MEN. tun, senex, ais habitare med in illisce aedibus ?   820

70 SE. tu negas ? MEN. nego hercle uero. SE. immo hercle
inuere negas ;

nisi quo nocte hac exmigrasti. ⟨tu⟩ concede huc, filia.

quid tu ais ? num hinc exmigrastis ? MA. quém in locum
aut ⟨quam⟩ ob rem, opsecro ?

SE. non edepol scio. MA. profecto ludit te hic. non
tu[te] tenes ?

SE. iam uero, Menaechme, sati' iocatu's. nunc hanc rem 825
gere.

75 MEN. quaeso, quid mihi tecum est ? unde aut quis tu
homo es ? *

tibi aut ádeo isti, quae mihi molestiaest quoquo modo ?

MA. uiden tu illic oculos uirere ? ut uiridis exoritur colos
ex temporibus atque fronte, ut oculi scintillant, uide !   829-3

812 do testes *Gruterus* : detestes *cod.*   814 *intercidisse aliquid*
suspicatur Ritschl   delurat *cod.* : peierat *Schoell*   816 pedem
add. Pylades   818 neces *cod.*   819 intulis *cod.*   820 tunc
senex ait *cod.* (*corr. B²*)   821 tun *Bothe*   negc *per compend. script.*
(*vel* neco) *in cod.* (neque *PCD*)   hercle (*Vahlen*) inuere *scripsi* : hece
ludere *cod.* (*pro* luuere : vi. 1)   neget *PCD* (? *pro* neges)   822 hac
emigrasti *Ital.* : hac migrasti *cod.* (*pro* hace migrasti ? i. ‑¹)   tu *add.*
Schoell   huc *Camerarius* : hac *cod.* (a *pro* u ; vi. 1)   ⟨mea⟩ f. *Fleck-*
eisen   823 agis *cod.* (*corr. in B*)   exmigrasti *cod.* (*ex v.* 822) :
corr. Acidalius   quam *add. Beroaldus*   824 tu *Mueller*   825 loca-
tus nunc ac (hanc *B²*) rem agere *cod.* : *corr. Spengel*   826 ⟨quid
debeo⟩ *Leo*   827 *vel* istic   q. mi. molesta est *cod.* : *corr. Schoell* :
molesta q. mi. est *Vahlen*   828 iurere (*pro* lurere ?) *PCD*

MEN. quid mihi meliust quam, quando illi me insanire prae-
                                                    dicant,

ego med adsimulem insanire, ut illos a me apsterream ?   80

MA. ut pandiculans oscitatur ! quid nunc faciam, mi pater ?

SE. concede huc, mea nata, ab istoc quam potest longissume.

835 MEN. euhoe atque euhoe, Bromie, quo me in siluam ue-
                                                    natum uocas ?

audio, sed non abire possum ab his regionibus,

ita illa me ab laeua rabiosa femina adseruat canes,   85

poste autem illinc hircus †alus†, qui saepe aetate in sua

perdidit ciuem innocentem falso testimonio.

840 SE. uae capiti tuo !   MEN. ecce, Apollo mihi ex oraclo
                                                    imperat

ut ego illic oculos exuram lampadi[bu]s ardentibus.

MA. perii ! mi pater, minatur mihi oculos exurere.   90

MEN. ei mihi ! insanire me aiunt, ultro quom ipsi insaniunt.

SE. filia, heus ! MA. quid est ? SE. quid agimus ? quid
                                si ego huc seruos cito ?

845 ibo, abducam qui hunc hinc tollant et domi deuinciant

priu’ quam turbarum quid faciat ampliús. MEN. enim
                                                    haereo ;

ni occupo aliquid mihi consilium, hí domum me ad se 95
                                                    auferent.

pugnis me uotas in huiius ore quicquam parcere,

nei a meis oculis apscedat in malam magnam crucem.

850 faciam quod iubes, Apollo. SE. fuge domum quantum
                                                    potest,

---

832 ego me (*ita cod.*) ⟨ut⟩ *Ritschl*   834 potest *corr.* potes *cod.*
ut vid.   835 euhoe atque euhoe *scripsi* (*cf. ad Cas.* 727) : eubi (eum
B¹) atque heu *cod.* : euhoe, Bacche, *Richter*   838 post te *cod.*
illi circo salus *cod.* : *corr. Beroaldus*   caluus *Mueller, sed fort.* alus *id
quod* ‘ olens ’ (*cf.* ‘ álium ’)   840 ex oraclo mi *Ritschl, nam* mihi | ex
displicet   imperas *Langen*   843 ipse *cod.* (? *pro* ipsei, *seq.* i) (*corr.*
B²)   847 aliquod *alii*   849 ni a meis *Vahlen et eadem ut vid. in
cod. sed antiqua forma* nei a miis (ne iam his *B²*)   in magnam malam
crucem *Sonnenschein*

ne hic te optundat.   Ma. fugio. amabo, ádserua istunc, mi
                                                              pater,
100 ne quo hinc abeat.   sumne ego mulier misera quae illaec
                                                              audio ?—
    Men. hau male illánc amoui; ⟨aınoueam⟩ nunc hunc in-
                                                       purissumum,
    barbatum, tremulum Titanum, qui cluet Cygno patre.
    ita mihi imperas ut ego huius membra atque ossa atque 855
                                                              artua
    comminuam illo scipione quem ipse habet.   Se. dabitur
                                                              malum,
105 me quidem si attigeris aut si propius ad me accesseris.
    Men. faciam quod iubes ; securim capiam ancipitem atque
                                                       hunc senem
    osse fini dedolabo ássulatim uiscera.
    Se. enim uero illud praecauendumst atque adcurandumst 860
                                                              mihi ;
    sane ego illúm metuo, ut minatur, ne quid male faxit mihi.
110 Men. multa mi imperas, Apollo : nunc equos iunctos iubes
    capere me indomitos, ferocis, atque in currum inscendere,
    ut ego hunc proteram leonem uetulum, olentem, edentulum.
    iam astiti in currum, iam lora teneo, iam stimulum : in 865
                                                              manust.
    agite equi, facitote sonitus ungularum appareat,
115 cursu celeri facite inflexa sit pedum pernicitas.
    Se. mihin equis iunctis minare ?   Men. écce, Apollo,
                                                              denuo
    me iubes facere impetum in eum qui stat atque occidere.

852 summe *cod.* (*corr. B*²)   audeo *cod.* (*corr. B*²)   853 amoueam
add. Persson   854 Tithonum *edd.*   qui lucet (*pro* cluet) cygno *Prisci-*
anus 1, 216 : cycno prognatum *cod.*   Cucino *Ritschl*   858 securi
cod.   *vel* senem — (*sermone interrupto*)   861 *vel* illunc   864
uetulum *Gulielmius* : etulum *cod.*   edentulum *Pius* : edentius *cod.*
(i *pro* ĭ, *i. e.* ul ; vii. 5, p. 97)   865 stimulum iam *Ritschl*   866
appareat *Ritschl* : apparent *cod.*   867 facitote *P*ᶜᴰ   inflexa *Dousa* :
inflexu *cod.* (u *pro* a ; vi. 1)   sint *cod.* (*corr. B*²)   868 manare
cod. (*corr. B*²)

870 sed quis hic est qui me capillo hínc de curru deripit?
    imperium tuom demutat atque edictum Apollinis.
         SE. eu hercle morbum acrem ac durum! * * *   120
              *   *   * di, uostram fidem!
873ᵃ   uel hic qui insanit quam ualuit paullo prius!
        ei derepente tantus morbus incidit.
875   eibo atque accersam medicum iam quantum potest.—

            MENAECHMVS II   SENEX   iii

    MEN. Iamne isti abierunt, quaeso, ex conspectu meo,
    qui me ui cogunt ut ualidus insaniam?
    quid cesso abire ad nauem dum saluo licet?
879-80 uosque omnis quaeso, si senex reuenerit,
    ni me indicetis qua platea hinc aufugerim.—   5
         SE. lumbi sedendo, óculi spectando dolent,
    manendo medicum dum se ex opere recipiat.
    odiosus tandem uix ab aegrotis uenit,
885 ait se óbligasse crus fractum Aesculapio,
    Apollini autem bracchium.   nunc cogito   10
    utrum me dicam ducere medicum an fabrum.
    atque eccum incedit.   moue formicinum gradum.

            MEDICVS   SENEX   iv

    MED. Quid esse ílli morbi dixeras? narra, senex.
890 num laruatust aut cerritus? fac sciam.
    num eum ueternus aut aqua intercus tenet?
         SE. quin ea te caussa duco ut id dicas mihi
    atque illum ut sanum facias.   MED. perfacile id quidemst. 5
    sanum futurum, mea ego id promitto fide.

---

871 atque dictum *cod.*   872 *lacunam indic. Schoell.   Neque* eu
hĕrcle *neque* eu hercl' *placent*   877 ualidūs *vix ferendum*   ut ualens
Brix : fort. ualidus uti   uesaniam *Bothe* (*cf. v.* 921)   *post hunc*
versum lacunam indic. Ritschl   882 spectando *Ausonius Lud.*
Sept. Sap. 131 : exspectando *cod.* (v. 9, p. 70)   889 esset *cod.*
890 laruatus *cod.*   *vel* laruatus aut cerritust   891 uetenus *cod.*
(*corr. B²*)   893 quideast *cod. ut vid.* (A *pro* M) (*corr. B²*)   894
eco *cod.* (C *pro* G ; vi. 1)

SE. magna cum cura ego illum curari uolo.   895
MED. quin suspirabo plus †sescenta† in dies :
ita ego éum cum cura magna curabo tibi.
10 SE. atque eccum ipsum hominem.   ópseruemus quam
                                              rem agat.

v   MENAECHMVS I   SENEX   MEDICVS

MEN. Edepol ne hic dies peruorsus atque aduorsus mi
                                              optigit.
quae me clam ratus sum facere, ómnia ea fecit palam   900
parasitus qui me compleuit flagiti et formidinis,
meus Vlixes, suo qui regi tantum conciuit mali.
5 quém ego hóminem, si quidem uiuo, uita euoluam sua—
sed ego stultus sum, qui illius esse dico quae meast :
meo cibo et sumptu educatust.   anima priuabo uirum.   905
condigne autem haec meretrix fecit, ut mos est meretricius :
quia rogo palla ut referatur rusum ad uxorem meam,
10 mihi se ait dedisse.   eu edepol !   né ego homo uiuo miser.
SE. audin quae loquitur?   MED. se miserum praedicat.
                                         SE. adeas uelim.
MED. saluos sis, Menaechme.   quaeso, qur apertas bra- 910
                                              cchium ?
non tu scis quantum isti morbo nunc tuo facias mali ?
MEN. quin tu te suspendis?   SE. ecquid sentis ?   MED.
                                         quidni sentiam ?
15 non potest haec res ellebori iungere optinerier.
sed quid ais, Menaechme?   MEN. quid uis ?   MED. dic
                                    mihi hoc quod te rogo :

---

896 sescentos *Camerarius*   die *Lambinus, sed cf. Redslob (Lit.
Centralbl.* 1895, p. 1761)   *fort.* sescenta sexies (vi ies)   897 ita
e. eum *Kaempf* : ita e. illum *cod.* (*cf. ad Aul.* 758): *fort.* ita (*in fine v.
praecedentis*) Ego illum   900 ea omnia *cod.* : *trai. Bothe metri causa*
903 nita *cod.* (*corr. B²*)   906 meretricibus B   909 sed *cod.* (*vix
antiqua orthographia*)   913 unguine (iung. ?) B² : iugere *Ital., sed
potest* iungere *abl. casus nominis* iungus (*Gr.* ζεῦγος) *esse*

915 album an atrum uinum potas ?   MEN. quin tu is in malam
crucem ?

MED. iam hercle occeptat insanire primulum.   MEN. quín
[tu] me interrogas

purpureum panem an puniceum soleam ego esse an luteum ?

soleamne esse auis squamossas, piscis pennatos ?   SE. papae ! 20

919-20 audin tu ut deliramenta loquitur ? quid cessas dare

potionis aliquid priu' quam percipit insania ?

MED. mane modo, etiam percontabor alia.   SE. occidis
fabulans.

MED. dic mihi hoc : solent tibi umquam óculi duri fieri ?

MEN. quid ?   tu me locustam censes esse, homo igna- 25
uissume ?

925 MED. dic mihi : enumquam intestina tibi crepant, quod
sentias ?

MEN. ubi satur sum, nulla crepitant ; quando essurio, tum
crepant.

MED. hoc quidem edepol hau pro insano uerbum respondit
mihi.

perdormiscin usque ad lucem ? facilin tu dormis cubans ?

929-30 MEN. perdormisco, si resolui árgentum quoi debeo—   30

931-3 qui te Iuppiter dique omnes, percontator, perduint !

MED. nunc homo insanire occeptat : de illis uerbis caue
tibi.

935 SE. immo Nestor nunc quidem est de uerbis, praeut dudum
fuit ;

915 *sic ascriptus in B manu recentiore ad Curculionis v.* 242 : album
an atrum uinum potas quid tibi quesito opus est   *vix* potas ? MEN.
quid tibi quaesito opust ⟨Album an atrum uinum potem ?⟩ quin tu is,
etc. (iii. 11)   916 occepta *cod.* (*corr.* B^2)   *post* primulum *lacunam sign. Vahlen, Schoell* (*cf. ad v.* 915)   tu *del. Bothe* (*ex v.* 915 ?)
918 quamossas *cod.*   919-20 auditu *cod.* (*corr.* B^2)   921
uesania *Bothe* (*cf. v.* 878), *cui* percipīt *displicet*   922 alia] heiia
Schoell   SE.] MEN. *alii*   occipis B^2 fabulans *Acidalius* : fabulam
(*B*) *vel* falam (*P*^{CD}) *cod.*   925 mehi *codd.* (*antiqua forma* ?)   926
tunc *codd. Nonii* 255   928 perdormiscanius que *cod.* (*pro* -can *corr.*
-cin *superscr.* i)   obdormis *Ritschl*   cubans *Acidalius* : curans *cod.*
(R *pro* B ; vi. 1)   929-30 *vel* quoii   933 perdunt *cod.* (*corr.* B^2)

nam dudum uxorem suam esse aiebat rabiosam canem.

35 MEN. quid, ego?   SE. dixti insanus, inquam.   MEN. égone?

SE. tú istic, qui mihi

etiam me iunctis quadrigis minitatu's prosternere.

egomet haec te uidi facere, égomet haec ted arguo.   939-40

MEN. at ego te sacram coronam surrupuisse Ioui' ⟨scio⟩,

et ob eam rem in carcerem ted esse compactum scio,

40 et postquam es emissus, caesum uirgis sub furca scio ;

tum patrem occidisse et matrem uendidisse etiam scio.

satin haec pro sano male dicta male dictis respondeo?   945

SE. opsecro hercle, medice, propere quidquid facturu's

face.

non uides hominem insanire?   MED. scin quid facias op-

tumum est ?

45 ad me face uti deferatur.   SE. itane censes?   MED. quip-

pini ?

ibi meo arbitratu potero curare hominem.   SE. age ut lubet.

MED. elleborum potabis faxo áliquos uiginti dies.   950

MEN. at ego te pendentem fodiam stimulis triginta dies.

MED. í, arcesse homines qui illunc ad me deferant.   SE.

quot sunt satis ?

50 MED. proinde ut insanire uideo, quattuor, nihilo minus.

SE. iám hic erunt. adserua tu istunc, medice.   MED. ímmo

ibo domum,

ut parentur quibu' paratis opus est. tu seruos iube   955

hunc ad me ferant.   SE. iam ego illic faxo erit.   MED.

abeo.——   SE. uale.——

936 *vel* aibat   **937** dixti *Leo* : dixi *cod.*   MEN. Quid ego dixi ?
SE. insanus, inquam— *Schoell*   tu istic *Ital.* : tustic (istuc *B*) *cod.*
938 ministatus (-isst-) *cod.* (*corr. B²*)   **940** uide *cod.* (*pro* uidei ?)
(*corr. B²*)   **941** [lo]iouis *P*CD (iv. 3) : aio Iouis *Pareus* : Iouï *Pylades*
scio *add. Pylades* (*fort. in fine sequentis uersus scriptum erat ;* ii. 5)
945 rescondeo *cod.* (*corr. B²*)   **946** maledice *cod.* (v. 8) (*corr. B²*)
947 es *cod.* (*corr. B²*)   **948** itana *cod.* (*corr. B²*)   **950** *post* 951
cod. (*prius om. propter homoeotel.* ? ii. 6) : *corr. Camerarius*   alios *B²*
953 uideor *cod.* (*corr. in B*)   **955** tus *cod.*   **956** *vel* illi

Men. abiit socerus, abit medicús.   nunc solus sum.   pro
                                          Iuppiter !
quid illuc est quod med hisce homines insanire praedicant ? 55
nam equidem, postquam gnatus sum, numquam aegrotaui
                                          unum diem
960 neque ego insanio neque pugnas neque ego litis coepio.
saluos saluos alios uideo, noui ⟨ego⟩ homines, adloquor.
an illi perperam insanire me aiunt, ipsi insaniunt ?
quid ego nunc faciam ? domum ire cupio : úxor non sinit ; 6o
huc autem nemo intromittit.   nimi' prouentum est ne-
                                          quiter.
965 hic ero usque ; ad noctem saltem, credo, intromittar domum.

M E S S E N I O   vi

   Mes. Spectamen bono seruo id est, qui rem erilem
   procurat, uidet, conlocat cogitatque,
   ut apsente ero rem eri diligenter
     tutetur quam si ipse adsit aut rectius.
970 tergum quam gulam, crura quam uentrem oportet   5
     potiora esse quoi cor modeste situmst.
      recordétur id, qui nihili sunt, quid eis preti
   detur ab suis eris, ignauis, inprobis uiris :
         uerbera, compedes,
975 molae, [magna] lassitudo, fames, frigu' durum,   10
     haec pretia sunt ignauiae.
   id ego male malum métuo : propterea bonum esse certumst
                                 potius

---

957 *fort.* a. socrus abît (*Arch. Lat. Lex.* 12, 592)   nunc *del.*
Guietus, rhythmo consulens   958 ⟨nunc⟩ me (*ita cod.*) *Mueller*
(*Rhein. Mus.* 54, 393) (*cf.* 957)   hic *cod.* (*cf.* 997 illic *pro* illisce)
960 coepio *testatur Nonius* 89 : cupio *cod.*   961 ego *add. Ritschl*
⟨hos⟩ hom. *Mueller* (*Rhein. Mus.* 54, 393)   *fort.* homines uideo, noui
962 perperam *Ital.* : perderam *cod.* (D *pro* P)   965 ero *Pius* :
ergo *cod.*   usce *cod.*   968 ⟨tam⟩ rem *Ritschl, cui hiatus in fine
hemistichii displicet*   969 *vel* quasi   972 re[corde] cordetur *B*,
unde corde reccordetur *Spengel* (*troch. septenar.*)   975 magna *del.*
Ritschl, metri causa

quam malum ; nám magi' multo patior faciliu' uerba : uer-
                                          bera ego odi,
nimioque edo lubentius molitum quam molitum praehibeo.

15   propterea eri imperium exsequor, bene et sedate seruo id ; 980
          atque id mihi prodest.

alii sei ita ut in rem esse ducunt sint, ego ita ero ut me
                                          esse oportet ;
      metum id míhi adhibeam, culpam apstineám, ero ut
                                omnibus in locis sim praesto :
      serui qui quom culpa carent metuont i solent esse eris 983ª
                                          utibiles.

20   nam illi qui nil metuont, postquam malum †promeri- 983ᵇ
                                tumque† ei metuont.

      metuam hau multum.   prope est quando †ceruso fa-
                                ciam† pretium exsoluet.

      ⟨eo⟩ ego exemplo seruio, tergo ut in rem esse arbitror. 985
postquam in tabernam uassa et seruos conlocaui, ut iusserat,
ita uenio aduorsum.   nunc fores pultabo, adesse ut me sciat,
25 †neque utrum† ex hoc saltu damni saluom ut educam foras.
sed metuo ne sero ueniam depugnato proelio.

vii   S E N E X   M E N A E C H M V S I   M E S S E N I O

Se. Per ego uobis deos atque homines dico ut imperium 990
                                          meum

sapienter habeatis curae, quae ímperaui atque impero :
facite illic homo iam in medicinam ablatus sublimis siet,

978 *vel* mage   ego *fort. delend. rhythmi causa*   981 mihi id *B*
982 alii si (?) *Leo* : aliis (alii *B²*) esse (ēē) *cod.*   sin *PCD*   ita
om. PCD   983ᵃᵇ *secl. Hermann* (*cf. Most.* 858, *ubi* metuont ei)
983ᵃ et metuont *cod. hoc loco* (et metuo ni *B¹, unde* metuunt hi *B² del.*
et)   983ᵇ promeriti tunc i *Vahlen* : *fort.* promeriti, atque i   984
metuam haud *Pylades* : metum aut *cod.*   es *B*   *fort.* hoc erus quae f.
(O *pro* Q., *i. e.* que ; vii. 1)   985 eo *add. Spengel*   terge *PCD* : tergi
Merula   986 uassed *cod. ut uid.* (*pro* uassaet) (*corr. B²*)   987
Iam *Seyffert*   988 Atque *Gronouius*   uirum *Bothe*   *fort.* Meumque erum   ut e. f. *Pareus* : ute duo anfora *cod.* (O *pro* C ; vi. 1)

nisi quidem uos uostra crura aut latera nihili penditis.

caue quisquam quod illíc minitetur uostrum flocci fecerit. 5

995   quid statis ? quid dubitatis ? iam sublimem raptum oportuit.

ego ibo ad medicum : praesto ero illi, quom uenietis.
MEN. occidi !

quid hoc ést negoti ? quid illisce homines ad me currunt,
opsecro ?

quid uoltis uos ? quid quaeritatis ? quid me circumsis-
titis ?

quo rapitis me ? quo fertis me ? perii, opsecro uostram 10
fidem,

1000 Epidamnienses, subuenite, ciues ! quin me mittitis ?

MES. pro di inmortales ! opsecro, quid ego oculis aspicio
meis ?

erum meum indignissume nescioqui sublimem ferunt.

MEN. ecquis suppetias mi audet ferre ? MES. égo, ere,
aúdacissume.

o facinus indignum et malúm, Epidamnii ciues, erum 15

1005 meum hic in pacato oppido luci deripier in uia,
qui liber ad uos uenerit !

mittite istunc. MEN. opsecro te, quisquis es, operam mihi
ut des

neu sinas in me insignite fieri tantam iniuriam.

MES. immo et operam dabo et defendam et subuenibo 20
sedulo.

1010 numquam te patiar perire, me perirest aequius.

eripe oculum istic, ab umero qui tenet, ere, te opsecro.

hisce ego iam sementem in ore faciam pugnosque opseram.

993 nihil B   995 satis *cod.* (*corr.* B^2)   oportum P^{CD} 997
quod i. *Bach*   illic *cod.* (*cf.* 958 hic *pro* hisce)   998 uol. quos
cod. (*corr. in D*)   circum stitis *cod.*   1003 *vix* mihi auidet
1005-65 *in A nihil fere legitur*   1007 es *om. B*   ut des B^2 : uides
cod. (vi. 1, p. 86)   1009 im. op. (*om.* et) *Guietus*   1010 perirest
aequius *Camerarius* : derires te cuius (i. 5)

maxumo hodie malo hercle uostro ístunc fertis.   mittite.
25 MEN. teneo ego huic oculum.   MES. face ut oculi locus
                             in capite appareat.
uos scelesti, uos rapaces, uos praedones!   Lo. periimus!   1015
opsecro hercle!   MES. mittite ergo.   MEN. quid me uobis
                                   tactiost?
pecte pugnis.   MES. agite abite, fugite hinc in malam
                               crucem.
em tibi etiam! quia postremus cedis, hoc praemi feres.
30 nimi' bene ora commetaui atque ex mea sententia.
edepol, ere, ne tibi suppetias temperi adueni modo.   1020
MEN. at tibi di semper, adulescens, quisquis es, faciant bene.
nam apsque ted ésset, hodie numquam ad solem occasum
                                 uiuerem.
MES. ergo edepol, si recte facias, ere, med emittas manu.
35 MEN. liberem ego te?   MES. uerum, quandoquidem, ere,
                    te seruaui.   MEN. quid est?
adulescens, erras.   MES. quid, erro?   MEN. per Iouem 1025
                          adiuro patrem,
med erum tuom non esse.   MES. non taces?   MEN. non
                              mentior;
nec meu' seruos numquam tale fecit quale tu mihi.
MES. sic sine igitur, si tuom negas me ésse, abire liberum.
40 MEN. mea quidem hercle caussa liber esto atque ito quo uoles.
MES. nemp' iubes?   MEN. iubeo hercle, si quid imperi est 1030
                               in te mihi.
MES. salue, mi patrone.   'quom tu liber es, Messenio,
gaudeo.'   credo hercle uobis.   sed, patrone, te opsecro,
ne minus imperes mihi quam quom tuos seruos fui.

1013 herc. hod. ma. *Bothe*   1019 nimis *Bothe* : nimis [aut] *cod.*
1020 tempore *cod.*   1022 *vel* apsq'   1027 umquam *P*CD
1028 *vel* med   *post* 1028 *in* P *leguntur vv.* 1037–43 *suo loco
redeuntes* (? *prius omissi propter homoeotel.* marsuppium; ii. 6)
1031–2 *vide ne illa* patrone—sed *propter homoeoteleuton interciderint
in A, qui inter vv.* 1026 *et* 1034 *sex, non septem, versus exhibuisse
videtur*

apud ted habitabo et quando ibis, una tecum ibo domum.   45

1035 MEN. minime.   MES. nunc ibo in tabernam, uassa atque
argentum tibi

referam.   recte est opsignatum in uidulo marsuppium

cum uiatico : id tibi iam huc adferam.   MEN. adfer strenue.

MES. saluom tibi ita ut mihi dedisti reddibó.   hic me
mane.—

MEN. nimia mira mihi quidem hodie exorta sunt miris 50
modis :

1040 alii me negant eum esse qui sum atque excludunt foras ;

etiam hic seruom se meum esse aiebat quem ego emisi manu,

[uel ille qui se petere argentum modo, qui seruom se meum

1042ᵃ esse aiebat, ⟨med erum suom⟩, quem ego modo emisi manu]

is ait se mihi adlaturum cum argento marsuppium :   **55**

id si attulerit, dicam ut a me ábeat liber quo uolet,

1045 ne tum, quando sanus factus sit, a me argentum petat.

socer et medicus me insanire aiebant.   quid sit mira sunt.

haec nihilo esse mihi uidentur setius quam somnia.

nunc ibo intro ad hanc meretricem, quamquam suscenset 60
mihi,

si possum exorare ut pallam reddat quam referam domum.—

MENAECHMVS II   MESSENIO   **viii**

1050 MEN. Men hodie usquam conuenisse te, audax, audes
dicere,

post 1036 *in* P *legitur v.* 1044 *suo loco repetitus* (*cf. ad v.* 1028)
1037-44 *v. ad* 1028, 1036   1037 Quom *cod.*   1039 miris mo. (*vel*
multis mo.*) cod.*   1041, 1042ᵃ *restituere conatus sum : in A appa-*
rent initia vv. 1041 (?) *et* 1043, *omissis vv.* 1042 *et* 1042ᵃ: *vel unus*
versus in P :
   etiam hic seruom esse se meum aiebat quem ego emisi manu
vel duo :
   uel ille qui se petere modo argentum.   modo qui seruom se meum
esse aiebat.   quem ego modo emisi manu
1041 *vel* aibat   1042 *fort.* Illi (*adverb.*), *del.* uel (*Class. Rev.* 10,
333)   1044 *vel* med   1045 ne tum *Lambinus :* nedum *cod.*
1046 i. aiebant *Camerarius :* i. dicebant *cod.* (? d *pro* a ; vi. 1, p. 84) :
vix insanir' di. *vel* insaníre dicébant   1047 sectius *Vel. Longus ap.*
Gellium 18, 9, 4, *ubi* minus *pro* mihi *codd. Gellii*

postquam aduorsum mi imperaui ut huc uenires? Mes.
                                         quin modo

erupui, homines qui ferebant te sublimem quattuor,

apud hasce aedis. tu clamabas deum fidem atque hominum
                                              omnium,

5 quom ego accurro teque eripio ui, pugnando, ingratiis.

ob eam rem, quia te seruaui, me amisisti liberum.   1055

quom argentum dixi me petere et uasa, tu quantum potest

praecucurristi obuiam, ut quae fecisti infitias cas.

Men. liberum ego te iussi abire? Mes. certo. Men. quin
                                          certissumumst

10 mepte potius fieri seruom quam te umquam emittam manu.

ix   Menaechmvs I   Messenio
                Menaechmvs II

Men.¹ Si uoltis per oculos iurare, nihilo hercle ea caussa 1060
                                            magis

facietis ut ego hódie apstulerim pallam et spinter, pes-
                                           sumae.

Mes. pro di inmortales! quid ego uideo? Men.² quid
                       uides? Mes. speculum tuom.

Men.² quid negoti est? Mes. tuast imago. tam consimi-
                                  lest quam potest.

5 Men.² pol profecto haud est dissimilis, meam quom formam
                                       noscito.

Men.¹ o adulescens, salue, qui me seruauisti, quisquis es. 1065

Mes. adulescens, quaeso hercle eloquere tuom mihi nomen,
                                         nisi piget.

Men.¹ non edepol ita promeruisti de me ut pigeat quae uelis

    1052 quom *Ritschl*   te fer. *cod.* : *trai. Gruterus*   sublimem *PCD*
1054 ui pugnando *Camerarius*: [uel] inpugnando (*B*) (iv. 3) *vel* oppug-
nando (*PCD*) *cod.*   1058 quin *Saracenus* : cui *cod.*   1061 *vel*
uti ⟨hinc⟩ hodie *Ritschl*   1063 tuast *Ital.* : tumst *cod.* (M *pro*
A)   consiliaest (consimilis est *B²*) quam *P, ut uid.* : consimiles (*i. e.*
-le's) quantum *A, ut uid.*   1064 quom *Acidalius* : quam *cod.*
1066-1131 *deest A*   1066 eloquere *Fleckeisen* : loquere *cod*   piger
corr. piget *cod. ut uid.*   1067 medepol *cod. (corr. B²*)

⟨opsequi⟩. mihi est Menaechmo nomen.   MEN.² immo
                                    edepol mihi.
MEN.¹ Siculus sum Syracusanus.   MEN.² ea domus et 10
                                    patria est mihi.
1070 MEN.¹ quid ego ex te audio?   MEN.² hoc quod res est.
        MES. noui equidem hunc : erus est meus.
egoquidem huiius seruos sum, sed med esse huiius credidi.
ego hunc censebam ted esse, huic etiam exhibui negotium.
quaeso ignoscas si quid stulte dixi atque inprudens tibi.
MEN.² delirare mihi uidere : non commeministi semul   15
1075 te hodie mecum exire ex naui?   MES. énim uero aequom
                                    postulas.
tú erus es : tu seruom quaere. tu salueto : tu uale.
hunc ego esse aio Menaechmum.   MEN.¹ át ego me.
                        MEN.² quae haec fabulast?
tú es Menaechmus?   MEN.¹ me esse dico, Moscho pro-
                                    gnatum patre.
MEN.² tun meo patre es prognatus?   MEN.¹ immo equi- 20
                            dem, adulescens, meo ;
1080 tuom tibi neque occupare neque praeripere postulo.
    MES. di inmortales, spem insperatam date mihi quam sus-
                                        pico !
nam, nisi me animus fallit, hi sunt geminei germanei duo.
nam et patrem et patriam commemorant pariter quae fuerint
                                        sibi.
seuocabo erum. Menaechme.   MEN.¹ MEN.² quid uis? 25
                        MES. non ambos uolo,
1085 sed uter uostrorum est aduectus mecum naui.   MEN.¹ non
                                        ego.
MEN.² at ego.   MES. te uolo igitur. huc concede.   MEN.²
                            concessi. quid est?

1068 obsequi *add. Vahlen*   1069 ea domus] eadem urbs *Buecheler*
1070 meus] mihi *B ante corr., ut uid.*   1072 te *cod.*   1076 salueto tu
tu uale *P*CD   1079 tun meo *Pylades* : tun ameo *cod.*   1081 suspicor
B²   1083 patriam et patrem *Lipsius* : patrem et matrem *cod.* (v. 1)
que *B ante corr.* : qui *P*CD *B ex corr.*   1085 uostrum *cod.*

M<small>ES</small>. illic hómo aut sycophanta aut geminus est frater tuos.
nam ego hominem hominis similiorem numquam uidí
alterum.

30 neque aqua aquae nec lacte est lactis, crede mi, usquam
similius

quam hic tui est, tuque huius autem ; poste eandem patriam 1090
ac patrem

memorat. meliust nos adire átque hunc percontarier.

M<small>EN</small>.² hercle qui tu me admonuisti recte et habeo gratiam.
perge operam dare, opsecro hercle ; liber esto, si inuenis

35 hunc meum fratrem esse.   M<small>ES</small>. spero.   M<small>EN</small>.² et ego
idem spero fore.

M<small>ES</small>. quid ais tu ? Menaechmum, opinor, te uocari dixeras. 1095

M<small>EN</small>.¹ ita uero.   M<small>ES</small>. huic item Menaechmo nomen est.
in Sicilia

te Syracusis natum esse dixisti : hic natust ibi.

Moschum tibi patrem fuisse dixti : huíc itidem fuit.

40 nunc operam potestis ambo mihi dare et uobis simul.

M<small>EN</small>.¹ promeruisti ut ne quid ores quod uelis quin impetres. 1100
tam quasi me emeris argento, liber seruibo tibi.

M<small>ES</small>. spes mihi est uos inuenturum fratres germanos duos
geminos, una matre natos et patre uno uno die.

45 M<small>EN</small>.¹ mira memoras. utinam ecficere quod pollicitu's
possies.

M<small>ES</small>. possum. sed nunc agite uterque id quod rogabo dicite. 1105

M<small>EN</small>.¹ ubi lubet, roga : réspondebo. nil reticebo quod
sciam.

M<small>ES</small>. est tibi nomen Menaechmo ?   M<small>EN</small>.¹ fateor.   M<small>ES</small>.
est itidem tibi ?

1087 ⟨est⟩ sy. *Ritschl* : *vix* ⟨homo⟩ sy.   1088 homini sim.
cod. (*cf. ad Capt.* 582)   ⟨ullum⟩ alterum *Lange, cui hiatus* hominem |
hominis *displicet*   1089 lactis] lacti *cod.* (*cf. ad* 1088)   1090 postea
cod.: post *Bothe*   1092 qui (*B*¹) *vel* quin (*P*ᶜᴰ *B*²) *cod.*   1094 item
Seyffert   1095 *vel* opino   1097 *vix* dixti (*cf. Merc.* 658) ⟨et⟩
hic *Seyffert*   natus est *cod.*   1098 *vel* huíc   1102 inuenturum
Lambinus : inuenturos *cod.*

MEN.[2] est. MES. patrem fuisse Moschum tibi ais ? MEN.[1]
                            ita uero. MEN.[2] et mihi.
MES. esne tu Syracusanus ? MEN.[1] certo. MES. quid tu ? 50
                            MEN.[2] quippini ?
1110 MES. optume usque adhuc conueniunt signa. porro operam
                                                    date.
quid longissume meministi, dic mihi, in patria tua ?
MEN.[1] cum patre ut abii Tarentum ád mercatum, postea
inter homines me deerrare á patre atque inde auehi.
MEN.[2] Iuppiter supreme, serua me ! MES. quid clamas ? 55
                                            quin taces ?
1115 quot eras annos gnatus quom te pater a patria | auehit ?
MEN.[1] septuennis : nam tunc dentes mihi cadebant pri-
                                                    mulum.
neque patrem numquam postilla uidi. MES. quid ? uos
                                            tum patri
filii quot eratis ? MEN.[1] ut nunc maxume memini, duo.
MES. uter eratis, tun an ille, maior ? MEN.[1] aeque ambo 60
                                            pares.
1120 MES. quí id potest ? MEN.[1] geminei ambo eramus. MEN.[2]
                                            di me seruatum uolunt.
MES. si interpellas, ego tacebo. MEN.[2] potius taceo.
                                    MES. dic mihi :
uno nomine ambo eratis ? MEN.[1] minime. nam mihi hoc
                                            erat,
quod nunc est, Menaechmo : íllum tum uocabant Sosiclem.
MEN.[2] signa adgnoui, contineri quin complectar non queo. 65
1125 mi germane, gemıne frater, salue. ego sum Sosicles.
MEN.[1] quo modo igitur post Menaechmo nomen est factum
                                            tibi ?
MEN.[2] postquam ad nos renuntiatum est te *   *   *   *

1115 ⟨tum⟩ quom *Ritschl*   1116 iam nunc *B*   1117 numquam *Brix, Habich* : umquam *cod.* (i. 9)   postillac (*ita B*[2]) umquam *Ritschl*   uos tum *Colvius* : uostrum *cod.*   1121 potius
Messenioni dat Abraham stud. Plaut. 226   1127 *lacunam indic. Ritschl*

*   *   *   *   *   *   *   * et patrem esse mortuom,
70 auo' noster mutauit : quod tibi nomen est, fecit mihi.
  MEN.¹ credo ita esse factum ut dicis.   sed mihi hoc ré-   1129
sponde.   MEN.² roga. 1130
  MEN.¹ quid erat nomen nostrae matri?   MEN.² Teuxi-
marchae.   MEN.¹ conuenit.
o salue, insperate, ánnis multis post quem conspicor.
  MEN.² frater, et tu, quém ego multeis miserieis, laboribus
75 usque adhuc quaesiui quemque ego esse inuentum gaudeo.
  MES. hoc erat quod haec te meretrix huius uocabat nomine : 1135
hunc censebat te esse, credo, quom uocat te ad prandium.
  MEN.¹ namque edepol iussi hic mihi hodie prandium appa-
rarier,
clam meam uxorem, quoi pallam surrupui dudum domo,
80 eam dedi huic.   MEN.² hanc, dicis, frater, pallam quam
ego habeo?   MEN.¹ ⟨haec east⟩.
quo modo haec ad te peruenit?   MEN.² meretrix huc ad 1140
prandium
me abduxit, me sibi dedisse aiebat.   prandi perbene,
potaui atque accubui scortum, pallam et aurum hoc ⟨apstuli⟩.
  MEN.¹ gaudeo edepol si quid propter me tibi euenit boni.
85 nam illa quom te ad se uocabat, memet esse credidit.   1144
  MES. numquid me morare quin ego liber, ut iusti, siem?   1145
  MEN.¹ optumum atque aequissumum orat, frater : fac caussa
mea.
  MEN.² liber esto.   MEN.¹ quom tu es liber, gaudeo, Messenio.
  MES. sed meliorest opus auspicio, ut liber perpetuo siem.   1149
1150

1132 *accedit A*   multis annis *P*CD   postquam *A*PCD   1135
vel huiiu'   1137 hic mihi hodie iussi *P, A n. l.* : *trai. Schoell*   appa-
rarier *Camerarius* : apparā *P ut uid., A n. l.*   1138 quoi *B*² : quia
P, A n. l. : quoiam *Redslob*   1139 haec east *add. Vahlen* (*A n. l.*)
1140 ⟨quae⟩ huc *Ritschl*   1141 *vel* aibat   1142 dotaui *P*
abstuli *add. Onions* (*A n. l.*)   1144, 1145 memet *Ritschl* : me *P,
A n. l.*   1146 seam *P, A n. l.*

Men.[2] quoniam haec euenere, frater, nostra | ex sententia,   90
in patriam redeamus ambo.   Men.[1] frater, faciam, ut tu
uoles.
auctionem hic faciam et uendam quidquid est.   nunc interim
eamus intro, frater.   Men.[2] fiat.   Mes. scitin quid ego uos
rogo?
1155 Men.[1] quid?   Mes. praeconium mi ut detis.   Men.[2] dabitur.   Mes. ergo nunciam
uis conclamari auctionem?   Men.[1] fore quidem dieseptumi. 95
Mes. auctio fiet Menaechmi mane sane septumi.
uenibunt serui, supellex, fundi, aédes, omnia.
uenibunt quiqui licebunt, praesenti pecunia.
1160 uenibít—uxor quoque etiam, si quis emptor uenerit.
uix credo tota auctione capiet quinquagesies.   100
nunc, spectatores, ualete et nobis clare plaudite.

1151 euenerunt *P*   nostra frater *Gruterus, fort. recte* (ii. 1) : fr.
nobis *Camerarius*   1152 frater *Menaechmo II dat A*   1154 frater
Menaechmo II dant alii   1155 mihi *codd.*   ego *A*   1156
fore ? **Men.**[1] equidem *Bergk*   1161 auctione tota *Bothe (A n. l.)*
quinquagesisaes *A* : quinquagesimas *Leo*

MERCATOR

ARGVMENTVM I

Missus mercatum ab suo adulescens patre
Emit atque adportat scita forma mulierem.
Requirit quae sit, postquam eam vidit, senex:
Confingit servos emptam matri pedisequam.
5 **A**mat senex hanc, at se simulans vendere
Tradit vicino; eum putat uxor sibi
Obduxe scortum. tum Charinum ex fuga
Retrahit sodalis, postquam amicam invenit.

4 confingit *Meruia*: conficit *cod.* (**C** *pro* G)   5 ad *cod.* (*i. e.* at ?):
ac *Gruterus*

ARGVMENTVM II

Mercatum asotum filium extrudit pater.
is peregre missus redimit ancillam hospitis
amore captus, aduehit.   nave exilit,
pater aduoiat, visám ancillam deperit.
cuius sit percunctatur ; servus pedisequam   5
ab adulescente matri émptam ípsius.
senex, sibi prospiciens, ut amico suo
veniret natum orabat, natus ut suo :
hic filium subdiderat vicini, pater
vicinum ; praemercatur ancillam senex.   10
eam domi deprensam coniunx illius
vicini scortum insimulat, protelat virum.
mercator exspes patria fugere destinat,
prohibetur a sodale, qui patrem illius
orat cum †suo patre† nato ut cederet.   15
[absente cum lenone perfido].

1 asotum *Ritschl, nec aliter cod. ut vid.* (a se dum *P*CD, adsotium *B*)
2 missus *Beroaldus* : milis *cod.* (*ex gloss.* militis *ad* hospitis *adscript.* !)
3 aduehit *Gulielmius* : ut (*pro* at ; vi. 1) uehit *cod.*   4 ⟨vix⟩ visam
a. *Leo* : v. ancillam ⟨illam⟩ *Ritschl* : visamque anc. *Camerarius* : *fort.*
anc. visam (ii. 1)   5 serui *B*   6 ⟨ait⟩ emp. *Pylades*   10
uicinum *Ital.* : uicinus *cod.*   13 expes *Saracenus* : expers *cod.*
14 prohibere *cod.*   15 suo cum pātre *Pylades* : *fort.* cum p. suopte
16 *secl. Pius, sed vide ne finis Argumenti casu mutilatus sit*

PERSONAE

CHARINVS ADVLESCENS
ACANTHIO SERVVS
DEMIPHO SENEX
LYSIMACHVS SENEX
LORARIVS
EVTYCHVS ADVLESCENS
PASICOMPSA MERETRIX
DORIPPA MATRONA
SYRA ANVS
COCVS

SCAENA ATHENIS

ACTVS I

CH. Duas res simul nunc agere decretumst mihi :
et argumentum et meos amores eloquar.
non ego item facio ut alios in comoediis
⟨ui⟩ uidi amoris facere, qui aut Nocti aut Dii
5   aut Soli aut Lunae miserias narrant suas :   5
quos pol ego credo | humanas querimonias
non tanti facere, quid uelint, quid non uelint ;
uobis narrabo potius meas nunc miserias.
graece haec uocatur Emporos Philemonis,
10   eadem Latine Mercator Macci Titi.   10
pater ad mercatum hinc me meus misit Rhodum ;
biennium iam factum est postquam abii domo.
ibi amare occepi forma eximia mulierem.
sed ea[m] ut sim implicitus dicam, si operaest auribus
15   atque aduortendum ad animum adest benignitas.   15
et hoc parum hercle more amatorum institi,
†per mea perconatus sum uos sumque inde exilico†
nam amorem haec cuncta uitia sectari solent,
cura, aegritudo nimiaque elegantia,
20   haec non modo illum quí amat sed quemque attigit   20

---

3 item *Muretus* : idem *cod.*   4 ui *add. Ussing*   quia aut *B*
5 m. au narras *B*   6 edepol *Ritschl*   humanas *Camerarius* : huma-
nis *cod.*   7 q. u. q. n. u. *Camerarius, neque aliter cod. ut vid.* (quid.
u. [aut] quid n. u. *P*CD, quod [uelin] uelintque non u. *B*)   9, 10
secl. Osann   10 Macci Titi *Ritschl* : mactici (*B*) *vel* mattici (*P*CD)
cod. (iii. 3)   11 hinc *Pius* : hic *cod.*   rhodus *cod.*   13 ibi
Gruterus : abii *cod.* (v. 4)   14 sed eam simplicitus dicam *Nonius*
176, *testans adverbium* simplicitus   ea *Lambinus* : eam *cod.*   15
aduortendum ad *Acidalius* : aduortendam ut *cod.* (v. 3)   16 hercle
Ritschl : esse *cod.*   amatorum *Acidalius* : matorum (maiorum *P*CD)
cod. (*cf.* mori *pro* amori 62)   17 me *P*CD   uos sumque] orsusque
Leo   *fort.* mea (*del.* per) praeconatus peruorsum i. e. (*Journ. Phil.*
26, 292)

magno atque solido multat infortunio,
nec pol profecto quisquam sine grandi malo
praequam res patitur studuit elegantiae.
sed amori accedunt etiam haec quae dixi minus :
25   insomnia, aerumna, error, [et] terror et fuga :   25
ineptia, stultitiaque adeo et temeritast,
incogitantia excors, inmodestia,
petulantia et cupiditas, maliuolentia ;
inerít etiam áuiditas, desidia, iniuria,
30   inopia, contumelia et dispendium,   30
multiloquium, parumlóquium : hoc ideo fit quia
quae nihil attingunt ad rem nec sunt usui,
tam amator profert saepe aduorso tempore ;
hoc, pauciloquium, rusum idcirco praedico,
35   quia nullus umquam amator adeost callide   35
facundus quae in rem sint suam ut possit loqui.
nunc uos mi irasci ob multiloquium non decet :
eodém quo amorem Venu' mi hoc legauit die.
illuc reuorti certumst, conata eloquar.
40   principio ⟨ut ex⟩ ephebis aetate exii   40
atque animus studio amotus puerilist meus,
amare ualide coepi hic meretricem : ilico
res exsulatum ad illam clám abibat patris.
leno inportunus, dominus eiius mulieris,

23 studit *cod.*   24 quae (quod *B*) dixi minus (diximus *P*CD) *cod.*
25 et (e *B*) *del. Camerarius*   26 *fort.* ineptiast (*cf.* 41), *nam* ineptiā
vix ferendum   ineptia atque stultitia *Ritschl*   temeritas *edd., fort.*
recte (*cf. ad* 330)   29 ineret *cod.* (*i. e.* inerit *aut* inhaeret)   Inertia
auid. *Leo*   residia *cod.*   31 id eo (*del.* hoc) *Marx*   32 sunt
usui *Camerarius* : suntus uidi *cod.* (i. 5)   33 tam] ea *Ritschl*   profert *Pylades* : proferri *cod.*   35 usquam *B*   36 sint suam
Camerarius : insit sua *cod.*   38 hoc *Camerarius* : hac *cod.*   39
certumst *Ritschl* : certum et (i *C*) *cod.*   40 principio atque animus
phoebus etate exiit *cod.* (v. 4, p. 80) : *corr. Leo* : p. ut aetas ex ephebis
exiit *Ritschl*   41 puerilest meust *cod.*   42 coepit *cod.*
hinc *Bothe*   43 res *Pius* : rex *cod.*   exsultatim *Zander* (*Nord.
Tidskr. Fil.* 1897, p. 180)   clam *Gulielmius* : iam *cod.*

45   ui summa ut quidque poterat rapiebat domum.   45
     obiurigare pater haec noctes et dies,
     perfidiam, iniustitiam lenonum expromere ;
     lacerari ualide suam rem, illius augerier.
     summo haec clamore ; interdum mussans conloqui :
50   abnuere, negitare adeo me natum suom.   50
     conclamitare tota urbe et praedicere
     omnes tenerent mutuitanti credere.
     amorem multos inlexe in dispendium :
     intemperantem, non modestum, iniurium
55   trahere, exhaurire me quod quirem ab se domo ;   55
     ratione pessuma a me ea quae ipsus optuma
     omnis labores inuenisset perferens
     amoris ui diffunditari ac didier.
     conuicium tot me annos iam se pascere ;
60   quod nisi puderet, ne luberet uiuere.   60
     sese extemplo ex ephebis postquam excesserit,
     non, ut ego, amori neque desidiae in otio
     operam dedisse neque potestatem sibi
     fuisse ; adeo arte cohibitum esse ⟨se⟩ a patre :
65   multo opere inmundo rustico se exercitum   65
     neque nisi quinto anno quoque solitum uisere
     urbem atque extemplo inde, ut spectauisset peplum,
     rus rusum confestim exigi solitum a patre.
     ibi multo primum sese familiarium

45 ui sumat quicque (quoque *B*) ut (*om. P*CD) p. *cod.* : *corr. Camerarius, Ritschl*   47 lenonum iniustitiam *Ritschl, rhythmo consulens*
49 mussans *Pius* : mussa *cod.*   50 negitari *cod.*   52 timerent
Ritschl   mutu tanti (mutuanti *B*) *cod.*   53 inlexe *Camerarius* :
inlexit *cod.*   55 exurire *cod.*   domo *Camerarius* : domum *cod.*
56 pessumam e eaque *cod. ut uid.* (*i. e.* pessuma me ea quae) : a *add.*
Ussing   57 perferis *cod.*   58 moris *cod.* (*cf.* matorum *pro* amatorum *v.* 16)   diffunditare (*cum* didere) *Gulielmius*   didier *Gronovius* :
diedere (die heret *B*) *cod.*   59 conuicium *Ital.* : conuirium (con-
iurium *B*) *cod.*   se pascere *Dousa* : si pasceret *cod.* (t *add. ut in vv.* 42,
78 *et aliis huius loci*)   60 puderet *Pius* : luderet *cod.*   61
excesseris *cod.*   62 non *Ital.* : nonne (none) *cod.* : noenu (?) *Leo*
mori *cod.* (*cf. v.* 58)   64 se *add. Camerarius*   66 solitum *Ritschi* :
positum *cod.* : ab eo situm (?) *Leo*   uisere] est *B* (v. 1)   69 se *cod.*

70   laborauisse, quom haec pater sibi diceret :   **70**
      'tibi áras, tibi occas, tibi seris, tibi item metis,
      tibi denique iste pariet laetitiam labos.'
      postquam recesset uita patrio corpore,
      agrum se uendidisse atque ea pecunia
75   nauim, metretas quae trecentas tolleret,   **75**
      parasse atque ea se mercis uectatum undique,
      adeo dum, quae tum haberet, peperisset bona ;
      me idem decere, si ut deceret me forem.

      ego mé ubi inuisum meo patri esse intellego   **79, 80**
80   atque odio †esse me† quoi placere aequom fuit,
      amens amansque uí animum offirmo meum,
      dico esse iturum me mercatum, si uelit :
      amorem missum facere me, dum illi opsequar.

      agit grátias mi atque ingenium adlaudat meum ;   **85**
85   sed mea promissa non neglexit persequi.
      aedificat nauim cercurum et mercis emit,
      parata naui imponit, praeterea mihi
      talentum argenti ipsus sua adnumerat manu ;
      seruom una mittit, qui olim puero paruolo   **90**
90   mihi paedagogus fuerat, quasi uti mihi foret
      custos.   his sic confectis nauim soluimus.
      Rhodum uenimus, ubi quas mercis uexeram
      omnis ut uolui uendidi ex sententia.

      lucrum ingens facio praeterquam mihi meu' pater   **95**
95   dedit aestumatas mercis : ita peculium

---

71 occasis (occasus) *cod.*   item *Guietus* : eidem *cod.* (? *pro* et *corr.* idem)   metes *Muretus*   73 recessit *cod.*   76 ea se mercis *Gulielmius* : eam semper cis *cod.* (i. 5)   uectatam P^{CD} 77 quae tum *Muretus* : questum *cod.*   78 diceret si ut diceret *cod.*: *corr. Pylades*   81 me esse *Pylades, fort. recte* (ii. 1) : esse ei *Ribbeck*   quod placeret *cod.* : *corr. Camerarius*   vix ess' me quoii placere   82 ui *Ussing* : ut *cod.* (v. 7, p. 77) : ut ⟨sum⟩ (?) *Leo* : uix *Skutsch* (*Herm.* 32, 92)   86 Et *Ritschl*   87 cercurum *quod testatur Nonius* 533 *etiam in cod.*   fuisse *videtur* (gerariam P^{CD}, gubernatorum *B*)   89 abnumerat *cod.*   90 o. a pu. D^2 92 his sic c. *Bothe* : isset c. *cod.* (*pro* isseiconf., *i. e.* is seic conf. ?)   95 facio *Ital.* : facto *cod.*

conficio grande.   sed dum in portu illi ambulo,
hospes me quidam adgnouit, ad cenam uocat.
uenio, decumbo acceptus hilare atque ampliter.
100   discubitum noctu ut imus, ecce ad me aduenit
mulier, qua mulier alia nullast pulchrior ;   100
ea nocte mecum illa hospitis iussu fuit.
uosmet uidete quam mihi ualide placuerit :
postridie hospitem adeo, oro ut uendat mihi,
105   dico eius pro meritis gratum me et munem fore.
quid uerbis opus est ? emi | atque aduexi heri.   105
eam me aduexísse nolo resciscat pater.
modo eam reliqui ad portum in naui et seruolum.
sed quid currentem seruom a portu conspicor,
110   quem naui abire uotui ? timeo quid siet.

ACANTHIO   CHARINVS   ii

Ac. Ex summis opibus uiribusque usque experire, nitere
erus ut minor opera tua seruetur : agedum, Acanthio,
abige aps te lassitudinem, caue pigritiae praeuorteris.
simul enicat suspiritus (uix suffero hercle anhelitum),
115 simul autem plenis semitis qui aduorsum eunt : aspellito,   5
detrude, deturba in uiám.   haec disciplina hic pessumast :
    currenti, properanti hau quisquam dignum habet decedere.
ita tres simitu res agendae sunt, quando unam occeperis :
et currendum et pugnandum et autem iurigandum est in uia.
120 Ch. quid illúc est quod ille tam expedite exquirit cursuram 10
                                                        sibi ?
curaest negoti quid sit aut quid nuntiet.   Ac. nugas ago.
quam restito, tam maxume res in periclo uortitur.

    101 muliere *Scaliger*   102 illi *B*   105 dicens pro *codd.*
Nonii 137 (*neglegens citatio*?)   106 emi *Pius* : mi *cod.* : emi
⟨eam⟩ *Bentley* : ⟨ab eo⟩ emi *Mueller* (*Rhein. Mus.* 54, 393) : emi mi
Bothe   111 *fort.* enitere   112 agendum *cod.* (*cf.* 149)   115
plenissime tis *cod.*   117 quisquam ⟨usquam⟩ *Buecheler, ut versus
iambicus fiat*   121 curast *cod.*   quid siet, quid (?) *Leo, cui spondeus
in quarto pede displicet*   122 restito *Bentley* : resisto *cod.*

Сн. mali nescioquid nuntiat. Ac. genua hunc cursorem
deserunt ;
perii, seditionem facit lien, óccupat praecordia,
15 perii, animam nequeo uortere, nimi' nihili tibicen siem.   125
Сн. at tu edepol sume laciniam atque apsterge sudorem
tibi.
Ac. numquam edepol omnes balineae mihi hanc lássitu-
dinem eximent.
domin an foris dicam esse erum Charinum ? Сн. ego
animi pendeo.
quid illuc sit negoti lubet sciré me, ex hóc metu ut sim
certus.
20 Ac. at etiam asto ? at etiam cesso foribus facere hisce 130
assulas.
aperite aliquis ! ubi Charinust eru' ? domin est an foris ?
num quisquam adire ad ostium dignum arbitratur ? Сн. ecce
me,
Acanthio, quem quaeris. Ac. nusquamst disciplina ignauior.
Сн. quae te malae res agitant ? Ac. multae, ere, té
atque me.
25   Сн. quid est negoti ? Ac. periimus.   135
         Сн. principium ⟨id⟩ inimicis dato.   135ᵃ
          Ac. at tibi sortito id optigit.   136
Сн. loquere id negoti quidquid est. Ac. placide, uolo
adquiescere.
tua caussa rupi ramites, iam dudum sputo sanguinem.
30 Сн. resinam ex melle Aegyptiam uorato, saluom feceris.
Ac. at edepol tu calidam picem bibito, aegritudo apscesserit. 140
Сн. hominem ego iracundiorem quam te noui neminem.
Ac. at ego maledicentiorem quam te noui neminem.

---

125 nihil *cod.*   126 *post* 137 *Bothe*   sume [tibi] *P*ᶜᴰ   127
                             e
eximeant *B* (*pro* -ant ?)   129 *vix bacchiac.* (*cum* med ?)   me
del. Spengel : mi *Ritschl*   *fort.* métu ut (*vel* uti) certu' sim   131
vel Charinus   135ᵃ id *add. Lachmann*   138 tui c. r. r. atrum
dum *codd. Nonii* 166 (*neglegens citatio*)

Cʜ. sin saluti quod tibi esse censeo, id consuadeo?
Ac. apage istiusmodi salutem ⟨cum⟩ cruciatu quae aduenit. 35
145   Cʜ. dic mihi, an boni quid usquamst quod quisquam uti
possiet
sine malo omni, aut ne laborem capias quom illo uti uoles?
Ac. nescio ego istaec : philosophari numquam didici
neque scio.
ego bonum, malum quo accedit, mihi dari hau desidero.
Cʜ. cedo tuam mihi dexteram, agedum, Acanthio. Ac. 40
em dabitur, tene.
150   Cʜ. uin tu te mihi opsequentem esse an neuis? Ac.
opera licet
experiri, qui me rupi caussa currendo tua,
ut quae scirem scire actutum tibi liceret. Cʜ. liberum
caput tibi faciam * paucos mensis. Ac. palpo percutis.
154-5   Cʜ. egon ausim tibi usquam quicquam facinus falsum 45
proloqui?
quin iam priu' quam sum elocutus, scis sei mentiri uolo.
Ac. ah!
lassitudinem hercle uerba tua mihi addunt, enicas.
Cʜ. sicine mi opsequens es? Ac. quid uis faciam? Cʜ.
tun? id quod uolo.
Ac. quid ⟨id⟩ est igitur quod uis? Cʜ. dicam. Ac. dice.
Cʜ. at enim placide uolo.
160   Ac. dormientis spectatores metuis ne ex somno excites? 50
Cʜ. uae tibi! Ac. tibi equidem a portu adporto hoc—
Cʜ. quid fers? dic mihi.
Ac. uim, metum, cruciatum, curam, iurgiumque atque
inopiam.

144 cum (*per compend.* c̄ *script.*) *add. Pylades*   149 agendum
cod. (*cf.* 112)   *vel* eme   150 obsequentem esse *Scaliger* : obesse
sequentem *cod.*   151 qui] quam *B* (*pro* qum, *i. e.* quom?)   153
f. ⟨cis⟩ *Acidalius* : f. ⟨ante⟩ *Mueller* (*Rhein. Mus.* 54, 394)   percutit
codd. Nonii 163 (*neglegens citatio*)   156 scis si *Camerarius* : scisset
(scisse *P*CD) *cod.*   159 id *add. Pylades*

Ch. perii ! tu quidem thensaurum huc mihi adportauisti mali.
nullus sum.   Ac. immo es—Ch. scio iam, miserum dices
                   tu.   Ac. dixi ego tacens.
55 Ch. quid istuc est mali ?   Ac. ne rogites, maxumum infor- 165
                   tunium est.
Ch. opsecro, dissolue iam me ; nimi' diu animi pendeo.
Ac. placide, multa exquirere etiam priu' uolo quam uapulem.
Ch. hercle uero uapulabis nisi iam loquere aut hinc abis.
Ac. hoc sis uide, ut palpatur. nullust, quando occepit,
                   blandior.
60 Ch. opsecro hercle oroque ut istuc quid sit actutum indices, 170
quandoquidem mihi supplicandum seruolo uideo meo.
Ac. tandem indignus uideor ?   Ch. immo dignus.   Ac. equi-
                   dem credidi.
Ch. opsecro, num nauis periit ?   Ac. saluast nauis, ne time.
Ch. quid alia armamenta ?   Ac. salua et sana sunt.   Ch.
                   quin tu expedis
65 quid siet quod me per urbem currens quaerebas modo ?   175
Ac. tuquidem ex ore orationem mi eripis.   Ch. taceo.   Ac.
                   tace.
credo, si boni quid ad te nuntiem, instes acriter,
qui nunc, quom malum audiendumst, flagitas me ut eloquar.
Ch. opsecro hercle te istuc uti tu mihi malum facias palam.
70 Ac. eloquar, quandoquidem me oras.   tuo' pater—Ch. 180
                   quid meu' pater ?
Ac. tuam amícam—Ch. quid eam ?   Ac. uidit.   Ch. uidit ?
                   uae misero mihi !   hoc
quod te interrogo responde.   Ac. quin tu si quid uis roga.
Ch. qui potuit uidere ?   Ac. óculis.   Ch. quo pactó ?   Ac.
                   hiantibus.
Ch. in' hinc dierectus ? nugare in re capitali mea.

163 hunc *P*CD   *vel* mi   164 tacens *Becker* : taces *cod.*   169
palpator *P*CD   174 ornamenta *B*   176 face *Bothe*   181
hoc *in initio v. seq. cod.*   182 *post* 185 *posuit Acidalius*   interrogo]
rogo *Bentley, fort. recte* (*cf.* 185, 214)   184 *vel* mea ! (*interrogative*)

185 Ac. qui, malum, ego nugor si tibi quod me rogas re- 75
                              spondeo?
   Ch. certen uidit?   Ac. tám hercle certe quám ego té aut
                              tu me uides.
   Ch. ubi eam uidit?   Ac. intus intra nauim, út prope astitit ;
   et cum ea confabulatust.   Ch. perdidisti me, pater.
   eho tu, eho tu, quin cauisti ne eam uideret, uerbero?
190 quin, sceleste, | apstrudebas, né eam conspiceret pater?   80
   Ac. quia negotiosi eramus nos nostris negotiis :
   armamentis complicandis, componendis studuimus.
   dum haec aguntur, lembo aduehitur tuo' pater pauxillulo,
   neque quisquam hominem conspicatust, donec in nauim
                              subit.
195 Ch. nequiquam, mare, supterfugi á tuis témpestatibus :   85
   equidem me iam censebam esse in terra atque in tuto loco,
   uerum uideo med ad saxa ferri saeuis fluctibus.
   loquere porro quid sit actum.   Ac. postquam aspexit muli-
                              erem,
199⁻
200 rogitare occepit quoia esset.   Ch. quid respondit?   Ac. ilico
   occucurri atque interpello matri te ancillam tuae   90
   emisse illam.   Ch. uisun est tibi credere id?   Ac. etiam
                              rogas?
   sed scelestus subigitare occepit.   Ch. illamne, opsecro?
   Ac. mirum quin me subigitaret.   Ch. edepol cor miserum
                              meum,
205 quod guttatim contabescit quasi in aquam indideris salem.
   perii !   Ac. em istuc unum uerbum dixisti uerissumum.   95
   stultitia istaec est.   Ch. quid faciam? credo, non credet pater

---

186 *vel* ted   187 *vel* uti   prore asstitit P^{CD} 189 quin] hoc B
190 abstr. scel. *Guietus*: scel. ⟨eam⟩ abstr. *Bentley*   192 [et] compon.
cod. : et *del. Camerarius* (*cf. ad Aul.* 784)   194 nauim subit *amicus*
Acidalii : naui super *cod.*   195 a tuis *Vahlen* : subter (*corr.* a) tuis
ut uid. cod. (subter atuis B, saeuis P^{CD}) (v. 3)   199, 200 cuia es.
Rittershusius : cui es. (*pro* aes-) *ut uid. cod.* (cuius es. P^{CD})   202
uisusne est *Bothe* : uisunt (uisum P^{CD}) *cod.* (*pro* uisun ē, *i. e.* est?)
205 aqua *Nonius* 115, 223   207 stult. istaec est *Charino dat Pylades*

si illam matri meae ⟨me⟩ emisse dicam ; post autem mihi
scelu' uidetur me parenti proloqui mendacium.

neque ille credet neque credibile est forma eximia mulierem 210
100 eam me emisse ancillam matri.   Ac. non taces, stultissume ?
credet hercle, nam credebat iam mihi.   CH. metuo miser,
ne patrem prehendat ut sit gesta res suspicio.

hoc quod te rogo responde, ⟨quaeso⟩.   Ac. quaeso, quid
                                                                  rogas ?

CH. núm esse amicam suspicari uisus est ?   Ac. non uisus est. 215
105 quin quidque ut dicebam mihi credebat.   CH. uerum, ut
                                                              tibi quidem

uisus est.   Ac. non, sed credebat.   CH. uae mihi misero,
                                                          nullu' sum !

sed quid ego hic in lamentando pereo, ad nauim non eo ?
sequere.   Ac. si istac ibis, commodum obuiam uenies
                                                          patri ;

postea aspicit te timidum esse atque exanimatum : ilico   220
110 retinebit, rogitabit unde illam emeris, quanti emeris :
timidum temptabit te.   CH. hac ibo potius.   iam censes
                                                          patrem

abiisse a portu ?   Ac. quin ea ego huc praecucurri gratia,
ne te opprimeret inprudentem atque electaret.   CH. op-
                                                          tume.—

ACTVS II

DEMIPHO

DE. Miris modis di ludos faciunt hominibus   225
mirisque exemplis somnia in somnis danunt.
uelut ego nocte hac quae praeteriit proxuma

---

208 me *add. Acidalius*   211 me] meae *Loman*   214 quaeso
add. Ritschl   220 postquam *Ital.*   aspicite *B* : aspiciet te *Ital.*
223 quin ea *Camerarius* : quine (quin *P*CD) *cod.*   226 danunt
Pylades : danant *ut vid. cod.* (clamant *B* (cl *pro* d ; vi. i), donant *P*CD)

in somnis egi satis et fui homo exercitus.

mercari uisus mihi sum formosam capram :   5
230 ei ne noceret quam domi ante habui capram
neu discordarent si ambae in uno essent loco,
posterius quam mercatus fueram uisu' sum
in custodelam simiae concredere.

ea simia adeo post hau multo ad me uenit,   10
235 male mihi precatur et facit conuicium :
ait sese illius opera atque aduentu caprae
flagitium et damnum fecisse hau mediocriter ;
dicit capram, quam dederam seruandam sibi,
suai uxoris dotem ambedisse oppido.   15
240 mihi illúd uideri mirum ut una illaec capra
uxoris simiai dotem ambederit.

instare factum simia atque hoc denique
respondet, ni properem illam ab sese abducere,
ad me domum intro ad uxórem ducturum meam.   20
245 atque oppido hercle bene uelle illi uisu' sum,
ast non habere quoi commendarem capram ;
quo magi' quid facerem cura cruciabar miser.

interea ad me haedus uisust adgredirier,
infit mihi praedicare sese ab simia   25
250 capram abduxisse et coepit inridere me ;
ego enim lugere atque abductam illam aegre pati.

hoc quám ad rem credam pertinere somnium
nequeo inuenire ; nisi capram illam suspicor
iam me inuenisse quae sit aut quid uoluerit.   30
255 ad portum hinc abii mane cum luci semul ;

231 si *Merula* : nisi *cod.*   ambo *B, fort. recte*   233 custodiam
cod. (*sic ubique in codd.*, *pro* -deiam ?)   234 haud multo post
Kellerhoff, secundum morem Plautinum   240 *vel* illuc   245 *post*
246 *cod.* : *trai. Gulielmius*   247 *incipit A*   quo magis *Came-*
rarius : qua magis *A* : quod agis *P*   *vel* mage   249 sesse *A*
250 adduxisse *A*   inrideri *A*   251 atque illam abductam
conqueri *P*   254–65 *iterum scripti extant in alio folio codicis A*

postquam id quod uolui transegi, atque ego conspicor
nauim ex Rhodo quast heri aduéctus filius;
conlibitumst illuc mihi nescioqui uisere :
35 inscendo in lembum ; átque ad nauim deuehor.
atque ego illi aspicio forma eximia mulierem,   **260**
filiu' quam aduexit meu' matri ancillam suae.
quam ego postquam aspexi, non ita amo ut sanei solent
homines sed eodem pacto ut insanei solent.
40 amaui hercle equidem ego olim in adulescentia,
uerum ad hoc exemplum numquam ut nunc insanio.   **265**
unum quidem hercle iam scio, periisse me ;
uosmet uidete ceterum quanti siem.
nunc hoc profecto seic est : haec illast capra ;
45 uerum hercle simıa ̃illa atque haedus mihi malum
adportant atque eos ésse quos deicam hau scio.   **270**
sed conticiscam, nam eccum it uicinus foras.

ii   L Y S I M A C H V S   D E M I P H O   S E R V V S

Ly. Profecto ego illunc hircum castrari uolo,
ruri qui uobeis exhibet negotium.
De. nec omen illuc mihi nec auspicium placet.
quasi hircum metuo ne uxor me castret mea,   275
5 ac metuo ne illaec simiae partis ferat.
Ly. i tu hinc ad uillam atque istos rastros uilico
Pisto ipsi facito coram ut tradas in manum.
uxori facito ut nunties negotium

    hic
   256 id P (*unde* id [hic] B, ⌐hic] id P^CD)   atque] ibi A (v. 1)
259 ascendi in (P^CD) *vel* escendi in (escendum B) P   aduehor P
260 ego illi] ibi ego A   264 equidem hercle A   266 peri-
ei(sse) A   269, 270 *in* P *unus versus* sed simia illa atque hedus
timeo quid uelint   269 mihi malum *Ritschl* : m . . . . . . um A
271 s. c. uicinum eccum exit foras P   273 nobis P   275 ne me
uxor A   276 atque illius haec nunc simiae partis ferat P   278
ut cor(am) A

280 mihi esse in urbe, ne me exspectet ; nam mihi
    tris hodie litis iudicandas dicito.   10
    i, et hoc memento dicere. SE. numquid amplius ?
    LY. tantumst. DE. Lysimache, salue. LY. eúgae, Demipho,
    salueto. quid agis ? quid fit ? DE. quod miserrumus.
285 LY. di melius faxint ! DE. dí hoc quidem faciunt. LY.
                                                    quid est ?
    DE. dicam, si uideam tibi esse operam aut otium.   15
    LY. quamquam negotiumst, si quid ueis, Demipho,
    non sum occupatus umquam amico operam dare.
    DE. benignitatem tuam mihi expérto praedicas.
290 quid tibi ego aetatis uideor ? LY. Accherunticus,
    senex uetus, decrepitus. DE. peruorse uides.   20
    puer súm, Lysimache, septuennis. LY. sanun es
    qui puerum te esse dicas ? DE. uera praedico.
    LY. modo hercle in mentem uenit quid tu diceres :
295 senex quom extemplo est, iam nec sentit nec sapit,
    aiunt solere eum rusum repuerascere.   25
    DE. immo bis tanto ualeo quam ualui prius.
    LY. bene hercle factum et gaudeo. DE. immo si scias,
    oculeis quoque etiam plus iam uideo quam prius.
300 LY. benest. DE. malae rei deico. LY. iam istuc non
                                                    benest.
    DE. sed aussimne ego tibi eloqui fideliter ?   30
    LY. audacter. DE. animum aduorte. LY. fiet sedulo.
    DE. hodie eire occepi in ludum litterarium,
    Lysimache. ternas scio iam. LY. quid ternas ? DE. amo.
305 LY. tun capite cano amas, senex nequissume ?

    281 leiteis *A*   deicit(o) *A*   282 Ei *P*   dícere númquid
vix placet   adicere *Schoell* : *fort.* dice   284 salueo *P*   285
m. facient *A*   quidst *A* (*vix pro* quid idst)   286 op. esse
Ritschl, cui tibi | esse *displicet*   289 exporto *A*   298 si *om. P*
300 bonum est *P* (*cf. ad Bacch.* 502)   301 fideliter] siquid uelim *P*
303 in ludum occepi literarum *P*   304 amo] scio *A*   305
neq. [homo] *A* (*vel pro* amo *correctura marg. ad v.* 304 *adscript.*
vel var. lect. homo neq.)

35 DE. si canum seu istuc rutilumst siue atrumst, amo.

LY. ludificas nunc tu me heic, opinor, Demipho.

DE. decide collum stanti si falsum loquor ;

uel, ut scias me amare, cape cultrum, [ac] seca

digitum uel aurem uel tu nassum uel labrum :   310

40 sei mouero me seu secari sensero,

Lysimache, auctor sum ut med amando—énices.

LY. si umquam uidistis pictum amatorem, em illic est.

nam meo quidem animo uetulus, decrepitus senex

tantidemst quasi sit signum pictum in pariete.   315

45 DE. nunc tu me, credo, castigare cogitas.

LY. egon té ? DE. nihil est iam quod tu mihi suscenseas :

fecere tale ante aliei spectatei uirei.

humanum amarest, humanum autem ignoscere est :

⟨humanum⟩ * * * atque id uí optingit deum.   320

50 ne sis me obiurga, hoc non uoluntas me impulit.

LY. quin non obiurgo.   DE. at ne deteriorem tamen

hoc facto ducas.   LY. egon te ? ah, ne di siuerint !

DE. uide sis modo etiam.   LY. uisumst.   DE. certen ?

                                         LY. perdi' me.

hic homo ex amore insanit.   numquid uis ? DE. uale.   325

55 LY. ad portum propero, nam ibi mihi negotium est.

DE. bene ambulato.   LY. bene uale.—DE. bene sit tibi.

quin mihi quoque etiamst ad portum negotium.

nunc adeo ibo illuc.   sed optume gnatum meum

uideo eccum.   opperiar hominem.   hoc nunc mihi uiso 330

                                              opust,

---

306 *displicet* seü istuc   *fort.* seust hoc rutilum (-um *P*)   307
vel opino   308 d. c. si falsum stati loquar *P*   309 ac *om. P*   312
fort. utí me a.   314 uetulus] plane *A* ('*quod ad* tantidemst *pertinet*'
Leo)   319, 320 humanum amarest humanum autem ignoscere
est *P* : humanum amarest atque (? *pro* atqui) id uel (*pro* uei) optingit
deum *A utrum discrepantia lectionis antiqua sit (ut in* 251, 269-71)
an ex omissione orta (iii. 11, p. 51) *incertum*   322-57 *deest A*
322 qui *cod.*   323 egone athene desiuerint *cod.* : *corr. Camerarius*
(i. 6)   327 ualeto (-te *B*) *cod.*   330 uisost opus *cod.* (*illud* st
saepissime transpositum est in codice P)

huic persuadere quo modo potis siem   60
ut illam uendat neue det matri suae ;
nam ei dono aduexe audiui.   sed praecauto opust,
ne hic illam me animum adiecisse aliqua sentiat.

CHARINVS   DEMIPHO   iii

335   CH. Homo me miserior nullust aeque, opinor,
      neque aduorsa quoi plura sint sempiterna ;
         satin quidquid est quam rem agere occepi,
      proprium nequit mi quod cupio euenire ?
         ita mihi mala res aliqua obicitur,   5
340   bonum quae meum comprimit consilium.
miser amicam mihi paraui, ánimi caussa, pretio eripui,
      ratus clam patrem ⟨me⟩ meum posse habere ;
      is resciuit et uidit et perdidit me ;
      neque is quom roget quid loquar cogitatumst,   10
345   ita animi decem in pectore incerti certant.
      nec quid corde nunc consili capere possim
      scio, tantus cum cura meost error animo,
      dum serui mei perplacet mi consilium,
      dum rusum hau placet nec pater poti' uidetur   15
350   induci ut putet matri ancillam emptam esse illam.
      nunc si dico ut res est atque illam mihi me
      emisse indico, quém ad modum existumet me ?
      atque illam apstrahat, trans mare hinc uenum asportet ;
354-5   scio saeuo' quam sit, domo doctus.   igitur   20
hoccine est amare ? arare mauelim quam sic amare.
      iam | hinc olim inuitum domo extrusit ab se,
      mercatum ire iussit : ibi hoc malum ego inueni.

331 persuade *cod. (corr. D²)*   333 praecautost opus *cod. (cf. v.*
330)   335 nullus est *cod.*   *vel* opino   338 eu. quod cu. *cod.*:
traieci, nam euenir' *vix ferendum*   euenire] esse id Goetz (*anap.*), *cui*
proprĭum *displicet*   341 eripui] '*fort. adiectivum latet*' Leo   342
me *add.* Bentley   344 cogitat unde est *B*   353 atque] a me
Ussing   354, 355 igitur] dico *Studemund*   357 ⟨me⟩ inuitum
Ritschl   358-72 *paucorum versuum initia apparent A*   358
merc.] a̲c̲m— *A* (*pro* ab se, ac | Mercatum *etc.* ?)

ubi uoluptatem aegritudo uincat, quid ibi inest amoeni ?

25   nequiquam abdidi, apscondidi, apstrusam habebam :   360
      muscast meu' pater, nil potest clam illum haberi,
nec sacrum nec tam profanum quicquamst, quin ibi ilico
                                     adsit.

nec qui rebus meis confidam mi ulla spes in corde certast.
DE. quid illuc est quod solus secum fabulatur filius ?

30 sollicitus mihi nescioqua re uidetur. CH. attatae !   365
meu' pater hicquidem est quem uideo. ibo, adloquar.
                               quid fit, pater ?

DE. unde incedis, quid festinas, gnate mi ? CH. recte,
                                 pater.

DE. ita uolo, sed istuc quid est tibi quod commutatust
                                 color ?

numquid tibi dolet ? CH. nescioquid meo animost aegre,
                                 pater.

35 poste hac nocte non quieui sati' mea ex sententia.   370
DE. per mare ut uectu's, nunc oculi terram mirantur tui.
CH. magis opinor—DE. id est profecto ; uerum actutum
                                 apscesserit.

ergo edepol palles. si sapias, eas ac decumbas domi.
CH. otium non est : mandatis rebus praeuorti uolo.

40 DE. cras agito, perendie agito. CH. saepe ex te audiui, 375
                                 pater :

rei mandatae omnis sapientis primum praeuorti decet.
DE. age igitur ; nolo aduorsari tuam aduorsum sententiam.
CH. saluos sum, siquidem isti dicto solida et perpetuast
                                 fides.

DE. quid illuc est quod a me solus se in consilium seuocat ?

---

364 fabuletur P^{CD} 365 ⟨de⟩ re *Luchs*   at tace *B*   368
quid istuc *Bach*   370 mea *Ital.* : me *cod.*   371–2 *secl. Ussing*
'qui vv. 371–2 pro v. 389 finxit, totius loci 373–89 compendium in
actione fieri volebat' *Leo*   372 *vel* opino   373–88 *paucorum
versuum exitus apparent A*   379 mea me (*B*) (*pro* a me? iv. 3)
vel illa me (P^{CD}) (*pro* ille a me ?) *cod.* : hic a me *Anspach*   sed *B*
(*vix antiqua forma*)

380 [iam] non uereor ne illam me amare hic potuerit resciscere ; 45
    quippe haud etiam quicquam inepte feci amantes ut solent.
    CH. res adhuc quidem hercle in tutost, nam hunc nescire
                                                    sat scio
    de illa amica ; quod si sciret, esset alia oratio.
    DE. quin ego hunc adgredior de illa ? CH. quin ego hinc
                                                    me amolior ?
385 eo ego, ut quae mandata amicus amicis tradam. DE. immo 50
                                                    mane ;
    paucula etiam sciscitare priu' uolo. CH. dic quid uelis.
    DE. usquine ualuisti ? CH. perpetuo recte, dum quidem
                                                    illic fui ;
    uerum in portum huc ut sum aduectus, nescioqui animus
                                                    mihi dolet.
    DE. nausea edepol factum credo ; uerum actutum apsces-
                                                    serit.
390 sed quid ais ? ecquam tu aduexti tuae matri ancillam e 55
                                                    Rhodo ?
    CH. aduexi. DE. quid ? ea ut uidetur mulier ? CH. non
                                                    edepol mala.
    DE. ut moratast ? CH. nullam uidi melius mea sententia.
    DE. mihi quidem edepol uisast quom illam uidi — CH. eho
                                                    an uidisti, pater ?
    DE. uidi. uerum non ex usu nostrost neque adeo placet.
395 CH. qui uero ? DE. quia—⟨quia⟩ non nostra formam habet 60
                                                    dignam domo.
    nihil opust nobis ancilla nisi quae texat, quae molat,
    lignum caedat, pensum faciat, aedis uorrat, uapulet,
    quaé habeat cottidianum familiae coctum cibum :
    horunc illa nihilum quicquam facere poterit. CH. admodum.

380 iam *del. Brix* : *vix* iamn' (*interrogative*)   385 amicus (*P*CD)
vel amicum (*genet. plur.* ?) ⟨*B*⟩ *cod.*   amícus amícis *suspectum*   386
vel sciscitari (-rei)   390–406 *pauca in versuum initiis servavit A*
390 e *om. B*   395 quia *addidi* : ⟨qui ?⟩ quia *Bothe*   non] noenu
Ritschl   396 opus *P, A n. l.*   399 nihil umquam *B, unde*
numquam quicquam *Lange*

65 ea caussa equidem illam emi dono quam darem matri meae. 400
   DE. ne duas neu te aduexisse dixeris. CH. di me adiuuant. 401-2
   DE. labefacto paullatim. uerum quod praeterii dicere,
   neque illa matrem satis honeste tuam sequi poterit comes
   neque sinam. CH. qui uero? DE. quia illa forma matrem 405
                                                        familias
70 flagitium sit sei sequatur ; quando incedat per uias,
   contemplent, conspiciant omnes, nutent, nictent, sibilent,
   uellicent, uocent, molesti sint ; occentent ostium :
   impleantur elegeorum meae fores carbonibus.
   atque, ut nunc sunt maledicentes homines, uxori meae   410
75 mihique obiectent lenocinium facere. nam quid eost opus ?
   CH. hercle qui tu recte dicis et tibi | adsentior.
   sed quid illá nunc fiet ? DE. recte. ego emero matri tuae
   ancillam uiraginem aliquam non malam, forma mala,
   ut matrem addecet familias, aut Syram aut Aegyptiam :   415
80 ea molet, coquet, conficiet pensum, pinsetur flagro,
   neque propter eam quicquam eueniet nostris foribus flagiti.
   CH. quid si igitur reddatur illi unde empta est? DE.
                                                  minime gentium.
   CH. dixit se redhibere si non placeat. DE. nihil istoc
                                                        opust :
   litigari nolo ego usquam, tuam autem accusari fidem ;   420
85 multo edepol, si quid faciendumst, facere damni mauolo
   quam opprobramentum aut flagitium muliebre ecferri domo.
   me tibi illam posse opinor luculente uendere.
   CH. dum quidem hercle ne minoris uendas quám ego emi, 424-5
                                                        pater.

   DE. tace modo : senex est quidam qui illam mandauit mihi

   401-2 di me ad. *Demiphoni continuat Spengel*   407-23 *perpauca
in versibus extremis servavit A*   409 meae fores carbonibus elegeorum P, A n. l. : trai. Bothe   411 obicient B   412 dices B
⟨adeo⟩ adse. *Mueller* (*Rhein. Mus.* 54, 394), *A n. l.*   413 *vel* illac
420 usquam *Boxhorn* : uos quam P, A n. l.   422 exfieri *Abraham*
423 *vel* opino   424-56 *deest A*   426 illam] ancillam *Boxhorn*
(hanc illam *in archetypo*?) : aliquam *Ritschl*

ut emerem—ad istanc faciem.   Cн. át mihi quidam adu- 90
                                          lescens, pater,
mandauit ad illam faciem, íta ut illa est, emerem sibi.
Dе. uiginti minis opinor posse me illam uendere.

430 Cн. at ego si uelim, iam dantur septem et uiginti minae.
Dе. at ego—Cн. quin ego, inquam—Dе. ah, nescis quid
                                          dicturus sum, tace.
tris minas accudere etiam possum, ut triginta sient.   95
Cн. quo uortisti?   Dе. ad illum quí emit.   Cн. ubinamst
                                          is homo gentium?

434-5 Dе. eccillum uideo.   iubet quinque me addere etiam nunc
                                          minas.
Cн. hercle illunc di | infelicent, quisquis est.   Dе. ibidem
                                          mihi
etiam nunc adnutat addam sex minas.   Cн. septem mihi.
Dе. numquam edepol me uincet hodie.   Cн. commodis 100
                                          poscit, pater.
Dе. nequiquam poscit: ego habebo.   Cн. at illic pollicitust
                                          prior.

440 Dе. nihili facio.   Cн. quinquaginta poscit.   Dе. non cen-
                                          tum datur.
potine ut ne licitere aduorsum ⟨mei⟩ animi sententiam?
maxumam hercle habebis praedam : ita ille est, quoí emitur,
                                          senex ;
sanus non est ex amore illius.   quod posces feres.   105
Cн. certe edepol adulescens ille, quoí ego emo, ecflictim perit

445 eius amore.   Dе. multo hercle ille magi' senex, si tu scias.
Cн. numquam edepol fuit neque fiet ille senex insanior
ex amore quam ille adulescens quoí ego do hanc operam,
                                          pater.

427 ⟨aut⟩ ad *Leo*   428 mandauit ⟨ut⟩ *Ussing*   *vel* illaec
429 *vel* opino   431 sim *Ital.*   436 *vix* hercule   *vel* diui   inf.
di *Ritschl*   Dе. *del. Ritschl*   437 Cн.] Dе. *Goetz*   439 habeo *B*,
unde ⟨quam⟩ ego habeo (?) *Leo*   441 licitere *Camerarius, etiam
cod. ut vid.* (litigere *P*CD, liceret *B*) (i. 8, p. 27)   mei *add. Scaliger*
445 *vel* mage   446 *vel* ill'

110 De. quiesce, inquam. istanc rém ego recte uidero. Ch.
quid ais ? De. quid est ?

Ch. non ego illám mancupio accepi. De. sed ille illam
accipiet. sine.

Ch. non potes tu lege uendere illam. De. ego aliquid 450
uidero.

Ch. post autem communest illa mihi cum álio. qui scio
quid sit ei animi, uenirene eam uelit an non uelit ?

115 De. ego scio uelle. Ch. at pol ego esse credo aliquem qui
non uelit.

De. quid id mea refert? Ch. quia illi suam rem esse
aequomst in manu.

De. quid ais ? Ch. communis mihi illa est cum illo : is 455
hic nunc non adest.

De. priu' respondes quam rogo. Ch. priu' tú emis quam
uendo, pater.

nescio, inquam, uelit ille illam necne abalienarier.

120 De. quid ? illic quidam qui mandauit tibi si emetur, tum
uolet,

si ego emo illi qui mandauit, túm ille nolet ? nihil agis.
numquam edepol quisquam illam habebit potius quam ille 460
quem ego uolo.

Ch. certumnest? De. censen certum esse ? quin ad
nauim iam hinc eo,

ibi uenibit. Ch. uin me tecum illo ire ? De. nolo. Ch.
non places.

125 De. meliust te quae sunt mandatae res tibi praeuortier.
Ch. tu prohibes. De. at mé incusato : te fecisse sedulo.
ad portum ne bitas, dico iam tibi. Ch. auscultabitur.   465

---

448 agis *cod.*   449 *vel* e. illanc   accipiet *Scaliger* : accepit
cod.   452 *vel* uenirïne   454 rem suam *B*   455 nunc hic *PcB*
457 *accedit A* ille *om. A*   458 quid] sed *A*   quoidam *Bothe, fort.
recte* tibi *usque ad* mandauit (459) *om. P* (iii. 11)   460 edepol
quisquam [edepol] *A*   462 placetst *B ante corr.* (*pro* placenst ?)
464 at tu excusato *P*

DE. ibo ad portum.   ne hic resciscat cauto opust : non
                                                ipse emam,
sed Lysimacho amico mandabo.   is se ad portum deixerat
ire dudum.   me moror quom heic asto.—CH. nullus sum, 130
                                                occidi.

CHARINVS   EVTYCHVS   **iv**

CH. Pentheum diripuisse aiiunt Bacchas : nugas maxumas
470 fuisse credo, praeut quo pacto égo diuorsus distrahor.
qur ego ueiuo ? qur non morior ? quid mihist ín uita boni ?
certumst, ibo ad medicum atque ibi me toxico morti dabo,
quando id mi adimitur qua caussa uitam cupio uiuere.   5
Ev. mane, mane opsecro, Charine.   CH. qui me reuocat ?
                                                Ev. Eutychus,
475 tuos amicus et sodalis, simul uicinus proxumus.
CH. non tu scis quantum malarum rerum sustineam.   Ev.
                                                scio ;
omnia ego istaec auscuitaui ab ostio, omnem rem scio.
CH. quid id est quod scis ?   Ev. tuo' pater uolt uendere— 10
                                          CH. omnem rem tenes.
Ev. tuam amícam.   CH. nimium multum scis.   Ev. tueis
                                                ingratieis.
480 CH. plurumum tu scis. sed qui scis esse amicam illam meam ?
Ev. tute heri ipsus mihi narrasti.   CH. satine ut oblitus fui
tibi me narrauisse ?   Ev. hau mirumst factum.   CH. te nunc
                                                consulo.
responde : quo leto censes me ut peream potissumum ?   15
Ev. non taces ? caue tu istuc deixis.   CH. quid ueis me
                                          igitur deicere ?
485 Ev. uin patri sublinere pulchre me os tuo ?   CH. sane uolo.
Ev. uisne eam ad portum—CH. qui potius quam uoles ?
                                                Ev. atque eximam

466 [et] (? *pro* at) ne *P*   471 ergo *A*   474 quis *A*   475 simul]
et *A*   480 sceis *A* (*bis*)   meam esse amicam illam *A*   482
mirum factumst *P* (*cf. ad v.* 330)   483 censes me ut peream *suspectum*: censes interimam *Mueller* (*Rhein. Mus.* 54, 395)   486 quin *A*

    mulierem pretio? Cн. qui potius quam auro expendas?
                                  Ev. unde erit?
20 Cн. Acchillem orabo aurum [ut] mihi det Hector qui ex-
                                    pensus fuit.
    Ev. sanun es? Cн. pol sanus sei sim, non te medicum mi
                                    expetam.
    Ev. tanti quanti poscit, uin tanti illam emí? Cн. auctarium 490
    adicito uel mille nummum plus quam poscet. Ev. iam tace.
    sed quid ais? unde erit argentum quod des, quom poscet
                                    pater?
25 Cн. inuenietur, exquiretur, aliquid fiet; enicas.
    Ev. iam istuc 'aliquid fiet' metuo. Cн. quin taces? Ev.
                                    muto imperas.
    Cн. satin istuc mandatumst? Ev. potin ut aliud cures? 495
                                  Cн. non potest.
    Ev. bene uale. Cн. non edepol possum priu' quam tu ad
                                  me redieris.
    Ev. meliust sanus sis. Cн. uale, uince et me serua. Ev.
                                  ego fecero.
30 domi maneto me. Cн. ergo actutum face cum praeda
                                  recipias.—

ACTVS III

    Ly. Amice amico operam dedi: uicinus quod rogauit,
    hoc emei mercimonium. mea es tu, sequere sane.   500
    ne plora: nimi' stulte facis, oculos corrumpis talis.
    quin tibi quidem quod rideas magis est quam ut lamentere.
5 Pa. amabo ecastor, mi senex, eloquere—Ly. exquire quiduis.

    487 erit] [at]eritis P (?pro expendas vel -at, erit vel -is; iv. 1)
488 ut om. P   490 auctorarium A   495 aliquid A   497
melius P   (si) sis Ritschl   498 praedam P   502 quin] qui
(P^{CD}) vel quid (B) P   503 mei A (antiqua forma)

Pᴀ. qur emeris me.   Lʏ. tene ego? ut quod imperetur
                                                    facias,
505 item quod tu mihi si imperes, ego faciam.   Pᴀ. facere
                                                    certumst
   pro copia et sapientia quae te uelle arbitrabor.
   Lʏ. laboriossi nil tibi quicquam operis imperabo.
   Pᴀ. namque edepol equidem, mi senex, non didici baiiolare 10
   nec pecua ruri pasceré nec pueros nutricare.
510 Lʏ. bona si esse ueis, bene erit tibi.   Pᴀ. tum pol ego perii
                                                    misera.
   Lʏ. qui?   Pᴀ. quia illim unde huc aduecta sum, malis
                                             bene esse solitumst.
   Lʏ. quasi deicas nullam mulierem bonam esse.   Pᴀ. haud
                                             equidem deico
   nec mos meust ut praedicem quod ego omnis scire credam. 15
   Lʏ. oratio edepol pluris est huiius quam quanti haec emptast.
515 rogare hoc unum te uolo.   Pᴀ. roganti respondebo.
   Lʏ. quid ais tu? quid nomen tibi deicam esse?   Pᴀ. Pasi-
                                                    compsae.
   Lʏ. ex forma nomen inditumst.   sed quid ais, Pasicompsa?
   possin tu, sei ussus uenerit, subtemen tenue nere?   20
   Pᴀ. possum.   Lʏ. sei tenue scis, scio te uberius posse nere.
520 Pᴀ. de lanificio neminem metuo, una aetate quae sit.
   Lʏ. bonae hercle te frugi arbitror, matura iam inde aetate
   quom scis facere officium tuom, mulier.   Pᴀ. pol docta didici.
   operam accusari non sinam meam.   Lʏ. ém istaec hercle 25
                                                    res est.

   ouem tibi eccillam dabo, natam annos sexaginta,
525 peculiarem.   Pᴀ. mi senex, tam uetulam?   Lʏ. generis
                                                    graecist ;

504 cur empris *P* (P *pro* E)   507 laboriose *P*   509 pecula *P*
(*pro* pecuda?)   *vel* neque   512 *post* 514 *P*   512 deicas]
deicis *A*   513 omneis *A*   515 unum hoc *A*   519 sceis *A*
521 bonam h. te et frugi *P*   522 sceis *A*   524 ouem] quem *P*
(Q *pro* O)   ancillam *B, A n. l.*   dato *A*   525 mei *A* (*cf.* 503)

eam seí curabis, perbonast, tondetur nimium scite.

PA. honoris caussa quidquid est quod dabitur gratum habebo.

30 LY. nunc, mulier, ne tu frustra sis, mea non es, ne arbitrere.

PA. deic igitur quaeso, quoia sum? LY. tuo ero redempta's

                                  rusum ;

ego te redemi, ílle mecum orauit. PA. animus rediit,   530

sei mecum seruatur fides. LY. bono animo es, liberabit

ille te homo : ita edepol deperit, atque hodie primum uidit.

35 PA. ecastor iam bienniumst quom mecum rem coëpit.

nunc, quando amicum te scio esse illius, indicabo.

LY. quid ais tu? iam bienniumst quom tecum rém habet? 535

                                  PA. certo ;

et intér nos coniurauimus, ego cum illo et ille mecum :

ego cum uiro et ill' cum muliere, nisi cum illo aut ille 536ᵃ

                                  mecum,

40 neuter stupri caussa caput limaret. LY. di inmortales !

etiam cum uxore non cubet? PA. amabo, án maritust?

neque est neque érit. LY. nolim quidém. homo hercle

                                  peiierauit.

PA. nullum adulescentem plus amo. LY. puer est ille 540

                                  quidem, stulta.

nam illi quidem hau sane diust quom dentes exciderunt.

45 PA. quid, dentes? LY. nihil est. sequere sis. hunc me

                                diem unum orauit

ut apud me praehiberem locúm, ideo quia uxor rurist.—

ii   D E M I P H O

DE. Tandem impetraui egomet me ut corrumperem :

emptast amica clam uxorem et clam filium.   545

526 curabeis A   527 ha(be)tur A ('scil. habetor.' Schoell)   530 ⟨illi⟩, ille Ritschl   mecum' me P (? pro mecū, i. e. mecum)   redieit A 532 vel ill' té   atqui alii   534 incabo A   535 habet rem tecum A   536–536ᵃ et ille . . . illo om. A (iii 11)   536 it (vix pro id) int. A   538 an ⟨iam⟩ Mueller   an maritust] amaturust P 539 periurabit A   542 huc P   543 ideo [feci] A   544 ut egomet me P   vel med   vel uti   545 uxore A   iam filio P

certumst, antiqua recolam et seruibo mihi.
breue iam relicuom uitae spatiumst : quin ego
uoluptáte, uino et amore delectauero.　　　　　　　　5
nam hanc se bene habere aetatem nimiost aequius.
550 adulescens quom sis, tum quom est sanguis integer,
rei tuae quaerundae conuenit operam dare ;
demum igitur quom sis iam senex, tum in otium
te conloces, dum potest ames : id iam lucrumst　　　10
quod uiuis.　hoc ut deico, facteis persequar.
555 nunc tamen interea ad med huc inuisam domum :
uxor me exspectat iam dudum essuriens domi ;
iam iurgio enicabit, si intro rediero.
uerum hercle postremo, utut est, non ibo tamen,　　15
sed hunc uicinum priu' conueniam quam domum
560 redeam ; ut mihi aedis aliquas conducat uolo
ubi habitet istaec mulier.　atque eccum it foras

　　　　　LYSIMACHVS　　DEMIPHO　　　　　iii

LY. Adducam ego illum iam ad te, si conuenero.
DE. me dicit.　LY. quid ais, Demipho ?　DE. est mulier
　　　　　　　　　　　　　　　　　　　　　domi ?
LY. quid censes ?　DE. quid si uisam ?　LY. quid pro-
　　　　　　　　　　　　　　　　　　　peras ? ⟨mane.⟩
565 DE. quid faciam ?　LY. quod opust facto facito ut cogites.
DE. quid cogitem ? equidem hercle opus hoc facto existumo, 5
ut illo íntro eam.　LY. itane uero, ueruex ? intro eas ?
DE. quid aliud faciam ?　LY. prius hoc ausculta atque
　　　　　　　　　　　　　　　　　　　　　ades :

547 Decurso inspatio (pro spatio ; v. 9, 8) breue quod uitae relicuomst P　　　550, 552 seis A　　　552 sis iam] si sim P　　　tunc P
553 potes A　　　aues P　　　lucrost P　　　554 uiuis] uni uis P (pro
uuiuis ; v. 10)　　　555 in P sequitur versus interea tamen huc intro ad
me inuisam domum, qui retractatoris esse videtur　　　556-89 nihil fere
legitur A　　　563 dicis B　　　agis Skutsch (Herm. 32, 92)　　　564
mane add. Pylades

prius etiamst quod te facere ego aequom censeo.
nam nunc si illo introieris, amplecti uoles,   570
10 confabulari atque osculari.   DE. tu quidem
meum animum gestas : scis quid acturus siem.
LY. peruorse facies.   DE. quodne ames?   LY. tanto
                                                        minus.

iaiunitatis plenus, anima foetida,
senex hircosus tu osculere mulierem?   575
15 utine adueniens uomitum excutias mulieri?
scio pol te amare, quom istaec praemostras mihi.
DE. quid si igitur unum faciam hoc ? si censes, coquom
aliquem arripiamus prandium qui percoquat
apud te hic usque ad uesperum.   LY. em istuc censeo.   580
20 nunc tu sapienter loquere neque amatorie.
DE. quid stamus? quin ergo imus atque opsonium
curamus, pulchre ut simus?   LY. equidem te sequor.
atque hercle inuenies tu locum illi, si sapis :
nullum hercle praeter hunc diem illa apud med erit.   585
25 metuo ego uxorem, cras si rure redierit
ne illam hic offendat.   DE. res parata est, sequere me.—

iv   CHARINVS   EVTYCHVS

CH. Sumne ego homo miser, qui nusquam bene queo
                                                quiescere?
si domi sum, foris est animus, sin foris sum, animus domist.
ita mi in pectore atque in corde facit amor incendium :   590
ni ex oculis lacrumae defendant, iam ardeat credo caput.
5 spem teneo, salutem amisi ; redeat an non nescio :

569 quo (vel quom) te cod. ut vid. (pro quot te ; i. 4)   571
ausculari cod.   573 amem Scaliger, fort. recte   575 vel hir-
quosus   ausculere cod.   578 faciam Gulielmius : factam (factum
B) cod.   unum hoc faciam (?) Leo : coenam faciam? hoc Pius   581
loquere neque amatorie Brix : loquere atque amatori cod. : loqueris et
amatorie Guietus, cui atque amatórie displicet : l. a. ut amatoris est
Seyffert   583 curamus Camerarius : curemus cod.   585 vel
me (ita cod.)   586 u. e. m. Goetz, cui ego | ux. displicet   590-
600 in A perpauca in versuum initiis servata   591 ni oculos B

si opprimit pater quod dixit, exsolatum abiit salus;
sein sodalis quod promisit fecit, non abiit salus.
595 sed tamendem si podagrosis pedibus esset Eutychus,
iám a portu rediisse potuit.   id illi uitium maxumumst
quod nimi' tardus est aduorsum mei animi sententiam.   10
sed isne est quem currentem uideo? ípsus est. ibo obuiam.
598ª diuom atque hominum quae speratrix atque era eadem es
hominibus,
598ᵇ spem speratam quom optulisti hanc mihi, tibi gratis ago.
nunc, quod restat,—ei disperii! uoltus neutiquam huius
placet;
600 tristis incédit (pectus ardet, haereo), quassat caput.   15
Eutyche! Ev. eu, Charine! Cʜ. priu' quam recipias anhelitum,
uno uerbo eloquere: ubi ego sum? hícine an apud mortuos?
Ev. neque apud mortuos neque hic es.   Cʜ. saluos sum,
inmortalitas
mihi data est: hic emit illam, pulchre os subleuit patri.
605 impetrabilior qui uiuat nullus est.   dice, opsecro: 20
sei neque hic neque Accherunti sum, ubi sum? Ev. nusquam
gentium.
Cʜ. disperii, illaec interemit me modo | oratio.
Ev. odiosast oratio, quom rém agas longinquom loqui.
Cʜ. quidquid est, ad capita rerum perueni.   Ev. primum
omnium:
610 periimus. Cʜ. quin tu illud potius nuntias quod nescio?   25
Ev. mulier alienata est aps te.   Cʜ. Eútyche, capital facis.

595 tamen idem *Bothe*   598ᵃᵇ (*cf. vv.* 842–3) *del. Acidalius*
598ᵃ superatrix *Ribbeck*: seruatrix *Redslob* (*Liter. Centralbl.* 1895, p.
1761)   *om.* eadem *B*   omnibus *Ribbeck*   598ᵇ spe *ut uid. A*
sperat aequom *B*   599 [et] ei *P, A n.l.* (iv. 3)   600 cedit
Bothe, A n. l.   Post hunc v. nova scaena in A ut vid.   601–18 *pauca
servata A*   607 istaec *Leo*   modo] morando *Mueller* (*Rhein. Mus.*
54, 396): modo ⟨una⟩ *Ussing: fort.* odiosa (*seq.* ora-)   608 odiosa
est *Camerarius, neque aliter P, ut vid.* (*A n. l.*), nam habet odio sane
Pᶜᴰᴰᴰᴰ (*pro* -saē, *i. e.* -sa est), hodie satst *B* (*pro* -sast?)   longinquam *B,
A n. l.*   611 eutiche hec cap. *B, A n. l.*

Ev. qui? Ch. quia aequalem et sodalem, liberum ciuem,
                                                    enicas.

Ev. ne di sirint! Ch. demisisti gladium in iugulum : iam
                                                    cadam.

Ev. quaeso hercle, animum ne desponde.   Ch. nullust
                                            quem despondeam.

30 loquere porro aliam malam rem.   quoii est empta?   Ev. 615
                                                    nescio.

iám addicta atque abducta erat, quom ad portum uenio.
                                            Ch. uae mihi !

montis tu quidem mali in me ardentis iam dudum iacis.

perge, excrucia, carnufex, quandoquidem occepisti semel.

Ev. non tibi istuc magis diuidiaest, quam mihí hodie fuit.

35 Ch. dic, quis emit? Ev. nescio hercle. Ch. hem istucinest 620
                                            operam dare

bonum sodalem?   Ev. quid me facere uis?   Ch. idem
                                            quod me uides,

ut pereas.   quin percontatu's hominis quae facies foret

qui illam emisset : eo si pacto posset indagarier

mulier? heu me miserum !   Ev. flere omitte, istuc quod
                                            nunc agis

40 quid ego feci?   Ch. perdidisti me et fidem mecum tuam.   625

Ev. di sciunt culpam meam istanc non esse ullam.   Ch.
                                            eúgepae !

deos apsentis testis memoras : quí ego istuc credam tibi?

Ev. quia tibi in manu est quod credas, ego quod dicam, id
                                            mihi in manust.

Ch. de istac re | argutus es, ut par pari respondeas,

45 ad mandata claudus, caecus, mutus, mancus, debilis.   630

promittebas te os sublinere meo patri : egomet credidi

613 desierint P, A n. l.   gulum P   618 carnufexa P   619-
80 deest A   619-24 retractatoris esse possunt   619 non cod.
Varron. de L. L. 7, 60 : nec cod.   622 pacies cod. (corr. D²)   626
euge pape (i.e. eugae papae) B   628 mihi [ea] in cod. (aut ex glossa
aut ex antiqua forma mihe) : ea del. Bothe   629 i. red Ritschl :
re istac alii   630 vel claudu's   631 ego me Ritschl

homini docto rem mandare, is lapidi mando maxumo.
Ev. quid ego facerem? Cн. quid tu faceres? men rogas?
                                                    requireres,
rogitares quis esset aut unde esset, qua prosapia,
635 ciuisne esset an peregrinus. Ev. ciuem esse aibant Atticum. 50
Cн. ubi habitaret inuenires saltem, si nomen nequis.
Ev. nemo aiebat scire.   Cн. at saltem hóminis faciem
                                                    exquireres.
Ev. feci.   Cн. qua forma esse aiebant, ⟨Eutyche⟩? Ev.
                                              ego dicam tibi :
carrum, uarum, uentriosum, bucculentum, breuiculum,
640 subnigris oculis, oblongis malis, pansam aliquantulum.   55
Cн. non hominem mi sed thensaurum nescioquem memoras
                                                        mali.
numquid est quod dicas aliud de illo? Ev. tantum, quod
                                                        sciam.
Cн. edepol ne ille oblongis malis mihi dedit magnum malum.
non possum durare, certumst exsulatum hinc ire me.
645 sed quam capiam ciuitatem cogito potissumum :   60
Megares, Eretriam, Corinthum, Chalcidem, Cretam, Cyprum,
Sicyonem, Cnidum, Zacynthum, Lesbiam, Boeotiam.
Ev. qur istuc coeptas consilium? Cн. quia enim me
                                              adflictat amor.
Ev. quid tu ais? quid quom illuc quo nunc ire paritas
                                                    ueneris,
650 sí ibi amare forte occipias atque item eius sit inopia,   65
iam inde porro aufugies, deinde item illinc, sí item euenerit?
quis modus tibi exsílio tandem eueniet, qui finis fugae?
quae patria aut domus tibi stabilis esse poterit? dic mihi.
cedo, si hac urbe abis, amorem te hic relicturum putas?
655 si id fore ita sat animo acceptum est, certum id, pro certo si 70
                                                        habes,

quanto te satiust rus aliquo abire, ibi esse, ibi uiuere
adeo dum illius te cupiditas atque amor missum facit?
CH. iam dixisti? EV. dixi. CH. frustra dixti. hoc mihi
                                              certissumumst.

eo domum, patrem atque matrem ut meos salutem, postea
75 clam patrem patria hac ecfugiam aut aliquid capiam consili.— 660
EV. ut corripuit se repente atque abiit! heu misero mihi!
si ille abierit, mea factum omnes dicent esse ignauia.
certumst praeconum iubere iam quantum est conducier,
qui illam inuestigent, qui inueniant. post ad praetorem ilico
80 ibo, orabo ut conquistores det mi in uicis omnibus;   665
nam mihi nil relicti quicquam áliud iam esse intellego.—

ACTVS IV

DORIPPA   SYRA

DO. Quoniam a uiro ad me rus aduenit nuntius
rus non iturum, feci ego ingenium meum,
reueni, ut illum persequar qui me fugit.
sed anum non uideo consequi nostram Syram.   670
5 atque eccam incedit tandem. quin is ocius?
SY. nequeo mecastor, tantum hoc onerist quod fero.
DO. quid oneris? SY. annos octoginta et quattuor:
et eodem accedit seruitus, sudor, sitis:
simul haec quae porto deprimunt. DO. aliquid cedo 675
10 †qui hanc uicini nostri aram augeam.†
da sane hanc uirgam lauri. abi tu intro. SY. eo.—
DO. Apollo, quaeso te ut des pacem propitius,
salutem et sanitatem nostrae familiae,
meoque ut parcas gnato pace propitius.   680

661 hei (ei) *Ritschl*   666 relicui *Angelius*   668 flexi *Ussing*
671 incedit eccam *cod.*: trai. *Camerarius*   672 *vel* onerest   676
⟨rite⟩ ar. *Ussing*   augeam *Merula*: augeram *cod.*   677 abi]
ābite *Goetz, ne versus hiet*   680 pace] parce *P*CD

Sy. disperii, perii misera, uae miserae mihi!   15
Do. satin tu sana's, opsecro? quid eiulas?
Sy. Dorippa, mea Dorippa.   Do. quid clamas, opsecro?
Sy. nescioquaest mulier intus hic in aedibus.
685 Do. quid, mulier?   Sy. mulier meretrix.   Do. ueron serio?
Sy. nimium scis sapere ruri quae non manseris.   20
quamueis insipiens poterat persentiscere
*   *   *   *   *   *
illam esse amicam tui uiri bellissumi.
Do. credo mecastor.   Sy. i hac mecum, ut uideas semul
690 tuam Alcumenam paelicem, Iuno mea.—
Do. ecastor uero istuc eo quantum potest.—   25

LYSIMACHVS   ii

Ly. Parumne ést malai rei quod amat Demipho,
ni sumptuosus insuper etiam siet?
decem sí uocasset summos ad cenam uiros,
695 nimium opsonauit.   sed coquos, quasi in mari
solet hortator remiges hortarier,   5
ita hortabatur.   egomet conduxi coquom.
sed eum demiror non uenire ut iusseram.
sed hinc quínam a nobis exit? aperitur foris.

DORIPPA   LYSIMACHVS   iii

700 Do. Miserior mulier me nec fiet nec fuit,
tali uiro quae nupserim.   heu miserae mihi!
em quoi te et tua quae tu habeas commendes uiro,
em quoi decem talenta dotis detuli,
haec ut uiderem, ut ferrem has contumelias!   5

681–713 *paucissima servata in A*   681 dispersi *P*   683
clamas] *fort.* nunc (v. 1), *nam* Doríppa. quíd clámas *vix ferendum*
687 *post hunc v. alius in A extabat*   689 ei *cod.* (*antiqua forma*)
694 ad cenam uocasset summos *cod.* : *trai. Leo*   695 *vel* quamsi
697 coquam *cod.*   699 quinam hinc *cod.* : *trai. Schoell* : qui hinc nam
alii   703 talentam *cod.*

Ly. perii hercle ! rure iam rediit uxor mea :   705
uidisse credo mulierem ⟨illam⟩ in aedibus.
sed quae loquatur exaudire hinc non queo.
accedam propius.   Do. uae miserae mi !   Ly. immo mihi.
10 Do. disperii !   Ly. équidem hercle oppido perii miser !
uidit.   ut te omnes, Demipho, di perduint !   710
Do. pol hoc est ire quod rus meu' uir noluit.
Ly. quid nunc ego faciam nisi uti ádeam atque adloquar ?
iubet saluere suo' uir uxorem suam.
15 urbani fiunt rustici ?   Do. pudicius
faciunt quam illi qui non fiunt rustici.   715
Ly. num quid delinquont rustici ?   Do. ecastor minus
quam urbani et multo minu' mali quaerunt sibi.
Ly. quid autem urbani deliquerunt ? dic mihi,
20 cupio hercle scire.   Do. sed tu me temptas sciens.
quoia illa mulier intust ?   Ly. uidistine eam ?   720
Do. uidi.   Ly. quoia ea sit rogitas ?   Do. resciscam tamen.
Ly. uin dicam quoiast ? illa—illa edepol—uae mihi !
nescio quid dicam.   Do. haéres.   Ly. hau uidi magis.
25 Do. quin dicis ?   Ly. quin si liceat—Do. dictum oportuit.
Ly. non possum, ita instas ; urges quasi pro noxio.   725
Do. scio, innóxiu's.   Ly. audacter quamuis dicito.
Do. dice igitur.   Ly. dicam.   Do. átqui dicundum est
                                                    tamen.

Ly. illast—etiam uis nomen dicam ?   Do. nihil agis,
30 manufesto teneo in noxia.   Ly. qua noxia ?
istaquidem illa est.   Do. quae illa est ?   Ly. illa—Do. 730
                                               †iohia†

Ly. iam—si nihil usus esset, iam non dicerem.

706 illam *add. Ritschl*   707 queo *Pylades* : quo *cod.* (vii. 1)   708
mis. mihi *cod.*   714–51 *fere nihil A*   715 illi] urbani *Goetz*,
cui quam | illi *displicet*   719 *post* 721 : *trai. Bothe*   725 *vel
sic distingue* instas, urges   727 at quid *B*   dicam, ⟨at⟩—Do.
atqui *Seyffert*   729 innoxia [es] *cod.* : es *del. Dousa*   qua ⟨in⟩
Abraham   730 *vel* illaec

732-5 Do. non tu scis quae sit illa? Ly. ímmo iam scio:
de istac sum iudex captus. Do. iudex? iam scio:
nunc tu in consilium istam aduocauisti tibi.   35
Ly. immo sic: sequestro mihi datast. Do. intellego.
Ly. nihil hercle istius quicquam est. Do. numero purigas.
740 Ly. nimium negoti repperi. enim uero haereo.

    Cocvs   Lysimachvs   Dorippa   Syra   iv

    Co. Agite ite actutum, nam mi amatori seni
    coquendast cena. átque, quom recogito,
    nobis coquendast, non ⟨quoi con⟩ducti sumus.
    nam quí amat quod amat sí habet, id habet pro cibo:
745 uidere, amplecti, ósculari, ádloqui;   5
    sed nos confido onustos redituros domum.
    eite hac. sed eccum qui nos conduxit senex.
    Ly. ecce autem perii, coquos adest! Co. aduenimus.
    Ly. abei. Co. quid, abeam? Ly. st! abeí. Co. abeám?
                                                            Ly. abei.
750 Co. non estis cenaturi? Ly. iam saturi sumus.   10
    Co. sed—Ly. intérii! Do. quid ais tu? etiamne haec illi tibi
    iusserunt ferri, quos inter iudex datu's?
    Co. haecin tua est amica quam dudum mihi
    te amare dixtei, quom opsonabas? Ly. non taces?
755 Co. sati' scitum filum mulieris. uerum hercle anet.   15
    Ly. abin díerectus? Co. hau malast. Ly. at tu malu's.
    Co. scitam hercle opinor concubinam hanc. Ly. quin abis?
    non ego sum qui te dudum conduxi. Co. quid est?
    immo hercle tu istic ipsus. Ly. uae misero mihi!
760 Co. nempe uxor rurist tua, quam dudum deixeras   20

    735 vel illaec   738 ímmŏ suspectum: fort. Enim   742
    coquenda cenast Bothe   vel atqui   743 quoi conducti Camera-
    rius: ducti cod. (iii. 11)   749 abeam alt.] abeamne Camerarius
    752-61 pauca leguntur in A   753 vel haecine   haecin ... por ...
    .... sse(t q)uam dudum mihi A   755 satin A   filium P
    757 vel opino: opinor [sane] P ('var. lect. adscript.' Seyffert)   quin]
    non P (? pro qui non vel cur non gloss.)   759 istuc P, etiam A ut
    vid.   760 rurest P

te odisse [aeque] atque anguis.   Ly. egone istuc dixi tibi?
Co. mihi quidem hercle.   Ly. íta me amabit Iuppiter,
uxor, ut ego illud numquam deixi.   Do. etiam negas?
palam istaec fiunt te me odisse.   Ly. quin nego.
25 Co. non, non ted odisse aibat sed uxorem suam ;   765
et uxórem suam ruri esse aiebat.   Ly. haec east.
quid mihi molestu's?   Co. quia nouisse me negas ;
nisi metuis tu istanc.   Ly. sapio, nam mihi unicast.
Co. uein me experirei?   Ly. nolo.   Co. mercedem cedo.
30 Ly. cras petito ; dabitur. nunc abi.   Do. heu miserae mihi! 770
Ly. nunc ego uerum illud uerbum esse experior uetus :
aliquid mali esse propter uicinum malum.
Co. qur heic astamus? quin abimus? incommodi
si quid tibi euénit, id non est culpa mea.
35 Ly. quin me eradicas miserum.   Co. scio iam quid uelis : 775
nemp' me hinc abire ueis.   Ly. uolo inquam.   Co. abibitur.
drachmam dato.   Ly. dabitur.   Co. darei ergo sis iube.
darei pótest interea dum illei ponunt.   Ly. quin abis?
potine ut molestus ne sis?   Co. agite apponite
40 opsonium istuc ante pedes illi seni.   780
haec uassa aut mox aut cras iubebo aps te peti.
sequimínei.—Ly. fortasse te illum mirari coquom
quod uenit atque haec attulit. dicam id quid est.
Do. non miror sei quid damni facis aut flagiti.
45 nec pol ego patiar seic me nuptam tam male   785
measque in aedis seic scorta obductarier.
Syra, i, rogato meum patrem uerbeis meeis

761 aeque atque *PCD* : aeque *B, etiam A ut vid.* : atque *Seyffert*
angis *PCD*   762-90 *praesto est A*   762 *vel* med   764
post 765 *P* (*prius omiss. propter homoeotel.* ; ii. 6)   765 *vel* te
(*ita codd.*)   *vel* aiebat (*ita codd.*)   sed uxorem] uxorem uerum *P*
(? *i. e.* n. n. ted od. ux. ue. s.)   766 suam uxorem *A*   *vel* aibat
767 quia me non nouisse ais *P*   769 uolo *P*   773 quein *A*
abimus incómmodi *displicet*   774 quid [secus] *A* (iv. 1)   775
quein *A*   me radicas *P*   ueleis *A*   777 *vix* darier   *vix* si uis
779 seis *A*   782 sequiminin *PCD*   coqum *A*   783 id *om. P*
Duas lectiones fuisse d. quid e. *et* d. id quod e. *credit Seyffert*   784
damnei *A*   786 aedeis *A*   787 ei *P* antiqua forma*)

ut ueniat ad me iam semul tecum.—Sy. eo.—
Ly. nescis negoti quid sit, uxor, opsecro.
790 concepteis uerbeis iam iusiurandum dabo   5○
    me numquam quicquam cum illa—iamne abiit Syra?
    perii hercle! ecce autem haec abiit. uae misero mihi!
    at te, uicine, di deaeque perduint,
    cum tua amíca cumque amationibus!
795 suspicione impleuit me indignissume,   55
    conciuit hostis domi : uxor acerrumast.
    ibo ad forum atque Demiphoni haec eloquar,
    me istanc capillo protracturum esse in uiam,
    nisi hinc abducit quo uolt ex hisce aedibus.
800 uxor, heus uxor! quamquam tu irata es mihi,   60
    iubeas, si sapias, haec ⟨hinc⟩ intro auferrier :
    eadém licebit mox cenare rectius.—

S y r a   E v t y c h v s   v

    Sy. Era quo me misit, ad patrem, non est domi :
    rus abiisse aibant. nunc domum renuntio.
805 Ev. defessus sum urbem totam peruenarier :
    nihil inuestigo quicquam de illa muliere.
    sed mater rure rediit, nam uideo Syram   5
    astare ante aedis. Syra! Sy. quis est qui me uocat?
    Ev. erus atque alumnus tuo' sum. Sy. salue, alumnule.
810 Ev. iam mater rure rediit? responde mihi.
    Sy. cum quidem salute familiai maxuma.
    Ev. quid istúc negotist? Sy. tuo' pater bellissumus   10
    amicam adduxit intro in aedis. Ev. quo modo?
    Sy. adueniens mater rure eam offendit domi.
815 Ev. pol hau censebam istarum esse operarum patrem.
    etiam nunc mulier intust? Sy. etiam. Ev. sequere me.—

    788 simitu *Ritschl* (*A n. l.*), *cui displicet hiatus* tecum | eo   789
nesceis *A*   790 *desinit A*   796 domi ⟨mi⟩ *Ritschl, cui hiatus
in pausa displicet*   797 haec dem. *cod.* : *trai. Pylades*   801 hinc
add. (*post* intro) *Pylades*   809 alumnule *Schoell* : alumne *cod.* (v. 8)
811 Sua qu. s. ac f. *Camerarius*   familiai *Bothe* : afamilia *cod.*

vi   Syra

Sy. Ecastor lege dura uiuont mulieres
multoque iniquiore miserae quam uiri.
nam si uir scortum duxit clam uxorem suam,
id si resciuit uxor, inpunest uiro;   820
5 uxor uirum si clam domo egressa est foras,
uiro fit caussa, exigitur matrumonio.
utinam lex esset eadem quae uxori est uiro;
nam uxor contenta est quae bona est uno uiro:
qui minu' uir una uxore contentus siet?   825
10 ecastor faxim, si itidem plectantur uiri,
si quis clam uxorem duxerit scortum suam,
ut illae éxiguntur quae in se culpam commerent,
plures uiri sint uidui quam nunc mulieres.—

ACTVS V

V. i   Charinvs

Ch. Limen superum | inferumque, salue, simul autem uale: 830
hunc hodie postremum extollo mea domo patria pedem.
usus, fructus, uictus, cultus iam mihi harunc aedium
interemptust, interfectust, alienatust.   occidi!
5 di penates meum parentum, familiai Lar pater,
uobis mando meum parentum rem bene ut tutemini.   835
ego mihi alios deos penatis persequar, alium Larem,
aliam urbem, aliam ciuitatem : ab Atticis abhorreo;
nám ubi mores deteriores increbrescunt in dies,
10 ubique amici qui infideles sient nequeas pernoscere
ubique id eripiatur animo tuo quod placeat maxume,   840
ibi quidem si regnum detur, non cupitast ciuitas.

---

821 uiro *cod.*   828 illa ex. *cod.*   insculpam conuenirent *B*   830
superum⟨que⟩ *Ritschl*   839 ubi qui *Palmerius*   840 ubi qui
der. *cod.* (i *pro* ei ; i. 7, p. 108)   841 est cupita (-da *B*) *cod.* :
trai. *Weise*

Evtychvs   Charinvs   ii

Ev. Diuom atque hominum quae speratrix atque era eadem
                      es hominibus,
spem speratam quom optulisti hánc mihi gratis ago.
ecquisnam deus est qui mea nunc laetus laetitia fuat?
845 domi erát quod quaeritabam : sex sodalis repperi,
uitam, amicítiam, ciuitatem, laetitiam, ludum, iocum ;   5
eorum inuentu res simitu pessumas pessum dedi,
iram, inimicitiam, maerorem, lacrumas, exsilium, inopiam,
solitudinem, stultitiam, exitium, pertinaciam.
850 date, di, quaeso conueniundi mihi eius celerem copiam.
Ch. apparatus sum ut uidetis : abicio superbiam ;   10
egomet mihi comes, calator, equos, agaso, | armiger,
egomet sum mihi imperator, idem egomet mihi oboedio,
egomet mihi fero quod usust.   o Cupido, quantus es!
855 nam tu quemuis confidentem facile tuis factis facis,
eundem ex confidente actutum diffidentem denuo.   15
Ev. cogito quonam ego illum curram quaeritatum.   Ch.
                               certa rest
me usque quaerere illam quoquo hínc abductast gentium ;
neque mihi ulla opsistet amnis nec mons neque adeo mare
860 nec calor nec frigus metuo neque uentum neque grandinem ;
imbrem perpetiar, laborem sufferam, solem, sitim ;   20
non concedam neque quiescam úsquam noctu neque dius
priu' profecto quam aut amicam aut mortem inuestigauero.
Ev. nescioquoia uox ad auris mi aduolauit.   Ch. inuoco
865 uos, Lares uiales, ut me bene tutetis.   Ev. Iuppiter !

842, 843 (cf. vv. 598ᵃᵇ) del. Bothe   842 superatrix Ribbeck :
seruatrix Redslob (Liter. Centralbl. 1895, p. 1761)   omnibus Ribbeck
843 quam cod.   mihi ⟨tibi⟩ edd. (ex v. 598ᵇ)   844 fiat (fiet B) cod. (v. 7)
847 inuentu res Camerarius : inuenturus (Pᶜᴰ) vel inuentu st (B) cod.
849 post hunc v. lacunam sign. Ritschl   850 vel mi   852 agaso ⟨sum⟩
Ritschl   857 res alii (cf. ad v. 847)   859 obstabit (-uit) codd. Nonii
191   atque adeo codd. Nonii   860 calos (i. e. calus) Gandino : calor
'generis neutri' testatur Nonius 200   neque frigus neque calor
schol. Georg. 2, 344, codd. Nonii (calorem)   862 nusquam Habich
diu Nonius 98   865 diales codd. Nonii 476

25 estne illic Charinus? CH. ciues, bene ualete. EV. ílico
    sta, Charine. CH. qui me reuocat? EV. Spes, Salus,
                                                 Victoria.
  CH. quid me uoltis? EV. ire tecum. CH. álium comitem
                                               quaerite,
  non amittunt hi me comites qui tenent. EV. qui sunt ei?
  CH. cura, miseria, aegritudo, lacrumae, lamentatio.   870
30 EV. repudia istos comites atque huc respice et reuortere.
  CH. siquidem mecum fabulari uis, supsequere. EV. sta
                                               ilico.
  CH. male facis properantem qui me commorare. sol abit.
  EV. si huc item properes ut istuc properas, facias rectius :
  huc secundus uentus nunc est ; cape modo uorsoriam :   875
35 hic fauonius serenust, istic auster imbricus ;
  hic facit tranquillitatem, iste omnis fluctus conciet.
  recipe te ad terram, Charine, huc ex aduorsoque uide sis.
  nubis ater imberque instat—aspicin?—ad sinisteram.
  caelum ut est splendore plenum nonne ex aduorso uides?   880
40 CH. religionem illic ⟨mi⟩ obiecit : recipiam me illuc. EV.
                                             sapis.
  o Charine, contra pariter fer gradum et confer pedem,
  porge bracchium. CH. prehende. iam tenes? EV. teneo.
                                            CH. tene.
  EV. quo nunc ibas? CH. exsulatum. EV. quid ibi faceres?
                                         CH. quod miser.
  EV. st !

    866 ⟨heus⟩ ilico *Bothe* : ⟨isti⟩ ilico *Mueller* (*Rhein. Mus.* 54, 396)
871 hoc *cod.* (*forma antiqua*)   874 *vel* isto   878 recipe te
Camerarius : recipite *cod.* (i. 3)   ex adu. (*vel* exaduorsumque) uide
sis *scripsi* : non ne (me *B*) ex aduorso uide *cod.* (*cf. vv.* 879, 880)
879 atra *Ital.*   aspicin (?) *Leo* : aspice non (*P*CD) *vel* aspiciae non
(*B*) *cod.*   ad sin. [atque ut (ut *om. B*) detis] *cod.* (*pro* at que
uidetis. *Spectat ad v.* 878 ; iv. 5)   880 splendore est *P*CD   nonne
om. cod. (*cf. v.* 878)   *vel* exaduorsum   881 mi *add. Ritschl*
884 Quod *cod.* (*corr. B*[2])   qui tibi *P*CD   faceres *Lachmann* : facer
his (facere uis *B*) *cod.*   miser. EV. St ! (*extra versum*) *scripsi* :
miserst *cod.* (miser *B*[2])

885 ne paue, restituam iam ego te in gaudio antiquo ut sies.   45
maxume quod uis audire, id audies, quod gaudeas.
sta ilico, ⟨nam⟩ amicus ⟨amico⟩ aduenio multum beneuolens.
tuam amícam—Cн. quid eam? Ev. ubi sit ego scio. Cн.
tune, opsecro?
Ev. sanam et saluam. Cн. úbi eam saluam? Ev. ego
scio. Cн. ego me mauelim.
890 Ev. potin ut animo sis tranquillo? Cн. quid si mi animus 50
fluctuat?
Ev. ego istum in tranquillo, quieto, tuto sistam : ne time.
Cн. opsecro te, loquere ⟨propere⟩ úbi sit, ubi eam uideris.
quid taces? dice. enicas me miserum tua reticentia.
Ev. non longe hinc abest a nobis. Cн. quin [ergo] com-
mostras, sei uides?
895 Ev. non uideo hercle nunc, sed uidi modo. Cн. qui égo 55
uideam facis?
Ev. faciam. Cн. longum istuc amantist. Ev. etiam metuis?
omnia
commostrabo. amicior mihi nullus uiuit atque is est
qui illam habet neque est quoi magi' me melius uelle
aequom siet.
Cн. non curo istunc, de illa quaero. Ev. de illa ergo ego
dico tibi.

---

885 gaudio antiquo *Luchs* : gaudiantique *cod.*   886 audies
Camerarius: audis *cod.*   887 nam **add.** *Ritschl*   amico **add.**(?) *Leo*
                                n
bene uoles *cod.*   888 tume *cod. ut uid.* (*unde* tume [atumne] *P*CD)
(iv. 1)   889 [quo] ego *B* (iv. 3)   890 tranquillam *cod.* (*corr. B²*)
si mi animus *Buecheler*: sint antimus (animus *D²*) *cod.*: sist a. (*cum
fluctuans*) *Seyffert*   fluctuant *cod.* (*uix pro* fluctuanst)   891 in
transquieto tuto sistam *cod.* : *corr. Seyffert*   892 propere **add.** *Ritschl*
893 reticentia *Merula* : recentia *cod.* (v. 8)   894 a nobis *del. Camerarius*   ergo *del. Guietus*   si ui. *Guietus* (si tu ui. *Ital., Camerarius*) :
set [ut] ui. *cod.* (iv. 3)   895 sed uidi *Ital.* : sit uidim *cod.*
qui *scripsi*: quem *cod.* (i. 9): quin *Ital.*   uidea *cod.*   896 faciamlon
                                                                        e
cum istunc *cod.* : *corr. Pareus*   metuis] emutuis *P*CD (*pro* mut-?),
unde muttis *Studemund*   897 commonstrabor *cod.*   898 *vel* mage
me uelle [me] melius *cod.* : *corr. Guietus*   sient *cod.*   899 curam
de istuc ulla *cod.*: *corr. Ritschl*

60 sane hoc non in mentem uenit dudum, ut ubi ⟨sit dicerem⟩. 900
CH. dic igitur, ubi illa est? Ev. in nostris aedibús. CH.
                                             aedis probas,
   si tu uera dicis, pulchre aédificatas arbitro.
   sed quid égo istuc credam? uidisti an de audito nuntias?
   Ev. egomet uidi. CH. quis eam adduxit ad uos, inque.
                                         Ev. ⟨tu⟩ rogas?
65 CH. uera dicis.   Ev. nil, Charine, te quidem quicquam 905
                                                       pudet.
   quid tua refert qui cum istac uenerit? CH. dum istic siet.
   Ev. est profecto. CH. opta ergo ob istunc nuntium quid
                                                   uis tibi.
   Ev. quid si optabo? CH. deos orato ut eius faciant copiam.
   Ev. derides. CH. seruata res est demum, si illam uidero.
70 sed quin ornatum hunc reicio? heus! aliquis actutum huc 910
                                                       foras
   exite, illinc pallium mi ecferte. Ev. em, nunc tu mihi places.
   CH. optume aduenis, puere, cape chlamydem atque istic sta
                                                       ilico,
   ut, si haec non sint uera, inceptum hoc itiner perficere ex-
                                                       sequar.
   Ev. non mihi credis? CH. omnia equidem credo quae
                                                 dicis mihi.
75 sed quin intro ducis me ad eam, ut uideam? Ev. paullisper 915
                                                       mane.

900 ut ob (*P*CD) *vel* ut tibi (*B*) *cod.* : ut ubi sit dicerem *Leo*: ut
oblitus fui *Ribbeck*   901 *vel* aedibust   903 qui *Pylades*   uidistis
cod.: -tin *Ital.*   an de *Camerarius* : ante *cod.*   nuntias *Ital.* :
inotias *cod.*   904 inque (*ita Schoell*) Ev. tu (*vel* qui) *scripsi* : Ev. inique
cod. : Ev. ⟨i⟩ inique *Nencini*   905 *post* 906 *collocat Leo*   906 tua
Ital.: ima (ama *B*) *cod.* : amabo *Nencini*   istuc sit *cod.*   907 istuc *cod.*
908 faciat copia *cod.*   909 illam uidero *Ital.* : illa uideor *cod.*   910
aliquis [est] *cod.* : est *del. Pylades*   hunc *cod.*   911 *vel* illim   tu
mihi [ut] *cod.* : ut *del. Acidalius*   912 aduenis *Acidalius* : adueniens *cod.* (*pro* -neis?)   atque [haec] istinc sat *cod.* (ii. 7):
haec *del. Bothe*, istic sta *Camerarius* (isti asta *Seyffert*)   913 itinere
cod.   914 quae dicis *Ital.* : quia edicis *cod.*   tibi *B, fort. recte*

CH. quid manebo?   Ev. tempus non est intro eundi.
                      CH. énicas.
Ev. non opus est, inquam, nunc intro te ire.   CH. responde
                      mihi,
qua caussa?   Ev. operae non est.   CH. qur?   Ev. quia non
                  est illi commodum.
CH. itane? commodum illi non est, quae me amat, quam
                 ego contra amo?
920 omnibus me ludificatur hic modis. ego stultior   80
qui isti credam. commoratur. chlamydem sumam denuo.
Ev. mane parumper atque haec audi.   CH. cape sis, puere,
                  hoc pallium.
Ev. mater irata est patri uehementer, quia scortum sibi
ob oculos adduxerit in aedis, dum ruri ipsa abest:
925 suspicatur illam amicam esse illi.   CH. zonam sustuli.   85
Ev. eam rem nunc exquirit intus.   CH. iam machaerast
                    in manu.
Ev. nam si eo ted intro ducam—CH. tollo ampullam atque
                    hinc eo.
Ev. mane, mane, Charine.   CH. érras, ⟨sic⟩ me decipere
                    hau potes.
Ev. neque edepol uolo.   CH. quín tu ergo itiner exsequi
                    meum mé sinis?
930 Ev. non sino.   CH. egomet me moror.   tu puere, abi hinc 90
                    intro ocius.
iám in currum escendi, iam lora ín manus cepi meas.
Ev. sanus non es.   CH. quin, pedes, uos in curriculum
                    conicitis
in Cyprum recta, quandoquidem pater mihi exsilium parat?

917 te *om. B*   918 commodi *cod.*   919 contra amo *Ital.* :
contra am *cod.*   920 hic ludificatur me *cod.* : *trai. Gulielmius* : hic
⟨homo⟩ l. me *Leo* : istic l. me *Skutsch* (*Herm.* 32, 92)   922 puer
cod.   924 oculis *cod.*   925 sonam *cod.*   927 Nunc *Ritschl*
928 sic *add. Schoell*   potest *cod.* (*corr. D*)   uis me d.; haud potest
Seyffert   929 uolo edepol *P*CD   sines (sine) *codd. Nonii* 482
930 egomet *codd. Prisciani* 1, 301 : ego *cod.*

Ev. stultus es, noli istuc quaeso diceré.   Ch. certum ex-
                                                    sequist,
95 operam ut sumam ad peruestigandum ubi sit illaec.   Ev. 935
                                                    quin domist.
   Ch. nam hic quod dixit id mentitust.   Ev. uera dixi equi-
                                                    dem tibi.
   Ch. iam Cyprum ueni.   Ev. quin sequere, ut illam uideas
                                                    quam expetis.
   Ch. percontatus non inueni.   Ev. matris iam iram neglego.
   Ch. porro proficiscor quaesitum. nunc perueni Chalcidem ;
100 uideo ibi hospitem Zacyntho, dico quid eo aduenerim,   940
    rogito quis eam uexerit, quis habeat si ibi indaudiuerit.
    Ev. quin tu istas omittis nugas ac mecum huc intro ambulas?
    Ch. hospes respondit Zacynthi ficos fieri non malas.
    Ev. nil mentitust.   Ch. sed de amica se indaudiuisse
                                                    autumat
105 hic Athenis esse.   Ev. Calchas iste quidem Zacynthiust.   945
    Ch. nauem conscendo, proficiscor ilico. iam sum domi,
    iam redii ⟨ex⟩ exsilio. salue, mi sodalis Eutyche :
    ut ualuisti ? quid parentes mei ? ualent mater, pater ?
    bene uocas, benigne dicis : cras apud te, nunc domi.
110 sic decet, sic fieri oportet.   Ev. heia ! quae mi somnias !   950
    hic homo non sanust.   Ch. medicari amicus quin properas
                                                    ⟨mihi⟩ ?
    Ev. sequere sis.   Ch. sequor.   Ev. clementer quaeso, calcis
                                                    deteris.
    audin tu ?   Ch. iam dudum audiui.   Ev. pacem componi
                                                    uolo

935 uestigandum B   936 hic] id PᶜᴰD   941 rogito Pius :
cogito cod.   942 naugas C   943 zacintho cod. (cf. 940)   944
autumant cod.   946 iam Ital. : ea cod.   947 ex add. Kampmann
948 mei ualent Pylades : metuat cod.   pater
Bugge : dati cod.   949 nunc Pius : non cod.   950 sic d. Pius :
si d. cod.   eia quae mi Ussing : eloque ni cod. (1 pro j)   951
sanus cod.   mihi add. Ritschl   952 ses cod. (pro seis !)

meo patri cum matre : nam nunc est irata—CH. í modo.
955 Ev. propter istanc.   CH. i modo.   Ev. ergo cura.   CH. 115
                                     quin tu ergo i modo.
    tam propitiam reddam, quam quom propitiast Iuno Ioui.—

                DEMIPHO   LYSIMACHVS   iii

DE. Quasi tu numquam quicquam adsimile huiius facti
                                              feceris.
Ly. edepol numquam ; caui ne quid facerem.   uix uiuo
                                              miser.
    nam mea uxor propter illam tota in fermento iacet.
960 DE. at ego expurigationem habebo, ut ne suscenseat.
    Ly. sequere me.   sed exeuntem filium uideo meum.   5

        EVTYCHVS   LYSIMACHVS   DEMIPHO   iv

Ev. Ad patrem ibo, ut matris iram sibi esse sedatam sciat.
iam redeo.   Ly. placet principium.   quid agis ? quid fit,
                                              Eutyche ?
Ev. optuma opportunitate ambo aduenistis.   Ly. quid
                                              rei est ?
965 Ev. uxor tibi placida et placatast.   cette dextras nunciam.
    Ly. di me seruant.   Ev. tibi amicam ésse nullam nuntio. 5
    DE. di te perdant ! quid negotist nam, quaeso, istuc ?   Ev.
                                              eloquar.
    animum aduortite igitur ambo.   Ly. quin tibi ambo operam
                                              damus.
    Ev. qui bono sunt genere nati, ⟨si⟩ sunt ingenio malo,

954 eist *Mueller*   958 *post* 959 *cod.* : *trai. Acidalius*   958 ego
pol numquam *Seyffert, cui ordo* ed. numq. *displicet*   uix uiuo miser
Ritschl : uix uiuum ser (*P*CD) *vel* multum miser (*B*) *cod.*   959
propte *cod.* (*corr. D*²)   960 ego *Ital.* : ergo *cod.*   962 *post*
963 *cod.* : *trai. Pylades* (iii. 12)   963 fiet *B*   964 oportuni-
tatem *cod.*   ut uenistis *corr.* atu. *cod. ut vid.* (aut uenistis *P*CD,
ut uenistis *B*)   965 cette *Camerarius* : certe *cod.*   966 tibi ⟨iam⟩
Ritschl, cui tibi | am. *displicet*   968 *vel* Ly., DE.   quid *B*   969
si *add. Camerarius* (*seq.* ēt, *i. e.* sunt ; iii. 1)

suapte culpa †genere capiunt†, genus ingenio inprobant.   970
10 DE. uerum hic dicit.   LY. tibi ergo dicit.   EV. eo illud est
                                                    uerum magis.
nam te istac aetate haud aequom filio fuerat tuo
adulescenti amanti amicam eripere emptam argento suo.
DE. quid tu ais? Charini amicast illa?   EV. ut dissimulat
                                                    malus!
DE. ille quidem illam sese ancillam matri emisse dixerat.   975
15 EV. propterea igitur tu mercatu's, nouos amator, uetu' puer?
LY. optume hercle, perge, égo adsístam hinc alterinsecus.
quibus est dictis dignus usque oneremus ambo.   DE. nullu'
                                                    sum.
LY. filio suo qui ínnocenti fecit tantam iniuriam.
EV. quem quidem hercle ego, in exsilium quom íret, redduxi 980
                                                    domum;
20 nam ibat exsulatum.   DE. an abiit?   LY. etiam loquere,
                                                    larua?
temperare istac aetate istis decet ted artibus.
DE. fateor, deliqui profecto.   EV. étiam loquere, larua?
uacuom esse istac ted aetate hís decebat noxiis.   983ᵃ
itidem ut tempus anni, aetate alia aliud factum conuenit;
25 nam si istuc ius est, senecta aetate scortari senes,   985
ubi locist res summa nostra puplica?   DE. ei, perii miser!
LY. adulescentes rei agendae isti magi' solent operam dare.
DE. iam opsecro hercl' uobis habete cum porcis, cum
                                                    fiscina.

---

970 *fort.* degeneres (*ita Colvius*) fiunt (pi *pro* fi)   s. c. damnum
capiunt genus ingenio ⟨cum⟩ i. *Ritschl*   ingenium *cod.*   972
aetatem *cod.*   fuerat filio *cod.* : trai. *Bothe, metri causa*   973
emptam argento eripere *cod.* : trai. *Weise*   977 ⟨tu⟩ ego *Leo*
altr- *Ital.*   980 ibat (?) *Leo* (*cf. Truc.* 381, *Conj. pro Ind. post*
cum; i. 9)   981 ibit exulatum *P*ᶜᴰ : exibat exilium *B*   982
vel te (*ita cod.*)   983 Ev.] *vel* LY.   983ᵃ *a Plauto abiudicat Abraham
stud. Plaut.* p. 184   984 aetatem *Ital.*   aliam *cod.*   an alid?
condecet *Lachmann*   985 iuus *cod.*   987 *vel* mage   opera *cod.*
988 hercl' *suspectum*   habete uobis *Acidalius*

Ev. redde illi. DE. sibi habeat, iam ut uolt per me sibi
                  habeat licet.
990 Ev. temperi edepol, quoniam ut aliter facias non est 30
                  copiae.
DE. supplici sibi sumat quid uolt ipse ob hanc iniuriam,
modo pacem faciatis oro, ut ne mihi iratus siet.
si hercle sciuissem siue adeo ioculo dixisset mihi
se illam amare, numquam facerem ut illam amanti abdu-
                  cerem.
995 Eutyche, ted oro, sodalis eius es, serua et subueni :   35
hunc senem para mé clientem ; memorem dices benefici.
LY. ora ut ignoscat delictis tuis atque adulescentiae.
DE. pergin tu autem? heia! superbe inuehere. spero ego
                  mihi quoque
tempus tale euenturum ut tibi gratiam referam parem.
1000 LY. missas iam ego istas artis feci. DE. et quidem ego 40
                dehinc iam. Ev. nihil ⟨agis⟩ :
consuetudine animus rusus te huc inducet. DE. opsecro,
sati' iam ut habeatis. quin loris caedite etiam, si lubet.
LY. recte dicis. sed istuc uxor faciet, quom hoc resciuerit.
DE. nihil opust resciscat. Ev. quid istic? non resciscet,
                  ne time.
1005 eamus intro, non utibilest hic locus, factis tuis,   45
dum memoramus, arbitri ut sint qui praetereant per uias.
DE. hercle qui tu recte dicis : eadem breuior fabula
erit. eamus. Ev. hic est intus filius apud nos tuos.
DE. optumest. illac per hortum nos domum transibimus.
1010 LY. Eutyche, hanc uolo priu' rém agi quam meum intró 50
                refero pedem.

989 illi *Leo*: filio *cod.*   habeas *cod.*   sibi *alt. del. Guietus*
990 tempere *cod. ut uid.*   copia *Guietus*   992 siet *Pylades* : est *cod.*
995 *uel* te (*ita cod.*)   996 me *del. Guietus* (iv. 3)   997 deliciis *cod.*
1000 missus *cod.*   artis feci et *Ital.*: artificiet *cod.*   agis *add.*
Lachmann   1005-6 *Lysimacho dat Ribbeck, fort. recte*   1006 arb.
ut] arbitrium *B* : arbitri ubi (*cum* sunt) *Seyffert*

Ev. quid istuc est? Ly. suam quisque homo rem meminit.
responde mihi :
certon scis non suscensere mihi tuam matrem? Ev. scio.
Ly. uide. Ev. mea fide. Ly. satis habeo. id quaeso hercle,
etiam uide.
Ev. non mihi credis? Ly. immo credo, sed tamen metuo
miser.
55 De. eamus intro. Ev. immo dicamus senibus legem censeo 1015
priu' quam abeamus, qua se lege teneant contentique sint.
annos gnatus sexaginta quí erit, si quem scibimus
si maritum siue hercle adeo caelibem scortarier,
cúm eo nos hic lege agemus : inscitum arbitrabimur
60 et per nos quidem hercle egebit qui suom prodegerit. 1020
neu quisquam posthac prohibeto ádulescentem filium
quin amet et scortum ducat, quod bono fiat modo ;
siquis prohibuerit, plus perdet clam ⟨qua⟩si praehibuerit
palam.
haec adeo | uti éx hac nocte primum lex teneat senes.
65 bene ualete ; atque, adulescentes, haec si uobis lex placet, 1025
ob senum hercle industriam uos aequom est clare plaudere.

1013 uideo me fide *cod.* : *corr. Ribbeck*   id] sed *Ritschl*   1017
Ly. annos *cod. ut uid.*   1018 si *Brix* : seu *cod.*, *contra morem
Plautinum*   1019 hac *Bothe*   1021 filia *cod.*   1023 quam (qua)
add. Camerarius   prohibuerit *cod.*   1024 *uel* ut (*ita cod.*) : uolo
Ussing

SCHEMA METRORVM

Amph. Arg. I, II, Prol. Iamb. Senarii
153–158 Iamb. Octonarii
159, 160 Troch. Octonarius
161–172 Ionici (sed 165 duo Cola Reiziana, 166-7 Anapaest. Dimetri)

161 ∪ ∪ ∪́ ∪ ∸ | ∪ ∪ ∸
162 (?) − ∪́ ∪ ∸ | − ∪́ ∪ ∪́ ∪ | ∪ ∪ ∸
163 (?) − ∪́ ∪ ∸ | ∪ ∸ ∪ ∸̆
164 (?) ∪ ∪ ∸ ∸
164ᵃ (?) ∪ ∪ ∸ ∸̆ | − ∸ ∸ (an Colon Reizianum ?)
164ᵇ ∸ ∸ ∪ ∪ | ∸ ∪ ∸ ∪
165 − ∸ − ∸ − ‖ − ∸ ∪ ∪ ∪́ ∪ −
168 ∸ ∸ ∪ ∪ | ∸ ∸ ∪ ∪ | ∸ ∪ ∸ ∪ | ∸ ∸
169 ∸ ∸ − | ∸ ∪ ∸ ∪ | ∸ ∪ ∸ ∪ | ∸ ∸
170 ∸ ∪́ ∪ ∪ ∪ | ∸ ∸ ∪ ∪ | ∸ ∪ ∸ ∪ | ∸ ∸
171 ∸ ∸ ∪ ∪ | ∸ ∪ ∸ ∪ | ∸ ∪ ∸ ∪ | ∸ ∸
172 ∸ ∸ ∪ ∪ | ∸ ∸ ∪ ∪ | ∸ ∪ ∸ ∪ | ∸ ∸

173–179 Bacchiaci
179 − ∸ ∸ | ∪ ∸ | − ∪́ ∪ ∸̆

180–218 Iamb. Octonarii
219–247 Cretici, hic illic cum Colis Trochaicis (sed 222 Troch. Septenarius, 247 Troch. Monometer)

223 ∸ ∪ ∸ | ∸ ∪ ∸ ‖ ∸ − − ∪ ∪ | ∸ ∪ −
233 ∸ − ∪́ ∪ | ∸ ∪ ∸ ‖ ∸ ∪ − ∪ | ∸ ∪ −
234 ∪́ ∪ ∪ ∸ | ∸ ∪ ∸ ‖ ∸ ∪ ∸̆ ∪ ∪ | ∸ ∪ −
237 ∸ ∪ ∸ ‖ ∸ ∪ − −
242 ∸ ∪ ∸ | ∪́ ∪ ∪ ∸ | ∸ ∪ | ∸ ∪ ∸
245 ∸ − ∸ | ∸ ∪ ∸ ‖ − ∪ ∪ ∪ −

248–262 Iamb. Octonarii, sed 253-4 Troch. Septenarii

SCHEMA METRORVM

263–462 Troch. Septenarii

463–498 Iamb. Senarii

499–550 Troch. Septenarii

551–573 Bacchiaci (sed 572 duo Cola Reiziana)

572 ∪ ∪ ⏜ ∪ ∪ ⏜ – ‖ ∪ ∪ ∪̆ ∪ ∪ ⏜ –

574 Anapaest. Dimeter Catal.

575–585ᵇ Trochaici

586–632 Troch. Septenarii

633–652 Bacchiaci, sed hic illic cum Colis Reizianis

634 – ⏜ ⏜ | ∪ ⏜ ⏜ | ∪ ∪ ⏜ ⏜ | ∪ ⏜ ⏜ ‖ ∪ ⏜ – ∪̆ ∪ –

638 ∪ ⏜ ⏜ | ∪ ⏜ ⏜ | ∪ ⏜ ⏜ | ∪ ⏜ – | ∪ ⏜

(*vel* ‖ ∪ ⏜ – ⏜ –)

639 – ⏜ ⏜ | ∪ ⏜ ⏜ | ∪ ⏜ ∪̆ ∪ | – ⏜ ⏜ ‖ – ⏜ ∪ ⏜ –

641 – ⏜ – ∪̆ ∪ – ‖ ∪ ⏜ ⏜ | – ⏜ ⏜ | ∪ ⏜ ⏜ | ∪ ⏜ ⏜

646 ∪ ∪ ⏜ ∪ ∪̆ ∪ – ‖ – ⏜ ⏜ | – ⏜ ⏜ | ∪ ⏜ ⏜ | – ⏜ ∪̆

650 – ⏜ ⏜ | ∪ ⏜ ⏜ | ∪ ⏜ ⏜ | ∪ ⏜ ⏜ ‖ ∪ ∪ ⏜ – ⏜ –

653 Colon Reizianum

(∪ ∪ ⏜ ∪ ∪ ⏜ –)

654–860 Troch. Septenarii

861–955 Iamb. Senarii

956–973 Troch. Septenarii

974–983 Iamb. Senarii

984–1005 Iamb. Octonarii

1006–1008 Iamb. Senarii

1009–frag. vi. Troch. Septenarii

fragg. vii–x. Iamb. Senarii

frag. xi–1052 Troch. Septenarii

1053–1085 Iamb. Octonarii, sed 1062 Anap. Tetram. Acatal., 1064–5, 1072 Troch. Septenarii, 1073 Iamb. Dim. Acatal.

1067–1068 (unum systema)

– ∪̆ ∪ – – | – ⏜ ∪ – | ∪ ⏜ – ∪ ∪ | – ⏜ – – | –

∪̆ ∪ – – | – ⏜ ∪ – | ∪ ∪̆ ∪ – – | – ⏜ ∪ ∪̆

1086–1130 Troch. Septenarii

1131–1143 Iamb. Senarii

1144–1146 Troch. Septenarii

Asin. Arg., Prol. Iamb. Senarii

16–126 Iamb. Senarii

127–137 Cret. Tetrametri (sed 133 Choriamb. Tetrameter)
138–380 Troch. Septenarii
381–503 Iamb. Septenarii
504–544 Troch. Septenarii
545–745 Iamb. Septenarii
746–829 Iamb. Senarii
830–850 Iamb. Octonarii
851–947 Troch. Septenarii

Aul. Arg. I, II, Prol. Iamb. Senarii

40–119 Iamb. Senarii
120–134 Bacch. Tetrametri (sed 131 et 133 Bacch. Dim.
   cum Iamb. Dim. Catal.)

  131 ⏑ –́ –́ | ⏑ ⏑ –́ –́ ‖ ⏑ ⏑ –́ ⏑ – | – –́ –
  133 ⏒ –́ ⏑́ ⏑ | – –́ – ‖ – –́ ⏑ – | – –́ –

135–140 Iambici
141 Troch. Septenarius
142, 142ᵃ et 144 Cretici
143 et 145 Ithyphallici
146 et 149–154 Anapaestici. (153 Versus Reizianus?)
147–148 Bacch. Tetrametri
155 Anap. Monometer cum Colo Reiziano
156–8 et 160 Versus Reiziani, i.e. Iamb. Dimetri Acatal.
   cum Colis Reizianis
159 (?) Bacch. Trimeter cum Colo Reiziano
 (⏑ –́ –́ | ⏑ –́ –́ | – ⏑́ ⏑ –̆ ‖ – ⏑́ ⏑ ⏑ ⏑ –́ –)
161–279 Troch. Septenarii
280–405 Iamb. Senarii (sed 393 Troch. Septenarius)
406–412 Trochaici
412ᵃ Anap. Dimeter Catal.
413–414 Iamb. Octonarii
415–445 Versus Reiziani
446 (?) Ionic. Dimeter cum Colo Reiziano
  (⏑́ ⏑ –́ ⏑ ⏑ | –́ –́ ⏑ ⏑ ‖ – –́ ⏑ ⏑ –́ –)
447–474 Troch. Septenarii
475–586 Iamb. Senarii
587–660 Troch. Septenarii, sed 660 Octonarius
661–712 Iamb. Senarii
713–726 Anapaestici
727–730 Trochaici

731–802 Troch. Septenarii
803–807 Iamb. Septenarii
808–823 Troch. Septenarii
824–826 Troch. Dimetri Catal.
827–831 Troch. Octonarii
Bacch. : frag. i Troch. Octonarius, ii Cret. Tetram., iv Iamb. Senar., viii Bacch. Tetram., x Iamb. Senar., xii Cret. Tetram., xv Iamb. Sen., xvii Cret., xviii–xix Iamb. Senarii
35–108 Troch. Septenarii
109–367 Iamb. Senarii
368–499 Troch. Septenarii
500–525 Iamb. Senarii
526–572 Troch. Septenarii
573–611 Iamb. Senarii
612–615 Troch. Octonarii ; 615ᵃ Septenarius
616–7 Anapaestici
618 Iamb. Dim. Cat.
619–20 Bacch. Dim. Acat.
621–624 Cretici

621 $\stackrel{\_}{\smile} \cup | \stackrel{\_}{\smile} \cup \stackrel{\_}{\smile} \| \stackrel{\_}{\smile} \cup | \stackrel{\_}{\smile} \cup \stackrel{\_}{\smile}$

622, 624 $\stackrel{\_}{\smile} \cup \stackrel{\_}{\smile} | \stackrel{\_}{\smile} \cup \stackrel{\_}{\smile} \| \stackrel{\_}{\smile} \cup | \stackrel{\_}{\smile} \cup \stackrel{\_}{\smile}$
$| \cup \cup \cup \smile$

624ᵃ Iamb. Dim. Acat.
625 Choriambicus $\stackrel{\_}{\smile} \stackrel{\_}{\smile} | \stackrel{\_}{\smile} \cup \cup \stackrel{\_}{\smile} \stackrel{\_}{\smile} | \stackrel{\_}{\smile} \cup \cup \stackrel{.}{\cdot}$
626–632 Glyconici ; sed 628 Troch. Octonarius
632ᵃ Iamb. Dim. Acat.
633 Glyconicus cum Dochmio ($- \cup - - -$)
634 Iamb. Octonarius
635 Glyconicus
635ᵃ Dochmius ($\cup \cup \cup - - -$)
636 Choriambicus Dim. cum Dochmio
($\cup \cup \cup - - -$)
637 duo Dochmii
($- \cup \cup - - - \| \cup \cup - - - -$)
638 Choriambicus
638ᵃ, 639ᵃ–9ᵇ Glyconici
639 Dochmius ($- \cup \cup - - - -$)
640–2 Troch. Octonarii

SCHEMA METRORVM

643–668ᵃ Cretici (653 cum Colo Trochaico): sed 651
        Choriambicus, 652 Dochmius (*vel* Colon
        Reizianum), 662 duo Cola Reiziana; 654–5,
        659–661 Iamb. Dim. Acat., 668ᵃ Cat.

643, 645   ⏤ ∪ | ⏤ ∪ ⏤ ‖ ⏤ ∪ | ⏤ ∪ ⏤

646   ⏤ ∪ | ⏤ ∪ ⏤ ‖ — ∪ ∪ ∪ —

650   ⏤ — ⏤ | ⏤ ∪ ⏤ ‖ ⏤ ∪ | ⏤ ∪ ⏤

651   ⏤ ∪ ∪ ⏤ | ⏤ ∪ ∪ ⏤ | ⏤ ∪ ∪ ⏤ | ⏤ ∪ ∪ ⏤

652   — ∪ ∪ — — ⏑

653   ∪ ∪ — ⏤ | ⏤ ∪ ⏤ ‖ ⏤ ∪ — — | ⏤ ∪ —

662   — ⏤ ∪ ⏤ — ‖ ∪ ∪ ∪ ∪ ∪ ∪ —

663–7   ⏓ ⏑ ⏤ | ⏤ ∪ ⏤ ‖ ⏓ ⏑ | ⏤ ∪ ⏤

668   ⏤ — ⏤ | ⏤ ∪ ⏤ ‖ — ∪ ∪ ∪ —

669 Iamb. Senarius

670 Anap. Dim. Acat. cum Colo Reiziano
      (∪ ∪ ⏤ — ⏤ ⏑)

671–760 Troch. Septenarii, sed 673 Versus Eupolideus,
      ut vid.

761–924 Iamb. Senarii

925–952 Iamb. Octonarii

953–955 Troch. Octonarii; 956 Septenarius

957–978 Iamb. Octonarii: sed 963–4, 969–972ᵃ Trochaici

979 Glyconicus (— ∪ ∪ — ∪ ∪ — ∪ ∪ —) cum Ithy-
      phallico (⏤ ∪ ⏤ ∪ ⏤ —)

980 duo Glyconici

— — — — ∪ ∪ — ‖ — ∪ ∪ — ∪ ∪ ∪ ∪ —

981–6 Troch. Octonarii, sed 984 et 986 Septenarii

987–988 Iamb. Octonarii

988ᵃ Versus Reizianus

989–990ᵃ Glyconici

991–994 Troch. (991, 994 Septenarii, 992–3 Octonarii)

995–6ᵃ Iambici

996ᵃ — ⏤ ∪ — ‖ — ∪ ∪ ∪ ⏤ — (Colon Reizianum)

997–1075 Iamb. Senarii

1076–1108 Anapaestici

1109–1115 Cretici

1112   ⏤ ∪ ⏤ | ⏤ ∪ ⏑ ‖ — ∪ ∪ ∪ —

1116 Anap. Dim. Acat.

1117–1119 Troch. Septenarii

1120–1140ᵃ Bacchiaci, sed 1124 Versus Reizianus

    1120 ⏑́ ⏑ ⏑ ⏟ | ⏑ ⏟ ⏟ | ⏟ ⏟ ⏟ | ⏑ ⏟ ⏟ ‖ ⏑ ⏟ | ⏟ ⏟ ⏟

    1121ᵃ ⏑ ⏟ ⏟ ‖ ⏑ ⏟ | ⏑ ⏟ ⏟

    1127 ⏟ ⏟ ⏟ | ⏑ ⏟ ⏟ ‖ ⏟ ⏟ | ⏑ ⏟ ⏟

    1128 ⏑ ⏑ ⏑ ⏟ | ⏑ ⏑ ⏟ ⏟ ‖ ⏟ ⏟ | ⏑ ⏟ ⏟

    1137 ⏟ ⏟ ⏟ | ⏑ ⏟

    1139 ⏟ ⏟ ⏟ ‖ ⏑ ⏟ | ⏑ ⏟ ⏑

    1140ᵃ ⏑ ⏟ ⏟ ‖ ⏑ ⏟ | ⏑ ⏟ ⏟

1141–1148 Troch. Septenarii

1149–1206 Anapaestici

1207–1211 Troch. Septenarii

Capt. Arg. Prol., 69–194 Iamb. Senarii

    195–202 Iambici, sed 201 Troch. Octonarius

        203 vel Iamb. Octonarius vel Troch. Septenarius

    204–207 Cretici, sed 206 Iamb. Dim. Acat.

        204 ⏟ ⏑ ⏟ | ⏟ ⏟ ‖ ⏟ ⏑ ⏟ | ⏟ ⏟

        207 ⏟ ⏑ ⏟ | ⏟ ⏑ ⏑ cum Ithyphallico ⏟ ⏑ ⏟ ⏟ ⏑ ⏑ ⏑

    208–9 Troch. Octonarii

    210–223 Cretici : sed 215 Troch. Octonarius

        212 ⏟ ⏑ ⏟ | ⏟ ⏟ ⏟ cum Ithyphallico ⏟ ⏑ ⏑ ⏑ ⏑ ⏟ ⏟

        214 cum colo ⏟ ⏑ ⏟

        217 ⏟ ⏑ | ⏟ ⏑ ⏟ ‖ ⏑ ⏑ ⏑ ⏟ | ⏟ ⏑ ⏟

    224–225 Iamb. Septenarius et Octonarius

    226–230 Bacch. Tetram.

    231–2 Anap. Dim. Cat. cum Iamb. Dim. ut vid.

        231 ⏑ ⏑ ⏟ ⏑ ⏑ ⏟ | ⏟ ⏟ ⏟ ‖ ⏟ ⏟ ⏑ ⏟ | ⏑ ⏟ ⏑

        232 ⏟ ⏑ ⏟ ⏑ ⏑ ⏟ | ⏟ ⏟ ⏟ ‖ ⏑ ⏑ ⏟ ⏑ ⏟ | ⏟ ⏑ ⏑ ⏑ ⏟

        233 Iamb. Dim. Cat.

    234–239 Cretici

    240–360 Troch. Octonarii (240–1) et Septenarii

    361–384 Iamb. Senarii

    385–497 Troch. Septenarii

    498–507 Bacchiaci : sed 498 et 500 Anap. Dim. Acat.,
            502–3 Troch. Octonarius, 507 Iamb. Dim. Cat.
            cum Bacch. Dim. Acat.

        506 ⏑ ⏞́ ⏟ | ⏑ ⏟ quater

SCHEMA METRORVM

507 — ´ ∪ — | — ´ — ‖ ∪ ´ ´ | ∪ ´ ´

508 Anap. Tetram. Acat.

(?) 509–512 Trochaici (509–11 cum Colo Reiziano)

509 ´ ∪ ∪ ∪ ∪ — | ´ ∪ — ‖ ∪ ´ ∪ ∪ ´ —

510 ´ ∪ — — | ´ ∪ — ‖ ∪ ´ ∪ ∪ ´ —

511 ´ ∪ — ∪ ∪ | ´ ∪ — — — ‖— ´ ∪ ´ ∪

513–5 Iamb. Senarius et Septenarius

516–524 Iamb. Octonarii, 524 cum Monometro

525–532 Troch. Octonarii et Septenarii, sed 525 Dim.
Acat., 530 et 532 Iamb. Senarii

533–540 Iamb. Octonarii, sed 534–535 Troch. Tetrametri

541–658 Troch. Septenarii

659–767 Iamb. Senarii

  768–9 et 775 Troch. Septenarii (cf. 772)

  770–1, 773–4, 776–80 Iamb. Octonarii

781–790 Bacch. Tetram., sed 784 Iamb. Dim. Cat.

788 ∪ ´ ´ ∪ | ∪ ´ ´ ‖ ∪ ´ | — ´ ∪ ´

790 ∪ ´ ´ | ∪ ´ ‖ — ´ ∪ | ∪ ´ ´

791–832 Troch. Septenarii

  833–4 Iamb. Octonarii

  835–6 Cretici

836 ´ — ´ ∪ | ´ ∪ ´ | ´ ∪ ´ ‖ ´ ∪ | ´ ∪ ´

  837 Iamb. Septenarius

838–908 Troch. Septenarii

909–921 Iamb. Octonarii

922–927 Bacch. Tetram.

927 — ´ | ∪ ´ ´ ‖ ∪ ´ ´ | ∪ ´ ´

928–929 Troch. Octonarii

930–1036 Troch. Septenarii

Cas. Arg., Prol., 89–143 Iamb. Senarii

  144–6 Bacch. Tetram.

  147–50 Cret. Dim. cum Bacch. Dim. (vel cum Ithyphallico)

  151–4 Cretici

   155 Bacch. Trim. cum Cret. Dim. ut vid.

  156–7 Bacch. Tetram.

   158 Cret. Tetram.

   159 Troch. Dim. Acat.

   160 Cretic. Dimeter

PLAVT. I

82

161 Choriamb. Dimeter

162–3 Bacch. Tetram.

164 Cola Reiziana

165–7 Anapaestici

168–9 Cret. Tetram. ut vid.

170–1 Iamb. Dim. cum colo — ∪ ∪ — -

172–3 Anap. Dim. cum eodem colo

174–5 duo Cola Reiziana

176–7 Iamb. Senarius

178–9 Anap. Dim. Acat.

180–1 Bacch. Tetram. ut vid.

182 Anap. Tetram.

183–4 Bacchiaci

183 — ⏒́ ⏜́ | ∪ ⏜́

183ᵃ ∪ ∪ ∪́ ∪ ⏜́ | ∪ ⏜́

185–195 Cret. Tetram., sed 195 Trim.

195 ⏜́ ∪ | ⏜́ ∪ ⏜́ | ⏜́ ∪ ⏝̋

195ᵃ et 197–8 Iamb. Dim. Acat.

196 et 199–202 Cretici

203 Choriamb. Tetram.

⏜́ ∪ ∪ ⏜́ | ⏜́ ∪ ∪ ⏜́ | ⏜́ ∪ ∪ ∪́ ∪ | ⏜́ ∪ ∪ ⏜́

204–12 Anapaestici

? 213–4 Glyconici (213 cum Ithyphallico, 214 cum Dochmio)

(— ∪ — ∪ ∪ — ∪ — ‖ ⏜́ ∪ ⏜́ ∪ ⏜́ —

— ∪ — ∪ ∪ ∪ — — ‖ — ∪ — ∪ ∪ —)

215–6 Cret. Tetram. Cat.

217–8 Trochaici

219–28 Anapaest. Tetram.

229–31 et 236 Iamb. Octonarii

232–5 Cret. Tetram.

237 Cret. Dim. cum Troch. Dim. Cat.

238–46 Troch. Octonarii

247 Cret. Tetram.

248 Dochmii ut vid.

249–50 Glyconici

(⏝̋ — — ∪ ∪ — — — ‖ — ∪ ∪ — ∪ ∪ — — —)

251 Iamb. Octonarius

252–308 Troch. Septenarii

309–352 Iamb. Senarii

353–423 Troch. Septenarii

SCHEMA METRORVM

424-514 Iamb. Senarii
515-562 Troch. Septenarii
563-620 Iamb. Senarii
  621-7 Cret. Tetram.
    628 Cret. Dim. cum Troch. Dim. Cat.
    629 Choriamb. Tetram.
  630-3 Troch. Octonarii
    634 Choriamb. Tetram.
?635-6 Versus Eupolideus
       $(- \cup - - \cup \cup \cup - \cup - - \cup - - \underset{\smile}{-})$
637-40 Iamb. Octonarii
  641-3 Cret. Tetram.
    644 Versus Diphilius $(- \cup \cup - \cup \cup - - - \cup \cup - \cup \cup -)$
    645 Choriamb. $(\overset{\_}{-} \cup \cup \overset{\_}{-} | \overset{\_}{-} \cup \cup \overset{\_}{-} | \overset{\_}{-} \cup \cup \overset{\_}{-} | -)$
  646-7 Troch. Octonarius
648-76 Bacchiaci ; sed 660-1 Anap. Dim. Acat.
    658 $\cup \overset{\_}{-} \overset{\_}{-} | \cup \overset{\_}{-} \overset{\_}{-} \| \cup \overset{\_}{-} | - \overset{\_}{-} \overset{\_}{-}$
    659 $\cup \overset{\_}{-} \overset{\_}{-} | \cup \overset{\_}{-} \overset{\_}{-} | \cup \acute{\cup} \cup \overset{\smile}{-} \| \cup \overset{\_}{-} \overset{\_}{-} | \cup \overset{\_}{-} \overset{\_}{-}$
    662 $- \overset{\_}{-} \overset{\_}{-} | \cup \overset{\_}{-} \overset{\_}{-} \| \cup \overset{\_}{-} | \cup \overset{\_}{-} \overset{\_}{-}$
   ?663 $- \overset{\_}{-} \overset{\_}{-} | \cup \overset{\_}{-} \| - \acute{\cup} \cup | \cup \overset{\_}{-} \overset{\smile}{-}$
    665 $\cup \overset{\_}{-} \overset{\_}{-} | \cup \overset{\_}{-} \overset{\_}{-} \| \cup \overset{\_}{-} | - \acute{\cup} \cup \overset{\_}{-}$
  673-4 $- \acute{\cup} \cup \overset{\_}{-} | \cup \overset{\_}{-} \overset{\_}{-} | \cup \overset{\_}{-} \overset{\_}{-} | - \overset{\_}{-} \overset{\_}{-} \| - \acute{\cup} \cup \overset{\_}{-} | \cup \overset{\_}{-} | \cup \overset{\_}{-} \overset{\_}{-}$
    675 $\cup \overset{\_}{-} \overset{\_}{-} | \cup \overset{\_}{-} \overset{\_}{-} \| \cup \overset{\_}{-} | - \acute{\cup} \cup \overset{\smile}{-}$
677-83 Trochaici
684-705 Bacch. Tetram.
    685 $\cup \overset{\_}{-} \overset{\_}{-} | \cup \overset{\_}{-} \overset{\_}{-} \| \cup \overset{\_}{-} | \cup \overset{\_}{-} \overset{\_}{-}$
    691 $\cup \acute{\cup} \cup \overset{\_}{-} | \cup \overset{\_}{-} \| - \acute{\cup} \cup | \cup \acute{\cup} \cup \overset{\_}{-}$
    694 $- \overset{\_}{-} \overset{\_}{-} | \cup \overset{\_}{-} \overset{\_}{-} \| \cup \overset{\_}{-} | - \overset{\_}{-} \overset{\_}{-}$
    695 $- \overset{\_}{-} \overset{\_}{-} | \cup \overset{\_}{-} \overset{\_}{-} \| \cup \overset{\_}{-} | \cup \overset{\_}{-} \overset{\_}{-}$
    702 $- \overset{\_}{-} \overset{\_}{-} | \cup \overset{\_}{-} \overset{\_}{-} \| \cup \overset{\_}{-} | \cup \overset{\_}{-} \overset{\_}{-}$
    703 $- \overset{\_}{-} \overset{\_}{-} | \cup \overset{\_}{-} \| - \acute{\cup} \cup | - \overset{\_}{-} \overset{\_}{-}$
  706-7 Troch. Octonarii
708-17 Anapaesto-Iambici $(\cup \cup - \cup -)$
    718 Anap. Monom. Cat.
719-28 Anap. Tetram. Acat., 723 cum Colo Reiz. ut vid.
?729-9ᵃ Cret. Monom.
    ?730 Cret. Dim. cum Colo Reiziano $(\cup \overset{\_}{-} \cup \overset{\_}{-} -)$

SCHEMA METRORVM

731–2ᵃ Anap. Monom. (vel Ionici, cum *med* v. 731)

733 Glyconicus (∪ ∪ ∪ − ∪ ∪ − ∪ −)

734–6 Anap. Tetram. Acat.

737–9 Bacch. Tetram.

740–740ᵃ Anap. Monom. (vel Ionici)

741–5 Anapaestici

746–50 Glyconici ut vid. (fort. 746–7 Versus Diphilius, om. *ego*)

? 751 Iamb. Dim. Acat.

752–5ᵃ Cola Reiziana

756 Iamb. Dim. Acat.

756ᵃ–7ᵃ Cola Reiziana

758 Iamb. Dim. Acat.

758ᵃ Colon Reizianum

759–97 Iamb. Senarii

798–814 Troch. Septenarii ; sed 800 et 808 Glyconici

815–6 Versus Priapeus (etiam 799 ?)

(− − ∪ ∪ − − ∪ − ‖ − ∪ − ∪ ∪ − ⏒)

817 Ionic. Trim. (⏒ ⏒ ∪ ∪ | ⏒ ∪ ⏒ ∪ | ⏒ ∪ ⏒ −)

818 Bacch. Dim. Acat.

819–22 Anap. Tetram. Acat.

823 Anap. Dim. Acat.

824 Ithyphallicus

825 Iamb. Septenarius

826 Versus Reizianus

827–8 Bacch. Tetram.

829 Anap. Dim. Acat.

830 Ithyphallicus

831–2, 834–5, 837, 839–40, 842 Bacchiaci

833, 836, 838 Iamb. Dim.

841 Anap. Dim. Acat.

843–5 Cola Reiziana

846 Glyconicus ut vid.

847–54 Iamb. Senarii

855–68 Bacch. Tetram. ; sed 859 Troch. Octonarius, 865 Troch. Septenarius

872 Troch. Septenarius

873 Cret. Tetram. (⏒ ∪ ⏒ | ⏒ ∪ ⏒ ‖ ⏒ ∪ | ⏒ ∪ ⏒)

874 Colon Reizianum

875–82 Anap. Tetram.

883–4, 886, 888ᵃ Cretici

888^b Ithyphallicus

888[b] Ithyphallicus

889–91 Anap. Tetram.

? 892–5 Glyconici cum Dochmiis

$$(\cup\cup-\cup\cup--\cup\cup- \parallel \cup\cup\cup\cup--$$
$$\cup\cup-\cup\cup\cup\cup-\cup- \parallel -\cup-\cup-)$$

? 896 Duo Cola Reiziana cum Anap. Monom.

$$(\cup\overset{\prime}{-}-\overset{\prime}{-}- \parallel \cup\overset{\prime}{-}\cup\overset{\smile}{\cup}\cup- \parallel \cup\cup\overset{\prime}{-}\cup\cup\overset{\smile}{\cup})$$

897–8 Iamb. Octonarius

? 899–900 Colon Reizianum

901 Versus Reizianus

? 902 Bacch. Tetram.

$$(-\overset{\smile}{\cup}\cup\overset{\prime}{-}|\cup\overset{\prime}{-}\overset{\prime}{-} \parallel -\overset{\smile}{\cup}\cup|-\overset{\smile}{\cup}\cup\overset{\prime}{-}) \text{ (an Versus Diphilius ?)}$$

906–6[a] Cret. Monom.

908–9 Glyconici cum Dochmiis

910–3 Dochmii, ut vid.

914 Glyconicus

915–6 Troch. Octonarius

? 917–8 Versus Eupolideus

$$(\cup--\cup\cup-\cup\overset{\smile}{-}-\cup\cup\cup\cup---\overset{\smile}{\cup})$$

919 Choriamb. Dim. ut vid.

920 Bacch. Tetram.

921, 930–3 Troch. Septenarii, 922 Octonarius

? 934–5 Glyconici cum Colis Reizianis

$$(\cup\cup--\cup\cup-\cup\overset{\smile}{-} \parallel -\overset{\prime}{-}\cup\cup\overset{\prime}{-}-$$
$$--\cup-\cup\cup\cup\cup- \parallel -\overset{\prime}{-}\cup\cup\overset{\smile}{\cup}\cup-)$$

? 936 Glyconicus cum Dochmio

$$(--\cup\cup--\cup- \parallel -\cup\cup-\cup\cup-)$$

937–41 Glyconici

942 Duo Cola Cretica

$$(\overset{\prime}{-}\cup|\overset{\prime}{-}\cup\overset{\prime}{-} \parallel \overset{\prime}{-}\cup|\overset{\prime}{-}\cup\overset{\prime}{-})$$

949 Troch. Dim. Cat.

950–3 Cret. Tetram.

952–3 $\overset{\prime}{-}-\overset{\prime}{-}|\overset{\prime}{-}\cup\overset{\prime}{-} \parallel \overset{\prime}{-}\cup|\overset{\prime}{-}\cup\overset{\smile}{\cup}$

954–6 Glyconici cum Dochmiis

? 957 Troch. Septenarius

958 Colon Reizianum

? 959–62 Glyconici cum Colis Reizianis

$$(-\cup-\cup\cup-\cup\cup- \parallel -\overset{\prime}{-}\cup\cup\overset{\prime}{-}-$$
$$-\cup-\cup\cup-\cup- \parallel -\overset{\prime}{-}\cup\cup\overset{\prime}{-}-)$$

963–1018 Troch. Septenarii

Cist. Arg. Iamb. Senarii

    1–4 Bacch. Tetram.

      4 $-\acute{\cup}\cup\acute{\cup}\cup\,|\,\cup\stackrel{\angle}{-}\stackrel{\angle}{-}\,\|\,\cup\stackrel{\angle}{-}\,|-\acute{\cup}\,\cup\stackrel{\angle}{-}$

    5–7 Troch. Tetram.

      8 Troch. Dim. Acat. cum Colo Reiziano

             $(\cup\cup\stackrel{\angle}{-}\cup\cup\stackrel{\angle}{-}\underline{\cup})$

      9 Iamb. Dim. Cat.

    10 Anap. Dim. Acat.

  11–13 Bacch. Tetram.

?14–15 Troch. Trim. Acat. cum Cret. Dim. Acat., ut
       videtur

    16 Colon Creticum $(\stackrel{\angle}{-}\cup\,|\,\stackrel{\angle}{-}\cup\stackrel{\angle}{-})$

  17–18 Troch. Octonarii

  19–21 Bacch. Tetram.

    22 Troch. Septenarius

    23 Bacch. Tetram.

    24 Troch. Dim. Cat.

  25–6 Anap. Tetram. (25 Acat., 26 Cat.)

  27–8 Trochaici (27 Septenarius, 28 Octonarius)

  29–31 Bacch. Tetram.

    32 Troch. Dim. Cat.

    33 Troch. Septenarius

  34–7 Bacch. Tetram.

    35 $\cup\stackrel{\angle}{-}\stackrel{\angle}{-}\,|\,\cup\stackrel{\angle}{-}\stackrel{\angle}{-}\,\|\,\cup\stackrel{\angle}{-}\,|-\stackrel{\angle}{-}\stackrel{\angle}{-}$

  38–58 Iamb. Septenarii

  59–119 Troch. Septenarii

120–202 Iamb. Senarii

 203–29 Anapaestici

231–53 Troch. Septenarii

273–304 Iamb. Senarii

305–73[a] Iamb. Septenarii

374–408 Iamb. Senarii

 449–52 Iamb. Octonarii

453–535 Troch. Septenarii, sed 463–4 Iambici

536–630 Iamb. Senarii

 631–70 Troch. Septenarii

    671 Anap. Tetram. Cat.

672 Cret. Tetram.

$(\breve{\cup}\cup\cup\breve{\cup}\cup\,|\overset{\_}{\cup}\cup\cup\breve{\cup}\,|\breve{\cup}\cup\cup\overset{\_}{\cup}\,|\breve{\cup}\cup\cup\overset{\_}{\smile})$

673–7 Bacchiaci

677 $\cup\overset{\_}{\_}\overset{\_}{\_}\,|\,\cup\overset{\_}{\_}\overset{\_}{\_}\,|\,\cup\overset{\_}{\_}$

678–9 Anap. Tetram. Acat.

680–7 Bacch. Tetram.

688–9 Anap. Dim. Acat.

690–1 Cret. Tetram.

692–6 Bacchiaci (695 cum Colo Iambico ut vid.)

694 $\cup\cup\overset{\_}{\_}\overset{\_}{\_}\,|\,\_\overset{\_}{\_}\overset{\_}{\_}\,|\,\_\overset{\_}{\_}\overset{\_}{\_}\,|\,\cup\overset{\_}{\_}$

695 $\cup\overset{\_}{\_}\overset{\_}{\_}\,|\,\cup\overset{\_}{\_}\overset{\_}{\_}\,|\,\_\overset{\_}{\_}\overset{\_}{\_}\,\|\,\_\overset{\_}{\_}\cup\_\,|\,\_\overset{\_}{\_}\breve{\cup}$

696 $\_\overset{\_}{\_}\overset{\_}{\_}\,|\,\cup\overset{\_}{\_}\overset{\_}{\_}\,|\,\_\breve{\cup}\cup\overset{\_}{\_}\,\|\,\cup\overset{\_}{\_}\,|\,\_\overset{\_}{\_}\overset{\_}{\_}$

697–703 Anapaestici

704–46 Iamb. Septenarii

747–73 Iamb. Senarii

774–87 Troch. Septenarii

Curc. Arg., 1–95 Iamb. Senarii

96–7 Versus Diphilii

96 $\_\cup\cup\_\_\_\_\_\cup\cup\_\_\_$

97 $\_\cup\cup\_\cup\cup\_\_\_\cup\cup\_\cup\cup\_$

97a Anap. Dim. Acat.

98–8a Iamb. Dim. Acat.

99–100 Cret. Tetram.

? 101–2 Dact. Trim. Cat. cum Colo Iambico $(\_\overset{\_}{\_}\cup\_)$

103–4 Versus Reizianus, ut vid.

$(\cup\cup\overset{\_}{\_}\cup\_\,|\,\cup\breve{\cup}\cup\cup\_\,\|\,\_\breve{\cup}\cup\cup\overset{\_}{\_}\_)$

105–9 Cret. Tetram.

110–10b Iamb. Septenarii

111–2 Troch. Dim. Cat.

113 Bacch. Tetram.

113a Cret. Dim.

114 Troch. Dim. Acat.

115–6 Bacch. Tetram.

116 $\_\overset{\_}{\_}\overset{\_}{\_}\,|\,\cup\overset{\_}{\_}\overset{\_}{\_}\,\|\,\cup\overset{\_}{\_}\,|\,\_\overset{\_}{\_}\overset{\_}{\_}$

117–8 Cret. Tetram.

117 $\overset{\_}{\_}\_\overset{\_}{\_}\,|\,\overset{\_}{\_}\cup\overset{\_}{\_}\,\|\,\overset{\_}{\_}\cup\,|\,\overset{\_}{\_}\cup\overset{\_}{\_}$

119 Cret. Tetram. cum Ithyphallico

$(\overset{\_}{\_}\cup\overset{\_}{\_}\,|\,\overset{\_}{\_}\cup\overset{\_}{\_}\,|\,\overset{\_}{\_}\cup\overset{\_}{\_}\,|\,\overset{\_}{\_}\cup\overset{\_}{\_}\,\|\,\overset{\_}{\_}\cup\overset{\_}{\_}\cup\overset{\_}{\_}\_)$

120–20a Dochmii vel Dactyl. Trim. Cat.

SCHEMA METRORVM

121-2 **Anap. Dim. Acat. cum Colis Reizianis**

$$(- \acute{\cup} \cup \cup \acute{\ } - \qquad 121)$$
$$(\cup \cup \acute{\ } \cup \cup \acute{\cup} \cup \asymp \quad 122)$$

123-5 **Iamb. Septenarii**

126-32 **Anap. Tetram. Acat.**

  133 **Cret. Tetram.**

  134 **Troch. Dim. Acat.**

  135 **Cret. Tetram.**

  136 **Glyconicus vel Dactyl. Tetram. Cat.**

  137 **Troch. Dim. Acat.**

138-46 **Anapaestici**

147-54 **Cret. Tetram.**

  155-7 **Glyconici cum Dochmiis** $(- \cup - \asymp \asymp)$

158-215 Troch. Septenarii

216-79 Iamb. Senarii

280-370 Troch. Septenarii

371-461 Iamb. Senarii

462-86 Troch. Septenarii (486 *fort.* Iamb. Octon.)

487-532 Iamb. Septenarii

533-634 Troch. Septenarii

635-78 Iamb. Senarii

679-729 Troch. Septenarii

Epid. Arg. Iamb. Senarii

  1-2 Troch. Septenarii

  3-6 Troch. Dim. Cat.

7-8 Iamb. Octonarii

9ᵃ-17 Trochaici (9ᵃ Ithyphallicus ?)

18-22 Iamb. Octonarii

23 Troch. Septenarius

24 Iamb. Senarius

25ᵃ-6 Trochaici

27-8 Iamb. Dim. Acat.

29-36 Trochaici

37-43 Iamb. Octonarii

44-5 Troch. Septenarii

46-7 Iamb. Senarii

48-9 Iamb. Octonarii

50-1 Troch. Septenarii

  52 Cret. Dim.

  52ᵃ-6 Trochaici

  ?57 Versus Eupolideus

$$(\cup \cup \cup \cup \cup - \cup - - \asymp - \cup - \cup - \cup -)$$

58-65 Iambici

66-74 Trochaici (sed 67, 68ᵃ Cretici, ut vid.)

75-6 Cret. Dim.

77-84 Troch. Octonarii et Septenarii

85-5ᵃ Cret. Monom.

86 Troch. Septenarius

87-7ᵃ Cret. Monom.

88 Troch. Septenarius

89-9ᵃ Cret. Monom.

90 Troch. Septenarius

90ᵃ Troch. Dim. Cat.

91 Troch. Septenarius

92-2ᵃ Cret. Monom.

93 Troch. Septenarius

SCHEMA METRORVM

94-4ª Cret. Monom.   99-163 Troch. Septenarii
  95 Troch. Septenarius   164-5 Iamb. Octonarii
96-6ª Cret. Monom.   166-6ª Troch. Trim. Cat.
  97 Troch. Septenarius   167 Colon Reizianum ut
? 98 Choriambus   vid.
  98ª Cret. Monom.
    168-9 Cret. Tetram.
      169 ◡̆ ◡ ◡ ᐱ | ᐱ ◡ ᐱ ‖ ᐱ ◡ | ᐱ ◡ ᐱ
    170 Colon Reizianum ut vid.
171-2 Anap. Tetram. Acat.   182-189, 194, 195 Iambici
173-6 Cret. Tetram.   190-305 Troch. Septenarii
  177 Iamb. Senarius ut vid.   306-19 Iamb. Senarii
  178 Cret. Tetram.   320-3 Cret. Tetram.
179-80 Iamb. Septenarii   324-6 Trochaici
    327-8 Cret. Trim. Acat. cum Ithyphallico
      (ᐱ — ᐱ | ᐱ ◡ ᐱ | ᐱ ◡ ᐱ ‖ ᐱ ◡ ᐱ — ◡̆ ◡ —)
    329 Troch. Octonarius
    330 Cret. Trim. Acat. cum Troch. Dim. Cat.
      (ᐱ — ᐱ | ᐱ ◡ ᐱ | ᐱ ◡ ᐱ ‖ ᐱ ◡ — — | ᐱ ◡ —)
    331-2 Iambici (331 Octonarius, 332 Septenarius)
    333 Troch. Septenarius
    334 Iamb. Octonarius
    335 Cret. Tetram.
    336-8 Iamb. Septenarii
? 339-40 Versus Priapei
    339 — — ◡ ◡ — — ◡ ◡ — ‖ — ◡ — — — —
    340 — ◡ ◡ — ◡ ◡ — ◡ ◡ — ‖ — — — — — —
    341-81 Iamb. Septenarii
382-525 Iamb. Senarii
    526 Troch. Octonarius
  527-30 Bacchiaci
    531-2 Iamb. Octonarii
    533-6 Glyconici
    537 Choriamb.
      (ᐱ ◡ ◡ ᐱ | ᐱ ◡ ◡ ᐱ | ᐱ ◡ ◡ ᐱ ‖ — — | ᐱ ◡ ◡ ◡̆)
    538-9 Cret. Tetram.
  540ª-1 Anapaestici
    541ª Iamb. Octonarius
    542-3 Glyconici

SCHEMA METRORVM

    ?544 Cret. Tetram. cum Colo Reiziano

    (‒́ ∪ ‒́ | ‒́ ‒ ‒́ | ∪ ∪ ∪ ‒́ | ‒́ ∪ ≏ ≏ ‖ ∪ ∪ ‒́ ‒ ∪́ ∪ ‒)

    545–6 Glyconici cum Colis Reizianis

      545 ‒ ∪ ∪ ‒ ‒ ‒ ∪ ‒ ‖ ‒ ∪́ ∪ ‒ ‒́ ‒

      546 ∪ ∪ ∪ ∪ ∪ ∪ ‒ ∪ ∪ ‒ ‖ ∪ ∪́ ∪ ∪ ‒́ ‒

    547–733 Troch. Septenarii

Men. Arg., Prol., vv. 77–109 Iamb. Senarii

    110 Choriamb. Tetram.

    111 Glyconicus cum Ithyphallico

      ‒ ∪ ‒ ∪ ∪ ‒ ∪ ∪ ‒ ‖ ‒ ∪ ∪ ∪ ∪ ∪ ∪ ≏

    112–3 Cret. Tetram.

    114 Duo Glyconici

      ‒ ∪ ∪ ‒ ∪ ∪ ‒ ∪ ∪ ‒ ‖ ‒ ∪ ∪ ‒ ∪ ∪ ‒ ∪ ∪ ‒

    115–8 Cret. Tetram.

    119 Troch. Octonarius

  120–2, 128–9, 131–4 Iambici

  123–7, 130, 135–225 Troch. Septenarii

  226–350 Iamb. Senarii

    351 Anap. Dim. Acat.

    352 Iamb. Dim. Acat. cum Anap. Monom.

    353 Anap. Trim. Acat.

   354–6 Iambici

   357–8 Anapaestici

   359 Iamb. Senarius cum Colo Reiziano

    (∪ ‒́ ‒ ‒ | ‒ ‒́ ∪ ‒ | ∪ ‒́ ∪ ‒ ‖ ‒ ‒́ ∪ ‒́ ‒)

    360 Iamb. Dim. Acat.

   361–4 Anap. Dim. Acat.

    365 Iamb. Dim. Acat.

    366 Colon Reizianum (‒ ∪́ ∪ ‒ ‒́ ≏)

   367–8 Anap. Tetram. Acat.

  369–465 Troch. Septenarii

  466–570 Iamb. Senarii

    571–9 Bacchiaci, sed 577 Colon Reizianum

    580 Cret. Tetram.

    581–3 Bacchiaci

      581 ‒ ∪́ ∪ ‒́ | ∪ ‒́ ‒́ | ∪ ‒́

    ?582 ∪ ‒́ ‒́ | ∪ ‒́ ‒́ | ∪ ‒́ ‒́ | ∪ ‒́ ‖ ‒ ‒́ | ∪ ‒́ ‒́

    584 Versus Reizianus (vel Iamb. Dim. Acat. cum Bacch.
      Dim. Acat.)

585 Iamb. Senarius

586 Glyconicus cum Dochmio

$$(-\cup---\cup\cup-\parallel-\cup\cup-\underline{\smile}-)$$

587 Bacch. Tetram.

588 Anap. Tetram. Acat.

589–92 Trochaici

? 593 Glyconicus cum Dochmio

$$(-\cup-\cup\cup-\cup-\parallel---\cup-)$$

594–5 Trochaici

595ª–600ª Iamb. Dim. Acat.

601 Troch. Septenarius

602–3 Anap. Tetram. Cat.

604–700 Troch. Septenarii

701–52 Iamb. Senarii

753–72 Bacchiaci

762 $-\acute{}\acute{}\mid\cup\acute{}\acute{}\mid-\acute{}\acute{}\mid\cup\acute{\underline{\smile}}$

763 $\cup\acute{}\acute{}\mid\cup\acute{}\acute{}\parallel\cup\acute{}\mid-\acute{}\acute{}$

763ª $-\acute{\cup}\cup\acute{}\mid\cup\acute{}\acute{}\parallel\cup\acute{}\mid\cup\acute{}\acute{}$

764 $\cup\acute{}\acute{}\mid-\acute{}\acute{}$

771 $\cup\acute{}\acute{}\mid-\acute{}\acute{}\parallel-\acute{}\mid-\acute{}\underline{\smile}$

773–4 Troch. Octonarius

775–871 Troch. Septenarii

872–98 Iamb. Senarii

899–965 Troch. Septenarii

966–71 Bacch. Tetram. Acat. et Cat.

? 972 Iamb. Senarius

? 973 Versus Eupolideus $(-\cup-\cup-\cup\cup----\cup-\cup-)$

? 974 Bacch. Dim. Cat. $(-\cup\cup\acute{}\mid\cup\acute{})$

975 Bacch. Tetram.

976 Iamb. Dim. Acat.

977–9 Troch. Tetram.

980 Iamb. Septenarius

981 Colon Reizianum $(-\acute{}\cup\cup\acute{}-)$

982 Troch. Octonarius

983–4 Anapaestici

985 Duo Glyconici $(\cup\cup-----\cup-\parallel-\cup-\underline{\smile}-\cup-)$

986–7 Iamb. Octonarii

988–94 Troch. Septenarii

SCHEMA METRORVM

995–1005 Iamb. Octonarii
   1006 Iamb. Dim. Acat.
   1007 Troch. Octonarius
1008–59 Troch. Septenarii
1060–2 Iamb. Octonarii
1063–1162 Troch. Septenarii

Merc. Arg. I, II, Prol. Iamb. Senarii
111–33 Iamb. Octonarii (sed 117, 129–31 **Trochaici)**
   134 Iamb. Senarius
135–6 Iamb. Dim. Acat.
137–40 Iamb. Octonarii
141–224 Troch. Septenarii
225–334 Iamb. Senarii
335–6 Bacch. Tetram.
   337 Anap. Dim. Acat.
   338 Bacch. Tetram.
   339 Anap. Dim. Acat.
   340 Bacchiacus ($\cup\,\underline{}\,\underline{} \mid \cup\,\underline{}\,\underline{} \parallel \cup\,\underline{})\mathrm{-}\mathrm{-}\,\cup\,\cup\,\underline{}$) vel
       Anap. Dim. Acat.
   341 Troch. Octonarius
342–55 Bacch. Tetram.
   356 Troch. Octonarius
357–8 Bacch. Tetram.
   359 Troch. Octonarius
360–1 Bacch. Tetram.
362–3 Troch. Octonarii
364–498 Troch. Septenarii
499–543 Iamb. Septenarii
544–87 Iamb. Senarii
588–666 Troch. Septenarii
667–829 Iamb. Senarii
830–1026 Troch. Septenarii